• 개정 3판 •

범죄학 이론

나남
nanam

나남신서 1914

개정 3판
범죄학 이론

2005년 1월 5일 초판 발행
2008년 3월 5일 초판 2쇄
2011년 9월 5일 개정판 발행
2015년 3월 5일 개정판 3쇄
2017년 3월 5일 개정 2판 발행
2021년 3월 5일 개정 2판 3쇄
2024년 3월 10일 개정 3판 발행
2024년 3월 10일 개정 3판 1쇄

지은이 • 로널드 L. 에이커스 · 크리스틴 S. 셀러스 · 웨슬리 G. 제닝스
옮긴이 • 민수홍 외
발행자 • 趙相浩
발행처 • (주) 나남
주소 • 10881 경기도 파주시 회동길 193
전화 • (031) 955-4600 (代)
FAX • (031) 955-4555
등록 • 제 1-71호(1979. 5. 12)
홈페이지 • http://www. nanam. net
전자우편 • post@nanam. net

ISBN 978-89-300-4162-1
ISBN 978-89-300-8001-9 (세트)

책값은 뒤표지에 있습니다.

나남신서 1914

• 개정 3판 •

범죄학 이론

로널드 L. 에이커스 · 크리스틴 S. 셀러스 · 웨슬리 G. 제닝스 지음

민수홍 · 기광도 · 전영실 · 최병각 옮김

Criminological Theories
Introduction, Evaluation, and Application
(Eighth Edition)

개정 3판 옮긴이 머리말

에이커스의 *Criminological Theories* (2판) 을 번역하여 2000년에 국내에 처음 소개한 이후로 2005년, 2011년, 그리고 2017년에 각각 4판, 5판, 7판을 개정판으로 출간한 데 이어, 이번에 8판을 개정 3판으로 발간하게 되었다.

원서 한 권을 붙들고 25년간 번역작업을 해오고 있다. 왜 이 일을 놓지 못하고 있는가? 범죄학은 한때 유럽과 미국에서 독립된 학문으로 인정받지 못했다. 법학자나 정신의학자들이 범죄행위에 관한 연구를 주도했기 때문이다. 그러나 제 2차 세계대전 이후 사회학이 범죄학의 지적 중심으로 등장하면서, 과학적 연구와 치열한 논쟁을 거치며 만들어낸 다양한 범죄이론 덕에 범죄학은 독립적인 사회과학 분야로 자리 잡을 수 있었다. 우리 학계의 현실은 어떤가? 이론적 근거 없이 저자에게 유리한 선행연구 문헌만을 선별하여 작성한 논문, 고급통계로 무장했지만 논리적 일관성을 찾을 수 없는 논문을 쉽게 발견할 수 있다. '범죄학이 통계학의 하위영역인가?' 하는 생각마저 드는 상황에서 주요 범죄이론을 좀 더 잘 알리고 싶은 마음에서 이 책을 붙들고 있는 것이 아닌지 자문자답해 본다.

지난 25년을 돌아보니, 감사의 마음이 크다. 책의 원저자들에게 먼저 존경의 마음을 표하고 싶다. 이 책을 읽어 준 독자, 번역의 수고를 반복한 동료 역자들에게 머리 숙여 감사의 마음을 표현하고 싶다. 특히 이번 개정 3판 작업까지 함께한 전영실 박사, 기광도 교수, 최병각 교수에게 고맙고 미안하다. 개인적 사정으로 이번에 함께하지 못한 박기석 교수와 박강우 교수에게도 깊은 감사의 마음을 전한다.

Criminological Theories 초판이 1994년에 미국에서 출판된 이후로 8판이 나오기까지 어느새 30년이 흘렀다. 그사이에 저자는 에이커스 1명에서 3명으로, 원서의 분량은 236쪽에서 445쪽으로 늘었다. 꾸준히 발전해 가는 범죄이론과 이에 대한 주요한 경험적 연구를 정리하고 해석하는 일과 더불어 형사사법 분야의 구체적 범죄대책과 프로그램을 이론과 연결하여 제시하는 일을 성실하게 수행해오고 있다.

에이커스, 셀러스, 제닝스가 미국 범죄학계의 최근 변화를 반영하여 출간한 *Criminological Theories* 8판은 다음과 같은 면에서 개선되었다.

- 모든 장의 내용을 철저히 수정하고 최신 내용으로 갱신하였다.
- 여러 장에는 이론적 정보에 기반한 증거기반 프로그램과 정책에 대한 새로운 논의와 그 효과를 검증하는 관련 평가를 포함했다.
- 10장(갈등이론)은 형사사법상의 의사결정에서 나타나는 인종 간 차이와 편견에 대한 심도 있는 논의를 중심으로 확장했다.

개정 3판의 번역자가 4명으로 줄면서 각자 맡은 장에도 변화가 생겼다. 기광도 교수가 1·9·11·12장을, 최병각 교수가 2·3·10장을, 전영실 박사가 5·7·8장을, 그리고 필자가 4·6·13·14·15장을 맡아 번역하였다.

마지막으로 개정판이 나오기까지 수고해 주신 나남의 신윤섭 상무겸 편집장과 편집부 황현경 편집자에게 감사드린다.

범죄학에 관심을 두고 공부하는 독자에게 이 책이 도움이 된다면 더할 나위 없이 기쁘겠다.

2024년 2월

올림픽공원 앞에서 불암산 자락을 그리며

민 수 홍

옮긴이 머리말 초판

"범죄문제를 공부하고 싶은데 좋은 책을 하나 추천해 주십시오"라는 요청을 들을 때마다 범죄사회학을 전공한 사람으로서 퍽 당혹스러운 경험을 하고는 한다. 국내에서 출판된 범죄관련 서적들은 대부분 주요 범죄이론들의 내용을 간략히 요약하고 이론에 대한 장단점을 정리하는 정도여서 참고할 만하기는 하지만 무언가 부족한 면이 느껴진다. 현대범죄이론을 대표하는 주요이론들 이외에도 새 이론들이 계속해서 생겨나고 있고, 이론에 대한 다양한 경험적 연구가 이루어지고 있어서 이론에 대한 평가를 몇 줄로 간단히 요약한다는 것은 어렵고도 위험한 일이다.

범죄학에 관심을 갖게 된 국내의 독자들에게 추천할 책으로 찾은 것이 에이커스의 *Criminological Theories*(초판, 1994; 2판, 1996; 3판, 2000; 4판, 2004)이다. 1994년에 초판이 출판된 이후로 2004년에 4판이 나오기까지 10여 년간 에이커스는 주요 범죄이론을 깊이 있게 소개하고, 새로운 내용을 추가하고, 기존의 내용을 개정하는 노력을 꾸준히 경주해오고 있다. 정년을 앞둔 시점에서 셀러스와 4판을 공저함으로써 개정작업을 계속해나갈 체계도 갖추었다. 에이커스의 《범죄학 이론》이 갖는 장점으로 다음의 두 가지를 들 수 있다.

하나, 이 책은 주요 연구결과를 자세히 정리하고 평가함으로써 독자가 각 이론의 경험적 타당성 정도를 나름대로 판단할 수 있게 돕는다. 에이커스가 자신의 이론인 사회학습이론에 대해서 지나치게 호의적인 평가를 하고 있는 점은 경계해야겠지만 다른 이론들에 대한 그의 평가는 전체적으로 공정하고 적절하다. 범죄학을 학습할 때 가장 바람직한 방법은 주요 논문들을 직접 읽고 이에 근거하여 각자가 독립적이고 비판적으로 판단하는 것이다. 그러나 연구논문을 직접 구해 보기 어려운 우리의 현실에서 남이 요약해 준 제한된 내용을 그저 수용하고 암기하는 경우가 많기 때문에 각 이론의 경험적 타당성을 상세히 정리해 주는 이 책은 범죄학의 어린 싹을 키우는 우리에게 가물에 단비처럼 소중하다.

둘, 이 책(특히 3판과 4판)은 추상적 이론이 범죄대책과 실무에 어떻게 적용되는지를 실례를 중심으로 정리하고 평가하여 제시한다. 이론이 현실과 무관한 탁상공론이 아니고, 이론의 토대 위에 어떻게 구체적인 범죄대책과 프로그램이 만들어지는지를 예시해 준다.

국내 독자들에게 이 책을 소개하기 위해서 형사정책연구원에서 인연을 맺은 세 명의 사회학자와 세 명의 형법학자가 모여 공동번역 작업을 하였다. 기광도 교수가 1, 10장을, 최병각 교수가 2, 3장을, 전영실 박사가 5, 7장을, 박강우 교수가 8, 9장을, 박기석 교수가 11, 12장을 그리고 본인이 4, 6장을 맡아 번역하였으며, 각자의 번역작업이 끝난 뒤에 서로 돌려가며 읽고 교정을 보았다. 역자들이 노력하기는 하였으나 서로 다른 배경과 관심을 가진 6명이 공동작업을 하다 보니 용어의 통일이나 문체의 일관성에 문제가 있을 수 있다. 우리 역자들은 독자들의 비판을 감사한 마음으로 받아들일 것이며, 부족한 점들은 앞으로 계속 수정 보완할 것을 약속드린다.

에이커스와 셀러스의 《범죄학 이론》 4판의 한국어판을 출판하면서, 먼저 강의와 연구로 바쁜 중에도 이 책의 번역과 교정에 시간과 정성을 아끼지 않은 동료 역자들과 그러한 투자를 허락한 그 가족들에게 깊은 감사를 표하고 싶다. 동시에 범죄학의 독자층이 얇아 채산성이 낮은 현실에서 기꺼이 이 책의 출판을 맡아주신 나남출판의 조상호 대표이사와 방순영 편집장께도 감사드린다. 이 책의 편집을 맡아 꼼꼼하게 작업을 마쳐준 나남의 배종연 씨에게 고마운 마음을 전달한다.

독자들이 범죄현상을 이해하고 문제를 해결해나가는 데 이 책이 도움이 된다면 우리 역자들로서는 그 이상의 보람이 없겠다.

2004년 11월

경기대학교 연구실에서

민 수 홍

지은이 머리말 초판

저희 두 저자는 범죄, 비행, 형사사법 이론에 관한 이 책이 한국에서 출판되는 것을 영광스럽고 기쁘게 생각합니다. 이 책에서 소개하는 이론 가운데 일부는 한국사회에 적용하기 어려울 수 있겠지만, 대부분의 이론들은 적용 가능할 것으로 믿습니다. 미국이나 다른 나라에서처럼 한국에서도 이론검증을 위한 경험적 연구를 해 보면 다른 이론보다 경험적 지지를 더 강하게 받는 이론이 있을 것입니다. 더욱이 한국사회에서 정책과 실무에 적용했을 때 다른 이론보다도 더 효과가 있는 이론이 있을 것입니다. 이 책에서 범죄이론을 제시하고 평가하고 적용한 것은 어느 사회에서든지 범죄와 비행의 원인, 예방, 치료를 이해하는 데 도움이 될 것입니다. 한국 독자들에게 범죄이론을 한국어로 알릴 수 있는 기회를 갖게 되어 기쁘게 생각합니다.

이 책의 첫 번째 목적은 범죄이론의 기본 개념과 원리를 개관하고, 범죄이론이 범죄나 비행 또는 형법과 사법체계를 얼마나 적절하게 설명하는지를 평가하는 것입니다. 이 책이 모든 이론을 총망라하지는 못하지만 대부분의 이론을 포함하고 있습니다. 우리는 20세기 후반기에 주요 범죄관련 학술지에 게재된 논문들이 검증한 모든 이론 가운데 9할 정도의 주요 이론들을 포함하고 있고, 여기에다 최근의 논문에서 관심의 대상이 되고 있는 새로운 이론들을 추가하였습니다.

각 이론을 제시할 때 이론의 중심개념, 주장, 가설을 간결하고 분명하게 설명하려고 노력하였습니다. 범죄이론을 잘 모르는 독자에게는 정확하고 쉽게 이론을 소개하고, 이론에 친숙한 독자에게는 이들을 재검토할 수 있도록 하였습니다. 어느 경우가 되었든 이론의 고전적 내용뿐 아니라 변형되거나 개정된 내용도 제시하려고 노력하였습니다.

이 책이 의도한 두 번째 목적은 이론을 평가하는 것입니다. 우리는 1장에서 이론의 장점을 평가할 수 있는 주요 기준으로 논리적 일관성, 범위, 간결성, 정책 응용성, 검증 가능성, 경험적 타당성을 개관하였습니다. 이 모든 기준들이 다양하게 사용되지만 각 이론평가의 핵심은 경험적 타당성입니다. 저희 두 저자는 이론에 대한 적절한 경험적 연구결과를 개관하였고, 연구결과가 이론의 주요 주장을 얼마나 잘 지지하는지 아니면 부정하는지를 평가하였습니다. 물론 이론의 경험적 적절성을 평가하기 이전에 이론의 검증 가능성, 동어반복, 측정의 문제에도 상당한 관심을 기울였습니다.

이 책의 세 번째 목적은 각 이론이 범죄와 비행을 통제하고 예방하기 위해 행동의 길잡이 역할을 하는 유용성을 평가하는 것입니다. 어떻게 이론이 정책과 실무에 적용되는지를 예시하는 고전적이고 현대적인 예들을 제시하고 있습니다. 한 이론의 경험적 타당성이 그 이론을 검증한 경험적 연구결과에 의해 평가되어야 하듯이 정책의 유용성도 이론과 관련된 프로그램의 효과성에 대한 경험적 연구결과에 의해 평가되어야 합니다. 따라서 우리는 이론의 원리를 암시적으로나 명시적으로 반영하는 다양한 프로그램들이 얼마나 효과가 있는지 평가하기 위해서

적절한 경험적 연구결과와 증거를 제시합니다. 마지막 장(12장)은 이론 경쟁과 통합의 문제를 전적으로 다루었습니다. 개념통합과 명제통합의 초기 및 최근의 예들을 개관하고 평가하였습니다.

이론의 주요 변화와 최근의 경험적 연구결과에 비추어 각 장을 새롭게 경신하고 개정하였습니다. 이전 판(3판)에서 이론의 경험적 타당성과 이론을 반영하는 정책과 프로그램에 대한 평가를 강조했던 부분은 계속 유지하였습니다.

이 책이 다루고 있는 범위와 분량으로 보건대 이 책은 범죄, 비행, 일탈에 관한 강의에서 교재 혹은 부교재로 사용하기에 적당합니다. 또한 범죄학, 청소년비행, 일탈, 범죄행위와 세미나 과정에서 보조교재 혹은 강독과제로 사용하기에 적절합니다.

학생독자들을 염두에 두고 이 책을 썼지만 최근의 경험적 연구결과도 요약정리하였고, 범죄학 분야에서의 주요 문제와 논쟁거리도 밝혔습니다. 이 책에서 인용한 이론적 문헌과 연구문헌은 광범위하고 빠짐없이 되어 있습니다. 따라서 우리는 이 책이 다른 독자들에게도 도움이 될 것으로 믿습니다. 이 책은 검증된 이론적 주요내용과 적절한 문헌을 찾아 프로그램과 정책을 만들고 확장하고자 하는 형사사법 분야의 실무가에게도 도움이 될 것입니다. 이론가와 연구자들은 이 책에서 그들의 관심을 끄는 독창적 분석과 통찰을 찾을 수 있을 것입니다.

로널드 에이커스(플로리다대학교 교수)

크리스틴 셀러스(사우스플로리다대학교 교수)

지은이 감사의 말 초판

먼저 우리는 영어로 된 책을 한국어로 번역하는 데 열성과 헌신을 아끼지 않은 한국인 동료들, 민수홍(경기대학교), 전영실(한국형사정책연구원), 기광도(대구대학교), 박기석(대구대학교), 박강우(충북대학교), 최병각(동아대학교) 박사에게 감사를 표하고 싶습니다. 우리는 또한 역자들이 한국의 주요 출판사 중 하나인 나남출판에서 책을 출판하게 된 점에 대해서도 감사하게 생각합니다. 나남출판은 이 책의 판권을 가지고 있는 럭스베리출판사로부터 적절한 계약에 의해 한국어 저작권을 획득하였습니다. 한국어판의 성공적 출판을 위해서 애쓴 나남출판 편집진의 노고에도 감사드립니다.

저희 두 저자는 이 책의 영어 4판의 출판을 맡았던 럭스베리출판사의 트웰레스 사장과 관계자에게도 감사의 말을 전합니다. 우리는 또한 플로리다대학교 박사과정 학생으로 논문검색, 문헌확인, 편집, 색인 작업을 도와준 그레첸 루에킹에게도 감사를 표합니다.

마지막으로 우리를 격려해온 가족들의 조건 없는 사랑에 공식적으로 감사하고 싶습니다.

개정 3판

범죄학 이론

차 례

제 8 장 사회해체이론

제 9 장 아노미/긴장이론

제 10 장 갈등이론

제 1 장

범죄학 이론의 소개

1. 이론이란 무엇인가

대부분의 학생, 형사사법 실무자, 그 밖의 일반인은 '이론'(*theory*) 에 대해 좋지 않은 인상을 갖고 있다. 그들에게 이론이라는 단어는 '사실'(*fact*) 의 반대말로 인식된다. 즉, 사실은 실제적이지만 이론은 비실제적 정신활동과 관련된 것으로 이해한다. 그들은 이론을 실제 사람들의 행동과는 거의 관계가 없는 단지 환상적 관념으로만 파악한다.

이는 사회과학 전반, 특히 범죄학에서 나타나는 이론에 대한 잘못된 인식이다. 만일 적절하게 구성된 것이라면 이론은 실제상황, 감정, 경험, 인간행동에 관한 것이다. 우리는 효과적 이론을 통해 기존의 사실을 이해할 수 있고 새로운 사실을 추론할 수 있다. 이론은 실제적 사건과 행동에 관해 일반적으로 제기되는 질문에 대한 잠정적 해답을 제공한다. 왜, 어떤 과정을 통해, 어떻게 작용하는가?

일반적으로 (과학적) 이론은 관찰할 수 있는 현상 간의 관계에 대해 진술한 것이다(Bernard, Snipes and Gerould, 2015: 4).

> 이론은 일반화의 한 유형이다. 이론은 둘 또는 그 이상의 사건이 서로 어떤 관련이 있는지와 이러한 관계가 나타나는 조건을 설명한다(Williams and McShane, 2018: 2).

> 이론은 둘 또는 그 이상의 사건 및 요인이 서로 어떻게 관련되었는지를 설명하는 일련의 상호연관된 진술문 또는 명제이다(Curran and Renzetti, 2001: 12).

이론에 대한 이러한 정의는 실제 사건들의 관계가 어떠한지 그리고 어떻게 될 것인지에 대한 '진술문'(*statement*)이라는 점을 강조한다(Gibbs, 1990: Tibbetts and Hemmens, 2018). 이론은 당위의 문제에 관한 대답도 아니며 사회와 범죄에 관한 철학적 · 종교적 · 형이상학적 신념과 가치체계도 아니다.

범죄학 이론은 추상적이기는 하지만 강단이나 연구실에서의 탁상공론에 불과한 것은 아니다. 이론은 인간행동과 사회를 더욱 잘 설명하려는 사회과학의 과정이다. 사람들이 왜 사회규범과 법규범을 준수하거나 위반하는지에 대해 이해하는 것은 일반교양 교육의 중요한 부분이다. 더욱이 이러한 이해는 법 또는 형사사법 분야에서 전문경력을 쌓고자 하는 사람에게는 필수적이다. 실제로 범죄와 관련된 모든 정책이나 조치는 한 가지 혹은 다수의 범죄이론에 바탕을 둔다. 그러므로 범죄학의 주요 이론을 이해하고 평가하는 것은 범죄학자뿐만 아니라 일반시민, 형사사법 전문가에게도 필요하다.

2. 범죄학 이론의 유형

서덜랜드(Sutherland, 1947)는 범죄학을 법 제정, 법 위반, 법 집행의 전 과정에 대한 연구라고 정의했다. 우리는 이와 같은 정의를 통해 범죄학 이론을 분류할 수 있는 실마리를 얻을 수 있다. 이론의 한 유형은 위에서 제시한 첫 번째와 세 번째 과정, 즉 법 제정과 법 집행 부분을 설명하는 것이다.

이러한 유형의 이론은 '왜 우리는 법을 제정하는가?', '왜 형사사법체계가 현재의 방식대로 운영되는가?' 등의 문제를 설명하고자 한다. 또 다른 유형의 이론은 법 위반을 설명하고자 한다. 이와 같은 이론은 비행과 범죄에 관해 설명하고자 한다. 이러한 이론은 법 위반행위뿐만 아니라 사회규범을 어기는 모든 일탈행동을 설명하는 데까지 확장된다.

첫 번째 유형의 이론(법과 형사사법에 관한 이론)은 두 번째 유형의 이론(범죄와 일탈에 관한 이론)보다 다양하지는 않다. 그러므로 두 가지 유형이 모두 중요하지만 여기서는 두 번째 유형의 이론에 더 초점을 맞추고자 한다. 범죄와 법 모두를 설명하고자 하는 이론으로는 갈등이론, 낙인이론, 마르크스주의이론, 페미니스트이론 등이 있다.

1) 형법의 제정 및 집행에 관한 이론

형법의 제정과 집행에 관한 이론(여기서는 '법과 형사사법에 관한 이론'으로도 부른다)은 특정한 행동이 범죄로 규정되고 특정인이 범죄자로 규정되고 취급되는 과정과 이유를 설명한다. 왜 어떤 행위는 불법적인 것으로 간주하고, 그러한 행위가 일어났을 때 사회적 대응방식을 결정하는 기준은 무엇인가? 그러한 행위가 어떻게 범죄로 결정되며 또 누가 결정하는가? 사회적 · 국가적 자원은 범죄에 대항하기 위해 어떻게 활용되는가? 이러한 물음에 답하기 위해, 이러한 이론은 사회적 · 정치적 · 경제적 변수가 입법, 행정결정과 규칙제정, 형사사법체계상 법의 집행과 운영에 영향을 미친다는 주장을 제시한다.

2) 일탈 및 범죄행위에 관한 이론

일탈과 범죄에 관한 이론은 왜 어떤 사람은 사회적 · 법적 규범을 위반하는가를 설명하고자 한다. 이 질문은 다음과 같이 서로 연관된 두 부분으로 나눌 수 있다. ① 왜 범죄와 일탈은 집단 간 차이를 보이는가, ② 왜 어떤 사람은 다른 사람보다 범죄와 일탈행동을 더 많이 저지르는가?

첫 번째 물음은 다양한 집단과 사회에서 일탈과 범죄의 분포 및 비율의 차이에 관한 것이다. 예를 들면, 왜 미국의 범죄율이 일본보다 높고 서유럽보다는 낮은가? 왜 남성은 여성보다 더 많은 폭력과 범죄행위를 저지르는가? 한 사회 내에서 계급과 집단에 따라 다르게 나타나는 살인과 마약사용의 정도는 어떻게 설명할 수 있는가?

두 번째 물음은 범죄를 저지르는 사람과 저지르지 않는 사람 사이의 차이에 관한 것이다. 왜 어떤 사람은 다른 사람보다 법을 위반하기 쉬운가? 일반적으로 어떠한 환경 및 과정에서 법을 위반하거나 준수하는가? 동일한 기회가 주어졌을 때, 왜 어떤 사람은 범죄를 저지르고 다른 사람은 그렇지 아니한가? 왜 어떤 사람은 다른 사람보다 범죄를 빈번하게 저지르고 범죄경력자가 되는가?

첫 번째 물음은 사회적 · 집단적 유형에 초점을 맞추고 두 번째 물음은 개인적 차이에 초점을 맞춘 것이다. 사회 간 또는 사회의 주요 집단 간 차이에 관한 더욱 폭넓은 물음을 다루는 이론을 '거시(*macro*) 이론'이라 부른다(Alexander et al., 1987). 반대로 소규모 집단이나 개인적 차이에 초점을 맞춘 이론은 '미시(*micro*) 이론'이라 부른다.

위와 같은 이론적 구분에 대해 다른 표현도 사용한다. 크레시(Cressey, 1960)는 '역학'(疫學, *epidemiology*: 집단 및 사회 간 범죄율과 분포)과 '개인행동'(*individual conduct*)이라고도 한다. 에이커스는 사회구조이론과 과정이론으로 구분하기도 했다(Akers, 1968, 1985). 거시/미시 또는 구조/과정의 구분은 집단과 개인행위의 문제뿐만 아니라 이론의 설명수준과도 관련된다. 예컨대, 남성과 여성 간의 범죄율의 차이를 타고난 생물학적 차이에 의해 설명하고자 하는 이론은 미시적 이론이라 할 수 있다.

그러나 이러한 집단과 개인행위에 관한 두 가지 주요 물음은 왜 사람들이 범죄와 일탈을 저지르는가 또는 저지르지 않는가 하는 일반적 물음의 하위유형일 뿐이다.

대체로 거시이론의 종속변수는 미시이론의 종속변수와 동일한 행위에 바탕을 둔다. 사회구조와 범죄율은 실재 사람들의 행위와 반응으로 구체화된다. 범죄율은 다양한 사회적 집단이나 범주에 속한 개인행동의 상대적인 양을 요약한 것이다(Akers, 1998: 330).

이는 범죄행위에 관한 이론이 둘 중 어느 한쪽을 강조하지만, 전적으로 구조적이거나 과정적이라는 것을 뜻하지는 않는다는 의미이다. 사회구조를 강조하는 이론은 집단, 계급, 공동체, 사회 간의 범죄율이 사회적·문화적 구조에 따라 달라질 수 있다는 점을 제시한다.

그렇지만 대부분의 구조적 이론은 범죄율 차이를 만들어내는 과정에 대해서도 암묵적이거나 명시적인 진술문을 포함한다. 과정적 이론은 개인이 독특한 생애사를 경험하고, 특유의 개인적 특성이 있거나 특정한 상황에 접하기 때문에 범죄를 저지른다고 주장한다. 이러한 이론 역시 개인의 범죄가능성을 증가시키는 사회구조를 고려한다.

범죄학 이론을 분류하는 다른 방식도 있다(Tittle and Paternoster, 2000; Bernard and Engel, 2001; Jennings and Reingle, 2014, 2019). 그 중 한 방식은 단지 거시/미시이론으로 이분하는 것이 아니라 가장 작은 분석단위부터 가장 큰 분석단위까지 여러 설명수준에 따라 분류하는 것이다. 이러한 분류는 전형적으로 설명변수가 도출되는 일반과학의 영역에 따라 이론을 범주화한 것이다.

가장 일반적인 것은 생물학적 이론, 심리학적 이론, 사회심리학적 이론, 사회학적 이론으로 분류하는 것이다. 생물학적 이론은 하나 또는 다수의 유전학적·화학적·신경학적·생리학적 요인으로 범죄를 설명한다. 심리학적 이론은 성격, 정서적 부적응, 정신장애 또는 다른 심리적 특성으로 범죄를 설명한다. 사회심리학적 이론은 집단 상황에서 행동, 자아, 인지변수로 범죄를 설명한다. 사회학적 이론은 문화적·구조적·사회인구학적 변수로 범죄를 설명한다(Jensen and Rojek, 1998; Bernard et al., 2015; Ling, Umbach and Raine, 1999; Liska and Messner, 1999; Robinson and Beaver, 2009; Berg et al., 2012a, 2012b).

구조와 과정에 대한 범주가 어느 정도 중첩되는 것처럼 어떤 이론은 두 가지 이상의 영역에 걸쳤다. 예를 들어, 현대의 생물학적 이론은 유전학이나 생화학적 변수에만 의존하는 것이 아니라 심리학적 또는 사회학적 변수도 고려한다. 사회학습이론은 사회학 및 심리학적 요인을 모두 고려하는 사회심리학적 이론이기도 하다.

이 책에서는 구조-과정 구분과 생물학적·심리학적·사회학적 분류를 모두 고려해 이론을 배열했다. 제 2장에서는 억제이론의 고전 및 현대적 견해와 합리적 선택이론을 소개했다. 제 3장에서는 초기 및 최근의 생물학적 이론을 살펴보았다. 그리고 심리학적 이론은 제 4장에서 정리했다.

나머지 장에서는 주요 사회학적 이론을 고찰했다. 사회학습이론(제 5장), 통제이론(제 6장), 낙인이론(제 7장)은 사회심리적 경향의 사회학 이론이다. 사회해체이론(제 8장), 아노미와 긴장이론(제 9장), 갈등이론(제 10장), 마르크스주의이론(제 11장), 비판이론(제 12장) 그리고 페미니스트이론(제 13장)은 사회구조와 문화에 치중된 이론이다. 낙인이론, 갈등이론, 마르크스주의이론, 페미니스트이론은 형사사법 및 범죄행위를 모두 다루는 이론이다. 발달 및 생애과정이론은 제 14장에서 살펴보았다. 마지막 장(제 15장)에서는 이론 간의 차이점과 공통점이 서로 융화되고 통합될 수 있는 정도를 살펴보았다.

이론은 어떻게 분류하더라도 어느 정도의 중첩과 부족함, 불명확함의 문제를 피할 수 없다. 여기서는 다양한 이론을 분류하는 방식에 대해 의견을 내지 않겠다. 이 책의 초점은 각각의 이론을 잘 분류하는 것이 아니라 각 이론이 제시하는 바를 소개하고 나아가 이론의 타당성을 평가하려는 것이다.

3. 이론평가의 기준

어떤 이론이 범죄 또는 형사사법에 관해 적절하게 설명하는지를 어떻게 알 수 있을까? 이론 간의 공통점을 발견할 수 있지만 각각의 이론은 범죄에 관해 서로 다르게, 때로는 모순적으로 설명한다. 어떠한 설명이 다른 것보다 더 나은 것인지, 여러 이론 가운데 최상의 이론이 어떠한 것인지를 어떻게 판단할 수 있을까?

범죄학 이론이 과학적이라면, 과학적 기준에 의해 평가되어야 한다. 이론에 대한 평가에서 가장 중요한 기준은 경험적 타당성이라 할 수 있다. 경험적 타당성은 수집된 증거로 이론을 입증하거나 반박할 수 있는 정도를 의미한다.

그러나 이론을 평가할 수 있는 다른 중요한 기준도 있다. 이론평가의 기준으로는 내적 논리적 일관성, 범위와 간결성, 검증가능성 그리고 유용성과 정책적 함의 등이 있다(Gibbons, 1994; Barlow and Ferdinand, 1992; Tittle, 1995; Kubrin, Stucky, and Krohn, 2009; Bernard et al., 2010; Lilly et al., 2018).

1) 논리적 일관성, 범위, 간결성

적절한 이론이 되기 위한 기본전제는 개념을 명확하게 정의하고 명제를 논리적으로 진술하고 내적 일관성(*internally consistent*)을 유지하는 것이다(Budziszewski, 1997). 예컨대, 범죄자는 생물학적 결함을 가졌다고 설명하는 이론은 가정의 사회화가 범죄의 근본원인이라고 주장해서는 안 된다.

이론의 범위(*scope*)는 이론이 설명하는 현상의 폭을 말한다. 예컨대, 수표위조만을 설명하는 이론은 정확할 수 있지만 범위는 매우 제한적이다. 더 나은 이론은 수표위조를 포함하는 더욱 넓은 범위의 법 위반행위를 설명할 수 있어야 한다. 성인범죄와 관련이 없는 청소년비행에 관한 이론은 청소년비행과 성인범죄 모두를 설명하는 이론보다 범위가 제한적이다. 범죄의 연령분포만을 설명하는 이론은 범죄의 연령, 인종, 성별, 계층 분포를 설명하는 이론보다 제한적이다.

일련의 개념과 명제가 갖는 간명과 추상성을 의미하는 간결성(*parsimony*) 역시 과학적 이론의 필수적 요소이다. 이론의 범위와 간결성은 서로 연관을 맺는다. 적은 수의 간결한 진술문으로 넓은 범위의 사건을 설명하는 이론이 복잡하고 많은 변수와 명제를 가지고 좁은 범위의 사건만을 설명하는 이론보다 과학적으로 더 우수하다. 간결성의 원칙은 더 적은 수의 개념과 명제로 더 넓은 범위의 현상을 설명하는 것이다. 예컨대, 모든 범죄와 비행의 원인이 낮은 자기통제력이라고 설명하는 이론은 범죄의 유형, 범죄자의 연령, 성, 인종에 따라 혹은 다양한 분석단위에 걸쳐 무수한 요인과 이들 간의 상호작용으로 범죄와 비행을 설명하기 위해 많은 가설이 있어야 하는 이론보다 훨씬 더 간결하다(Lynch et al., 2013).

2) 검증가능성

과학적 이론은 객관적이고 반복가능한 증거에 의해 검증할 수 있어야만 한다(검증가능성: *testability*). 만일 이론이 경험적 연구결과를 통해 검증될 수 없다면, 그 이론은 과학적이라고 말할 수 없다. 이론의 명제가 범죄에 관해 알려진 사실과 일치하거나 경험적 증거와 부합한다는 것만으로는 충분치 않다. 이론은 경험적으로 반증/허위화(*falsification*) 될 수 있어야 한다. 다시 말해, 연구결과를 통해 이론의 가설이 수용되거나 부정될 수 있게 개방되어야 한다. 이러한 의미에서 이론이 반증될 수 없다면 검증할 수도 없다(Stinchcombe, 1968).

어떤 이론의 개념정의와 명제를 동어반복식으로 진술했다면 그 이론은 검증할 수 없을 것이다. 동어반복(*tautology*)은 정의상 참이거나 순환적 추론을 포함하는 진술문이나 가설을 뜻한다(Budziszewski, 1997). 예컨대, 낮은 자기통제력을 범죄억제의 실패로 정의하고 낮은 자기통제력을 법 위반의 원인으로 주장한다면, 그 이론의 명제는 동어반복적이다. 낮은 자기통제력을 이처럼 정의한다면, 자기통제력이 설명하려고 하는 것에 의해 자기통제력이 다시 정의되기 때문에 반증할 수 없다. 간단히 말해, 자기통제력이 낮은 사람은 자기통제력이 낮으며 법을 위반하는 사람은 법을 위반하는 것이라고 말하는 것과 같다.

정의상 참일 수밖에 없는 동어반복의 다른 형태는 어떠한 행위에 대해 명칭을 부여하고 다시 그 행위를 설명하기 위해 그 명칭을 사용하는 사례에서도 볼 수 있다. 예컨대, 연쇄살인범을 사이코패스로 부르고 연쇄살인을 하는 사람은 사이코패스이기 때문에 그런 행동을 한다고 주장하는 것과 같다. 이러한 설명은 명칭을 되풀이하는 것에 불과하다. 이와 마찬가지로, 과도하게 술을 마셔 음주와 관련된 문제를 가진 사람을 보고 그가 알코올중독자이기 때문에 과음한다고 주장할 수도 있다. 그가 알코올중독자인 것을 어떻게 알 수 있는가? 그가 과음하고 술로 인한 문제를 가졌기 때문에 아는 것이다. 이는 완전한 순환논리이다.

이론을 검증할 수 없는 또 다른 유형은 명제가 너무 개방적이어서 어떠한 모순되는 경험적 증거도 이론을 지지하는 것으로 해석되거나 재해석할 수 있는 경우이다. 예컨대, 어떤 은행강도가 어린 시절 어머니에 대한 성적 끌림으로 인한 죄책감을 해소하기 위해 비합리적이고 무의식적인 충동으로 범죄를 저질렀다는 이론을 생각해 보자. 이것은 정의상 참이 아니기 때문에 검증가능하다고 할 수 있다. 경험적 연구를 통해 이러한 설명에 맞는 은행강도가 많다는 사실을 확인한다면, 그 이론은 지지될 수 있을 것이다. 경험적 연구에서 은행강도의 유일한 범행동기가 돈이고 어머니에 대해 그런 감정을 갖지 않는 다른 사례가 나타난다면, 그 이론은 반증될 수 있다. 그러나 은행을 털도록 한 무의식적 충동이 그들의 실제 동기를 의식하지 못하도록 했기 때문이라고 주장한다면 앞서 언급한 반증은 번복될 수 있다.

마찬가지로, 형법은 항상 자본가계급의 이익을 대변한다고 주장하는 이론이 있을 수 있다. 만일 법률이 노동자 계급의 이익을 대변하기 위해 제정된다고 하더라도 그러한 법률은 겉으로만 노동자 계급을 위한 것처럼 보이지만, 실제로는 자본가계급을 위한 것이라고 언제든지 재해석할 수 있다. 이러한 이론을 반증할 수 있는 방법은 없다. 그러므로 연구결과가 어떻게 나오든지 잘못된 것으로 증명할 수 없는 이론은 검증가능한 이론이 아니다.

또한 이론의 개념이 관찰가능하고 보고가능한 사건에 의해 측정할 수 없을 때에도 그 이론은 검증할 수 없다. 이론의 개념과 명제는 설명되는 사건이나 행위인 종속변수의 변량을 설명하는 사건이나 독립변수를 파악한다. 동어반복적이지 않은 이론이라도 사용된 개념이 객관적이고 반복적으로 측정되지 못하면 검증할 수 없을 것이다.

이러한 측정 없이는 가설적 관계가 실제 사건에 의해 검증될 수 없다. 사람이 보이지 않는 악령에 사로잡혀 범죄를 저지른다는 이론은 그런 악령이 범죄를 유발했다고 증명할 방법이 없다. 범죄행위의 발생으로부터 악령의 존재를 분리해 측정할 수 없다면 범죄의 존재로부터 악령의 존재를 추정할 수 있을 뿐이다.

독립변수와 종속변수가 동일한 사건에 의해 측정될 때도 동어반복에 빠진다. 예컨대, 사회해체를 나타내는 지표 중의 하나가 비행률이라고 주장하고 비행을 사회해체의 결과로 설명하는 것은 동어반복이다. 설명되는 사건과 그것을 설명하기 위해 사용한 사건은 모두 같은 것이다. 한 사건을 그것의 원인으로 해석하는 것은 동어반복이다.

검증가능한 이론이 되기 위해서 모든 개념이 직접적으로 측정되어야 하는 것은 아니지만 개념을 논리적이고 명확한 방식으로 측정가능한 현상과 연결할 수 있어야 한다. 예를 들어, 사회학습이론은 어떤 사람이 일탈이나 비행을 저지르는 숭배 대상에게 노출될수록 동일한 행위를 모방하게 될 가능성이 높다고 한다.

'모방'(*imitation*)은 다른 사람이 어떤 행동을 하는 것을 보고 따라 하는 것으로 정의한다. 청소년이 모방할 수 있는 또래나 성인의 행동을 직접 관찰할 수도 있고 청소년들에게 그들이 숭배하는 사람에 관해 묻고 그들의 행동과 우상의 행동이 일치하는 정도를 파악할 수도 있다. 여기서 모방의 개념은 관찰 및 측정이 가능한 사건과 관련되기 때문에 모방학습(*modeling*)에 관한 명제는 검증가능하다.

3) 경험적 타당성

경험적 타당성(*empirical validity*)은 이론을 평가하는 가장 중요한 기준이다. 간단히 말해, 경험적 타당성은 이론이 경험적 증거에 의해 지지됨을 뜻한다. 만약 한 이론이 논리적이고 간결하고 동어반복적이지 않다고 하더라도 이것이 거짓으로 판명된다면 아무런 의미가 없다. 그러나 어떤 이론이 완전히 참 또는 거짓으로 판명되는 경우는 거의 없다. 반증가능한 이론은 완전하게 거짓으로 판명되기보다는 약간의 반대증거에 직면할 뿐이다. 쟁점은 이론에 대한 경험적 지지의 정도이다. 경험적 연구의 결과가 이론을 어느 정도 지지하는가? 전체적으로 증거는 이론을 지지하는가 또는 반박하는가? 다른 이론과 비교할 때 이 이론의 경험적 타당성은 어떠한가?

예를 들어, 억제이론은 법 위반자가 검거되고 엄격한 법적 처벌을 받는다면 범죄를 반복하지 않을 것이라고 주장한다. 만일 경험적 연구에서 이러한 주장이 소수의 법 위반자에게만 나타나거나, 처벌받은 법 위반자의 재범가능성이 그렇지 않은 법 위반자보다 그저 약간 낮다면, 그 이론은 크지 않은, 약간의 경험적 타당성을 가졌다고 할 수 있다.

반면에 낙인이론은 형사사법체계에 의한 검거나 처벌이 법 위반자를 범죄자로 낙인찍는다고 주장한다. 이러한 치욕적 낙인은 범죄자로서의 자아정체성을 형성시켜 그들이 범죄를 반복할 가능성을 높인다고 본다. 만일 경험적 연구결과, 다른 조건이 같을 때, 검거되었던 법 위반자가 그렇지 않은 사람보다 재범가능성이 더 높다고 밝혀진다면, 낙인이론은 억제이론보다 경험적 타당성이 더 높다고 할 수 있다.

(1) 인과성 및 결정주의

더 가능하다와 덜 가능하다라는 용어에 주목해 보자. 경험적 타당성은 이론이 범죄행위를 항상 야기하는 변수를 파악하거나 법 위반자를 체포하기로 한 결정을 항상 설명해야만 한다는 것을 의미하지는 않는다. 과학에서 전통적 인과성(*traditional causality*)은 원인 X가 결과 Y에 선행하고 결과를 유발한다는 것이다. X가 원인이 되기 위해서는 X 없이는 Y가 발생하지 않는다는 '필요조건'(*necessary condition*)과 X가 존재하면 Y는 항상 발생한다는 '충분조건'(*sufficient condition*)을 모두 충족해야 한다.

그러나 어떠한 범죄학 이론도 필요조건과 충분조건이라는 두 개의 전통적 인과기준을 충족시키지는 못한다. 따라서 범죄학 이론의 경험적 타당성을 평가하는 데 확률적 인과성 개념이 더 적절한 것으로 여겨진다. 확률적 인과성(*probabilistic concept of causality*)이란 단지 X의 존재가 Y를 발생시킬 가능성을 더 높인다고 주장한다. 즉, 범죄행위의 변화는 이론에서 제시된 설명변수의 변화와 동시적 관련을 갖는다. 이론에서 제시된 변수가 범죄와 비행 발생보다 선행하고, 그것에 의하여 범죄 및 비행의 발생 및 재발 가능성을 예측한다. 두 변수 간의 상관관계와 연관성이 강할수록 이론의 경험적 타당성은 증가한다.

확률적 의미에서라도 상관관계를 인과관계로 해석하는 것은 여전히 문제가 있다. 두 변수 사이의 상관관계의 방향이 이론에서 제시된 것과 같지 않을 수 있기 때문이다. 예를 들어, 비행경험이 있는 청소년과 교제하면 비행을 저지르게 된다고 주장하는 이론을 생각해 보자. 대체로 자신의 비행과 친구의 비행 간의 상관관계를 발견하는 것은 이론을 지지하는 증거로 인정할 수 있다.

그러나 이러한 상관관계는 이론을 반박하는 증거로도 사용할 수 있다. 청소년은 먼저 비행을 저지르고 그에 이어 비행친구를 사귈 수 있다. 다른 비행자와의 교제가 청소년의 비행가능성을 증가시키는 독립변수라기보다는 자신의 이전 비행의 결과인 종속변수일 수 있다. 그러므로 상관관계의 방향을 밝혀내기 위해서는 더 많은 연구가 필요하다.

확률적 인과성 개념은 인간의 행위가 전적으로 외부의 힘으로 결정되거나 자유의지에 근거한 선택의 결과가 아님을 시사한다. 오히려 인간의 행위는 '온건한 결정주의'(*soft determinism*) 라는 중도적 관점에 의해 가장 잘 이해할 수 있다(Matza, 1964). 온건한 결정주의는 다양한 요인이 인간행위에 영향을 준다는 것을 인정하지만 완전히 예측할 수 없는 개인적 선택의 가능성에도 여지를 남긴다. 범죄학 이론가는 점차 이러한 견해를 받아들인다(Gibbons, 1994; Akers, 1998; Walsh, 2002; Lilly et al., 2018).

> 최근에 많은 이론가는 유사한 주장을 전개한다. 온건한 결정주의나 비(非)결정주의는 통제이론, 합리적 선택이론, 사회학습이론, 갈등이론 등에 의해서 지지된다. 사람은 반성적 사고를 통해 이전의 경험을 초월해 … 좋고 싫음을 바꾸고 바뀐 선호에 따라 행동하기 위해서 때로는 예측하지 못한 새로운 전략을 개발할 수 있다(Agnew, 1995b: 83, 88).

(2) 이론에 대한 경험적 검증의 질적 수준

이론에 대한 모든 경험적 검증이 동일한 정도의 방법론적 수준을 지닌 것은 아니다. 더 나은 수준의 연구는 검증할 이론의 변수를 잘 측정하고, 이론에서 기대되거나 예측된 관계를 구체적 가설로 구성하고,

모든 주요 개념을 측정하고, 각각의 개념에 대해 하나 이상의 측정치를 사용하고, 이론에서 개념의 의미를 정확하고 신뢰할 만하게 반영하는 측정을 사용한다(Carmines and Zeller, 1979; Kubrin, Stucky, and Krohn, 2009). 이러한 연구는 이론에 의해 가설화된 주장의 직접적 효과를 검증한다. 또한 간접적 효과와 상호작용적 효과도 검증한다. 즉, 다른 요소가 통제되거나 고려되었을 때 독립변수가 종속변수에 어떠한 영향을 미치는가도 분석한다.

예를 들어, 자기통제이론은 자기통제력이 낮은 사람이 범죄기회가 적을 때보다 많을 때 더 많은 범죄를 저지른다고 한다. 자기통제력과 범죄기회 간의 상호작용을 고려한 연구결과(범죄기회가 적거나 많은 상태에서 낮은 자기통제력의 효과를 분석)는 범죄기회를 무시한 연구결과나 단지 자기통제력과 범죄기회를 결합한 연구결과보다 우수하다고 할 수 있다. 경험적 검증수준과 관련된 다른 쟁점은 이론에서 제시된 관계양상에 대한 적절한 인과적 순서, 선형 또는 비선형 관계가 적절하게 검토되었는가 등이다.

또한 경험적 연구는 이론이 적용되는 피실험자, 응답자, 정보제공자를 잘 선정한 표본을 통해 이루어져야 한다. 예를 들어, 하위계층 남자청소년의 도시비행 하위문화의 존재에 대한 이론을 검증하는 연구에서 하위계층의 도시소년을 표본으로 삼는 것은 적합하지만 성인을 표본으로 삼는 것은 적합하지 않다. 이와 유사하게, 좋은 경험적 연구는 적절한 분석단위 — 미시수준에는 개인이나 집단, 거시수준의 이론에서는 공동체, 국가, 전체 사회 — 를 사용한다.

4) 유용성과 정책적 함의

마지막으로, 범죄학 이론의 가치는 형사사법정책과 실무에 지침을 제공할 수 있는 유용성에 의해 평가할 수 있다(Nagal and Weisburd, 2013; Piquero, 2019; Sampson et al., 2013; Tonry, 2013). 모든 범죄학 이론은 어떤 해결책이나 정책을 내포한다. 이론에 근거한 실무에서 기본적 전제는 이론이 문제를 잘 설명할수록 그 이론은 문제를 잘 해결할 수 있다는 것이다.

대부분의 중요한 범죄학 이론은 형사사법정책과 실무에 대해 함의를 가졌고 정책과 실무에 실제로 활용되어왔다. 모든 치유방안, 치료 프로그램, 교정, 경찰정책, 형사사법의 활동은 명시적이든 암묵적이든 인간의 본성이나 범죄행위에 대한 이론적 설명에 바탕을 둔다(Barlow, 1995; Gibbs, 1995; Gibbs, 1993; Akers and Jennings, 2009, 2015). 법과 형사사법체계의 변화를 위한 모든 제안은 법은 왜 그렇게 제정되고, 형사사법체계는 왜 그렇게 운영되며, 형사사법체계의 구성원은 왜 그렇게 행동하는지를 설명하는 기초적 이론에 근거한다.

그렇다면 문제는 정책이 이론에 기초할 수 있거나 기초해야만 하는가가 아니라 — 정책은 이미 이론에 의해 형성된다 — 정책이 이론에 의해 얼마나 잘 유도되고, 정책과 그 근거가 되는 이론이 얼마나 적절한가이다. 대부분의 형사사법정책에 관한 논의에서 정책의 기초가 되는 이론적 관념은 잘못 이해되거나 모호하게 다루어진다. 어떤 정책은 정치적·경제적·행정적 이유로 채택된 이후에 그러한 정책을 정당화하기 위한 이론적 논거가 만들어진다.

일반적으로 형사정책 프로그램의 이론적 토대는 일관성 있고 검증된 단일 이론이 아니라, 몇몇 때로는 상충되는 이론적 요소들의 혼합물이다(Wright and Dixon, 1978). 이것은 어떤 것이 효과가 있는지를 알아보기 위해 여러 가지를 시도하는 노력에 기인한다. 정책과 실무상의 기준은 이론적 순수성이 아니라 유용성과 효율성이기 때문이다.

범죄학 이론은 공식적인 공공정책 및 프로그램뿐만 아니라 가정, 또래, 이웃, 지역공동체에서 비공식적으로 할 수 있는 일에 시사점을 준다. 사회학적 관점에서 살펴보면, 일상적 활동 및 상호작용에 배태된 이러한 비공식적 통제체계는 공식적 형사사법정책보다 개인의 행동에 더 많은 영향을 미친다(Felson and Eckert, 2016). 물론 비행 및 범죄와의 전쟁에서 공식적 조치와 활동은 비공식적 활동과 상호의존적이다.

어느 경우든 정책은 그 이론적 또는 철학적 개연성에만 의지하거나 단지 상식에 부합해서는 안 된다. 이론이 타당하다는 것을 경험적으로 입증해야 하듯이, 정책 수립 및 집행도 효과가 있어서 범죄와 비행의 예방, 통제, 감소에서 의도한 결과를 산출한다는 것을 경험적으로 보여야 한다. 또한 범죄학 이론은 민주사회의 공정성, 형평성, 적정절차, 적합성 등에 대한 윤리적·법적·도덕적 기준에 부합해야 한다(Akers, 2005).

명확하고 간결하며 동어반복적이지 않고 경험적으로 타당한 이론에 근거해서 프로그램과 활동이 이루어진다면 더 이상 바랄 나위가 없다. 만일 이론에 의해 수립된 프로그램이 실행되어 목표를 성공적으로 성취한다면, 이론의 타당성에 대한 추가적 확신을 얻을 수 있을 것이다. 평가연구는 프로그램이 그 목표를 달성한 정도를 사정하기 위해 종종 수행된다. 그러나 이론에 대한 경험적 검증과 같이, 모든 평가가 동일한 질적 수준을 유지하는 것은 아니다. 피실험자를 무작위로 실험집단과 통제집단에 할당하고 사전-사후 측정을 포함한 실험설계에 의한 '결과평가'(*outcome evaluation*)는 가장 신뢰할 만한 결과를 제공할 것이다. 그러나 연구설계가 잘되었어도 프로그램의 효과성 평가는 프로그램이나 정책에 대한 불완전한 평가에 그칠 수 있다.

프로그램이 실제로 그 바탕이 되는 이론과 목표가 명시한 대로 적합한 참여자를 상대로 적절한 방식으로 시행되었는지를 판단하기 위해 '과정평가'(*process evaluation*)를 할 수도 있다. 프로그램 자체는 이론적 원리를 실제상황에서 제대로 반영하지 못할 수도 있다. 범죄행위를 변화시키고, 재범을 줄이고, 형사사법체계의 향상을 위해서 이론에서 제안된 정책을 시행하는 데는 실제적 · 윤리적 장애물이 있을 수 있다(Jennings and Reingle, 2019).

어떤 생물학적 범죄이론에 근거해 화학적으로나 수술을 통해 인간의 신체를 침해하는 정책과 프로그램은 비난받기 쉽고 가장 심각한 윤리적, 도덕적, 헌법적 문제를 가진 것으로 여겨진다. 그러나 공정성, 형평성, 적법 절차, 적절성에 대한 윤리적, 법적, 도덕적 문제는 다른 이론적 관점에서 파생된 정책이 직면하는 문제와 질적으로 다르지 않다(Akers, 2005).

이론의 타당성과는 관련이 없이 프로그램의 효과를 강화하거나 약화하는 정치적, 경제적 요소가 있을 수 있다. 그러므로 어떤 정책이나 프로그램의 성공이나 실패는 그 자체로 이론검증의 척도로 사용할 수 없다. 그렇다고 그런 결과가 이론의 발달과 수정에 아무런 관계가 없다는 의미는 아니다.

"좋은 이론만큼 실제적인 것은 없다"라는 말은 이론이 실제와 직면해야 발전한다는 오래된 진리에 대한 풍자이다. 응용사회이론의 발전이 순수 이론사회학에 이바지한다는 것이 나의 신념이다. 이론사회학의 주장을 실무에 적용하는 과정에서 그것이 정제된다는 것은 분명하다(Zetterberg, 1962: 189).

5) 이론과 이데올로기

기존 형사사법체계의 운영을 설명하는 이론은 우리가 가져야 할 바람직한 법 체계에 대한 판단과는 다른 것이다. 예를 들어, 공정하고 정당하며 효과적인 형사사법체계를 만들어야 한다는 주장은 이론적 진술문이 아니다. 이러한 주장은 시민 대다수가 동의하는 바람직한 사회적 목표를 제시한다.

시민의 총기소지 금지가 바람직하다는 주장은 논쟁을 초래한다. 그러나 이러한 주장은 법과 형사사법에 대한 과학적 설명을 제공하지 못한다. 형사사법체계의 목적과 목표에 대한 주장은 — 형사사법체계는 피고인의 권리를 보호하기 위한 적정절차보다는 사회보호를 위해 범죄통제에 초점을 두어야 한다거나, 단지 적정형벌의 수준에서 법 위반자를 처벌해야 하는지 교정치료를 해야 하는지의 주장 — 이론적 주장이 아니고 하나의 이데올로기(*ideology*)이다.

사회의 범죄통제에 대한 철학적 및 실용적 논쟁에서 이데올로기는 이론에 의해 형성되고 이론의 적용과 관련이 있다. 그러나 이러한 주장들은 그 자체가 법이 왜 형성되고 집행되는지, 왜 사람들이 범죄를 저지르는지에 대한 이론적 설명은 아니다(Tonry, 2013 참조). 이론은 법체계의 운영과 법체계 참여자의 행동을 설명하려고 한다. 이론은 법 및 형사사법체계에서의 조치와 의사결정을 설명하는 가설을 제시한다. 이론은 형사사법체계에서 어떤 것이 바르고, 적합하고, 바람직한 가치인지를 알려주지는 못한다. 이론은 범죄행위를 설명한다. 이론은 어떤 행동을 범죄로 간주하여야 하는지 알려주지 않는다.

이는 특정 이론의 지지자들이 그들의 철학적, 가치적 판단의 영향을 받지 않는다는 의미는 아니다. 범죄와 형사사법에 관한 이론과 공정하고 효율적이며 효과적으로 운영되는 형사사법체계의 목표를 제시하는 철학 간에는 관계가 있다. 이러한 목표는 이론이 무엇을 중요하게 고려해야 하는지를 제시하기도 하고 이론이 이러한 목표를 어떻게 성취할 것인가에 대한 전략을 개발하는 데 도움을 준다.

예를 들어, 범죄학에서 갈등이론이 중요한 이유 중의 하나는 형사사법체계의 운용과 관련해 체계의 정당성에 대한 정치적·도덕적 논쟁을 제공하기 때문이다. 형사사법체계의 공정성이라는 목표는 범죄행위의 성격과 관련 법률 등에 근거해서 모든 사람을 공평하게 취급하는 것이다.

갈등이론(제 10장 참조)은 형사사법체계에서의 조치가 범죄행위 유형보다는 범죄자의 인종, 계급, 성과 같은 요소에 의해 차별적으로 이루어진다고 주장한다. 범죄의 성격보다 범죄자의 사회적 특성에 입각한 형사사법은 공정하지 못하다. 따라서 갈등이론이 경험적 연구결과에 의해 지지되거나 반박되는 정도는 형사사법체계의 공정성에 대한 논쟁에서 매우 중요한 사항이다.

더구나 어떤 학자의 정치적·사회적·종교적 또는 다른 철학적 입장은 이론적 선호에 영향을 미칠 것이다. 반대의 경향도 가능하다. 이러한 예로 쿠퍼, 월쉬와 엘리스(Cooper, Walsh and Ellis, 2010)는 전국적 학술대회에서 범죄학자의 정치적 이데올로기, 선호하는 이론 그리고 범죄의 주된 원인으로 고려되는 조건이나 요소에 대해 설문조사를 실시했다. 연구결과(낮은 응답률을 보임), 범죄학자 대부분은 자신을 정치적으로 진보적(60%) 또는 온건적(27%)으로 자처했지만 일부는 보수적(5%) 또는 급진적(8%)이라고 응답했다.

급진적으로 응답한 학자가 마르크스이론, 급진이론, 비판이론(제 11장과 제 12장) 또는 갈등이론(제 10장)을 선호하는 점은 놀랄 일이 아니다. 또한 정치적으로 보수적이라고 응답한 범죄학자는 생물사회이론(제 3장), 자기통제이론(제 9장), 발달 및 생애과정이론(제 14장)을 선호한다. 온건적이라고 응답한 범죄학자는 사회학습이론(제 5장)을 선호하고 진보주의자는 사회해체이론(제 8장), 사회통제이론(제 6장), 사회학습이론(제 5장)을 선호한다.

그러므로 범죄학자의 이론적 경향은 정치적 철학과 어느 정도 연관된다. 그러나 사회학습이론이 보수주의자, 온건파, 진보주의자, 급진주의자 모두에 의해 지지받는다는 연구결과에서 알 수 있듯이 이론적 경향과 정치적 견해는 분리할 수 있으며 불완전하게 관련되어 있다. 더구나 어떠한 정치적 이데올로기를 취하든지 의견차이가 없는 특정 핵심 이론적 사안이 존재한다. 이러한 사안에는 범죄의 원인으로 또래의 영향, 불안정한 가정생활, 알코올 남용, 중독성 마약 등이 포함된다(Cooper et al., 2010: 340).

범죄학 및 형사사법학(CCJ) 학자를 대상으로 한 최근의 설문조사연구에서도 CCJ 학자들이 일반대중보다 더 진보적 태도를 보이는 경향이 나타났다(Griffin, Parson, Wiecko, and Brace, 2018).

이론의 적절성은 이론가의 정치적 또는 정파적 이데올로기에 의해 평가할 수 있는 것이 아니다. 범죄 및 형사사법에 대한 타당한 이론적 설명은 진보적, 보수적 또는 급진적 정책에 모두 사용할 수 있다. 범죄 또는 형사사법에 대한 이론을 수용하거나 거부하는 가장 설득력 없는 이유는 그것이 자신의 신념, 이데올로기 또는 선호하는 정책에 얼마나 잘 부합하는지이다.

6) 경험적 타당성과 이론적 적용에 대한 강조

이론평가에서 가장 중요한 기준은 경험적 연구에 의한 확증(*verification*) 또는 반증(*refutation*)이다(Gibbs, 1990). 이러한 기준은 앞으로 각각의 장에서 계속 강조할 것이다. 이론의 정책적 함의와 적용도 중요하고 관심의 대상이 되어야 한다. 또한 범죄학 이론에 대한 다른 평가기준도 적절한 곳에서 다룬다. 그러나 이 책에서의 주된 관심은 다음과 같다. ① 범죄학 이론의 중심개념 및 명제의 소개, ② 경험적 타당성의 평가, ③ 정책과 프로그램적 활용에 대한 평가이다.

4. 요 약

범죄학 이론은 형법의 제정 및 집행에 관한 이론과 법 위반에 관한 이론으로 구분된다. 전자는 법의 내용과 형사사법체계의 조치에 관한 설명을 시도하고 후자는 일탈과 범죄행위의 수행과 발생, 유형에 관한 설명을 시도한다. 이러한 이론은 엄격한 결정주의보다는 확률적이거나 온건한 결정주의적 전제에 바탕을 둔다. 구조적 또는 거시적 이론은 사회나 집단 범죄율의 차이에 초점을 두고, 과정적 또는 미시적 이론은 개인적 차이와 사회과정(*social process*)을 다룬다. 범죄학 이론의 목적은 범죄와 형사사법을 이해하려는 것이다.

이론은 어느 정책이 더 효과가 있을지를 다루는 데 유용하지만 당위의 철학적 주장을 제시하지는 않는다. 하나의 이론은 명확성, 일관성, 범위와 간결성, 검증가능성, 실용적 유용성과 경험적 타당성이라는 기준에서 자체로 평가하거나 다른 이론과 비교할 수 있다. 이 중에서 이 책은 이론의 경험적 타당성과 정책 수립과 실무를 위한 유용성에 초점을 맞출 것이다.

주요 개념

- 거시(*macro*)
- 미시(*micro*)
- 내적 일관성(*internally consistent*)
- 범위(*scope*)
- 간결성(*parsimony*)
- 경험적 반증/허위화(*empirical falsification*)
- 동어반복(*tautology*)
- 경험적 타당성(*empirical validity*)
- 전통적 인과성(*traditional causality*)
- 필요조건(*necessary condition*)
- 충분조건(*sufficient condition*)
- 확률적 인과성(*probabilistic causality*)
- 온건한 결정주의(*soft determinism*)
- 결과평가(*outcome evaluation*)
- 과정평가(*process evaluation*)
- 이데올로기(*ideology*)

제 2 장

억제이론과 합리적 선택이론

1. 고전주의 범죄학과 억제이론

고전주의 범죄학은 기본적으로 18세기 이탈리아의 베카리아, 영국의 벤담의 저술에 근거한다.[1] 두 학자 모두 범죄행위의 설명보다는 주로 법과 형벌의 개혁에 관심을 둔 공리주의 사회철학자이다. 그러나 그럼으로써 그들은 오늘날 범죄학과 관련이 있는 범죄이론을 형성했다.[2]

고전주의 범죄학자는 대부분의 유럽국가에서 자의적이고 편파적인 판결에 의해 왜곡되었던 법, 법원, 형벌의 체계를 개혁하고자 했다. 그

---

1) 베카리아의 저술은 베카리아(Beccaria, 1963, 1972)와 모나체시(Monachesi, 1972)를 참조하라. 벤담의 저술은 벤담(Bentham, 1948)과 가이스(Geis, 1972)를 보라. 이 두 사람의 고전범죄학에 대한 일반적 논의는 볼드(Vold, 1958), 버나드, 스나입스와 제롤드(Bernard Snipes, and Gerould, 2010), 라이트(Wright, 1993b)를 참조하라.

2) 베르네(Beirne, 1991)는 베카리아가 중심적으로 의도했던 바는 법 개정도 범죄에 대한 합리적 설명도 아니었다고 주장한다. 베카리아는 오히려 자유의지와 의지적 행동의 가정과 반대되는 결정론적인 "인간에 대한 과학"을 소개하고자 했다고 한다. 따라서 그의 이론은 이후에 나타난 이론만큼이나 실증주의적이었다는 주장이다.

시대에는 자백을 강요하기 위해 고문을 행하고 태형, 공개교수형, 신체절단을 포함한 잔인한 형벌을 자행하기 일쑤였다. 고전주의 범죄학자는 사법과 법 체계를 더 합리적이고 공정하게 개혁하기 위한 철학적 근거를 제공하고자 했다.

고전주의 범죄학자의 생각은 상인과 같은 신흥 중류계층의 이해와 무역, 상업, 산업을 촉진하는 경제철학과도 부합했다. 그들은 당시의 선구적 지식인이 지지했던 개혁을 촉진시켰다. 또한 그들의 주장은 시민참여를 증대하고 정치권력의 민주적 통제를 추구하는 정치적 운동과도 잘 맞아떨어졌다.

고전적 공리주의 철학자에 의해 제안된 법 개혁, 예컨대 잔인하고 비정상적 형벌의 일소와 신속한 재판을 받을 권리의 명문화 등은 미국 수정헌법에 구현되었다. 개개 범죄의 유형과 등급에 비례해 법적으로 확정된 형벌을 부과하는 등의 법 개혁은 프랑스 혁명 이후 1791년 프랑스 신형법에 구현되었다.

1) 억제: 처벌의 확실성, 엄격성, 신속성

(1) 처벌의 엄격성과 범죄에 상응하는 처벌

고전주의 범죄학의 기본전제는 모든 개인이 자유의지의 합리적 행사를 통해 결정하고 행동한다는 것이다. 모든 개인은 행위로부터 얻는 잠재적 쾌락과 고통을 합리적으로 계산해 법을 준수하거나 위반한다. 개인은 범죄행위를 계획할 때 체포될 가능성과 법적 처벌을 고려한다. 만일 개인이 범죄로부터 얻는 이득보다 법적 처벌로부터 더 많은 고통을 받는다고 생각한다면 범죄를 저지르지 않을 것이다.

개인은 자신의 형사처벌 경험, 법에 의해 규정된 형벌, 과거 위반자에게 부과되었던 처벌을 모두 고려한다. 자의적이고 불명확한 법 체계하에서는 이러한 합리적 판단이 어렵다. 그러한 법 체계는 불공정할 뿐만 아니라 범죄를 통제하는 데도 비효율적이다. 그러므로 범죄를 예방하기 위해 시민이 법을 준수하도록 유도하는 합리적 형벌을 마련해야 한다.

형법의 주된 목적은 범죄를 억제하는 것이다. 형법이 국가나 피해자에 가해진 해악에 대한 보복수단이 되어서는 안 된다. 입법자는 무엇이 불법인가를 명확하게 정의하고 범죄로부터 얻는 이익을 상쇄할 수 있는 처벌을 정하고 이를 통해 범죄행위를 억제할 수 있는 법률을 제정해야 한다. 법관은 유·무죄만을 판단하고 법에 규정된 형벌을 변경할 재량권을 행사해서는 안 된다. 형벌은 범죄에 '상응해야 한다'. 이것은 '눈에는 눈, 이에는 이'라는 식의 응보라고 해석할 수도 있다.

그러나 벤담과 베카리아에게 범죄에 상응하는 처벌은 사회에 야기된 해악에 비례하여 처벌의 엄격성을 결정하는 것 이상을 의미했다. 이것은 사회에 야기된 해악을 약간 상회하는 처벌이다. 이는 처벌이 범죄에서 얻는 이익을 상쇄하기에 족할 정도면 충분함을 의미한다. 너무 심한 처벌은 정의롭지 못하고 충분하지 못한 처벌은 범죄를 억제할 수 없다.

이러한 논의에 깔린 전제는 특정 범죄를 범함으로써 얻는 이득이나 쾌락의 양은 모든 사람에게 거의 동일하다는 것이다. 그러므로 처벌은 개인에 맞추는 처벌과 다르게 범죄에 상응하게 만든다. 법률은 특정 범죄에 요구되는 형벌을 엄격하게 적용해야 하고 형벌은 범법자의 특성이나 환경에 따라 달라져서는 안 된다.

이러한 주장은 범죄의 해악이 크면 클수록 그로부터 얻는 이득도 크다는 것을 전제한다. 그러므로 범죄의 해악이 클수록 범죄를 억제하기 위한 처벌도 엄격해야 한다(고전주의 범죄학에서 비례성의 개념은 입법자가 개인적 특성과 관계없이 범죄의 경중에 따라 처벌의 경중을 결정해야 한다는 것이다). 이 개념은 뒤에 연령과 정신능력이 합리적 사고능력에 영향을 미칠 수 있음을 고려해 수정되었다.

(2) 처벌의 확실성과 신속성

억제이론이 처벌의 엄격성에만 의존하는 것은 아니다. 나아가 범죄를 억제하기 위해서는 범죄의 처벌이 신속하고 확실해야 한다고 주장한다. 처벌의 신속성은 형사제재가 범행 후에 얼마나 빨리 이루어지는가를 의미한다.

> 범행 후에 즉각적으로 처벌이 가해질수록 처벌은 정당하고 유용할 것이다. … 즉각적 처벌은 더 유용하다. 범행과 처벌 사이의 시간적 간격이 짧을수록 범죄와 처벌이라는 두 관념의 결합은 더 긴밀하고 지속적인 것이 될 것이다(Beccaria, 1972: 18-19).

처벌의 확실성은 범죄자의 체포와 처벌의 가능성을 말한다. 만일 범죄에 대한 처벌이 엄격하고 확실하고 신속하다면 시민은 범죄로부터 얻는 것보다 잃는 것이 더 많다고 합리적으로 계산할 것이고 따라서 법을 위반하지 않을 것이다. 베카리아와 벤담은 처벌의 확실성과 엄격성 사이의 관계를 인식했다. 처벌의 확실성은 엄격성보다 범죄를 억제하는 데 더 효과적이다. 처벌이 엄중할수록 적용가능성은 낮아진다. 그리고 처벌의 확실성이 낮아질수록 범죄를 억제하기 위해서 처벌은 더욱 강화될 것이다.

(3) 특별억제와 일반억제

억제는 두 가지 방식으로 작용한다. 첫째, 만일 범법자가 확실하게 잡히고 엄격하게 처벌된다면 재범하지 않을 것이다. 이는 '특별억제'(*specific deterrence*)로 알려졌다. 둘째, '일반억제'(*general deterrence*)이다. 이는 범법자에 대한 국가의 처벌이 아직 범죄를 저지르지 않은 일반인에게 본보기가 되어 국가 처벌에 대한 두려움을 심어줌으로써 범죄를 억제하는 것을 말한다(Zimring, 1971; Zimring and Hawkins, 1973; Nagin et al., 2018).

2. 현대 억제이론

1) 억제에 관한 연구

처벌의 확실성, 엄격성, 신속성의 원리, 비례성, 특별억제와 일반억제는 현대 억제이론의 핵심으로 남았다(Zimring and Hawkins, 1973; Gibbs, 1975; Wright, 1993b; Paternoster, 2010; Nagin, 2013a, 2013b; Nagin et al., 2018). 나아가, 억제이론은 현대 서구의 형법과 형사사법 체계의 철학적 기반으로 남았다. 억제이론은 18세기의 사법정책과 형사정책을 변화시키려는 의도로 발전했고 이 이론은 오늘날에도 법 집행, 재판, 행형에 관한 정책에 직접적으로 적용할 수 있기 때문에 많은 지지를 받는다.

범죄문제에 대한 억제이론의 가장 일반적 정책은 법정형의 인상, 양형의 가중, 체포율을 높이기 위한 경찰력의 강화, 유죄판결과 양형의 확실성 제고 등을 요청한다. 이러한 경향은 입법자가 형벌을 더욱 확실하고 엄격하게 하고, 전과자의 재범률을 줄이고, 새로운 범법자를 억제시키고자 하는 모든 노력과 직접적으로 관련된다.

특히, 상습범에게 선택적으로 적용되는 가중처벌정책은 — 비록 억제력이 없다고 하더라도 — 그 구금 기간 동안은 범법자를 무력화시킬 수 있다는 전제에 기초한다(Blumstein, Cohen, and Nagin, 1978; Sullivan and Piquero, 2016). 정말로 억제의 잠재력은 사형을 비롯한 모든 형사제재 정책의 배경에 항상 존재한다(제 2장의 "4. 억제와 형사사법정책"을 보라).

억제이론의 오랜 역사와 지속적 중요성에도 불구하고 이 이론을 검증하기 위한 경험적 연구는 1960년대 말까지 거의 이루어지지 않았다. 이전에는 억제이론에 대한 대부분의 논의가 이론에 대한 경험적 타당성보다는 처벌에 관한 인도주의적 · 철학적 · 도덕적 함의를 중심으로 다루어졌다(Ball, 1965; Toby, 1964; Gibbs, 1975). 네진(Nagin, 2013b)에 따르면 1960년대에 억제에 기초한 범죄학 연구를 부추긴 세 가지 주요 요인이 있다.

> 첫째, 기술적 요인이다. 범죄 자료를 분석하는 컴퓨터와 통계 소프트웨어의 활용가능성이 증가했다. 둘째, 사회적 요인이다. 1960년대 범죄율이 꾸준히 증가했다. 셋째, 지적 요인이다. 특히, 경제학 안에서 1968년 베커의 초기 논문인 "범죄와 처벌: 경제학적 접근"이 발간되었다(Nagin, 2013b: 211).

그러나 1970년 이후 억제이론은 범죄학에서 가장 자주 논의되고 연구되는 이론 가운데 하나가 되었다(Gibbs, 1975; Tittle, 1980; Wright, 1993b; Paternoster, 2010; Nagin et al., 2018). 비록 지난 10년간 억제연구의 수는 줄었지만 억제에 관한 상당한 조사와 정책적 관심은 오늘날에도 계속된다(Pratt, Cullen, Blevins, Daigle, and Madensen, 2006; Webster, Doob, and Zimring, 2006; Nagin, 2013a, 2013b; Loughran et al., 2012; Petrosino et al., 2013; Nagin et al., 2018).

억제이론에 관한 첫 번째 경험적 연구는 1급살인에 대해 사형을 규정한 주와 그렇지 않은 주 사이의 비교연구이다. 초기 연구는 사형폐지 전후의 살인범죄율을 비교 연구한 것이다. 이러한 연구는 주 법률에서 사형의 규정 여부가 살인범죄율에 전혀 영향을 주지 않았다는 것을 밝혀냈다(Sellin, 1959; Bedau, 1964). 이후의 연구 대부분은 유사한 발견을 내놓았고 주요 범죄학자들 사이에는 사형이 살인에 대한 일반예방효과가 거의 없다는 합의가 존재한다. 더욱이 일본을 비롯한 다른 국가의 연구도 사형이 살인에 대한 억제효과가 없음을 보고한다(Kanji, Johnson, and Yano, 2018).

그럼에도 깁스(1968), 티틀(1969), 치리코스와 왈도(1970)의 경험적 연구는 오늘날까지 계속되는 많은 연구의 발판을 마련했다. 그들의 연구는 사형의 효과를 넘어 모든 범죄와 비행에 대한 처벌의 확실성과 엄격성의 억제효과를 검증했다. 하지만 그들은 처벌의 신속성을 측정하지 않았으며 그 이래 처벌의 신속성은 경험적 연구에서 거의 다루어지지 않았다(Nagin and Pogarsky, 2001; Nagin et al., 2018 참조).

(1) 억제효과에 대한 객관적 측정

억제효과에 관한 경험적 연구는 형벌의 엄격성과 확실성을 두 가지 방법으로 측정한다. 첫 번째 접근은 공식적 형사사법 통계상의 객관적 지표를 사용하는 것이다. 예를 들면, 형벌의 확실성은 체포율(경찰에 인지된 범죄건수에 대한 체포건수의 비)이나 체포된 범법자의 기소율 또는 유죄판결률을 통해 측정된다.

처벌의 엄격성은 법에 의해 규정된 최고형량이나 특정 범죄에 대한 평균형량 또는 보호관찰이나 다른 비구금 대안이 아닌 교도소에 수감되는 비율에 의해 측정된다. 억제이론은 공식적으로 나타난 형량과 경찰이 인지한 범죄로 측정된 공식 범죄율 사이에 부(否: -)의 관계가 있다고 본다. 억제이론에 따르면 형사제재의 객관적 확실성과 엄격성이 높을수록 공식적 범죄발생률은 낮아야 한다(Gibbs, 1968; Tittle, 1969, 1980; Chiricos and Waldo, 1971; Ross, 1982; Pratt et al., 2006; Loughran et al., 2012; Nagin et al., 2018).

(2) 억제효과에 대한 인지적 측정

두 번째 접근은 형벌에 대한 개인의 주관적 인지를 측정하는 것이다. 시민이 공식적 제재를 알지 못하거나 범죄를 저지르더라도 처벌의 가능성이 높지 않다고 믿는다면 처벌의 객관적 위협효과는 거의 없다고 할 것이다. 사실 대부분의 사람은 형벌에 대해 거의 알지 못하며 검거와 구금에 관한 실제적 비율에 관해서도 정확하게 모른다. 법 위반이 가져올 위험에 대한 개인의 인지는 제재의 객관적 확실성에 관한 정보에 의해 다소 영향을 받는다(Scheider, 2001).

처벌에 관한 사람들의 두려움이 객관적 근거는 없다고 하더라도 범행결정과정에서 억제효과를 갖는다. 결국, 억제이론은 실제적 위험과 관계없이 처벌의 확실성, 엄격성, 신속성에 관한 개인의 인식이 범행 여부를 결정한다고 주장한다.

연구자들은 억제에 대한 인지적 차원을 고려해 개인이 인식한 처벌의 위험과 엄격성에 대한 '주관적' 측정방법을 채택했다. 예를 들어, 이러한 방법은 응답자에게 '당신이 어떤 범죄를 범한다면 체포될 가능성이 어느 정도인가'라는 질문을 통해 측정된다. 1970년대 이래 억제효과에 관한 대부분의 연구는 이러한 인지적 측정방법을 사용했으며 전형적인 것은 자기보고식 설문을 통해 개인이 처벌의 심각성과 위험에 대해 갖는 인식과 개인의 비행 및 범죄와의 관련성을 다루는 것이었다.[3)]

이 이론은 개인에 의해 인식된 검거가능성과 형벌의 엄격성이 클수록 범죄를 저지를 가능성은 낮다고 본다. 또한 최근의 연구에 따르면, 처벌의 인지된 위험이 특정 임계치에 도달했을 때만 범죄를 억제하는 전환점이 있을 수 있다고 제안한다. 예를 들어, 로란 등(Loughran et al., 2012)은 소년 강력범 표본을 바탕으로 추정된 처벌 위험의 30% 내지 40%를 임계치로 계산했고 처벌의 위험에 대한 인식이 위험의 연속선 끝 부분(100%에 가까운)에 있다고 보고한 소년범의 경우에 상당히 크고 가속된 인지된 억제효과가 있다고 언급했다.

---

3) 예를 들면, 젠슨(Jenson, 1969), 왈도와 치리코스(Waldo and Chiricos, 1972), 앤더슨 등(Anderson et al., 1977), 젠슨 등(Jenson et al., 1978), 티틀(Tittle, 1980), 패터노스터 등(Paternoster et al., 1983), 클레퍼와 네진(Klepper and Nagin, 1989), 네진과 패터노스터(Nagin and Paternoster, 1994), 밀러와 아이오바니(Miller and Iovanni, 1994), 샤이더(Scheider, 2001), 네진과 포거스키(Nagin and Pogarsky, 2001), 네진 등(Nagin et al., 2018)을 참조하라.

2) 형사제재는 억제효과가 있는가?

만일 형사사법체계가 존재하지 않거나 타인과 사회에 해악을 끼치는 행위에 대해 형벌을 부과하지 않는다면 범죄행위를 금지하는 법은 분명히 위하력(威嚇力)이 없을 것이다. 그럴 경우에도 법은 어느 정도 도덕적 통제력을 유지하고 대부분의 사람은 법에 승복하고 약탈행위를 삼갈 것이다. 그러나 형벌을 부과하는 경우보다 무질서가 만연해질 것이다. 참으로 법과 정부의 공식적 통제는 현대국가에서 사회질서를 유지하기 위해 필수적이다. 이러한 의미에서 악행을 처벌하는 체제가 존재한다는 것만으로도 범죄를 어느 정도 억제할 것이다. 처벌의 부재에 대비되는 처벌의 가능성이 갖는 이러한 효과를 '절대적 억제'(*absolute deterrence*) 라고 부른다(Zimring and Hawkins, 1973; Gibbs, 1975; Wright, 1993b; Nagin et al., 2018 참조).

그러나 절대적 억제는 억제연구에서 중요한 쟁점이 아니다. 사람들은 대부분의 경우에 구금이 두려워서가 아니라 법에 구체화된 도덕적 가치를 지키려 하기 때문에 법을 준수한다. 사람들은 절도와 살인을 도덕적으로 나쁘다고 믿기 때문에 하지 않는다. 우리는 그러한 행위를 혐오하도록 교육받고 사회화되었다.

사회화는 가족, 교회, 학교 및 다른 집단과 제도를 통해 이루어지고 부분적으로는 법 자체의 교육적 효과, 간단히 말해 특정행위에 대한 공식적 비난을 통해 이루어진다〔Andenaes(1971), 억제 이외의 법의 다른 예방적 효과에 대해서는 깁스(Gibbs, 1975)를 보라〕. 그러므로 억제에 대한 경험적 연구에서 밝히고자 하는 중요한 문제는 국가가 공식적으로 부과하는 처벌의 실제적 또는 인지된 위협이 비공식적 통제체계에 의해 확보된 억제를 넘어서는 의미 있는 '한계적 억제'(*marginal deterrence*) 효과를 갖는가 하는 점이다(Gibbs, 1975; Zimring and Hawkins, 1968).

이 문제에 대한 대답은 한계적 억제효과가 있기는 하지만 충분하지 않다는 것이다. 객관적/인지적 억제에 대한 연구는 대부분 처벌의 확실성과 범죄율 간의 부(-)의 관계를 보여주지만 상관관계는 약한 것으로 나타난다(D'Alessio and Stolzenberg, 1998; Tonry, 2008). 게다가 체포의 위험에 대한 인식이 범죄와 비행행위에 대해 갖는 약한 효과도 자신의 도덕적 태도, 또래 행동 및 다른 변수에 따라 달라진다(Foglia, 1997; Matthews and Agnew, 2008; Roche, Wilson, and Pickett, 2019).

처벌의 엄격성이 범죄에 미치는 영향은 더 약해서 일반 범죄자(Smith and Akers, 1993)나 화이트칼라 범죄자와 같은 특정 범죄자(Weisburd et al., 1995)에 대해 약한 영향만을 미친다. 처벌의 신속성은 거의 영향을 주지 않는다(Nagin and Pogarsky, 2001). 약간의 예외(Cochran and Chamlin, 2000)가 있지만 사형제도의 존재나 사형집행의 확실성은 살인범죄율에 거의 영향을 주지 못한다.

다만 처벌의 확실성에 대한 인지가 어느 정도의 억제효과가 있기는 하다. 그러나 전체적으로 볼 때 억제이론에 대한 경험적 타당성은 제한적이다. 실제로 미국 국립연구회의(Chalfin, Haviland, and Raphael, 2013; Charles and Durlauf, 2013; Donohue and Wolfers, 2005, 2009)가 의뢰한 최근 문헌검토를 바탕으로 네진과 페퍼는 다음과 같은 결론을 내렸다.

> 사형제도가 살인에 미치는 영향에 대한 현재까지의 연구는 사형제도가 살인율을 감소시키거나 증가시키는지 아니면 영향을 미치지 않는지에 대

> 해 아무것도 알려주지 않는다. 따라서 국립연구회의는 사형제도가 살인에 미치는 영향에 대한 판단을 요구하는 심의에 이러한 연구를 사용하지 말 것을 권고한다. 결과적으로, 사형제도가 특정한 양만큼 살인율을 감소시키거나 증가시키는지 아니면 살인율에 영향을 미치지 않는다는 주장은 사형을 둘러싼 정책적 판단에 영향을 미쳐서는 안 된다(Nagin and Pepper, 2013: 3).

국립연구회의 위원회가 도달한 이러한 결론은 개별적 연구에 의해 지지될 뿐만 아니라 다수의 연구결과에 대한 '메타분석'에서도 지지된다. 더욱이 사형의 억제효과에 관한 연구와 동일한 결론이 억제효과 일반에 관한 연구에도 적용된다. 특히, 프랫 등(2006)에 따르면 "억제이론에 대한 거시수준의 검증에서 구체화된 다수의 변수들(예를 들면, 경찰규모/1인당 경찰 수 증가, 체포율, 해결률)은 사실상 모든 수준의 변수 중에서 범죄율에 대한 가장 약한 예측인자이다"(Pratt et al., 2006: 368). 또한 인지적 측정이 사용된 연구에 대한 메타분석 결과, 대체로 인지된 법적 처벌의 엄격성은 억제효과가 없다는 사실을 발견했다. 게다가 인지된 처벌의 확실성이 갖는 평균적 억제효과는, 비록 통계적으로 유의미하지만 매우 약하다.

> 억제이론에서 구체화된 변수와 범죄/비행 간의 관계가 갖는 평균적 효과의 크기는 일반적으로 0에서 -.20 사이로 그다지 크지 않아 무시해도 좋을 정도이고 또래효과나 자기통제력과 범죄/비행 간의 관계에 대한 메타분석에서 발견된 수치보다 훨씬 더 약하다(Pratt et al., 2006: 383).

억제이론을 지지하는 증거가 약한 이유 중 하나는 연구대상자의 애초 억제가능성 때문일 수 있다. 포거스키(2002: 432)는 세 유형의 개인을 확인한다. '예리한 순응자'는 그렇게 하는 것이 옳다는 이유만으로 법을 준수한다. '고질적 범죄자'는 범죄에 너무 전념하여 범죄 가담을 막을 수 없는 경우이다. '억제가능한 범죄자'는 제재의 위협이 범죄를 단념시킬 잠재력을 가지는 유일한 집단이다.

제이콥(2010)은 억제가능성을 위험 민감성으로 개념화함으로써 그 관념을 확장한다. 신원을 숨기거나 범행장소로 외딴 곳을 선택하거나 추적을 피할 다른 노력을 하는 등 범행 도중에 어떤 예방책을 강구하는 자는 위험 민감성이 높음을 나타내고 따라서 위험 민감성이 낮은 자보다 더욱 억제가능하다. 현재는 인지된 제재 위협의 억제효과가 위험 민감성이 높은 자에게 더 큰지 여부를 검증하는 실증연구가 없다. 하지만 제이콥과 셔보노(2018)는 '채널링 효과'를 암시하는 질적 조사 결과를 제공하는바, 자동차 절도범이 더 높은 형량과 같은 공식적 제재와 피해자의 저항과 보복 같은 비공식적 제재에 대한 위험 민감성으로 인해 자동차 절도범이 차량강탈에 대한 억제 효과를 보고했다.

3) 억제와 경험효과

패터노스터 등(1983: 471)은 "이전의 범행이 체포의 확실성에 대한 현재의 인식에 영향을 미치는 **경험효과**(*experiential effect*)가 체포의 확실성에 대한 현재의 인식이 이후의 범행에 영향을 미치는 억제효과보다 강하다"는 연구결과를 주장했다(원문 강조). 범행의 경험이 거의 없는 응답자가 경험이 있는 응답자보다 처벌의 확실성에 대한 인식이 높은 것으로 나타났다(Paternoster et al., 1985: 429).

달리 말하면, 과거에 법 위반 경험이 많을수록 현재에 제재의 위험성에 대한 인식이 낮다는 것이다. 패터노스터 등(1983)은 인지된 처벌의 위험과 범죄행위 간의 비교적 약한 부(-)의 상관관계는 제재에 대한 인식이 행위에 영향을 미치는 억제효과라기보다 행위가 위험성의 인식에 영향을 미치는 경험효과를 반영한다는 결론을 내렸다. 그러나 그들은 자신들이 밝혀낸 경험효과가 실제로는 특별억제와 모순되지 않는다는 것을 인식하지 못했다. 특별억제 원리에 따라 응답자가 과거에 범죄를 저질렀지만 처벌받지 않았다면 이들의 인지된 확실성은 낮을 것이다. 처벌받지 않고 재범을 저지른 사람은 위험성에 대한 인식이 더욱 낮을 것이다. 이는 장래의 재범과 관계된다(Stafford and Warr, 1993).

특별억제는 범죄행위로 검거되고 처벌된 사람들에게만 적용된다. 억제이론에서는 만일 검거되고 처벌되지 않는다면 처벌의 확실성에 대한 인식은 낮을 것이라고 주장한다. 이러한 의미에서 억제이론은 패터노스터 등이 밝혀낸 바로 그 경험효과를 예견한다.

만일 경험적 연구에서 과거에 빈번하게 체포되었다고 응답한 사람이 여전히 형사제재의 위험에 대한 인식이 낮은 것으로 나타난다면 특별억제의 원리와는 모순되는 것이다. 패터노스터 등은 단지 과거의 범죄행위에 대해서만 질문했을 뿐이다. 그들은 과거의 체포와 처벌의 경험을 측정하지 않았기 때문에 경험효과가 억제이론에 모순되는지를 알 수 없다.

특별억제가 처벌을 받거나 회피한 경험에 기초한다면, 일반억제는 타인이 처벌을 받거나 또는 회피하는 것을 본 간접경험에 기초한다. 이러한 두 가지 경험은 모두 범행 및 위험의 인지와 관련된다(Stafford and Warr, 1983).

> 처벌회피는 장래의 범행가능성을 증가시키는 부정적 강화요인(즉, 불쾌한 결과나 처벌의 유예)으로 작용한다. 따라서 사회학습이론의 맥락에서 본다면, 범죄행위의 기본적인 의사결정과정은 자신의 경험이나 타인의 행위를 '모방'함으로써 조작적 조건형성 반응(처벌요인 또는 부정적 강화요인)을 따르고 이것은 범죄 또는 비행에 대한 개인의 장래의 비용편익 분석에 영향을 미친다(Pratt et al., 2006: 372).

피케로와 포거스키(2002)는 직접적 처벌경험과 간접적 처벌경험 양자 모두의 영향을 발견했다. 그러나 그들의 연구에서 처벌경험은 "대담하게 하는 효과"(*emboldening effect*)를 가졌다. 즉, 처벌경험은 장래의 범행과 정(正: +)의 관계를 가진다. 이러한 발견은 더욱 상습적인 범법자가 비범법자보다 처벌받을 기회가 많기 때문일 수 있지만 억제가설과 경험가설 모두와 반하는 결과로, 그들의 범행이나 인지 그 어느 것도 직·간접의 처벌경험에 의해 영향을 받지 않은 결과일 수 있다. 오히려 이전의 처벌경험이 대다수 범법자에게 정체성을 부여해 그들이 장래 범행에 대해 더욱 큰 성향을 보이는 것일 수 있다(Piquero and Pogarsky, 2002: 178).

피케로와 포거스키(2002)와 달리 시트렌과 애플게이트(Sitren and Applegate, 2007)는 직·간접의 처벌회피 경험이 범행가능성에 미치는 효과를 발견했다. 게다가 카마이클 등(Carmichael et al., 2005)은 고등학생 2천 명의 자기보고조사 자료를 활용해 경험효과와 억제효과는 남성과 여성에게 상이하게보다는 유사하게 작용한다고 보고했다. 이런 양상은 경험효과에서 특히 강하게 나타났다.

최근에 앤워와 로란(Anwar and Loughran, 2011)은 애리조나와 펜실베이니아의 소년 강력범 1,300명의 표본에서 도출한 경험효과에 대한 매우 종합적 조사를 제공했다. 그들의 신중한 분석으로 밝혀진 바로는 체포경험이 소년의 주관적 처벌가능성을 증가시키지만 경험 많은 범죄자에게 이 효과의 크기는 훨씬 작았다. 특히, 경험 많은 범죄자는 이전의 주관적 처벌가능성에 더 무게를 두었고 이러한 이전의 주관적 처벌가능성은 이후의 체포에 의해 거의 영향을 받지 않았다. 반면, 경험이 부족한 범죄자는 최근의 체포에 상응해 주관적 처벌가능성을 상승시켰다.

마지막으로 앤워와 로란은 이러한 주관적 처벌가능성의 효과는 범죄별로 특수해 폭력범죄로 체포된 것이 재산범죄와 관련한 소년의 주관적 처벌가능성에는 효과가 거의 없다고 밝혔다. 범죄를 저질러 검거되거나 범죄를 저질러도 검거되지 아니한 가족이 있다는 것과 같은 범죄와 처벌회피에 대한 간접경험이 본인 자신의 위험 인지에 영향을 미친다(Wilson, Paternoster, and Loughran, 2017).

4) 억제개념의 변형과 확장

패터노스터(1985)의 연구는 억제개념을 형벌 이외의 영역으로 확장하려는 움직임과 일맥상통한다. 패터노스터는 경험적 연구에서 사회통제이론(도덕적 신념, 부모와 또래에 대한 애착)과 사회학습이론(가족과 친구로부터 오는 비공식적 제재에 대한 인지된 위험과 범법자와의 교제)의 주요 변수를 포함한다(제 5장과 제 6장 참조). 이러한 다른 변수를 고려하면 형벌위험에 대한 인식과 범죄행위 간에 나타나던 약한 관계마저도 사라진다(Pratt et al., 2006 참조).

이전 연구(Akers et al., 1979; Grasmick and Green, 1980)에 이어서 패터노스터(1985)는 억제개념을 엄격한 법적·공식적 제재를 넘어선 '비공식적 억제'를 포함하는 것으로 확장했다. 비공식적 억제는 범죄와 비행을 예방하는 실제적 또는 예상되는 사회적 제재와 범죄·비행의 다른 부정적 결과를 의미한다. 이러한 연구는 가족과 친구의 비난, 자신의 양심과 도덕적 의무와 같은 비공식적 제재에 관한 인식이 억제효과를 갖는다는 것을 밝혀냈다. 비공식적 제재에 대한 인식은 체포의 확실성이나 형벌의 엄격성에 대한 인식보다 범죄억제에 더욱 효과적이다(Green, 1989; Grasmick and Bursik, 1990; Pratt et al., 2006).

짐링과 호킨스(Zimring and Hawkins, 1973)는 공식적 처벌이 비공식적 사회제재를 유발하는 경우에 범죄를 더 효과적으로 억제한다고 주장했다. 청소년은 단지 경찰체포에 대한 두려움뿐만 아니라 자신이 체포될 경우에 부모가 취할 반응 때문에 비행을 삼갈 것이다.

윌리엄스와 호킨스(Williams and Hawkins, 1989)는 공식적 형사사법 제재에 의해 촉발될 수 있는 비공식적 제재가 갖는 억제효과에 대한 개념을 확장했다. 그들은 아내에게 폭력을 행사하는 남편이 체포되면 부분적으로는 그의 체포사실을 알게 된 친구나 가족, 이웃, 고용주의 부정적 반응 때문에 남편에게 억제효과가 나타난다는 것을 밝혀냈다. 이 경우에, 체포에 대한 두려움은 체포 자체의 부정적 경험뿐만 아니라 체포로 야기되는 다른 부정적 결과 때문에 억제효과를 가질 수 있다. 여기서의 부정적 결과에는 관계의 단절, 명예훼손, 현재나 미래의 실직가능성 등과 같은 비공식적 비용을 포함한다. 그들은 억제의 일반적 개념이 비공식적인 부정적 제재를 포함하도록 확장되어야 한다고 주장했다.

그러나 네진과 패터노스터(Nagin and Paternoster, 1991b)의 비행에 관한 연구에서는 윌리엄스와 호킨스의 주장이 경험적 지지를 받지 못하는 것으로 나타났다. 그들은 공식적 제재에 대한 인식이 매우 약한 억제효과를 갖는다는 것과 이 억제효과는 비공식적 비용과 관련되더라도 전혀 증가하지 않음을 발견했다. 대신, 비공식적 제재는 공식적 제재보다 비행에 더 강한 독립적 효과를 보여준다.

또한 네진과 포거스키(2001)는 행동에 대한 비공식적 결과가 갖는 중대한 억제효과를 발견하고 개인의 '현재 지향'과 더불어 법적 결과와 '법 외'(*extra-legal*)의 결과를 포함하는 일반억제 모형을 제시한다. 프랫 등(Pratt et al., 2006)도 '비법적'(*non-legal*) 제재의 확실성에 대한 인식이 법적 제재의 확실성에 대한 인식보다 조금 더 강한 억제효과를 가진다고 보고한다.

비공식적 억제체계가 법적 제재보다 범죄통제에 더 효과적이라는 점은 놀랍지 않다. 그러나 비공식적 억제가 범죄억제효과가 있다는 연구결과가 억제이론의 경험적 타당성을 증가시키는가? 내 생각에는 그렇지 않다. 억제이론은 법적 처벌의 위협에만 관계된 것이다.

> 억제에 대한 적절한 정의는 … 협의의 것이다. 법적 맥락에서 '억제'는 한 개인이 범죄를 계획했지만 법적 처벌의 위험과 결과에 대한 두려움 때문에 범죄행위를 삼가는 것을 말한다(Gibbs, 1986: 325-336).

억제이론에서는 법적 처벌 이외의 범죄를 통한 보상, 행위의 사회적 결과, 개인이나 집단의 범죄성향 등과 같은 변수를 고려할 여지가 없다. 억제이론에서 다루어야 할 문제는 어떤 종류의 처벌이 억제효과를 갖는가의 문제가 아니라, 법적 처벌의 위협이 얼마나 억제효과를 갖는가이다.

억제이론이 법적 처벌을 넘어선 비공식적 제재와 다른 사회적 환경을 포함하는 것으로 확대될수록, 억제이론의 핵심은 약해지고 그러한 변수를 이미 포함한 다른 이론과 유사해진다. 그러므로 비공식적 제재, 약화된 사회통제와 유사한 변수에 대한 긍정적 연구결과가 확대된 억제이론을 지지하는 것으로 결론짓기보다는 그러한 변수를 다루는 다른 이론(예를 들면, 사회학습이론과 사회통제이론)을 지지하는 것으로 해석하는 것이 더 적절하다.

3. 합리적 선택이론

1) 억제와 기대효용

억제개념의 확대는 1980년대에 범죄학 분야에 '합리적 선택'(*rational choice*) 이론이 도입된 것과 관련이 있다.[4] 합리적 선택이론은 경제학의 '기대효용 원리'(*expected utility principle*)에 기초한다. 기대효용 원리는 사람들이 이윤을 극대화하고 손실을 최소화하기 위해 합리적으로 결정함을 뜻한다. 이것은 고전주의 범죄학에서의 인간본성에 대한 전제와 같은 것이다. 억제이론과 합리적 선택이론은 모두 18세기 공리주의 철학에 뿌리를 두기 때문에 매우 유사하다(Gibbs, 1975 참조). 전자는 법에 적용되었지만 후자는 경제에 적용되었다. 이러한 오랜 기간의 역사적 연관에도 불구하고 범죄에 관한 합리적 선택이론은 최근에 와서야 범죄학에 도입되었다.

합리적 선택은 사회학자의 범죄연구에서 '요행'(*aleatory risk*)과 같은 개념의 사용을 제외하고는(Short and Strodtbeck, 1965) 경제학자의 범죄분석을 통해 범죄학에 도입되었다.[5]

---

4) 기본적으로 억제이론의 확대로 볼 수 있는 일반 및 특수 합리적 선택이론에 대해서는 코니시와 클라크(Cornish and Clarke, 1986), 필리아빈 등(Piliavin et al., 1986), 클레퍼와 네진(Klepper and Nagin, 1989), 패터노스터(Paternoster, 1989a; 1989b), 윌리엄스와 호킨스(Williams and Hawkins, 1989), 그래스믹과 버식(Grasmick and Bursik, 1990), 뉴먼 등(Newman et al., 1997), 피케로와 렌저트(Piquero and Rengert, 1999)를 보라. 합리적 선택이론에 대한 일반적인 비판은 에이커스(Akers, 1990)와 드 한과 보스(De Haan and Vos, 2003)와 로그란 등(Loughran et al., 2016)을 보라.

상당 기간 억제연구를 수행했던 일부 범죄학자는 1980년대에 경제적인 합리적 선택모형을 법적 처벌을 넘어선 억제이론의 확장으로 다루기 시작했다. 그러나 합리적 선택 이론가는 그들의 이론을 억제이론의 단순한 확장 이상으로 본다. 이 이론은 특정 범죄를 저지르기 위한 의사결정과 범죄경력의 발전이나 중단 등의 모든 범죄현상에 대한 일반적 설명이다. 이러한 의사결정은 처벌의 가능성, 엄격성과 기타 범죄의 비용을 고려한 범법자의 기대효과와 보상에 기초한다(Cornish and Clarke, 1986; Newman, Clarke, and Shoham, 1997; Loughran, Paternoster, Chalfin, and Wilson, 2016).

2) 합리적 선택이론에 관한 경험적 연구

합리적 선택이론에서 예견했듯이 범법자는 행동 방침을 선택하기 전에 범죄의 노력과 비용보다 보상이 더 크다고 판단했을 경우에 범죄를 저지르는가? 답변은 이론이 가정하는 합리성의 정도에 따라 달라진다. 이 이론은 모든 사람이 범행 전에 범죄로 인한 고통과 쾌락에 대해 고도의 합리적 계산을 한다고 가정하는가? 범법자는 완전한 지식과 자유의지를 갖고 객관적이거나 주관적으로 결정된 비용과 이득을 신중하게 계산해 범죄를 저지르는가?

만약 이러한 완전한 합리성을 가정한다면 합리적 선택이론은 전혀

---

5) 베커(Becker, 1968), 하이네크(Heineke, 1978)와 크로치(Crouch, 1979)를 보라. 깁스(1975: 203)에 의하면 "사회학자에 의해 억제이론이 재발견된 직후에 경제학자가 본격적으로 이 주제를 다루었다". 부시웨이와 로이터(Bushway and Reuter, 2008)는 합리적 선택이론을 포함한 범죄학에 대한 경제학자의 기여를 강조한다.

경험적 타당성을 갖지 못한다. 예상되는 행위의 결과에 대한 완전한 합리적 계산은 일반 준법시민에게서조차도 찾아보기 어렵다. 더욱이 일상적이고 직업적으로 범죄를 저지르는 범법자조차도 완전히 합리적인 의사결정과정을 통해 행동하지는 않는다.

예를 들어, 터넬(Tunnell, 1990, 1992)은 상습적 재산범에 대한 연구에서, 범법자는 범죄로부터 이득을 얻고 체포되지는 않을 것으로 생각하거나 비록 체포된다고 하더라도 오랜 기간 복역하지 않을 것이라 믿는다는 것을 밝혀냈다. 더구나 그들은 수감생활에 대해 위협을 느끼지 않기 때문에 복역을 두려워하지 않는다. 이러한 결과는 범죄의 기대이득이 기대비용을 훨씬 초과하기 때문에 범죄를 저지른다는 측면에서 합리적 선택이론과 맥을 같이하는 것으로 보인다.

그러나 범법자가 또 다른 범죄를 저지르려는 의사결정과정은 비용과 이득에 대한 완전한 합리적 계산모형과 부합하지 않는다. 범법자는 체포를 피하려 하지만 그들의 위험에 대한 평가와 행동은 매우 비현실적이며 비합리적이기조차 하다. 그들은 체포위험을 합리적으로 계산할 수 없고, 범죄를 제대로 계획하는 것도 아니며, 법적 처벌의 내용에 대해서도 잘 알지 못한다. 더욱이 이 연구에서는,

> 범법자는 (주로 절도범) 범행 전에 그들의 범죄가 초래할 법적 제재에 관해 고려하지 않은 것으로 보고되었다. … 또한 그들은 범죄의 부정적 결과보다는 긍정적 결과를 주로 생각한 것으로 나타났다. … 그들은 체포되지 않을 것이라 믿었고 그 이상은 생각하지 않았다. 이러한 의사결정과정이 이득과 위험에 대한 합리적 계산의 문제는 아닌 것으로 보인다. … 위험은 거의 고려되지 않거나 다소 고려되는 경우에도 중요하게 여겨지지

않았다(Tunnell, 1990).

마찬가지로 크롬웰 등은 주거침입절도범에 대한 민족지학적(*ethnographic*) 연구에서, "주거침입절도범의 경우에도 완전하게 합리적인 의사결정모형은 지지되지 않는다"는 것을 발견했다(Cromwell, Olson, and Avary, 1991: 43). 오히려 전문적인 주거침입절도범은 범행 전에 이득과 위험을 부분적으로만 계산하고 "대부분의 주거침입절도범이 환경적 요소를 고려해 신중하게 계획을 세우고 합리적으로 결정한다는 보고는 오류가 있을 수 있다"고 한다(Cromwell et al., 1991: 42).

> 이 연구에서 조사된 대부분의 주거침입절도범은 교과서처럼 나무랄 데 없는 도둑질을 한 것 같았다. … 그들은 자신들의 과거범행을 합리적으로 생각하고 행동한 것처럼 기술했다. 그러나 그들의 주장을 더 면밀히 조사하면, 그들의 범행은 기회나 상황적 요인에 의한 경우가 많은 것으로 밝혀졌다(Cromwell et al., 1991: 42).

드 한과 보스(De Haan and Vos, 2003)는 노상강도에 대한 면접조사와 집단토의를 통해 강도행위는 돈을 얻는다는 '합리적' 이유 때문에 저지른다는 결론을 내렸다. 그러나 통상적으로 합리성의 요소라고 기술하지 않는 다른 요소('긴장의 완화', 충동성, 자포자기, 도덕적 모호성, 감정)도 강도에게는 동등하게 중요한 동기이다.

두간, 라프리와 피케로(Dugan, LaFree, and Piquero, 2005)는 체포의 확실성이 높아지고 더욱 엄중한 처벌이 주어지면서 항공기 납치가 줄었다는 결과를 가지고 합리적 선택이론의 전제가 지지를 얻었다고 추론했다. 그러나 그들의 연구에서 발견된 관계는 비교적 약했고 통계적으로 유의미한 경우는 거의 없었다. 게다가 납치범의 의사결정에서 근간이 되는 것으로 가정된 실제의 합리적 인지 과정에 대한 측정은 없었다. 쇼버와 호흐스테틀러는 다음과 같이 주장했다.

> 화이트칼라 범죄자는 일반적으로 거리의 범죄자보다 더 합리적으로 행동한다. 후자는 마약사용과 다른 남성의 존재 때문에 판단과 계산 능력이 흐려지는 길거리 문화의 쾌락주의적 맥락 속에서 일상적으로 범죄를 선택한다. 반대로 다수의 화이트칼라 근로자는 신중한 의사결정을 장려하고 감독하고 보상하는 세상에서 살고 일한다(Shover and Hochstetler, 2005: 3).

화이트칼라 범죄자의 의사결정과정이 얼마나 순수하게 합리적인지 또는 그 과정이 다른 범죄자보다 합리적인지 여부에 대한 경험적 증거가 아직 부족하기 때문에 이는 추측에 머무른다.

그러나 범죄를 완전하게 합리적으로 계산해 행한다는 설명의 경험적 타당성은 중요하지 않다. 왜냐하면 합리적 선택 이론가는 그러한 순수 모형을 거의 고수하지 않기 때문이다. 대신, 그들은 정보의 부족, 도덕적 가치, 범행에 영향을 미치는 다른 요소로 인한 선택의 한계와 제한을 고려하는 부분적 합리성(*partial rationality*) 모형을 발전시켰다.

비록 합리적 선택 이론가가 '이성적 범죄자'와 범죄의 '합리적 요소'를 자주 이야기하지만 그들은 이성과 합리성이 얼마나 제한되는지를 장황하게 지적한다. 경험적으로 입증된 모형은 완전한 합리성이 아니라 상당히 낮은 수준의 합리성에 기초한다(De Haan and Vos, 2003; Matsueda,

Kreager, and Huizinga, 2006 참조).

패터노스터와 포거스키(2009)는 합리적 선택의 틀에 신중하고 반성적인 의사결정(*thoughtfully reflective decision making*)이라는 관념을 도입한다.

> '신중하고 반성적인 의사결정'이란 문제나 의사결정과 관련된 정보를 수집하고, 문제에 대한 가능한 해답에 대해 신중히 조심스럽고 사려 깊게 생각하고, 대안적 해답을 이성적으로 검토하며, 무엇이 옳고 그른지 평가하기 위한 선택 과정과 결과를 반성하는 성향을 일컫는다. 그래서 신중하고 반성적인 의사결정이란 훌륭한 의사결정의 과정을 말한다(Paternoster and Pogarsky, 2009: 104-105).

패터노스터와 포거스키(2009)는 신중하고 반성적인 의사결정이 고등교육의 추구와 같은 건전한 성과와 정(+)의 관계로 연결되고 범죄와 같은 부적응적 결과와는 부(-)의 관계로 연결된다고 가정한다. 그들은 신중하고 반성적인 의사결정과 범죄 간의 관계는 자본 축적의 매개기제에 의해 중재된다고 한다(Paternoster, Pogarsky, and Zimmerman, 2011). 바람직한 의사결정을 내리는 사람은 긍정적 인생 성과로 이끄는 인적 자본(교육과 같은 유용한 기술), 사회적 자본(관계를 통한 사회적 지지에의 접근) 및 문화 자본(선호되는 소통 스타일과 같은 고급 자원에의 접근)을 더욱 쉽게 얻을 수 있다.

그들의 연구가 의사결정, 자본 및 범죄 간의 연계성에 대한 증거를 제공하지만 패터노스터 등(2011)은 이러한 이론적 개념을 비용과 편익이라는 합리적 선택의 고려와는 결코 연결시키지 않았다. 비용과 편익에 대한 합리적 계산과 신중하고 반성적인 의사결정 간의 결합이 경험적 증거에 의해 측정되고 확정되기보다는 단지 전제될 뿐이다. 따라서 신중하고 반성적인 의사결정이 합리적 선택이론에 어떤 향상을 제공하는지 여부는 분명하지 않다.

최근의 연구에 따르면 바람직한 의사결정 기술이 위험인식이나 범죄선택과 관련이 있다는 주장을 지지하는 증거는 거의 없다. 메이몬, 안토나치오와 프렌치(Maimon, Antonaccio, and French, 2012)에 따르면 신중하고 반성적인 의사결정은 훈육이 약한 학교에 다니는 학생에게만 폭력행위를 감소시키는 데 유용하다. 이미 엄격한 훈육구조를 제공하는 학교에서는 신중하고 반성적인 의사결정이 학생의 폭력범죄 개입에 아무런 영향도 미치지 못했다. 게다가 가상의 음주운전 상황을 활용한 연구에서 마마옉, 로란과 패터노스터(Mamayek, Loughran, and Paternoster, 2015)는 신중하고 반성적인 의사결정과 위험인식이나 범죄 의사 간에 유의미한 관련을 찾지 못했다.

이 이론을 지지하는 학자는 합리적 선택이론을 '전통적 범죄학'(*traditional criminology*)과 대비시킨다. 그들은 합리적 선택이론은 범죄행위를 비합리적인 것으로 가정하는 이론과는 다르다고 주장한다. 그러나 그들은 다른 범죄학 이론에 대해 잘못 이해했다. 실제로 정신분석학 이론(제 4장 참조)과 일부 생물학적 이론(제 3장 참조)을 제외한 대부분의 범죄학 이론은 합리적 선택이론과 비슷한 정도의 합리성을 가정한다.

더욱이 경험적 연구에 의해 지지되는 합리적 선택모형은 기대효용의 측정만을 엄격하게 고수하지 않는다. 그러한 모형은 다른 이론에서 다루는 다양한 심리적·사회적 배경과 상황적 변수를 포함함으로써 다른 이론과 거의 구별되지 않는다. 합리적 선택이론을 검증한다는 일부 연구는 실제로는 그들이 비합리적 선택이론이라고 주장하는 모형을 검증하는 것이다. 이에 대한 가장 명백한 예가 패터노스터의 연구(1989a; 1989b)이다. 그는 '억제/합리적 선택모형'에서 비행에 영향을 미치는 다양한 변수의 효과를 검증했다.

이 모형은 애정적 결속, 물질적 박탈비용, 사회집단과 기회, 비공식적 사회제재, 공식적인 법적 제재에 대한 인지, 도덕적 신념 등의 변수를 포함한다. 여기에 포함된 일련의 변수가 합리적 선택모형에서만 다루어지는 것은 아니다. 이러한 변수는 본래 사회학습이론과 사회통제이론에서 다루어진 것이다. 그러므로 이러한 변수가 비행에 관련된다는 패터노스터의 연구결과는 합리적 선택이론의 경험적 타당성과는 거의 상관이 없다. 오히려 이것은 사회학습이론과 사회통제이론의 타당성과 관련 있다(제 5장과 제 6장 참조).

억제이론의 확장에서 보았듯, 합리적 선택이론을 확장하다 보면 다른 이론으로 변형된다. 순수한 형태의 합리적 선택이론은 범죄행위를 적절하게 설명하지 못한다(De Hann and Vos, 2003). 그것이 합리적 기대효용 이외의 다른 변수를 포함하는 것으로 확대되었을 때 비로소 경험적으로 검증되는 설명을 제공한다.

오프(Opp, 1997)는 최대의 합리성을 전제하는 '협의의' 합리적 선택이론은 경험적 연구에 의해 거짓으로 입증되었다고 말한다. 그는 범죄행동은 제한된 합리성을 전제하고 비공식적인 사회적 네트워크에서 발견되는 유무형의 속박뿐만 아니라 '온건한 자극'(*soft incentives*)의 여지를 허용하는 '광의의' 모형에 의해 더 잘 설명된다고 주장한다. 그러나 합리적 선택이론이 이러한 방식으로 변형되었을 때, 이 이론은 다른 이론에서 다루는 변수를 포함하고 합리성의 수준도 다른 이론과 구별되지 않는다. 이렇게까지 변형된다면 이는 더 이상 합리적 선택이론이 아니다(Akers, 1990).

마쓰에다 등(Matsueda et al., 2006)은 '경험을 통한 학습'과 '합리적 선택'을 통합해서 청소년 절도와 폭력을 설명하는 연구모형에 대한 경험적 지지를 발견했다. 그들이 이것을 합리적 선택모형이라고 불렀지만 이렇게 수정된 모형은 다른 사회심리학적 이론과 유사하다는 점을 인정한다.

> 사람은 그 시점까지 축적된 모든 정보에 기초해 체포의 위험성 같은 사건에 대한 사전(*prior*)의 주관적 가능성을 가지고 시작한다. 그다음 친구나 본인의 체포경험과 같은 새로운 정보를 수집해 가능성을 새롭게 평가한다. 이러한 과정은 범죄에 대한 일반적 사회학습이론과 일치한다(Matsueda et al., 2006: 97-98; 원문 강조).

마침내 로그란 등(2016)은 합리적 선택 관점과 그 경험적 연구의 역사를 둘러싼 쟁점들을 최근에 다음과 같이 요약했다.

> 우리 생각에 많은 범죄학자들이 합리적 선택모형의 수용을 꺼리는 이유는 이론의 합리주의적 가정이 범죄행위에는 비합리적이며, 이론의 개념이 너무 좁아서 범행의 공식적 비용과 편익만을 포함한다고 주장하는 비평가들의 오해 때문이다. 그러나 합리적 선택이론에 대한 이러한 가치관의 일부는 이론의 지지자들조차 이론을 경험적으로 구체화한 방식에 문제가 있어서 강화된 측면이 있는 것으로 이해해야 한다. 이른바 합리적 선택이론의 경험적 모형이 실제로 억제 변수를 넘어서는 경우는 거의 없었다(Loughran et al., 2016: 106).

4. 억제와 형사사법정책

범법자의 수사, 체포, 유죄판결 및 처벌은 모두 법적 처벌을 통해 범죄를 억제할 수 있다는 이론에 기초한다.

> 억제이론은 즉각적 정책함의를 갖는 범죄이론의 좋은 사례이다. 억제이론은 범행(재범을 포함한 개인범행과 범죄율)의 가능한 원인을 확인해 주고 정책결정자는 법적 처벌의 몇 가지 속성을 조종할 수 있다(Gibbs, 1995: 74; 원문 강조).

특정한 행위를 불법화하고 그러한 행위를 처벌하는 입법과 집행정책은 억제이론에 기초한다. 즉, 범죄행위에 대한 신속하고 확실하고 엄격한 제재는 특별 및 일반 억제를 통해 사회의 범죄를 감소시킨다는 것이다. 이러한 형벌의 속성 가운데 정책결정자가 가장 관심을 기울이는 것은 엄격성을 높이는 것이다. 더욱 엄격한 처벌의 위협이 더 큰 억제효과(보복, 정당한 응보 및 무력화와 더불어)를 산출한다는 믿음은 1970년대 이후 도입된 모든 범위의 '강경'(*get tough*) 형사사법정책의 주요한 논거이다(Lynch and Sabol, 1997; Cullen, Fisher, and Applegate, 2000; Pratt et al., 2006; Webster et al., 2006; Nagin, 2013a, 2013b; Nagin et al., 2018).

그러한 정책의 실례는 사형의 부활, 가석방과 부정기형의 폐지, 교도소 수용자를 위한 선시제도 및 형기감축제도의 폐지 또는 제한, 양형지침과 강제적 양형을 통한 사법적 양형재량의 축소, 약물 및 폭력범죄에 대한 장기구금형, 상습범에 대한 '삼진' 종신형, 소년범의 형사법원 직접 기소, 전통적 보호관찰보다 범법자를 사회 내에서 더욱 통제하는 가택구금과 같은 더 엄격한 중간적 제재 등이다.

이러한 정책의 가장 분명한 효과는 교도소의 수가 매우 증가하고 교도소에 수용되거나 형사사법의 감독을 받는 미국인의 수가 미증유로 증가한 것이다. 2017년 말 현재 150만 명 이상이 교도소에 수용되었고 미국 역사상 최고의 구금률(인구 10만 명당 440명의 수용자)을 보인다(Bronson and Carson, 2019). 이들 정책은 교도소 수용자 중 아프리카계와 스페인계 미국인 비율을 매우 증가시켰다(Guerino, Harrison, and Sabol, 2011; Lynch and Sabol, 1997; Haney and Zimbardo, 1998).[6]

이러한 정책이 미국에서 범죄에 대한 한계적 억제를 증가시킨 정도는 아직 알려지지 않았다. 이들 정책이 도입된 지난 35~40년 동안 범죄율은 실질적으로 감소하지 않았고 동일한 수준에 머물렀거나 증가했다. 1990년대 초부터 공식적 범죄율은 감소하지만 교도소 수용자의 수는 계속 증가한다. 최근 국가 범죄율이 조금 증가했지만, 여전히 1960년대 이후 가장 낮은 수준을 유지하고 있다. 따라서 공식적 범죄율의 감소를 앞서 제시한 유형의 정책의 업적으로 돌리는 것이 그럴듯하다.

어떤 정책분석가(Reynolds, 1998)는 공식적 범죄율의 감소는 성인범과 소년범에 대한 구금형의 증가와 더욱 엄중한 처벌의 직접적 결과라고 확신한다. 하지만 그런 분석은 특정정책의 결과에 대한 조심스런 평가 없이 범죄율과 구금형의 최근 경향에 대한 관찰에만 의존한다.

수행된 평가연구는 그 정책이 재범을 감소시키고 범죄율을 저하시키

---

6) 다만 미국의 구금률이 2007년부터 감소하고 있음을 참고하라(Bronson and Carson, 2019).

는 의도된 효과를 가져왔다는 충분한 증거를 찾아내지 못했다(Lynch and Sabol, 1997; Haney and Zimbardo, 1998; Nagin, 2013a, 2013b). 예를 들면, 캘리포니아에서 특정 범죄의 재범에 대한 형량을 높이는 주민투표가 유권자의 승인을 얻고 나서 일부 연구는 억제효과를 발견했지만 후속연구를 통해 범죄율은 이미 전부터 감소하기 시작했고 정책이 시행된 몇 년 동안에는 사실상 증가했음을 발견했다(Webster et al., 2006; Levin, 2006).

실제 형사처벌 또는 형사처벌 위협의 증가가 수년에 걸쳐 범죄행위를 억제하고 범죄를 감소시키기에 충분히 위협적이었을 수 있다. 반면, 낮은 범죄율은 형사제재의 증가된 엄격성과는 무관한 다른 프로그램, 정책 또는 사회변화를 반영한 것일 수 있다. 또한 수용자가 증가한 해에는 형벌의 억제효과에 의존하지 않는 보호관찰, 가석방, 사회 내 감독, 처우, 사회복귀 및 다른 교도소의 대안이 선고된 범법자의 수도 증가했다. 심지어 교도소 내에도 일련의 교육, 직업, 약물/알코올, 행동교정과 다른 집단적 및 개인적 사회복귀 프로그램이 있다. 수용자가 증가했음은 과거보다 많은 수용자가 이러한 프로그램에 참여했음을 뜻한다.

이들 프로그램의 목표는 사회로의 재통합과 석방 후 범죄의 감소이다. 전반적으로 범죄율이 줄어든 것은 이러한 프로그램의 목표가 실현되었기 때문일까? 다른 사회변화가 범죄율을 감소시켰을 수도 있다. 예를 들면, 인구 가운데 젊은 남성(가장 범죄를 저지르기 쉬운 인구학적 범주)의 비율이 감소했다. 특히, 소수민족과 대도시에서의 이러한 연령집단의 실업률이 지난 수십 년 동안 극적으로 감소했다. 잘 통제된 평가조사 없이는 이러한 형사사법정책, 사회변화 또는 요인의 결합 가운데 어느 것이 범죄의 감소를 설명하는지는 알 수 없다.

범죄에 대한 실제의 또는 인지된 형벌의 억제효과에 대한 증거가 제한되는 것은 다음과 같은 사실 때문일 수 있다. 즉, “억제를 만드는 주된 동력은… 형사사법절차의 기본적 사건처리방식”인바, “대부분의 범죄는 경찰에 신고되지 않고 경찰에 의해 인지되지도 않으며 신고된 범죄의 대다수가 체포로 연결되지 않는다”(Kennedy, 1998: 4).

그와 동시에 추가적 경찰순찰이 도시의 특정 ‘우범지역’에서 범죄를 감소시킬 수 있다는 증거가 있다(Sherman et al., 1998). 상습범에 의한 갱단 폭력과 같은 특정대상에 대한 새로운 형사사법방안이 억제를 향상시킬 수 있지만 그러한 프로그램에 대한 세심한 평가는 아직 이루어지지 않았다(Kennedy, 1998).

이처럼 다른 종류의 경찰단속이 효과를 내지 못하는 경우가 잦은 반면(Sherman et al., 1998), 음주운전 단속은 적어도 단기간의 억제효과를 낸다고 한다(Ross, 1982). 지난 30년간 음주관련 자동차사고가 장기간 감소한 것은 음주운전에 대한 더욱 엄격한 처벌에 기인한 것일 수 있다. 하지만 이러한 하향경향은 음주운전에 대한 도덕적 혐오를 증가시키는 ‘음주운전에 반대하는 어머니들’과 같은 단체에 의한 공공캠페인, 지정 운전자 프로그램 및 공중의 태도와 행동의 변화 때문일 수 있다(Akers, 1992).

이러한 범죄율의 감소경향이 비록 비교적 장기간이지만 이것이 반드시 지속되는 것은 아님에 유의해야 한다. 만약 범죄감소에 공헌한 정책이 계속 시행되어도 범죄율이 증가하기 시작한다면 어떤 결론을 내릴 수 있겠는가?

5. 〈위협에 의한 바른 삶〉, 충격구금 및 신병캠프

1978년 다큐멘터리 영화인 〈위협에 의한 바른 삶〉(*Scared Straight*)이 출품되어 영화상을 받고 대중과 정부관리로부터 대단한 관심을 불러일으켰다. 이 영화는 소년비행을 억제하고 성인이 되어 범죄경력이 쌓이는 것을 예방하기 위한 단순하지만 매우 효과적 방법을 제공하는 것으로 보였다.

영화는 뉴저지 주의 가장 험악한 중구금교도소인 라웨이(Rahway) 교도소에서 촬영되었다. 영화는 17명의 소년이 어느 하루, 버스를 타고 교도소로 가서 냉혹한 라웨이 수형자들과 집중적으로 대면하는 경험을 다루었다. 수형자들은 소년들에게 소리를 지르고, 몸으로 맞서고, 범죄의 결과인 교도소 생활의 거친 현실과 공포를 생생한 언어로 펼쳐냈다.

영화의 초점은 그러한 실제의 충격이 말 그대로 소년들을 겁먹게 해 바르게 행동하게 하려는 것이다. "소년들을 겁먹게 해 바르게 하려는 노력은 소년비행에 대한 억제적 접근, 특히 엄격한 처벌에 대한 공포가 비행을 억압한다는 관념에 확고하게 기초했다"(Lundman, 1993: 151).

영화 속의 소년들은 뉴저지 주의 청소년 자각 프로그램에 참가한 1만 3천 명 가운데 일부였다. 그 프로그램에 대해 90%의 성공률을 주장했지만 면밀한 평가 결과, 프로그램의 후원하에 교도소를 방문했던 소년 대다수가 중산층 지역의 일반 학교에서 모집되었다는 사실이 드러났다. 그들은 결코 비행이나 범죄의 위험이 크지 않았다. 게다가 추적연구는 프로그램에 참여했던 소년들이 참여하지 않았던 통제집단보다 나중에 4배나 많은 범죄를 저지른 것을 밝혀냈다(Finckenauer, 1982).

달리 범죄자와 접촉할 수 없었던 소년을 범죄자에게 노출한 것이 비행의 위험을 감소시키기보다는 증가시키는 부작용을 초래한 것일 수 있다. 1980년대에 다른 주에서 시행된 그러한 프로그램들에 대한 평가도 아무런 억제효과를 보여주지 못했다(Jensen and Rojek, 1998).

위협에 의한 바른 삶과 이와 유사한 '청소년 각성' 프로그램에 대한 메타분석은 그것들이 독립적 범죄예방전략만큼 효과적이지 않음을 확인해 준다. 더 중요한 것은 이러한 프로그램이 비처우 통제집단과 비교해서 실험집단의 범죄성 증가를 초래한다는 점이다(Petrosino, Petrosino, and Buehler, 2006: 98). 사실 최근의 메타분석에서 페트로시노 등은 다음과 같이 말한다.

> 우리의 결론은 '위협에 의한 바른 삶'과 같은 프로그램이 동일한 소년에게 아무것도 하지 않았을 때보다 유해한 영향을 미치고 비행을 증가시킬 수 있다는 것이다. 이러한 결과를 감안할 때 우리는 이 프로그램을 범죄예방전략으로 추천할 수 없고 그러한 프로그램이 의도한 것(범죄예방)이 실행되는지 확인할 뿐만 아니라 시민에게 이익이 아닌 해악을 야기하지 않는다는 것을 확인하기 위해 그러한 프로그램을 엄격하게 평가해야 한다(Petrosino et al., 2013: 7).

또한 위협이론은 소년범과 초범을 단기간 동안 교도소에 구금한 다음 석방해 보호관찰의 감독하에 형기를 마치도록 하는 '충격구금'(*shock incarceration*) 또는 '충격보호관찰'(*shock probation*) 정책의 기초를 이룬다. 신병캠프(*boot camps*)는 이러한 충격구금 모형에 상당한 정도로 기초한다. 신병캠프는 군대식 단기간 시설로 소년범을 위한 시설과 성인범을 위한 시설로 나뉘는데 자기통제력을 가르치고 구금의 억제적 공포를 일으키기 위한 훈련체계, 엄격한 규율 및 군사예절을 갖췄다.

신병캠프는 1980년대 크게 유행했고 연방 및 주의 교정정책가의 지지로 지속되고 있다(Peters, Thomas, and Zamberian, 1997). 그러나 효과성에 대한 평가는 실망스럽다. 신병캠프는 구금된 상태에서 좋은 규율과 행동을 유지할 수 있는 듯하지만 재범을 감소시키지 못한다. 사실 신병캠프 출신은 비교집단보다 차후의 범행, 체포 및 구금이 더 많다(MacKenzie and Piquero, 1994; MacKenzie and Souryal, 1994; Bourque et al., 1996; Jensen and Rojek, 1998; Zhang, 2000; Paretta, 2018).

6. 일상활동이론

억제이론과 합리적 선택이론은 개인범죄자 수준에서 범죄를 저지를지 말지의 결정에 영향을 미치는 요인을 강조하기 때문에 미시수준의 설명으로 간주된다. 다른 미시수준의 설명은 범행의 비용과 편익에 대한 인식뿐만 아니라 이러한 비용과 편익이 발생할 수 있는 특별한 (미시수준의) 조건까지 고려함으로써 범죄자의 의사결정을 해석한다. 일상활동이론과 같은 범죄기회이론[6] 은 범죄사건의 발생시기와 장소 모두와 관련된 범죄발생 상황을 파악한다.

1) 펠슨과 코헨: 범법자, 대상물 그리고 감시자

펠슨과 코헨(Cohen and Felson, 1979)은 시간, 공간, 대상물, 사람이라는 기본요소를 통해 범죄에 관한 '일상활동이론'을 발전시켰다. 대인범죄나 재산범죄가 일어나기 위해서는 약탈자, 피해자나 범행대상물이 동일한 시간과 공간에 있어야 한다. 만일 그 상황에서 범죄를 조장하는 사람이나 정황이 존재한다면 범죄발생은 용이해질 것이다. 그리고 범죄를 억제할 수 있는 잠재적 피해자나 다른 사람이 존재한다면 범죄는 예방될 수 있을 것이다. 코헨과 펠슨은 이러한 요소를 세 범주로 나누어 개인이 '직접적 접촉'(*direct contact*)에 의한 약탈(대인 또는 재산) 범죄의 피해자가 될 가능성을 살펴보았다.

코헨과 펠슨에 의해서 파악된 3가지 주요 범주는 ① 동기화된 범법자, ② 범행에 적합한 대상물, ③ 사람이나 재산에 대한 감시가능성이

---

7) 범죄기회이론은 오래되었지만 최근에 다시 활성화된 범죄자 개인보다 범죄사건의 분석에 관심을 두는 범죄학적 탐구영역인 환경범죄학으로 분류한다. 환경범죄학은 제프리(Jeffery, 1971)가 처음 소개한 용어인데 범죄사건을 상세하게 검토하는 이론, 경험조사 및 실제적 응용을 포함한다. 웨이스버드(Weisburd, 2015)는 이러한 연구영역을 '장소의 범죄학'으로 부르지만 환경범죄학의 영역은 지리학 이상으로 확장된다. 환경범죄학은 그 지적 역사를 케틀레, 게리 및 쇼와 맥케이(제 8장을 보라)와 같은 거시수준의 생태학적 접근까지 거슬러 오르지만 현대의 환경범죄학은 일시, 주소, 거리구획, 거리 모퉁이 위치, 특정 범죄 및 범죄수법 등을 포함한 "놀라울 만큼 예견가능한 공간시간적(*spatiotemporal*) 범죄유형"에 초점을 두는 경향이다(Andresen, 2010: 6). 범죄기회이론에 더해 환경범죄학은 범죄지도와 "범죄다발 장소"(*hot spot*) 분석(Sherman et al., 1989)과 같은 범죄유형을 묘사하고 분석하는 방법론은 물론 '환경설계를 통한 범죄예방'(CPTED; Jeffery, 1977), 지리학적 프로파일링(Rossmo, 2000) 및 문제지향적 경찰활동(Goldstein, 1990)과 같은 정책이나 실무를 위한 제안까지 포함한다.

다. 이 이론의 주된 명제는 직접적 접촉에 의한 약탈범죄의 세 가지 요소가 한 시간과 공간에 모아졌을 때 범죄피해율이 증가한다는 것이다(Cohen and Felson, 1979: 589).

즉, 범행동기를 가진 사람이 존재하고, 적절한 대상이나 잠재적 피해자가 있고, 잠재적 범법자를 억제할 수 있는 공식적 또는 비공식적 감시가 없을 때 범죄가능성은 증가한다. 이러한 요소의 존재 여부와 정도에는 차이가 있고 "범죄피해의 위험 정도는 사람들과 그들의 재산이 놓인 위치와 상황에 따라 다양하게 나타난다"(Cohen and Felson, 1979: 595).

이 이론의 이름은 범죄에 관한 이러한 요소의 결합이 잠재적 피해자와 감시자의 정상적·법적·'일상적' 활동에 관계된다는 코헨과 펠슨의 전제로부터 비롯되었다. "일상적인 법적 활동의 공간적·시간적 구조는 공동체 또는 사회에서 발생하는 불법행위의 장소, 유형, 크기를 결정하는 데 중요한 역할을 한다(Cohen and Felson, 1979).

코헨과 펠슨에 따르면, 일상활동은 "인간의 기본적 욕구를 충족시키기 위해 빈번하게 행하는 직무, 기본적 음식물, 쉼터의 제공, 성적 욕구의 표출, 여가, 사회적 교제, 배움, 양육활동 등"이라고 규정한다(Cohen and Felson, 1979: 593). 그들은 제 2차 세계대전 이후 직업, 교육, 여가에서의 일상활동의 변화로 사람들이 특정한 장소와 시간에 있게 되었고 이러한 상황 때문에 범죄의 대상이 될 가능성은 증가하고 자신의 재산을 지킬 능력은 감소했다고 가정했다.

펠슨(1994; 또한 Felson and Eckert, 2016을 보라)은 꾸준히 일상활동 이론을 개발하고 적용했다. 최근에 이 이론을 적용한 펠슨은 "범죄란 국가의 개입이 크게 관여하지 않는 사적 현상이기" 때문에 공식적 감시자를 중요시하지 않았다(Felson, 1994: xii-iii). 오히려 그는 비공식적 통제체계에서 자연스럽게 생겨나는 범죄예방과 억제를 강조한다. 즉, 일상활동의 과정에서 사람들이 범죄를 예방하는 조용하고 자연스러운 방법을 강조한다. 이러한 통제는 타인과 교제하고 서로의 최선을 이끌어내는 과정에서 생겨난다(Felson, 1994: xii - xiii).

감시는 경찰만이 할 수 있는 일은 아니다. 그보다는 일반시민, 자기 자신, 친구, 가족, 낯선 사람 등이 범죄예방을 위한 감시자의 역할을 더 잘할 수 있다고 한다. 대상물의 절취가능성은 무게, 운반의 용이성, 물리적 '대상 견고화'(*target hardening*, 예를 들어 더욱 견고한 자물쇠 등)의 적용 정도와 같이 많은 물리적 특성에 의해 영향을 받는다.

그러나 위험한 장소에의 노출, 가족의 일상활동, 개인의 특성 등은 폭력범죄와 재산범죄의 피해 여부에 영향을 미친다. 펠슨(1994)은 이 이론을 약탈범죄뿐만 아니라 약물과 알코올의 불법 이용·판매 및 화이트칼라 범죄와 같은 위법행위까지 확장했다.

비공식적 통제체계를 강조하는 펠슨의 일상활동이론은 법 준수가 공식적 통제체계보다 사회화와 비공식적 통제체계에 의해서 이루어진다는 일반적 사회학 이론(앞에서 논의)과 명확하게 구분되지 않는다. 이러한 일반적 사회학 이론도 약물남용에 적용되었다. "미국에서 1970년대 후반부터 1990년대 초까지의 약물남용 감소는 의도적 예방, 치료, 법 집행 노력과 상관없는 비공식적 통제체계와 사회규범이 변화한 결과일 수 있다"(Akers, 1992b: 183). 일상활동이론의 타당성은 범죄에 대한 공식적 통제체계와 비공식적 통제체계 중 어느 것이 범죄예방에 더 영향을 미치는가가 아니라, 이 이론이 제시하는 3가지 주요 요소의 효과가 얼마나 경험적으로 지지되는가에 있다.

일상활동이론은 폴 브랜팅엄과 패트리샤 브랜팅엄(1984)의 '범죄유형이론'(*crime pattern theory*)을 포함하는 추가적인 이론작업을 만들었다. 브랜팅엄과 브랜팅엄은 합리적 선택이론과 일상활동이론의 원리를 이용해 "실제 범죄사건을 특징짓는 획일적이지 않고(*non-uniformity*) 임의적이지도 않은(*non-randomness*) 유형"을 이해하기 위한 일련의 '규칙'을 제안한다(Brantingham and Brantingham, 2008: 79).

근본적으로 범죄자는 범죄행위를 수행하다가 그런 활동이 본격화될 때 '범죄의 기본골격'(*crime template*)을 만드는 결정을 한다. 범죄의 기본골격은 범죄자의 인맥에 있는 타인과의 제휴에 의해 더 영향을 받을 수 있다. 범죄자는 그의 기본골격에 적합한 대상이나 피해자를 만나면 범죄를 저지르는데 대상과의 만남은 범죄자(및 목표물)의 통상적인 공간적 및 시간적 이동 유형에 의해 촉진된다.

브랜팅엄과 브랜팅엄(2008)은 잠재적 범죄자와 피해자의 합류가 일어나는 환경적 '배경'(*backcloth*)의 중요성을 강조한다. 이러한 배경은 거리나 보도에 따라 움직이는 것뿐만 아니라 다수의 사람이 모이는 '활동 접속점'(*nodal activity points*)을 모두 포함한다.

범죄는 '범죄 발생장소'와 '범죄 유인장소'로 특징지어지는 곳에서 많이 발생한다. 범죄 발생장소는 사람들이 범죄를 저지르려는 의지와 무관한 이유로 모이는 지역이다. 쇼핑몰, 유흥가 또는 스포츠 경기장과 같은 지역은 우발적으로 범죄대상이 될 수 있는 사람을 끌어들인다. 범죄 유인장소는 잘 알려진 범죄기회 때문에 범죄를 저지르고자 의도하는 사람을 특별히 끌어들인다. 그러한 장소는 사창가, 마약거래소 또는 공공 환승역을 포함한다.

어느 경우에나 범죄가 발생하거나 범죄를 유인하는 장소와 일상적으로 접촉하게 되는 범법자에 의해서 범죄가 발생할 가능성이 높다. 범죄유형이론은 합리적 선택이론의 원리와 일상활동이론의 원리 모두를 활용하나 독립된 범죄기회이론이라기보다 일상활동이론의 확장이나 정교화로 본다.

2) 일상활동이론의 경험적 타당성

일상활동이론은 거시적 수준과 미시적 수준에서 검증되었다. 거시적 수준의 설명으로서 일상활동이론은 3가지 주요 요소 중 어느 하나가 변해도 범죄율에 영향을 미치지만 3가지 요소 모두 작용할 경우에는 더 큰 영향을 미친다고 주장한다.

그러나 코헨과 펠슨의 초기 연구(Cohen and Felson, 1979)는 3가지 요소 중 범행에 적합한 대상물과 사람이나 재산에 대한 감시가능성에만 초점을 맞추었다. 그들은 가족활동, 소비재 및 기업의 변화추세에 관한 자료를 제시했고 이들이 모든 주요한 약탈적 폭력 및 재산범죄율과 관련되었음을 발견했다.

그들은 이러한 것이 그 이론의 개념을 직접적으로 측정한 것이 아님을 인정했으나 연구결과가 일상활동이론과 일치한다고 결론지었다. 그들은 "일상활동이론이 장래에 범법자와 그들의 성향에 대한 분석에 적용될 가능성"을 배제하지 않았다(Cohen and Felson, 1979: 605). 그럼에도 일상활동이론의 전개, 적용, 검증에서 '동기화된 범법자'라는 변수를 등한시하는 것이 지금까지 이어진다(Felson, 2002와 Bernburg and Thorlindsson, 2001의 일상활동이론에 대한 개관을 참조).

코헨, 클뤼겔과 랜드(Cohen, Kluegel, and Land, 1981)는 이 이론을 정형화된 형태의 '기회'이론으로 다시 이름 붙이고 전국 범죄피해 조사자료를 사용해 이론의 명제를 검증했다. 이 이론은 범죄피해 위험을 증가시키는 변수로서 노출, 근접성, 감시, 대상의 유인성 등을 든다. 그러나 이러한 요소는 직접적으로 측정하기 어렵다. 그것은 연령, 인종, 소득, 가족구성, 노동참여 정도, 거주지역 등을 통해 추정된다. 그들은 자신들의 연구결과가 완벽하지는 않지만 대부분의 가설과 일치하기 때문에 경험적으로 지지된다고 주장했다.

메스너와 타디프(Messner and Tardiff, 1985)는 이론적으로 예견된 피해자의 사회적 특성을 살인의 장소(집, 집에서 10블록) 및 유형(가족, 모르는 사람)과 연결지었다. 예를 들면, 그들은 여성이 아마도 성별에 근거해서 나뉜(*gender-stratified*) 일상활동 탓에 남성보다 집에서 가족 구성원에 의해 살해될 가능성이 더 많다는 것을 발견했다.

셔먼, 가틴과 버거(Sherman, Gartin, and Buerger, 1989)는 약탈범죄의 '다발지역'에 대한 연구에서 일상활동이론과 일치하는 연구결과를 제시했다. 그들은 일상활동이론에 대한 이전의 연구에서 피해자, 범법자, 감시자가 접하게 되는 데 영향을 미치는 생활양식의 척도로 개인이나 가족의 특성에 관한 자료를 이용했다는 점에 주목했다.

그들의 연구는 미니애폴리스에서 범죄신고가 집중되는 특정 주소, 교차로, 공원, 병원 등의 위치를 찾아내기 위해서 미니애폴리스 경찰의 '전화신고자료'(경찰에 전화로 신고된 범죄)를 사용해 '장소에 대한 범죄학적 연구'에 초점을 맞추었다.

그들은 대부분의 범죄신고가 도시의 단지 3% 이내 지역으로부터만 접수되었으며 주요 약탈범죄는 극소수의 지역에서 신고가 집중됨을 밝혔다. 셔먼 등(1989)은 왜 이 지역에서 집중적으로 범죄가 발생하는지는 알지 못했지만 감시가 부재한 상황에서 피해자와 범법자가 접하는 데 관련되는 무엇인가가 있다고 믿었다.

일상활동이론에 대한 조사는 미시적 수준의 분석에서도 이루어졌는데 전형적으로는 개인의 특징과 일상활동을 검토하고 이러한 요소를 피해경험과 연결하는 것이다. 케네디와 포드(Kennedy and Forde, 1990)는 전화피해 조사로 얻은 재산범죄와 폭력범죄에 대한 자료를 기초로 일상활동이론을 지지하는 경험적 연구를 발표했다. 그들은 범죄피해가 연령, 성, 소득에 따라 다를 뿐만 아니라, 밤에 집 안에 머물거나 술집, 직장, 학교에 나가는 정도에 의해서도 달라짐을 발견했다. 그들은 밤 시간대에 집 밖에서 일상활동을 할수록 피해자가 될 가능성이 높고 자신의 재산에 대한 보호능력은 작아진다고 믿는다.

머스틴과 튜크베리(Mustaine and Tewksbury, 1998)는 대학생 표본으로 유사한 조사결과를 제시했다. 다수의 합법적 활동(예를 들면, 잦은 외식과 외출, 문을 잠그지 않기)과 불법적 활동에의 참여가 경미한 절도와 심각한 절도 피해의 위험을 증가시켰다. 하지만 이들 활동은 위험을 크게 증가시키지 않았고 연구에 포함된 다른 많은 일상활동은 피해경험과 관련되지 않았다.

일상활동이론을 검증하는 연구는 동기화된 범죄자, 적합한 대상물 및 감시자 부재의 합류점에서 일반적 약탈범죄 유형에 종종 초점을 맞춘다. 그러나 몇몇 연구는 일상활동이론을 살인(Messner and Tardiff, 1985; Kennedy and Silverman, 1990), 성범죄(Schwartz et al., 2001; Tewkbury, Mustaine, and Stengel, 2008), 강도(Smith, Frazee, and Davison, 2000) 및 침입절도(Robinson, 1999)와 같은 특정 유형의 범죄에 적용했다. 최근에 다수의 연구(van Wilsem, 2011, 2013; Pratt, Holtfreter, and Reisig, 2010; Hutchings and Hayes, 2009; Holt and Bossler, 2009; Bossler, Holt, and May, 2012; Reyns, 2013; Howell,

Burruss, Maimon, and Sahani, 2019)는 '가상의', 온라인 또는 '사이버 범죄' 피해에 대해 일상활동이론을 검증했다.

예를 들면, 프랫과 홀트프레터 등(2010)은 일상활동이론이 인터넷 사기의 잠재적 피해자에 대한 '대상화'(*targeting*)를 설명하는 데 적합하다고 보고한다. 인터넷의 개발과 광범위한 이용은 코헨과 펠슨(Cohen and Felson, 1979)이 생각한 기술적 변화에 적합하여 피해에 대한 취약성을 높이고 범죄자에 대한 기회를 증가시키는 방식으로 일반대중의 일상활동에 영향을 미친다.

성인을 대상으로 한 전화조사에서 프랫과 홀트프레터 등(2010)은 응답자가 (일상 온라인 활동의 직접적 지표로서) 온라인에서 보내는 시간과 온라인 구매가 많을수록 어떤 형태의 인터넷 사기의 대상이 되었다고 느낀 적이 더 많음을 발견했다. 게다가 영국 범죄조사(British Crime Survey)를 활용해 신원절도(*identity theft*)를 연구한 레인스(Reyns, 2013)는 은행 업무, 쇼핑, 이메일 전송, 다운로드를 포함한 일련의 일상적 온라인 활동이 사이버범죄의 위험과 취약성을 증가시킨다는 점을 밝혔다. 그는 또한 남성, 노인, 고소득자가 가장 위험에 처해있지만, 나열된 일상적인 온라인 활동에 덜 참여함으로써 이러한 위험은 눈에 띄게 감소했다고 보고했다.

일상활동이론에 대한 최근의 검증도 미시적 수준과 거시적 수준의 설명을 모두 적용하는 다수준(*multi-level*) 분석을 채택한다. 예를 들면, 윌콕스 등(Wilcox et al., 2007)은 거시적 수준의 감시가 (대상 견고화와 같은) 미시적 수준의 감시와 피해자가 될 위험 간의 관계에서 중요한 매개(*mediator*) 역할을 한다는 것을 발견했다. 나아가 개별적 대상 견고화 전략은 이웃감시가 낮은 지역보다 높은 지역에서 피해자화 위험을 더욱 감소시켰다.

가장 최근에 윌리엄스(Williams, 2016)는 2012년 유럽위원회가 수집한 사이버보안에 관한 특별 유럽지표 390 설문조사 자료에 의존해 온라인 사기와 온라인 신원절도에 대한 다수준 일상활동 분석을 제공했다. 27개국에 걸친 2만6천 명 이상의 개인에 대한 설문조사 자료에 대한 윌리엄스의 분석은 (국가의 사이버안보 전략에서 나타나는) 국가(거시적) 수준의 감시가 개인의 대상 견고화 전략과 온라인 피해자가 될 위험 간의 관계를 조정한다는 점을 입증했는데 이러한 발견은 윌콕스 등(2007)의 연구결과와 유사하다.

일상활동이론에 관한 거시적 및 미시적 수준의 조사는 모두 범행동기가 보편적이거나 최소한 문제되지 않는다고 전제하고 대상 적합성과 감시 부재에 초점을 두는 경향이 있다. 다른 연구자들(Akers et al., 1994)은 일상활동이론의 맥락에서 동기화된 범죄자의 개념에 대해 의문을 제기한다. 일상활동이론에서 동기화된 범죄자라는 개념은 이전부터 범죄동기를 갖던 사람을 의미하는가 아니면 비록 이전에는 범죄의도가 없었다 하더라도 즉각적 이익을 얻을 수 있는 기회에 유혹된 사람을 말하는가?

전자의 경우, 상황은 동기를 가진 사람이 행동하도록 자극하지만 동기를 만들어내지는 않는다. 후자의 경우, 상황은 동기를 만들어내기도 하고 자극하기도 한다(Wortley, 1997). 모든 사람이 범죄를 저지를 잠재적 동기를 가졌다면 어떤 사람이든 동기화된 범법자의 존재로 가정할 수 있지 않겠는가? 만약 그렇다면, 이론은 동기화된 범법자가 존재하는 상황과 그렇지 않은 상황을 어떻게 구분할 수 있는가? 이것이 일상활동이론의 모호한 점이다(Akers et al., 1994).

베른버그와 토린슨(Bernburg and Thorlindsson, 2001)은 일상활동과

비행에 대한 연구에서 상황에 따른 동기부여의 문제를 넘어섰다. 그들의 가설에 따르면 차별적 또래교제와 사회통제(제 5장과 제 6장 참조) 같은 변수가 범법자의 행동을 설명할 뿐만 아니라 일상활동양식 자체에도 영향을 미친다. 이러한 사회적 상호작용 변수는 대상물과 감시자의 어떤 상태가 동기화된 범법자를 끌어들이는지(또는 범행하도록 동기 짓는 데 기여하는지)를 결정하고 이러한 상황을 범죄를 저지를 기회로 규정한다.

그러므로 이러한 변수를 빠뜨린 많은 일상활동 연구는 '결함'이 있어 이론의 경험적 타당성에 대한 결론을 내리기에 부적절하다. 그들의 연구에 따르면 범죄의 측정과 일상활동 사이의 관계는 관습적 애착(사회통제이론)을 통제하면 줄어들고 또래교제와 비행에 우호적 태도(사회학습이론)를 통제하면 사라진다.

젠슨과 브라운필드(1986)는 일상활동이론에 대한 경험적 연구에서 범죄피해의 취약성을 증가시키는 활동이 일탈적인지 비일탈적인지가 거의 고려되지 않는다고 지적한다. 그들은 범죄피해자가 된 청소년의 활동이 규범적 일상활동(데이트, 야간외출, 쇼핑, 파티참석)이 아니라 일탈적 활동이라는 것을 발견했다(비슷한 연구결과로는 Mustaine and Tewksbury, 1998을 참조). 달리 표현하면, 범죄를 저지르는 사람이 범죄피해를 당할 가능성이 높다는 것이다(상세히는 Jennings, Piquero, and Reingle, 2012를 참조). 물론 범법행위를 하는 것은 코헨과 펠슨의 '일상'활동 정의에는 맞지 않는다. 더욱이 젠슨과 브라운필드(1986)가 지적했듯, 범죄행위는 범죄피해와 관련되기 때문에 범죄행위를 설명하는 변수는 범죄피해와도 관련된다.

> 실제로, 일상활동이론에서 다루는 대부분의 기회관련 변수는 범죄나 비행에 관한 전통적인 인과론적 이론에서도 나타난다. 범법자에 대한 노출과 근접성은 차별교제이론과 사회학습이론에서도 중요한 부분을 차지한다. 차별교제이론과 사회학습이론은 범법자에 대한 노출과 근접성이 범죄행위를 증가시킨다고 본 것에 비해, 코헨 등은 같은 변수가 범죄피해의 위험을 증가시킨다고 주장했다. 간단히 말해, 이전 이론에서 '범죄원인론적' 변수로 다루어졌던 것들이 '범죄피해 원인론적' 변수로 도입되었다(Jensen and Brownfield, 1986: 87).

비록 인과론적 이론을 끌어들였다 하더라도 일상활동이론이 범죄행위를 직접적으로 설명하지는 못한다. 그것은 기본적으로 범죄피해이론이다. 즉, 일상활동이론은 왜 어떤 사람이 특정 범죄를 저지르고자 하는지를 설명하지 못한다. 이 이론은 단지 동기화된 범법자가 존재하고 이들은 범행기회와 잠재적 피해자가 있는 시간과 장소에서는 범죄를 저지른다는 것을 주장할 뿐이다.

일상활동이론은 개인이 그의 집이나 다른 장소에서 취하는 비공식적 범죄예방조치 여부를 설명하지 못할 뿐만 아니라, 법과 형사사법체계에 의해서 수행되는 공식적 통제도 설명하지 못한다. 이 이론은 단지 비공식적 또는 공식적 감시자가 존재하지 않거나 범죄를 예방할 능력이 없다면 범죄가 발생할 것이라는 점을 말할 뿐이다.

윅스트렘(Wikström, 2005)은 일상활동과 상황의 전후관계 속에서 범죄자의 동기화를 다루려는 '상황적 행동이론'을 제안했다. 윅스트렘에 따르면 범죄를 저지를 가능성은 개인 수준의 자기통제력, 도덕적 판단 및 상황적 요인의 상호작용에 기초한다. 달리 말해, 범죄성향이 높은 경우(예를 들면, 도덕적 판단이 빈약하고 자기통제력이 낮은 경우)에는 환경이나 상황과 무관하게 범죄를 저지르기 쉬운 반면, 범죄성향이 낮은 경우에는 상황적 요인이 절대적이다. 윅스트렘과 그 동료들이 수행한 경험적 예비조사는 일상활동 준거틀의 확장을 지지하는 결과를 산출했다(Wikström, 2009, 2012; Wikström et al., 2012).

우리는 범죄피해의 취약성이 연령, 성, 인종과 같은 사회적 특성과 관련된다는 것과 보호되지 못하고 접근이 쉬운 재물이 더 쉽게 절취되거나 파괴됨을 안다. 물론 일상적 예방조치는 범죄피해를 감소시킨다. 만약 어떤 사람이 거리를 돌아다니기보다 집에서 TV를 본다면, 그 사람의 집은 침입절도를 당할 가능성이 적고 노상강도를 당할 위험은 전혀 없다는 것은 상식적으로 알 수 있다.

위험성이 높은 생활양식의 사회적 특성을 지닌 사람들은 범죄피해에 더 취약하다. 그러나 펠슨은 이런 상식적이고 경험적인 현실을 받아들여 시간과 공간에 따른 범죄피해의 차이를 이해하기 위한 일관된 준거틀로 만들었다(Felson and Eckert, 2016). 이 이론은 논리적 일관성이 있으며 명쾌한 정책적 함의를 지니고 약탈범죄에 대한 사회구조적 변화의 효과를 이해하는 데 강력한 잠재력을 지녔다.

그러나 이 이론의 경험적 타당성은 아직 잘 정립되지 않았다. 앞서 본 것처럼, 몇몇 연구자는 일상활동이론과 부합하는 연구결과를 제시했다(Stahura and Sloan, 1988; Massey et al., 1989; Miethe et al., 1987; Cromwell et al., 1991). 그러나 그러한 연구는 이론의 전체 모형을 검증한 것은 아니다. 약간의 예외가 있기는 하지만(Stahura and Sloan, 1988; Bernburg and Thorlindsson, 2001) 연구자는 범죄의 동기나 동기화된 범법자의 존재 여부를 측정하지 못했다. 일반적으로 이 이론의 세 가지 주요 변수 중에서 하나는 빠졌다. 비록 포함되었다 하더라도, 범법자의 동기는 직접적으로 측정되지 못했고 범죄와 높은 상관관계를 보이는 인구학적 변수로 대체되었다.

일상활동이론에 대한 경험적 지지를 평가할 때의 어려움은 일상활동의 두 가지 주요 변수, 즉 적합한 대상물과 능력 있는 감시자의 부재 역시 통상 직접 측정되지 않는다는 사실이다. 코헨 등의 처음 연구에서도 피해자의 일상활동이나 적절한 감시는 직접적으로 측정되지 못했다. 그것들은 단지 노동참여율과 가족구성 등으로 파악되었다. 후속연구에서도 피해자의 일부 활동(예를 들어, 밤에 집에 있거나 외출하는 정도)은 직접적으로 측정되었지만 피해취약성과 감시가능성은 피해자의 사회적 특성으로 파악했다(Kennedy and Forde, 1990; Mustaine and Tewksbury, 1998).

셔먼 등은 "일상활동이론에 관한 대부분의 경험적 검증에서 생활양식에 대한 직접적 측정이 부족하고 그것을 인구학적 변수로 대체한다"고 주장했다(Sherman et al., 1989: 31). 스미스 등(Smith et al., 2000)은 동기화된 범법자(예를 들어, 인종구성, 시내 중심으로부터의 거리), 대상물(상점의 수 및 기타 상업적 토지이용) 그리고 감독(주인이 거주하는 가구 수)을 측정하기 위해 이웃 수준의 간접적 측정을 활용한다. 이러한 요소 모두가 경찰에 신고된 노상강도에 대해 유의미하지만 매우 약한 영향을 미친다. 일상활동이론에 관한 경험적 연구는 이 이론의 가정과 일치하는 연구결과와 일치하지 않는 많은 연구결과를 제시했다. 그러나 이론의 핵심개념에 대한 직접적인 경험적 측정이 필요하다.

3) 일상적 범죄예방 및 예방조치

펠슨(Felson and Eckert, 2016; Felson and Clarke, 1995)은 문 잠그기, 경보기 설치, 안전한 지역에 살기, 위험한 장소 피하기, 귀중품의 경비 및 간수 등과 같이 "개인 및 조직이 오래전부터 취한 범죄에 대한 일상적 예방조치"를 일상활동이론의 정책함의로 보았다(Felson and Clarke, 1995: 179-180). 범죄예방을 위해 실행되는 많은 일상적 일은 '민간요법'이 병을 치료하는 데 활용되듯이 일반인 사이에는 상식적 행동이다.

펠슨과 클락(Felson and Clarke, 1995)은 그러한 많은 구제책이 범죄기회를 감소시키지 못하고, 어떤 경우에는, 자신을 보호하기 위해 범죄자로부터 총을 구입하는 것과 같은 경우는 안전보다는 위험을 불러올 수 있다고 주장한다. 그들은 일상활동 이론가가 다음과 같은 합리적이고 신중한 예방조치를 취하도록 격려하는 정책을 제안해야 한다고 주장한다.

① 청소년에게 야간통행금지를 도입하고 술집과 주류판매점의 영업시간을 제한하는 법률 등의 공식적 사회통제, ② 서로를 감시하고 서로에게 예방조치를 일깨우는 가족과 친구를 통한 비공식적 감독, ③ 공공장소에 범죄경고문을 게시해 귀중품을 간수할 것을 주의시키고 안전한 장소와 거리에 대한 정보를 제공하는 표지판과 권고문, ④ 열쇠를 차에 남겨놓으면 작동하는 경적음과 자동으로 닫히는 문 등의 제품설계와 쉽게 기억되는 주민번호의 제공, ⑤ 공중 가로등의 설치, 나무울타리의 정돈, 가시성을 해치지 않는 담의 설치를 통한 자연적 감시의 증가이다(Felson and Clarke, 1995).

펠슨과 에커트(Felson and Eckert, 2016)는 개인, 이웃, 지역사회 그리고 기업에 의해 '범죄를 퇴치하는 설계'에 대해 언급한다. 사람들의 이동양식, 건물의 설계와 위치 그리고 일상환경의 다른 특징이 범죄를 저지르는 데 무엇이 좋은 조건이고 나쁜 조건인가에 대한 단서를 제공함으로써 잠재적 범법자의 의사결정과정에 영향을 미친다.

범죄수행에 불리한 조건을 만들려면 도시의 지리적 범죄분포도를 인식하고, 공공건물과 사유건물에 방어공간을 갖추고, 이웃집을 잘 볼 수 있는 위치에 주거를 정하고, 공개적 노출을 최대화하도록 담장과 주차장을 설치하고, 주택지역을 지나가는 차량흐름을 줄이고, 그 밖에 범죄를 퇴치하는 '지역설계'(*local design*)를 마련해야 한다.

편의점에서는 가게 전면에 계산대를 배치하고, 사용시간이 정해진 금고(*timed access safes*)를 설치하고, 언제든 소액의 현금만 보유하고, 유리창에 광고나 장식을 붙이지 못하게 해 밖에서도 안을 환히 볼 수 있도록 함으로써 편의점의 돈과 점원을 강도와 폭행에 대해 덜 취약하게 한다.

또한 펠슨은 잠재적 범법자가 범죄를 저지르려 할 때 금지적 신호를 주는 상황을 만들어내는 데는 많은 지지와 더불어 논란도 존재한다고 언급한다. 누군가가 절도, 폭행, 또는 손괴를 범하려 할 때, 상황을 어렵고 위험하거나 무모하게 만드는 조치는 모두 범죄예방에 대한 펠슨의 일상생활 개념과 부합할 것이다(Clarke and Felson, 2011).

범죄에 대한 예방조치로 취해진 활동에는 전통적으로 범죄학에서 '환경설계를 통한 범죄예방'(CPTED)으로 알려진 것이 있다. 즉, 건물을 세우거나 배치할 때(특히, 도시지역에서) 범죄대상을 '견고화' (*harden*)시키고, '방어공간'(*defensible space*)을 더 제공하고, 범법자가 범행하기에 더욱 어렵게 또는 범행의 유혹을 덜 받는 방식을 강구하는 것이다

(Newman, 1972; Jeffery, 1971, 1977).

개인이 피해 위험을 줄이기 위해 강구하는 이러한 기법의 '상황적 예방'은 범법자가 특정의 범죄를 범하기 전에 합리적 선택을 하는 것을 가정한다(Clarke and Felson, 2011). 이론에 따르면 거리가 안전한 상태로 유지되고, 주택, 건물 및 토지의 물리적 퇴락이 통제되고, 대상물과 피해자를 더 잘 보호하기 위해 물리적 환경이 개조되는 경우에는 범법자가 범죄를 저지르지 않는 쪽으로 선택한다는 것이다(Taylor and Harrell, 1996).

분명, 펠슨과 다른 사람들이 권고한 현실적 조치는 건전한 범죄예방 조치로 보인다. 적어도 외관상으로 범죄수행을 방해한다는 것은 자명해 보인다. 펠슨과 클락(Felson and Clarke, 1995)이 이러한 범죄예방 조치의 효과성에 대한 '임상적 조사'를 권고한다. 이러한 권고와 관련해 게렛과 보우어스(Guerette and Bowers, 2009)는 102개의 상황적 범죄예방 프로그램 평가 결과를 검토했다.

그들은 접근통제, 물리적 장벽, 피고용인 감독, 가로등 및 재물번호 같은 수단이 평가된 프로그램의 1/4에서 범죄전이(*crime displacement*), 즉 범죄를 다른 지역으로 이전하는 결과를 가져온다는 결론을 내렸다. 그러나 다른 1/4의 결과는 범죄통제이익의 확산을 가져와 범죄예방전략을 직접 경험하지 않은 지역에서도 범죄가 감소했다. 또한 그들은 범죄전이가 발생한 경우 그것이 "상황적 개입으로 달성한 이득보다 적어서 상황적 개입을 시도할 가치가 있다"는 것을 발견했다(Guerette and Bowers, 2009: 1357).

또한 일상활동이론, 범죄유형이론 및 다른 범죄기회이론은 범죄예방과 범죄수사에서 경찰기관의 많은 실무를 지도한다. 범죄의 일상적 유형에 대해 수집된 자료, 특히 시간과 장소를 활용해 컴퓨터로 산출한 범죄지도로 중요한 범죄 '다발지역'을 확인할 수 있다. 이러한 다발지역에 관한 정보는 언제 어디서 경찰순찰을 증가시키는 것이 범죄행위를 예방하거나 중단시키기에 가장 효과적인지를 경찰당국에 알려준다(Sherman et al., 1989; Roncek and Maier, 1991).

범죄분석가들은 정교한(*sophisticated*) 지리정보시스템을 활용해 문제지향적 경찰활동(Clarke and Eck, 2005)과 정보주도적 경찰활동(Ratcliffe, 2008)과 관련된 범죄감소전략을 알려준다. 또한 일상활동이론과 범죄유형이론은 동일한 범죄자가 저지른 것으로 생각되는 연쇄살인, 강간, 강도 및 침입절도와 같은 연쇄범죄에 대한 경찰수사를 지도한다.

지리적 프로파일링(Rossmo, 2000; Ackereman and Rossmo, 2015)은 범죄자가 그들의 집과 가까운 장소와 비범죄적 일상과정에서 이용하는 길에서 범죄를 저지를 가능성이 많다는 이론적 예측에 기초한다. 이러한 수사도구는 통계적 연산(*algorithm*)을 이용해 범죄사건의 위치에 기초한 연쇄범죄자의 '사냥 지역'(*hunting area*)을 확인하고 사냥 지역을 소단위의 공간으로 분할한 다음 어떤 주어진 공간단위가 범죄자의 '본거지'(*home base*)로 사용될 가능성을 계산한다. 지리적 프로파일링은 경찰이 수사활동을 특정 지역으로 좁히고 집중하는 것을 돕고 피의자를 성공적으로 체포하는 데 이용된다(예를 들면, Rossmo and Velarde, 2007을 보라).

7. 요 약

억제이론은 형벌이 확실하고 엄격하고 신속하다면 범죄는 억제될 것이라고 주장한다. 그러나 경험적 연구에서 엄격성은 범죄에 대한 억제효과가 거의 없는 것으로 나타났다. 사형제도의 존재나 집행 역시 살인율에 효과가 없는 것으로 밝혀졌다. 경험적 연구에서 객관적 또는 인지된 확실성과 불법행위 간의 부(-)의 관계는 쉽게 발견되지만 상관관계는 약하다.

억제개념을 보상과 처벌, 도덕적 신념과 같은 비공식적 과정을 포함하는 것으로 확장했을 때 경험적 타당성은 높아진다. 합리적 선택이론은 억제이론을 확장 또는 변형시킨 또 다른 형태이다. 합리적 선택이론의 순수한 형태는 경험적 지지를 받지 못한다. 그러나 이 이론에서 가정하는 합리성의 수준을 낮추고 다른 이론의 설명변수가 추가되었을 때 경험적 지지도는 높아진다.

억제이론과 합리적 선택이론이 이렇게 변형되었을 때, 이 이론들은 전통적 억제나 순수한 합리적 선택모형보다는 현대의 사회통제이론이나 사회학습이론과 더 유사하다. 그러므로 변형된 이론에 대한 긍정적 연구결과가 억제이론이나 합리적 선택이론의 타당성을 나타내기보다는 더 강력한 설명변수를 빌려온 다른 이론의 타당성을 나타내는 것처럼 보인다.

일상활동이론의 주요 명제는 범죄를 저지를 가능성이 있는 사람이 존재하고, 취약한 대상이나 피해자가 있고, 공식적 또는 비공식적 감시가 부재할 경우에는 범죄피해율이 증가한다는 것이다. 그러나 이 이론에 대한 경험적 연구는 이론의 전체 모형을 검증하지 못하고 주요변수를 직접적으로 측정하지 못했다. 이 이론에 관한 대부분의 경험적 연구는 이론과 부합하는 연구결과를 보여주지만 아직까지 경험적 타당성은 확실하게 정립되었다고 할 수 없다.

억제이론은 전체 형사사법체계의 기초가 되고 강경한 정책개혁의 주요 논거이다. 〈위협에 의한 바른 삶〉과 신병캠프와 같은 프로그램 역시 실제 구금과 구금의 위협에 의한 억제효과에 기초한다. 일상활동이론의 정책함의는 범죄피해를 당하지 않기 위해 실질적이고 상식적인 예방조치를 중심으로 전개된다. 이런 정책이 효과가 있다는 증거가 일부 있지만 이들 정책에 대한 평가의 문제 때문에 범죄예방효과는 불확실하다.

주요 개념

- 처벌의 엄격성(*severity of punishment*)
- 비례성(*proportionality*)
- 처벌의 신속성(*celerity of punishment*)
- 처벌의 확실성(*certainty of punishment*)
- 특별억제(*specific deterrence*)
- 일반억제(*general deterrence*)
- 절대적 억제(*absolute deterrence*)
- 메타분석(*meta-analyses*)
- 비공식적 억제(*informal deterrence*)
- 기대효용 원리(*expected utility principle*)
- 신중하고 반성적인 의사결정(*thoughtfully reflective decision making*)
- 범죄전이(*crime displacement*)
- 범죄통제이익의 확산(*diffusion of crime-control benefit*)
- 지리적 프로파일링(*geographic profiling*)

제 3 장

생물학적 이론과 생물사회이론

1. 서 론

사회구조적 이론과 사회심리학적 이론은 범죄현상을 설명하는 데 생물학적 또는 심리학적 요인을 무시하거나 배제한다. 이는 생물학적·심리학적 요인(제 3장과 제 4장 참조)이 인간의 행동에 영향을 전혀 미치지 못한다거나 개개인이 생물학적 구성에서 모두 동일하다고 가정하기 때문은 아니다. 오히려 이러한 이론은 개인 간의 생리적 차이나 성격적 차이가 정상범위 내에 있다고 전제하고 사회적 요인에 초점을 맞추어 범죄현상을 설명한다.

비정상적인 생리적 요인에 의해 직접적으로 발생하는 범죄는 거의 없는 것으로 본다. 이에 비해 전통적인 생물학적 이론은 사회학적 이론과는 반대의 접근방식을 취한다. 이 이론은 법을 준수하는 사람과 위반하는 사람을 구별하는 해부학적·생리학적 또는 유전학적 비정상성에 초점을 맞춘다. 또한 이 이론은 범죄에 대한 사회환경적 요인의 효과를 무시하거나 경시한다. 그러나 최근 다수의 이론은 정상범위 내의 생물학적 차이를 강조하면서 범죄와 비행에 대한 생물학적·사회학적·심리학적 변수 간의 상호작용을 강조한다.

2. 롬브로소와 초기 생물학적 이론

범죄학에서 고전학파는 19세기 후반까지 독점적 지위를 차지했다. 자유의지를 지닌 개인이 합리적으로 계산해 범죄행위를 저지를 것인지를 결정한다고 주장하는 고전주의 이론은 1870년대에 들면서 생물학적 '실증주의'에 밀려나기 시작했다.

새로운 생물학적 이론에서 범죄는 처벌위협에 의해 억제되지 않으면 언제든지 발생할 수 있는 합리적인 이성적 행위가 아니라 타고난 비정상적 특질의 결과로 파악되었다. 사회의 규칙을 위반하게 만드는 정신적·심리적 기질은 개인의 신체적 특징으로 나타난다는 것이다.

이 이론에 따르면 합리적 의사결정과 범죄는 전혀 관련이 없다. 환경적 조건과 상황은 범죄행위를 유발 또는 억제시킬 수 있지만 범죄의 원인은 아니다. 정상인 가운데 일부는 때때로 범죄에 대한 유혹과 압력에 굴복해 범죄를 저지르지만 진짜 범죄자는 범죄적 기질을 가지고 태어나기 때문에 문명사회와 항상 불화관계에 있다. 초기 생물학적 범죄학자는 범죄자를 준법시민보다 생물학적으로 열등하거나 결함이 있는 사람으로 보았다(DeLisi, 2009).

사회 전체를 보호하기 위해 범죄자를 처벌하는 것은 분명 정당하지만 범죄자는 생래적인 생물학적 기질에 의해 범죄를 저지르기 때문에 법적 처벌의 확실성이나 엄격성은 이들에게 어떤 영향도 미치지 못한다. 고전학파의 범죄이론은 인도주의적이며 범죄행위 자체에 초점을 맞추었고 생물학적 실증주의는 과학적이며 개별 범죄자에 관심을 가졌다(Wolfgang, 1972; Bernard, Snipes, and Gerould, 2015).

1) 롬브로소의 생래적 범죄자 이론

초기의 이론 가운데 모든 생물학적 이론의 원천이 된 가장 중요한 주장은 1876년 롬브로소가 쓴 《범죄자》(*The Criminal Man*)에서 처음 제시되었다. 롬브로소는 이 저서를 다섯 차례에 걸쳐 개정했으며 범죄의 원인과 대책 그리고 여성 범죄자에 대한 저서도 출간했다(Lombroso, 1912; Wolfgang, 1972). 그는 이탈리아 재소자의 신체적 특성(머리, 몸, 팔, 피부)을 관찰하고 군인과 비교했다. 이렇게 비교한 결과 범죄자는 신체적으로 준법시민과 구별된다는 것을 발견했고 이러한 차이점을 근거로 범죄의 원인이 생물학적 특성에 의한 것이라고 결론지었다.

롬브로소는 신체적 특징을 통해 '생래적 범죄자'(*born criminal*)를 구별할 수 있다고 믿었다. 생래적 범죄자는 타고난 신체적 특성으로 인해 사회의 법규를 위반하게 된다. 롬브로소는 생래적 범죄자를 인간진화의 초기상태로 퇴행하는 격세유전(*atavism*)으로 설명했다. 생래적 범죄자는 원시인의 체격, 정신능력, 본능을 지녔다. 그러므로 생래적 범죄자는 시민사회의 생활에 잘 적응하지 못하며 적절히 예방하지 않는다면 불가피하게 사회규범과 법을 위반한다.

이러한 생래적 범죄자는 눈에 보이는 어떤 표시(*stigmata*), 예를 들면 얼굴이나 머리의 비대칭, 원숭이같이 큰 귀, 두꺼운 입술, 들어간 턱, 뒤틀린 코, 튀어나온 광대뼈, 긴 팔, 많은 주름살, 정상보다 많은 수의 손가락이나 발가락 등에 의해 파악된다. 이러한 비정상적 특성 가운데 5개 이상을 지닌 남자는 생래적 범죄자로 분류되고 반면 여성은 비정상적 특성 중 3개만 지니면 생래적 범죄자로 파악된다.

롬브로소의 이론은 유럽의 주류 범죄학이 되었고 미국 범죄학과 행형학에도 주요한 영향을 미쳤다. 해부학적 특징을 측정하는 것은 경찰과 교정당국이 범죄자를 확인하는 목적으로 1870년대부터 일반화되었고 1920년대에 들어와 지문으로 대체되었다(Cole, 2001 참조).

롬브로소는 대부분의 관심 초점을 남성 범죄자에게 맞추었지만 그의 사위인 윌리엄 페레로와 함께 《여성 범죄자》〔*The Female Offender*, 1958(1987)〕를 공동집필했다. 롬브로소와 페레로는 자연선택에 의해 여성보다 남성에게 생래적 범죄자가 더 많이 존재한다고 설명했다. 그들의 주장에 따르면 인간은 신체적으로 불구인 여성과 번식하지 않으려는 경향이 있어서 여성에게 있는 퇴행적 형질은 남성에게 있는 그것보다 세월을 넘어 존속하기 어렵다.

롬브로소는 생래적 범죄자 이외의 다른 두 개의 유형, '정신이상 범죄자'(*insane criminal*)와 '기회적 범죄자'(*criminaloid*)를 제시했다. 백치, 저능아, 간질환자, 정신병자 등을 포함하는 정신이상 범죄자도 사회에 잘 적응하지 못한다. 이러한 범죄자는 생래적 범죄자와 마찬가지로 그들의 범죄적 기질을 통제하지 못한다. 그러나 그들은 진화론적 퇴행으로서의 신체적 특성을 가지지는 않았다. 기회적 범죄자는 적절한 상황이 주어진다면 범죄를 저지를 수 있는 감정과 욕구를 지녔다. 이러한 유형 중에서 생래적 범죄자가 진정한 의미의 범죄자이며 사회에서 가장 다루기 어렵고 위험한 범죄자이다.

초기에 롬브로소는 대부분의 범죄자를 생래적 범죄자로 파악했으나 범죄발생의 사회적 · 경제적 · 정치적 조건을 고려한 후에는 생래적 범죄자를 전체 범죄자의 1/3 정도라고 수정했다. 그럼에도 불구하고 생래적 범죄자는 그의 이론에서 중심개념으로 남았다. 내재된 범죄성이라는 기본개념은 생물학적 범죄이론의 중추적 역할을 했으나 다른 한편으로는 비판의 단서를 제공했다.

범죄의 원인으로서 어떤 인종이나 집단의 내재된 특질, 신체적 비정상성, 생물학적 열등성, 신체유형, 저능성, 생화학적 불균형, 생물학적 결점과 역기능성을 다루는 이론은 롬브로소의 이론에 근거한 것이라고 볼 수 있다(Bernard et al., 2015 참조). 래프터(Rafter, 2006)는 롬브로소가 범죄행위에 대한 진화이론과 행태적 유전이론은 물론 범죄자 분류체계에 관한 현대의 생물학적 관점마저 예측했다고 주장한다.

2) 생물학적으로 열등한 범죄자

영국 교도소에서 의사로 근무한 고링(Charles Goring)은 수 년에 걸친 연구결과를 《영국의 죄수》(*The English Convict*)라는 저서로 1913년에 발간했다. 고링은 당시 가장 정교한 신체측정방식과 통계적 방법을 사용했다. 그는 재소자를 대학생, 군인, 교수, 병원환자 등과 비교 연구해 머리 크기, 눈 색깔, 얼굴 모양 등을 포함한 37개의 신체적 특성과 행위 사이에는 통계학적으로 유의미한 관계가 없음을 발견했다. 그는 신체적 특성에 따른 범죄자 유형은 존재하지 않으며 따라서 롬브로소의 이론은 잘못된 것이라고 주장했다. 그의 연구결과는 범죄자와 준법시민이 신체적 외모와 특성을 통해 구별된다는 롬브로소의 이론을 지지하지 않았다.

많은 학자는 고링의 연구가 롬브로소의 이론을 완전히 부정한 것으로 이해했다. 그러나 고링은 진화론적 격세유전으로 범죄자를 설명하는 입장은 거부했지만 범죄자가 범죄적 특질을 타고난다는 견해는 받아들였다. 그는 범죄에 대한 사회적 요인의 영향을 부정하고 범죄자는 법을 지키는 시민보다 본래적으로 열등하다는 견해를 제시했다.

고링은 사회계급과 연령을 통제한 상태에서 수형자와 일반시민의 신장과 몸무게에서 통계적으로 유의미한 차이가 있음을 발견했다. 그의 연구에서 수형자는 시민보다 키가 작고 몸무게가 적은 것으로 나타났다. 또한 낮은 지능수준을 지닌 것으로 평가되었다(IQ검사보다는 연구자의 인상에 의한 것이다). 고링은 이러한 결과를 범죄자가 생래적으로 '결함 있는 신체와 지능'을 지닌다는 증거로 여겼다. 그는 후에 내재적인 '도덕적 결여'라는 특성을 추가했다. 이러한 연구를 통해 모든 범죄자는 법을 지키는 시민보다 본래적으로 열등하다는 결론을 내렸다(Driver, 1972; Wilson and Herrnstein, 1985; Bernard et al., 2015).

이후 미국의 인류학자 후튼(Hooton, 1939)은 《범죄와 인간》(*Crime and the Man*)에서 고링의 방법론과 결론을 비판했다. 후튼은 몇 개의 주에서 1만7천 명을 선정해 정밀한 연구를 시도했다. 그는 교도소, 소년원, 감옥, 다른 교정시설에 수용된 재소자의 신체적 특성을 정확하게 측정해 대학생, 병원환자, 정신병자, 소방대원, 경찰 등과 비교했다. 재소자와 일반시민 간의 비교는 인종과 국적별 집단, 범죄유형 내에서 이루어졌다.

후튼은 재소자에 관한 '사회학적 자료를 수집'했지만 범죄자는 기본적으로 '유기체적으로 열등'하다는 입장을 가졌기 때문에 사회학적 요인을 크게 고려하지 않았다.

> 일반시민과 구분되는 범죄자의 사회학적·계량적·형태학적 특성은 범죄자의 유기체적 열등성에 근거한다. … 범죄유형이 무엇이든, 그것은 열등한 유기체에 의해 저질러진다. … 이것은 범죄의 일차적 원인이 생물학적 열등성이라는 주장과 일치하며 나의 주장과 정확하게 일치한다. … 분명히, 우리 사회의 교도소는 '흐르는 모래와 쿨렁거리는 늪'과 같은 열등한 인간유기체를 바탕으로 세워졌다(Hooton, 1939).

후튼의 다른 동시대인도 생물학적 결정주의를 주장했다. 셸든(1949)은 비행자가 생물학적으로 열등하고 정신능력이 떨어지는 것으로 보이는 '중배엽형'(*mesomorph*, 근육형) 체형을 특징으로 한다고 주장했다. 그는 "범죄는 유전된 생물학적 열등성에 의해 야기된다고 주장했다. … 셸든의 견해에 따르면, 그의 체질 심리학 총서는 생물학이 성격과 행동의 주요 결정자인 운명이라는 것을 입증했다"(Rafter, 2007: 814).

후튼이 고링의 연구에서 방법론적 결함을 발견했듯이 그의 연구도 몇 가지 측면에서 비판을 받았다. 그가 발견한 재소자와 일반인 사이의 차이는 실제로 매우 미미한 것이었다. 더욱이 후튼은 일반인 표본에 큰 신장이 요구되는 직업인 소방관과 경찰의 비율이 높다는 사실을 고려하지 않았다. 그리고 재소자와 일반인 사이의 차이보다 재소자 간의 차이가 더 컸다. 또한 재소자가 과거에 여러 유형의 범죄를 저질렀을 것이지만 범죄유형에 따른 신체적 특성을 파악하는 데는 가장 최근의 범죄만을 고려했다.

후튼은 범죄자가 생물학적으로 열등하다는 전제를 가지고 그러한 열등성을 확인하기 위해 재소자와 일반인의 신체적 차이를(예를 들면, 이마, 콧마루, 턱, 눈 색깔, 눈썹, 문신, 귀) 분석했다. 측정된 어떤 차이점도 재소자의 우수성을 나타내는 것으로는 해석되지 않았으며 두 집단 간의 유사성은 무시되었다. 범죄자가 법을 지키는 시민보다 생물학적으로 열등하다는 후튼의 결론은 명백하게 동어반복에 해당하는(Vold, 1958: 62-63), 다시 말해 그것은 그가 처음 전제한 가정에 의해 이미 예정된 결과이다. 그가 자신의 이론을 참으로 가정했기 때문에 그러한 내용을 반증할 수 있는 방법은 없었다.

롬브로소에 의해 제안되고 고링과 후튼에 의해 발전된 범죄인의 열등성에 대한 관념은 19세기 후반과 20세기 초반에 번성했던 많은 생물학적 이론, 즉 정신박약(*feeblemindedness*), 내재적 범죄자 특질, 내분비 불균형, 신체유형론에서도 발견된다(Bernard et al., 2015 참조). 초기 생물학적 이론은 비생물학적·사회적 요인을 가끔 인정하기는 했지만 이러한 환경적 요인은 신체적 범죄성향보다 부수적인 것으로 보았다.

이 이론의 중심명제는 범죄자, 특히 가장 심각하고 위험한 범죄자는 만들어지기보다는 자연적으로 타고난다는 것이다. 이 이론에 따르면, 범죄자는 일반인과 단지 다르게 행동하는 것이 아니라 미리 결정된 생물학적 특징이나 열등성으로 인해 본질적으로 다른 존재이다(Rafter, 1992; DeLisi, 2009).

3) 초기 생물학적 이론의 부적절성에 대한 고찰

이렇게 단순한 생물학적 결정주의는 이후 사회적·경제적·환경적 요인을 무시하거나 제대로 고려하지 않는다는 이유로 사회학자에 의해 비판받았다. 이 비판가들은 생물학적 연구에서의 방법론적 결함, 동어반복적 주장, 경험적 연구결과가 이론을 지지하지 않는다는 점을 지적했다.

1950년대에 이르러서 생물학적 이론은 범죄학 분야에서 철저하게 배제되었다. 롬브로소와 다른 생물학적 이론은 역사적 관심 때문에 범죄학과 비행관련 서적에서 계속 다루어졌지만 저자들은 이러한 이론에 대해 매우 비판적이었다. 범죄에 대한 생물학적 설명을 주장하거나 검증하는 논문은 대부분 사라졌다.

그 시기의 범죄학자들은 생물학적 이론을 범죄행위에 대한 설명으로서 근거가 없고 중요하지 않은 것으로 간주했다(Barners et al., 2014). 후튼은 1980년대까지도 생물학적 범죄학의 '하버드 학파'에 영향을 미쳤으며 미국 범죄학 역사에서 중요하지만 그럼에도 잘못된(*mistaken*) 인물로 계속해서 관심을 끌고 있다(Rafter, 2004).

이러한 생물학적 이론은 경험적 검증을 이겨내지 못하고 더 면밀한 고찰에 의해 쉽게 무너질 수 있는 단순한 인종 및 성차별적 관념을 옹호했다. 롬브로소의 실증주의를 불신하는 이유는 "초기 이론의 방법론적 결함이 심각했고 그 발견을 사회학적 이론 및 자료와 통합하려는 노력이 허약했기 때문이다"(Mednick and Shoham, 1979: ix).

전통적인 생물학적 범죄이론은 단순하고 검증할 수 없고 비논리적이고 종종 이념적 편견에 기초한 것으로 평가된다(Mednick, 1987; Fishbein, 1990; Wright and Cullen, 2012). 초기 생물학적 이론은 종종 이전의 생물학적 이론가가 주장한 배제와 우생학의 부당하고 혐오스러운 정책에 대한 지적 정당화의 역할을 했다(Rafter, 2007).

3. 범죄와 비행에 관한 현대의 생물학적 이론과 생물사회이론

이러한 낡은 스타일의 생물학적 이론과 정책 선호는 1980년대까지 지속되었는데 몇몇 저명한 지지자는 범죄에 대한 오래된 생물학적 설명을 반복하고 새로운 증거 없이 여전히 결함이 있는 많은 연구에 의존했다.[1] 그러나 1970년대부터 현재까지 현대의 생물사회이론가는 롬브로소, 고링, 후튼 및 다른 학자의 이론에서 제안된 엄격한 생물학적 결정주의를 거부한다.

최근의 그리고 현재의(*current*) 생물학적 설명은 유전학, 뇌기능학, 신경학, 영양학 및 생화학에서의 새로운 과학적 발견과 기술적 진보에 기초한다. 이러한 까닭으로 생물학적 변수에 초점을 두거나 이를 포함하는 범죄이론이 범죄학에서 새로운 관심을 받고 있다(Barnes, Boutwell, and Beaver, 2016a; Beaver, Barnes, and Boutwell, 2015; Cooper, Walsh, and Ellis, 2010; Massey, 2015; Tuvblad and Beaver, 2013).

범죄의 생물학적 원인을 강조하는 이론은 아직 방법론상의 문제와 경험적 타당성의 문제를 해결해야 하지만 20세기 초기 이래 어떤 시기보다 오늘날 더욱 진지하게 받아들여지고 있다. 범죄학에서는 여전히 "생물과학에 대한 교수 훈련과 호기심의 부족 그리고 … 박사과정 학생에 대한 훈련 부족"이 여전히 존재하지만(Wright et al., 2008: 330) 범죄학자는 현대의 생물학이론에 주의를 기울이고 수용한다(Wright and

---

1) 예를 들어, 윌슨과 헌스타인(1985) 또는 테일러(1984)의 생물학적 이론을 참조하라.

Cullen, 2012; 또한 Burt and Simons, 2014, 2015 참조).

아직 수가 많지는 않지만 범죄학에서 생물학적 이론의 출판이 최근 수십 년간 번성했고 학술지에서도 꾸준히 다루어진다(예를 들어, Barnes et al., 2014 참조). 오늘날 범죄학 교과서는 생물학적 이론에 30년 전의 교과서보다 더 많은 지면과 우호적 관심을 부여하고(Wright and Miller, 1998) 범죄학에서 생물학적 이론을 발전시키기 위한 교과서가 주요 출판사에 의해 계속 출판된다(Fishbein, 1990, 2001; Walsh, 2000, 2002, 2009a; Rowe, 2002; Beaver, 2009, 2013, 2015; Walsh and Beaver, 2009a 참조). 지난 20년간 현대의 생물사회이론은 최하위 이론에서 범죄학자가 승인하고 신뢰하는 상위 그룹의 이론으로 이동했다(Cooper et al., 2010; Wright and Cullen, 2012).

대부분의 현대 이론가는 천성과 양육에 관한 구태의연하고 탁상공론적 논쟁을 재연하거나 롬브로소의 선천적 범죄자 이론을 되살리려는 의도가 없다고 주장한다. 오히려 그들은 순응적 또는 일탈적 행동이 인간 유기체의 생물학적 구성요인과 물리적이고 사회적인 환경과의 상호작용의 결과로 발생한다는 새로운 입장을 제시한다.

“천성 대 양육이 대립하는 것이 아니라, 다만 양육을 통한 천성만이 존재한다”(Walsh, 2000: 1080). 따라서 특정한 범죄가 유전되거나 생물학적으로 예정되는 일은 없고 범죄행위를 유발하는 유일한 유전자도 없다고 본다. 이들은 행위의 가능성과 감수성이 생물학적 요인에 의해서 유발될 수는 있다고 주장한다. 그러나 이러한 잠재력이 실재로 현재화될 가능성은 개인이 생활하는 환경에 따라 차등적으로 나타난다.

오늘날 범죄와 관련된 생물학적 요인 가운데 확고부동한 요인으로 여겨지는 것은 거의 없다. 오히려 이러한 생물학적 요인은 물리적이고 사회적인 환경과 상호작용하고 영향을 받는다(Rowe, 2002).[2] "범죄행위의 설명은 복잡하게 발전된 사회체계 안에서 작동하는 학습, 유전, 호르몬, 신경화학적 요인 간의 복합적인 상호작용을 포함한다"(Ellis and Walsh, 1997: 259).

> 일반적으로 유전되는 것은 행동이 아니고 개인이 환경에 반응하는 방식이다. 이것은 특정한 양식으로 행동하게 하는 지향, 성향, 경향을 제공한다. … 생물학적 측정수치가 반드시 정상적 한계를 초과하는 것이 아니며 의사를 놀라게 할 정도는 아니다(Fishbein, 1990: 42, 54).

제프리(Jeffery, 1977, 1979)는 비록 생물학적 원인(특히, 뇌의 기능)을 강조하고 사회적 요인의 중요성에 대해서는 회의적이지만 범죄행위가 생물학적 요인, 행위요인, 환경 간 상호작용의 결과라고 주장한다. 마찬가지로 엘리스, 월쉬 및 비버(Ellis, 1987a, 1987b; Ellis and Walsh, 1997; Walsh, 2000, 2002, 2009a; Walsh and Beaver, 2009a, 2009b; Beaver, 2009, 2013)는 현대의 생물학적 설명이 사회학적 및 심리학적 요인에 의존하는 '주류' 범죄학 이론과 양립할 수 있음을 지적한다. 이런 이유에서 메드닉, 엘리스 등은 그들의 이론이 범죄의 '생물학적' 이론보다 '생물사회'이론으로 알려지는 것을 더 선호한다.

생물학적 이론에서 주된 쟁점은 생래적 범죄인의 신체적 특징, 체형과 체질적 구성에 대한 초기의 추측으로부터 생화학(예를 들면, 영양,

2) 메드닉 등(1981), 메드닉 등(1987), 아이센크와 구드존슨(1989), 피쉬바인(2001, 2006), 브렌난 등(1995), 월시(2000, 2002, 2009), 로우(2002), 비버(2008, 2009), 월시와 비버(2009a, 2009b)를 참조하라.

남성 및 여성 호르몬 균형, 신진대사)과 **신경생리학**(예를 들면, 뇌기능, 중추 및 자율신경계, 생리학적 자극수준, 신경전달물질)을 포함하는 **신경생물학**, **유전학**(예를 들면, 행동유전학, 유전가능성, 분자유전학) 및 **진화심리학**으로 옮겨갔다(Walsh and Beaver, 2009a).[3]

1) 범죄에 대한 신경생물학적 접근

(1) 생화학: 테스토스테론과 범죄적 공격성

생물학적 이론을 지향하는 몇몇 경험적 연구자는 테스토스테론(*testosterone*: 남성호르몬) 수치와 반사회적이고 공격적인 행위 간의 유의미한 관계를 지적한다(Booth and Osgood, 1933; Walsh, 2002; Mazur, 2009). 테스토스테론은 (비록 남성과 여성 모두가 본래부터 가졌기는 하지만) 분명히 남성호르몬으로 확인되기 때문에 높은 수준의 테스토스테론이 남성의 공격성과 폭력성에 작용한다는 이론과 연구가 집중될 것으로 예상된다. 그러나 성행위, 약물사용, 흡연, 비폭력적 범죄와 같은 다양한 청소년 및 성인의 행위와 테스토스테론 간의 관계도 연구되었다.

테스토스테론 수준이 성적 활동을 증가시키는 데 영향을 미친다는 놀랍지도 않은 발견(Udry, 1988)을 제외하면 관계는 미약한 것으로 보인다. 더구나 관계가 있다고 해도 그것은 테스토스테론 수치의 변화를 일으키는 폭력하위문화에의 참여와 같은 범죄행위와 관련된 사회환경적 요소의 결과일 수 있다(Walsh, 2002; Mazur, 2009).

---

3) 메드닉 등(1987), 월터스와 화이트(1989), 피쉬바인(1990), 라이트와 밀러(1998) 및 월시와 비버(2009a)를 참조하라.

테스토스테론이 범죄행위의 직접 원인이라고 주장하는 일반 범죄이론은 없다(Walsh, 2002; Mazur, 2009). 그럼에도 불구하고 테스토스테론 수치가 매우 다양한 유형의 일탈에 미치는 영향에 대해 검증되었다는 사실에 비추어 연구자들은 적어도 암묵적으로 테스토스테론 수치가 높을수록 사회 및 법 규범을 위반하기 쉽다는 가설을 설정하게 된다. 예를 들어, 부스와 오스굿(1993)은 테스토스테론 수준의 간접효과에 의존해 성인남자의 일탈행동(예를 들면, 싸움, 부도수표 남발)을 설명하는 이론을 제안하고 검증했다. 연구자들은 연령과 인종을 통제한 후에 테스토스테론과 성인의 일탈행동 간의 관계를 발견했지만 이러한 관계는 사회통합과 이전의 비행을 고려했을 경우에는 약화되었다.

이러한 연구에서 발견된 테스토스테론 수준과 성인의 일탈행동 사이의 최초의 관계는 매우 약했고(설명력이 0%에 가까울 정도) 사회통합과 이전의 비행을 고려하면 그러한 관계는 아주 사라지는 것으로 나타났다. 마주르(Mazur, 2009: 191)는 테스토스테론의 수치가 높다는 것은 호르몬과 행위의 상호효과의 결과이며 실제로 "남성 사이에 지배적 행위와 관련이 있고 엄밀한 의미의 공격성과는 관련이 없다"고 주장한다.

최근의 진화적 신경안드로젠 이론(*evolutionary neuroandrogenic theory* · ENA)은 엘리스(2003, 2004, 2005, 2006, 2011)가 제안했는데, 그에 따르면 공격성은 인간(특히 남성) 진화의 자연적 산물이고 태아 테스토스테론을 포함한 안드로겐에 대한 노출이 두뇌 신경화학에 영향을 미친다. 게다가 두뇌의 신경화학 변화는 개인의 공격성에 대한 선호와 위험추구에의 관여를 증대시키는 이유이고, 호스킨과 엘리스(2015: 55)가 분명히 언급하듯 "태아기 안드로겐에 대한 노출이 이후 생애의 범죄행위의 가능성을 증가시키는 중심이다." 프랫과 동료들(2016)은 최근 (태아 테스토스테론의 신체적 바이오마커로 자주 사용되는) 2D:4D 손가락 비율과 공격성, 위험행동 및 범죄간의 연결에 대한 체계적 검토와 메타분석을 제공한다. 다단계 분석과 47개 연구의 660개 효과크기(*effect size*) 추정치를 바탕으로 한 그들의 결과는 전체 효과크기(평균 r = 0.047)가 작다는 증거를 드러냈고, 이러한 효과크기의 규모는 하위집단분석(표본의 인종, 성별 및 연령 구성) 전반에 걸쳐 상당히 일관되었다.

(2) 신경생리학: 정신기능과 비행

정신기능에 관한 초기 이론의 하나로 비행자는 선천적 저능아 혹은 '학습지체'로 심하게 고통받는 사람이라고 제안한 이론은 경험적 지지를 거의 받지 못했다(Murray, 1976). 어린 시절의 지능으로 청소년기의 비행을 정확하게 예측할 수 없다. 부모의 훈육, 가족 간의 유대, 종교활동, 비행친구와의 교제 등이 훨씬 효과적 지표가 된다(Glueck and Glueck, 1959; McCord and McCord, 1959). 그러나 계급, 인종 및 다른 요인을 통제하더라도 지능(IQ)과 비행 간에는 약하지만 완전히 무시할 수 없는 부(-)의 관계가 있다는 사실이 경험적 연구를 통해 지속적으로 발견되었다(Gordon, 1987). 즉, 지능지수가 높을수록 소년이 비행을 범할 가능성은 낮아진다는 것이다.

고든(1987)은 지능지수와 비행의 관련성은 경험적 연구결과에서 쉽게 찾을 수 있다면서 흑인과 백인의 비행률 차이를 흑인과 백인의 지능지수의 차이로 귀착시켰다. 허쉬와 힌델랑(Hirschi and Hindelang, 1977)은 지능지수와 비행의 관계가 강하지는 않지만 적어도 사회계층과 비행 간의 관계만큼은 된다고 주장했다. 그러나 제 9장에서 살펴보듯, 사회계층 자체는 매우 약한 비행예측인자이고 경험적 연구에서 자주 보고되는 또래집단과 태도와 같은 다른 요소는 지능(.00에서 .17의 범위) 보다 상당히 강한 영향(.10에서 .40; Cullen et al., 1997) 을 미친다.

헌스타인과 머레이(Herrnstein and Murray, 1994) 의 주장에 따르면, 지능이 낮은 사람은 범죄나 다른 유형의 바람직하지 못한 행동을 하게 이끄는 (그들이 80%는 유전이라 주장하는) '인지적 약점'을 가지며 이는 영양섭취, 교육, 사회경제적 지위, 가족, 기타 환경적 요소의 영향을 한평생 거의 받지 않는다. 그들은 전국 설문조사 자료분석을 바탕으로 이러한 결론을 내렸다. 그들의 발견에 따르면, 사회계층보다는 지능이 자기보고식 범죄와 면접조사 시점의 복역 여부에 더욱 강한 관련성을 가진다.

컬른 등(1997) 은 동일한 자료를 재분석해 다른 결과를 얻었다. 그들의 발견에 따르면, 헌스타인과 머레이의 분석에 포함된 지능 및 다른 변수는 자기보고식 범죄가 갖는 변량의 일부(1.5%) 만을 설명하고 복역 여부(9.6%) 는 보통 수준으로 설명한다. 컬른 등은 헌스타인과 머레이가 다루지 않았던 다른 사회적 변수인 도시 내 주거, 종교활동, 아버지와 함께 사는지 등을 고려했을 때, 지능과 자기보고식 범죄와의 관계는 사라지고 지능과 복역과의 연관도 매우 약화된다는 점을 발견했다.

허쉬와 힌델랑(1977) 은 지능과 비행의 관계를 간접적인 것으로 파악했다. 즉, 낮은 지능은 학업수행에 부정적 영향을 미치고 학교생활에 잘 적응하지 못하게 하기 때문에 비행가능성을 높인다고 주장했다. 고든(1987) 은 지능검사가 타고나는 지적 능력의 기초가 되는 'g' 요인(일반적 지능요인) 을 나타내기 때문에, 학업성취의 정도를 반영하는 것이라고 믿었다.

인종에 따른 지능차이에 관한 문제는 많은 논쟁을 불러일으키며 흑인

청소년과 백인청소년 간 비행행위의 차이가 일관적으로 유의미하게 나타나는 것은 아니다(제 9장 참조). 비행에 대한 지능의 효과가 인종차별주의나 비민주적 정책을 내포하기 때문에 비판받는 경우가 많다. 그러나 많은 다른 변수를 통제해도 나타나는 지능지수와 비행 간의 상관관계를(상관관계가 약하지만) 완전히 무시하기는 어렵다(Gordon, 1987; Wright, 2009).

다른 한편 지능과 비행의 관계를 지나치게 강조하지 않도록 주의해야 한다. 종단적 연구의 결과에 따르면 지능과 비행의 관계가 세월을 넘어 유지되는 것은 아니고 어린 나이에 측정한 지능지수가 장래의 비행을 예측하지 못하기 때문이다(McGloin et al., 2004).

게다가 최근에 미어스와 코크란(Mears and Cochran, 2014)도 지능과 비행의 관계가 단순히 직선적 관계라기보다는 더 낮은 수준의 지능과 더 높은 수준의 지능이 비행과 관계되는 식으로 곡선적일 수 있다고 설명했다. 특히, 사회경제적 지위와 같은 혼란변수(*confounding variable*)의 분포가 지능-비행 관계의 안정성과 규모에 영향을 미칠 수 있다고 제안했다.

지능과 비행 간의 상관관계가 생물학적 요인의 영향을 나타낸다는 결론이 너무나 자주 내려지는데 이 결론은 지적 능력이 생물학적으로 타고난 불변의 것이며 비행에 직접적 영향을 미친다는 전제에서 출발하는 경우에만 유효하다. 지능이 불변이 아니라고 가정하고 적어도 부분적으로는 사회화와 교육적 훈련의 결과이거나 학업성취를 통해 비행에 간접적 영향을 미친다는 전제에서 출발한다면 그 관계는 비생물학적 이론을 지지한다.

지능 연구를 넘어 모피트, 리남과 실버(Moffitt, Lynam, and Silva, 1994)는 언어능력, 시신경 통합, 정신적 유연성과 같은 정신기능의 다른 측면을 포함하는 신경심리학적 모형(*neuropsychological model*)을 제안해 (이 모형이 여성비행에는 적용되지 않는다고 주장하면서) 남성비행을 설명하려 했다. 이러한 요인은 13세 이전에 시작되어 인생의 이후 단계까지 '생애지속형' 반사회적 행동을 예측하는 지표로 제시되었다. 이러한 요인은 13세 이후에 시작되거나 촉진되지만 성인기로 지속되지 않는 '청소년기에 한정된' 비행의 요인으로 제기된 것은 아니다(Moffit, 1993: 제14장 참조).

연구자들은 자기보고식 비행과 공식적 비행을 분석해 이 모형에 대한 약간의 지지를 제시했다. 그러나 15세와 18세 때에 측정한 비행은 13세 때의 기억력과 언어능력하고만 지속적으로 관련되었다. 13세 때에 측정한 신경심리학적 요인 가운데 어느 것도 이후의 비행을 강하게 예측하지 못했다.

이후에 티베츠와 피케로(Tibbetts and Piquero, 1999)의 연구는 생애지속형 범죄자의 비행 초기 연루에 대한 생물학적 기반에 관한 모피트의 가설을 지지하는 약간의 증거를 제시한다. 그들의 발견에 따르면 '불리한 환경'에서 양육된 아이의 경우 ('신경정신적 장애'의 간접적 척도로 이용되는) 출생 시 저체중이 청소년기에 비행을 빨리 시작하게 한다는 조심스런 예측요인이다(그러나 남성에게만 해당한다).

(3) 신경생리학: 자율신경계 기능과 각성

메드닉은 범죄를 저지르기 쉬운(*susceptible*) 사람은 각성이 느리거나 자극에 대해 둔감하게 반응하는 자율신경체계(ANS)를 유전으로 가졌다고 주장한다. 느린 각성 잠재력이 유전된 사람은 공격적이거나 반사회적인 행위를 통제하는 것을 더디게 배우거나 전혀 배우지 못한다. 따라서 그들은 법을 위반할 위험이 높다(Mednick, 1977).

> 자율신경체계는 준법행위의 학습에서 중요한 역할을 한다. … 간단히 말해, 이 이론에 따르면 빠른 자율신경체계는 반사회적 경향을 금하는 학습 및 강화를 촉진하고 반대로 느린 자율신경체계는 반사회적 반응을 금지시키는 학습을 어렵게 한다는 것이다(Brennan et al., 1995: 84-85).

아이센크는 메드닉의 이론과 유사한, 개인의 타고난 각성수준 차이가 사회적 환경에 대한 반응양상에 영향을 미친다는 '각성'(*arousal*) 이론을 제안했다. 각성수준이 낮은 사람은 친사회적 활동을 학습하기보다는 범죄나 일탈행동 양상을 학습할 가능성이 높다는 것이다(Eysenck and Gudjonsson, 1989).

마찬가지로 엘리스에 따르면 어떤 사람들은 범죄, 약물사용, 기타 일탈행동의 경향이 높다고 한다. 그들은 "주로 **적정 이하**(*suboptimal*)의 각성수준을 보충하기 위해" 모험적·스릴추구적·충동적 행동에 빠지는 일반적 경향을 가지기 때문이다(Ellis, 1987b: 509; 인용자 강조). 신경학적 각성수준이 낮은 사람은 법이나 사회규범을 위반하는 것과 같은 더 자극적이고 흥분되는 상황과 행동을 추구하고 위험이나 자극이 낮은 순응적 행동을 회피하는 경향이 있다. 그러나 이것은 어떤 사람은 똑같이 자극적이거나 위험하면서도 합법적인 다른 행동양식들을 추구하는 대신 범죄행동을 저질러 낮은 각성상태에 적응하는 이유를 설명하지 못한다(Rowe, 2002).

흥미롭게도 다른 연구자들은 뇌의 우반구(*right-hemisphere*) 기능장애가 자율각성에 영향을 미쳐 안정 시 심박 수(*resting heart rate*)를 낮추는 결과를 가져올 수 있다는 증거를 제시한다(Ortiz and Raine, 2004; Raine, 2002). 오늘날 연구는 낮은 안정 시 심박 수와 범죄참여 간의 확연한 연관성을 보여주었으며(Armstrong and Boutwell, 2012; Armstrong et al., 2009; Jennings, Piquero, and Farrington, 2013), 이러한 관계가 아동 초기의 위험요인, 청소년기의 흡연, 체질량 지수, 팀 스포츠 참가, 폭음 및 충동성 같은 다수의 관련 변수들의 효과를 넘어서 관찰된다고 보고했다(Jennings, Piquero, and Farrington, 2013).

또한 엘리스는 각성수준과 일탈을 연결 짓는 데 더해 '각성'이론을 종교성과 비행 간의 잘 알려진 부적(*negative*) 관계를 설명하는 데 사용한다. 그의 가정에 따르면 낮은 각성의 생물학적 경향을 가진 사람은 교회는 따분하다고 꺼리는 반면 비행은 흥분을 준다는 이유로 이끌린다고 한다(Ellis, 1987c). 모든 예배의식과 교회활동에의 참가가 비자극적이라는 전제는 그 자체가 의문이다.

그러나 이 이론은 간접적으로 검증되었는데 적정 이하의 각성에 대한 측정의 대용물로 이용된 자기보고식 감각추구가 비행에 대한 종교의 영향을 매개한다는 것이 발견되었다(Cochran, Wood, and Arneklev, 1994). 포쓴 등(1999)에 따르면 자기보고식 감각추구는 음주와는 적절히 관련되지만 이론과 달리 마리화나 사용과는 무관하며 종교성, 교파 또는 성별이 약물사용에 미치는 영향을 매개하지 않았다(Wood et al., 1995 및 제 5장의 감각추구와 사회학습에 관한 논의를 참조).

2) 유전적으로 전이된 범죄 감수성: 행동유전학과 분자유전학

지금까지 이 장에서 논의한 많은 요인과 생물사회이론에 포함되는 다른 요인은 생물학적일 뿐만 아니라 유전적 근원을 가진 것으로 추측된다. 행동유전학은 개인의 특성에 대한 유전학적 영향과 환경적 영향의 상호작용을 연구한다.

로(2002)는 유전적 요인이 뇌의 전두엽 피질을 통해 범죄행동의 위험을 증대시키는 짧은 주의지속시간, 흥분 추구, 낮은 자기통제력 및 다른 특성에 작용한다는 가설을 제시한다. 이러한 성향이 범죄 또는 비행을 초래하는지 여부는 **공유된 환경**(계층, 부모, 종교)과 **공유되지 않은 환경**(가족과 형제자매, 또래집단, 교사의 차이)에 대한 개인의 노출에 따라 결정된다. 유전적 소인은 이러한 환경에 대한 개인의 행동 반응뿐 아니라 개인이 그 환경에서 어떻게 행동하고 부분적으로 그러한 환경을 만드는지에 영향을 미친다.

월쉬(2000)는 행동유전학에서 개별적 '작용주체'(*agency*)를 '친생물학적 환경 분야'로 논의하면서 유사한 입장을 취했다(Walsh, 2000: 1076, 1080-1081; Walsh, 2009a도 참조). 이들 이론가는 범죄와 비행을 설명함에 엄격한 유전학적 결정주의를 명백히 거부한다. "이른바 '행동을 만들어내는 유전인자'(*gene for behavior*)라는 말은 진실로 은유이다. 인간에게 특정한 행동을 하게 하는 유전인자는 없다. …"(Rowe, 2002: 105). "유전자는 단백질을 만들기 위한 조리법(*recipes*)이지, 범죄나 범죄가능성을 높이는 어떤 특성에 '대한'(*for*) 것이 아니다"(Walsh, 2009b: 31).

> 유전자는 어떤 종류의 행동, 감정 또는 정서를 암호화하지 않는다는 사실을 이해하는 것이 필수적이다. 어떤 종류의 유전자가 특정한 종류의 두뇌를 만들고 그것이 다시 어떤 종류의 행동을 만드는 멋진 암호문은 존재하지 않는다. 하나의 유전자는 단순히 디옥시리보 핵산(DNA)의 조각으로 단백질의 아미노산 연쇄를 암호화한다. … 이러한 유전자 산물 중 몇몇은 우리가 어떻게 행동하고 느끼는지와 관련이 많지만 우리를 하나의 또는

다른 방식으로 행동하고 느끼도록 야기(*cause*)하는 것은 아니고 우리의 행동이나 감정을 조장(*facilitate*)한다(Walsh and Beaver, 2009b: 11; 원문 강조).

(1) 입양 연구

메드닉 등의 유전이론은 범죄와 비행의 수행과 관련이 있는 어떤 유전요인은 부모가 자녀를 양육하지 않더라도 부모로부터 자녀에게로 전달되고, 사회적 요인은 생물학적 부모 또는 양부모 여부와 상관없이 아동이 양육되는 가정에서 전달된다고 주장한다. 이러한 이론에 따르면 범죄 또는 비행행위는 직접 유전되는 것은 아니다. 오히려 범죄유발적 환경에 굴복하거나 정상적 환경에 일탈적 방식으로 적응하기 쉬운 감수성이 유전된다(Mednick, 1977; Mednick and Christiansen, 1977: Mednick, Gabrielli, and Huchings, 1984; Mednick et al., 1987; Brennan et al., 1995; Rowe, 2002).

메드닉 등은 덴마크의 코펜하겐에서 수행한 최초의 연구에서 친부와 양부 모두 범죄기록을 가진 경우 아들의 공식적 범죄기록 비율이 가장 높고, 친부와 양부 누구도 범죄기록이 없는 경우 가장 낮게 나타났다. 친부는 범죄기록이 있고 양부는 없는 아들이 양부만 범죄기록을 가진 아들보다 범죄자로 등록될 가능성이 더 높은 것으로 나타났다(Hutchings and Mednick, 1977c).

이후, 메드닉 등은 덴마크의 모든 지역에 입양된 남자아이를 대상으로 유사한 연구를 수행했다. 이 대규모 연구는 생물학적 부모 및 양부모의 범죄경력을 입양아들의 범죄경력에 연결시켰다. 연구결과에 따르면, 생물학적 부모만 범죄경력이 있는 경우에 양부모만 범죄경력이 있는 경우보다 아들이 범죄로 유죄판결을 받을 가능성이 높았다. 생물학적 부모와 양부모 모두 유죄판결을 받은 경우 아들이 유죄판결을 받은 비율이 가장 높은 것으로 다시 한 번 확인되었다(Mednick et al., 1984).

그러나 갓프레드슨과 허쉬(1990: 47-63)는 이 연구에서 심각한 결함을 지적했는데 그 이후로 유전된 범죄잠재성 이론이 실제로 얼마나 타당한지에 대한 의심이 제기되었다. 갓프레드슨과 허쉬(1990)는 또한 메드닉의 연구결과를 다시 확인하기 위해 시도된 스웨덴과 미국의 입양 연구가 실제로는 유전된 특성으로 볼 수 있는 자녀의 범죄성이 매우 작아 통계적으로 의미 없는 차이만 발견했다는 것을 보여주었다. 그들은 친부의 범죄성과 아들의 범죄성 간의 상관관계는 0.03 정도로 추정했고 "입양 연구에서 나타난 '유전적 효과'의 크기는 거의 0에 가깝다"고 결론 내렸다(Gottfredson and Hirschi, 1990: 60).

(2) 쌍둥이 연구

유전적 감수성 이론을 검증하는 또 다른 접근은 쌍둥이의 행동에 관한 연구이다. 본질적으로 쌍둥이 연구의 핵심적 가정은 지난 100년간 크게 변하지 않았고 다음과 같이 가장 잘 요약할 수 있다(Burt and Simons, 2014: 230; 또한 Charney, 2012; Joseph, 2006; Plomin et al., 2012 참조).

① 연구자들은 쌍둥이 유형을 안정적이고 정확하게 판단할 수 있다(일란성 대 이란성).
② 일란성 쌍둥이의 유전자는 100% 동일하고 이란성 쌍둥이의 유전자는 약 50% 동일하다.
③ 쌍둥이 유형에 따라서 쌍둥이 한 쌍(*pairs*)이 공유하는 유전자의 비율

은 일생동안 동일하다.

④ 표현형(겉으로 드러나는 여러 가지 특성, *phenotype*)의 변량은 유전적 요소(G), 공유된 환경적 요소(C) 또는 공유되지 않은 환경적 요소(E)로 구분될 수 있다.

⑤ 관련된 유전자는 부가적으로 영향을 미친다.

⑥ 표현형(예를 들면, 유죄판결)에 대한 진단이나 낙인을 받을 가능성은 쌍둥이인 사람이나 쌍둥이가 아닌 사람이나 동일하다(일반화).

⑦ 진단이나 낙인을 받을 위험은 일란성 쌍둥이나 이란성 쌍둥이나 동일하다.

⑧ 표현형(예를 들면, 범죄성이나 자기통제력)은 양적 특성으로 모형이 만들어질 수 있다.

⑨ 일란성 쌍둥이의 환경이 이란성 쌍둥이의 환경보다 더욱 유사하지는 않다('동일 환경 가정').

이러한 가정을 명심하면 쌍둥이 연구에서의 중심개념은 '일치성'(*concordance*)이다. 일치성은 쌍둥이의 특성과 행동 간의 유사정도를 양적으로 측정한 것이다. 동일한 가정에서 함께 양육되었든 입양에 의해 서로 떨어져 성장했든 쌍둥이에 대한 대부분의 연구에서는 일란성 쌍둥이가 이란성 쌍둥이보다 순응이나 범죄행위에서 높은 일치성을 보인다. 그러나 이러한 연구는 쌍둥이 간의 일치성이 사회적 환경보다 생물학적 유사성에 기초한다는 것을 명확하게 증명하지는 못한다(Hutchings and Mednick, 1977a; 1977b).

쌍둥이 연구에서 대부분의 생물학적 또는 사회적 변수는 직접적으로 측정되지 못했다.[4] 입양아 연구에서 생물학적 부모가 자녀를 양육하지 않았을 때, 생물학적 부모와 자녀 간의 행동적 유사성이 생물학적 변수로 측정되었다. 또한 사회적 변수는 양부모와 입양아 간의 행동적 유사성으로 측정되었다. 서로 다른 가정에서 양육된 쌍둥이 간의 일치성은 그들의 사회적 환경이 달랐다는 전제에서 생물학적 요인으로 파악되었다. 이와는 반대로 함께 자란 자녀는 사회적 환경이 같다고 전제되었다.

그러한 전제는 가족환경의 사회적 변수에서만 부분적으로 유지되고 다른 사회적 환경에서는 전혀 유지되지 않는다. 더구나 가족과 쌍둥이 연구에서 얻은 결론은 유전적 해석보다 다른 설명이 더 적합하다. 예를 들어, 마셜 존스와 도널드 존스는 연구결과가 유전가능성을 시사하기보다 '반사회적 행동의 전염성'을 더 나타낸다고 해석했다. 그들의 주장에 따르면 이란성 쌍둥이보다는 일란성 쌍둥이가 일치성이 높고 성별이 다른 이란성 쌍둥이 사이보다 성별이 같은 쌍둥이 사이에서 일치성이 높으며 소규모 가족보다 대규모 가족 안에서 일치성이 높다는 조사결과는 유전보다 전염성으로 더 잘 설명될 수 있다(Jones and Jones, 2000).

유전학적 설명은 청소년비행에 거의 적용되지 않는 것으로 보인다. 쌍둥이를 대상으로 우편설문조사 연구를 시도한 로(Rowe, 1984, 1986)는 자기보고식 비행의 개인 간 차이가 일반적 또는 구체적 환경요인보다 유전적 요인에 의한 것이라고 결론을 내렸다. 그러나 형제간의 상호영향(*mutual sibling influence*)을 고려한 후, 비행에 대한 유전성의 효과를 2/3 수준에서 1/3 수준으로 낮추어서 평가했다(Rowe and Gulley, 1992). 또한 가족변수를 추가해 동일한 자료를 다시 분석한 후, 비행은 유전성과 가족

---

4) 몇몇 연구는 이러한 변수를 직접 측정한다. 메드닉 등(Mednick et al., 1981)을 참조하라. 생물학적 변수에 대한 직접 측정에 대해서는 로(1986), 사회적 변수에 대한 직접 측정에 대해서는 로(Rowe, 1986, 2002)를 참조하라.

변수의 결합효과를 통해 가장 잘 설명된다고 결론을 내렸다(Rowe, 1994).

이와 유사하게 캐리(Carey, 1992)도 덴마크의 일란성과 이란성 쌍둥이 연구에서 모방과 형제간 상호작용의 또래효과를 고려했을 때, 유전적 유사성에 의한 설명력은 상당히 감소해서 실제로 한 사례는 0.0에 접근했다는 것을 발견했다(Carey, 1992: 21). 성인범에 대한 쌍둥이 연구에서 남자의 경우 중요한 유전적 영향을 종종 발견했지만(Rushton, 1992 참조) "청소년비행에 대한 쌍둥이 연구는 유전적 영향을 거의 보여주지 못한다"(Rowe, 2002: 30; 또한 Walsh, 2000; Iervolino et al., 2002 참조). 조사연구에 따르면 "쌍둥이의 경우 청소년비행에서 일치수준이 높고 일란성·이란성 쌍둥이 모두 거의 동일하다"(Jones and Jones, 2000: 30).

> 유전적 요소는 또래비행보다 그다지 중요하지 않다. … 행위자와 또래집단 간의 유사성은 일란성 및 이란성 쌍둥이와 친형제, 이복형제, 비혈연형제간에 유사했다. 따라서 모형적합 분석결과, 유전적 영향(3%)은 무시할 정도이고 공유하는 환경의 영향(20%)은 보통이고 공유하지 않는 환경의 영향(77%)이 중대하다는 것을 알려준다. 청소년이 비행지향적 친구를 선택함에 유전적 요소는 영향을 미치지 않는다. 이런 면에서 공유하지 않는 환경은 개인 간 차이에서 유일하게 의미 있는 요인이다(Iervolino et al., 2002: 168, 171).

쌍둥이 연구에 대한 지지자와 비평가 사이에 상당히 격렬하고 널리 공론화된 논쟁이 있다(Burt and Simons, 2014, 2015; Barnes et al., 2014; Massey, 2015; Moffitt and Beckley, 2015; Wright et al., 2015). 특히, 버

트와 시몬스(2014; Burt and Simons, 2015 참조)는 초기 비판에서 쌍둥이 연구에서 핵심적인 생물학적 가정 중 하나인 '동일 환경 가정'(*Equal Environment Assumption* · EEA), 혹은 일란성 쌍둥이의 환경이 이란성 쌍둥이의 환경보다 더 유사하지 않다는 가정을 위반하는 것이 범죄학의 현대 쌍둥이 연구에서 갖는 함의에 대해 논의는커녕 언급도 하지 않았다고 보고했다.

게다가 그들은 동일 환경 가정은 성별이 같은 쌍둥이와 성별이 다른 쌍둥이를 함께 포함하는 연구에서 훨씬 더 문제라고 주장한다(예를 들면, Beaver et al., 2008; Boisvert et al., 2012; Bourtwell et al., 2013; Vaske, Boisvert, and Wright, 2012). 이는 경험적 연구를 통해 역사적으로 몇 가지 유사점의 증거가 있지만 남성과 여성의 일반적 생애 경험은 많은 차이가 있고, 특히 이 차이가 범죄성과 연결되기 때문이다(예를 들면, Jennings, Maldonado-Molina, and Komro, 2010; Jennings et al., 2009 참조).

버트와 시몬스가 훨씬 더 우려한 것은 현대의 쌍둥이 연구 중 다수는 친족 한 쌍(일란성 쌍둥이, 이란성 쌍둥이, 친형제자매, 의붓형제자매, 사촌; Barnes and Beaver, 2012; Barnes and Boutwell, 2012; Barnes, Boutwell, and Fox, 2012)을 포함한다는 사실이었다. 버트와 시몬스에게 일란성 쌍둥이의 환경이 성별이 다른 사촌의 환경과 유사하다고 가정하는 것은 상당한 왜곡이고 사실상 터무니없다. 하나의 데이터 세트에 대한 과도한 의존, 자기통제력, 비행친구, 비행, 피해경험에 대한 형편없는 척도측정 및 유전가능성 추정치(부정확한 추정)의 큰 신뢰구간 같은 우려에 따라 버트와 시몬스는 다음과 같은 결론을 내렸다.

> 특히, 우리는 범죄와 같은 복합적인 사회적 행위의 유전가능성에 대한 조사가 방법론적으로 결함이 있다는 강력한 증거가 존재한다고 주장한다. 또한 유전가능성 조사는 유전자 기능에 대한 지나치게 단순화되고 부정확한 모형에 기초하고 표현형의 변량에 대한 유전적 영향과 환경적 영향을 구분하려는 목표가 생물학적으로 근거가 없다고 주장한다. 따라서 우리는 범죄학에서 유전 연구를 종결할 것을 권고한다. 게다가 유전 연구의 숱한 결함에 비추어 자주 반복된 문구, 즉 "우리는 풍부한 행동유전학 연구로부터 〔범죄 또는 관련 현상〕의 유전가능성이 거의 50%라는 것을 안다"는 문구의 사용중단을 요구한다(Burt and Simons, 2014, 250-251).

당연히 버트와 시몬스(2004)의 강력한 비판은 문제가 제기된 현대의 쌍둥이 연구자에게 마찬가지로 열정적인 답변을 강요했다. 실제로 바네스 등(Barnes et al., 2014; 또한 Wright et al., 2015 참조)은 행동유전학 (쌍둥이) 조사의 역사를 체계적으로 검토해 대응했고 그들은 버트와 시몬스(2014, 2015)가 제시한 것과 반대되는 다음의 결론을 제시했다.

> 구체적으로 우리는 유전가능성 조사가 편향되지 않으며 유전 연구를 '종결'하자는 버트와 시몬스의 주장을 재고해야 한다고 주장한다. 유전 연구와 전통적 쌍둥이 연구로부터 여전히 많은 것을 얻을 수 있다. 예를 들면, 최근의 유전 연구는 유전 요소가 순전히 사회적 기원을 가진 것으로 여기던 범죄학적 변수의 기초가 된다는 사실을 보여주었다(예를 들면, Beaver, 2011). 게다가 쌍둥이 연구는 학자가 반사회적 행위에 대한 환경 요소의 영향을 더욱 정확하게 평가할 수 있는 방도를 제공한다. 쌍둥이 연구를 활용해 유전 영향을 통제함으로써 환경 변수가 반사회적 행위에 미치는 영향을 분석할 수 있다(예를 들면, Burt et al., 2010). 따라서 전

통적 쌍둥이 연구의 가치는 떨어지지 않았다(Barnes et al., 2014: 616).

이러한 논쟁을 인정하더라도 입양 연구와 쌍둥이 연구를 통해 유전가능성이나 유전학과 사회적 환경의 상호작용에 대해 얼마나 많은 것을 확인할 수 있는지는 한계가 있다. 그러나 학자들은 그 한계를 넘어 특별한 유전자의 변량에 대한 직접적 측정과 범죄와 비행에서 유전 요소와 환경 요소를 연결하는 더욱 엄밀한 기법을 이용하는 것으로 나아간다. "유전가능성은 우리에게 어떤 관심 형질에 유전자가 관련된 정도에 대해서만 알려주고 … 어떤 유전자인지는 알 수 없다. … 이를 위해 우리는 DNA 검증과 분석을 수반하는 **분자유전학**이 필요하다"(Walsh and Beaver, 2009b; 10; 인용자 강조). 비버는 인간 세포의 각 염색체를 다음과 같이 설명한다.

> DNA 한 가닥에서 DNA의 대응 가닥으로 뉴클레오타이드가 함께 결합하면 두 개의 폴리뉴클레오타이드가 이중나선 형태로 함께 유지된다. … 폴리뉴클레오타이드를 따라 다양한 지점에서 인접한 염기쌍은 특별한 기능을 수행하기 위해 협동해 작동한다. 이러한 인접한 염기쌍의 집단이 유전자이다(Beaver, 2009: 52).

유전자는 단백질의 아미노산 서열에 대한 지침(코드)을 제공하고 일부 유전자의 경우에는 **대립형질**(*alleles*)이라는 다른 형태 또는 '대체 복제물'이 존재한다. 이 대립형질은 염색체의 특정 위치에서 발견되는 유전자 쌍으로 각각 다른 '반복'(*repeat*)으로 나타난다(7 순환 대립유전자, 10 순환 대립유전자 등; Beaver, 2009; Walsh and Beaver, 2009a). 최근의 연구는 어떤 순환하는 대립유전자가 사회적 또는 심리적 변수와 상호작용해 어떤 유형의 행위에 연결되는지를 확인하고자 시도한다.

우리는 과거의 연구로부터 종교적 신앙과 관례가 비행을 저지르게 하는 요인을 상쇄하는 보호 요인으로 작용함을 안다(제 6장 참조). 비버 등(2009)은 분자 수준의 직접적인 유전적 측정과 함께 종교성에 대한 측정을 포함하는 자료를 활용해 종교 효과가 유전적 성향에 의해 향상되는지 중화되는지 여부를 검사했다.

그들은 뇌와 중추신경계에서 신경전달물질 도파민의 생산과 활동에서 수용체 유전자로 알려진 DRD2 유전자에 있는 대립유전자에 초점을 두었다. DAT1은 도파민을 전달하는 유전자이다. 어떤 사람은 DNA(대립형질) 일부분을 3번 반복하고 … 어떤 사람은 4번 반복하는 등의 유전자를 물려받는데 그중의 어떤 것이 비행의 위험과 연결된다(Beaver, 2009: 62-63).

그들은 DRD2 유전자의 반복 유형의 존재 여부 자체가 비행과 관계가 없거나 매우 종교적인 개인의 비행과 관계가 없다는 것을 발견했다. 그러나 종교적 헌신이 전혀 없거나 거의 없는 청소년의 비행과는 관계가 있었다. 이는 유전적 경향이 어떤 사회적 심리적 특성을 가진 사람이나 어떤 사회적 환경과 상호작용하는 사람에게만 나타난다는 가정을 지지한다.

구오, 뢰트거와 카이(Guo, Roettger, and Cai, 2008)는 동일한 자료를 분석해 유사한 발견을 보고했는데 그들은 비행으로의 유전적 '경향'을 알려주는 지표라고 생각하는 DAT1, DRD2 및 다른 유전자의 변량과 함께 다수의 사회적 변수를 측정했다. 유전자형(*genotype*)의 측정과 학교에의 애착, 사회계급, 가족구조, 종교성과 같은 사회적 변수의 측정 모두가 비행에 의미 있는 중대한 독립적 영향을 미쳤다. 또한 유전자와 환경 간의 상호작용에 대한 지표도 비행과 의미 있게 연결되었다.

그러나 사회적 네트워크에서 친구의 영향은 심각한 비행과 폭력적 비행 모두에 강력한 순수효과(*net effect*)를 가졌고 또래영향을 통제하면 유전자형의 측정은 어느 것에도 중대한 영향을 미치지 못했다. 친구의 비행과 본인의 유전자형 간의 상호작용으로 계산된 '상호작용항'(*interaction term*)은 비행과 유의미한 관계를 가졌다. 또한 최근에 루와 메나드(2017)는 유전자형, 특히 MAOA(모노아민 산화효소) 유전자가 비행또래와 범죄행위간의 연계를 조건짓는다는 증거를 제공한다.

유전자-환경 상호작용과 이것의 유전자-범죄 연계와의 교차를 탐구하기 위하여 일반적으로 형제자매 자료에 근거한 연구가 시작되었다. 예를 들면 코놀리와 비버(2016)는 1997년 전국 청소년 종단 조사 결과의 형제자매 자료를 이용하여 유전자 및 환경 요인과 괴롭힘 피해, 비행 및 부정적 정신건강의 결과 사이의 연계를 조사하였다. 그들의 분석에 따르면 이러한 부정적 결과에서의 차이 중 가장 큰 부분은 유전자 요인에 귀속되었고, 여분의 차이는 형제자매 사이에 공유된 환경 영향보다는 공유되지 않는 환경 영향(예를 들면 또래집단, 이웃 경험)의 결과였다.

3) 진화심리학과 범죄성

진화심리학은 "공격성이나 이타심 같은 생존과 생식의 기회에 영향을 미치는 … 보편적 행위나 진화 중인 어느 종의 수컷이나 암컷의 특정 행위에 초점을 맞춘다"(Rowe, 2002: 8). 엘리스와 월쉬(Ellis and Walsh, 1997)는 유전자에 기초한 진화이론이 일반적 유형과 특정 유형의 모두를 설명할 수 있다고 주장한다. 그러한 이론은 자연선택의 진화과정이 "타인을 희생시키는 개인이나 집단의 번식에 적합한 환경"을 만들어냈다는 가정으로 시작한다(Ellis and Walsh, 1997: 229).

개별범죄의 한 예로서 강간을 범하는 기질은 번식에 유리하기 때문에 진화적으로 선택되는 것으로 가정된다. 즉, 그러한 기질은 강간범의 유전자가 자손에게 전달될 기회를 증가시킨다. 강간범은 자손을 양육하는 데 최소의 투자만 하기 때문에 수컷(인간과 동물 모두)은 암컷보다 다수의 성 상대자로부터 유전적으로 얻을 것이 더 많고 성적 공격성은 그런 이익을 달성하기 위한 효과적 기법이다. 강간범은 자발적 성관계에만 의존하는 남성보다 더 적극적으로 성생활을 하고 더 많은 임신을 시킨다.

강간뿐만 아니라 모든 종류의 범죄행위는 유전적 번식에 유리하기 때문에 진화했다. 어떤 남성은 자손에게 매우 적게 투자하고 가능한 많은 번식 상대자에게 매우 열중하는 경향의 유전적 기질을 가진 반면〔'건달형'(*cads*)〕, 다른 남성은 더욱 소수의 성상대자를 통하되 자식양육에 많이 투자해 이익을 얻는다〔'아빠형'(*dads*)〕.

이들 번식전략은 r/K 선택의 연속체로 표현할 수 있는바, 연속체의 r 끝(양적, 짝짓기)에 있는 자는 자주 번식하지만 자손양육에는 거의 투자하지 않는다. K 끝(질적, 부모노릇)에 있는 자는 소수의 성상대자와 덜 자주 번식하나 자손을 양육하는 데 더 많은 시간과 정력을 투자한다. K전략은 친족에 대한 이타주의에서 명백히 나타난다. 범죄 및 반사회적 행동은 r전략가가 선호하는데 그들은 유전자를 번식시키기 위해 많은 자손을 생산하지만 자손의 생존을 보장하기 위해 양육하는 데는 거의 관심을 두지 않는다(Ellis, 1987a 참조).

엘리스와 월쉬(1999)는 범죄와 관련해서 알려진 성차·생태적 차이와 일치하는 진화이론으로 몇 가지 가설을 만들지만 그들은 이러한 차이가 비유전적 이론에 의해서도 설명된다는 것을 인정한다. 알려진 차이를 설명하는 것은 사후적이기 때문에 범죄에 대한 유전적 진화이론가들이 범죄와 분리된 번식전략의 지표를 고안할 때까지는 해결할 수 없는 동어반복의 문제에 직면한다. 진화이론에 대한 직접적 검증이 지금까지 수행되지 않아 검증가능성이라는 기준에서 여전히 취약하다(Rowe, 2002).

일부 제한된 조사연구는 번식전략에 대한 간접적 측정을 사용했다. 예를 들어, 그리핀과 아킨스(Griffin and Akins, 2000)는 어떤 인구에서 쌍둥이의 높은 비율을 r 짝짓기 전략(이러한 전략은 더욱 많은 수의 자녀를 낳으려 한다는 전제에서)에서 높은 비율의 간접지표로 활용했다. 그들은 쌍둥이를 낳는 비율이 높은 인종집단이 범죄율도 높다는 것을 발견했다.

그러나 이러한 증거는 그리핀과 아킨스가 지적했듯, 단지 어머니의 생리기능이 쌍둥이 출산 여부를 결정하고 아버지의 성적 행동은 무관하기 때문에 남성의 짝짓기 전략에 대한 r/K 선택이론을 지지하는 것으로 해석될 수 없다. 로는 짝짓기 전략과 같은 진화과정이 종 간(*cross-species*) 차이와 여성보다 남성이 더욱 공격적이라는 점은 설명할 수 있으나 어떤 남성이 다른 남성보다 얼마나 더 공격적인가는 설명할 수 없다고 한다(Rowe, 2002: 58).

진화심리학의 기본 가정은 "살아남은 특성과 행동의 존재는 그것이 그 종의 먼 조상의 성공적 번식에 도움이 됐다는 사실에 기인한다"는 것이다. 그러나 개인은 자신의 행동이 유전자를 따라 자식에게로 전해지는 번식의 이점을 추구하려고 이루어진다는 것을 의식하지 못한다(Walsh and Beaver, 2009a: 83).

이는 카나자와와 스틸(Kanazawa and Still, 2000; 또한 Walsh, 2009 참조)이 제안한 (여성은 아닌) 남성의 범죄성과 (청소년과 청장년에게 매우 불균형하게 발견되는 범죄행위와 관련해) 연령-범죄의 상관관계에 대한 진화론적 설명에서 반영된다. 그들의 이론은 동일한 남성이 상이한 생애 단계에서 보이는 범죄성의 변화를 설명하려는 것이지 남성 간의 범죄 차이나 남성과 여성 간의 범죄 차이를 설명하려는 것은 아니다.

이 이론은 초기의 환경에 대한 유전적 적응이 오늘날에도 여전히 존재하고 뇌기능, 심리 및 행동에 표현된다고 가정한다. 이러한 초기 동일 환경 가정(EEA)은 1만 년 전에 존재했고 "우리의 (뇌를 포함한) 몸이 적응한" 것이다. 이후로 유전적 변화는 거의 일어나지 않았다(Kanazawa and Still, 2000: 437-438).

> 현재 환경에서 심각한 폭력범죄와 재산범죄를 범하는 것은 적응성이 거의 없다. … 그럼에도 EEA에는 경찰이나 법원이 없었기 때문에 남성의 진화된 심리기제는 여전히 범죄를 저지르도록 강요할 수 있다. 대부분의 남성 범죄자가 자신의 범죄동기로 번식 성공을 언급하지 않는다는 것은 우리 이론에 중요하지 않다. … 우리의 주장은 어떤 상황에 처한 남성은 무엇인가로부터 강요받았기 때문에 범죄를 저지른다는 것이다. 우리는 그 무엇이 모든 남성으로 하여금 번식 성공을 추구하도록 만드는 진화된 심리기제라고 주장한다. 남성은 동기의 배후에 있는 진화 논리를 전혀 의식하지 못한다(Kanazawa and Still, 2000: 439-440; 인용자 강조).

카나자와와 스틸(2000)은 청소년기와 청장년기에 폭력범죄와 재산범죄의 빈도가 높은 것은 이 시기가 남성이 경쟁적 짝짓기에 가장 많이 관여하는 때이고 그런 행동의 사회적 비용이 상대적으로 낮기 때문이라고 주장한다. 그들의 이론은 아쉽게도 범죄와 긴밀한 상관관계를 갖는 요인에 대한 사후적 설명이고 그들은 이론의 전제를 직접 검증하는 새로운 자료나 증거를 제공하지 않는다.

진화론적 설명을 적절히 검증하기 위해서는 진화된 유전적 특성의 변량을 직접적으로 측정하는 새로운 자료가 필요하다. 자연선택이 발생했다고 가정하는 환경이 더 이상 제공되지 않는다면, 오늘날 남성으로 하여금 범죄를 저지르도록 강요하는 유전자에 의한 남성의 번식 행동이 사실은 고대의 환경에 대해 우월한 적응력을 제공했기 때문에 형성되었다는 가정을 검증할 방법이 없다.

범인은 자신의 행동에 대한 진정한 유전적 동기를 전혀 알지 못한다는 진화심리학의 주장은 범죄행위에서 짝짓기 전략의 힘을 측정할 관련 조사나 면접 자료를 수집할 수 없다는 것을 의미한다.

연령이나 성별과 같이 범죄와 높은 상관관계를 나타내는 이미 알려진 요인은 진화심리학 이론이 설명하고자 하는 바로 그 관계이기 때문에 진화심리학 이론에 대한 독립적 확증으로 사용할 수는 없다. 아마도 이전의 적응에 관한 독립적인 분자유전적 지표를 찾게 되면 이러한 가정에 대한 직접적 검증이 가능하겠지만 아직은 일어나지 않은 일이다.

카나자와와 스킬(2000)의 설명처럼 진화심리학에 기초한 범죄설명은 롬브로소(1876)의 이론과 상당한 유사성을 가지는 결정론적 진화의 '격세유전'(*throwback*) 논리를 활용한다. 롬브로소는 범죄자를 진화 초기 단계에 살던 사람의 생물학적 특성을 가진 (남성이나 여성인) 사람이지만 현대사회에 태어나서 오늘날 사회의 법과 관습을 다루기에 부적절하다고 보았다. 오늘날 진화심리학은 호모 사피엔스 — 남성 — 의 특정 부분의 범죄성을 고대의 물리적 사회적 환경에서는 적응 이점을 가졌지만 현대사회에서는 더 이상 적응적이지 않은 유전적 프로그래밍에 의해 야기되는 것으로 본다.

4. 생물학적 이론의 경험적 타당성

앞에서 살펴보았듯, 현대 생물학적 범죄이론은 초기의 롬브로소, 고링, 후튼 등의 이론의 문제점을 보완했다고 할 수 있다. 이것은 한편으로는 이론을 잘 갈고닦은 결과라고 할 수 있다. 즉, 변하지 않는 생물학적 결함이나 숙명성에 대한 의존을 줄이고 사회적 · 심리적 변수와의 상호작용에 관심을 기울인 결과이다. 또한 다른 한편으로는 생물학적 연구에서의 세련된 방법론과 신경학, 호르몬과 그 외의 신체에 대한 발전된 지식을 수용한 결과이기도 하다.

그러한 연구는 생물학적 이론의 경험적 타당성에 더 견고한 근거를 제공했다. 그러나 사회심리학 이론과 사회학 이론에서처럼 다양한 생물학적 변수가 다양한 환경적 변수와 상호작용한다고 제안하는 많은 생물사회이론이 있지만 그에 대한 실증적 지지는 불확실하거나 약하다. (생물사회이론의 연구에는) 방법론, 표본추출, 측정에 문제가 있다 (Burt and Simons, 2014, 2015; Fishbein, 1990, 2001). 월터스와 화이트(1989)는 가족 연구, 쌍둥이 연구, 입양아 연구, 유전-환경의 상호작용 연구에 대한 광범위한 검토를 수행했고 유전적 요인과 일부 범죄행위 간에는 연관이 있다고 보고했지만 "경험적 연구가 가진 많은 방법론적 결점과 한계 때문에 인과적 추론은 신중하게 이루어져야 한다"고 경고했다(Walters and White, 1989: 478).

> 월터스(Walters, 1992)는 통계학적 '메타분석', 즉 다양한 연구의 측정치를 표준화된 측정으로 전환해 연구 간의 결과를 비교하는 분석을 시도했다. 그는 여러 연구에서 나타난 상관관계가 통계적으로 유의미해도 약하고 연구를 더욱 엄격하게 수행할수록 범죄에 대한 유전적 요소의 효과가 더욱 약해진다는 것을 발견했다. 그러나 분자유전학의 더욱 엄밀한 방법론을 사용하는 최근의 연구(Guo et al., 2008; Beaver et al., 2009; 기타)는 유전자-환경 상호작용 가정을 명백하게 지지한다. 연구자들이 이러한 연구를 더 많이 수행하면 생물사회학적 이론에 대한 더 강력한 지지를 발견할 것이다.

범죄와 관련된 특정한 유전요인이나 생물학적 결함을 가정하는 생물학적 이론이 범죄학에서 건전한 설명으로 받아들여진 적도 없고 그럴 가능성도 없다. 또한 범죄행위에 대한 진화심리학적 설명이 이 시점에서 경험적 타당성을 인정받기에는 동어반복과 검증가능성의 문제가 있는 듯하다. 대부분의 현대 생물사회이론이 그러듯, 범죄를 설명하면서 통상적인 생리 및 감각 과정의 변량을 사회적 및 환경적 변수와 연결시키는 정도가 클수록 범죄학에서 경험적으로 지지되고 수용될 가능성이 많아진다.

로와 오스굿(1984)은 수년 전에 유전적 요인의 작동이 비행에 관한 현재의 사회학적 이론과 양립할 수 있고 심지어 통합될 수 있다고 주장했다. 그들의 주장에 따르면 "비행에 이르는 일련의 과정은 유전자의 개인차로 거슬러 올라갈 수 있어서 어떠한 사회적 원인도 사회적 작용에 대한 반응의 개인차 또는 이미 차이가 있는 개인에 대한 사회의 차별적 반응을 의미한다”(Rowe and Osgood, 1984: 526). 마찬가지로 월쉬와 비버(2009a; Walsh, 2000)는 사회적 긴장요소에 대해 일탈적 혹은 순응적으로 반응하는 개인 차이는 유전적 기질 차이에 의해 설명될 수 있다고 주장한다.

생물학적 특성과 환경 간의 상호작용이 있다는 주장에 대해서는 대부분 수긍하는 편이다. 실제적 쟁점은 상호작용의 본질과 범죄가 생물학적 요인이나 환경에 의해 영향을 받는 정도이다. 만일 생물학적 결함이나 비정상성이 모든 또는 대부분의 범죄에 직접적 원인이 된다는 이론이 있다면, 이러한 이론은 경험적 연구결과에 의해 지지되지 못할 것이다. 또한 모든 범죄나 비행에서 개인의 생물학적 요인이 사회적 또는 사회심리적 요인보다 설명력이 더 높다는 주장도 경험적 지지를 받을 가능성은 거의 없다.

5. 생물학적 이론의 정책함의

생물학적 이론이 어떠한 정책을 함의하는가는 범죄원인에 대해 매우 결정주의적인 오래된 이론체계에 기초하는가, 아니면 덜 결정주의적인 새로운 이론에 기초하는가에 달렸다. 생물학적 원인이 제어할 수 없고 불변하다고 보는 이론일수록 생물학적으로 외과적이거나 구속하는 정책을 추천할 것이다. 반면, 생물학적 요인이 사회적·심리적 요인과 상호작용하면서만 범죄행위에 영향을 미친다고 본다면, 정책함의는 완화적이고 사회복귀적일 것이다(Walsh, 2000; Tuvblad and Beaver, 2013 참조). 지능이 강하고 직접적이며 불변의 영향력을 가진다는 전제에 기초한 정책은 다른 가변적 변수가 더욱 강력한 영향력을 갖는 반면 지능은 범죄행위에 약한 영향력을 갖는다는 전제에 기초한 정책과 구별될 것이다(Cullen et al., 1997; Mears and Cochran, 2014).

생물학이 운명이고 범죄와 비행이 개인의 천성이라면, 범죄자는 형벌의 공포에 의해 억제되지도 않고 심리학적 상담이나 사회조건의 변화를 통해 교정될 수도 없다. 이러한 관점에서 범죄자는 오직 뇌나 생화학적 기능을 수정하는 의료적·화학적 또는 외과적 절차를 통해서만 변화될 수 있거나 장기의 격리, 구금과 무력화를 통해 범죄인을 엄격히 통제해야 한다. 때문에 결함 있는 유전자를 보유한 개인이 번식하는 것을 금지하는 선택적 번식 또는 거세정책을 도입함으로써 범죄적 결함이 유전적으로 전달되는 것을 막는 것도 가능할 것이다(Rafter, 1992 참조).

이것이 강제적 불임을 찬성하는 우생학 운동(19세기 후반과 20세기 초반의 사회적 진화론에 기초한)과 후튼(1939)과 다른 학자(Rafter, 2007)가 제안한 정책의 논리였다. 후튼은 인종주의를 거부했고 반나치운동에 참여했지만 "범죄자는 우리의 문명을 파괴하는 유전적으로 퇴화한 부류로 불임, 안락사 및 복지축소를 통해 통제될 수 있다"(Rafter, 2004: 761-762)는 원리에 집착하는 확실한 우생학자였다. 후튼은 생물학적으로 열등한 범죄인을 사회의 나머지로부터 격리시키는 선택적 번식과 대규모의 자치적 범죄자 거주지를 제안했다.

> 물론 나는 희망 없이 태어난 열등인간인 상습범은 영원히 구금되어야 하고 결코 번식을 허용해서는 안 된다고 생각한다. 그럼에도 불구하고 그들은 인도적으로 다루어져야 하고 만약 그들이 살아야 한다면 그들만의 제

> 한된 지역 안에서 약간의 자유와 직업의 기회를 허용해야 한다(Hooton, 1939: 392; 인용자 강조).
>
> 우리가 인간 유전학을 세우고 그것을 실행하려고만 한다면 더 좋은 유형을 번식시키고 열등한 유형을 냉혹하게 제거함으로써 인간진화의 과정을 조종하고 통제할 수 있다. 대다수 인류에게 건전하고 점진적으로 진화하는 인간의 유기체로 인해 인간행동의 문제는 최소화되고 교육가능성은 개선될 것이다. 범죄는 근절될 수 있고 전쟁은 피할 수 있다(Hooton, 1939: 396-397; 인용자 강조).

이와 유사한 "약물치료와 외과수술부터 소극적 우생학(강제 불임)을 통한 격리와 제거 및 '치료불능'인 자의 죽음까지 … 공격적 형사사법정책"은 행동유전학의 개발자(Rowe, 2002)를 포함하여 다른 초기의 생물학적 이론가(Lanier and Henry, 1998: 108)에 의해 지지되었다.

그러나 생물학적 이론가에 의한 그러한 정책의 지지가 19세기 후반과 20세기 초반에 한정된 것은 아니다. 개인의 화학적 또는 생리학적 구조의 변형과 개인의 범죄행동을 변경 또는 예방하기 위한 과정은 더욱 최근에도 주장되었다.

예를 들면, 테일러(Taylor, 1984)는 유전학적으로 범죄성향이 있다고 진단된 사람(실제로 범죄행위를 범했는가 여부를 불문하고)에 대해 격리, 화학물질 섭취, 뇌수술 및 새 유전자 삽입을 통해 생활에 간섭할 것을 주장했다. 또한 의심스러운 범죄유전자의 전달을 막기 위해 불임과 낙태를 통해 번식과정에 개입하는 것을 제안한다.

로(Rowe, 2002)는 강제적 유전자선택을 강력하게 거부한다. 그러나 그는 범죄예방을 위한 행동유전학의 향후 적용 가능성 중 하나로 일종의 자발적 우생학을 제안한다. 즉, 부모는 유전적 상담과 다른 대안을 평가한 후에 유전적으로 범죄성향이 있는 아이를 출산하기보다는 낙태를 선택할 수 있을 것이다.

뇌수술, 이식된 전극을 통해 원격 무선통제된 뇌자극 및 물리적·화학적 거세와 같은 다양한 의료적 처리가 1950년대부터 1970년대 후반까지 소수의 폭력범에게 시행되었다. 이러한 노력은 개인의 생리기능에 변화를 야기해 내적 환경을 개조함으로써 범죄인의 폭력성향을 멈추게 할 수 있다는 전제에 기초했다(Moyer, 1979: 32).

모이어는 이러한 수술 결과를 평가하면서 적어도 몇 가지 사례의 폭력행위는 뇌손상, 호르몬 불균형 또는 다른 비정상적인 생리학적 과정에 의해 야기된다는 결론을 내린다. 그러나 또한 의료적 수술이 소수의 개인에게만 효과가 있고 전체적 효과성은 입증되지 않았으며 조직적이거나 대규모의 폭력은 다룰 수 없다고 보고한다(Moyer, 1979). 그는 의료적 수술의 제한된 효과와 시술된 개인에 대한 돌이킬 수 없는 신체손상 및 다른 고려사항 때문에 의료적 수술은 오직 최후의 수단으로만 사용해야 한다고 주장한다.

생물학에 기초한 범죄통제에 대해 모이어(1979)가 보여준 의구심과 경계는 새로운 생물학적 이론들과 더 일치한다. 이들 이론의 지지자는 범죄행동이 특정의 유전자를 통해 직접 유전되거나 유전적 이상에 의해 야기된다고 가정하지 않으려 한다. 최근의 생물학 이론가는 식이요법, 유전적 상담 및 약물요법을 찬성하는 반면 후튼(1939) 등이 제안한 공격적 정책을 반대한다.

또한 그들은 생물학적 위험을 극복하기 위한 학교 또는 지역사회 프로그램을 추천한다(Pagani et al., 1998; Fishbein, 2001, 2006; Wtight and Cullen, 2012). 게다가 그들은 "출산전후의 관리개선과 감각추구자에게 해악은 적지만 흥분되고 도전적 대안을 제공하는 것을 포함해 잠재적 범죄인이 범죄를 발현하는 것을 예방하기 위해 그들의 환경을 조작할 수 있다"고 주장한다(Lanierand Henry, 1998: 109).

생물학적 이론과 조사가 시대에 따라 바뀌면서 그에 기초하는 정책과 실무도 변화했다.

> 대중적 믿음과 달리 생물학적・유전적 특성은 고정되어 불변하는 것이 아니고 변화에 알맞은 사회환경 속에서 바뀔 수 있다. 따라서 이론적으로는 행동성향이 유전적으로 영향을 받는 경우에도 대규모의 사회적 프로그램이 반사회적 행동을 조장하는 환경의 영향을 최소화함으로써 행동개선을 이끌 수 있다. … 가정에서의 부정적 상호작용과 … 반사회적 행위를 장려하는 또래집단과의 교제가 미치는 영향을 고려해 볼 때 … 특정한 생물학적 기질을 가진 사람과 사회환경 간의 상호작용의 질에 중점적으로 개입해야 한다(Fishbein, 2006: 63).

따라서 현대의 생물사회이론 또는 생물학적 행태이론이 제시하는 비행예방/처우를 위한 몇 가지 정책함의는 다른 이론에서 도출되는 교육프로그램, 교사훈련, 양육기술의 장려, 방과 후 프로그램, 약물처우 등과 유사하게 보인다(Fishbein, 2001; 또한 Tibbetts, 2011 참조).

6. 요 약

초기의 생물학적 실증주의는 범죄행위가 개인의 생물학적 요인에 의해 직접적으로 결정된다고 주장했다. 선천적 범죄자론은 내재된 범죄성, 준법시민과는 명확하게 구분되는 범죄자라는 기본개념을 제시했다. 또한 이 이론에서는 신체적 비정상성, 생물학적 열등성, 신체유형, 생화학적 불균형, 생물학적 결함 등을 범죄의 원인으로 파악했다. 이러한 생물학적 범죄이론은 대체로 불신을 받았다.

최근의 생물학적 이론은 초기 이론의 단순한 결정주의를 넘어서고자 노력한다. 유전적 특성, 뇌의 기능, 중추 및 자율신경체계, 영양상태, 호르몬의 균형, 신진대사, 생리적 각성수준, 학습의 생물학적 과정 등의 측정가능한 차이를 범죄 및 비행과 연결 짓는 이론이 과거의 생물학적 이론을 밀어내게 되었다.

현대 생물학적 이론은 이러한 요소와 사회적 환경 간의 상호작용을 제안한다. 그러나 이들은 특정한 생물학적 결함이 특정의 범죄를 유발하거나 특정의 유전인자가 범죄행위를 초래한다는 견해에 반대한다. 생물학적 요소는 고정되고 불변적인 것이거나 사회적 또는 심리적 변인보다 범죄에 강력하게 영향을 미친다고도 주장하지 않는다. 오히려 생물학적 요인의 효과는 다른 요인에 의해 매개되는 간접적인 것으로 본다. 최근의 생물학적 이론을 지지하는 이들은 초기 이론가의 신체침해적 · 격리 정책을 포기한다.

범죄에 대한 새로운 생물학적 이론은 다소 수용되나 심각한 방법론적 문제를 지닌 조사연구에 의존함으로써 약하거나 일관적이지 못한 결과를 보인다. 분자유전학 수준의 새로운 발전과 연구는 범죄와 비행

행위를 유전-환경의 상호작용으로 설명하는 이론에 대한 더욱 강력한 경험적 지지를 제공하고 제공할 가능성을 보여준다.

주요 개념

- 격세유전(*atavism*)
- 표시(*stigmata*)
- 진화적 신경안드로젠 이론(*Evolutionary Neuroandrogenic Theory* · ENA)
- 생애지속형(*life-course-persistent*)
- 청소년기 한정(*adolescence-limited*)
- 공유된 환경(*shared environment*)
- 공유되지 않은 환경(*nonshared environment*)
- 일치성(*concordance*)
- 분자유전학(*molecular genetics*)
- 대립형질(*alleles*)
- r/K 선택(*r/K selection*)

제 4 장

심리학적 이론

1. 서 론

이 장은 범죄행위를 설명하는 정신분석학적 이론(*psychoanalytic theory*)과 성격이론(*personality theory*)을 다룬다. 이 두 이론이 범죄와 비행에 대한 다양한 심리학적 이론을 대표하지는 않는다. 행동주의적(*behavioral*), 신경심리학적, 발달론적(*developmental*) 심리연구와 기타 심리학적 접근이 이 장에 포함되지는 않았지만 이들 접근에서 사용하는 개념과 변수를 이 책의 다른 장에서 사용하기도 한다.

예를 들면, 심리학의 행동주의 학습이론은 제 5장에서 설명하는 사회학습이론의 이론적 기초가 된다. 발달심리학은 생물학적 측면을 강조하거나(제 3장의 Andrews and Bonta, 2003 참조) 성격에 초점을 맞추어 범죄학에 적용되었다(이 장의 I-level 이론 참조). 또한 발달심리학은 연령효과(*age-effect*)와 제 14장에서 논의하는 범죄와 비행에 대한 생애과정(*life course*) 이론 일부분을 구성한다. 정신분석학적 이론과 성격이론은 개인의 경험(특히, 유년기의 경험)이 미치는 영향을 인정하고 범죄행위를 촉발할 수 있는 환경적 요인을 인정하지만, 비정상적인 성격유형/특성 혹은 정서적 부적응이 범죄행위의 일차적 원인이라 본다.

2. 정신분석학적 이론

정신분석학적 이론(*psychoanalytic theory*)은 개인의 기질에서 범죄의 원인을 찾으려 한다는 점에서 생물학적 이론과 비슷하다. 그러나 이 이론은 생물학적 과정이나 비정상성에서 원인을 찾기보다 개인의 마음속 깊은 곳에서 찾으려 한다.

프리드랜더(Friedlander, 1947)에 의하면, 고전적인 프로이트 정신분석학에서 범죄는 아주 어린 시절 정서적 발달과정에서 나타난 장애와 비정상으로 설명된다. 원초자아(*id*)는 비합리적이고 반사회적이며 본능적 충동의 무의식적 중심이며 이는 사회생활에 적절히 적응하기 위해 통제되고 다듬어져야 한다. 사회적 적응과 통제는 정신의 의식적이고 합리적 부분인 자아(*ego*)와 정신의 도덕적 부분이나 양심인 초자아(*superego*)를 통해 이루어진다.

일반적으로 어린이의 정서적 성숙은 성욕(*sexuality*)에 근거한 발달단계를 거친다. 유아 때의 구순기(*oral phase*), 세 살까지의 항문기(*anal phase*), 다섯 살까지의 성기기(*phallic phase*), 사춘기까지의 잠재기(*latency phase*) 그리고 최종적으로 어른으로서 성숙한 생식기(*genital phase*)를 거친다.

원초자아는 세 살경에 자아가 발달해 본능을 통제할 때까지 억제되지 않는다. 성기기의 시작과 함께, 어린아이는 이성부모를 소유하고자 하며, 동성부모를 이성부모의 애정에 대한 경쟁자로 인식한다. 이러한 감정이 억압되어 오이디푸스 증후군(*Oedipus complex*: 남아의 어머니에 대한 무의식적 사랑과 아버지에 대한 미움이나 두려움)이나 엘렉트라 증후군(*Electra complex*: 여아의 아버지에 대한 사랑과 어머니에 대한 미움이나 두려움)이 생겨난다.

초자아는 동성부모와의 동일시와 부모의 통제를 내면화하면서 서서히 발달한다. 결국 자녀는 이성부모를 소유하려는 욕구를 포기한다. 이러한 과정에서 나타난 비정상적 발달이나 유아기나 유년기에서 고착(*fixation*)이 형성되면, 개인은 무의식적 죄의식과 지체된 발달의 병리현상으로 시달리면서 청소년 시기에 반사회적 행동을 하게 된다.

범죄에 대한 정신분석학적 접근의 기본 전제는 비행이나 범죄 자체는 중요하지 않다는 것이다. 그것은 단지 원초자아, 자아, 초자아 간 심리적 갈등의 증후라는 것이다. 이러한 갈등은 비정상적 성숙이나 본능의 통제, 어려서 경험한 부모와의 잘못된 관계, 정서적 발달단계에서의 고착, 억압된 성 혹은 죄의식에서 유발된다. 가장 심각한 고착은 오이디푸스/엘렉트라 증후군이다. 청소년은 이러한 갈등을 의식하지 못하는데 이것은 의식적 기억이 '유아기의 기억상실'(*infantile amnesia*)에 의해 차단되기 때문이다. 비록 다른 표면적 요인이 작용하는 듯 보이지만 실제로는 억압된 죄의식과 갈등이 비행의 '참된' 원인이 된다.

다른 프로이트적 이론이나 신프로이트적 이론은 부모의 부재나 냉정하고 애정이 없는 부모에 의한 초자아의 저발전이나 지체를 범죄의 원인으로 강조한다. 어떤 이론가에 의하면 범죄자는 해결하지 못한 죄의식을 표출하기 위해 범죄를 저지를 뿐 아니라 억압된 죄의식에서 벗어나기 위해 검거되고 처벌되기를 무의식적으로 원한다고 한다.

범죄를 설명하는 구체적 기제가 무엇이든, 정신분석학적 이론은 범죄의 이면에 있는 본질적 원인으로서 비합리적이고 무의식적인 동기를 강조한다. 정신분석학적 이론에서 모든 범죄행위는 대개 정신병, 정서장애, 정신장애의 표출이나 증후로 설명된다. 법 위반뿐만 아니라 마약이나 알코올남용과 같은 다양한 유형의 일탈행동도 억압된 죄의식, 절망이나 무력감, 억압된 공격성, 해결되지 않는 무의식과 정서적 고통을 처리하려는 역기능적 시도로 보았다.

청소년비행이나 성인범죄는 모두 비합리적 충동이나 강박(*compulsions*)으로부터 야기된다고 믿는다. 역기능적 행동이 생겨날 때의 환경적 및 사회적 사건은 무관하거나 단지 촉발적 사건으로서만 고려되지만, 유아기의 사건은 매우 결정적 요인으로 인식한다.[1)]

범죄에 대한 정신분석학적 설명의 경험적 타당성은 평가하기 어렵다. 정신분석학자는 개별사례를 정신질환의 결과로 보는 정신의학적(*psychiatric*) 설명이 명확한 경험적 지지를 받는다고 주장하면서 매우 강한 결정주의적 용어를 사용한다. 슈라이버(Schreiber, 1984)는 10대 아들과 함께 수많은 주거침입절도, 강도, 살인을 저지른 '칼링거'(Kallinger)라는 구두수선공을 면접조사했다.

슈라이버는 칼링거가 어렸을 때 그의 양부모가 저지른 심한 정신적·신체적 학대로부터 정신병이 생겼고 그의 범죄가 여기에서 기인한다는 확고한 결론에 도달했다. 슈라이버는 칼링거가 네 살 때 받은 탈장수술

---

1) 린드너(Lindner, 1944), 아이크혼(Aichhorn, 1963), 홀렉(Halleck, 1967)을 참조하고, 슈메이커(Shoemaker, 2004), 팔론과 헤네시(Pallone and Hennessey, 1992), 쇼함과 세이스(Shoham and Seis, 1993), 앤드루스와 본타(Andrews and Bonta, 2003)가 개관한 정신분석학적 이론을 참조하라.

을 그의 성기로부터 악령을 제거하기 위한 것이었다고 한 부모의 말에 특별히 초점을 맞춘다. 슈라이버에 의하면 어려서 들은 성기에 대한 이러한 유형의 말 등이 '심리적 거세공포'(*psychological castration*)를 일으켰다. 이것이 훗날 칼링거가 걸렸던 정신병의 일차적 원인이 되었고 정신병은 성인이 된 그가 "사람을 죽이게 했다".

> 조셉 칼링거에게 정신병이 없었다면 그는 결코 살인자가 되지 않았을 것이다. 이 때문에 그에게 다른 길은 없었다. 살인은 칼링거가 가진 정신병의 불가피한 결과였다. 그는 정신병에 걸리고 난 후에 처음으로 범죄를 저질렀다. 범죄는 정신병 때문에 생겨난 망상체계 및 환상에서 직접적으로 야기되었다. 그러므로 칼링거가 경험한 어린 시절의 정신적 학대와 살인 간의 인과관계를 설정할 수 있다(Schreiber, 1984: 17, 390, 394).

정신의학적 연구는 이처럼 임상적 사례연구에 심하게 의존해 진단 가능한 정신장애나 정신의학적 문제를 가진 범법자의 비율을 폭넓게 추정하게 된다. 이러한 연구는 개별적 사례나 몇몇 가장 심각한 범법자의 작은 표본에 집중한다. 불행하게도 일반 모집단이나 다른 범법자와 비교되는 경우는 거의 없다(Pallone and Hennessy, 1992).

더구나 정신분석학적 설명에서 범법자의 동기는 무의식 속에 숨어 있어 범법자 자신도 모르기 때문에 이론을 직접적으로 검증하는 방법은 전혀 없다. 그러므로 무의식적 충동이라는 독립변수가 존재하는지를 결정하는 것은 치료의사의 해석에 달렸다.

따라서 정신분석학적 해석은 사후적이고, 동어반복적이며, 검증될 수 없다(Shoham and Seis, 1993). 전형적으로 범죄의 원인으로 전제되는 '정신병질적 일탈/반사회성'(*psychopathic deviation*)은 임상적 판단으로 결정되고 이러한 판단에서는 "'습관적 범죄성' 자체가 진단의 가장 중요한 기준이 된다." 이러한 과정은 '상당히 많은 동어반복'을 초래한다(Pallone and Hennessy, 1992: 56, 165).

'투사법'(*projective test*)과 같은 다양한 임상 측정기법이 때때로 임상적 판단에 더해 사용된다. 그러나 "연구의 부족과 해석의 불안정성 때문에 투사법에서 나타난 자료로부터 타당한 일반화를 끌어내기는 어렵다"(Pallone and Hennessy, 1992: 168). 비록 심리학에서 프로이트에 기초한 이론의 수정과 재구성이 계속되지만, 앤드루스와 본타(Andrews and Bonta, 1998: 102)는 "전통적 정신분석학적 사고가 현재의 심리학적 지식을 대표하지 못한다고 믿는다". 정신분석학적 이론은 오늘날 범죄학에서 크게 주목받지 못한다.

이와는 대조적으로 개드와 제퍼슨(Gadd and Jefferson, 2007)은 '사회심리적 영향을 받아 범죄를 저지르는 사람'(*psychosocial subject*)에 대한 새로운 관심을 촉구한다. 이 접근법은 행위자의 '내면세계'뿐 아니라 범죄행위가 발생하는 사회구조적 환경을 고려한다. 내면세계는 의식 및 무의식적 과정과 그 결과로 초래된 이성, 불안, 욕망 간의 갈등과 모순을 포함한다(Gadd and Jefferson, 2007: 4).

특히 개드와 카(Gadd and Carr, 2015)는 심리사회적 범죄학자들이 가장 자주 사용하는 연구방법이 주로 질적 연구 특히 심층면접임을 알고 있다. 이들은 심층면접에서 얻은 세 가지 핵심 개념이 심리사회적 이론화에 영향을 미친다고 한다. 첫째, 담론(*discourse*)의 개념이다, 개드와 딕슨(Gadd and Dixon, 2011)에 따르면, 인종적 동기에 의한 범죄를 저지른 범죄자는 자신이 다른 신앙에 관대하고 일반적으로 다른 사람들과 잘 지내는 사람이라고 묘사하지만, 무제한 이민 정책에 대해 우려를 나타내기도 한다. 이처럼 대립적이고 종종 상반되는 담론(즉, 자기특성화)은 개인의 행동에 영향을 미친다. 둘째, 사회심리적 이론가들은 범죄자가 합리적이고 의식 있는 사람이거나 그들의 생각이 단일한 방식으로 표현되는 경향이 있다는 생각을 거부한다. 개드와 카(2015)는 오히려 개인을 방어적이고 비단일적인 주체로 지칭하고, 이들은 자신에 대한 묘사와 모순되는 태도를 보인다고 믿는다. 마지막으로 세 번째 개념은 동일시(*identification*)이다. 이것은 참가자 자신의 이야기(*narrative*)와 인생 스토리(*personal story*)에 나타난 사람과의 동일시를 의미할 뿐만 아니라 참가자가 혐오감을 느끼거나 감동한 이야기에 대한 면담자(*interviewer*)의 반응에 나타난 둘 간의 동일시를 말한다. 개드와 카(2015: 83)는 다음과 같이 결론을 내린다.

> 우리가 연구 대상의 위험한 생각과 행동을 완전히 이해하려면 연구과정에서 동일시(*identification*)를 활용하는 능력을 포함하여 심리사회적 연구방법을 더욱 완벽하게 수용해야 할 필요가 있다. 그러한 방법을 수용하려면 범죄학자들이 과학적 확실성 추구를 포기하고, 결국 많은 피해자와 가해자에게 명백히 무의미한 범죄에 대해 사회과정과 정신역학적 과정의 경합에 정통한 그럴듯한 해석을 추구해야 한다.

3. 성격이론

성격이론에서 범죄원인은 무의식적 동기가 아니라, 개인 성격의 내용이다. 성격이론의 기본가설은 비행자나 범죄자는 비정상적인, 부적절한, 혹은 본질적으로 범죄적 성격을 지녔거나 법을 준수하는 사람과는 다른 성격특성을 지녔다는 것이다. 어떤 성격이론은 범죄나 비행을 충동성, 공격성, 감각추구, 반항, 적대성 등의 일탈적 특성의 표출로 설명한다. 다른 성격이론은 범죄자와 비행자를 법을 준수하는 사람과는 기본적으로 다른 성격유형을 가진 것으로 본다. 순응은 정상적 성격을 반영하는 것으로 본다.

심각한 범죄는 정신병질적(*psychopathic*), 반사회적 또는 사회병질적(*sociopathic*) 성격 등으로 불리는 이상성격에 의해 유발된다. 이러한 명칭들은 친사회적 태도와 가치를 사회화하지 못한 사람, 옳고 그름에 대한 감각을 발전시키지 못한 사람, 타인에 대한 동정심이 없는 사람, 타인에 대해 잘못이나 해악을 저질렀을 때도 후회나 죄의식을 느끼지 못하는 사람 등 자기중심적 사람에게 적용된다.

성격특성에 기초한 심리학은 가벼운 비행부터 심각한 범죄행위까지 설명하는 범위가 상당히 넓지만 일탈을 만들어내는 특성이 많아서 간결성은 떨어진다. 성격유형 이론은 한 가지 성격유형을 범죄행위의 설명으로 상정한다는 면에서 조금 더 간결하지만 가장 심각하고 지속적인 범죄자에게 주로 적용된다는 면에서 범위가 좁다.

1) 성격특성

성격특성 이론은 정신분석학적 이론보다는 더 엄밀한 방법론을 사용해 경험적 검증을 시도했다. 가장 일반적 방법은 성격목록을 구성해 개인의 성격특성을 측정하고 비행자와 비(非)비행자의 평균값을 비교하는 것이다. 가장 자주 사용하는 성격검사는 미네소타 다중성격목록(Minnesota Multiphasic Personality Inventory · MMPI)과 캘리포니아 심리목록(California Psychological Inventory · CPI)이다. CPI는 지배, 관용, 사회성 등의 성격적 특성을 측정하고, MMPI는 우울, 히스테리, 편집증, 정신병리, 내향성/외향성, 강박관념 등의 '비정상적' 성격특성을 파악하기 위해 몇 가지 척도를 사용한다(Hathaway and Meehi, 1951).

MMPI는 애초에 정신질환을 앓는 성인 중에서 일탈적 성격유형을 파악할 목적으로 해서웨이(Starke Hathaway, 1939)에 의해 고안되었다. 이 척도는 비행이 성인의 부적응 행위와 비슷한 정신질환의 증후라는 전제에서 비행을 예측하기 위해 사용한다(Hathaway and Monachesi, 1953). 경험적 연구결과, 시설에 수용된 비행자는 반사회적, 무도덕적(*amoral*), 정신병질적 행위척도에서 높은 점수를 나타냈고 비(非)비행자는 더 내향적인 것으로 나타났다.

그러나 MMPI 측정을 통해 비행을 예측하려는 시도는 부분적 성공에 그쳤다. MMPI 가운데 가장 예측력 있는 척도인 'F 척도'는 성격특성을 측정하는 것이 아니다. 더 정확히 말하면, 이것은 응답자가 MMPI의 문항에 일관성 없거나 부주의하게 응답하는 정도나 설문지를 제대로 이해하지 못하는 정도를 나타낸다(Hathaway and Monachesi, 1963).

성격특성이 범죄와 비행에 미치는 인과적 효과에 관한 다른 연구결과도 일관되지 않았다. 1950년대에 성격특성에 대한 경험적 연구를 개관한 결과에 따르면, 몇몇 연구만이 비행자와 비(非)비행자 간의 유의미한 성격적 차이를 발견했을 뿐이다(Schuessler and Cressey, 1950). 그러나 그 이후의 더 정교하게 설계된 대부분의 연구에서는 유의미한 차이가 있는 것으로 보고되었다(Waldo and Dinitz, 1967).

그리고 자기보고식 조사나 다른 방법에 의해 측정된 비행 및 범죄와 성격특성 사이에는 관계가 있음이 계속해서 발견된다(Caspi et al., 1994). 일부 연구에서는 성격과 범죄행위 사이에서 엇갈리는 결과가 발견된다(Sutherland, Cressey, and Luckenbill, 1992를 참조). 더 최근의 연구에서 적어도 일부 성격목록 척도는 범죄행위와 약하지만 일관성 있게 연관된 것으로 나타난다(Andrews and Bonta, 2003).

성격목록을 사용한 연구에서 성격특성의 경험적 측정과 비행이 적어도 부분적으로 동어반복적이라는 사실 때문에 성격특성 이론의 경험적 타당도가 약화된다. 예를 들어, MMPI에서 비행과 관련된 주요 성격척도는 이것이 설명하고자 하는 '법에 대한 위반'을 묻는 문항을 포함한다. 동일한 동어반복의 문제는 성격장애나 행동장애(*conduct disorder*)를 사용해 범죄와 비행을 설명할 때도 나타난다.

이 장애를 진단하기 위해 법 위반, 싸움, 재물파괴, 절도, 잔혹행위, 무기사용을 묻는 문항을 사용함으로써 이 이론이 설명하고자 하는 것과 동일한 행위가 포함되는 셈이다. 이런 문항을 사용한 경험적 연구결과에 기초해서 내린 결론은 결국 법을 위반하는 행위는 법을 위반하는 행위 때문에 야기된다고 말하는 것과 같다.

그러나 모피트, 카스피, 루터와 실바(2001)는 행동장애 자체를 비행과 범죄행위의 원인이 아닌 비행과 범죄행위를 나타내는 또 하나의 꼬리표로 다루면 이 동어반복의 문제를 피할 수 있다고 했다. 성격목록과 성격특성을 측정하는 다른 방법을 사용한 연구에서 성격특성 이론에 대한 약간의 경험적 지지가 나타났지만 성격변수가 범죄나 비행의 주요원인이라는 확실한 결과를 발견하지는 못했다(Pallone and Hennessy, 1992; Sutherland et al., 1992; Bernard et al., 2015; Shoemaker, 2004).

2) 정신병질적 성격

정신병질적 범죄자는 '반사회적', 자기중심적, 공격적인 사람으로 흥분을 갈망하고, 죄의식을 느끼지 못하며, 타인과 의미 있는 정서적 애착을 형성하지 못하는 '위험스러울 정도로 부적응한 성격의 소유자'로 정의된다. "정신병질자[2]는 죄를 느끼지 못하고 애정이 없는 두 가지 특징 때문에 다른 사람과는 현저하게 구분된다"(McCord and McCord, 1956: 16).

헤어(Hare)는 범죄행위이론으로서 정신병질자/사이코패스를 주장한 제창자이고 정신병질적 성격을 측정하기 위해 가장 폭넓게 사용하는 측정도구인 사이코패스 체크리스트(Psychopathy Checklist · PCL)의 초판과 개정판(PCL-R)을 만들었다(Hare, 1965, 1999, 2003; Edens et al., 2006). 청소년 범죄자를 대상으로 측정하기 위해 20문항의 체크리스트를 약간 수정해 사이코패스 체크리스트 청소년판(PCL-JV)도 만들어졌

2) [옮긴이 주] 국내에서 'psychopathy'나 'psychopath'가 '정신병질자'로 번역되기도 하고 '사이코패스'로 표기되기도 해 이 장에서 문맥에 따라 두 가지 표현을 혼용한다.

다(MacArthur Foundation, 2006: Douglas, Epstein, and Poythress, 2008).

헤어에 따르면, 사이코패스는 매력적으로 보일 수 있지만 온전히 자기중심적인 '사회적 약탈자'로 자신의 목적을 위해 다른 사람을 조종하고 양심이 결핍되어 자신의 반사회적 행동이나 타인에게 가한 해악에 대해 죄책감이나 가책을 느끼지 않는다. 사이코패스는 "무자비하게 인생을 헤치고 나아가 그 뒤에는 실연당한 사람, 기대가 깨진 사람, 재정적으로 파탄 난 사람의 다양한 흔적을 남긴다"(Hare, 1999: xi).

헤어는 "〔정신병질적〕 증상이 발달하는 데 사회적 영향력 이외에 심리적, 생물학적, 유전적 요인이 원인으로 작용한다"라고 믿기 때문에 '사회병질자'(*sociopath*)보다 '정신병질자'(*psychopath*)라는 용어를 더 선호했다(Hare, 1999: 23-24). 그는 정신병질적 성격이 "생물학적 요인과 사회적 요인의 상호작용을 통해서 형성된다는 입장이다. … 일부 선천적이고 알 수 없는 생물학적 영향이 태아와 신생아 발달에 영향을 미치면"(Hare, 1999: 173) 생물학적 요인이 정상적 사회화와 양심의 형성을 저해하는 반면 잘못된 육아와 부모의 학대는 사이코패스의 발달에 악영향을 미친다고 했다.

이 이론은 모든 사이코패스가 범죄자라거나 모든 범죄자가 사이코패스라고 제안하지 않는다. 그러나 헤어(Hare, 1999: 86-87)는 "사이코패스는 교도소 수용자 중에서 쉽게 찾을 수 있으며 그 수에 비해 지나치게 많은 범죄를 저지른다. 남자와 여자 수형자 가운데 약 20%가 사이코패스이다. 심각한 범죄의 50% 이상이 사이코패스에 의해 발생한다"라고 주장한다. 더욱이 "사이코패스가 저지르는 폭력적 범죄의 재범률은 다른 범죄자보다 3배 정도 높다"(Hare, 1999: 96).

헤어(Hare, 1999: 34)에게 "사이코패스는 관련된 징후의 집합인 하나의 증상"이지만 이런 증후를 가졌다고 그 사람이 사이코패스라는 의미는 아니다. 누가 사이코패스로 진단될 만큼 충분한 징후를 가졌는지에 대한 판단은 어렵고 복잡한 과정이며, 고도로 훈련된 전문가에 의해 적절한 PCL-R 사용을 통해서만 수행되어야 한다.

PCL-R은 두 묶음의 주요한 정신병질적 징후로 구성되었다. "감정과 인간관계를 나타내는 한 측면과 사회적 일탈을 나타내는 또 다른 측면이 함께 정신병질적 성격의 종합적 모습을 구성한다"(Hare, 1999: 57). 첫 번째는 정신병질적 징후 중에서 '정서적/대인관계적' 측면(말을 잘하고, 깊이가 없고, 부정직하며, 죄의식이 없고 양심의 가책도 느끼지 못하며, 공감하지 못하고, 피상적인 정서를 가짐)으로 구성되었다. 이후에 헤어는 이 측면을 '대인관계적' 하위차원과 '정서적' 하위차원으로 분리했다.

두 번째 측면은 '사회적 일탈'의 징후(충동적 행동, 자극추구, 어린 시절에 나타나는 행동상의 문제, 다양한 종류의 일탈행동과 범죄행위)로 정의된다. 이후에 이 측면은 '생활양식'과 '반사회적 행위'의 하위차원으로 구성된다고 정의되었다(Hare, 1999, 2003; Edens et al., 2006).

헤어는 사이코패스가 여러 차원의 변수를 점수로 평가하여 나타나는 증상이라고 제안했지만, 사이코패스의 전통적 개념과 많은 심리학자가 지속적으로 지지하는 개념은 사이코패스를 "사회의 다른 사람과는 질적으로 다른 완전히 별개의 부류"라고 주장한다. 최근의 경험적 연구는 이 주장과 헤어와 다른 학자가 지지하는 반대 견해인 '사이코패스'는 단지 "연속적으로 분포된 성격특성의 극단적 수준의 집합 또는 구성"을 부르는 명칭이라는 의견을 지지한다(Edens et al., 2006: 131). 헤어의 체크리스트로 측정한 정신병질적 성격이 "교도소 수감 시 불법행위, 공동체 폭력, 출소 이후의 재범 위험같이 실제적 유의성을 갖는 현실세계의 준거 측정치와 연관되기 때문에 이론에 대한 경험적 지지가 있는 것으로 보인다(Edens et al., 2006: 131)."

그러나 더글라스 등(2008)은 청소년 범법자의 재범에 대한 PCL-R과 PCL-JV의 예상된 효과가 다른 주요 행동변수를 통제하면 사라진다는 점을 발견했다. 종속변수가 범죄, 비행 혹은 일탈행동일 때 PCL-R을 사용해 정신병질적 성격을 측정하면 동어반복의 문제를 갖는다는 사실 때문에 (그 범위를 심각한 범죄로 제한한다고 해도) 이 이론의 경험적 타당도는 높지 않다. 이 때문에 범죄행위의 개인 간 차이가 정신병질적 특성의 개인 간 차이로 설명된다는 핵심가설의 검증가능성에 의문이 제기된다.

조사대상자를 정신병질자로 분류하거나 정신병질자에 해당하는 점수를 부여하기 위해 사용하는 진단 문항의 일부(특히, 사회적 일탈 차원)는 대상자가 과거에 저지른 일탈, 반사회적 행위, 비행, 범죄행위의 경력을 측정한다. PCL의 성인판과 청소년판 모두에서 사이코패스를 측정하는 행동문항에는 어려서 나타난 행동상의 문제, 병리적 거짓말, 난잡한 성행위, 일탈행동이나 비행행위의 수행, 다양한 범죄행위, 가석방이나 보호관찰 혹은 다른 조건부 석방의 (조건 위반으로 인한) 철회가 포함된다(Hare, 2003; MacArthur Foundation, 2006). 더욱이 PCL-R은 교도소 수감자 표본을 사용하여 개발되고 검증되었다(Hare, 1999). 따라서 사이코패스를 이용해 설명하려는 바로 그 행위(사회규범과 법규범의 위반)의 일부가 사이코패스의 정의와 측정에 포함되는 셈이다. 정신병질적 성격으로 진단되기 위해서는 가벼운 일탈을 이따금 저지르기보다 범죄를 명백하고 빈번하게 저지르는 형태가 나타나야 한다.

과거의 행위가 미래의 행위를 예측한다는 사실은 잘 알려졌다〔헤어는 이를 '준칙'(*maxim*)이라 부른다〕. 과거의 행동과 현재의 행동 사이의 이러한 상관관계가 어떤 인과이론을 지지하는 것으로 간주할 수 없다. 정신병질적 성격이론뿐 아니라 모든 이론이 동어반복적이다. 만일 체크리스트에서 과거의 비행, 범죄, 일탈행동을 측정하는 문항을 제거하면 동어반복의 문제가 사라진다. 이론이 설명하고자 하는 범죄행위와 구분되는 사이코패스의 다른 성격특징과 행위특징을 살펴볼수록 비행과 범죄의 원인으로 제시되는 사이코패스 가설의 동어반복 문제는 줄어들 것이다. 더 최근의 연구(동어반복의 문제를 줄이기 위해 측정을 조정한 연구 포함)에서는 사이코패스가 대체로 다양한 범죄경력(Flexon, 2015, 2016; Flexon and Meldrum, 2013), 생애지속형 범죄(14장 참조; Corrado, DeLisi, Hart, and McCuish, 2015), 폭력범죄(Corrado, McCuish, Hart, DeLish, 2015; Robertson and Knight, 2014; Woodworth and Porter, 2002)와 유의미한 관련이 있는 것으로 확인되었다.

사이코패스의 대안적 측정인 '정신병질적 성격목록'(Psychopathic Personality Inventory · PPI, Lilienfeld and Andrews, 1996)은 사이코패스의 행위적 특성이 아닌 성격특성만을 측정한다. PPI는 비범죄자 집단을 대상으로 개발되고 검증된 자기보고식 평가도구로서 2개의 일반요인으로 구성된다. '두려움 없는 지배'(*fearless dominance*)로 알려진 첫 번째 요인(PPI-Ⅰ)은 스트레스 면역력, 대담, 사회적 능력(다른 사람을 끄는 매력)을 측정하는 하위척도로 구성된다.

경험적 연구결과, 두려움 없는 지배 요인(PPI-Ⅰ)은 주로 학업성취와 행복감과 같이 긍정적 행동과 상관이 있는 것으로 밝혀졌다(Benning et al., 2003). '충동적 반사회성'(*impulsive antisociality*)으로 알려진 두 번째 요인(PPI-Ⅱ)은 자기중심성, 무계획성, 충동적 불순응, 책임 외면성(*blame externalization*)으로 구성된다. 이런 특성은 성인과 청소년의 반사회적 행동, 공격성, 약물사용문제와 관련이 있다(Benning et al., 2003; Patrick et al., 2006; Nigel et al., 2018).

3) 5요인 모형

PCL이나 PPI와 다르게 그 밖의 성격특성 모형은 사이코패스 같은 성격장애를 진단하는 방식과는 별개로 고안되었다. 이 가운데 하나가 코스타와 맥크뢰(Costa and McCrae, 1985, 1992)가 개발한 5요인 모형(Five-Factor Model·FFM)이다. FFM은 사람들이 자신과 다른 사람을 묘사할 때 사용하는 단어를 검토함으로써 일반적인 성격특성을 설명하려고 시도한 카텔(Cattell, 1965)의 연구에서 출발했다.

카텔은 요인분석이라는 통계기법을 사용해서 특정한 형용사가 하나의 폭넓은 특성이나 요인을 형성하는 경향이 있다는 점을 알아냈다. 예컨대, '협조하는'(*cooperative*), '도움이 되는'(*helpful*), '동조하는'(*sympathetic*)의 단어는 모두 함께 모여서 각 형용사에 부여된 의미를 포괄하는 단일요소 또는 중요한 성격특성을 형성할 수 있다. 후속 성격특성 연구에서 단어의 다양한 집합에서 도출된 요인의 수는 연구마다 달랐지만, 최종적으로 5개의 요인이 확인되었다.

이 연구를 기반으로 코스타와 맥크뢰(1976)는 카텔의 설문지를 포함해 여러 개의 성격 설문지에 포함된 항목에 요인분석을 적용했다. 그들의 분석결과, NEO 성격목록(NEO-PI, Costa and McCrae, 1985)은 5개의 요인으로 묶였다. 이 5개의 요인은 OCEAN이라는 약어로 파악된다. 즉, 개방성(*openness*, 새로운 경험에 참여하려는 의향), 성실성(*conscientiousness*, 충동에 저항하는 능력), 외향성(*extraversion*, 활동적이고 사교적임), 친절함(*agreeableness*, 다른 사람들과 어울리는 능력)과 신경증(*neuroticism*, 부정적 감정과 비합리성)이다. 코스타와 맥크리(1992)는 심리목록을 개정하면서 5개의 영역특성 각각에 여러 하위 양상(*subfacet*)을 발견했다.

많은 성격특성 이론 지지자는 특성모형이 단지 개인 간의 성격차이를 구별하기 위해 사용하는 설명도구일 뿐이라고 주장한다(Saucier and Goldberg, 1996). 그러나 맥크리와 코스타(2008)는 FFM이 태도와 행동의 표현과 관계된 인과 기제를 평가하는 데 사용할 수 있다고 주장한다. FFM은 업무성과와 만족도 예측을 포함해 다양한 용도로 사용되어왔지만 반사회적 행동을 예측하는 최근의 적용은 주목할 만하다.

밀러와 리남(Miller and Lynam, 2001)은 FFM 및 다른 모형[3]에 의해 생성된 성격특성과 반사회적 행동[4] 사이의 관계 연구에 대한 메타분석을 수행했다. 그들은 반사회적 행동이 친절함(*agreeableness*)과 성실성(*conscientiousness*)의 영역특성과 가장 일관되게 부(-)적 방향으로 관련된 것을 발견했다. 영역특성의 더욱 상세한 양상과 반사회적 행동 사이의 관계에 초점을 맞춘 후속 메타분석에서도 비슷한 결과가 나타

---

3) 반사회적 행동과 관련된 다른 성격모형에는 아이젠크(Eysenck, 1977)의 PEN 모형, 텔레겐(Tellegen, 1985)의 3요인 모형, 클로닝거(Cloninger, Svrakic, and Przybeck, 1993)의 기질과 성격모형이 포함된다.

4) 비행과 행동장애처럼 반사회적 행동에 대한 다양한 측정 중 하나를 사용하는 연구가 메타분석에 포함되었다. 흥미롭게도 MMPI(정신병질적 일탈 척도)와 CPI(사회화 척도)에서 도출된 문항은 성격 측정이 아닌 반사회적 행동의 측정으로 간주되었다.

났다(Jones, Miller, and Lynam, 2011).

또한 영국에서 실시된 연구(O'Riordan and O'Connell, 2014)에서 5개 요소 중에서 개방성(*openness*)을 제외한 나머지 4개가, 범죄활동에 대한 일반적인 사회경제적 예측요인을 통제한 후에도, 성인기에 형사사법 제재를 받는 행동과 관련된 것으로 나타났다.

범죄와 비행을 예측하기 위해 사용된 새로운 성격특성 이론은 MMPI와 PCL 같은 기존 방법에서 나타나는 동어반복의 문제를 극복했다. NEO-PI-R로 측정된 특정 성격특성과 비행 사이의 상관관계는 법 위반이나 비행을 측정하는 성격목록의 항목 때문이라고 할 수 없다. 그러나 많은 심리학자와 범죄학자(Saucier and Goldberg, 1996)들은 행동을 설명하거나 예측하는 도구로서 FFM의 유용성에 여전히 의문을 제기한다.

성격특성 모형이 '전형적인' 범법자를 '이타심'이 낮거나 '성난 적대감'이 높다고 기술할지라도 이러한 특질이 어떻게 혹은 왜 비행을 만드는지에 대한 설명을 제시하지 못한다. 더욱이 특정한 특성을 가졌다는 것은 문제가 되는 성향을 드러내는 경향(*tendency*)을 의미할 뿐인 데 반해 성향의 상태(*state*)가 행동을 더 정확히 예측할 수 있다. 어떤 사람이 성난 적대감의 경향(특성)을 가졌을 수 있지만 그런 특성은 특별한 상황에서만 표현(상태)될 수 있다(Mischel, 1968, 2004).

범죄행위를 설명할 때 FFM의 유용성은 기껏해야 간접적이다. 최근 연구에 따르면, 비행과 범죄이론 변수가 미치는 영향은 특정한 성격특성에 의해 조정될 수 있다. 예를 들면, 긴장(제 9장)이 비행에 미치는 영향은 부정적 정서성이 높고 억제가 낮은 사람에게서 더 강하게 나타난다(Agnew et al., 2002). 존스 등(Jones et al., 2011: 334)은 "일반적으로 성격을 '주 효과'(*main effects*)뿐만 아니라 '조절변수'(*moderators*)로 고려한 모형은 성격과 범죄관계의 본질을 밝히는 데 더 성공적"이라고 말한다.

4. 비행예방 및 치료를 위한 심리상담

정신분석학적 이론의 치료적 및 정책적 함의는 직접적이고 분명하다. 이 관점에 따르면 범죄자와 비행자는 합리적 의미에서 자기 행동에 책임질 수 없는 병자로서 치료되어야 한다. 그 때문에 범법자에 대한 처벌은 비효과적이고 죄의식과 불건전한 심리적 반응만을 초래할 것이다.

정신분석학적 이론에 따르면 범죄자와 비행자는 근원적 정서장애에 대한 치료가 필요하다. 그 문제를 치료하면 범죄문제가 해결될 것이다. 범법자의 근원적 질병이나 억압된 감정이 아니라 범죄행동을 다루는 것은 증상만을 다루는 것과 같아서 다른 일탈증상으로 대체하는 결과를 가져오기 쉽다.

범죄자는 정신분석학적 치료의 도움을 받아야만 무의식 속에 숨은 행동의 억압된 원인을 발견한다. 일탈행동을 하게 만드는 깊은 무의식적 동기를 사람의 의식으로 드러내는 것이 치료의 목적이다. 일단 무의식적 동기가 공개되면 더 합리적으로 다룰 수 있고 건강한 방법으로 해결할 수 있다. 덜 집중적인 다른 치료도 가능하지만 집중적·개별적 심층치료를 제공하는 것이 이상적 방향이다.

성격특성 이론과 정신분석학적 접근은 범죄행위가 주로 밑바닥에 있는 정서적 또는 성격적 문제의 증상으로서 중요하다는 전제를 공유한다. 즉, 한 개인의 범죄 또는 비행에 의미 있는 영향을 미치기 위해서는 개별화된 치료(될 수 있으면 집중적인 개별상담과 치료)가 필요하다는 함의를 갖는다. “개별상담은 범죄를 초래했을 정서문제와 행동상의 문제에 초점을 맞춘다”(Abrams, Kim, and Anderson-Nathe, 2005: 8). 심리학적 이론의 이러한 정책과 실무관련 함의는 오래전에 인정되었다. 개별치료의 고전적 전례가 된 주요한 프로그램 중 일부를 뒤에 제시했다. 이러한 선구적인 노력 이후로 심리치료에 일차적으로 의존하는 프로그램(비록 다른 접근방법도 섞인 경우가 자주 있지만)이 형사사법 및 소년사법제도에서 광범위하게 채택되었다(Abrams et al., 2005).

사실상 성인범죄자나 비행청소년을 위한 모든 거주 및 비거주 시설은 명시적 또는 묵시적으로 성격장애와 감정조절 이론에 의해 안내되는 개별상담을 포함한다. 이 접근에 대한 기대가 있지만 그러한 프로그램의 일반적 효과는 그것이 비행의 예방이든 치료든 간에 아직 충분히 증명되지 않았다.

사이코패스로 진단된 범죄자에게 교도소나 지역사회에서 심리상담을 제공할 수 있지만 헤어는 사이코패스의 재활에서 개별치료나 집단치료의 효과성에 대해서 회의적이다. 헤어는 사이코패스 범죄자에 대한 치료활동을 검토한 다음 아무런 효과가 없고, 사실 이들에 대한 치료가 상태를 더 악화시킨다고 결론 내렸다.

> 사이코패스를 위한 치료 프로그램의 효과성에 대한 증거는 대부분 교도소나 정신병원에 수용된 사람이나 법적으로 문제가 있는 사람을 위한 프로그램에 기반을 둔다. 이들 프로그램 대부분은 집중교육으로 잘 계획되고 좋은 조건에서 실행되었지만 여전히 효과가 없다(Hare, 1999: 201).

헤어는 더욱이 사이코패스의 기원이 아동기로 거슬러 올라갈 수 있지만 초기 개입 프로그램도 효과가 없다고 주의를 준다. 그는 오히려 사이코패스와 사회적으로 상호작용하는 가족, 동료, 지인, 그 밖의 다른 사람이 어떻게 하면 피해를 보지 않을 수 있을까를 더 걱정한다. 그는 이들에게 사이코패스와 '교제하지 말도록' 권하고 교제를 피할 수 없다면 '자신을 탓하지 말고', '피해대책'을 세우며, '전문가의 조언'을 구하고 '후원단체'의 도움을 청하라고 권한다.

이든스 등(Edens et al., 2006)은 시설에서의 행동과 재범을 철저히 통제하기 위해 법적·교화적 판정에서 범죄자를 사이코패스로 분류하는 것이 갖는 의미는 이해했지만 이들 범죄자가 일반인과 질적으로 다른 성격유형을 가진 것으로 간주하는 것은 잘못이라고 여겼다. 청소년 집단을 대상으로 사이코패스를 조사한 연구자들은 "사이코패스가 치료를 받아들이는 정도가 낮다"는 점을 인정하는 동시에 청소년 범죄자에 대해 건전한 사법판단을 하기에는 (사이코패스) 척도의 타당도가 충분히 입증되지 않았다고 경고한다(MacArthur Foundation, 2006).

1) 웨인 카운티 진료소

공식적으로 확인된 비행자의 처우에 집중적인 개별 심리치료를 적용한 최초의 체계적 시도는 디트로이트시의 웨인 카운티 진료소(Wayne County Clinic)였다(1920년대부터 1940년대까지 운영). 이는 심리학자와 정신과 의사로 구성된 사설진료소로서 소년법원이 위탁한 사건을 선별적으로 받아들였다.

비록 진료소는 심리요법에 가장 적합하다고 생각되는 소년만 인수했지만 분명 의도한 효과를 얻지 못했다. 치료받은 소년의 재범은 감소하지 않았고 진료소를 운영한 20여 년간 디트로이트시의 일반적 비행 수준도 달라지지 않았다(Gibbons and Krohn, 1986). 그 후로는 공식적으로 판결을 받은 비행자에 대해 이러한 종류의 개별화된 정신과 치료를 도입하고 평가하려는 노력이 거의 없었다.

2) 케임브리지-서머빌 청소년연구

집중적 개별상담에 기초한 비행예방 프로젝트 가운데 가장 잘 알려졌으며 철저히 평가된 프로젝트가 뉴저지 주의 케임브리지-서머빌 청소년연구(Cambridge-Somerville Youth Study, 1937~1945)이다. 대상자는 650명의 소년으로 이 중 절반은 교사, 경찰 및 다른 사람에 의해 비행경향이 있거나 '다루기 힘든' 소년으로 정했고, 나머지는 비행경향이 없는 '보통의' 소년으로 정했다.

사회사업가는 가정과 학교의 상황에 대한 추가적 정보를 수집했고 모든 참가자에 대해 의료검사와 성격검사를 실시했다. 케임브리지-서머빌 프로젝트는 실험적 조사설계를 채택해 소년들의 절반을 '치료집단'에 나머지 절반을 '통제집단'에 무작위 할당하고 프로젝트의 효과를 검증하기 위한 사후측정을 시행했다.

치료집단에 할당된 소년들은 상담원의 집중적인 개별적 관심을 받았다. 상담원은 소년들을 상담하고 그들이 가진 성격, 정서적 또는 정신적 문제를 해결하는 것을 도왔다. 또한 상담원은 소년들이 학교성적을 올리도록 돕고 가족관계에 대해 상담했다. 상담원은 주로 심리학을 전공한 사회사업가로서 프로젝트의 목표에 헌신하고 전념했다. 상담원은 소년의 친구가 되고 다수의 활동과 사회봉사활동에 소년들을 참여시키도록 교육받았다. 그러나 상담원은 소년들의 개인적 문제에만 관심을 쏟고 가족, 학교, 경제 또는 주변환경에 개입하는 것을 삼가도록 교육받았다. 통제집단의 소년들은 아무런 특별한 관리를 받지 않았다.

프로그램을 마친 두 집단의 소년들 사이에 차이점은 거의 발견되지 않았다. 그들은 학교성적이나 비행을 저질러 경찰에 적발된 횟수에서도 거의 같았다. 통제집단보다 치료집단의 소년들이 (예상과는 달리) 경찰과 1회 이상의 접촉을 하고, 범죄를 저지르고, 소년법원에 출두한 경험이 더 많았다. 그러나 '강력'범죄의 범주에서 통제집단 소년들의 비율이 약간 더 높았다(Powers and Witmer, 1951).

1950년대의 추적조사결과, 성인이 되어 재산범죄, 폭력범죄 또는 공공질서범죄로 유죄판결을 받은 수에서도 두 집단 간에 차이가 발견되지 않았다(McCord and McCord, 1959). 더 장기간에 걸친 추적조사의 결론도 유사했다(McCord, 1978, 2003). 치료집단에 속했던 자들은 프로그램에 참여했던 경험에 대해 긍정적 기억을 가졌고 상담원이 보여준 친절하고 우정 어린 특별한 행동을 회상했다. 하지만 그들의 성인기 범죄행동은 통제집단에 속했던 자들의 행동과 다르지 않았다. 실제로 상담과 관심을 받았던 소년들이 성인이 되어 누범자가 되고, 술꾼이 되고 정신병을 앓을 가능성이 더 많은 것으로 나타났다(McCord, 1978, 2003).

이 연구의 실망스러운 결과는 프로젝트를 수행하면서 겪은 어려움에서 비롯되었을 수 있다. 이 프로젝트는 10년간 운영할 것으로 계획했지만 제 2차 세계대전의 발발로 단축해야 했다. 프로젝트의 종결 전에 다수의 상담원과 상당수의 소년이 군대에 징집되어 프로젝트를 완수할 수 없었다. 두 집단에서 원래 비행자가 될 위험이 많지 않은 '보통'으로 평가된 소년이 대규모로 탈락했기 때문에 마손(磨損, *attrition*)도 발생했다. 이런저런 이유로 실제 치료를 받은 기간은 원래 계획했던 것보다 심각하게 감소했다. 이러한 상황이 없었더라면 프로젝트가 효과적인 것으로 판명되었을 수도 있다(Lundman, 1993). 그러나 케임브리지 섬머빌 청소년연구의 원칙과 실행을 복제하기 위해 설계된 이후의 프로젝트들이 중도탈락이나 다른 문제가 없었음에도 비행을 예방하거나 감소시키는 데 효과가 없는 것으로 나타났다.

3) 시험적 집중상담기구 프로젝트

시험적 집중상담기구(Pilot Intensive Counseling Organization · PICO) 프로젝트는 캘리포니아주 남자 소년원생들에게 치료를 제공했다(1955~1960). 소년원생은 심리상담을 통해 변화의 '가능성이 있는' 또는 '가능성이 없는' 소년으로 진단되었고 두 유형 모두 치료집단이나 통제집단에 무작위로 할당되었다.

치료집단에 속한 소년은(가능성 있는 자와 없는 자 모두) 심리학자, 정신과 의사와 사회사업가에 의한 집중적 개별치료를 받았다. 통제집단은 특별한 관심을 받지 않고 단순히 통상의 시설 내 프로그램에 참여했다. 치료는 2년간 계속되었고 소년들은 시설에서 석방된 후 3년간 추적조사를 받았다. 조사결과, 시설 내 치료집단에 속했던 소년과 통제집단에 속했던 소년 간에 재범의 차이를 발견하지 못했다. 치료를 받은 '가능성이 있는 소년'이 '가능성이 없는 소년'보다 조금 더 나았지만 추적조사에서 이들의 재범기록은 통제집단의 '가능성이 없는 소년'보다 오히려 더 나빴다(Adams, 1970).

4) 지역사회 치료 프로젝트: 캘리포니아 I-수준 프로그램

캘리포니아주의 청소년청(California Youth Authority)은 지역사회 내에서 개별상담과 집중적 가석방 감독을 활용하는 프로그램인 지역사회 치료 프로젝트(Community Treatment Project · CTP)를 실시했다(1961~1969). CTP는 성격에 관한 대인성숙도 이론(Interpersonal Maturity Level · I-level)을 적용해 주립 소년시설, 그룹홈, 기타 환경에서 수행된 전반적 활동의 일부였다.

I-수준 이론은 '정상적 아동발달에서 성격발달의 순서'는 가장 미숙한 단계로부터 가장 성숙한 단계까지 '심리적 발달을 특징짓는 대인성숙의 연속적 단계 7개'가 있다고 가정한다(Warren, 1970: 422). 비행청소년은 2단계의 '반사회적 공격' 유형부터 신경성 행동(*neurotic acting-out*) 유형, 4단계의 '문화적 동일화'(*cultural identifier*) 유형의 비행자에 이르는 범위에 들어간다. 이 모델은 청소년을 I-수준 유형에 따라 진단하고 학업지도와 심리치료의 개별치료로부터 집단상담에 이르는 치료를 시행할 것을 요구한다(Warren, 1970).

CTP에서 치료집단은 3개 도시에서 전문 소년 보호관찰/가석방 담당 사건으로 무작위로 할당된 비행자로 구성되었다. 이들을 감독하는 상담원은 개별 청소년의 특별한 요구와 문제에 적합한 그룹홈, 집중감독, 상담, 교육 프로그램, 방과 후 프로그램 또는 다른 사회 내 자원을 활용했다. 통제집단의 비행자는 주 소년원에 8개월간 위탁된 다음 석방되어 통상의 사회 내 청소년 가석방 감독을 받았다. 프로젝트가 진행된 수년간 CTP의 효과를 검증하기 위해 4백 명 이상의 청소년(80%가 남자)을 조사했다.

조사결과, 프로그램이 목표를 달성했다는 증거가 나타나지 않았다. 치료집단의 청소년이 통제집단의 청소년보다 가석방규칙을 위반해 가석방이 취소되는 경우는 적었다. 그러나 치료집단이 통제집단보다 새로운 위반행위가 3배 더 많이 기록되었다. 두 집단의 실제 범법기록이 크게 다르지 않았기 때문에, 이 연구결과를 가지고 치료가 큰 차이를 만들어냈다고 결론지을 수는 없다.

치료집단의 청소년이 더 집중적이고 개별적인 관심을 받고 청소년상담원과 더 자주 접촉을 가졌다는 것을 상기해 본다면, 치료집단에 속한 청소년의 비행이 통제집단보다 당국자의 눈에 더 잘 띄었다고 볼 수 있다. 치료가 비행을 더 조장했다기보다 상담자가 청소년의 위반행위를 더 잘 알게 되고 기록하게 되면서 차이가 생겼을 가능성이 크다.

그렇지만 통제집단이 더 높은 가석방 취소율을 보인 이유는 주로 치료상담원이 그들이 보호하는 청소년의 가석방을 취소하는 데 소극적이었기 때문으로 볼 수 있다. 그들은 프로그램이 성공하기를 원했고 새로운 범죄나 가석방 조건의 위반을 이유로 청소년을 소년원으로 돌려보내기를 주저했다. 하지만 프로그램이 종료된 이후에 새로운 범죄를 저질러 다시 체포된 경험에서는 두 집단 간에 차이가 없었다(Palmer, 1971; Gibbons and Krohn, 1986; Lundman, 1933).

5) 뉴저지 성인 진단 치료센터

뉴저지 성인 진단 치료센터(Adult Diagnostic Treatment Center · ADTC)는 특정 유형의 범죄자에게 심리적 개입을 제공한다. ADTC는 성인 성범죄자를 대상으로 인지행동치료와 재발 방지 프로그램을 제공하는 시설이다. 이 프로그램은 5개의 순차적 단계로 나누어진다. 1단계에서는 성범죄에 대한 기본 정보와 치료방향을 제공하고, 2단계는 책임감과 공감 같은 개념에 초점을 맞춘 연습과 훈련을 시행한다. 3단계는 앞서 배운 내용에 숙달하고 재발방지 훈련을 시작하며, 4단계는 석방 준비에 초점을 맞춘 상세한 재발방지 계획을 개발한다. 5단계는 앞선 단계들과 ADTC의 치료 공동체 배정을 통해 충분한 진전을 이루는 데 중점을 둔다. 즈고바와 시몬(Zgobe and Simon, 2005)은 ADTC가 재범률에 미치는 영향에 대한 준실험적 평가를 수행했다. ADTC 치료집단의 성범죄자 495명과 일반 교도소의 성범죄자 223명(즉, 비ADTC 집단)의 표본자료를 분석한 결과, 비ADTC 집단의 재발 가능성이 ADTC 집단보다 2.4배 더 높은 것으로 나타나 ADTC의 재범감소 효과성을 입증했다. 또한 아오스와 드레이크(Aos and Drake, 2013)가 수행한 32개 연구에 대한 최근 메타분석에서도 재범 가능성이 높은 중등 및 고위험 범죄자에게 인지-행동 치료를 적용할 때 강력한 지지를 나타냈다.

5. 요 약

정신분석학적 이론, 성격특성 이론, 정신병질적 성격이론은 개인의 내면에 있는 범죄원인에 초점을 맞춘다는 면에서 생물학적 이론과 비슷하지만 그 원인이 유전되거나 생물학적으로 결정된다고는 보지 않는다. 이들 이론은 생물학적 소인을 인정하지만 근본적 범죄원인을 어린 시절 사회화 및 발달과정에서 형성된 역기능적·비정상적 감정조절이나 일탈적 성격특성으로 본다. 성격이론에 대한 경험적 검증이 동어반복적 명제와 주요개념의 측정 때문에 어려움이 있지만 성격이론은 정신분석학적 이론보다 검증가능성이 높다.

최근의 성격특성 이론은 과거 성격이론이 갖던 순환적 설명의 문제를 피했다. 성격특성 이론에 대한 경험적 연구결과는 대체로 이론에 대한 약한 경험적 지지를 나타낸다. 이들 이론이 갖는 주요 함의는 범죄와 비행을 야기하는 정서문제와 성격문제를 치료하기 위해 개별화된 상담과 치료가 요구된다는 것이다. 심리상담은 몇몇 전통적 프로젝트와 많은 형사 및 소년사법 프로그램의 주요기법으로 통합되었지만 그것이 범죄와 비행을 예방하는 데 매우 효과적 방법인지 아직 밝혀지지 않았다. 그 대신에 정신병질적 특성을 가진 개인이 불균형적으로 존재하는 중등 및 고위험 범죄자들을 위한 인지행동개입에 대한 보다 기대되는 증거가 확인되었다.

주요 개념

- 원초자아(*id*)
- 자아(*ego*)
- 초자아(*superego*)
- 담론(*discourse*)
- 방어적이고 비단일적 주체(*defended, non-unitary subjects*)
- 동일시(*identification*)
- 미네소타 다중성격목록(*Minnesota Multiphasic Personality Inventory* · MMPI)
- 캘리포니아 심리목록(*California Psychological Inventory* · CPI)
- 정신병질자/사이코패스(*psychopath*)
- 정신병질적 성격목록(*Psychopathic Personality Inventory*)
- 5요인 모형(Five-Factor Model · FFM)
- FFM의 5요인: 개방성, 성실성, 외향성, 친절함, 신경증(OCEAN)

제 5 장

사회학습이론

1. 서 론

사회학습이론은 사회과학에서 사회행태적 접근을 시도한 반두라와 다른 심리학자들이 사용한 것이다(Bandura, 1977a; 1977b; Bandura and Walters, 1963; Miller and Dollard, 1941; Rotter, 1954; Patterson, 1975; Kunkel, 1975). 사회학습이론은 '인지적 · 행동적 · 환경적 요인 간의 상호작용'(Bandura, 1977b: vii)을 강조하는 일반적 관점이기 때문에, 이 이론의 변형은 심리학 및 사회학의 많은 영역에서 발견된다. 오리건 사회학습센터(Oregon Social Learning Center)의 패터슨과 동료들은 사회학습 관점에서 비행 및 일탈행동을 설명, 치료, 예방하는 데 오랜 역사를 가지고 있다(Patterson et al., 1975; Patterson, 1995, 2002; Patterson and Chamberlain, 1994; Andrews, 1980; Andrews and Bonta, 2003; Akers and Jennings, 2009, 2019).

그러나 범죄학 영역에서 사회학습이론은 에이커스(Ronald L. Akers)에 의해 발전된 범죄 및 일탈에 관한 이론을 의미한다. 에이커스의 사회학습이론은 서덜랜드(Edwin H. Sutherland)의 차별교제이론을 행태주의적 입장에서 변형시킨 것으로 버게스(Robert L. Burgess)와 공동으로 제안한 것이다(Burgess and Akers, 1966a). 이 이론은 대부분의 일탈이나 범죄에 적용되는 일반이론이다. 이 이론은 범죄학자 사이에서 범죄와 일탈에 대해 가장 활발하게 검증되고(Stitt and Giacopassi, 1992; Jennings and Akers, 2011; Sellers, Winfree, and Akers, 2012; Akers and Jennings, 2009, 2019) 지지되는 이론 중 하나이다(Ellis and Walsh, 1999; Cooper et al., 2010).

2. 서덜랜드의 차별교제이론

서덜랜드는 20세기의 가장 중요한 범죄학자로 널리 인식된다. 그는 전문절도범과 화이트칼라 범죄에 대해 처음으로 사회학적 연구를 시도한 개척자였다(Sutherland, 1937, 1940, 1949). 그리고 '차별교제이론'(*differential association theory*)이라는 범죄 및 비행에 대한 사회학적 일반이론을 발전시킨 학자이다.[1]

서덜랜드는 30년 이상 범죄학 분야에서 탁월한 교재였던 《범죄학의 원리》의 저자였다. 이 책에서 자신의 이론을 충분히 설명했으며 최종판은 1947년에 출판되었다. 그는 개인의 범죄행위에 대한 설명으로 차

1) 서덜랜드의 경력이나 이론발전과정에 대해서는 코헨, 린드스미스와 쉬슬러(Cohen, Lindesmith, and Schuessler 1956), 게이로드와 갤리허(Gaylord and Galliher, 1988), 서덜랜드(Sutherland, 1973)를 참조하라. 차별교제이론의 발전과 수정에 대한 더 많은 연구에 대해서는 에이커스(Akers, 1998)의 제 2장을 참조하라.

별교제이론을 제안했으며 이것은 그가 집단 또는 사회의 범죄율 차이의 원인으로서 차별적 사회조직(*differential social organization*)이라고 부른 것과 양립하는 것이라고 제시했다. 그러나 서덜랜드는 차별적 사회조직에 대해서는 관심을 적게 보였고 차별교제이론을 탐구하는 데 온 힘을 기울였으며 그 내용은 다음과 같다(Sutherland, 1947: 6-7).

① 범죄행위는 학습된다.
② 범죄행위는 의사소통을 통한 상호작용으로 학습된다.
③ 범죄행위의 학습에서 중요한 사항은 친밀한 인격적 집단에서 이루어진다.
④ 범죄행위가 학습될 때, 학습내용은 ⓐ 범죄기술, ⓑ 구체적 동기나 욕구, 합리화, 태도 등을 포함한다.
⑤ 구체적 동기나 욕구의 방향은 법을 우호적이거나 비우호적으로 정의하는 것으로 학습된다.
⑥ 법 위반에 대한 우호적 정의가 비우호적 정의보다 클 때, 개인은 비행을 저지른다.
⑦ 차별교제 양상은 빈도, 지속성, 우선성, 강도의 측면에서 다양하다.
⑧ 범죄적 또는 반(反)범죄적 유형과의 교제에 의한 범죄행위의 학습과정은 다른 일반적 학습과정의 모든 기제를 포함한다.
⑨ 범죄행위가 일반적 욕구와 가치의 표출이긴 하지만 일반적 욕구와 가치에 의해 설명되지는 않는다. 비범죄적 행위도 동일한 욕구와 가치의 표출이기 때문이다.

첫 번째 명제는 범죄행위가 학습된다는 것이고 이러한 '학습된'(*learned*), '학습되는'(*learning*)이라는 용어는 다른 진술문에도 사용된다. 범죄행위는 주로 일차적이고 친밀한 집단에서 다른 구성원과의 상징적 상호작용 과정을 통해 학습된다. 이 이론은 9개의 진술문으로 구성되었지만, 서덜랜드가 차별교제의 원리로 파악한 것은 6번째 진술문이다. 이것은 개인이 법 위반을 비우호적인 것으로 정의하는 것보다 우호적인 것으로 정의(*definitions*) 하는 것을 더 학습했기 때문에 범죄행위를 저지른다는 것이다.

이 이론은 범죄행위에 대해 우호적으로 정의하는 사람에의 노출과 순응적 정의를 가진 사람과의 접촉 간의 관계 정도로 범죄행위를 설명한다. 법 위반에 대한 정의는 일반적으로 법을 위반하는 사람과의 의사소통을 통해서 학습된다고 예상하지만 그로부터 법을 준수하는 정의를 배울 수도 있다(Cressey, 1960).

이 이론의 일곱 번째 원리는 이러한 문제가 범죄적 또는 비범죄적 교제여부에 따라 단순히 결정되는 것이 아니라, 교제 양상(*modalities*)에 따라 다양하게 나타날 수 있음을 분명히 한다. 즉, 법 준수 정의보다 법 위반 정의에 먼저(우선성), 자주(빈도), 오랫동안(지속성), 강하게(중요성) 노출된다면, 개인은 법을 위반할 가능성이 높을 것이다.

서덜랜드의 사후에 크레시는 《범죄학의 원리》를 5판부터 10판까지 개정해 출판했다(Sutherland and Cressey, 1978). 그는 이 이론을 명확히 하고 범죄학의 여러 영역에 적용했다(Akers and Matsueda, 1989; Matsueda, 1988 참조). 때로는 "사회학습의 일반이론과 관련된 개념 중 하나로 차별교제를 포함하기도 했다. … 학습과정 자체보다는 학습내용이 범죄자가 되는지를 결정하는 중요한 요소로 고려되었다"(Sutherland and Cressey, 1960: 58; 인용자 강조).

서덜랜드 이론은 책의 최종판(Sutherland et al., 1992)까지 1947년

판이 수정 없이 유지되었다. 다른 사람들은 이론의 부분적 수정을 제안했지만 에이커스의 사회학습이론(버게스와 같이 처음으로 발전시킨)이 이론의 사회학적 원리와 심리학의 사회행태주의 원리를 통합한 대대적 수정이다.

3. 에이커스의 사회학습이론

1) 이론의 발전

서덜랜드는 여덟 번째 명제에서 일반적 학습기제가 범죄행위에도 연관된다고 주장했다. 그러나 그는 직접적 모방 등을 간단히 언급했을 뿐(Tarde, 1912) 학습기제가 무엇인지에 대해서는 설명하지 않았다. 이러한 학습기제는 버게스와 에이커스(1966a)가 발전시킨 범죄행위에 대한 '차별교제-강화이론'(*differential association-reinforcement theory*)에서 구체화되었다.

버게스와 에이커스는 행태주의 심리학자에 의해 발전된 조건형성의 학습원리에 따라 차별교제이론의 모든 내용을 재구성했다.[2] 에이커스

2) 학습과정에서 행태주의적인 '조작적 조건형성'(*operant conditioning*)의 고전적 명제에 대해서는 스키너(Skinner, 1953, 1959), 행태주의 학습이론의 전체 명제에 대해서는 버게스와 에이커스(Burgess and Akers, 1966b)를 참조하라. 버게스와 에이커스가 차별교제이론의 변형을 시도하기 이전에, 제프리(Jeffery, 1965)는 서덜랜드의 이론을 본질적으로 거부하고 그의 모든 명제를 조작적 조건형성의 단일한 명제로 대체할 것을 제안했다. 그러나 버게스와 에이커스는 이런 제프리의 제안을 비판했으며 서덜랜드의 모든 중요한 요소를 그대로 유지했다.

는 사회학습이론을 개발하기 위해 버게스와의 초기 연구를 계속 발전시켜서 이를 범죄, 비행, 일탈행동에 적용했다. 그는 이론을 수정했고, 개념에 대해 충분히 설명했으며, 다른 사람의 비판과 연구를 고찰했고, 이론의 중심명제를 검증하기 위한 경험적 연구를 수행했다(Akers, 1973, 1977, 1985, 1998; Akers and Jennings, 2009, 2019; Jennings and Akers, 2011; Sellers et al., 2012; Jennings and Henderson, 2014a, 2014b도 참조).

사회학습이론은 차별교제이론의 대안이 아니다. 사회학습이론은 서덜랜드의 모든 차별교제과정을 유지하며(다소 변형했지만) 차별강화와 행동의 습득, 유지, 중단의 원리를 통합시킨 더욱 광범위한 이론이다(Akers, 1985: 41). 그래서 차별교제이론에 부합하는 경험적 연구결과는 이 통합된 이론을 지지하는 것도 된다. 그러나 사회학습이론은 원래의 차별교제이론보다 더 명백하게 범죄와 비행행위를 설명한다(Akers, Krohn, Lanza-Kaduce, and Radosevich, 1979; Warr and Stafford, 1991).

버게스와 에이커스(1966a)는 현대 행태주의이론의 학습기제를 받아들였다. 그들은 서덜랜드의 차별교제와 정의 개념을 그대로 받아들였으나 행태적 측면에서 새롭게 개념화했으며 행태주의 학습이론의 개념을 추가했다. 이러한 개념에는 조작적 행동(*operant behavior*, 개인의 자발적 행동)이 보상과 처벌에 의해 조건화되거나 형성되는 차별강화가 포함된다. 또한 그들은 고전적 혹은 '반응적'(*respondent*) 조건형성(비자발적 반사 행동의 조건), 차별적 자극(행위를 위한 단서나 표시를 제공하는 환경적 또는 내적 자극), 강화계획(행동적 반응에 뒤따르는 보상과 처벌의 비와 비율) 그리고 행동양상의 다른 원리 등을 포함했다.

사회학습이론은 서덜랜드 이론의 차별교제와 정의 개념에서 제시된 상징적 상호작용이론의 중요요소를 그대로 간직한다(Akers, 1985: 39-70). 상징적 상호작용이론은 사회적 상호작용이 주로 의미와 상징의 교환으로 이루어지며 개인은 타인을 통해 자신을 상상할 수 있는 인지능력을 지니고 자신에 대한 개념을 구체화할 수 있다는 이론이다(Sandstrom, Martin, and Fine, 2003).

사회학습이론은 모방, 예견된 강화, 자기강화 등의 개념을 포함하는 측면에서 '연성적 행태주의'(*soft behaviorism*)이다(Akers, 1985: 65). 이 이론은 인간 행위주체(*human agency*)와 연성적 결정주의를 가정한다(제 1장 참조). 따라서 이 이론은 초기 버게스와 에이커스가 시도한 바와 같은 스키너(Skinner, 1953, 1959)의 급진적이거나 정통 조작적 행태주의보다는 버게스와 에이커스 연구의 출발점이 된 반두라의 인지/행태적 학습이론에 더 가깝다(Bandura, 1973, 1977b; 1986; Bandura and Walters, 1963).

2) 사회학습이론의 주요 개념과 명제

학습이라는 단어가 포함된다고 해서 이 이론을 단지 새로운 범죄행위가 습득되는 것에만 관심을 두는 이론으로 취급해서는 안 된다. "행동원리는 학습에만 제한되는 것이 아니라 행동의 습득, 유지, 변형을 설명하는 근본원리이다"(Andrews and Bonta, 1998: 150; Horney, 2006도 참조). 사회학습이론은 범죄행위를 유발하거나 억제하는 변수와 순응을 촉진하거나 저해하는 변수를 모두 포함하며 범죄와 일탈에 대해 설명한다(범죄동기와 억제요인에 대한 것은 제 6장 참조). 범죄나 순응의 가능성은 주어진 시간이나 상황에서 개인의 학습경험에 작용하는 이러한 요소의 균형상태에 의해 결정된다.

사회학습이론의 기본적 가정은 사회구조, 상호작용, 상황의 맥락에서 동일한 학습과정이 순응과 일탈행동 모두를 야기한다는 것이다. 다만 행동에 미치는 영향력의 방향이 다를 뿐이다.

> 범죄를 저지르는 사람과 차별적으로 교제하고 범죄에 대한 우호적 정의에 노출될 때, 범죄/일탈모형에 직접 혹은 상징적으로 더 노출될 때, 이를 바람직한 것이나 정당한 것으로 정의할 때, 그러한 행동에 대해 처벌보다 더 큰 보상을 과거에 받았거나 현재, 미래에 받을 것으로 예상할 때, 범죄와 일탈행동을 할 가능성은 증가하며 규범에 순응하는 행동을 할 가능성은 감소한다(Akers, 1998: 50).

이런 인용문에 나타나듯, 사회학습이론은 학습과정의 모든 측면을 다루지만 에이커스의 이론은 다음 4가지의 개념을 중심으로 발전되었다. 차별교제(*differential association*), 정의(*definitions*), 차별강화(*differential reinforcement*), 모방(*imitation*) 등이 그것이다(Akers et al., 1979; Akers, 1985, 1998).

(1) 차별교제

차별교제에는 행태적-상호작용 차원과 규범적 차원이 있다. 상호작용 차원은 특정유형의 행동을 하는 사람과의 직접적 교제와 상호작용뿐만 아니라, 간접적 교제와 준거집단에 대한 동일시를 포함한다. 규범적 차원은 이러한 교제를 통해 노출되는 다양한 규범과 가치유형을 의미한다(Clark, 1972).

차별교제가 이루어지는 집단은 사회학습 기제가 작용하는 주된 사회적 맥락을 제공한다. 그들은 구성원을 정의에 노출시킬 뿐만 아니라 범죄나 순응 행위를 모방할 모형과 차별강화(자원, 계획, 가치, 크기)를 제공한다. 이러한 집단에 이차적 준거집단이 포함될 수는 있지만 이 집단 가운데 가장 중요한 것은 가족, 친구와 같은 일차 집단이다.

지역사회의 이웃, 목사, 교사, 의사, 경찰 또는 공무원 등의 개인이나 집단은 개인의 범죄나 비행성향에 다양한 영향을 미친다. 휴대폰, 인터넷, 기타 음성, 그림, 비디오 기술을 이용한 사회적 상호작용이 증가하면서 개인이 대면 상호작용하는 집단과 중복되거나 이 집단과 별개로 존재하는 워(Warr, 2002)가 '가상의 또래집단'(*virtual peer groups*)이라고 부른 것도 차별교제가 이루어지는 집단에 포함된다.

종종 이런 현상에 적용되는 소셜미디어라는 용어는 가상의 또래집단 뿐만 아니라 다른 집단, 심지어 전체 '지역사회'에서의 상호작용 가능성을 담아낸다. 이것은 사회학습이론의 용어로 '가상의 차별교제'에서의 다양한 변형이다. 이러한 교제가 먼저(우선성), 오랫동안(지속성), 자주(빈도), 친밀한 관계(강도)를 지닐수록 영향력이 클 것이다.

(2) 정 의

정의는 주어진 행위에 대해 개인이 부여하는 의미와 태도라고 할 수 있다. 즉, 이것은 지향이며, 합리화이고, 상황정의이다. 그리고 행위를 옳거나 그르다, 선하거나 나쁘다, 바람직하거나 바람직하지 않다, 정당하거나 부당하다고 보는 등의 도덕적이고 평가적 태도이다. 사회학습이론에서 개인의 정의는 그가 교제하는 다른 사람과 공유되거나 다른 사람에 의해 지지되는 정의를 포함하는 차별교제의 규범적 차원과는 다른 것이다(이것에 의해 형성되기는 하지만).

사회학습이론에서 이러한 정의는 일반정의와 특수정의로 구분된다. 일반정의는 순응적 행위를 옹호하고 범죄나 일탈행동을 거부하는 종교적·도덕적·인습적 가치와 규범을 포함한다. 특수정의는 개인의 구체적 행위에 대한 태도이다. 그러므로 사람들은 물건을 훔치는 것은 도덕적으로 나쁘고, 절도를 금하는 법을 지켜야 한다고 믿지만 동시에 마리화나를 피우는 것은 나쁘지 않다고 생각하며 약물소지를 금하는 법을 위반하는 것에 대해서는 괜찮다고 합리화할 수 있다.

개인이 어떤 행위를 거부하는 태도를 가질수록 그러한 행위를 할 가능성이 적을 것이다. 인습적 신념은 범죄에 대한 부정적 정의이다. 반대로 개인이 어떤 행위에 대해 긍정적일수록 그러한 행위를 할 가능성은 높다. 범죄나 일탈행동에 대한 우호적 정의를 받아들이는 것은 이러한 행동에 대해 긍정적(*positive*)이거나 중화적(*neutralizing*)이라고 할 수 있다.

긍정적 정의는 행위가 도덕적으로 바람직하거나 전적으로 허용될 수 있다는 태도나 신념이다. 중화적 정의는 범죄를 정당화하거나 변명을 통해 범죄에 대해 우호적 태도를 가지는 것이다. 사람들은 일반적으로 어떤 행위가 바람직하지 않다고 생각하더라도 어떤 상황에서는 옳다고 하며 정당화하고, 변명하고, 필요하다고 하며, 정말 나쁜 것은 아니라고 생각한다.

사회학습이론에서 중화적 정의의 개념은 구실 찾기, 합리화, 중화기술, 해명, 부인 등을 통합한 것이다(Cardwell, Piquero, Jennings, Copes, Schubert, and Mulvey, 2015; Cressey, 1953; Sykes and Matza, 1957; Lyman and Scott, 1970; Hewitt and Stokes, 1975; Bandura, 1990; 중화에 관한 논의는 제 6장도 참조). 중화적 태도는 '모든 사람은 나쁜 일을

한다', '나는 원래 그런 놈이야, 어쩔 수 없어', '나는 잘못이 없어', '나는 책임이 없어', '나는 취해서 전혀 기억나질 않아', '나는 화가 많이 났어', '그들은 여유가 있어', '그는 그럴 만해'와 같이 일탈행동이나 피해자에 대한 변명과 정당화의 신념이다.

이처럼 범죄행위나 비행에 대한 우호적/비우호적 정의는 모방이나 차별강화를 통해 발전한다. 인지적 측면에서 이러한 정의는 기회가 주어질 때 그러한 행위를 할 것인지에 대한 마음자세를 형성한다. 행동적 측면에서 이러한 정의는 차별적인 내적 자극으로써 범죄행위나 일탈을 저지르는 데 영향을 미친다. 차별적 자극은 주어진 상황에서 어떤 반응이 적절하거나 기대된 것인지에 대한 단서나 신호로 작용한다.

일탈에 대한 우호적 정의가 너무 강하면 결국 법 위반을 요구하게 될 것이다. 예를 들어, 호전적 집단의 급진적 이데올로기는 테러행위에 대한 강한 동기를 부여할 것이다(Akers and Silverman, 2004; Akins and Winfree, 2017; Winfree and Akins, 2008). 그러나 대부분은 범죄나 비행에 대한 우호적 정의는 그런 점에서 직접적으로 행위를 유발하지는 않는다. 오히려 범죄는 인습적 신념이 너무 약해서 절제하지 못하거나 특정 상황에서 법 위반을 조장하는 적극적 또는 중화적 태도 때문에 발생한다.

> 정의의 개념은 양자택일의 범주로 제안되지 않는다. 오히려, 다른 사람에 의해 어느 정도 노출될 수 있는 우호적/비우호적 정의의 연속적 균형의 문제이며 개인적으로 더 많든 적든 내면화될 수 있다(Akers and Jennings, 2009: 107).

(3) 차별강화

차별강화는 행위의 결과로 나타나는 예상되거나 실제적 보상과 처벌 간의 균형이라고 할 수 있다. 어떤 시점에서 개인이 범죄를 저지를 것인지의 여부(그리고 장래에도 계속 범죄를 저지를 것인지의 여부)는 그러한 행위에 대한 과거와 현재 그리고 예상된 미래의 보상과 처벌에 의해 영향을 받는다. 행위가 저질러지고 반복될 가능성은 보상(예: 승인, 돈, 음식 그리고 즐거운 감정)이 있을 때 높아진다 - 적극적 강화. 또한 행위의 가능성은 그 행위가 고통이나 불쾌한 사건 등을 피하게 해 줄 때 높아진다 - 소극적 강화.

처벌은 어떤 행위에 대해 고통스럽고 불쾌한 결과를 수반시킨다는 측면에서 직접적(적극적)일 수 있지만 보상이나 유쾌한 결과를 제거한다는 측면에서 간접적(소극적)일 수도 있다. 교제 양상과 마찬가지로, 강화 양상도 크기, 빈도, 가능성 등 다양한 측면이 있다. 개인의 행동에 대한 강화의 가치나 크기가 클수록, 강화가 빈번하게 이루어질수록, 강화될 가능성이 클수록(대안적 행동과 비교해서) 그 행동이 발생하고 반복될 가능성은 커진다.

강화과정은 사회적 환경에서 이것인가 저것인가 하는 단순한 이분법으로 작용하지 않는다. 오히려 강화과정은 행동의 발생과 변화가 각 행동에 부여하는 보상과 처벌의 가능성, 크기, 변화와 관련된다고 보는 대응함수(*matching function*)에 따라 작동한다(Herrnstein, 1961; Hamblin, 1979; Conger and Simons, 1995).

강화요인과 처벌요인은 약물과 알코올의 직접적인 물리적 효과와 같이 비사회적일 수 있다. 또한 어떤 사람은 다른 사람보다 일탈행동을 보상적인 것으로 여기는 유전적이거나 생리적 성향이 있을 수 있다(감각추구 성향과 같은)(Brezina and Piquero, 2003; Fox, 2017; Higgins, Mahoney, and Ricketts, 2009; Wood et al., 1995).

사회적 강화(또래, 가족, 행위가 발생하는 그 밖의 사회적 상황, 개인이 학습한 도덕적 태도, 기타 사회적 변수)는 개인이 약물사용이나 어떤 행동의 고유한 효과를 기쁘고 즐거운 혹은 무섭고 불쾌한 것으로 경험하는지에 영향을 준다. "약물사용으로부터 고유한 기쁨과 보상을 끌어내려는 성향에서 개인 차이는 사회학습 요인과 이론이 예측한 방식대로 관련되는 것으로 나타난다"(Brezina and Piquero, 2003: 284).

따라서 이 이론은 비사회적 강화물의 효과를 상정하지만(Higgins et al., 2011 참조) 이것들이 다른 사회학습변수와 상호작용한다고 제시한다. 이론은 범죄와 일탈행동에서 나타나는 학습의 대부분이 사회적 교환의 결과라고 제안한다. 타인의 말, 반응, 존재, 행동은 개인의 행위를 직접적으로 강화하고, 강화의 환경(차별적 자극)을 제공하고, 다른 사회적 강화와 처벌을 전달하거나 유용하게 하는 통로의 역할을 한다.

사회적 강화(그리고 처벌)는 타인의 직접적 반응을 넘어서는 개념이다. 이것은 사회나 하위집단이 가치를 부여한 실제적/예상적, 유형적/무형적 보상 모두를 포함한다. 사회적 보상은 상당히 상징적일 수 있다. 사회적 보상의 강화효과는 그들이 수행하는 이데올로기적·종교적·정치적 목표를 달성함으로써 나올 수 있다.

매우 유형적인 가치인 돈이나 물질의 소유조차도 이들이 사회에서 갖는 위세와 승인을 통해 강화 가치를 얻는다. 그러므로 비(非)사회적 강화는 본능적인 생리학적 및 신체적 자극으로만 한정해야 한다. 자기 강화의 측면에서 개인은 혼자서 타인의 역할을 취해봄으로써 자기 행동을 강화하거나 처벌하는 자기통제력을 발휘한다.

(4) 모방

모방은 다른 사람의 행동을 관찰한 후에 그것과 유사하게 행동하는 것을 의미한다. 다른 사람의 행동을 모방할 것인가의 여부는 모방대상의 특성, 관찰된 행동 및 결과에 따라 영향을 받는다〔대리강화(*vicarious reinforcement*) ; Bandura, 1977b〕. 일차 집단이나 대중매체에서 중요한 대상을 관찰함은 순응 및 일탈행동 모두에 영향을 미친다(Donnerstein and Linz, 1995). 모방은 이전 행위의 지속이나 중단보다는 새로운 행위의 시도나 수행에서 중요한 역할을 한다. 그러나 모방은 행위의 지속에도 어느 정도 영향을 미친다.

3) 사회학습과정: 시간적 순서와 환류효과

이상에서 살펴본 사회학습변수는 개인의 학습이력과 범죄기회가 있는 상황에서 작용하는 모든 근본적인 과정의 일부이다. 에이커스는 사회학습을 상호효과와 환류효과를 포함한 복합적 과정으로 파악한다. 그러나 상호효과 모두를 동등하게 보지는 않는다. 그는 사람이 법을 위반하거나 다른 일탈행동을 저지르게 되는 시간적 순서와 과정에 대한 가설을 제시했다(Akers, 1998).

이는 학습된 정의의 균형, 범죄나 일탈 모형의 모방, 예상된 강화의 균형이 초기의 비행과 일탈행동을 유발하는 과정이다. 이러한 변수는 행위의 반복에 영향을 미친다. 그러나 모방의 경우에는 행위의 반복보다는 시작에 더 중요한 역할을 한다. 모방이 이루어진 후, 실제적인 사회적 또는 비사회적 강화요인과 처벌요인은 행위의 반복여부와 빈도에 영향을 미친다.

행위 자체뿐만 아니라, 정의도 초기 행위의 결과에 의해 영향을 받는다. 만일 기회가 주어진다면 일탈행동을 할 것인가의 여부는 개인의 학습이력과 그 상황에서 강화의 우연성에 의해 결정된다.

> 참여한 행위에 대한 실제 사회적 제재와 그 밖의 다른 결과는 다르게 인식될 수 있다. 그러나 일탈행동이 다른 대안행위보다 보상을 많이 받을 때 일탈행동은 유사한 상황에서 반복적으로 행해질 것이다. 강화, 일탈모형에의 노출, 정의가 부정적인 공식적/비공식적 제재와 정의에 의해 상쇄되지 않는 한 더 빈번하거나 지속적인 일탈행동 유형으로 진행할 것이다(Akers, 1985: 60).

이 이론은 법 위반에 우호적 정의가 최초의 범죄행위보다 선행할 뿐 범죄행위 개시에 영향을 받지 않는다고 가정하는 건 아니다. 법 위반은 옳고 그름에 대한 생각 없이도 발생한다. 더구나 정의는 이미 저지른 행위를 변명하거나 정당화하기 위해 소급하여 적용될 수 있다. 그러나 이러한 변명이 타인의 부정적 제재나 자신의 자기처벌을 완화한다면, 이것들은 일탈행동을 반복시키는 구실을 한다. 이러한 점에서 정의는 장래의 행위에 선행한다고 할 수 있다.

순응적 또는 비순응적 사람과의 차별교제는 일반적으로 개인의 행위보다 선행한다. 차별교제 과정에 가정이 포함된다. 교제, 순응이나 일탈행동에 대한 강화, 순응이나 일탈적 모형, 일탈에 우호적이거나 비우호적 정의에의 노출이 비행을 시작하기 이전에 가정에서 먼저 발생한다. 반면, 비행의 시작이 가족 내의 상호작용에 먼저 영향을 주는 것은 아니다(드문 예이겠지만 일탈적 부모가 비행소년을 입양한 경우에는 예외적이라고 할 수 있다). 부모는 자녀의 친구선택을 감시하고 통제한다(Warr, 2005).

그러나 이전의 일탈행동이나 성향을 포함하는 행위유사성은 청소년의 교우관계 선택과 또래집단에서의 상호작용 시작에서 일정한 역할을 할 수 있다. 그렇기는 하지만 또래 및 다른 사람과의 교제는 처음에는 이웃, 가족, 성별, 인종/민족, 학교 등의 유사성과 근접성 요인과 같이 일탈행동과 직접적으로 관련이 없는 매력, 친분, 상황을 중심으로 형성되는 경우가 많다(Weerman, 2011). 어느 경우에나 교제가 시작되고 상호작용의 강화적이거나 처벌적인 결과와 일탈적이거나 순응적인 행동을 경험한 후에 기존의 교제를 유지하고 새로운 또래교제를 추구하는 것은 "그런 각각의 또래와의 상호작용 중에 만들어진 긍정적 강화의 상대적 비율에 비례해" 영향을 받을 것이다(Snyder, 2002: 109).

> 일탈또래는 서로 일탈성을 강화한다. 아동의 즉각적 보상을 극대화하는 또래는 친구로 선택된다. … 일탈또래의 선택은 새로운 형태의 일탈을 발전시킬 뿐만 아니라 일탈행동을 유지하도록 한다. … 연구결과는 반사회적 소년들이 규칙파괴 대화(*rule-breaking talk*)를 서로 강화한다는 것과 이 대화가 이후 비행 및 약물사용을 모두 예측한다는 것을 보여준다(Patterson, 2002: 12-13).

관계가 상호 강화된다는 가정하에 상대 역시 자신과 비슷한 일탈과 범죄를 저지르는지에 따라 다른 사람과의 추가적 상호작용을 선택할 수 있다. 그러나 사회학습이론은 일탈적 교제가 비행의 시작보다 선행하는 경우가 반대의 경우보다 더 빈번하다고 제안하며 경험적 연구를 통해 이를 보여준다(Osgood et al., 2013 참조).

사회학습이론이 사회적 상호작용을 통한 시간적 순서와 상호효과를 인정하는 점은 일부 비평가(Gottfredson and Hirschi, 1990)가 주장하는 것과는 달리 이것이 문화일탈이론이 아니라는 것을 보여주는 또 다른 명백한 증거이다. 문화적 일탈이론은 단지 개인이 전적으로 사회화된 일탈집단의 규범을 따르기 때문에 더 큰 사회의 규칙을 위반하는 것이라고 가정한다(Akers, 1996; Sellers and Akers, 2006).

사람은 거리규범과 일탈 하위문화에 노출되거나(Anderson, 1999; Baron, 2017; Benoit et al., 2003) 경력 범죄자로서 범죄, 불법활동에 몰두(Steffensmeier and Ulmer, 2005)함으로써 일탈적 태도와 행위를 학습할 수 있다. 많은 범법자는 다소 연장자인 범죄자 '멘토'와 교제하게 된다. 이 멘토는 범죄적 태도와 행위를 직접적으로 지도하고 어린 범법자가 범죄경력을 발전시키는 것을 돕기 위해 공범자 이상의 역할을 한다(Morselli, Tremblay, and McCarthy, 2006).

브누아 등은 자신의 '역 모방'(*inverse imitation*) 개념을 포함한 사회학습변수의 균형을 순응적 및 일탈적 규범과 행동(마약사용, 밀매, 폭력 등)에 젊은 남성이 참여하고 이를 전환하는 데 영향을 미치는 주요 메커니즘으로 파악했다(Benoit et al., 2003). 그러나 이 이론은 그런 일탈적 하위문화, 환경과 개인에 대한 차별적 노출을 통해서만 습득되는 비행, 범죄 또는 일탈행동에 국한되지 않는다.

이 이론은 오스굿과 앤더슨(Osgood and Anderson, 2004: 525)이 주장하는 것처럼 '맥락적, 상황적 영향'을 무시하지 않으며 '비행을 가치 있게 여기는 또래 문화의 인과적 역할을 상정'하는 것에만 머무르지 않는다. 비행이 조직화되지 않거나 방치된 청소년 또래 간의 상호작용과 관련된다는 그들의 발견은 차별적 또래교제의 개념에 꼭 들어맞는다.

이 이론은 순응과 비행, 범죄, 일탈행동이 순응 및 일탈 유형에의 차별적 노출을 통해 학습된다고 제안한다. 여기에는 전통적인 규범과 가치의 불완전하거나 실패한 사회화뿐만 아니라 일탈적 정의나 태도에 대한 강화, 모방, 노출의 반대작용에 의한 상계(相計) 과정도 포함된다(이것과 사회학습이론에 대한 다른 일반적 오해에 대한 검토는 Akers and Jensen, 2006과 Sellers and Akers, 2006; Sellers et al., 2012 참조).

4) 사회구조와 사회학습

에이커스는 사회구조 및 사회학습(Social Structure and Social Learning·SSSL) 모형을 제시했는데 이 모형에 의하면 사회구조적 요인이 개인의 행동에 간접적 영향을 미친다. 내용을 살펴보면 사회구조적 요인은 차별교제, 차별강화, 정의, 모방 등 사회학습변수에 영향을 미치며 이러한 사회학습변수는 개인의 행동에 직접적 영향을 미친다는 것이다. 사회학습변수는 사회구조의 다양한 측면이 개인행동에 영향을 미치는 과정에서 중요한 역할을 한다(〈그림 5-1〉).

> 사회구조변수는 범죄의 주요 거시적 수준과 중간 수준 원인을 나타내는 지표이다. 반면, 사회학습변수는 사회구조와 범죄율 간의 관계를 매개하는 근접원인이다. 일부 구조적 변수는 사회학습변수에 범죄와 관련된 영향을 미치지 않기 때문에 범죄율을 설명하지 못한다(Akers, 1998: 322).

〈그림 5-1〉 사회구조와 사회학습

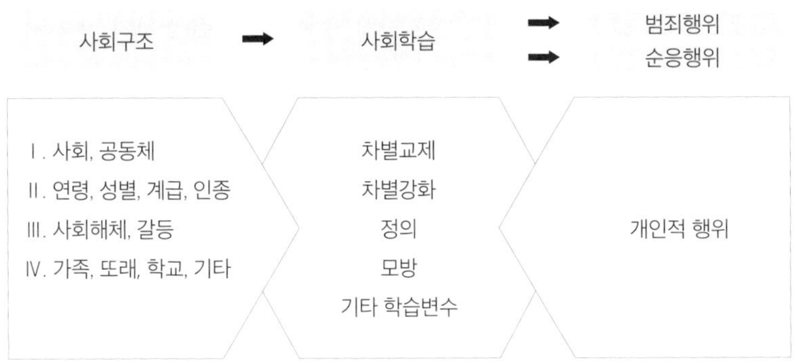

Ⅰ. 차별적 사회조직
Ⅱ. 사회구조에서의 차별적 위치
Ⅲ. 이론적으로 정의된 구조적 변수들
Ⅳ. 집단에서의 차별적 사회위치

출처: Akers, 1998: 331.

〈그림 5-1〉이 보여주듯, 에이커스(1998)는 사회학습변수가 작용하는 사회구조의 4가지 차원을 파악했다.

Ⅰ. 차별적 사회조직은 연령구성, 인구밀도 그리고 사회, 지역사회, 기타 사회체계가 '상대적으로 높거나 낮은 범죄율'의 경향을 만드는 기타 특성을 포함하여 범죄율과 비행률에 영향을 미치는 지역사회 또는 사회 내의 구조적 범죄 관련 요인을 말한다(Akers, 1998: 332).

Ⅱ. 사회구조에서의 차별적 위치는 더 큰 사회구조 내에서의 위치를 나타내는 개인 및 사회집단의 사회인구학적 특성을 말한다. 계급, 성별, 인종과 민족, 혼인상태, 연령은 전체 사회구조에서 개인의 위치와 역할, 집단, 사회적 범주를 결정한다.

Ⅲ. 이론적으로 정의된 구조적 변수는 사회, 공동체 또는 집단의 범죄유발

조건을 식별하기 위해 하나 이상의 이론에서 사용되어 온 아노미, 계급 억압, 사회해체, 집단갈등, 가부장제 및 기타 개념을 말한다(제 8~14장 참조).

IV. 집단에서의 차별적 사회위치는 가족, 교우관계 및 또래집단, 여가집단, 동료 및 직장집단과 같은 일차 집단, 이차 집단, 준거집단에서의 개인의 신분 및 이들 집단과의 관계를 말한다.

사회계급, 인종, 성별, 지역, 종교 및 사회 내 다른 구조에서 개인의 차별적 위치뿐만 아니라 사회나 공동체의 차별적 사회조직은 개인에게 범죄가능성을 높이거나 낮추는 일반적 학습상황을 제공한다. 가족, 또래, 학교, 교회 및 기타 사회집단에서의 차별적 위치는 개인의 범죄행위를 촉진하거나 저해하는 좀 더 즉각적인 상황을 제공한다.

사회나 집단 간 범죄율 차이는 이들의 문화적 전통, 규범, 사회통제 체계가 순응 혹은 일탈을 조장하는 사회화, 학습환경, 즉각적 상황을 제공하는 정도의 함수이다. 거시수준 이론에서 다루는 구조적 조건은 개인의 범죄행동을 유발하거나 저지하기 위해 범죄적 교제, 모형, 정의, 강화에 대한 개인의 노출에 영향을 줄 수 있다. 그러므로 이런 구조적 이론과 사회학습의 통합이 가능하다. 아직 이런 통합이 이루어지지 않았지만(제 15장 참조) SSSL모형은 그러한 방향으로 한 걸음을 내딛는 것이다.

4. 사회학습이론의 경험적 타당성

1) 사회학습변수와 범죄, 비행의 관계에 대한 경험적 연구

사회학습이론에 대한 대부분의 경험적 연구는 사회학습변수와 다양한 범죄, 비행, 일탈행동 사이에서 이론적으로 기대된 관계를 발견했다. 가장 자주 측정되는 차별교제와 정의, 이들보다 덜 빈번하게 측정되는 모방과 차별강화 등 사회학습변수 하나 이상을 직접적으로 측정한 많은 연구에서 이 이론이 검증되었으며(Brezina, 2009; Brauer and Tittle, 2012; Cochran et al., 2011; Punzo, 2016; Steele et al., 2011) 이론의 가설이 지지되었다(Winfree, Vigil-Backstrom, and Mays, 1994; Winfree, Mays, and Vigil-Backstrom, 1994; Mihalic and Elliott, 1997; Skinner and Fream, 1997; Batton and Ogle, 2003; Sellers, Cochran, and Winfree, 2003; Brezina and Piquero, 2003; Chappell and Piquero, 2004; McGloin et al., 2004; Osgood and Anderson, 2004; Triplett and Payne, 2004; Durkin, Wolfe, and Clark, 2005; Matsueda et al., 2006; Brauer, 2009; Fox, Nobles, and Akers, 2010; Dijkstra et al., 2010; Thomas, 2015; Watkins, 2016).[3]

경험적 연구에서 발견되는 사회학습변수와 비행, 범죄, 일탈행동 간의 관계는 보통에서 강한 정도이며 이를 부정하는 연구는 거의 없다. 사회학습변수와 일탈행동 간의 순차적이고 상호적인 영향은 약물사용에

---

3) 에이커스와 젠슨(Akers and Jensen, 2006)의 사회학습이론에 대한 경험적 연구에 대한 상세한 검토도 참조하라.

대한 경험적 연구(Krohn et al., 1985; Akers and Lee, 1996; Lee, Akers, and Borg, 2004)와 신체적 공격행동에 대한 경험적 연구(Cochran, Maskaly, Jones, and Sellers, 2017)에서도 지지되었다.

사회학습이론에 대한 경험적 연구는 대부분 미국에서 행해졌지만, 다른 국가의 경험적 연구에서도 잘 지지된다(Junger-Tas, 1992; Bruinsma, 1992; Hwang and Akers, 2003, 2006; Wang and Jensen, 2003; Aliverdinia and Pridemore, 2007; Antonaccio et al., 2010; Smangs, 2010; Scott-Parker et al., 2012; Meneses and Akers, 2011; Jennings et al., 2011; Miller et al., 2008, 2009; Lee, Moak, and Walker, 2016; Kabiri, Cochran, Stewart, Sharepour, Rahmati, and Shadmanfaat, 2018).

많은 연구결과를 다룬 플랫과 컬른(Platt and Cullen, 2000)의 메타분석은 두 가지 사회학습변수(차별교제와 정의)가 범법행위에 영향을 미친다는 점을 발견했다. 그렇지만 그러한 변수의 효과는 자기통제력(Gottfredson and Hirschi, 1990)보다 강하지 않았다. 이후 플랫 등(2010)의 메타분석은 4가지 주요 사회학습변수가 기대한 방향으로 범죄, 일탈과 관련되지만, 차별교제와 정의는 일관되게 '매우 강한' 관계를 보였으며 차별강화와 모방변수는 보통 정도의 효과를 가진다는 것을 발견했다.

사회학습이론이 동일한 표본에서 수집된 동일한 자료를 이용하여 다른 이론과 비교해 검증되고 동일한 통계 모형으로 분석했을 때, 일반적으로 사회학습이론이 다른 이론보다 더 지지되는 것으로 나타났다(예를 들면, McGee, 1992; Benda, 1994; Burton et al., 1994; Rebellon, 2002; Preston, 2006; Neff and Waite, 2007; Aliverdinia and Pridemore, 2007; Smangs, 2010; Pauvels and Schills, 2016을 보라). 사회학습변수와 다른

이론의 변수를 합치는 통합모형에서 가장 강한 주 효과와 순 효과가 있는 것은 사회학습개념의 척도이다(Elliott, Huizinga, and Ageton, 1985; Thornberry et al., 1994; Kaplan, 1996; Catalano et al., 1996; Huang et al., 2001; Jang, 2002).

다른 연구자들이 사회학습이론에 대해 일관되게 긍정적 결과를 보여주는 것과 더불어 에이커스와 그의 동료, 제자들은 차별교제, 차별강화, 정의, 모방 등 주요 사회학습변수 모두를 측정한 연구를 통해 이론을 지지하는 것을 보여주었다(Akers, 1998, 2009). 이러한 것들은 그 자체로 사회학습이론에 대한 검증과 다른 이론과의 경험적 타당성을 직접적으로 비교하는 검증을 포함한다. 이러한 연구에서는 사회학습변수가 독립적으로 또는 결합해 다양한 일탈, 비행, 범죄행위와 강하게 관련됨을 보여준다.

청소년 알코올과 약물사용에 대한 사회학습변수의 결합효과는 매우 강하다. 이런 변수에서 상당한 변량(31%부터 68%)이 사회학습변수에 의해 설명된다. 사회통제모형은 약 15%를 설명하고 아노미/긴장 모형은 변량의 5% 미만을 설명한다(Akers et al., 1979; Krohn, Lanza-Kaduce and Akers, 1984; Akers and Cochran, 1985).

이와 유사하게, 청소년 흡연도 사회학습변수와 높은 상관관계를 나타낸다. 이런 변수들은 3년의 기간 동안 흡연 유지도 매우 잘 예측한다. 그러나 동일한 기간 처음에는 절제하던 청소년이 흡연을 시작하는 것을 예측하는 데는 덜 성공적이다. 사회학습변수는 5년 동안 흡연의 시작에 대해서는 조금 더 잘 예측한다. 5년 동안 사회학습변수와 흡연의 순차적이고 상호적 영향은 이론에 의해 예측한 것과 같다(Krohn et al., 1985; Spear and Akers, 1988; Akers and Lee, 1996).

다른 연령집단과 다른 행위에 대한 연구에서도 사회학습이론이 지지된다. 노인 음주의 시작, 빈도, 양은 사회학습변수와 높은 상관관계를 보이며 노인의 문제음주에 대해서도 잘 설명한다(Akers et al., 1989; Akers and La Greca, 1991).

사회학습변수는 남자대학생의 성적 접촉을 위한 폭력사용이나 강간 가능성 인식에 대해 설명한다(55% 설명). 또한 성관계를 가지려는 남성에 의한 약물이나 알코올, 비물리적 강압, 완력의 실제사용에 대해서도 설명한다(20% 설명). 사회통제, 자기통제력, 상대적 박탈(고전적 긴장) 모형은 이런 행위에서 변량의 10% 미만을 설명한다(Boeringer, Shehan, and Akers, 1991).

다른 사회심리학적 이론과 비교해서 사회학습이론에 대한 이러한 지지는 한국에서의 청소년 약물사용에 대한 비교문화연구(Hwang and Akers, 2003, 2006; Kim, Akers, and Yun, 2010)와 라틴아메리카에서의 대학생 약물사용에 대한 연구(Meneses and Akers, 2011), 푸에르토리코에서의 고등학생 약물사용에 대한 연구(Miller et al., 2008), 이란 프로운동선수의 약물사용에 대한 연구(Kibiri et al., 2018)에서도 나타난다.

2) 가족에서의 사회학습과 비행에 대한 경험적 연구

일차 집단, 특히 가족과 또래집단에서 차별교제가 범죄나 일탈행동에 큰 영향을 미친다는 증거는 충분하다.

따라서 분석을 통해 가족과 친구가 특정 개인을 강화하는 요소를 이해하는 데 중요하다는 사회학습이론의 예측과 기존 연구결과가 확인되었다. … 분석은 또한 이러한 강화 척도가 사회학습이론에서 기대한 방식으로 작용했음을 보여주었다(Triplett and Payne, 2004: 628).

가족구조(양부모 대 편부모나 부모 없는 가족)와 "경제, 정치, 교회, 거주지역이나 지역사회 등 더 큰 사회적 관계는 … 필연적으로 가족의 기능과 효율성에 영향을 준다"(Simons, Simons, and Wallace, 2004: 93-94). 가족은 개인이 차별교제하는 일차 집단이며 가족이나 대리가족(*family surrogate*) 내에서 순응 혹은 일탈을 습득하고 지속하며 변화시켜나가는 과정은 하나의 사회학습과정으로 이 사회학습과정 내에서 가족 간의 상호작용은 자녀를 규범적 가치, 행위모형, 대리강화, 차별강화 등에 접하게 한다(Simons et al., 2004).

일상적으로 가족의 역할은 비행과 범죄에 대항하는 인습적 사회요인이다. 가족은 부모의 훈육을 통해 반(反)범죄적 정의, 순응모형, 순응성에 대한 강화를 제공하고 자기통제력의 발전을 촉진한다. 그러나 일탈행동은 가족의 내적 상호작용의 결과일 수 있다(McCord, 1991b; Simons et al., 2004; Simons, Sutton, Simons, Gibbons, and Murry, 2016).

이는 일탈적 부모모형과 긍정적 또는 부정적 제재를 사용하는 데 비효과적이고 변덕스러운 부모의 감독 및 훈육, 일탈에 우호적 가치와 태도의 승인에 의해 직접적으로 영향을 받는다. 자녀를 통제하는 동시에 자녀의 필요에 대해 지원하고 민감한 부모는 친사회적이고 순응적이며 잘 적응한 자녀를 양육할 가능성이 높다.

반면, 자유방임적이거나 태만하거나 너무 심하게 통제된 가정의 자녀는 불법이나 비행을 저지를 가능성이 높다(Simons et al., 2004; Simons et al., 2016). 오리건 사회학습센터의 패터슨 등은 부모-자녀의 상호작용에서 사회학습 기제의 작용이 순응 및 일탈행동의 강력한 예견지표라고 주장한다(Patterson, 1975, 1995; Reid, Patterson, and Snyder, 2002; Weisner, Capaldi, and Patterson, 2003). 부모의 비효과적 훈육방식은 자녀의 어린 시절에 비행의 전조가 되는 행동을 학습할 가능성을 증가시킨다. 부모가 적절한 행동에 대해 일관되게 긍정적 보상을 하고 잘못된 행동에 대해 적절하게 부정적 제재를 부과할 때 자녀는 순응행동을 학습한다(Capaldi, Chamberlain, and Patterson, 1997; 초기 청소년기의 부모 훈육과 감독 효과에 대해서는 Ardelt and Day, 2002도 참조).

> 가족갈등 시 자녀 강압에 대한 상대적 강화율은 … 일주일 후에 관찰된 자녀의 일탈(*deviancy*) 률을 예측했다. 그런 다음 갈등이나 교육 시도(*training trials*) 의 빈도를 추가한다면, 일탈의 개인차 변량의 60% 이상을 설명할 수 있다(Patterson, 2002: 12).

어떤 경우에는 부모가 자녀에게 직접적으로 범죄행위를 훈련시킨다(Adler and Adler, 1978). 그리고 일반적으로 부모의 일탈과 범죄는 자녀의 장래 비행과 범죄를 예측한다(McCord, 1991a). 더욱이 가족 중에 비행 형제자매(특히, 동성의 손위 형제)가 있는 청소년은 부모와 기타 가족 특성을 고려해도, 비행을 저지를 가능성이 더 높다(Rowe and Gulley, 1992; Lauritsen, 1993; Rowe and Farrington, 1997; Ardelt and Day, 2002; Mathis and Mueller, 2015).

물론, 부모-자녀관계에서 행동에 대한 영향과 효과는 상호적이며 반드시 일방적이지는 않다. 자녀의 행동와 반응은 부모와 보호자 그리고 이들이 가정에서 수행하는 사회화방식에 영향을 미친다(Reid et al., 2002; Simons et al., 2004). 형제간 폭력의 원인에 대한 가족 내 과정을 다룬 경험적 연구는 다음과 같은 것을 발견했다.

> 세 가지 이론적 관점 중에서 사회학습이론(페미니스트이론 및 갈등이론과 비교해서)은 가장 강하고, 일관된 경험적 지지를 얻었다. 사회학습이론은 자녀가 부모로부터 학습한 행위를 선택하는 경향이 있다는 것을 강조하면서 가족 내 상호작용 유형이 행위에 미치는 영향에 관심을 가진다. … 부모의 말다툼 목격 및 부모, 형제자매와의 언어적 갈등은 형제자매 폭력과 관련이 있다(Hoffman, Kiecolt, and Edwards, 2005: 1124).

3) 범죄와 비행에서 또래 및 집단 상황에 대한 경험적 연구

(1) 차별적 또래교제

청소년의 친구선택 및 또래교제는 가족에 의해 직접적으로 영향을 받는 행동과 선택의 범위 안에 있다. 형제효과는 부분적으로 또래효과이며 가족의 친사회적 영향은 또래집단과의 차별교제에 의해서 상쇄될 수 있지만, 가정에서 학습된 비행경향은 차별적 또래교제에 의해 심화될 수 있다(Lauritsen, 1993; Simons et al., 1994; Simons et al., 2004; Simons et al., 2016). 아동기에서 청소년기로 나아감에 따라 순응 및 일탈행동의 학습에서 가족의 영향이 감소하며 또래집단이 중요한 역할을 한다.

존스와 존스(Jones and Jones, 2000)는 또래집단의 영향을 '반사회적 행위의 전염성'과 관련되는 두 가지 유형의 사회적 네트워크로 구체화했다. 하나는 네트워크 안에 직접적 의사소통이 있는 '응집' 네트워크이다. 다른 하나는 "사회에서 같은 지위를 차지하는 사람으로 구성되는 '구조적 평등' 네트워크이다. … 또한 10대 집단의 구성원은 서로 직접 의사소통하기 때문에, 10대 집단은 두 종류의 네트워크 모두의 예가 되며 반사회적 행위의 전달자로서 두 가지 방식으로 기능할 수 있다"(Jones and Jones, 2000: 33; 인용자 강조).

자신의 이전 일탈행동 외에, 범죄나 비행의 시작, 지속, 중단을 예측하는 가장 좋은 단일변수는 순응 또는 법을 위반하는 또래와의 차별교제이다(Loeber and Dishion, 1987; Loeber and Stouthamer-Loeber, 1986; Liu, 2003; Snyder et al., 2005; Jennings et al., 2010). 비행을 승인하거나 저지르는 또래와의 빈번한 교제가 개인의 비행행위를 예측하듯이, 비행을 거부하는 또래들과의 빈번하고, 장기적이고, 친밀한 교제는 순응적 행동을 예측한다.

첫 비행의 기회와 가능성을 제공하는 것은 또래집단이다. 또래교제를 포함한 거의 모든 연구에서는 이것이 비행, 알코올 및 약물사용, 성인범죄 및 다른 형태의 일탈행동과 유의미하고 강하게 관련되는 것으로 나타났다(Warr, 2002; Pratt et al., 2010). 이처럼 범죄와 비행에 대한 설명에서 차별교제 및 정의의 중요성을 강조하는 수많은 연구가 존재한다.[4]

---

4) 쇼트(Short, 1957)의 개척적 연구로부터 현재에 이르기까지 50년에 걸쳐 본래 차별교제이론과 수정된 사회학습이론의 일부로서 이런 변수를 지지하는 매우 많은 경험적 연구가 있다. 이 경험적 연구의 검토를 위해서는 에이커스와 젠슨(Akers and Jensen, 2003, 2006; Pratt, Cullen, Sellers, Winfree, Madensen, Daigle, Fearn, and Gau, 2010도 참조)을 참조하라. 〈이론범죄학〉(*Theoretical Criminology*) 1999년 11월호에서 로버트 애그뉴(Robert Agnew)가 편집한 심포지엄에서 사회학습이론 및 SSSL모형에 대한 비판과 이에 대한 답변도 참조하라(Sampson,

비행에 대한 차별적 또래교제의 영향은 범죄학 분야에서 가장 지속적으로 검증된다. 이는 연령, 성별 등의 사회인구학적 변수와 범죄율의 관계가 미국뿐 아니라 다른 국가의 경험적 연구에서 지속적으로 발견되는 것과 마찬가지이다(Antonaccio et al., 2010).

실제로 워는 범죄와 비행에서 또래와의 교제만큼 강력한 요인은 없다고 주장한다.

> 범죄학자에게 알려진 어떠한 개인적 특성도 비행친구 수보다 범죄행위를 잘 예측해 주는 것은 없다. 비행과 비행친구와의 강한 상관관계는 조사참여자와 친구에 대한 다양한 종류의 범죄학적 자료(자기-보고, 공식기록, 인지자료), 다양한 연구설계, 다양한 범죄유형에 대한 자료를 사용하는 … 1950년대부터 현재까지의 많은 연구에서 증명되었다. 범죄학에서 비행과 비행친구 간의 관계만큼 경험적 규칙성이 오랜 기간 동안 증명된 것은 거의 없다(Warr, 2002: 40).

워(Warr, 2002)는 미국과 세계 여러 사회에서 범죄와 비행집단의 특성, 범죄와 비행에 대한 또래집단의 역할에 관해 많은 연구를 검토함으로써 이러한 진술을 뒷받침한다. 또래영향은 청소년기에 가장 주목할 만하고 강력하지만 청소년기에 국한된 것은 아니다. 청소년기의 대다수 범죄는 다른 사람과 함께 행해진다. 이들은 소집단이며 인종, 연령, 성별에서 동질적인 경향이 있다. 워(Warr, 2002)는 차별강화(예: 소극적 강화로서 '조롱에 대한 두려움'과 적극적 강화로서 '흥분'), 모방, 정

1999; Morash, 1999; Krohn, 1999; Akers, 1999).

의(예: '집단 규범'과 '도덕적 책임감의 희석')와 일관된 몇 가지 가능한 또래영향의 메커니즘을 제안한다. 최근 연구는 비행또래가 범죄 참여에 미치는 영향이 가상의 또래집단과 대면 또래집단 모두에서 나타난다는 것도 보여주었다(Miller and Morris, 2016).

헤이니(Haynie, 2002)의 친구관계망에 대한 종단적 연구는 비행/비(非)비행친구와의 교제의 균형 혹은 비율이라는 사회학습원리를 강하게 지지했다. 비행자인 친구의 비율이 높을수록, 그 사람이 비행자가 될 가능성이 증가했다. 비(非)비행친구만 있는 청소년과 비교할 때 비행을 저지른 친구가 한 명인 사람은 비행을 저지를 가능성이 두 배 높았으며, 비행친구가 몇 명 있는 사람은 비행을 저지를 가능성이 훨씬 더 높았다.

이렇듯 비행/비(非)비행친구의 상대적 수의 효과는 이전 비행, 또래와 보내는 시간, 또래에 대한 애착, 그 밖의 친구 네트워크 특성을 고려해도 강하게 남았다. 또래의 영향은 경험적 연구에서 거의 항상 발견되지만 효과는 다양할 수 있다. 예를 들면, 나이가 많은 또래가 어린 또래보다 더 큰 영향을 미칠 수 있고 어떤 사람은 다른 사람보다 또래영향을 더 받을 수 있다(Harding, 2009; Miller, 2010). 이러한 또래영향은 전체 비행 빈도뿐만 아니라 폭력, 절도, 약물사용 등 특정 유형의 비행으로 '전문화되는' 경향에서도 발견된다(Thomas, 2015).

(2) 비행 갱단

또래교제의 한 가지 특수한 상황은 비행 갱단(*gang*)에의 참여이다. 비록 비행 갱단은 집단관련 모든 비행에서 단지 약간의 비율을 차지하지만(Warr, 2002), 비행 갱단과 하위문화는 오랜 시간 동안 범죄학에서 상당한 관심을 받았다(제 9장 참조). 경험적 연구는 비행또래와 갱단 가입 사이에 유의미한 상관관계(Smith, Gomez Auyong, and Ferguson, 2019)와 갱단 가입이 심각한 비행에 강한 영향을 미친다는 것을 계속해서 보여주고 있다.

커리 등(Curry, Decker, and Egley, 2002)은 갱단 가입이 자기보고식 비행과 공식적 비행 모두에의 참여를 크게 증가시킨다는 사실을 발견했다. 갱단과 주변적 교제만 갖는 비회원이더라도 갱단 활동에 전혀 참여하지 않는 청소년보다 비행자가 되기 쉽다.

배틴 등(Battin et al., 1998)은 이전 비행을 통제하면, 비행친구를 가진 청소년이 갱단의 구성원이 아니더라도 비행을 더 저지르는 경향이 있으며 비행으로 소년법원에 더 많이 가게 됨을 발견했다. 그러나 이들과 이들의 친구들이 비행 갱단 구성원일 때는 더욱 그렇게 되는 경향이 있었다. 이전 비행의 빈도와 심각성이 어떻든지 간에, 갱단에 참가하는 것은 비행참여를 촉진한다. 이는 주로 "갱단 내에서 폭력이나 다른 비행에 우호적 규범과 집단과정이 폭력과 비행참여를 고무하고 강화하기 때문이다"(Battin et al., 1998: 108). 또한 윈프리 등(Winfree, Vigil-Backstrom and Mays, 1994; Winfree, Mays, and Vigil-Backstrom, 1994)은 갱단 가입과 비행(갱단과 관련된 비행과 갱단과 관련되지 않은 비행) 모두 사회학습변수(태도, 사회적 강화나 처벌요인, 차별교제)에 의해 설명된다는 것을 발견하였다. 이러한 결과는 인종, 성별, 거주지역 등의 개인적-전기적(*personal-biographical*) 특성을 통제해도 마찬가지이다(Winfree, Vigil-Backstrom, et al., 1994: 167). 사회학습이론에서 설명하는 과정은 "갱단에 대한 질적 연구에서 보여주는 과정과 거의 같다. 갱단 구성원들은 에이커스가 제시한 것과 같은 목표와 과정을 사용하면서 또래의 특정 행동에 대해 보상하고, 다른 행동은 처벌한다 (Winfree, Vigil- Backstrom, et al., 1994: 149)."

이런 연구결과는 갱단에 속하지 않은 사람과 비교해 볼 때 갱단 구성원이 비행친구와 더 빈번하고 강도 높고 지속적인 교제를 나누며 비행모형과 정의에 노출되고 비행에 대한 강화를 받는다는 것을 시사한다. 갱단 신분이 범죄피해에 미치는 영향에 대해서도 유사한 결론이 내려졌다 (Gibson et al., 2009, 2012; Gover et al., 2009 참조). 최근에 가뇽(Gagnon, 2018)은 갱단구성원과 전직 갱단 구성원들의 피해를 설명하기 위하여 사회학습이론을 확장했다. 그녀는 세 가지 별도의 지수를 조작화했다. 각 지수는 특정 형태의 피해에 대해 '예'라고 응답한 수를 합한 것으로 구성했다. 구체적으로 보면 다음과 같다. ① 폭력피해-갱단에 속한 기간 및 이후에 강도, 흉기를 이용한 폭행(*attack*), 흉기를 이용하지 않은 폭행, 강간당하고, 칼에 찔리고, 총에 맞고, 총이 발사되거나 흉기를 이용한 위협 피해 ② 재산피해-갱단에 속한 기간 및 이후에 절도, 기물파손 피해 ③ 갱단관련 피해-갱단에 속한 기간 및 이후에 차량강탈, 가택침입, 운전 중 총격, 증인 협박 피해. 사회학습이론은 사회학습과정 4가지 요소 중 3개(정의, 차별적 강화, 차별교제)를 활용한 문항으로 측정되었다. 가뇽은 플로리다주 14개 교도소에서 재소자 2,500명(갱단 구성원이라고 주장한 사람은 약 300명)으로부터 수집한 자료를 분석하여 성별, 인종, 연령 등 인구학적 통제변수의 효과와 더불어 확장된 사회학습이론이 갱단과 갱단이 아닌 사람들 사이에서의 피해를 설명할 수 있음을 보여주었다.

(3) 또래교제의 선택과 사회화

어떤 학자는 비행과 차별적 또래교제 사이의 관계를 보여주는 어떤 경험적 연구결과도 비행에 대한 또래영향에 대해서 아무것도 보여주지 못한다고 주장한다. 오히려, 이러한 결과는 개인이 상호작용하는 사람이 비행의 원인이 아니라 결과라는 사실에서 기인한다고 주장한다. 어떤 관계가 발견되든지 단순히 '깃털이 같은 새끼리 모인다'(유유상종)의 경우로 기각된다.

비행 또래집단과의 교제는 주로 비행을 저지른 후에 나타난다. 먼저 비행을 저지르고 다음에 비행친구를 찾는 것이다. 따라서 또래집단에서 비행과 관련된 학습은 거의 일어나지 않는다. 이러한 관점에 의하면, 어떤 비행친구와의 교제도 청소년의 비행에 직접적으로 영향을 미치지 못한다는 것이다. 그러므로 비행친구와의 교제는 비행행위의 시작이나 촉진, 지속이나 중단 등에 영향을 미치지 못한다는 주장이다(Hirschi, 1969; Gottfredson and Hirschi, 1990; Sampson and Laub, 1993; Brauer, 2009).

이 문제는 비행청소년의 교우관계가 행동이나 성격에서의 유사성을 중심으로 형성된다는 **선택모형** 대 비행은 또래교제를 통해 학습된다는 **사회화모형**으로서 나타난다. 종종 이러한 구별은 사회학습이론이 엄격하게 후자만 고수한다는 가정하에서 이루어진다. 이 비판은 사회학습이론에서의 설명 과정을 잘못 묘사한 것이다.

이 이론이 교제(와 다른 변수)가 범죄와 비행에 미치는 효과에 초점을 맞추긴 하지만 개인행위와 또래교제 간의 상호적 관계도 명백히 인정한다. 그러므로 비행이 비행또래와의 교제보다 선행할 수 있다거나 친구선택이 부분적으로 동질적 행동에 기반을 둘 수 있다는 것은 결코

이 이론과 모순적이지 않다.

"사회학습이론은 깃털이 같은 새끼리 모인다는 유유상종을 인정하지만 만일 새가 사람이라면, 그들은 서로의 행동으로부터 순응적이든 일탈적 방향이든 영향을 받을 것이라는 것도 인정한다"(Akers, 1991: 210). 만일 경험적 연구에서 비행의 시작이 비행경험이 있는 또래와의 상호작용보다 항상 또는 대부분 선행한다는 연구결과가 나오면 이론과 모순되는 것이다. 만일 경험적 연구에서 비행적 또래와의 교제 이전의 비행수준이 교제 이후에도 증가하지 않고 비슷한 수준이거나 감소했다면 이 이론은 지지되지 못할 것이다.

그러나 경험적 연구에서 이론과 모순되는 결과는 아직 발견되지 않았다. 대신, 경험적 연구결과는 사회학습이론이 제안한 과정, 즉 또래 상호작용에서 직접효과 및 상호효과, 선택효과와 사회화 효과, 모두에 대해 우호적 결과를 보여주었다. 가정에서의 초기 사회학습은 또래영향 이전의 아동 행동과 (다른 요인과 함께) 친구선택 모두에 영향을 미친다.

청소년 일탈의 또래과정은 일탈적이거나 일탈에 관용적인 또래와 차별적으로 교제하는 청소년은 비행에 우호적 정의를 배우고, 일탈 모형과 비행에 대한 사회적 강화에 노출되어, 비행행위를 시작하거나 자주 저지른다. 이것은 이후의 교제에 어느 정도 영향을 미칠 것으로 예상되며, 이러한 교제는 자기 행동에 추가적인 영향을 미친다(Kandel, 1978; Andrews and Kandel, 1979; Krohn et al., 1985; Sellers and Winfree, 1990; Kandel and Davies, 1991; Warr, 1993; Esbensen and Huizinga, 1993; Thornberry et al., 1994; Menard and Elliott, 1994; Winfree, Vigil-Backstrom, et al., 1994; Akers and Lee, 1996; Esbensen and

Deschenes, 1998; Battin et al., 1998; Gordon et al., 2004).

캔덜과 데이비스(Kandel and Davis, 1991: 442)는 "비록 한 시점에서 관찰된 같은 부류끼리의 교제가 친구 간의 유사성을 반영한다고 하더라도, 우리나 다른 학자들이 수행한 종단적 연구에서는 약물사용의 시작과 지속에 대한 또래의 인과적 영향이 명확하게 나타났다"고 주장했다.

워(Warr, 1993)는 이전의 경험적 연구를 정리 분석한 후, 일탈행동이 일탈친구와의 교제에 선행하기보다는 또래와의 교제가 일탈행동의 발전(비행이 일단 시작된 뒤로는 빈도와 심각성이 증가하는 것)에 선행하는 것으로 나타났다고 주장했다. 그에 따르면, 비록 반대순서도 나타나지만, 그러한 과정은 "더 복잡하고 연속적이며 상호적인 과정이다. 청소년은 일반적으로 친구를 통해 비행을 시작하며 이후로는 친구의 선택이 더욱 제한된다. '같은 부류'(*feathering*)와 '무리 짓기'(*flocking*)는 서로 배타적이지 않으며 통합된 과정의 일부일 수 있다(Warr, 1993: 39)." 이것은 사회학습이론과 완전히 일치한다.

> 일탈행동에서 또래 '사회화' 과정과 또래 '선택' 과정은 상호배타적이지 않고 그저 다른 시기의 사회학습과정이다. … 일탈적 상호작용에서 선택 기제에 대한 증거가 사회학습이론과 상반된다는 주장은 … 잘못됐다(Akers, 1998: 56).

물론 일탈에 대한 사회학습이론은 친구선택의 원인이나 과정에 대한 설명에 초점을 맞추지는 않는다. 따라서 '선택'효과는 나타나지 않고 주로 또래 '사회화' 효과를 보여주는 경험적 연구결과는 이론을 지지하는 반면, 반대의 연구결과는 이론을 지지하지 않을 것이다(Akers, 1998).

메너드와 엘리엇(1994; Elliott and Menard, 1996)은 일부 상호효과를 발견했다. 그러나,

> 비행적 유대와 불법행위의 시작에 대한 전형적 관계에서 시간적 순서를 명확하게 하면 비행적 유대(구체적으로 비행친구와의 교제)는 대체로 개인의 불법행위보다 선행하는 것으로 나타났다(Menard and Elliott, 1994: 174).

> 이런 결과는 심각한 비행이 비행친구에 대한 노출보다 선행하지 않는다고 말할 수 있을 만큼 강하다. 대신에 사례 대다수에서 비행친구에 대한 노출이 지표범죄[5]보다 선행한다(Elliot and Menard, 1996: 43).

> 우리는 사례 대부분에서 비행또래에의 노출이 사소한 비행에 선행한다는 것을 발견했고, 일부 순서를 정할 수 있는 거의 모든 사례에서, 심각한 비행에 선행한다는 것을 발견했다. … 비행친구 교제와 비행참여는 서로 영향을 줄 수 있지만 그 영향은 균형적이지 않다. (비행친구에의) 노출이 비행에 미치는 영향은 비행이 노출에 미치는 영향보다 일찍 시작되며 과정 전체에서 더욱 강하게 유지된다(Elliot and Menard, 1996: 61-62).

경험적 연구에서는 또래교제의 선택효과와 사회화 효과 모두를 발견하는 경향이 있다(Kandel, 1996; Krohn et al., 1996; Matsueda and

---

5) [옮긴이 주] 미국에서는 매우 심각한 범죄, 빈번하게 발생하는 범죄를 지표범죄(*index crime*)로 분류하는데 여기에는 살인, 강간, 강도, 중폭행(*aggravated assault*), 주거침입, 절도, 자동차 절도, 방화가 포함된다.

Anderson, 1998; Gordon et al., 2004; Osgood et al., 2013). 그러나 일탈또래와 차별교제가 있는 사람에게서 비행 가능성이 더 높고, 이미 존재하는 비행참여 수준이 비행또래와의 차별교제를 통해 증가하며, "많은 조사에서 상호영향을 보여주지만, 현재 혹은 이후 비행에 대한 또래의 유의미한 영향을 보여주는 데 실패한 연구는 아직까지 없다 (Warr, 2002: 42).

또한 실험연구에서 실험자에 의해 형성된 소규모집단에서 개인행동은 또래영향에 의해 일탈적 방향으로 변할 수 있음을 보여주었다(Gardner and Steinberg, 2005; Cohen and Prinstein, 2006). 이러한 연구에서 친구선택은 없었다(그리고 그들은 자연스럽게 발생하는 친구집단에서 발견할 수 있는 영향을 과소평가한다). 그러므로 선택은 행동에서의 유사성을 가져올 수 없다.

맥글로인(McGloin, 2009)은 청소년이 자신과 가장 친한 친구의 비행수준 간의 더 큰 '균형'을 이루도록 자기 행동을 변화시키는 경향이 있기 때문에(Scott-Parker et al., 2012) 또래 행동에서의 유사성이 나타난다는 종단적 자료를 보고했다. 그녀의 분석은 다음과 같은 것을 보여주었다.

> 균형을 향한 이러한 경향은 선택에 의해 발생하지 않는다. … 이런 자료는 또래의 상대적 일탈이 우정의 안정성을 예측했다는 증거는 없다. 이 연구결과는 가장 친한 친구와의 비행 불일치에 직면했을 때 개인은 관계를 끝내거나 변화시키기보다 자기 행동을 친구와 더 비슷하게 변화시킨다는 것을 시사한다. 이 조사는 이런 방식으로 다른 사람들과 함께 또래가 '중요하다'고 주장하고 그들이 어떻게, 왜 중요한지에 대한 다소 새로

운 고려 사항을 제공한다(McGloin, 2009: 467).

모나한 등(Monahan, Steinberg, and Cauffman, 2009)은 종단적 자료를 이용해 청소년 중기(14~15세)와 후기(16~20세), 성인기 초기(21~22세) 등 다양한 발달단계에서 사회화 효과와 선택효과를 연구했다. 이들은 반사회적 행동이 또래비행을 예측한다는 선택효과가 청소년 중기에 한정되지만, 또래비행이 이후 반사회적 행동을 예측한다는 사회화 효과는 청소년 중기와 후기 모두에서 나타남을 발견했다. 그러나 성인기 초기의 경우 또래영향에 대한 저항이 동반 증가하는 시기이기 때문에, 또래비행과 반사회적 행동 간에 관련이 없는 것으로 나타났다.

데이크스트라 등(Dijkstra et al., 2010: 207)은 하층계급 히스패닉 청소년의 무기소지에 대한 연구에서 "이러한 추론은 영향력 효과에 우호적이고, 무기를 소지하는 사람들끼리 모인다고 설명하는 직접-선택효과에 반대한다. 우리의 연구결과는 또래가 청소년의 무기소지에 영향을 준다는 것을 보여주었고, 선택 기제는 지지되지 않았다"고 결론을 내렸다.

이와 유사하게 위어만(Weerman, 2011)은 친구행동과 소속 집단의 변화가 개인의 비행에 유의미한 영향을 미치지만, 개인의 비행은 친구 선택에 유의미한 순수효과를 가지지 않음을 발견했다.

최근 경험적 연구에서는 "행동상 동질성"(*behavioral homophily*: 자신과 비슷한 행동을 하는 사람들과 어울리려는 경향) 관점에서 '깃털이 같은 새끼리 모인다'는 현상에 대해 조사하기 시작했다(Boman, 2017; Boman and Mowen, 2018; McPherson, Smith-Lovin, and Cook, 2001). 행동상 동질성 개념은 범죄를 저지르는 사람들이 또래집단으로 함께 모이게 되는 경향이 있지만, 범죄를 저지르지 않는 사람은 범죄를 저지르는 사람들에 의해 형성된 또래집단과는 구별된 우정과 또래집단을 발전시키는 경향이 있음을 의미한다(Boman and Mowen, 2018: 30). 보만과 모웬(Boman and Mowen, 2018: 36)은 친구들 쌍(*pairs of friends*) 자료를 이용하여 행동상 동질성이 범죄와 덜 관련됨을 발견했다. 다른 말로 하면, '깃털이 같은 새끼리 모인다'는 일탈행동보다는 규범적 행동을 할 때 나타나는 것이다. 추가적인 결과는 행동상 동질성에 두 가지 구별된 요소(즉, 일탈 동질성과 비일탈 동질성)가 있다는 것과 일탈 동질성은 범죄와 정적으로 관련되지만, 비일탈 동질성은 범죄와 부적으로 관련된다는 것을 분명히 보여준다.

(4) 또래교제에서의 인식과 행동

다른 연구자들은 자기보고식 비행과 또래교제 간의 강한 관계는 개별 응답자가 자기 친구 중 얼마나 많은 수 혹은 어느 정도의 비율이 비행에 관여했는지를 보고한 것에 의존해 또래영향을 측정한 결과로 생긴 전적으로 방법론적 인공물이라고 주장했다. 그런 자기보고는 친구가 하는 일에 대한 응답자의 인식을 통해 걸러지기 때문에 타당하지 않으며 이는 자기 행동의 영향을 받는다.

그들은 실제로 동일한 구성(*construct*)을 두 번 측정하기 때문에 강한 관련이 있다. 청소년에게 자신의 비행이나 친구의 비행에 대해 질문하는 것은 결국 동일한 비행경향이다. 그러나 경험적 연구결과에 의하면 이 둘은 서로 동일한 것이 아니며 친구의 행위에 대한 응답자의 보고는 자기 비행의 단순한 반영이 아니다(Agnew, 1991a; Warr 1993; Thornberry et al., 1994; Elliot and Menard, 1996; Bartusch et al., 1997).

청소년의 차별적 또래교제가 자기 행동에 미치는 주요 영향은 친구의 행동에 대한 청소년의 인식이나 보고를 사용하기보다 친구 자신의 비행 보고에 의해 비행친구 비율을 측정하는 연구에서도 그다지 강하지는 않지만, 여전히 발견된다(Haynie, 2002; Weerman and Smeenk, 2005; Meldrum, Young, and Weerman, 2009; Thomas, 2015).

두 가지 모두 차별적 또래교제의 타당한 지표이지만 인지적 측정이 개인의 행동에 대한 또래영향을 검증하는 데 더 적절하며 정확한 것이다. 이는 "또래행위가 실제보다 더(혹은 덜) 비행적인 것으로 잘못 인지되더라도 그 인지를 통해 또래의 영향이 여전히 나타날 것이기 때문이다"(Akers, 1998: 119). 최근의 경험적 연구는 이 가설을 거스르고 또래행동에 대한 개인의 인식이 자신의 비행에 영향을 주지 않는다는 것을 발견했다(Young et al., 2014 참조). 그러나 다른 경험적 연구(Thomas, 2015)는 개인의 행동이 친구행동에 대한 개인의 인식과 친구가 작성한 자기보고식 행동 모두에 의해 유의미하게 영향받음을 발견했다.

4) 사회구조와 사회학습에 대한 경험적 연구

수많은 연구가 SSSL모형의 타당성에 대한 증거를 제공했다. 연령, 성별, 인종, 계급 등 사회인구학적 변수(사회구조 내에서의 개인의 차별적 위치의 지표인)와 다양한 일탈행동 간의 상관관계는 사회학습변수가 고려될 때 감소하는 것으로 나타난다. 지역사회 간 혹은 국가 간 범죄와 일탈행동 차이는 차별적 사회조직의 결과로 볼 수 있고 SSSL 가설은 그런 거시적 수준 차이가 사회학습과정 변수에 의해 매개될 수 있다는 것이다. 살인율의 국가 간 차이(Jensen and Akers, 2003) 뿐만 아니라 4가지 지역공동체 유형에 따른 청소년의 대마초나 알코올 사용, 노인음주의 차이(Akers, 1998)는 사회학습과정에 의해 매개되는 것으로 나타났다.

차별적 사회조직의 또 다른 지표는 거주지역과 지역사회의 사회해체 수준이다. SSSL모형의 이론적 기대는 비공식적 사회통제가 낮고, 빈곤하며, 사회적 자원이 부족한 사회적으로 해체된 거주지역에 사는 청소년의 경우 비행또래와 교제하기 쉽고, 비행과 범죄행동 모형에 더 노출되며, 비행이 차별적으로 강화되기 쉬우므로 폭력, 범죄, 비행률이 높게 나타난다는 것이다.

헤이니 등(Haynie, Silver, and Teasdale, 2006: 148, 162)은 또래교제를 고려하면, "빈곤한 거주지역과 이주민 집중의 효과는 유의미하지 않게 되었다"는 것을 보고하면서 빈곤한 도시 거주지역에서 '폭력적인 또래 네트워크' 가설이 강하게 지지되는 것을 발견했다. 깁슨 등(Gibson, Poles, and Akers, 2010)의 연구에서도 빈곤한 거주지역의 높은 폭력비행률에 대한 효과는 실질적으로 차별적 또래교제에 의해 매개되는 것으로 나타나 유사한 결과를 보여주었다.

벨래 등(Bellair, Roscigno, and Velez, 2003: 219)은 경제적 불이익, 사회인구학적 구성, 기타 구조적인 지역사회 변수와 더불어 저임금 고용 집중의 효과가 청소년 폭력에 미치는 영향은 사회학습과정을 통해 '거의 전적으로 매개된다'는 것을 발견했다. 이후 벨래와 맥널티(Bellair and McNulty, 2009)는 폭력 수준이 높은 빈곤지역에 사는 것은 사회적 학습과정과 연루되어 개인의 갱단 참여, 폭력적 행동모형에의 더 많은 노출, 친범죄적 정의를 가진 사람과의 교제, 폭력적 행동의 사회적 강화에 영향을 미친다고 보고했다.

리 등(Lee, Akers, and Borg, 2004)은 SSSL모형에서 제시된 사회구조의 중요한 차원과 주요 사회학습변수를 모두 포함하는 설명모형을 검증했으며 "사회학습과정에서 명시된 행위적, 인지적 변수에서의 차이는… 청소년 일탈에 대한 성별(성별의 매개는 더 약하지만 성별효과는 유의미하게 남았음), 사회경제적 지위, 연령, 가족구조, 지역사회의 크기 효과를 실질적으로, 어떤 경우에는 거의 전부 매개하는 것"을 발견했다(Lee et al., 2004: 29).

란자-카두스와 차페크(Lanza-Kaduce and Capece, 2003)는 SSSL모형의 검증으로 8개 대학의 학생을 대상으로 폭음에서의 차이를 연구했다. 이 연구에서는 두 개의 사회학습변수(정의와 강화)만 측정되었으며 이런 변수가 대학 간의 차이를 실질적으로 설명하지는 않지만 성별, 인종, 남학생/여학생 클럽회원, 대학 내에서의 규범적 환경 등 다른 사회구조적 요인의 효과를 매개하는 것으로 나타났다. 이러한 "결과는 에이커스의 매개 가설을 지지하는 것이다"(Lanza-Kaduce and Capece, 2003: 195).

홀란드-데이비스(Holland-Davis, 2006)는 전체 SSSL모형을 검증했으며 청소년 약물사용에 대한 구조적 변수의 효과가 사회학습 요인을 통해 실질적으로 매개됨을 발견했다. 앞서 젠슨(Jensen, 2003)은 사회학습변수를 모형에 포함하면, 경미한 비행과 심각한 비행 모두에서 성별차이가 유의미하지 않게 됨을 발견했다. 그러나 홀란드-데이비스는 성별이 사회학습변수에 의해 어느 정도 매개되지만, 유의미한 순수효과가 남았다는 것을 보고함으로써 적어도 성별과 관련해서는 사회학습 요인과 사회구조 간의 '조절된 매개'관계일 수 있음을 시사했다.

이와 유사하게, 베릴(Verrill, 2008: 139-140)은 SSSL모형을 '조절-매

개'를 강조하는 방향으로 수정할 필요가 있음을 제안했다. 그의 경험적 연구는 "사회학습 요인이 사회구조변수와 관련되며 사회구조의 비행에 대한 영향과 관련되지만" 이 관계는 사회구조에 의한 사회학습의 일부 수정을 포함한다는 것을 보여주었다. 한국에서 수행된 SSSL모형에 대한 경험적 연구는 사회통제와 자기통제이론에서 제시되는 심리적 변수의 매개효과도 검증하면서 사회학습변수가 가장 강한 매개효과를 가진다는 것을 발견했다(Kim, Akers, and Yun, 2013; Whaley et al., 2011).

경험적 연구는 사회학습이론에서 제시된 변수가 사회구조적(거시적) 변수와 범죄 사이의 관계를 실질적으로 매개하는 중요한 사회심리학적(미시적) 변수라는 SSSL모형 가설을 지지하는 결과를 보여준다. 그러나 이러한 것을 보여주지 못하는 연구결과도 있다. 일부 구조적 변수는 다른 것보다 더 매개되고 매개효과 외에도 조절효과의 증거가 있다(매개와 조절효과의 차이에 대한 정보를 위해서는 Baron과 Kenney, 1986 참조). 이것은 사회구조에서의 차별적 위치 지표인 성별과 관련해서 더 발견되는 것으로 보인다.

경험적 연구에서 비행과 범죄행위에 대한 성별효과가 사회학습변수에 의해 매개되는 것으로 나타나지만, 이론이 제안하는 것만큼 '실질적'이지 않은 경우도 자주 있다. "범죄에 대한 성별효과는 인종, 계급, 연령보다 사회심리학적 변수(사회학습변수를 포함한)에 의해 매개될 때도 더 강한 것으로 보인다. 어떤 종류의 일탈에서는, 성별의 중대한 직접 효과가 학습이나 다른 사회심리학적 변수를 모형에 포함한 후에도 남아 있다"(Akers, 2006: 154). 물론 범죄에서의 성별차이를 어떻게 설명하느냐의 문제는 페미니스트이론이 다루는 중요한 문제 중 하나이다(제 13장 참조).

5. 예방과 처우 프로그램에 대한 사회학습이론의 적용

만약 범죄와 비행이 자연적으로 발생하는 환경에서 사회학습과정을 통해 습득되고 유지된다면, 동일한 과정이나 환경을 조작할 수 있는 만큼 행동을 수정하는 것이 가능해야 한다. 이것은 사회학습원리를 적용하는 예방과 처우 프로그램의 기본가정이다. 사회학습변수는 많은 집단치료, 자조(*self-help*) 프로그램, 학교 프로그램, 10대 약물 · 음주 · 비행 예방 및 교육 프로그램과 그 밖의 민간 · 공공 프로그램에 대해 이론적 기반을 제공한다(종종 다른 이론으로부터의 지침과 결합해서).

인지적/행동적 학습원리에 기반을 둔 행동수정 프로그램은 개인과 집단에 초점을 맞춘 기법을 포함하여 청소년과 성인 모두를 위한 교정, 치료, 지역사회 시설에서 시행된다(Morris and Braukmann, 1987; Ellis and Sowers, 2001; Pearson et al., 2002; Andrews and Bonta, 2003; Hersen and Rosqvist, 2005; Akers, 2010). 역사적 예와 동시대 예 모두를 통해 사회학습원리가 실제로 어떻게 작용하는지를 파악하는 데 도움이 될 것이다.

1) 하이필드와 에식스필드

하이필드(Highfields) 프로젝트는 비행행위를 변화시키기 위해 친사회적 또래집단을 체계적으로 처음 활용했다(Weeks, 1958). 하이필드 프로젝트는 주간에 학교, 직장생활, 그 밖의 활동을 하고 밤에 하이필드 거주시설에 돌아오도록 하는 비행소년을 위한 대안적 처우 프로그램이었다. 여기에서는 어떤 교육·직업 프로그램이나 개인상담 프로그램도 없었다.

여기서의 기본활동은 유도된 집단 상호작용(Guided Group Interaction·GGI) 모임에 정규적으로 참여하는 것이었다. 이 모임은 비(非)비행 태도와 행동이 고무되는 집단 분위기에서 공통적 문제를 토론할 수 있는 또래집단모임(직원에 의해 관리되는)이었다. 프로그램 종료 시에 소년들은 법 준수에 대해 더 우호적 태도를 발전시켰고 태도가 가장 많이 개선된 사람은 이후 문제에서 벗어날 가능성이 더 높았다.

그러나 프로그램을 통한 개선효과는 크지 않았으며 백인청소년보다는 흑인청소년이 더 개선되는 것으로 나타났다. 하이필드 소년들은 주 소년원에 위탁된 비교집단 소년들보다 시설에 재수용되는 경우가 다소 적었다(프로그램에서의 실패로 조정이 있을 때조차도). 그러나 이는 기본적으로 흑인청소년 사이에서 관찰된 차이 때문이었다(Weeks, 1958).

이후 에식스필드(Essexfield) 프로그램은 하이필드의 경험을 바탕으로 비행행위와 태도를 변화시키기 위해 유사한 또래집단을 이용했다. 그러나 하이필드와는 달리 비거주식 환경(종종 소년보호관찰소)에서 이루어졌다. 에식스필드 소년들은 보호관찰 감독을 받거나 하이필드에서 거주식 프로그램을 받은 소년들보다 미래의 문제를 피하는 데 더 성공적이지는 않았다. 그러나 주 소년원에 보내진 소년집단보다는 더 나았다(Stephenson and Scarpitti, 1969).

2) 파인힐스 실험

유타주 프로보(Provo)에서 엠페이가 수행한 비행치료실험은 비행소년에 대한 보호관찰과 소년원 수용에 대한 준(準) 거주식 대안을 제공했다(Empey and Erickson, 1972). 엠페이는 파인힐스(Pinehills)로 알려진 그룹홈 시설 수용처분을 받은 비행청소년을 대상으로 또래집단 프로그램을 시작했다. 그는 차별교제이론을 바탕으로 했으며 하이필드의 GGI와 유사한 기술을 적용했다. 성인상담자의 지도로 친사회적・반(反) 비행적 또래문화가 장려되었다.

파인힐스 소년들은 집단을 형성하고, 새로운 소년들이 가입하도록 지도하고, 행동기준과 규칙을 설정하고, 규칙위반에 대한 처벌을 정하고, 파인힐스로부터 나갈 시점을 결정하는 책임과 권한이 부여되었다. 소년들은 반사회적 행동보다는 순응행동을 통해 집단에서 평판과 지위를 얻었다. 여기서는 순응행동에 대한 우호적 정의를 발전시키기 위해 또래집단 상호작용을 활용했으며 순응을 지향하고 비행을 피하도록 동기화시키기 위해 또래영향을 이용했다.

파인힐스 프로젝트는 소년원 혹은 보호관찰 처분을 받은 비행소년을 파인힐스 시설에 무작위로 배정하도록 설계되었다. 그러나 프로그램의 긍정적 효과가 증명된 후에는 소년법원 판사가 의도적으로 파인힐스에 소년을 보냈기 때문에 이 실험설계는 지속되지 못했다. 파인힐스에서 또래집단에 참여한 소년들은 주 시설에 무작위로 맡겨진 소년보다(60%의 재범률) 석방 후 6개월 동안의 재범률이 매우 낮았다(처음에 맡겨진 전체 소년의 재범률은 27%였으며 프로그램을 마친 소년의 재범률은 16%였다). 4년 후에도 파인힐스 소년의 재범률은 주 소년원에서 퇴원한 비교집단의 절반도 되지 않았다.

파인힐스의 재범률은 파인힐스 프로젝트 이전에 정규 보호관찰 감독을 받은 비행소년에게서 나타났던 재범률(약 45%)보다 훨씬 낮았다. 그러나 프로젝트가 진행되는 동안, 보호관찰 집단에 속한 소년은 파인힐스 소년과 같은 수준의 재범률을 보였다. 프로젝트 이전의 재범과 비교할 때 이러한 극적인 개선은 자신의 담당 사례가 파인힐스와 비교되는 것을 알게 된 보호관찰관이 담당 소년에 대한 보호관찰 취소를 줄이고 감독노력을 강화하려는 경향에서 생겨난 것으로 보인다. 파인힐스 프로젝트는 군(*county*) 공무원의 반대와 사적 기금이 바닥난 상태에서 공적 기금을 받지 못했기 때문에 얼마 못 가 중단되었다(Lundman, 1993).

3) 교육가족 모형

이후 지역사회에 기반을 둔 거주식 프로그램은 더욱 가족적인 환경을 만들기 위해 하이필드와 파인힐스 프로젝트가 또래집단을 배타적으로 활용한 것에서 더 나아갔다. 이 프로그램은 행동을 수정하기 위해 차별강화원리를 적용했다. 가장 좋은 예는 1960년대의 성취의 집(Achievement Place)과 1970년대 이후의 교육가족 모형(The Teaching Family Model)이다.

교육가족 그룹홈은 "아마도 청소년 범죄자에 대한 행태적 접근 중에서 가장 체계적이며 오래되고 널리 보급된 것이다"(Braukmann and Wolf, 1987: 135). 교육가족 모형은 결혼한 부부('교육부모')와 6~8명의 비행청소년 혹은 '위험' 청소년을 하나의 가족단위로 구성했다. 토큰경제(*token economy*)는 청소년이 가정이나 학교에서 적절한 행동에 대해 보상점수를 얻거나 부적절한 행동으로 점수를 잃을 수 있다는 점에서 실제적이었다.

부모는 사회적·학업·직업관련 기술을 가르치고 청소년과의 관계 강화를 유지하는 책임이 있었다. 또한 이 그룹홈은 청소년의 또래지향적 자기관리체계를 운영했다. 그래서 교육가족 모형은 교육부모에 의한 행동형성에 부가해서, 친사회적 또래집단에의 노출을 통해 순응행동을 촉진한다.

교육가족 모형에 대한 연구는 청소년이 교육가족과 생활하는 동안 학교와 지역사회에서 좋은 행동을 유지하고 잘못된 행동과 비행을 지연한다는 것을 보여주었다. 그러나 많은 주에서 실시된 결과평가에서는 교육가족 그룹홈에 있었던 청소년과 다른 프로그램에 참여한 통제집단 청소년 간에 이후 비행에서 거의 차이가 없는 것으로 나타났다. 교육가족 그룹홈의 행동수정체계에서 이전의 가족 및 거주지역 환경으로 돌아가면서 비행억제 효과가 지속되지는 않았다(Braukmann and Wolf, 1987). 이러한 결론에 대해 문제가 제기되었다. 평가연구에서 사용된 방법이 비판받았고, 적어도 한 분석에서는 교육가족 처우를 마치고 나온 지 1년 후에 재범률이 낮아졌다는 일부 증거를 발견했다(Kingsley, 2006).

4) 오리건 사회학습센터

오리건 사회학습센터(Oregon Social Learning Center · OSLC)에서 패터슨 등(Patterson, 1975; Dishion, Patterson, and Kavanagh, 1992; Patterson and Chamberlain, 1994; Snyder and Patterson, 1995; Dishion, McCord, and Poulin, 1999; Reid et al., 2002; Snyder et al., 2005; Forgatch et al., 2009; Forgatch and Kjøbli, 2016)은 오랫동안 사회학습 이론에 대한 경험적 연구를 수행했으며 가족과 또래집단을 대상으로 한 프로그램에 이를 적용했다. 그들의 '강압가정'(coercive family) 모형은 자녀의 행동 및 타인과의 상호작용이 "가정에서 학습되며 또래와 교사를 포함한 가족 이외 사람과의 상호작용으로 이어진다"고 제안한다(Dishion et al., 1992: 254-255).

> 부모의 불충분한 훈육은 자녀가 강압적으로 반응할 가능성을 높이며, 높은 수준의 아동강압은 부모의 공평하고 일관된 효과적인 훈육을 방해한다. 이것은 자녀의 거짓말, 훔치기, 싸움 등의 행동을 막으려는 부모의 시도가 자녀의 주장, 변명, 역트집이라는 곤경 속에서 실패할 수 있다는 것을 의미한다(Dishion et al., 1992: 258).

OSLC 청소년 변화 프로그램(Adolescent Transition Program)은 10대에 초점을 맞춰 이들의 자발적인 변화를 추구하는 프로그램보다 부모에 초점을 두며 부모/10대 집단에서의 가족관리 기술을 다룬다. 부모 집단에서는 교육, 토론, 역할놀이(*role playing*)를 통해 부모가 감독,

훈육, 문제해결, 기타 효과적 사회화와 훈육기술을 개발하도록 돕기 위해 치료사와 함께 여러 모임이 진행된다. "사회학습을 통한 부모훈련은 효과적 부모역할 기술과 전략을 개발하고 변화를 유지하기 위한 단계별 기술기반 접근방식이다"(Dishion et al., 1992: 263).

10대에 초점을 둔 집단과 개별 모임은 사춘기 직전과 청소년 초기(10~14세)의 위험청소년을 위해 운영된다. 이런 모임의 목표는 의사소통기술, 자기통제력, 친사회적 태도, 친사회적 또래교제를 개발하고 향상하는 데 도움을 주는 것이다. 평가연구는 이 프로그램을 통한 부모역할 기술의 향상과 청소년의 반사회적 행동 감소를 보여주었다(Dishion et al., 1992). 그러나 더 나이 든 비행청소년을 포함하는 개입집단에서는 청소년의 일탈행동이 감소하기보다는 오히려 증가할 수 있다(Dishion et al., 1999).

또 다른 성공적인 OSLC 프로그램인 다차원 처우 위탁보호(Multi-dimensional Treatment Foster Care · MTFC)에서도 유사한 인지적, 행동적 원리가 적용되었다. 이는 소년법원에서 판결받은 상습적이고 심각한 비행을 빈번하게 저지른 청소년의 행위를 변화시키기 위해 고안된 것이다(Chamberlain, Fisher, and Moore, 2002; Eddy and Chamberlain, 2000).

범법자는 시설보다 지역사회에 배치될 자격이 있지만 부모가 자녀를 더 이상 통제할 수 없어 청소년을 부모에게 돌려보내는 것이 불가능하다는 법원 판결에 따라 처우 프로그램을 받는 청소년은 위탁보호가정에 배정되었다(가정당 1~2명). 유능한 위탁부모가 모집되었으며 이들은 "청소년에게 프로그램 규칙과 일반적인 진행 준수에 따라 특권을 주는 3단계 점수제 내에서 각 청소년에게 유연하고 개별화된 행동계획을 실행하고 유지하기 위해 … 행동관리 방법"을 사용하도록 훈련받았다(Eddy and Chamberlain, 2000: 858).

이 훈련으로 위탁부모는 긍정적인 방식으로 청소년의 적절한 행동에 대해 '주목하고 강화하기 위해' 준비했다. 또한 각 청소년은 행동치료사가 함께하는 "문제해결, 사회적 관점 취하기, 비공격적인 자기표현 방법 등의 기술 습득에 초점을 맞추는" 모임에 매주 참여한다(Chamberlain et al., 2002: 205-206). 사례관리자는 위탁가정 배치, 학교출석과 숙제, 치료모임, 그 밖의 다른 개입을 조정하고 감독한다. 청소년이 프로그램을 이수한 후에는 부모역할 기술에 대한 지지와 훈련을 받은 친부모 혹은 계부모에게 돌아간다.

결과평가는 MTFC 처우집단의 비행청소년이 다른 지역사회 처우 프로그램에 배치된 비슷한 청소년보다 공식적, 자기보고식 비행률이 낮다는 것을 보여주었다. 무작위 할당 연구에서 프로그램을 마친 후 1년이 된 시점에 MFTC 소년은 집단보호 가정에 배치된 소년보다 체포와 비행이 유의미하게 적었으며 3년 뒤까지도 체포가 적은 것으로 나타났다(Chamberlain et al., 2002).

경험적 연구는 처우효과가 가족과 또래교제 변수에 의해 매개된다는 것도 보여준다. 즉, 프로그램이 "가족관리 기술(부모 감시, 훈육, 긍정적 강화)을 향상시켰고 일탈적 또래교제를 감소시켰기 때문에" 비행행위가 감소하고 중단되었다(Eddy and Chamberlain, 2000: 858). 처우집단과 통제집단 간에 나타난 MTFC의 긍정적 결과 차이는 참여자가 초기 성인기에 달할 때까지 계속해서 발견되었다(Rhoades et al., 2014).

가족과 교사의 관심연결(Linking the Interests of Families and Teachers · LIFT)은 사회학습원리를 이용한 OSLC 비행예방 프로젝트이다. 이 프로그램은 청소년기 비행과 폭력행위의 전조가 될 수 있는 아동기 문제행동을 다루기 위해 고안되었다. 이 접근은 지역사회의 고위험 지역을 대상으로 하지만 해당 지역에서 예방적 개입을 위해 위험에 처한 청소년을 파악하고 선발하기보다는 지역의 모든 1학년과 5학년(각각 초등학교와 중학교로의 과도기 학년인), 부모, 교사에게 서비스를 제공하는 '보편적 전략'이다.

LIFT는 아동의 가정, 또래, 학교에서의 상호작용을 수정하는 것에 초점을 맞춘다. 이론적으로 "아동 문제행동의 원동력은 매일 매일의 관계에서 발생하는 강화과정이다. … 반사회적 행위는 아동의 반사회적 행위와 이들이 매일 상호작용하는 사람의 반응 간의 상호작용을 통해 발전한다"(Reid and Eddy, 2002: 222).

학교의 협조와 아동 및 가족의 자발적 참여와 더불어 "LIFT의 세 가지 중요 요소는 ① 교실에서 이루어지는 아동의 사회적 기술, 문제해결 기술 훈련, ② 운동장에서 이루어지는 행동수정, ③ 집단으로 지도하는 부모훈련이다"(Eddy, Reid, and Fetrow, 2000: 165).

교실개입은 10주 동안 일주일에 두 번씩 진행하는 30분 수업으로 이루어진다. 이 수업은 강의, 집단토의, 듣기 연습, 협동, 문제해결과 또래와의 친사회적 행위를 촉진하는 기술(이뿐 아니라 5학년의 경우에는 학습기술)로 구성된다. 교실수업에 이은 운동장에서의 접근은 아동이 '선행'(*good behavior*) 게임에 참여하도록 하며 프로젝트 모니터 요원이 이들의 행위를 관찰한다.

이 게임에서 모니터 요원은 아동의 선행(예: 친사회적 행위, 나눔, 협동)과 또래에 대한 공격이나 다른 반사회적 행위를 참는 것에 대해 보상한다. 완장을 모으는 방식으로 얻어진 보상점수와 반사회적 행위의 표현으로 잃게 되는 마이너스 점수는 후에 집단보상으로 교환된다.

프로그램에서 부모훈련은 (15명의 부모로 구성된 집단을 대상으로 교실에서 6주 동안 주 1회 1시간 30분씩 이루어지는 저녁모임을 통해) 부모가 "일관되고 효과적인 긍정적 강화, 훈육, 모니터링 기술"을 발전시키거나 강화하는 것을 돕고자 한다(Reid and Eddy, 2002: 224). 이 모임은 독서, 가정에서의 실천과 더불어 비디오 프레젠테이션, 역할 연기를 포함한다. 집단의 리더는 매주 가정에서의 진행을 모니터하며 부모와 교사가 매일 의사소통을 할 수 있도록 교실에 음성메시징 시스템이 설치되었다.

프로그램은 거의 즉각적으로 운동장에서의 신체적 공격행동 감소와 교실에서의 행동개선에서 보통 정도이거나 강한 효과를 보였다. 또한 5학년이던 참가자들이 중학교에 들어가고 고등학교 1학년이 될 때까지 장기간, LITF 참여자는 (교사에 의해 관찰된 바에 의할 때) 통제집단의 청소년보다 경찰체포, 자기보고식 약물사용, 일탈적 또래와의 교제가 유의미하게 적었다.

편부모와 그들의 고위험 초등학생 자녀를 위한 초기 개입 부모 관리훈련프로그램과 같은 다른 OSLC 프로그램은 부모훈련과 일탈또래와의 교제를 제한하는 노력을 포함하면서 일부 성공을 보여주었다. 통제집단과 비교할 때 처우집단의 경우 9년간의 추적조사에서 교사에 의해 보고되는 비행과 체포가 감소한 것으로 나타났다(Forgatch et al., 2009).

5) 앤드루스의 실험과 치료 및 예방모형

크레시(Donald R. Cressey, 1955)는 청소년과 성인을 대상으로 하는 치료와 교정집단이 자연적으로 발생했든지 의도적으로 조직되었든지 간에 차별교제 과정에 기반을 둔다고 제안했다. 크레시는 이런 과정의 효과는 자신이 '반전적 교정'(*retroflexive reformation*)이라고 부른 것으로부터 온다고 제시했다. 타인의 교정을 돕는 집단에 참여하기로 동의하면서 범죄자는 친범죄적 가치로부터 더 멀어지지만, 집단의 친사회적 목적과 가치를 수용하게 되며 그에 따라 다른 사람의 정의에 영향을 미치기보다 범죄행위에 비우호적인 자기 자신의 정의의 균형에 영향을 미친다.

반전적 교정은 앤드루스(Andrews, 1980)가 고안하고 평가한 선구적 교도소·보호관찰 프로그램에서 다른 사회학습과정과 함께 수행될 수 있었다. 앤드루스는 유죄판결을 받은 성인범죄자의 태도(정의)와 행동을 바꾸기 위해 프로그램에 세 가지 중요원리를 적용했다. 즉, ① 우발성(*contingency*: 친사회적 자원봉사자가 이끄는 집단에서 차별교제와 강화), ② 대인관계의 질(양상) 그러한 집단에서 대인관계의 질, ③ 자기관리(개별 수용자에 의한 자기모니터링 및 자기강화 프로그램)이다.

교제와 강화요인의 조정은 범죄적 정의에 대한 집착을 줄이고 비범죄 정의를 더 수용하는 유의미한 변화를 가져왔다. 유사하게, 집단과 협력하는 외부 자원봉사자가 (일차 집단관계의 효력의 원리에 기반을 둬) 응집력 있는 집단을 만드는 데 더 능숙할수록 수용자가 반범죄적 태도를 발전시켰다. 이 프로그램에 참여한 성인 보호관찰 대상자는 법을 더 존중하게 되었고 범죄를 반복하는 경향은 줄었다. 자기관리와 친사회적 태도 집단에 배정된 수용자는 법을 준수하는 방향으로 태도를 변화시켰고 재범률도 낮아졌다.

앤드루스는 범죄와 일탈행동의 치료와 예방에 적용되는 더 완전하게 개발된 PIC-R〔개인적-대인관계적 그리고 지역사회-강화(personal-interpersonal, and community-reinforcement)〕 모형에서 관계와 상황적 원리를 지속적으로 강조했다. 이 모형에서 관계원리(*relationship principle*)는 "대인관계의 영향이 개방적·온정적이고 의욕적인 의사소통이 이루어지며 상호존중, 호의가 있는 상황에서 가장 크다"는 것을 말한다. 상황적 원리(*contingency principle*)는 "전달되는 메시지의 친범죄적/반범죄적 내용 혹은 강화와 처벌가능성의 영향으로 생겨나고 반복되는 행동유형의 친범죄적/반범죄적 성격"을 말한다(Andrews and Bonta, 1998: 273).

6) 인지-행동 프로그램에 대한 메타분석

앤드루스 등은 자신들의 모형과 그 밖의 다양한 인지-행동 처우 및 예방전략 등 행태적으로 지향된 모형의 효과를 파악하기 위해 경험적 연구와 메타분석(*meta analysis*)을 시도했다. 이들은 가족과 또래를 이용하는 사회적 행동 전략이 자아존중감과 같은 일반적 심리상태보다는 친/반범죄적 태도와 행동변화를 목표로 할 때 특히 효과적임을 발견했다.

"인지행동적·사회학습적 접근"은 "인간관계를 중심으로 한 상담이나 정신역학적 통찰에 의한 상담"보다 효과적이며 행태적 처우는 비(非)행태적 처우(효과크기가 0.04)보다 재범에 대한 평균효과가 더 크다(효과크기가 0.25)(Andrews and Bonta, 1998: 262-263, 267-268, 282-290). 립시 등(Lipsey, Landenberger, and Chapman, 2007)도 범죄자를 위한 인지-행동 프로그램이 평균적으로 25%의 재범 감소를 가져왔다는 것을 발견했다.

최근의 다른 메타분석은 교정시설에서 '인지행동적' 약물남용 치료 프로그램의 더욱 큰 효과를 확증했으며 이는 "행동유형을 설명하기(그리고 변화시키기) 위한 변수로 인지(*cognition*), 말로 표현하기(*verbalization*), 사회적 모형 등을 포함하기 때문에 행동강화이론보다 더 넓은 사회학습이론"과 일치한다(Pearson et al., 2002: 480; Lipsey and Landenberger, 2005; Gendreau, Smith, and French, 2006도 참조).

> 발달적 예방에서 성공적인 프로그램의 핵심적 기준은 범법자 처우기준과 유사하다. 예를 들면, 성공적인 프로그램은 사회학습이론에 확고한 이론적 기반을 두며, 인지-행동적 접근을 따르고, 잘 조직되었으며, 다수의 위험 및 보호요인을 다룬다(Losel, 2007: 4).

> 교정 프로그램에 대한 경험적 연구는 반사회적 교제, 반사회적 가치의 내면화와 범죄를 연결 짓는 이론 — 차별교제/사회학습 이론 같은 — 을 강하고 일관되게 지지한다. 문화비교연구를 포함한 메타분석에서 나타나는 일관된 결과는 '인지행동적' 프로그램이 다른 치료방식보다 재범 감소에 효과적 경향이 있다는 것이다(Cullen et al., 2003: 353).

7) 갱단 저항 교육 및 훈련

갱단 저항 교육 및 훈련(Gang Resistance Education And Training · G.R.E.A.T.)은 갱단에 반대하는 태도형성, 갱단 참여의 감소, 법 집행기관과의 긍정적 관계 증진이라는 목표달성이 지역사회에서 비행을 예방할 것이라고 기대하는 학생대상 예방 프로그램이다. 이 프로그램은 주로 갈등해결, 또래압력에 대한 저항, 지역사회에서의 삶의 질에 대한 갱단의 부정적 효과 등에 대한 교실 내 수업으로 구성된다. 이것은 갱단 활동에 대한 직접적 중재나 특정행동의 변화를 위한 요소 없이 경찰이 교실에서 전달하는 전적으로 인지에 기반을 둔 프로그램이다.

G.R.E.A.T.에 대한 횡단적인 4년간 준실험적 평가는 프로그램에 참여한 청소년이 경찰에 대해 더 긍정적 태도를 발전시키고, 갱단에 대해서는 더 부정적 태도를 보이게 되며, 피해와 위험추구행위는 줄어들고, 친사회적 활동을 하는 또래와의 교제는 많아지는 등 목표의 일부가 달성되었음을 발견했다. 그러나 경험적 연구는 갱단 구성원이 되는 것은 프로그램 참여로 막을 수 없다는 점, G.R.E.A.T. 수업에 참여하는 청소년의 자기보고식 비행이 프로그램에 참여하지 않은 통제집단 청소년보다 낮지 않다는 점을 보여주었다(Esbensen et al., 2001).

이러한 실망스러운 결과로 인해 갱단과 학교기반 예방 프로그램에 관한 전문지식을 가진 자문위원의 조언에 따라 G.R.E.A.T.가 수정되었다. 현재 프로그램에는 초등학교, 중학교, 여름학교 커리큘럼 요소와 가족요소 등 4가지가 있다. 학교 요소는 학생에게 갱단, 폭력, 약물에 대해 가르치는 것과 갱단과 그 밖의 다른 일탈 또래집단과 함께하는 것을 피하기 위한 '거부 기술'뿐만 아니라 친사회적 태도와 기술을 발전시키는 것에 초점을 맞춘다. 가족 요소에서는 담당자가 좋은 부모/가족 기술, 효과적 훈육, 모니터링, 텔레비전, 영화, 비디오게임, 인터넷 등에 대한 접근통제를 가르치고자 한다. 수정된 프로그램에는 연방 및 지방 형사사법기관으로부터 '훈련되고 인증된' 강사가 추가되었다.

수정된 프로그램에 대해 잘 설계된 엄격한 단기, 장기(4년 추적) 평가가 이루어졌으며 원래 프로그램보다 긍정적 결과가 나타났다. 큰 차이를 보이지는 않았지만, 통제집단과 비교해서 프로그램에 노출된 청소년의 갱단 합류 가능성은 유의미하게 적었다. 그러나 친사회적, 비행적 또래와의 전체적 차별교제나 참여자가 친사회적 태도를 보이는 정도에서는 유의미한 차이를 보이지 않았다. 비행행동에 대한 예방효과는 약하지만 연방기관이 갱단 구성원과 비행행동에 대한 '유망한' 예방 프로그램으로 설계한 G.R.E.A.T.에 대한 연구결과는 충분히 고무적이다(Esbensen et al., 2013).

G.R.E.A.T.의 고안자들은 차별적 또래교제가 비행에 영향을 미친다는 것을 인식하며 어느 정도 사회학습이론과 일관되게, 갱단 참여를 감소시킴으로써 일탈적 또래와의 교제 빈도와 강도를 낮추는 것이 비행을 예방할 것이라고 가정한다. 또한 이 프로그램에서는 사회학습이론의 정의 개념과 중복되는 것으로 나타나는 갱단과 비행에 우호적 태도에 대응할 수 있는 사회적 기술과 친사회적 태도를 견고히 하고자 한다.

그러나 최초 프로그램과 수정된 프로그램은 그 기반이 되는 이론적 가정이 명확하지 않다. 시애틀 사회개발모형(Seattle Social Development Model·SDM)과 생활기능훈련(Life Skills Training)에 대한 언급이 있긴 하지만(Esbensen et al., 2013), 사회학습이론이나 어떤 다른 이론도 프로그램을 위한 이론적 기반을 제공하는 것으로 설명되지는 않았다. G.R.E.A.T. 프로그램의 일부는 사회통제이론에 기반을 두어 만들어진 것으로 보이며(제6장 참조) 사회학습이론에서 기대하는 것을 따르지 않거나 이론에 반대되는 측면도 있다.

예를 들면, 경찰이 이끄는 교실 커리큘럼(교실에서 교사를 더 참여시키고 엄격한 훈육적 접근방식에서 벗어나도록 프로그램을 수정한 후에도)과

가족 모임이 바람직한 결과를 가져올 것이라는 예상의 근거가 되는 사회학습원리는 무엇인가? 갱단 구성원과 갱단 관계에 대한 네트워크 분석결과는 (사회학습이론과 일관되게) 잠재적으로 더 효과적 접근이 되려면 아마도 교실교육과 함께 갱단 구성원 개개인, 특히 갱단 네트워크에서 중심적 '차단점'(*cut points*: 서로 다른 개인과 집단 간의 유일한 연결고리)이 되는 사람에 대한 직접적 개입을 포함해야 할 것이라고 제시한다(McGloin, 2005; McGloin et al., 2004도 참조).

8) 긍정적 행동 중재와 지원 프로그램

최근 프로그램 평가는 긍정적 행동 중재와 지원(Positive Behavioral Interventions and Supports · PBIS) 프로그램이 학교 차원에서 정학 감소 및 학교안전 인식 개선에 효과가 있음을 보여주고 있다(Bradshaw, Koth, Thornton, and Leaf, 2009; Bradshaw, Pas, Goldweber, Rosenberg, and Leaf, 2012; Bradshaw, Waasdorp, and Leaf, 2012; Waasdorp, Bradshaw, and Leaf, 2012). PBIS 프로그램은 학생들이 또래의 적절한 행동을 기대하고, 적절한 행동은 강화되며 부적절한 행동은 처벌되는 사회문화를 만드는 데 초점을 맞춘 보편적인 학교 기반 프로그램이며, 그 원리는 사회학습이론과 일치한다. 이는 이러한 문화적 변화가 더 안전한 학교환경과 학교 관련 비행 감소로 이어질 것이라는 것을 의미한다. 이 프로그램은 초등학생을 대상으로 하며, 브래드쇼(Bradshaw) 등이 요약한 7가지 요소를 포함하고 있다(2008: 463).

학교에 기반한 실행과 관련하여 리더십을 발휘하기 위하여 학교 안에

PBIS 팀을 구성한다. 관리자와 6~8명의 직원으로 구성된 팀은 연례 교육행사에 참석하고, PBIS 실행을 위한 세부 계획을 수립하며, 프로그램을 지원하기 위한 자료를 개발하고, 다른 직원을 훈련하며, 월례 모임을 통하여 학교에서의 전반적인 행동관리에 대해 논의한다. 행동 지원 '코치'는 PBIS와 관련된 현장 기술을 지원한다. 코치는 일반적으로 PBIS 활동 및 기능적 행동평가를 수행한 경험이 있는 학교 심리학자나 상담교사가 담당한다. 학교 팀은 모든 교실 및 교실 밖 장소에 게시되고, 모든 학생과 직원이 알고 있는 학생 행동과 관련된 3~5개의 긍정적으로 진술된 행동 기대치(예, 존중하고, 책임감 있고, 배울 준비가 되어 있는)를 설정한다. 교직원은 정기적으로 학교 전체의 행동 기대치를 정의하고 가르치기 위한 계획을 수립한다. 기대되는 긍정적 행동을 하는 학생에게 보상하기 위하여 학교차원의 체계를 개발한다. 교직원은 명확한 강화물을 만들고, 모든 환경에서 모든 교직원이 일관되게 강화물을 사용하게 하도록 학교차원의 체계를 확립하고 사용한다. 직원과 관리자는 교실에서 다루는 규율, 사무실에서 다루는 규율에 대한 정의 등 위반행동에 대한 대응체계를 만든다. 모든 학급에서 학생은 규율위반에 대해 일관된 처벌을 받는다. 프로그램 실행과 관련한 의사결정을 위해 징계 자료(예, 훈육실 의뢰, 정학)를 수집, 분석, 활용하는 공식체계가 개발되었다.

호너(Horner) 등(2009)은 PBIS 프로그램 효과 평가를 위하여 가장 강력한 과학적 증거를 제공하는 것으로 간주하는 연구설계인 무작위 대조시험을 수행하였다. 이 무작위 대조시험에서 두 개 주(일리노이와 하와이)의 33개 학교가 PBIS 프로그램을 받는 것으로, 30개 학교는 "대기자 명단 통제"(*wait list control*) 학교로 무작위 할당하였다. 이 연구에서는 PBIS 프로그램이 학교 안전에 대한 인식 개선에 주목할 만한 큰 효과를 미치는 것으로 나타났다(d = -0.86). 브래드쇼 등(2010)은 뒤이은 무작위 대조시험에서 PBIS를 받는 것으로 무작위 할당된 학교와 프로그램을 받지 않는 것으로 할당된 학교를 비교할 때 PBIS 프로그램은 학교 정학에 대해 작거나 중간 정도의 효과(d = 0.27)가 있음을 보여주었다.

9) 다른 예방 프로그램

알코올과 약물교육/예방 프로그램 역시 어느 정도는 사회학습이론을 반영하는 다양한 '사회적 영향과 기술' 전략을 사용했다. 이런 프로그램은 약물을 사용하거나 삼가는 결정에 영향을 줄 수 있는 또래, 미디어, 가족의 영향에 대해 가르치고 이런 영향에 대처하고 저항하는 방법에 관해 교육하기 위해 만들어졌다.

이런 프로그램 참여는 약물사용을 감소시키거나 예방하는 데 어느 정도 효과가 있는 것으로 나타났다. 가장 효과적인 것은 약물에 대한 우호적 태도를 단념시키고 친사회적·생활기술 학습에 초점을 맞추는 또래 프로그램이다(Tobler, 1986; Akers, 1992; Botvin et al., 1995). 이런 것들이 어느 정도 성공했다고 주장할 수는 있지만 최상의 프로그램들조차 큰 효과를 보이지 않았다. 이런 프로그램이 백인, 중류계층의 청소년뿐만 아니라 하위계층의 흑인과 히스패닉 청소년에게서도 장기적 약물이용의 감소를 가져오는지는 확실하게 입증되지 않았다.

셔먼 등(Sherman et al., 1998)은 과학적으로 타당한 범죄예방에 관한 연구를 검토하면서 많은 가족, 학교 프로그램을 '효과적인' 것으로 분류했다. 이들은 비행예방, 약물사용 및 문제행동의 예방을 위해 가장 효과적 프로그램은 고위험 청소년을 위한 인지행동적 접근이라고 결론 내렸다. 이런 프로그램에는 규범을 명확하게 설명하고 전달하는 것, 긍정적 행동 강화, 사회적 능력, 생활기능, 사고(*thinking*)기술 훈련 그리고 행동수정 기술을 활용하는 자기통제력 훈련이 포함된다.

지역사회 및 학교에 기반을 둔 프로그램은 종종 일반 긴장이론(제 9장 참조) 뿐만 아니라 학습과 통제이론(제 6장 참조)의 원리에 근거해 가족, 아동, 청소년을 대상으로 수행된다. 이런 것은 헤드 스타트(Head Start)와 기타 일반화된 아동대상 프로그램으로부터 특별히 비행예방을 위한 조기 중재 프로그램에 이르기까지 다양하다(Greenwood, 1998). 이들 프로그램은 종종 소수민족, 빈곤지역, 고위험 지역의 초등학생과 가족에게 사회적·경제적·학습적 자원을 제공함으로써 가족, 학교, 지역사회에서 '위험요인'을 감소시키고 '보호요인'을 강화하고자 한다(Jessor, 1996; Zigler, Tausig, and Black, 1996).

학습이론 및 통제이론을 결합한 가장 주목할 만한 프로그램은 SDM이다(Hawkins et al., 1992; Hawkins et al., 1999). SDM은 초기 중재를 위한 장기 프로젝트이며 청소년비행 예방에 어느 정도 성공적인 것으로 증명되었다. SDM과 이에 대한 경험적 연구는 다음 장(제 6장)에서 설명한다.

6. 요 약

에이커스의 사회학습이론은 서덜랜드의 차별교제이론과 일반 행태주의 학습원리를 결합한 것이다. 이 이론에 의하면 범죄나 비행은 순응행위와 마찬가지로 습득되고 반복되며 변화되는 과정을 겪는다고 한다. 범죄학에서 에이커스의 사회학습이론은 학습과정의 모든 부분과 관련되지만, 차별교제, 정의, 차별강화, 모방이라는 4개의 주요 개념에 초점을 맞춘다. 개인이 일탈행동에 노출된 사람과 차별교제를 가졌을 때, 일탈행동이 순응보다 차별적으로 강화되었을 때, 순응모형보다 일탈모형에 더 노출되었을 때, 일탈행동에 더 우호적 정의를 가질 때, 사회규범이나 법을 따르기보다는 위반할 가능성이 높다.

범죄와 비행에 대한 경험적 연구결과는 사회학습이론을 강력하게 지지하는 것으로 나타났다. 에이커스와 그의 동료 그리고 다른 많은 학자에 의해 이루어진 수년 동안의 경험적 연구는 사회학습이론이 개인의 비행 및 범죄 차이를 설명하는 이론인 것을 지지한다. 지금까지는 SSSL모형을 직접적으로 검증하는 연구가 많지 않지만, 지금까지의 연구는 사회구조적 변수가 범죄, 일탈행동에 미치는 영향을 사회학습과정이 실질적으로 매개한다는 주요 가설에 대한 일부 지지와 일부 유보를 제공한다.

사회학습이론의 행태주의적 · 인지적 · 사회적 상호작용 원리는 청소년을 대상으로 한 예방과 치료 프로그램뿐만 아니라, 성인범죄자를 대상으로 한 예방 · 치료 프로그램에도 적용되었다. 이런 프로그램의 결과는 다소 실망스럽다. 그러나 일부 성공적 증거도 있으며 일반적으로 이런 프로그램이 다른 접근보다는 더 효과적이다. 마지막으로, 최근 긍정적 행동 중재와 지원(PBIS)과 같은 학교 기반 개입은 유망한 결과를 보여주었다.

주요 개념

- 차별교제의 원리(*principle of differential association*)
- 정의(*definitions*)
- 교제양상(*modalities of association*)
- 차별강화(*differential reinforcement*)
- 고전적 혹은 반응적 조건형성(*classical or "respondent" conditioning*)
- 강화계획(*schedules of reinforcement*)
- 상징적 상호작용(*symbolic interactionism*)
- 상호작용 차원(*interactional dimension*)
- 규범적 차원(*normative dimension*)
- 일반정의(*general definitions*)
- 특수정의(*specific definitions*)
- 부정적 정의(*negative definitions*)
- 긍정적 정의(*positive definitions*)
- 중화적 정의(*neutralizing definitions*)
- 차별적 자극(*discriminative stimuli*)
- 적극적 강화(*positive reinforcement*)
- 소극적 강화(*negative reinforcement*)
- 강화 양상(*modalities of reinforcement*)
- 사회적 강화(*social reinforcement*)
- 비사회적 강화(*nonsocial reinforcement*)
- 자기강화(*self-reinforcement*)
- 대리강화(*vicarious reinforcement*)

- 선택모형(selection model)
- 사회화모형(socialization model)
- 유도된 집단 상호작용(*Guided Group Interaction* · GGI)
- 반전적 교정(*retroflexive reformation*)
- 관계원리(*relationship principle*)
- 상황적 원리(*contingency principle*)
- 무작위 대조시험(*randomized controlled trial*)

제 6 장

초기 통제이론, 사회통제이론과 자기통제이론

1. 서 론

통제이론을 지지하는 사람 중에는 이 이론이 다른 모든 범죄이론과 완전히 다르다고 주장하는 사람이 있다. 이는 통제이론은 일부 사람이 사회적·법적 규범을 지키지 않는 이유를 알아보려 하기보다 왜 대부분의 사람은 규범에 순응하는가, 우리 모두는 왜 규칙을 어기지 않는가와 같은 질문을 하기 때문이다.

> 통제이론의 관점에서 보면 〔이〕 (질서유지의 어려움에 대한 홉스의) 질문에 대한 적절한 답변을 찾아볼 수 없다. '왜 사람들이 사회의 규칙을 지키는가'라는 의문점이 남는다. 일탈은 당연한 것으로 받아들이고 순응을 설명해야만 한다(Hirschi, 1969: 10).

통제이론이 제시하는 설명은 사회통제가 우리로 하여금 범죄를 저지르지 못하게 하기 때문에 순응한다는 것이다. 이러한 통제가 깨지거나 약해지면 언제나 일탈이 발생하기 쉽다(Reiss, 1951). 통제이론에 따르면, 사람이 순응하려면 사회통제에 의해 동기가 부여되어야 하지만 법을 위반하는 데는 어떠한 특별한 동기도 필요하지 않다고 한다.

법 위반은 통제의 부재상태에서 자연스럽게 발생한다. 범죄에 대한 동기를 당연한 것으로 가정한다고 선천적 범죄성향을 말하는 것은 아니다. 그보다는 범죄를 저지르려는 동기에 개인에 따른 차이가 없다는 것이다. 범죄를 향한 충동은 누구에게나 같고 사회 어디에나 일정하게 있다(Agnew, 1993).

누구나 범죄를 저지를 수 있는 동기를 가졌다고 보기 때문에 통제받지 않으면 사회의 규칙에 대항하고 어길 것이다. 그러므로 통제이론가는 자신의 목적이 범죄를 저지르는 이유를 설명하는 것이 아니라고 주장한다. 그들은 사람이 법을 위반하고도 처벌받지 않는다면 모든 사람이 법을 위반할 것이라고 가정한다. 대신, 사람들이 범죄를 범하지 않는 이유에 대해 설명하려 한다. 예를 들면, 오늘날 대표적 통제이론가인 허쉬는 아래와 같이 설명한다.

> "왜 그들은 법을 위반하는가?"라는 질문은 솔직히 통제이론이 답하고자 하는 것이 아니다. 통제이론이 답하고자 하는 질문은 "왜 우리는 법을 위반하지 않는가?"이다. 우리는 거리낌이 없다면 범죄를 저지를 것이라는 증거가 많다(Hirschi, 1969: 34; 인용자 강조).

보다 최근에도 허쉬와 갓프레드슨은 통제이론과 그들이 '실증주의적'(*positivistic*)이라 부르는 그 밖의 모든 범죄이론을 뚜렷하게 대비시켰다. 그들에 따르면, '실증주의 이론은 무엇이 범죄를 예방하는가'라고 묻지 않고 '어떤 요인이 사람으로 하여금 범죄를 저지르도록 동기화시키는가'라고 묻는다. 그들이 보기에 실증주의 이론은 그런 동기가 없으면 모든 사람은 규범에 순응할 것이라고 가정하는 반면, 통제이론은 강한 사회적・개인적 통제로 억제되지 않으면 범죄가 발생할 것이라고 가정한다(Gottfredson and Hirschi, 1990). 보편적 범죄동기에 대한 이 가정은 최근에 다른 이론 모형에 포함되었다(Wilcox, Land, and Hunt, 2003 참조).

우리는 통제이론과 실증주의적 이론 사이의 극명한 구분에 동의하지 않는다. 모든 통제이론이 범죄를 촉진시키는 것보다는 범죄를 억제하는 사회적 관계에 더 초점을 맞추는 경향이 있음은 사실이다. 그러나 통제이론 사이에도 범죄 배후의 실증주의적 동기에 대한 검토를 제한하거나 배제하는 정도에는 상당한 차이가 있다. 모든 통제이론가가 사람들은 규범에서 벗어나려는 동기를 동등하게 가졌다고 가정하거나 순응하게 하는 요인을 파악하는 문제에만 국한하는 것은 아니다. 일부 통제이론가는 자신의 이론에 성격, 사회환경, 상황 등 범죄를 일으키는 요인을 통합한다(Reckless, 1967; Briar and Piliavin, 1965).

나이(Nye)는 대부분의 범죄를 사회통제가 실패한 결과로 보면서도 '실증적' 요인(성격, 비행 하위문화)이 비행과 결합된다는 사실을 허용하는 다중원인(multi-causal) 모형을 주장했다(Nye, 1958: 5). 허쉬 자신은 비행에 대해 타고난 충동이 있다는 가정을 거부한다. 그는 비행의 억제요인 이외에 비행친구의 승인과 같이 비행을 유발하는 요인이 있다는 사실을 인정하도록 통제이론의 '타고난 동기'(*natural motivation*) 가정이 수정되어야 한다고 제안했다(Hirschi, 1969).

모든 사람이 일탈행동을 할 동기를 가졌다는 가정은 어떤 통제이론에서도 결정적이지 않다. 사실, 일부 통제이론은 범죄를 유발하는 요인을 의도적으로 포함한다. 허쉬의 사회통제이론과 갓프레드슨과 허쉬의 자기통제이론도 일부 동기부여와 실증주의적 요인을 가졌다는 지적이 있다(Cochran et al., 1998; Wiebe, 2003 참조).

결과적으로, 통제이론과 다른 이론은 범죄에 대한 질문유형에서 그렇게 큰 차이가 있는 것은 아니다. 이들 이론 사이의 차이점이 무엇이든, 통제이론을 포함한 모든 범죄이론은 궁극적으로 범죄와 비행에서의 차이를 설명하려고 한다. 범죄이론이 직장에서의 행동, 가치 있는 성취, 사회복지에의 기여 등을 설명하지는 않는다.

통제이론도 다른 범죄이론과 동일한 종속변수(범죄, 비행, 일탈)를 갖는다. 통제이론에 대한 경험적 검증도 다른 이론의 검증과 동일한 방식으로(공식자료와 자기보고식 자료를 가지고) 종속변수를 측정한다. 만약 종속변수의 개념과 측정이 본질적으로 같다면 이론의 본질적 질문이 범죄를 범하는 것에 관한 것이건 아니면 범죄를 억제하는 것에 관한 것이건 무슨 차이가 있겠는가?

통제이론 및 기타 이론에 대한 연구에서 범죄 혹은 비행은 법을 위반하는 행위로 정의되고 순응은 그런 행위의 부재로 정의된다. 순응과 범죄는 동전의 양면과 같다. 하나를 설명하면 다른 한쪽도 설명하는 것이기 때문에, 특정이론이 이 둘 중에 어느 한쪽을 설명한다고 주장하는 것은 중요하지 않다. 이론은 범죄의 동기 혹은 범죄의 억제라는 동전의 한 면을 강조하는 정도에 차이가 있다.

일부 이론이 범죄동기를 강조하는 것과 통제이론이 범죄에 대한 억제력을 강조하는 것을 대비하는 것은 정당한 일이다(Agnew, 1993). 그러나 그 차이는 정도의 차이지 질적 차이가 아니다. 이러한 이유에서 범죄에 대한 설명이 순응 혹은 범죄 중 어느 것을 설명하려고 하는지의 여부에 따라 두 개의 상호배타적 범주로 나누기는 어렵다.

2. 초기 통제이론

1) 리스와 나이의 내적 · 외적 통제이론

사회통제라는 사회학적 개념은 개인이 사회화를 통해 자기통제를 습득하는 것과 순응은 보상하고 일탈은 처벌하는 사회적 제재를 통해서 사람의 행동을 통제하는 것 모두를 포함한다. 즉, 제재의 적용을 통해 사회화가 일어난다.

리스(Reiss, 1951)는 비행의 원인을 '개인적 · 사회적' 통제가 실패한 탓으로 돌림으로써 범죄학에 이 개념을 일찍 적용한 사람 가운데 하나이다. 개인적 통제는 내면화되고 사회적 통제는 법적 · 비공식적 사회제재라는 외적 적용을 통해서 작용한다. 나이(Nye, 1958)는 이후에 이 개념을 확장시켜, 비행을 예방하는 사회적 통제를 다음과 같은 세 가지 주요 범주로 분류했다.

① 직접 통제: 부모가 (자녀의) 잘못한 행동을 처벌하거나 위협하고 순응은 보상하는 것.

② 간접 통제: 청소년이 부모나 긴밀한 관계를 맺는 다른 사람에게 고통과 실망을 줄까 봐 비행을 삼가는 것.

③ 내적 통제: 청소년의 양심 혹은 죄의식이 비행을 저지르지 못하게

하는 것.

나이는 직접 통제가 공식적이거나 법적인 제재를 통해 행사될 수 있음을 인정했지만 가정에서의 비공식적 간접 통제를 강조했다. 또한 청소년이 갖는 애정, 인정, 안전감, 새로운 경험의 욕구가 가정 안에서 충족될수록, 가정 밖에서 용납될 수 없는 방식으로 이러한 욕구를 충족시키지 않을 것이라고 주장했다.

그러나 나이가 이것을 통제의 또 다른 범주로 나타낼 생각은 아니었던 것 같다. 그것보다는 가정 내에서 청소년의 욕구가 충분히 충족되지 못하는 것과 함께 가정 밖에서 그들의 욕구가 더 충분히 충족되는 것이 청소년비행을 동기화시키는 요인 중 하나인 것으로 보인다. 따라서 이것은 비행동기의 한 유형으로, 비행을 예방하려면 직접 및 간접 통제에 의해서 이것을 다스려야만 한다.

2) 레클리스의 억제이론

나이가 자신의 통제이론을 형성했던 것과 거의 같은 시기에, 레클리스(Walter Reckless)는 비행과 범죄에 대한 '억제'(*containment*) 이론을 제안했다(Reckless, Dinitz, and Murray, 1956; Reckless, 1961). 그의 억제이론도 동일한 내적·외적 통제개념에 기초해 만들어졌으며 그는 이들을 '내적'(*inner*), '외적'(*outer*) 억제라고 불렀다. 그러나 레클리스는 이외에 청소년에게 비행을 저지르도록 동기화시키는 요인, 다시 말해서 비행에 대한 '압력'(*pushes*)과 '유인'(*pulls*)을 포함했다.

억제이론의 기본명제는 이러한 내적·외적 압력과 유인이 내적·외적 억제에 의해서 통제되지 않을 때 비행이 발생한다는 것이다. 일탈에 대한 동기가 강하고 억제가 약할 때 범죄와 비행이 발생할 것이다. 외적 억제로는 부모와 학교의 감독, 훈육, 강한 집단응집성, 일관성 있는 도덕적 태도 등이 있다. 내적 억제는 주로 강한 양심 혹은 '좋은 자아개념'으로 이루어진다. 일탈적 환경의 압력과 유인에 덜 좌우되게 만드는 이 자아개념은 가정 안에서 이루어지는 사회화의 산물이며 12살 때까지 형성된다.

억제이론에서 체계적으로 검증되는 유일한 부분이 바로 이 자아개념에 대한 가설이다. 레클리스 등은 우범지역에 사는 소년들의 자아개념에 대한 경험적 연구를 수행했다(Reckless et al., 1956; Scarpitti et al., 1960). 그들은 12세 때 좋은 자아개념을 가진 소년들이 16세까지 비행으로 체포되거나 비행을 저지를 가능성이 적다는 사실을 밝혀냈다. 최근 연구에서도 레클리스의 억제이론이 비윤리적인 의사결정을 설명하는 것으로 나타났다. 연구결과는 외적 억제 요인이 내적 억제 요인보다 영향력이 더 크다고 알려준다(Kennedy, 2015).

3) 사이크스와 마차: 중화기술과 표류

1957년에 사이크스(Gresham Sykes)와 마차(David Matza)는 청소년이 '중화기술'(*techniques of neutralization*)을 사용한 결과로 비행이 발생한다는 이론을 제안했다. 중화기술은 일반적으로 수용되는 합리화를 부적절하게 확장한 것으로, 비행에 대한 정당화와 변명이다. 이러한 중화시키는 정의를 믿는다고 해서 비행자가 관습적 사회가치를 전적으로 거부하거나, 일반적인 문화적 가치와 직접적으로 모순되는 가치를 갖는 것은 아니다. 그것은 단지 그들이 '숨은 가치'(*subterranean values*)를 가지고 있어서 전통적 가치를 회피하고 이것으로부터의 일탈을 합리화한다는 것이다(Matza and Sykes, 1961).

사이크스와 마차는 자신들의 이론을 설명하면서 중화기술을 서덜랜드의 차별교제이론에서 언급한 범죄와 비행에 '우호적 정의'의 유형으로 간주한다고 분명하게 밝혔다.[1] 그럼에도 많은 범죄학자는 이들의 이론을 차별교제이론의 확장으로 보지 않고 통제이론의 한 유형으로 본다.

사이크스와 마차의 이론에 대한 이러한 해석은 주로 마차(1964)가 이후에 중화개념을 그의 비행 표류이론(*drift theory*)에 편입시켰기 때문에 나타난 것이다. 표류이론에서 청소년은 중화기술을 이용해 관습적인 도덕적 구속으로부터 '일시적 해방'을 얻을 수 있다. 관습적 도덕으로부터의 일시적 도피는 청소년이 비행의 안과 밖을 주기적으로 표류하는 것을 가능하게 한다. 관습적 신념이 일탈을 통제하는 것으로 볼 때, 그런 신념을 중화시킨다는 것은 사회통제의 약화를 나타내는 것이다.

이러한 이유로 인해서 마차(1964)가 내적·외적 통제에 대한 언급을 거의 하지 않았음에도 그의 표류이론과 그와 사이크스의 중화기술이론은 일반적으로 통제이론으로 분류된다. 중화는 본래 사이크스와 마차가 설명했던 것처럼 비행에 대해 우호적 정의형태가 아니라, 내적 억제의 약화(Ball, 1968)나 사회에 대한 유대의 단절로 간주된다(Minor, 1981).

중화기술을 이처럼 통제이론의 한 유형으로 해석하는 것은 허쉬가 사회통제이론을 처음으로 제시하면서 이것을 해석한 방식과 차이가 있

---

1) 중화기술이 차별교제이론과 어떻게 적합한지와 사회학습이론에서 현재 차지하는 위치에 관한 논의는 "제 5장 사회학습이론"을 보라.

다. 허쉬(1969: 199)는 사이크스와 마차가 중화기술의 성격을 밝힌 것은 사회통제이론을 제안하려는 시도가 아니라 "'법 위반에 우호적 정의'의 내용을 구체화하려는 시도"였다고 인식했다. 더욱이 허쉬는 자신의 이론을 검증하면서 '신념'의 지표(다음을 볼 것)로 중화기술을 사용하긴 했지만, 비행자가 중화기술을 사용하여 강하게 갖고 있던 관습적 신념을 위반한다고 보는 사이크스와 마차의 중심적 개념을 거부했다. 대신, 중화기술을 승인하는 것은 비행자가 애초에 약한 일반신념을 가졌다는 사실을 나타낼 뿐이라고 제안했다.

코스텔로(Costello, 2000) 역시 중화기술을 통제이론과는 다른 것으로 본다. '경찰 관련' 중화를 지지하는 비행자는 '자아존중감' 측정치가 높게 나타났지만(그녀는 이것을 '중화이론'과 일치한다고 해석했다), '일반' 중화기술을 사용하는 비행자는 자아존중감이 높지 않았다(그녀는 이것을 '통제이론'과 일치한다고 해석했다. Costello, 2000: 308).

마루나와 코페스(Maruna and Copes, 2005)는 중화기술과 통제이론을 구분하기보다 중화기술과 귀인(*attribution*), 통제 소재(*locus of control*), 도덕적 이탈(*moral disengagement*), 인지 부조화 같은 인지과정 사이의 관련성을 언급했다. 이들이 기본 인지과정이라고 언급한 것은 중화기술과 상징적 상호작용이론, 법 위반에 우호적 정의와의 관련성을 강조한 것이다.

토팔리(Topalli, 2005)는 자신을 기만한 사람을 응징하지 않거나 동료를 밀고해 자신의 거리규범을 위반한 '상습범'이 중화를 이용하여 예상되는 죄의식을 줄일 수 있다는 점을 보여주었다. 디킨슨과 자크(Dickson and Jacques, 2019)도 60명 이상의 현역 마약상을 면접 조사한 결과, 이들이 '나쁜 마약상'의 일반적 인식에 반하는 정체성을 선제적으로 구축함으로써 죄책감을 무력화하는 경향이 있음을 발견했다. 디킨슨과 자크(2019)는 또한 사회인구학적 및 사회구조적 맥락 차이에 따라서 야기되는 중화기술이 달라질 수 있음을 시사하는 증거를 수집했다.

다른 경험적 연구에서 중화태도는 비행 및 범죄행위와 어느 정도 관련 있는 것으로 밝혀졌지만 이것은 그런 태도가 관습적·도덕적 신념의 구속으로부터 그들을 해방시키는 기능을 하기 때문이라기보다는 그런 태도가 개인으로 하여금 쉽게 법을 위반하게 하는 경향이 있기 때문으로 보인다(Hindelang, 1970, 1973; Hollinger, 1991).

종단적 자료를 사용한 연구에서 중화는 비행보다 선행하지만, 시간이 지남에 따라 비행이 중화의 변화로 이어지지 않는 것으로 나타났다(Morris and Copes, 2012). 종단적 자료에 따르면 도덕적 이탈은 범죄자들 사이에서도 다양하게 나타나는 것으로 관찰되었다. 도덕적 이탈이 높은 그룹과 비교했을 때 도덕적 이탈이 낮은 그룹에서는 여성들과 백인들이 불균형적으로 나타난다(Cardwell, Piquero, Jennings, Copes, Schubert, and Mulvey, 2015).

3. 허쉬의 사회통제이론

모든 초기 통제이론은 오늘날 통제이론의 대표자라고 할 수 있는 허쉬(Hirschi, 1969)의 이론으로 대체되었다. 보통 그의 통제이론을 사회유대이론이라 한다.[2] 오늘날 대부분의 범죄학자가 통제이론이라고 말하는 것은 허쉬의 사회통제이론과 갓프레드슨과 함께 제시한 자기통제이론을 의미한다. 통제이론가는 범죄학 문헌에서 가장 빈번하게 인용된다(Cohen and Farrington, 1999).

사회통제이론의 내용은 허쉬의 저서 《비행의 원인》(1969)에 담겨 출판되었다. 그의 저서는 비행뿐 아니라 어떠한 유형의 범죄나 일탈행동에도 적용할 수 있는 내적 일관성이 높고 논리정연하며 간결한 이론이다. 허쉬는 이전의 모든 통제이론으로부터 여러 가지 요소를 가져다가 자신의 통제이론을 구성하고 비행을 설명하는 새로운 방식을 제시했다. 그는 기본가정, 개념, 명제를 명료하게 제시했을 뿐만 아니라 각 주요개념에 대한 명확한 경험적 측정도 제시했다. 또한 캘리포니아 주 콘트라 코스타 카운티(Contra Costa County)의 일반 청소년 집단에서 수집한 자기보고식 비행(*self-reported delinquency*) 자료에 근거해 이론을 체계적으로 검증하고 결과를 제시했다. 그가 이론구성, 개념화, 조작화, 경험적 검증 등을 결합시킨 방식은 당시 범죄학에서 참으로 독특했을 뿐만 아니라 오늘날에도 하나의 전형이 된다(Kempf-Leonard, 2019; Costello and Laub, 2020).

---

2) [옮긴이 주] 허쉬의 이론은 본디 '사회통제이론'(*social control theory*)이라고 불리지만 에이커스는 이를 축소해 '사회유대이론'이라 일관되게 부른다. 옮긴이는 허쉬의 이론을 제대로 대표하지 못하는 '유대이론' 대신 '사회통제이론'으로 제시한다.

1) 사회통제이론의 주요개념과 명제

허쉬의 이론은 "비행은 사회에 대한 개인의 유대가 약하거나 깨졌을 때 일어난다"는 일반명제로부터 출발한다(1969: 16). 이와 같은 유대를 구성하는 4가지 주요한 요인은 애착(*attachment*), 관여(*commitment*), 참여(*involvement*), 신념(*belief*)이다. 부모, 어른, 학교 선생님, 친구와의 관계에서 이 요인이 강할수록 개인의 행동은 순응하도록 통제된다. 반대로 이 요인의 작용이 약할수록 법을 위반할 가능성이 커진다. 허쉬는 이 4가지 요인 상호 간의 상관관계가 높은 것으로 파악해 어느 한 요인의 약화는 다른 요인의 약화를 동반하기 쉽다고 보았다.

(1) 타인에 대한 애착

타인에 대한 애착(*attachment to others*)은 우리가 타인에 대해 갖는 긴밀한 애정의 관계, 그들에 대한 존경, 그들과 동일시하는 정도로 이것이 강할수록 타인의 기대에 어긋나지 않으려 한다. 타인의 의견에 둔감할수록 그들과 공유하는 규범의 규제를 덜 받아 이러한 규범을 위반하기 쉽다.

허쉬는 이후에 갓프레드슨과 함께 자기통제이론을 제시하면서 다른 입장을 취하지만(자기통제이론과 사회통제이론의 관계 참조) 사회통제이론을 제시하면서 자기통제, 규범의 내면화, 내적 통제, 간접 통제, 개인적 통제, 양심과 같은 개념이 너무 주관적이어서 관찰되거나 측정될 수 없다고 주장했다. 그는 초기 통제이론가들이 자기통제라는 개념을 동어반복적 방법으로 빈번하게 사용했다고 주장한다. 즉, 그들은 사람들이 범죄나 비행행위를 저질렀을 때 내적 통제가 약했다고 단순히 가정했다는 것이다.

허쉬는 애착이라는 개념이 자기통제에서 나타나는 동어반복의 문제를 피할 수 있고 내적 자기통제의 모든 개념이 포함될 수 있다는 점에서 자기통제보다 더 적절하다고 주장했다. "양심, 초자아, 규범의 내면화의 본질은 결국 개인의 타인에 대한 애착에 있다"(Hirschi, 1969: 18). 허쉬는 부모에 대한 애착과 부모의 감독이 비행을 통제하고 순응을 유지하는 데 중요하다고 강조한다. 그러나 또한 또래에 대한 애착도 비행경향을 통제할 수 있다고 주장한다. 허쉬가 '인습적 타인(*conventional others*)에 대한 애착'이라는 표현을 자주 쓰기는 하지만 애착의 대상이 누구인가는 사실 큰 문제가 아니라고 주장한다. 인습적 규칙의 준수 혹은 위반을 결정하는 변수는 그가 애착을 가지는 사람이 누구인가가 아니라 다른 사람에 대한 애착 그 자체라는 것이다.

> 친구의 비행(혹은 훌륭함)을 어떤 수준이든 일정하게 유지했을 때, 친구를 존중할수록 비행을 저지를 가능성이 줄어든다. 우리는 존경하는 사람을 모방하기보다 인습적 기준을 지킴으로써 이들에게 경의를 표한다(Hirschi, 1969: 152).

> 애착이 강할수록 비행을 저지를 가능성은 줄어든다. 애착의 대상이 비행자라고 해도 마찬가지이다. 이것은 (비행자를 포함한) 모두가 통상적 행위유형을 궁극적으로 바람직한 것으로 수용한다는 강한 주장이다(Hirschi, 1969: 229).

따라서 사회통제이론에 따르면, 비행친구나 동료라 하더라도 그들에 대한 애착이 강할수록 비행을 저지를 가능성은 낮아진다. 비행을 저지르는 사람은 그렇지 않은 사람보다 모든 사람과 '냉랭하고 약한' 관계를 갖는 경향이 있어서 사회적으로 고립되고 준법적 친구든 비행친구든 친구와 애착을 발전시키지 못하는 경향이 있다(Hirschi, 1969: 141). 같은 원리로 청소년이 자기 부모에 대한 애착이 강할수록, 혹시 부모가 범죄인이나 비행자라고 하더라도 청소년은 비행을 저지를 가능성이 줄어든다.

(2) 관여

관여[3]는 한 개인이 법 위반이나 일탈을 저지름으로써 상실할 수 있는 인습성에의 투자나 '순응에의 이해관계'(*stake in conformity*; Toby, 1957)를 어느 정도 축적한 정도를 나타낸다. 통상적 교육 및 직업상의 노력을 통한 투자가 관여를 형성한다. 관여가 클수록 불법행위로 인해 잃게 될 위험도 커진다. 순응에 쏟은 노력을 상실하는 비용 때문에 사람들은 불법행위를 피하는 것이다. 따라서 관여는 범죄를 저지를 것인

---

3) [옮긴이 주] 관여(*commitment*)는 전념, 관심, 헌신 등으로 번역하기도 한다. 관여의 사전적 의미는 "어떤 일에 관계함"이고(《동아 새국어사전》), 사회통제이론에서는 이것을 순응에 관계하는 정도로 파악할 수 있다. Commitment의 이론적 의미는 개인이 진학이나 취업 등의 통상적 목표를 위해서 시간과 노력을 투자할수록 비행을 저지름으로써 잃게 되는 손실이 커져 비행을 저지르지 않는다는 것이다. 이 개념은 계산하는 사람의 모습을 강하게 나타낸다. 스타크(Stark, 1989)는 그의 저서 *Sociology*에서 이 통제요인을 '투자'(*investments*)로 부르기도 했다. 전념이나 헌신은 이해관계를 돌보지 않는 상태를 나타내 이론이 의미하는 계산적 측면과 상충하는 경향이 있다. 관심의 사전적 의미도 "어떤 사물에 마음이 끌리어 주의를 기울이는 일"이라고 할 때 이론의 의미를 잘 나타내지 못한다.

가를 결정하는 데 다소간의 합리적 요소를 말한다(제 2장의 합리적 선택 이론에 대한 부분을 참조).

(3) 참여

'참여'란 공부, 가족과 함께 시간 보내기, 과외활동에 참여하는 것 같은 통상적 활동에 열중하는 것을 말한다. 사람이 통상적 활동에 너무 바쁘거나 몰두하거나 순응하는 일에 열중하면 불법적 일에 참여할 수 없기 때문에 비행을 저지르지 않는다.

(4) 신념

사회통제이론에서 '신념'이라는 개념은 일반적이고 전통적인 가치와 규범에 대한 인정, 특히 법과 사회규칙이 도덕적으로 옳으며 지켜져야 한다는 믿음을 말한다. 이 개념이 반드시 특정 법이나 법률에 대한 믿음을 말하는 것은 아니며 더욱이 사람들이 범죄를 저지르도록 '요구하는' 일탈적 신념을 뜻하는 것도 아니다. 사실 허쉬는 일탈적 신념이 존재한다면 설명할 것은 아무것도 없다고 주장한다. 설명이 필요한 것은 사람들이 이미 믿는 규칙을 위반하는 이유에 대한 것이다. 허쉬는 이에 대해 규범과 법의 도덕적 타당성에 대한 신념이 약해졌기 때문이라고 대답한다. "… 규칙에 복종해야 한다는 믿음이 약할수록, 규칙을 위반하기 쉽다"(Hirschi, 1969: 26).

(5) 사회통제 요인의 측정

허쉬(1969)는 사회통제의 4가지 주요 요인에 대한 명확한 측정을 제시했다. 그 후로 이 이론에 대한 대부분의 경험적 연구는 허쉬의 측정이나 그와 유사한 측정을 사용한다. 이에 대한 검토는 사회통제이론의 경험적 연구결과를 이해하는 데 도움이 될 것이다.

청소년의 부모에 대한 애착은 부모의 면밀한 감독과 훈육, 부모와 자녀 사이의 원만한 의사소통과 관계, 부모와의 애정적 동일시(예를 들면, 자녀가 부모와 같은 사람이 되고 싶어 하는 것)로 측정한다. 학교에서의 학업성취도(성적, 시험점수, 학업능력에 대한 자기인식)는 애착뿐만 아니라 관여, 참여, 신념의 지표로 취해진다.

학교에 대한 애착은 학교에 대한 긍정적 태도, 자신에 대한 교사 의견에 관한 관심, 학교 권위의 수용으로 직접적으로 측정한다. 친구에 대한 애착은 가장 친한 친구와의 애정적 동일시와 친구의 의견에 대한 존중으로 측정한다.

청소년의 인습적 행위에의 관여는 통상적 목표에 대한 열망과 추구를 말한다. 흡연, 음주, 자동차의 소유 등과 같이 청소년이 성인활동에 너무 일찍 참여하는 것은 교육적 목표성취에의 관여가 부족함을 나타낸다. 교육에 대한 관여는 교육적 열망(대학진학)과 성취지향성을 통해 측정한다. 관여는 직업적 열망과 기대로 측정하기도 한다. 청소년의 통상적 활동에의 참여는 시간제근무, 데이트, 취미, 여가활동, 스포츠와 숙제를 하기 위해 사용한 시간과 친구 및 가족과 함께 보낸 시간으로 측정한다.

신념은 법과 전통적 가치체계를 중요하게 여기는 정도로 측정한다. 여기에는 청소년이 경찰과 법을 존중하는 정도, 법을 준수해야 한다고 믿는 정도, 중화기술을 인정하지 않는 정도, 교육의 중요성과 같은 가치를 승인하는 정도 등이 포함된다.

2) 사회통제이론의 경험적 타당성

허쉬 자신의 경험적 연구는 대체로 사회통제이론을 지지하는 것으로 나타났다. 그는 참여를 제외하고는 통제가 약할수록 비행가능성이 높다는 것을 밝혀냈다. 그러나 그는 비행이 비행친구와의 교제와 가장 강하게 관련된다는 것을 발견했는데 이는 이론적으로 기대하지 않았던 연구결과였다. 이와 유사하게, 이후의 다른 경험적 연구에서 친구에 대한 애착은 친구가 인습적일 때만 순응으로 이끈다는 것이 밝혀졌다. 허쉬가 세운 가설과는 반대로, 비행친구에 대한 애착이 강한 사람은 비행자가 될 가능성이 높게 나타난다(Conger, 1976; Elliott et al., 1985; Junger-Tas, 1992; Warr, 2002). 그리고 이런 결과는 사회통제이론보다 사회학습이론과 일치한다.

마찬가지로 허쉬는 비행청소년이 맺는 관계를 '차갑고 불안정'할 것으로 가정했지만 일탈 청소년은 순응적 청소년 못지않게 타인과 친밀하고 안정적 관계를 가진다(Kandel and Davies, 1991; Giordano et al., 2010). 젠슨과 브라운필드(Jensen and Brownfield, 1983)는 부모에 대한 애착이 부모의 행동이 어떠하든 비행을 억제한다는 사회통제이론의 가설과는 반대되는 증거를 발견했다. 예를 들면, 약물을 사용하지 않는 부모에 대한 애착은 청소년의 약물사용을 통제하지만 약물을 사용하는 부모에 대한 애착은 그렇지 않다. 부모의 일탈은 일탈모형을 제공하고 가족의 사회통제를 약화한다(Sampson and Laub, 1993: 96).

다른 한편, 많은 비행 예측연구에서 사회통제이론의 주요 변수인 부모의 훈육, 자녀양육 관행, 어린 자녀에게 영향을 미치는 다른 가족변수들이 후속 비행의 가장 좋은 예측인자라는 연구결과가 일관성 있게 나타난다(Glueck and Glueck, 1959; McCord and McCord, 1959; Loeber and Stouthamer-Loeber, 1986; Hill et al., 1999; Van Gelder, Averdijk, Ribeaud, and Elsner, 2018).

크론과 매세이(Krohn and Massey, 1980)는 신념, 애착, 관여/참여(이들은 이 둘을 묶어서 사용했다)라는 사회통제이론의 변수가 비행과 중간 정도의 강도로 관계가 있지만 심각한 비행보다는 가벼운 비행과 더 관계가 있다는 것을 발견했다(McIntosh et al., 1981 참조).

애그뉴(Agnew, 1991b)는 애착은 비행과 관계가 없고, 관여는 가벼운 비행과 약한 관계가 있으며 사회통제변수는 비행에 대해 약하지만 기대한 종단적 효과가 있다는 것을 발견했다(Agnew, 1991a). 이후에, 그는 통제변수가 일반적 비행과 심각한 비행 모두에 중간 정도의 강도로 관계되지만 그 관계는 긴장과 사회학습변수에 의해 매개된다는 연구결과를 발표했다(Agnew, 1993).

래슬리(Lasley, 1988)는 일부 성인범죄(예를 들면, 화이트칼라 범죄)가 사회통제와 관련된다는 것을 발견했다. 에이커스와 코크란(Akers and Cochran, 1985)은 애착, 관여/참여, 신념이 청소년의 마리화나 사용과 중간 정도의 강도로 관련되지만, 이러한 통제 관련 변수의 효과는 친구교제와 강화 혹은 마리화나 흡연에 대한 구체적 태도보다는 매우 약하다는 것을 밝혀냈다. 온전한 가정에서 두 부모에 대한 애착은 비행의 가장 좋은 예방책이 될 수 있지만, 한 부모 가정에서 양육되는 어린이는 그 부모에 대한 애착이 형성되어도 비행의 위험이 더 높다(Rankin and

Kern, 1994).

가족구조뿐 아니라 부모의 감독과 가족관계의 다른 측면도 사회통제이론의 주장과 동일한 방식으로 비행 및 순응과 관련된다(Simons et al., 2005). 학교에 대한 애착과 관여는 흑인과 백인 청소년 모두에게서 학교에서의 나쁜 행실(Stewart, 2003) 및 비행과 부(-)적 관계를 나타낸다(Cernkovich and Giordano, 1992). 다른 나라의 연구에서도 사회통제이론에 대한 어느 정도의 지지를 보여준다(Junger-Tas, 1992; Peterson, Lee, Henninger, and Cubellis, 2016; Manzoni and Schwarzenegger, 2019).

허쉬가 그의 애초의 연구에 종교적 신념을 포함하지 않았지만 종교적 신념은 명백하게 전통적 가치를 나타낸다. 종교적 의식을 충실히 지키는 것은 전통에 대한 관여, 전통적 활동에의 참여, 타인에 대한 애착을 나타내는 것이다. 따라서 종교성이 비행과 관련되지 않는다는 허쉬와 스타크(Hirschi and Stark, 1969)의 경험적 연구결과는 사회통제이론과 상반되는 증거로 간주할 수 있다. 그러나 후속연구 가운데 상당수는 청소년이 종교적 신념과 의식을 고수할수록 비행을 저지를 가능성이 낮음을 일관성 있게 증명한다(Cochran and Akers, 1989; Evans et al., 1995; Welch, Tittle, and Grasmick, 2006; Jang, 2019 참조).

베이어와 라이트(Baier and Wright, 2001)는 종교성의 행위측정(교회출석 혹은 기도)이나 태도측정(하나님에 대한 믿음, 예수님에 대한 믿음, 개인의 삶에서 종교의 중요성)을 사용한 60개의 경험적 연구를 대상으로 종교가 비행과 범죄에 미치는 영향에 대한 메타분석(*meta analysis*)을 시행했다. 이 모든 연구에서 종교적 신념과 활동이 비행 예방에 도움이 된다는 결과를 발견했다.

이들 연구에서 종교와 비행 사이에서 발견되는 부(-)적 상관관계의 평균은 중간 정도였으나(-.11), 일부는 약했고(-.05) 다른 경우는 꽤 강했다(-.45). 베이어와 라이트(2001: 14)는 "종교적 행동과 신념은 개인의 범죄행위에 통계적으로 유의미한 중간 정도의 억제효과를 발휘한다"고 결론을 내린다. 10여 년이 더 지나 수행된 후속 메타분석(Kelly et al., 2015)도 이전의 연구결과와 같은 결과를 도출했다.

존슨 등(Johnson et al., 2000; Johnson and Jang, 2010; Johnson, 2011)도 종교와 비행에 관한 많은 연구를 체계적으로 재조사해 비슷한 결론에 이른다. 1944년부터 2010년까지 수행된 272개의 연구 가운데 90%의 연구에서 신앙이 강하고 종교활동이 많을수록 비행이 적게 나타났다. 2편의 연구만이 반대의 관계를 발견했다. 연구방법론이 견고할수록 종교적 신념과 종교적 관례의 준수는 비행참여를 막는 중요한 요인으로 작용할 가능성이 더 높았다. 연구를 수행한 저자들은 연구결과를 특정이론과 연결 짓지 않았지만 종교적 신념과 종교적 행동의 반비행(*counter-delinquency*) 효과는 사회통제이론(인습적 활동에 대한 신념과 참여) 및 사회학습이론(일탈에 비우호적 정의와 순응 집단과의 차별교제)과 분명히 일치한다.

전체적으로 사회통제이론은 경험적 연구로부터 어느 정도 타당성을 인정받는다(Hindelang, 1973; Agnew, 1985b; Cernkovich and Giordano, 1992; Rankin and Kern, 1994; Costello and Vowell, 1999; Simons et al., 2004; Kempf-Leonard, 2019; Costello and Laub, 2020를 참조). 그러나 사회통제와 일탈행동 간의 관계의 강도는 보통에서 낮은 정도까지의 범위에 있다. 이 이론에 대한 경험적 연구에서 높은 상관관계나 높은 수준의 설명력은 찾아보기 힘들다. 허쉬의 최초연구에서 발견한 비행과 사회통제에 대한 대부분의 연구결과가 이론을 지지하지만 관계는 보통 정도이고 일부는 이론이 기대하는 것과 반대로 나타났다. 그런데도, 그 이후로 수행된 대부분의 사회통제 연구는 유사한 경험적 지지를 나타낸다.

4. 갓프레드슨과 허쉬: 자기통제이론

1) 범죄원인으로서의 낮은 자기통제력

허쉬는 전통적 사회유대를 중심으로 통제이론을 설계하는 데서 벗어났다. 그는 갓프레드슨과 함께 통제의 한 유형인 자기통제에만 근거한 범죄이론을 제안했다(Gottfredson and Hirschi, 1990; Hirschi and Gottfredson, 1994). 그들은 범죄를 저지르거나 삼가는 경향에서의 개인적 차이를 설명하는 자기통제이론을 일반이론으로 제시한다. 이 이론은 모든 유형의 범죄와 일탈행동, 모든 연령층, 모든 상황에 적용된다. 그들은 다음과 같은 관찰로부터 출발한다.

> 범죄를 저지르는 경향에서의 개인 차이는 … 개인의 사회적 위치가 변하거나 제재(*sanctions*)체계의 운용에 대한 지식이 변해도 비교적 안정적으로 유지된다. 이것은 그들이 처한 상황과 상관없이 범죄를 피하려는 차별적 경향인 자기통제의 문제이다. 사람 간의 이러한 차이가 다양한 이름으로 다루어지기 때문에 여기서는 자기통제란 개념으로 다루는 것이 장점이 있다고 주장하고자 한다(Gottfredson and Hirschi, 1990: 87; 원

문 강조).

이 이론에 따르면 자기통제력이 높은 사람은 '평생을 살면서 범죄를 저지를 가능성이 상당히 낮은'(Gottfredson and Hirschi, 1990: 89) 데 비해 자기통제력이 낮은 사람은 범죄를 저지를 가능성이 매우 높다고 설명한다. 낮은 자기통제력은 기회가 주어지면 범죄로 이어지겠지만 환경에 의해 상쇄될 수 있어서 반드시 범죄를 저질러야 하는 것은 아니다. 이것은 낮은 자기통제력이 적당한 환경과 만날 때 범죄가 발생한다는 것을 의미한다. 갓프레드슨과 허쉬는 이러한 환경적 요인이 낮은 자기통제력을 보충하는 외적 통제로 작용하는지, 범죄를 저지르게 하는 강한 동기로 작용하는지, 범죄를 억제하는 동기로 작용하는지 명시하지 않는다.

낮은 자기통제력의 근원은 비효과적이거나 불완전한 사회화, 특히 잘못된 자녀양육에 있다. 자녀에 대해 애착을 갖고, 면밀하게 감독하고, 자녀의 통제력 부족을 인지하고, 일탈적 행위를 처벌하는 부모는 자녀가 자기통제력을 갖도록 사회화시킨다. 그렇게 양육된 자녀는 대체로 10대에는 비행을, 성인이 되어서는 범죄를 저지르지 않을 것이다.

여기서 자녀를 처벌한다고 했을 때 이것이 체벌을 의미하지는 않는다. 부모 혹은 자녀가 아끼는 다른 사람이 아이의 잘못된 행동을 분명하게 받아들이지 않는다면 이것은 중요한 부정적 제재가 된다. "낮은 자기통제력의 원인은 어떤 힘이 작용한 것(*positive*)이라기보다 작용하지 않은 것(*negative*)이다"(Gottfredson and Hirschi, 1990: 95).

학교나 다른 사회제도도 사회화에 기여한다. 그러나 사회화가 이루어지는 가장 중요한 곳은 가정이다.[4] 결국 또래집단은 자기통제력의 형성에서 상대적으로 중요하지 않고, 범죄나 비행을 저지름에서 "비행또래와의 교제는 인과적 중요성을 갖지 않는다"(Gottfredson and Hirschi, 1990: 258). 자기통제력이 어린 시절에 형성되고 나면, 한 개인이 갖게 된 자기통제력의 양은 평생 안정적으로 유지된다.

2) 자기통제이론과 사회통제이론의 관계

낮은 자기통제 개념은 허쉬 이론보다 앞선 초기 사회통제이론이 제시한 취약한 자아개념(*self-concept*)과 내적 통제(*internal control*)와 유사하다. 자기통제 개념은 범죄와 비행에 관한 초기 이론에서 중심적이었다. 그러나 허쉬(1969)의 사회통제이론에서 자기통제를 구분된 요소로서 인정하지 않았다. 사회통제이론은 자기통제 개념을 관찰될 수 없는 것으로 거부하고 이것을 애착의 개념에 포함했다. 이와는 반대로 자기통제 개념은 갓프레드슨과 허쉬의 이론에서 중심적이다. 그러나 사회통제이론의 4가지 중요 요인(애착, 관여, 참여, 신념)은 갓프레드슨과 허쉬의 이론에서 다루지 않는다.

갓프레드슨과 허쉬(1990)는 자기통제이론이 허쉬(1969)의 사회통제이론과 어떠한 관련이 있는지를 명확하게 밝히지 않았고 레클리스, 나이, 리스의 초기 통제이론에 대해서도 언급하지 않았다. 이들은 초기 통제이론을 언급하지 않은 이유나, 자기통제는 애착에 포함될 수 있다

---

4) 해리스(Harris, 1998)는 가족의 유전학이 역할을 할 수 있지만 가정에서의 사회화가 사람의 행동과 성격에 미치는 장기적 영향은 미미하고 또래집단의 사회화가 더 중요하다고 주장했다. 라이트와 비버(Wright and Beaver, 2005)도 해리스에 동조해 가정에서의 사회화와 자기통제력보다 유전가능성이 더 중요하다고 강조했다.

는 허쉬의 이전 입장을 번복하여 자기통제를 유일한 일반 통제기제로 만든 이유에 대해 아무런 설명도 하지 않았다. 갓프레드슨과 허쉬가 초기에 이 문제에 대해 오랫동안 침묵했고 사회통제이론이 '애착', '양심' 혹은 '자기통제력'에 관한 개념과 명제를 포함하지만 이것이 자기통제이론의 주장과는 일치하지 않기 때문에 일부 연구자는 두 이론이 경쟁관계라 보았다.

> 허쉬의 두 통제이론은 중요한 문제에서 주장이 갈린다. 그의 두 번째 관점인 자기통제이론은 사회유대가 범죄수행에 영향을 미치지 못한다고 주장한다. 대신에 사회유대와 범죄 사이의 관계는 허위적이다. … 따라서 애착과 비행은 둘 다 제 3의 변인인 자기통제력에 의해 발생하기 때문에 서로 관련이 있다(Lilly, Cullen and Ball, 2011: 126).

샘슨과 라웁(Sampson and Laub, 1993; Laub and Sampson, 2003)은 (청소년기에) 비행을 저지르던 사람 대부분은 성인이 되어 '연령과 관련된 비공식적 사회통제'가 강화되면서 법 위반을 중단하게 된다고 해석했고 이것은 자기통제이론의 예측과 다른 것이다.

라이트 등(Wright, Caspi, Moffitt, and Silva, 1999)은 사회통제를 범죄의 '인과'이론으로, 자기통제를 범죄의 '선택'이론으로 보고 두 이론을 대립시킨다. 이들은 출생에서 시작해 21세 때까지 조사한 종단적 연구에서 각 이론을 지지하는 결과를 발견했지만 자기통제와 사회통제 변수 모두를 통합한 모형이 더 큰 지지를 받는다는 사실을 발견했다. 그러나 이 연구에서 사용된 사회학습 개념의 측정인 청소년의 또래교제(라이트 등은 이것을 사회통제 개념으로 잘못 제시했다)가 21살 때의 범죄를 가장 잘 예측하는 것으로 밝혀졌다. 이는 학습과정이 사회통제, 자기통제와 일탈을 연결 지을 수 있다는 점을 암시한다.[5)]

다른 연구자들은 두 이론의 통합을 제안한다(Longshore et al., 2004). 자기통제이론의 저자들은 이후 자기통제와 사회통제는 하나이고 동일하다고 주장했다. 허쉬(Hirschi, 2004)는 최근에 자기통제이론을 사회통제이론과 더 긴밀히 연결하는 수정된 자기통제이론을 제안했다(Hirschi and Gottfredson, 2019; Hirschi and Gottfredson, 2006 참조).

3) 자기통제이론의 검증가능성

낮은 자기통제력은 범죄뿐만 아니라 갓프레드슨과 허쉬가 말하는 '(범죄) 유사행위'(*analogous behavior*)도 설명한다. 유사행위에는 흡연, 음주, 마약사용, 부정한 성행위와 심지어 사고까지도 포함된다. 그들은 이 모든 것을 낮은 자기통제력의 대체 '징후'(*manifestations*)로 보았다. 허쉬는 애초에 사회통제이론을 검증하면서 흡연, 음주를 낮은 자기통제력에 의해 야기되는 비행의 유사행위로 보기보다는 사회통제의 한 요인이고 비행의 원인인 청소년의 인습에 대한 관여의 결여로 보았다.

갓프레드슨과 허쉬는 자기통제력이 낮은 사람이 저지르는 범죄와 유사행위의 다양성(*versatility*)을 강조한다. 이론에 따르면 자기통제력은 성별, 문화, 상황에 따른 모든 변화를 설명하고 "모든 범죄와 국가가 승인하

5) 사회통제이론과 자기통제이론을 융화시키는 다른 방법에 대해서는 랍(Lab, 1997)을 보라. 사회통제와 자기통제가 경험적으로 관계를 갖는다는 증거는 폴라코스키(Polakowski, 1994)를 보라.

지 않는 많은 형태의 행동(Gottfredson and Hirschi, 1990: 117)을 항상 설명"하는 "사실상 개인 수준의 범죄원인"(Gottfredson and Hirschi, 1990: 232)으로 설명한다.

이 이론은 낮은 자기통제력이 범죄를 저지르는 경향의 원인이라고 한다. 그러나 그들이 이러한 경향과 구분해서 자기통제력을 정의하지 않기 때문에 이 설명에 대한 검증가능성은 의문시된다. 그들은 '낮은 자기통제력'이나 '높은 자기통제력'을 단지 범죄를 저지르거나 삼가는 차별적 경향을 나타내는 표시로 사용한다.

그들은 범죄를 저지르는 경향과 구분되는 낮은 자기통제력의 조작적 측정을 밝히지 않는다. 범죄를 저지르는 경향과 낮은 자기통제력은 하나이며 같은 것으로 보인다. 이것은 갓프레드슨과 허쉬과 서술한 형태의 이론을 검증할 수 없는 동어반복으로 만든다. 낮은 자기통제력이 낮은 자기통제력을 만들어낸다는 가설은 정의상 참이다. 동어반복성의 문제를 피하기 위해 범죄행위나 범죄를 저지르는 경향과 구분되는 자기통제력의 개념적 정의 혹은 조작적 측정이 개발되어야 한다(Akers, 1991).

4) 자기통제이론을 직·간접적으로 검증한 연구

일부 연구자는 범죄를 저지르는 경향과 구분되는 자기통제력 측정을 개발하고자 시도한다. 이런 연구는 특정한 행동의 수행으로 낮은 자기통제력을 가정하거나 다른 지표로 낮은 자기통제력을 추정한다. 예를 들면, 음주운전(DUI)에 관한 연구에서 킨 등(Keane, Maxim, and Teevan, 1993)은 음주운전으로 검거되기 전 한 주 동안 음주를 한 것으로 보고한 범법자를 낮은 자기통제력의 소유자로 가정했다. 그들은 당연히 음주(낮은 자기통제력의 지표)가 음주운전 범죄와 관련이 있다고 보고했다.

그러나 이것은 음주에 관한 하나의 측정(빈도)이 음주에 관한 다른 측정(음주운전)에 관계되는 것을 보여준다. 이 연구는 음주운전 혐의 사실과 구분되는 자기통제력에 대해서는 어떠한 것도 알려주지 않는다. 이것은 이론이 갖는 동어반복의 문제를 해결하지 못할 뿐 아니라 경험적 동어반복을 추가로 만들어낸다.

그럼에도 허쉬와 갓프레드슨(1993, 1994)은 "자기통제력을 가장 잘 나타내는 지표는 자기통제력을 이용해서 설명하고자 하는 바로 그 행위, 즉 범죄, 비행, 난폭한 행동"(Hirschi and Gottfredson, 1993: 49)이라고 주장했다. 그들은 킨 등이 사용한 '행위적' 접근방법(즉, 일탈행동이나 '유사행위'를 낮은 자기통제력의 측정으로 사용하는 방법)이 그래스믹 등이 사용한 위험추구와 그 밖의 태도측정보다 더 낫다고 주장한다.

이후에 일부 연구자는 허쉬와 갓프레드슨의 조언을 수용했다. 마르쿠스(Marcus, 2003)는 싸움, 대마초 사용, 세금 사기뿐 아니라 충동적 소비와 모욕적 언동 같은 비범죄적 행위를 포함한 67항목의 자기통제력의 행위적 측정을 개발했다. 이 측정도구를 분석한 결과, 이들 항목의 2/3가 범죄행위와 겹치는 것으로 드러났다(Ward et al., 2010).

그러나 이렇게 자기통제력의 행위적 측정을 사용하는 것은 동어반복성의 문제를 더 심화시킬 뿐이다. 이론에서 범죄, 비행, 유사행위는 모두 낮은 자기통제력이라고 하는 동일한 경향에 의해서 설명된다. 따라서 이 모든 것은 종속변수(범죄경향)의 측정이 되고 이 가운데 어느 것도 독립변수(자기통제력)의 측정으로 사용될 수 없다.

만일 Y(범죄, 비행)와 Z(유사행위, 무모한 행위) 모두가 X(낮은 자기통제력)에 의해서 야기된다면, Y나 Z 어느 것의 측정도 X의 지표와 독립적이라고 할 수 없다. Y와 Z 모두 낮은 자기통제력에 의해서 야기된다고 추정된다. 둘 중 하나 혹은 둘 다 가정된 영향을 측정하는 것으로 사용될 수 있지만 어느 것도 가정된 원인의 측정이 될 수는 없다.

그렇게 사용하면 범죄경향과 자기통제를 동어반복적으로 동일시하는 것이고 검증해야 할 인과관계를 가정하는 것이 된다. 과거의 비행을 독립변수인 자기통제력의 측정으로 사용해서 종속변수인 현재 혹은 미래의 비행과 연결 짓는다고 해도 동일한 동어반복의 문제에 직면한다(Akers, 1998; Matsueda and Anderson, 1998 참조).

한 가지 가능성은 빌린 물건을 반납하지 않거나 중요한 약속의 불이행처럼 범죄도 유사행위도 아니지만 낮은 자기통제력을 나타낼 수 있는 행위를 찾아내는 것이다(Marcus, 2003). 그러나 이처럼 비일탈적 '고위험' 행위로 자기통제를 측정한 연구에서 범죄/유사행위와의 관계가 발견되지 않았다(Jones and Quisenberry, 2004).

한편, 와드 등(Ward et al., 2010)은 마르쿠스(2003)가 개발한 행위척도에서 범죄행위와 중첩되는 항목을 제거했을 때 그래스믹 등(1993)이 개발한 태도척도보다 비행과 범죄의 변량을 두 배 가까이 설명했다. 독립변수로 어떤 행위적 측정을 사용하고 종속변수로 다른 행위적 측정을 사용해도 두 변수 모두 낮은 자기통제력의 표현이라는 가정에 입각해서 볼 때 측정의 동어반복 문제를 피할 수 없다[자기통제력의 측정 문제와 관련해서 비판적 검토와 이에 대한 응답은 피케로(Piquero, 2008a)와 허쉬와 갓프레드슨(Hirschi and Gottfredson, 2008) 참조].

물론 범죄와 유사행위 모두 다 동일한 낮은 자기통제력의 징후라는 명제는 그 자체로 이론으로부터 도출된 가설로 취급될 수 있어서 경험적 지지를 받을 수도 있고 받지 않을 수도 있다. 이것이 패터노스터와 브라임(Paternoster and Brame, 1998)이 선택한 접근방법이다. 이들이 측정한 자기통제력은 범죄와 유사행위(흡연, 음주, 도박) 간의 상관관계를 설명하지 못해서 이 가설은 지지되지 못했다.

다른 학자들은 개인의 비행 경향이 지속되거나 변화하는 정도, 이것이 안정적이거나 변화하는 개인 특성 또는 안정적이거나 변화하는 생활환경에 기인하는 정도와 같은 자기통제력의 다양한 간접 측정을 사용해왔다. 이 연구는 혼재된 결과를 낳았다(Nagin and Paternoster, 1991a; Nagin and Farrington, 1992a; 1992b; Benson and Moore, 1992; Creechan, 1994).

이 이론에 따르면, 자기통제력은 안정적이다. 따라서 자기통제력이 낮은 사람은, 자기통제력이 높은 사람보다, 유년기 이후 모든 사회적 상황과 생애 모든 단계에서 일탈을 저지르는 더 강하고 안정적인 경향을 가질 것이다. 그러나 경험적 증거는 안정성과 변화를 모두 보여준다. 샘슨과 라웁(Sampson and Laub, 1993; Laub and Sampson, 1993)은 장기간에 걸친 종단적 자료분석을 통해서 어린 시절의 반사회적 행동이 성인범죄로 연결되는 얼마간의 지속성을 발견했다. 그러나 범죄성향의 변화는 개인의 가정, 고용, 사회환경의 변화로 설명되었다. 청소년기에 비행을 저지른 일부가 성인기에도 지속적으로 범죄를 저지르지만 대부분의 비행은 '생애지속형'이기보다는 '청소년기에 국한된' 것으로 보인다(Moffitt, 1993; 제 14장 참조).

대부분의 반사회적 아동이 반사회적 성인으로 성장하지는 않는다. 그리고 대부분의 비행청소년은 성인범죄자가 되지 않는다(Sampson and Laub, 1993). 다른 연구자들은 자기통제력이나 다른 지속적 개인

특성보다는 사회환경의 안정성과 변화가 일탈행동의 지속성과 변화를 설명한다고 주장한다(Warr, 1996; Junger-Tas, 1992).

> 어려서 (경미한 폭력 등의) 사소한 위반을 하는 것이 이후의 심각한 폭력의 시작에 의미 있는 영향을 미치지 못한다. 이러한 결과는 … 초기의 공격성이나 비행이 이후에 심각한 폭력으로 이어진다는 인과적 해석을 지지하지 않는다. 이것은 오히려 한평생 나타나는 공격-폭력의 안정성이 개인적 속성보다는 사회적 관계나 사회적 상황의 안정성에 기인한다는 것을 암시한다(Elliott, 1994: 16-17).

> 과거의 비행으로 비행을 예측하는 것은 만족스러운 설명이 아니고, 범죄원인에 대한 지식에 이바지하지도 못한다. 둘째, 그리고 더 중요한 것은 비행으로 자기통제력을 측정하면 타당하지 않다. 범죄학적 지식의 현 상태에서 보면 과거의 비행이 낮은 자기통제력을 나타낼 수 있지만, 이것은 예컨대 인간관계에 대한 공격적이고 적대적 견해, 부정적 감성 혹은 일탈행동에의 우호적 정의를 나타낼 가능성이 높다(Burt, Simons, and Simons, 2006: 379-380).

헤이와 포리스트(Hay and Forrest, 2006)는 아동기부터 청소년기까지 자기통제력의 높은 안정성을 발견했지만 표본의 적은 일부에서 자기통제력의 변화도 발견했다. 한 개인의 자기통제력과 개인 간 자기통제력 차이가 아동기에서 청소년기, 성인기 초기로 변함에 따라 때론 증가하고 때론 감소한다는 연구결과와 때로는 범죄자가 비범죄자보다 더 높은 자기통제력을 보이기도 한다는 경험적 연구(Winfree et al., 2006; Turner and Piquero, 2002)가 나타나면서 자기통제력 차이가 안정적으로 유지된다는 핵심 주장에 의문이 제기되었다.

버트 등(Burt et al., 2006)은 흑인계 아동집단에서 시간이 흐름에 따라 자기통제력이 상당한 불안정성을 보인다는 것과 자녀양육, 교사에 대한 애착, 차별적 또래교제가 이러한 자기통제력의 변화를 설명한다는 사실을 발견했다. 최근의 연구는 자기통제력이 시간의 흐름에 안정적으로 유지된다는 갓프레드슨과 허쉬의 주장에 의문을 제기하고, 자기통제력은 특정한 발달유형을 보이며 비행또래와의 교제로부터 더욱 영향을 받을 수 있다고 한다.[6)]

벤슨과 무어(Benson and Moore, 1992)는 자기통제이론을 검증하는 또 다른 방법(그러나 여전히 간접적인)을 제시한다. 그들은 횡령, 소득세 포탈과 같은 화이트칼라 범죄를 저지른 사람과 연방법원에서 유죄가 확정된 '일반적' 약물범죄자 및 재산범죄자와 비교했다. 갓프레드슨과 허쉬(1990)는 화이트칼라 범죄자와 다른 범죄자 간에는 차이가 없다고 주장했다. 모든 범법자는 낮은 자기통제력 때문에 범죄를 저지르고 전문화되지 않은 채 다양한 유형의 범죄와 다양한 유사행위를 저지른다.

벤슨과 무어(1992)는 일부 화이트칼라 범죄자가 일반 범죄자와 유사한 것을 발견했지만 이들은 다른 범죄를 저지른 전과가 없었고 다른 범법자와 비슷한 정도로 일탈행동을 하지는 않는다는 것을 발견했다. 즉, 이론과는 반대로, 화이트칼라 범죄자는 다른 유형의 범죄자와는

---

6) 히긴스 등(Higgins et al., 2009), 멜드럼, 영과 위어멘(Meldrum, Young, and Weerman, 2012), 나와 패터노스터(Na and Paternoster, 2012), 제닝스, 히긴스, 에이커스, 키와 도브로우(Jennings, Higgins, Akers, Khey, and Dobrow, 2013), 레이 등(Ray et al., 2013), 버트, 스위튼과 사이몬(Burt, Sweeten, and Simons, 2014)을 참조하라.

다양성과 일탈경향에서 차이를 보인다.

피케로 등(Piquero et al., 1999)도 범법자는 전문화되지 않고 다양한 범죄를 저지른다는 갓프레드슨과 허쉬의 주장을 검증했다. 그들은 범죄에서 다양성을 발견했으나 동시에 나이가 들면서 범죄전문화의 경향이 증가한다는 사실도 발견했다. 다양성은 이론이 예측한 대로 비행의 이른 시작(*early onset*)과 관련이 있지만 이론의 예측과 다르게 연령을 통제하면 이 관계가 사라졌다. 설리번 등(Sullivan et al., 2006)도 유죄가 확정된 중범죄자 집단에서 상당한 정도의 단기적인 범죄전문화를 발견했다.

그래스믹 등(Grasmick et al., 1993)은 갓프레드슨과 허쉬가 제안한 자기통제력의 여러 차원에 대한 비동어적 인지적/태도적 측정(예컨대, 위험추구와 울화의 통제)을 사용해 이 이론을 더욱 직접적으로 검증했다. 이들이 자기통제이론으로 사기와 폭력에 대한 설명을 시도한 결과, 이론에 대한 혼재된 지지를 얻었다.

버튼 등(Burton et al., 1994)은 자기보고식 범죄를 설명하기 위해 그래스믹과 비슷하게 자기통제력을 측정한 연구결과를 보고했다. 그들은 자기통제력이 (법을 위반하는 친구를 둔 것과 범죄에 우호적 정의를 갖는 것과 더불어) 공리적·비공리적 범죄 둘 다와 강하게 관련됨을 발견했다.

롱쇼어(Longshore, 1998)도 마약 치료 프로그램에 참가한 심각한 성인범죄자 표본을 대상으로 이론을 검증한 종단적 연구에서 그래스믹의 측정을 사용했다. 그는 자기통제력과 범죄기회는 이론이 예측한 방식으로 재범과 관련되지만 이들은 반복적 재산범죄와 대인범죄의 4%만을 설명한다고 보고했다. 이러한 연구결과는 자기통제력 변수가 범죄행위가 갖는 변량의 3~11%를 설명한다는 다른 연구결과와 일치한다.

바즈소니 등(Vazsonyi, Pickering, Junger, and Hessing, 2001)은 미국과 유럽 3개국의 자료를 분석해 자기통제력의 측정치가 다양한 자기보고식 일탈행동의 변량을 10~16% 정도 설명하고 일탈지수를 전체적으로 평균 20% 정도 설명해 자기통제이론이 다른 문화권에도 어느 정도 적용되는 것을 알아냈다. 바즈소니 등(2001)은 또한 자기통제력의 다양한 측정이 자기통제의 단일 요인으로 묶인다는 사실을 보고해 이론을 지지했다.

그러나 다른 연구는 이론의 주장과 다르게 자기통제력의 다양한 측정이 하나의 단일차원의 요인으로 묶이지 않는다는 결과를 발견했다. 위험추구나 충동성과 같은 개별문항이 자기통제력의 전체적 척도보다 범죄를 더 잘 예측한다(Longshore, Turner, and Stein, 1996). 대학생의 부정행위를 연구한 코크란 등(Cochran et al., 1998), 캐나다 고등학생을 연구한 라그란지와 실버맨(LaGrange and Silverman, 1999), 지역의 성인과 대학생 표본을 연구한 아르네클레브, 그래스믹과 버식(Arneklev, Grasmick, and Bursik, 1999)의 연구에서 유사한 연구결과가 보고된다.

셀러스(Sellers, 1999)는 대학생의 파트너 폭력에 대한 연구에서 이론에 대한 어느 정도의 지지를 발견했다. 그러나 자기통제력이 높은 사람이 폭력의 인지된 보상을 더 고려했다는 그녀의 연구결과는 이론의 주요 명제와 상충한다.

헤이(Hay, 2001b)는 낮은 자기통제력이 부모가 자녀의 일탈행동을 효과적으로 감독, 인지, 처벌하지 못할 때 생겨난다는 자기통제이론의 주장을 검증했다. 그는 이와 같은 부모통제의 차원과 자녀의 자기통제력 그리고 비행 사이에서 약하거나 중간 정도 강도의 관계를 발견했다. 갓프레드슨과 허쉬가 포함시키지 않은 요인 가운데 훈육의 공평함과 부모의 자녀수용 등 다른 이론들에서 제시한 변수를 추가했을 때, 자녀양육과 비행 사이에서 발견되는 관계의 강도는 두 배 정도 강해졌다.

프랫과 컬른(Pratt and Cullen, 2000)은 21개의 종단적 및 횡단적 연구에 대한 메타분석을 통해 낮은 자기통제력과 범죄 사이의 관계를 직접 검증했다. 일부 자료는 자기통제력을 측정하기 위해 태도적 측정을 사용하고 다른 자료에서는 행위적 측정을 사용했다.

분석결과는 예측된 방향에서 일관성 있는 결과를 보여주었고 자기통제력은 평균적으로 비행과 범죄가 갖는 변량의 19%를 설명했다. 같은 표본에서 구한 낮은 자기통제력의 행위적 측정과 인지적 측정을 직접 비교한 경험적 연구에서도 유사한 결과가 나왔다(Tittle, Ward, and Grasmick., 2003; Tittle and Botchkovar, 2005). "낮은 자기통제력은 범죄행위의 주요 예측변수로 고려되어야 한다". 그러나 연구결과는 자기통제력이 범죄의 유일한 원인이라는 주장이나 '범죄의 일반이론이라는 야심 찬 주장'을 지지하지 않는다(Pratt and Cullen, 2000: 953; Hay, 2001b의 동일한 결론도 참조하라).

자기통제력 이외에 범죄에 우호적 정의와 차별적 또래교제를 추가한 연구에서 설명된 변량은 두 배 정도 되었다. 따라서 "자기통제력을 일정하게 통제하면 사회학습이론의 변수가 범죄의 설명에 유의미한 공헌을 하지 못한다는 갓프레드슨과 허쉬의 주장은 경험적 분석에서 지지를 받지 못했다". 그리고 "(나쁜) 또래-비행 관계는 허위적(*spurious*)이어서 범죄를 저지르는 데 반사회적 태도의 학습이 필요하지 않다"는 그들의 주장은 메타분석의 결과와 다르다(Pratt and Cullen, 2000: 948, 953). 그럼에도 전반적인 연구결과가 "갓프레드슨과 허쉬의 이론에 대한 상당히 인상적 지지를 나타낸다"고 결론짓는다(Pratt and Cullen, 2000: 951). 바즈소니 등(Vazsonyi, Mikuska, and Kelley, 2017)은 최근 99개의 연구에 대한 메타분석 결과 다음과 같은 결론을 내렸다.

> 낮은 자기통제력과 일탈 혹은 범죄 사이에는 강한 연관성이 존재하며. 이는 평가방식, 연구설계(종단적 대 횡단적), 일탈의 측정, 미국 내 다양한 집단, … 문화에 따라 다르지 않다(Vazsonyi et al., 2017: 59).

낮은 자기통제이론은 논리적으로 일관성이 있고 간결하며 범위가 넓다. 이 이론은 범죄학에서 엄청난 관심과 흥미를 불러일으키고 주요 통제이론으로서 사회통제이론을 대체할 수도 있다. 아직까지는 동어반복의 문제가 해결되지 않은 채로 남았으나 그래스믹 유형의 자기통제력의 인지적 측정을 사용해 비동어반복적으로 검증되었다.

이런 인지적 측정은 "원인으로 태도를 측정하고 결과로 행위를 측정해 … 동어반복의 여지를 없애고"(Stylianou, 2002: 537-538) 갓프레드슨과 허쉬가 제시한 본래의 자기통제력 개념은 내적이고 인지적인 개인의 특성이기 때문에 인지적 측정이 행위적 측정보다 본 개념에 더 충실해서 더 선호된다. 일부 연구결과가 이론과 상충하게 나타나고 범죄와 비행에 대한 일반이론이라는 광범위한 주장이 지지되지 못하지만 전체적 연구결과는 이론을 어느 정도 지지하는 것으로 나타난다.

로크 등(Rocque, Posick and Piquero, 2016: 526)은 자기통제이론의 기여를 다음과 같이 요약한다. "갓프레드슨과 허쉬의 이론은 매우 간결함에도 사상의 보고이며 학자들이 자신의 사상을 새로운 관점에서 검토하도록 격려했다. 우리는 이것이 과학에 긍정적일 뿐이라고 본다.

5) 허쉬의 자기통제이론의 사회유대적 수정

허쉬(Hirschi, 2004: 543, 545)는 최근에 '자기통제에 대한 새로운 정의'를 제시함으로써 '약간 수정된' 자기통제이론을 제안했다. 허쉬는 "사회통제와 자기통제는 동일한 것이다"(Hirschi and Gottfredson, 2006 참조)라고 주장했고 이어서 다음과 같이 말한다.

> 새롭게 정의된 자기통제력은 **특정행위의 모든 잠재적 비용을 고려하는 경향이다.** 이것의 초점은 행위의 **장기적** 결과에서 더욱 폭넓고 동시적인 결과로 옮겨간다(원문 강조). … 달리 표현하면, 자기통제력은 어디를 가든 지니고 다니는 억제의 집합이다. 이것의 특징은 **사회통제이론이** 파악한 **통제요인인** 애착, 관여, 참여, 신념으로 기술될 수 있다(Hirschi, 2004: 543-544; 인용자 강조).

앞에서 언급했듯이, 허쉬(Hirschi, 1969)는 일찍이 그의 사회통제이론에서 자기통제력을 애착의 개념에 포함시켰다. 이제 허쉬는 2004년에 사회통제의 모든 요인을 새로운 개념의 자기통제력과 동일시하고 그 아래 포함시킨다. 행위결과에 관심을 두지 않던 지난 사회통제 개념과 달리 유대는 진정한 의미의 자기통제(개인이 행위가 가져올 "보다 폭넓은" 단기 및 장기적 결과를 고려하는 정도)를 나타내는 것으로 여겨진다. 충동성, 단기적 쾌락추구 등 잠재적 특성에 초점이 맞춰졌던 갓프레드슨과 허쉬(1990)의 자기통제력 개념이 행위의 모든 다양한 기대비용을 고려하는 허쉬의 새로운 자기통제력 개념으로 대체되었다.

허쉬는 자기통제이론의 동어반복 문제에 대한 자신과 갓프레드슨의 이전 반응이 "네, 이것은 동어반복적이고 그래야 합니다"라고 말하면서 동시에 "아니요, 동어반복적이지 않습니다"라고 말하는 '어느 정도 변호사적 특징'을 가졌다고 했다. 그는 두 가지 답변 모두가 타당하며 "자기통제력을 새롭게 정의하는 현재의 노력이 동어반복의 문제를 다루기 위한 것으로 해석되어서는 안 된다"고 했다(Hirschi, 2004: 550).

이것이 1990년판 자기통제이론의 동어반복 문제나 최근의 연구에서 자기통제력의 행위적 측정으로 야기된 동어반복 문제를 해결하는 것으로 해석되지 않을 수 있다. 그러나 일탈행동이 초래하는 '더욱 폭넓고' '동시에 발생하는' (주로 부정적인) 결과를 참조하는 허쉬의 새로운 자기통제력 정의가 갓프레드슨과 허쉬의 이전 정의를 대신해서 적절한 것으로 수용되면 이론의 개념적 동어반복은 사라진다.

허쉬의 옛 사회통제 개념에 기초한 자기통제력의 새 개념은 1990년 개념과 달리, 자기통제력을 범죄행위나 범죄경향과 동의어로 만들지 않기 때문에 이론을 비동어반복적으로 만든다. 더욱이 허쉬가 제안한 자기통제력의 새로운 측정은 갓프레드슨과 허쉬가 과거에 선호한 자기통제력의 행위적 측정과 달리 그 자체로 종속변수의 지표가 아니다. 따라서 허쉬가 수정한 자기통제력의 개념뿐 아니라 이것의 새로운 측정도 (1990년의 개념과 이것의 행위적 측정과 달리) 동어반복의 문제를 갖지 않는 것으로 보인다.

그러나 허쉬가 재개념화한 이론을 검증하기 위해 사용한 자료에는 새로운 자기통제력 정의에 명시된 행위의 실제적 혹은 인지된 결과에 대한 직접적 측정이 포함되지 않았다. 그러다 보니 허쉬는 수정된 개념을 간접적으로 측정하기 위해 그의 1969년 이론에서 애초에 사회유대(주로 애착)를 측정하기 위해 설계된 문항을 사용하고 이들을 '자기통제적 반응'과 '사회유대/자기통제력 측정'으로 재명명한다.

피케로와 보파드(Piquero and Bouffard, 2007)는 허쉬의 새로운 자기통제력 개념이 갖는 중요성과 '동시적' 행위결과를 파악하고 측정하는 것의 중요성을 인정하지만 허쉬의 분석이 2차 자료의 사용으로 인해 제한된다고 지적했다. 이들은 '(의사)결정적 자기통제'(*decisional self-control*)를 직접 측정하고 이것이 범행할 의도를 예측하는 정도를 애초의 자기통제 측정 및 사회유대적 측정을 비교하기 위해 자료를 수집했다. 이들은 응답자가 자기보고한 음주운전 범죄와 성적 강압을 할 가능성이 새로운 자기통제력 개념의 측정과 관련이 있는 것을 발견했다.

보파드와 라이스(Bouffard and Rice, 2011)는 최근 연구에서 (의사)결정적 자기통제와 전통적 사회유대(애착과 신념)의 측정 사이에 중간 정도의 관계를 발견했다. 이 두 편의 최근 연구는 특정한 가상의 시나리오 상황에서 대학생이 어떻게 행동할지를 예측하는 가상 삽화를 사용하여 재구성된 자기통제 모형을 검증했다. 모리스, 거버, 그리고 메나드(Morris, Gerber, and Menard, 2011)는 수정된 이론을 검증하기 위해 전국적으로 대표성 있는 표본을 이용하고, 유대변수의 특징에 대해 추가자료로 보완했지만, 허쉬(2004)와 마찬가지로, 전통적인 사회유대변수를 사용한 간접적 측정으로 제한되었다.

이들과 다른 연구자들(Rocque, Posick, and Zimmerman, 2013)의 연구결과는 수정된 자기통제력 측정이 자기통제력의 전통적 태도측정보다 불법행위를 더 잘 예측할 수 없는 것으로 나타났다(상반된 연구결과는 Gunter and Bakken, 2012 참조). 브라운과 제닝스(Brown and Jennings, 2014)는 수정된 자기통제력의 세 가지 서로 다른 측정치 즉, 사회유대(Hirschi, 2004; Bouffard and Rice, 2011) 측정, (의사)결정적 자기통제

(Piquero and Bouffard, 2007) 측정, 새로운 측정인 명예에 기반한 (의사) 결정적 자기통제의 예측력을 비교했다. 분석결과 사회유대 측정이 범죄와 유사행위를 가장 잘 예측하는 것으로 나타났다.

마지막으로 본, 보파드, 피케로(Vaughan, Bouffard, and Piquero, 2017: 113)는 태도적 자기통제 측정이 〔(의사)결정적 자기통제를 통제한 가운데〕 음주운전 가능성에 강력하고 직접적으로 영향을 미친다는 연구결과를 발견했다. 이들은 자기통제력의 유대적 측정, 태도적 측정, (의사)결정적 측정 간의 개념적 구분이 필요하고, 자기통제의 차별적 효과에 더 큰 관심을 기울여야 한다고 주장했다.

허쉬는 자기통제력의 진정한 의미에 더 가까이 다가가는 것이라 주장하지만 그의 새로운 자기통제력 개념은 자기통제이론과 사회통제이론 모두를 수정한다. 갓프레드슨과 허쉬(1990)의 이론과 달리 허쉬(2004)의 수정이론은 애착과 그 밖의 사회유대에 주목함으로써 사회통제이론과 자기통제이론 사이의 관계를 명확히 하는 데 크게 도움이 된다.

게다가 원래의 사회통제이론과 달리 그의 새로운 자기통제이론은 행위의 결과(비록 부정적 결과뿐이지만)에서의 차이를 분명하게 포함한다. 원래의 사회통제이론에는 없고 사회학습이론의 차별강화 개념에는 있는 행위결과를 분명히 언급함으로 해서 통제이론과 사회학습이론의 양립가능성이 더 높아졌다.

5. 통제이론의 정책함의

1) 사회개발 모형에서의 사회통제요인

제 5장에서 언급했듯이 사회통제이론의 정책함의는 사회학습이론과 비슷하다. 유대원리와 학습원리 모두에 확실히 입각한 가장 널리 알려지고 세심하게 수행된 프로그램은 호킨스 등이 미국 시애틀의 사회개발연구집단(Social Development Research Group · SDRG; Weis and Hawkins, 1981; Hawkins, Von Cleve, and Catalano, 1991; Hawkins et al., 1992; Hawkins et al., 1999; Brown et al., 2005)에서 시작한 사회개발 모형(Social Development Model · SDM)이다.

SDM은 가정과 학교에서 (사회통제이론의) 애착과 관여를 강화하는 것과 (사회학습이론의) 긍정적 강화, 모델링, 친사회적 태도와 기술을 학습하는 것을 결합시킨다. 이 프로젝트의 목표는 어린 시절에 가족과 학교에 대한 강한 유대를 발전시켜서 친사회적 기술, 태도, 행동을 학습하게 하고 유년기 후반이나 청소년기 초반에 비행유형을 학습하지 않도록 준비시키는 것이다.

SDM을 적용한 시애틀 사회개발 프로젝트(Seattle Social Development Project · SSDP)는 시애틀의 8개 초등학교에서 1학년 입학생을 무작위로 '개입' 혹은 '통제' 반에 할당했다. 그 뒤로 이 학생들이 4학년이 될 때까지 두 집단에 학생들이 추가되었다. 처음 시작한 학생들이 5학년이 될 즈음에는 이 프로그램이 확장되어 18개 초등학교의 모든 5학년 학생을 포함하도록 확대되었다. 개입을 통해 교실과 가정에서 기회를 늘리고, 사회적 기술을 개발하고, 바람직한 행동에 대한 보상을 제공했다.

개입반 교사는 '선제적 교실관리'(예컨대, 바람직한 행동을 보상하고 교실 방해 행동을 통제한다), '상호작용적 수업'(예컨대, 학습목표와 학습할 기술을 명확히 표명한다), '협력적 학습'(학생을 팀으로 구성한다) 그리고 다른 혁신적 기법을 사용해 학교에 대한 유대를 강화하고 다른 사람과 적절히 상호작용하는 사회적 기술과 학업기술을 가르치도록 훈련받았다. 대인관계에서의 문제해결과 '거절' 기술을 학생들에게 가르치면 이들이 자신의 행동에 미치는 사회적 영향력을 인지하게 되고, 행동의 결과를 파악하게 되며, 또래를 순응행동에 참여시키게 된다.

동시에 1, 2, 3학년과 5, 6학년 학생의 부모 중 희망하는 사람에게 양육기술 훈련을 제공했다. 이 훈련에서 부모는 자녀의 행동을 더 잘 감독하고, 자녀에게 규범적 기대치를 가르치며, 바람직한 행동은 긍정적으로 강화하고 바람직하지 않은 행동에는 부정적 결과를 일관성 있게 제공하는 훈육을 배운다. 또한 함께하는 가족활동을 늘리고, 자녀를 가족활동과 시간에 함께 참여시키고, 긍정적 가정환경을 제공하고, 교사와 협력해 자녀의 읽기와 셈하기 능력을 개발하도록 장려했다. 처음부터 이 계획은 이런 일을 하는 데 서투른 부모를 가르칠 뿐만 아니라 이미 이런 일을 하는 부모에게도 지원을 제공하고자 했다.

이 프로그램은 현재 진행 중이고 실험대상자들이 5학년 때 개입집단과 통제집단을 비교해 평가했고(Hawkins et al., 1992), 이들이 18살이 되었을 때 다시 평가했다(Hawkins et al., 1999). 조사에서는 인지된 기회, 사회적 기술, 친사회적 태도와 반사회적 태도, 가정과 학교에서의 애착과 가치 있는 경험, 학업성적과 또래와의 상호작용을 측정했다. 학교에서의 나쁜 행실과 징계행위, 폭력적 및 비폭력적 비행(자기보고식 및 공식적), 성적(*sexual*) 활동, 음주, 흡연, 기타 마약사용도 측정하고 교사의 실제 교육, 가정의 훈육방법, 가족 참여도 측정했다.

5학년 때의 결과를 조사해 보니, 개입집단(20%)이 통제집단(27%)보다 음주를 시작한 퍼센트가 약간 낮았다. 또한 개입집단(45%)의 학생이 통제집단(52%)보다 나쁜 행실 혹은 문제행위를 상대적으로 적게 저지른 것으로 나타났다. 개입은 백인소년에게서 가장 큰 차이를 나타냈고, 백인소녀와 흑인소녀에게서는 이보다 적은 차이가 나타났으며, 흑인소년에게서는 차이가 나타나지 않았다. 개입집단이 학교에의 관여와 애착에서 더 높은 점수를 보였지만 표준화된 학업성취 검사성적은 통제집단이 더 좋았다.

18살 때는 통제집단보다 개입집단의 학업성적이 더 좋았고, 학교애착이 더 강했다. 두 집단 사이에 자기보고식 비폭력적 비행, 흡연, 음주 및 다른 마약사용이나 공식 체포와 법원공소에서 차이가 없었다. 그러나 개입이 성공적으로 나타난 다른 영역도 많았다. 개입집단과 통제집단 사이에 자기보고식으로 측정된 폭력적 비행(48.3% 대 59.7%), 폭음(15.4% 대 25.6%), 성적 활동(72.1% 대 83%), 다수의 성적 파트너(49.7% 대 61.5%) 등에서 상당한 차이가 있었다.

"사회통제이론, 사회학습이론, 차별교제이론 중에서 경험적 지지를 받는 측면을 통합한 SDM"은 SDRG의 건강한 아이 키우기 프로젝트(Raising Healthy Children · RHC)에도 적용되었다(Brown et al., 2005: 700). 이 프로젝트는 약물사용을 예방하기 위해 아동기와 청소년기의 '위험'요인과 '보호'요인 모두를 파악했다.

이 프로젝트 참가자는 시애틀 교외 교육구의 1, 2학년부터 시작하여 중학교와 고등학교 초기단계를 거치는 959명의 학생이었다. 이 프로젝트의 목표는 ① 절제의 가능성을 높이고 술, 마리화나, 담배의 시작확률을 줄이는 것, ② 참여한 학생이 이미 약물사용을 시작했다면 6학년에서 10학년 사이에 사용빈도를 낮추고 사용의 확대를 막는 것이다.

이 목표를 성취하기 위해 교사개입과 교실관리, 개별 학생과 부모개입에 사회학습의 원리와 사회유대의 원리가 적용되었다. 5개 학교가 개입 프로그램에 무작위로 할당되었고 5개 학교는 아무런 개입을 받지 않는 통제집단에 할당되었다. 개입학교 교사는 학생들이 초등학교와 중학교 1학년일 때 긍정적 학습, 독서, 사회적 및 문제해결 기술개발을 위한 교수법과 교실관리전략 및 기법에 대한 교육을 받았다.

교사들이 학생의 학업성적, 학교와의 유대, 친사회적 관계를 증진시키기 위한 RHC 전략을 이해하고 이행하도록 이들에게 '개인교습 시간'(*coaching sessions*)과 프로젝트 2차년도부터 매달 '후원자 회합'(*booster sessions*)이 제공되었다. 개별 학생에 개입하기 위해 방과 후에 자원자에게 과외교육, 공부 '클럽'과 기타 개별 및 집단 연수를 제공해 "① 학업성취를 높이고, ② 학생의 학교유대를 강화하며, ③ 거절 기술을 가르치고, ④ 건전한 행위에 대한 친사회적 신념을 발달시키려고 했다"(Brown et al., 2005: 701).

가족개입은 부모에게 훌륭한 자녀양육 훈련, 가족 내 갈등 대처법, 건전한 행동을 지지하고 위험한 비행에 대응하는 규범 유지법을 가르치는 방과 후 연수 참가기회를 제공한다. 이런 모임은 자녀가 1학년에서 8학년 사이일 때 매년 학교에서 열리고 자녀가 고등학생일 때는 (RHC 직원의 안내를 받아) 집에서 자녀와 함께하는 모임이 열린다. RHC에 의한 개입은 학교와 가정에의 유대와 친사회적 또래교제는 강화하고 약물을 사용하는 또래와의 교제와 약물사용에 우호적 태도에는 대항하려는 것이다.

학교에서 자기보고식 설문지를 이용해 술, 마리화나, 흡연의 빈도와 사용정도(사용 대 자제)에 대한 자료를 수집했고 학교에 다니지 않는 경우는 전화면접을 실시했다. 종단적 분석결과, RHC의 개입이 청소년의 약물사용 혹은 자제 결정에 영향을 미치지 못하는 것으로 나왔다. 그러나 중학교에서 고등학교에 이르는 기간에, 개입학교 학생에게서 개입하지 않은 학교 학생보다 술과 마리화나 사용빈도(흡연은 낮지 않음)가 상당히 낮게 나왔다. 참가자들이 21살 때도 개입집단과 통제집단 사이에 범죄와 약물사용에서 유의미한 차이가 발견되었지만 이런 차이가 (개입이 시작된 지 15년 후인) 24살에서 27살까지 연장되지는 않았다(Hawkins et al., 2005, 2008).

2) 자기통제이론과 정책함의

자기통제이론은 결과평가가 이루어진 예방 프로그램에 아직 명시적으로 편입되지 못했다. 그러나 SSDP와 RHC의 개입은 갓프레드슨과 허쉬가 자기통제이론의 정책함의로 제시한 것과 일치한다. 낮은 자기통제력은 눈앞의 이익에 의해서만 작동하기 때문에 사회경제적 불평등을 줄이고 더 나은 주거환경을 제공하고 직업기술을 향상시킴으로써 장기적 전망에 영향을 미치는 프로그램은 효과가 없을 것으로 예상된다. 범죄성향은 처벌, 무력화, 혹은 사회복귀 프로그램에 의해서도 변하지 않을 것이다(Piquero, Jennings, and Farrington, 2010; Piquero, Jennings, Farrington, Diamond, and Gonzalez, 2016). 자기통제력은 어려서 가정 내 사회화를 통해서 형성되기 때문에 인생초기에 실시되고 가정에 긍정적 영향을 미치는 정책만이 범죄와 비행을 감소시킬 수 있다.

> 우리가 생각하는 개입은 치료보다는 예방으로 여겨지는 것들이다. 장기적 이익을 추구하기 위해 즉각적 욕구충족을 삼가도록 훈련시키지 않으면 문제가 생겨나기 쉽다. 그러한 훈련은 어른이 담당해야 하지만 이들이 다양한 학문적 치료 분야를 공부해야 하는 것은 아니다. 대신에 이들은 아동의 초기 사회화의 필요조건, 즉 낮은 자기통제력의 징후를 감독하고 인지하며 이런 행동을 처벌하는 것을 알면 된다(Gottfredson and Hirschi, 1990: 269).

그러나 갓프레드슨과 허쉬는 앞으로 이러한 일이 어떻게 되어야 할지에 대해 상세히 설명하지 않았고 기존의 프로그램 중 어느 것이 이러한 필요조건을 충족시키는지 확인하지 않았다(Piquero et al., 2010; Piquero, Jennings, Farrington, Diamond, and Gonzalez, 2016). 깁스(Gibbs, 1995: 72)는 갓프레드슨과 허쉬의 정책제안이 "자녀양육을, 특별히 대규모로, 변화시킬 구체적이고 효과 있는 방법을 제시하지 못하고 있다"고 비판했다. 그러나 SDM과 다른 프로젝트처럼 인생초기에 개입하는 가족 프로그램이 충동적 행위를 통제하거나 자기통제력을 지지하는 사회화에 영향을 미칠 가능성이 있다.

갓프레드슨과 허쉬 등이 확인한 자기통제이론에 분명히 근거한 개입 프로그램은 없지만 피케로 등(2010)은 자기통제이론과 일치하는 것으로 간주할 수 있다고 주장하는 다수의 프로그램을 파악하고 이 프로그램들의 결과에 대한 메타분석을 제시했다. 이런 개입은 10살 미만의 아동(혹은 평균 연령이 10살 미만)을 대상으로 '자기통제력 향상'을 중점으로 다룬다. 특히 피케로 등(Piquero, Jennings, Farrington, Diamond, and Gonzalez, 2016)은 41개의 연구에 대한 메타분석을 통해 다음과 같은 결론을 내렸다.

> 이 프로그램들이 자기통제력에 긍정적 영향을 미치고 비행 경향을 감소시킬 수 있다는 강력한 증거가 존재하는 만큼 아동과 청소년 그리고 궁극적으로 성인으로의 전환과정을 개선하는 다른 증거기반 전략과 함께 (자기통제력 향상 프로그램을) 고려해야 한다(Piquero, Jennings, Diamond, Farrington, Tremblay, Welsh, and Gonzalez, 2016: 260).

6. 요 약

통제이론은 범죄와 비행에의 동기를 당연한 것으로 여기고 진짜 설명해야 할 문제는 순응이라고 본다. 이런 의미에서 이 이론은 범죄의 동기를 강조하는 이론과 다르지만 그 차이가 서로 모순되고 반대되는 가정의 문제라기보다는 정도와 강조의 차이다. 법 위반행위에 대한 모든 이론은 궁극적으로 왜 어떤 사람은 범죄와 비행을 저지르거나 저지르지 않는가라는 동일한 질문을 하는 것이다.

리스(1951)는 '개인적'이고 '사회적'인 통제가 실패할 때 비행이 나타난다고 설명한다. 나이(1958)는 비행에 직·간접적 영향을 미치는 가족의 통제를 강조한다. 레클리스의 억제이론이 갖는 기본명제는 비행에의 내적·외적 '압력'요인과 '유인'요인이 내적 억제와 외적 억제에 의해 상쇄되지 않으면 비행이 일어난다는 것이다.

사이크스와 마차(1957)는 비행자가 '중화기술'을 이용해 관습적 규범에 대한 초기 신념으로 인해 발생하는 행동에 대한 제약을 감소시킨다고 제시했다. 이들 이론에 대한 경험적 연구는 방법론상의 문제가 있고, 경험적 연구결과가 일관적이지 못하며, 관계가 약하게 나타나지만, 이들 각 이론은 어느 정도의 경험적 지지를 받았다.

허쉬(1969)의 사회통제이론은 각 사회성원을 순응하도록 통제하는 타인과의 유대 4가지 요인인 애착, 관여, 참여, 신념을 제시한다. 사회통제이론은 경험적 연구를 통해 약하거나 중간 정도의 경험적 지지를 받는다. 허쉬는 갓프레드슨과 함께 그의 이전 이론인 사회통제이론을 벗어나서 모든 상황에서 모든 범죄와 비행을 설명할 수 있는 일반이론으로 자기통제이론을 제기했다. 이 이론에는 아직 해결되지 않은 동어반복의 문제와 이 이론을 검증하기 위한 개념측정방식의 문제가 남아있다.

허쉬는 최근에, 자기통제이론에 사회유대 개념을 포함시킴으로써 이 문제의 일부를 해결한다. 이제까지의 자기통제이론에 대한 직접적이고 간접적인 검증결과는 전반적으로 이론을 지지하고 강도는 약한 정도에서 중간 정도이다. 대규모 조기개입 프로그램으로 사회유대(또한 자기통제이론과도 일치하는 것으로 보인다)와 사회학습원리를 명백히 적용하는 SDM은 비행, 약물사용, 나쁜 행실의 예방에 어느 정도 성공적인 것으로 나타난다.

주요 개념

- 개인적 통제(*personal controls*)
- 사회적 통제(*social controls*)
- 직접 통제(*direct control*)
- 간접 통제(*indirect control*)
- 내적 통제(*internal control*)
- 외적 억제(*outer containment*)
- 내적 억제(*inner containment*)
- 중화기술(*techniques of neutralization*)
- 숨은 가치(*subterranean values*)
- 표류이론(*drift theory*)
- 애착(*attachment*)
- 관여(*commitment*)
- 참여(*involvement*)
- 신념(*belief*)

제 7 장

낙인이론과 재통합적 수치이론

1. 서 론

낙인(烙印)이론은 낙인의 공식적·비공식적 적용, 즉 사회가 어떤 구성원에 대해 일탈자라는 낙인이나 꼬리표를 붙이는 행위에 초점을 맞춘다. 이 이론은 낙인을 종속변수(결과)로 보기도 하고 독립변수(원인)로 보기도 한다. 우선 왜 특정행위가 사회적으로 나쁜 행위로 규정되고 어떤 사람이 범죄자로 낙인찍히는가를 설명할 때 낙인은 종속변수로 다루어진다. 다음으로 낙인이 범죄나 비행행위를 지속, 확대시킨다고 가정할 때에 낙인은 독립변수로 다루어진다. 낙인이론에 관해 가장 자주 인용되는 베커의 말을 들어보자.

> 사회집단은 일탈을 구성하는 규칙을 제정하고 이를 특정인에게 적용해 이를 위반한 사람을 국외자(*outsider*)로 낙인찍음으로써 일탈의 개념을 만들어낸다. 이러한 관점에서 범죄는 사람이 저지른 행위의 성질이 아니라 '일탈자'에게 법률과 제재를 적용한 결과이다. 일탈자는 낙인이 성공적으로

부여된 자이고 일탈행동은 사람들이 그렇게 낙인찍은 행위이다(Becker, 1963: 9; 원문 강조).

따라서 낙인이론가는 낙인찍힌 사람의 실제 일탈행동 자체는 이차적 중요성만을 갖는다고 주장한다. 중요한 질문은 누가 누구에게 낙인을 찍고, 일탈적 낙인의 할당은 어떻게 결정되는가? 무엇이 부정적 낙인을 만들고, 낙인이 특히 공식적 통제기관에 의해 사회 내 다양한 개인과 집단에 적용되는 방식을 결정하는가?

낙인이론가의 통상적 답변은 사회에서 강자의 편에서 일하는 통제기관이 그보다 약한 자에게 낙인을 부여한다는 것이다. 사회 내의 강자는 어떠한 행위가 일탈 또는 불법적인 것으로 금지되고 평가될 것인가를 결정한다. 더욱이 개인은 그가 실제로 법을 위반했는가 또는 일탈행동을 저질렀는가의 여부에 의해 직접적으로 범죄자 또는 일탈자로 지명되지 않는다. 똑같이 법률을 위반한 행위일지라도 힘없는 집단에 속한 개인은 힘 있는 집단에 속한 개인보다 공식적으로 낙인찍히고 처벌받을 확률이 높다. 따라서 사람에게 범죄자로 낙인을 찍는 것은 그가 무슨 행위를 했는가보다는 그가 누구인가로부터 결과한다.

이 이론은 상대적 힘의 결여로 발생하는 공식적 낙인의 차별적 적용을 설명한다. 법과 형사사법체계는 하층계급과 소수집단을 지배하는 상층과 중층 그리고 지배집단의 이해관계를 대변한다. 어떤 사람이 체포되고 유죄 판결을 받아 구금될 가능성은 그의 인종, 성, 연령, 사회계급, 기타 사회적 지위를 나타내는 사회적 특성, 유력한 집단에의 소속 여부로 결정된다. 이는 제 10장에서 다룰 갈등이론가의 주장이기도 하다.

2. 상징적 상호작용 과정으로서의 낙인

범죄와 일탈행동을 설명하는 이론으로서 낙인이론은 사회학의 상징적 상호작용이론으로부터 파생된 이론이다. 상징적 상호작용이론은 개인의 정체성, 자아개념, 인지과정, 가치와 태도가 사회적 맥락 안에서, 즉 타인과의 상호작용에서의 행동, 반응, 변화 속에서만 존재하는 것으로 여긴다(Sandstrom et al., 2003).

쿨리(Cooley, 1902)와 미드(Mead, 1934) 등과 같은 초기 이론가부터 블루머(Blumer, 1969)와 같은 후기 이론가까지 상징적 상호작용이론은 언어, 발성, 몸짓을 통한 대면적 상호작용 내에서 교류되는 의미의 교환을 강조했고 이러한 상호작용이 개인의 자기정체성에 미치는 영향을 중시했다. 여기서는 이러한 상호작용의 구체적·행태적·객관적 측면보다 행위자의 말과 행동의 의미인 상징적 차원이 강조된다.

상징적 상호작용이론의 한 가지 주요개념은 우리 자신의 자아개념이 자기에 대한 타인의 관념의 반영이라는 거울자아(*looking-glass self*) 개념이다(Cooley, 1902). 우리는 타인이 우리를 어떻게 생각하는가를 고려해 자아를 형성한다. 만약 중요한 타자가 어떤 사람을 특정한 성격을 가진 사람이라고 여기면서 그와 교류한다면, 자기실현적 예언이 작동되어(Merton, 1957) 그 사람은 실제 그러한 성격을 가진 사람이 된다는 것이다.

우리에 대한 타인의 생각은 부분적으로는 우리에게 낙인을 적용함으로써 전달되며 우리의 자아개념과 행위는 이러한 사회적 낙인에 의해 형성될 수 있다. 낙인이론은 상징적 상호작용 내에서 이러한 낙인과정이 범죄와 비행행위에도 적용된다고 주장한다. 이 이론에서는 제재의 적용과 '범죄자', '마약 중독자'(*dope fiend*), '미친 사람', '비행소년' 등의 오명적 낙인이 범죄와 일탈행동을 촉진하는 독립변수로 취급된다.

사회적 낙인의 적용이 범죄와 비행의 독립적 원인이라고 가정하는 낙인이론의 이러한 측면은 범죄와 일탈에 관한 다른 이론적 관점과 가장 명확하게 구별되는 점이다. 다른 이론에서는 법 집행이 범죄를 억제하며 이따금 범죄를 촉진하는 의도되지 않은 결과를 유발한다고 보기도 하지만 낙인이론에서는 이 점이 핵심적 개념이다.

3. 범죄와 일탈에서 독립변수로서의 낙인

낙인이론의 핵심을 이루는 상징적 상호작용의 기본 가정은 개인의 정체성이 그에 대한 타인의 정의를 반영해 형성된다는 점이다(Becker, 1963). 일탈자로 낙인찍히는 개인은 일탈자라는 자기정체성을 취하고 낙인찍히지 않았을 때보다 일탈로 나아갈 가능성이 높아진다고 한다(Goffman, 1963). 낙인은 공식적 또는 비공식적으로 일탈에 대응하거나 일탈을 예방하려는 과정에서 주어진다. 원래 낙인은 일탈을 억제하려는 것이지 촉진하려는 것은 아니다. 그러나 낙인의 역설적이고 의도되지 않은 결과는 제재과정에서 예방하려던 일탈자를 양산한다는 점이다.

낙인이론가는 자기정체성이 확립되는 과정을 일방적인 것으로만 보지 않는다. 오히려 자아개념은 개인이 자기성찰적이고, 역할수행적이며, 자아정체성에 대해 타협하는 상호작용과정 안에서 형성되고 수정된다. 사람은 자신이 다른 사람들에게 보여지기 원하는 모습을 구체적으로 표현해 나타내려고 한다. 또한 다른 사람이 자신에 대한 인식을 전달하는 것에도 반응한다. 낙인이론의 지지자들은 일탈이라는 낙인이 반드시 일탈이라는 생활방식을 만들어내는 단순하고 일방적인 인과 모형으로 잘못 해석된다는 점에 반대하는 것이 옳다(Paternoster and Iovanni, 1989 참조).

그러나 이러한 반대에도 불구하고 낙인이론에는 분명한 결정론적 요소가 있다. 따라서 한 사람이 획득하는 정체성은 타인이 그를 생각하고 그에 대응하는 방식에 의해 근본적으로 형성된다고 말하는 것은 낙인이론에 대한 왜곡이 아니다. 그러므로 낙인이론은 한 개인의 연속적 일탈이 낙인경험에 의해 직접적이고도 현저히 영향을 받는 것으로 가정한다고 볼 수 있다.

또한 낙인이론에서는 낙인을 찍는 주체가 사회의 공식적 기관, 즉 사회규범이나 법규범을 집행할 권한을 부여받은 경찰, 검찰, 법원, 교도소, 정부기관일 때 일탈에 대한 유인(誘引)이 특별히 증가한다고 주장한다. 권력과 권한을 가진 이들에 의한 낙인의 적용에 직면해 개인은 이에 저항하거나 협상할 힘이 별로 없다. 낙인이론가가 비공식적이고 상호작용적인 일탈낙인 과정을 언급하기는 하지만 여전히 강조점은 형사사법체계, 정신보건체계 또는 기타 공식적 규범집행기관에 의한 강력한 낙인효과에 주어졌다.

현대 낙인이론에 대한 최초 진술은 1930년대 탄넨바움(Tannenbaum, 1938)에 의해 작성되었다. 일탈과 범죄의 발생과 형태에 대한 사회통제체계의 효과를 강조하는 최초의 체계적 분석은 레머트(Lemert, 1951, 1967)에 의해 이루어졌다. 하지만 이런 관점이 주목받고 범죄와 일탈이론의 중심에 놓이게 한 것은 베커의 1963년 저서 《아웃사이더》(*Outsiders*)와 1964년 논문집 《다른 세상》(*The Other Side*)의 발간이었다〔물론 그는 학술지 〈사회문제〉(*Social Problems*) 편집을 맡기도 했다; Ben-Yehuda et al., 1989 참조].

낙인이론가는 일탈지속의 원인으로서 낙인의 중요성을 다음과 같이 주장한다.

> 범죄자를 만드는 데 지대한 역할을 하는 것은 어떤 다른 경험보다 아이를 자신의 집단에서 분리하는 '악'의 극화(*dramatization of evil*) 이다. … 이제 범죄자는 다른 세상에 살게 된다. 그에게는 꼬리표가 붙여진다. … 그는 이제 자기가 규정받은 존재가 된다(Tannenbaum, 1938: 21; 인용자 강조).

> 일탈의 안정적 유형을 형성하는 과정에서 가장 결정적 단계 중 하나는 체포되어 일탈자로 공개적으로 낙인찍히는 경험일 것이다. 사람이 이 단계를 밟을지 말지는 그가 무엇을 하느냐에 별로 좌우되지 않고 다른 사람들이 무엇을 하느냐에 달려 있다. … 체포되고 일탈자로 낙인찍히는 것은 그 사람의 앞으로의 사회참여와 자아상에 중요한 영향을 미친다(Becker, 1963: 31; 인용자 강조).

> 일탈자에 대한 사회적 반응은 일탈 그 자체의 이해에 필수적이며 일탈의 원인은 아니라 할지라도 중요한 요소이다(Schur, 1965: 4; 인용자 강조).

> 우리 관점의 가장 큰 강점은 일탈을 사회적 교환이론 안에 포함시키게 되었다는 것이다. 더욱 중요한 것은 우리 이론이 사회통제를 일탈의 원인 또는 동인으로 본다는 점이다(Lemert, 1967: 26; 인용자 강조).

낙인이론이 낙인찍는 일에 의해 개인이 필연적으로 더욱 일탈자가 된다고 주장하는 것처럼 오해되어서는 안 된다. 사실 베커는 이러한 결과가 다른 방향으로 나올 수도 있는 상호작용과정의 결과임을 설명하려고 많은 부분을 할애했다. 몇몇 일탈에 대한 사회적 반작용은 개인이 더 이상의 일탈에 빠지는 것을 막을 수 있다. 낙인의 적용과 제재는 의도하지 않은 미래의 법 위반이라는 결과보다 원래 의도한 대로 규범 또는 법 위반을 억제하는 효과를 가져올 수 있다.

그럼에도 위에 열거한 낙인이론가의 주장에서 핵심은 명백한 것이다. 낙인이론은 한 사람을 일탈자로 낙인찍고 형벌, 교정처우 등의 사회적 제재를 적용하는 것이 일탈을 줄이기보다는 증가 또는 '증폭'시킨다고 주장한다(Wilkins, 1964). 따라서 낙인이론의 핵심은 비행자, 범죄자로 낙인찍힌 사람이 받는 불명예가 미래의 일탈을 억제하기보다는 부추긴다는 점이다. 일탈자의 낙인은 그들이 낙인에 따라 행동할 위험에 놓이게 하고 일탈자의 역할을 수행하며 돌이킬 수 없는 일탈자로서 자아개념을 발전시키도록 한다. 낙인이론에서 이 일탈역할과 자아개념은 낙인과 미래 일탈 사이의 중요한 연결고리를 제공한다.

낙인이론에 따르면, 공식적 낙인 이전의 일탈자의 법 위반은 비조직적이고 일관성이 없으며 드문 현상으로 여겨진다. 그런 행동은 일차적 일탈로 일컬어진다. 이들을 일탈이나 범죄'경력'이라는 좀더 지속적인 범죄경향으로 이끄는 가장 중요한 계기는 공식적 통제기관과 비공식적 사회청중을 통한 사회의 반응이다. 이런 이유로 낙인론적 관점은 '사회적 반응'(*societal reaction*) 관점으로 언급되기도 한다(Gove, 1980). 이러한 사회적 반응이 없다면 일탈은 간헐적이고 비조직적인 것으로 남기가 쉬울 것이다. 사회적 반응으로 일탈은 일탈경력으로 발전한다.

좀더 고정적이고 조직적인 형태로 일탈이 지속되는 것은 사회적 반응과 낙인에 의해 창조된 이차적 일탈 이후이다. 이차적 일탈의 개념은 "자신의 일탈에 대한 사회적 반응에 의해 형성된 문제에 대처하기 위해 사람들이 만들어낸 반응의 특수한 집합"을 일컫는다(Lemert, 1967: 40-41). 이렇게 이차적 일탈은 일탈자가 그들이 일탈자로 낙인찍히지 않았으면 범하지 않았을 부가적 일탈에 참여할 때 생성된다.

이차적 일탈의 생성은 개인에 대한 낙인뿐만 아니라, 모든 행동범주를 금지함으로써 초래될 수 있다. 예를 들면, 비행자로 낙인찍힌 소년은 더 비행적인 자기정체성을 가질 수 있고, 비행갱단에 가담하고, 미래의 검거와 제재를 피하기 위해 이차적 일탈유형을 형성하고, 더 난폭해지며, 더 광범위한 비행활동에 참여할 수 있다. 도박, 약물사용, 성매매에 대한 법적 금지는 금지하지 않았더라면 존재하지 않았을 이들 상품과 서비스에 대한 수요를 충족시킬 수 있는 범죄 암시장을 만들어 낸다.

나중에 베커(1973), 슈어(Schur, 1979) 그리고 레머트(1974)는 범죄와 일탈행동에 대한 이론을 창안하려는 어떠한 의도도 부인했다. 그들은 이 관점이 일탈이나 범죄에 대한 구체적 설명보다는 '예리한'(*sensitizing*) 개념만을 제공하려고 했다고 주장한다.

패터노스터와 아이오바니(Paternoster and Iovanni, 1989)는 낙인이론을 비판하는 사람들이 이 이론을 오해하고 있으며, 낙인이론은 이차적 일탈에 대한 낙인의 최소한의, 매우 가변적인 영향만을 내세운다고 주장했다. 그러나 사실 이 이론은 낙인의 최소효과 그 이상을 주장한다. 처음부터 이 이론은 개인이 자신에게 적용된 낙인에 의해 절대적이지는 않더라도 강력한 영향을 받기 때문에 일탈적 자기정체성과 일탈적 역할을 수행하게 된다고 주장해왔다.[1)]

4. 낙인이론에 대한 경험적 검증

낙인이론이 학자와 실무가 모두에 의해 광범위한 지지를 얻기는 했지만 처음부터 낙인이론을 강력히 비판하는 사람도 있었다. 초기 비판가(Gibbs, 1966; Bordua, 1967; Akers, 1968)는 낙인이론이 실제 일탈행동에 대해 무시하는 점, 낙인과정에 의한 일탈 이미지가 일탈적 정체성과 역할로 강제된다는 견해에 반대했다. 약자일지라도 반드시 일탈자라는 낙인의 적용에 그대로 복종하지 않으며 즉각적으로 자신의 자아정체성을 형성하지 않는다는 것이다.

그들은 자신의 정체성에 반격을 가하고 거부하며 부정하고 타협하기도 한다(Rogers and Buffalo, 1974). 더욱이 낙인은 애초에 그 행동을 만들어내지 않는다. 다른 요인들이 일탈의 시작을 만들어내며, 일탈의 지속, 일탈적 자아개념의 유지와 일탈경력의 안정에 계속해서 큰 영향을 미칠 것으로 기대할 수 있다. 사람은 종종 타인이 자신에게 부여하는 낙인과 관련 없는 이유로 법이나 사회규범을 위반하는 행위를 한다. 낙인이론은 일탈자가 검거되고 낙인찍힌 이후에 이러한 다른 변수의 지속적인 영향을 기본적으로 무시한다.

이렇게 행동의 다른 원인에 대한 무시는 낙인이론이 낙인의 대상인 범법자를 골라내 공식적으로 낙인찍는 사람의 권력과 이러한 낙인에 대항하는 자의 상대적 무력함과 무능력에 초점을 맞추기 때문이다. 낙

---

1) 탄넨바움(Tannenbaum, 1938), 레머트(Lemert, 1951, 1967), 베커(Becker, 1963), 에릭슨(Erikson, 1964), 키수스(Kitsuse, 1964), 슈어(Schur, 1965, 1971, 1973, 1984)를 참조하라.

인이론은 낙인찍히는 사람의 실제 행동에 대해서는 별로 주의를 기울이지 않는다. 이 이론의 가정은 개인이 실제로 어떤 행위를 했는가는 그를 일탈자로 낙인찍는 결정에 중요하지 않거나 적어도 그가 누구인지만큼 중요하지 않다는 것이다.

에이커스(Akers, 1968)는 이러한 가정이 틀렸다고 주장한다. 낙인과정은 자의적이지 않으며 체포되고 낙인찍히는 자의 행위와 무관하지 않다는 것이다. 때때로 실수로 낙인이 잘못 적용되거나 일탈행동과 관계없는 기준이 낙인과정에 개입되기도 한다. 그러나 사회는 진공상태에서 개인을 일탈자로 파악하고 낙인찍으며 처벌하지 않는다. 경찰은 일반적으로 정당한 이유가 없으면 체포하지 않으며 법원은 유죄가 확정되기 전까지는 범죄자란 낙인을 찍지 않는다.

사람들은 자신이 저지르거나 저지른 것으로 여겨지는 분명한 행위에 근거해서만 비행자, 범죄자, 마약중독자, 아동학대자 등으로 낙인찍힌다. 따라서 일탈행동 자체는 낙인에 선행하며 낙인의 근거가 된다. 행동이 낙인을 만들어내는 것이지 낙인이 행동을 만드는 것은 아니며 낙인이 행동을 지속시킨다기보다는 계속되는 일탈이 낙인을 지속시키는 것이다. 보두아(1967: 153)는 낙인이론이 일탈자를 '본질적으로 텅 빈 유기체'(*essentially empty organism*)이며 "모든 사회적 반응의 반영일 뿐이고 일탈적 자극도 없는" 사람으로 보는 가정에 빠졌다고 비판한다.

낙인이론은 또 다른 단점들 때문에 비판받았다.[2] 가장 심각한 단점

---

2) 허쉬(Hirschi, 1973), 헤이건(Hagan, 1973), 테일러, 월턴과 영(Taylor, Walton, and Young, 1973), 브레이스웨이트(Braithwaite, 1989), 기번스(Gibbons, 1994), 쿠란과 렌제티(Curran and Renzetti, 2001), 버나드 등(Bernard et al., 2015)을 참조하라.

은 경험적 타당성이 거의 없다는 점이다. 낙인이론에 따르면, 일차적 일탈은 광범위하고 산발적이며 불안정하고 별로 심각하지 않다고 한다. 이런 행동을 하는 사람 중 일부만이 검거되고 낙인찍힌다.

특히, 공식적 형사사법기관에 의해 낙인찍히는 사람은 일탈적 자기 정체성이나 자아개념을 발전시킬 기회가 증대된다. 이러한 자아개념은 다시 낙인찍힌 자가 향후에 일탈을 저지르고 이차적 일탈의 경력을 지속적으로 발전시킬 가능성을 증대시킨다. 반대로 검거와 낙인을 회피할 수 있다면, 일탈자는 범죄자로의 경력을 발전시켜나가지 않을 것이다. 범법자의 공식적 과정에 관한 경험적 연구 가운데 이러한 모형과 잘 맞는 결과는 별로 없다.

낙인이론에 대한 경험적 확증이 없다고 낙인과 제재가 의도치 않은 결과로 미래의 일탈가능성을 높이지 않는다는 것은 결코 아니다. 이는 미래의 일탈이 전적으로 낙인에 의해서 발생하는 경우가 드물다는 것이다. 일차적 일탈을 비슷하게 경험한 사람 중에 검거와 낙인을 모면한 자는 체포된 사람과 마찬가지로 범죄를 반복하고 일탈경력을 발전시킬 가능성이 있다. 제 2장에서 언급했듯이, 공식적 제재는 범죄나 일탈행동에 대해 미약한 억제력을 가졌다. 그럼에도 범법자가 공식적 낙인 이후에 일탈을 단념할 가능성은 일탈을 지속할 가능성과 같거나 더 높다. 낙인의 일탈증대 효과는 낙인이론가의 주장처럼 빈번하게 발생하지 않는다.

이러한 결론은 우범소년, 비행자와 범죄자에 대한 공식 처리과정, 정신병자의 입원, 교사의 학생에 대한 낙인, 성행위에 대한 낙인 그리고 다른 범죄와 일탈유형에 대한 낙인연구에 의해 지지된다. 물론 몇몇 연구는 낙인의 일탈증대 효과를 보고하기도 하지만(Farrington, 1977; Hagan and Palloni, 1990; Chiricos et al., 2007; Jennings, 2011; Wiley, Slocum, and Esbensen, 2013; Liberman, Kirk, and Kim, 2014; Kavish, Mullins, and Soto, 2016) 효과는 강하지 않거나 애초에 일탈위험이 높았던 사람에게만 나타난다(Morris and Piquero, 2013; 그러나 반대의 결론에 대해서는 Ward, Krohn, and Gibson, 2014 참조). 다수의 경험적 연구는 낙인효과가 매우 미약하거나 없음을 보여준다. 경험적 연구에서 다른 요인을 통제할수록 낙인이 범죄나 일탈행동에 대해 중요한 독립효과를 가진다는 증거를 발견할 가능성이 적어진다. 온당한 결론은 공식적 제재가 강력한 억제효과도 실질적 낙인효과도 가지지 않는다는 것이다. 이전의 범죄, 개인의 성향, 사회적 특성, 그 밖에 일탈행동에 대한 비낙인적 관련 요인이 통제될 때 공식적 낙인은 일탈행동의 지속이나 중단, 자아개념 또는 일탈경력에 대해 별다른 차이를 만들지 않는다.[3)]

5. 낙인이론의 함의: 청소년 다이버전 프로그램

낙인이론은 사회학자, 범죄학자, 실무가에 의해 빠르게 수용되었다. 기존의 사회통제체계가 해결책을 제시하기보다는 오히려 범죄문제를 악화시켰다는 것이 거의 의심할 여지없는 가정이 되었다. 이렇게 본다면, 최선의 통제체계는 최소한으로 통제하는 것이다. 예를 들면, 약물사용에 대한 법적 금지가 의도치 않게 암시장을 만들어냈다는 사실이 마리화나 규제법과 같은 약물규제법의 폐지와 모든 불법약물의 합법화를 주장하기 위해 사용되었다(Nadelman, 1989). 범죄자에 대한 공식적 낙인이 더욱 심각한 범죄경력으로 나아가게 만든다는 가정은 가능한 한 범죄자에 대해 공식적 형사절차를 피하는 정책을 지지한다.

이런 가정에 기반을 둔 주요정책은 미국에서 1970년대에 최고의 관심을 받았던 청소년 **다이버전**(*diversion*) 운동이다. 다이버전 프로그램은 체포된 청소년 범죄자를 공식체계와 더 접촉시키지 않고 '전환'시키기 위해 만들어졌다. 소년사법의 비용절감은 다이버전에 대한 실제적인 정당화였지만 애초부터 낙인이론에 대한 명시적인 언급에 의해 정당화되었다.

이에 대한 지지자는 공식체계로부터 전환하는 것이 공식적 낙인의 오명과 일탈증대 효과를 피하고 그로 인해 재범을 줄일 수 있다는 근거에서 이러한 정책을 지지했다. 오늘날에도 많은 프로그램이 지속되고 있지만 1980년대 말이 지나면서 범죄자의 장기구금에 초점을 맞추는 억제와 응보정책이 우세해짐에 따라 다이버전의 인기는 약해졌다.

다이버전의 한 가지 형태는 구치소, 구금시설, 청소년시설로부터 청소년을 단지 이동시키는 것이다. 1974년의 연방법은 청소년 범죄자에 대한 전국적 **탈시설화**를 명령했다. '지위비행'(가출, 무단결석, 통행금지 위반, 교정불능 등)을 저지른 청소년을 구금하지 못하게 했을 뿐만 아니라, 법적으로 그런 지위비행을 더 이상 비행으로 분류하지 않게 되었다.

이러한 **탈범죄화**는 지위비행을 저지른 청소년을 소년사법체계의 관할에서 완전히 벗어나게 하는 것을 의미했다. 중범을 저지른 청소년조

3) 마호니(Mahoney, 1974), 티틀(Tittle, 1975), 고브(Gove, 1980, 1982), 토마스와 비숍(Thomas and Bishop, 1984), 브레이스웨이트(Braithwaite, 1989), 스미스와 패터노스터(Smith and Paternoster, 1990), 슈메이커(Shoemaker, 2004), 바티와 피케로(Bhati and Piquero, 2008), 윌리 등(Wiley et al., 2013), 리버만 등(Liberman et al., 2014)을 참조하라.

차 비구금 대기실이나 성인범죄자와 분리된 장소에 단시간(6시간 미만) 유치를 제외하고는 성인 교도소에 수용할 수 없었다. 폐쇄-구금 교정시설과 소년원 수용은 덜 빈번해졌으며 수용되는 청소년 수는 극적으로 감소했다(Holden and Kapler, 1995; Jensen and Rojek, 1998).

낙인론적 관점에서 본다면, 구금으로부터의 다이버전은 일탈적 낙인을 피하기 위한 과정에서 너무 늦게 시작되는 것일 수 있다. 그러므로 다이버전 옹호자는 지역사회 프로그램이 만들어져 범죄자가 가능한 한 형사절차 초기에 소년법원과 시설로부터 전환될 수 있게 해야 한다고 주장했다. 일부 낙인이론가는 '사법상의 비개입'(Lemert, 1981) 혹은 급진적 비개입(Schur, 1973) 정책까지도 촉구했다. 이러한 정책에 따르면, 공식적으로 낙인을 찍어 청소년을 더 심각한 일탈자로 만들 위험을 감수하는 것보다 수많은 경범죄를 지역사회가 용인하는 것이 더 나은 것으로 여겨진다.

이렇듯 완전히 비개입적인 '순수한' 다이버전의 단점은 검거되거나 체포된 범죄자를 가능한 한 신속하게 체계로부터 나오게 하며 이들이 새로운 범죄를 저지르지 않는 한 더 이상의 공식적 관심을 보이지 않는 것이다. 그러나 실제로는 이렇듯 순수한 형태의 다이버전 프로그램은 거의 존재하지 않는다.

오히려 경찰, 검찰, 법원, 치료나 지역사회 내 감독의 각 단계에서 더 이상의 진행을 피하기 위해 사례를 적절하게 전환시키는 것이 일반적이다. 즉, 그들에게 더 이상 관심을 갖지 않기보다는 전환된 청소년에게 비공식적 보호관찰을 받게 하고 지역사회의 다양한 프로그램에 참여하게 한다. 일부 지역사회에서는 문제 청소년이 경찰에 체포되기 전이라도 다른 지역사회 기관, 학교 혹은 부모의 소개에 의해 이런 프로그램으로 전환될 수 있다. 이런 프로그램의 예로는 비거주식 교육 프로그램, 사회봉사, 청소년참여법정, 피해배상, 약물남용을 다루는 거주식 처우프로그램 등이 있다. 일부 주에서는 경찰이 청소년에 대하여 체포 대신 민간 소환제도(*civil citation*)를 사용하는 등 공식 처리 절차로부터 다이버전 프로그램으로 전환하였다(Mears et al., 2016).

다이버전 프로그램을 제대로 이행하지 않은 청소년에게 소년법원은 전형적으로 통제를 유지하고 더 엄중한 처분을 내릴 수 있다. 다이버전을 받은 청소년은 법원이 정식 보호관찰 조건으로 공식적으로 판결한 비행청소년에게 배정한 것과 똑같은 치료, 교육, 사회복귀, 기타 프로그램에 참여하는 경우가 많다(Rojek, 1982; Jensen and Rojek, 1998; Lundman, 1993). 너무도 많은 각양각색의 정책을 '다이버전'으로 부르면서 이 용어는 "아무런 조치를 취하지 않는 것부터 기존의 소년사법실무와 구분되지 않는 프로그램까지 다양한 정책"을 포함하게 되었다(Jensen and Rojek, 1998: 439).

이런 정책 시행에 따라 청소년에게 더 큰 절차적 정의가 이루어졌고, 구금되고 시설에 수용된 청소년 인구는 감소했다. 이것은 전반적으로 지위범죄자들을 소년사법체계에서 제외시키고, 이들을 주(州)나 지방의 가족서비스기관 관할에 배치했다. 그러나 이런 정책은 의도된 결과를 가져오지 않았다.

다이버전 프로그램에 대한 대부분의 경험적 연구는 통상적 소년사법 과정과 비교할 때 재범감소에서 큰 차이를 보이지 않는다는 것을 발견했다. 몇몇 주에서의 경험적 연구는 다이버전이 구금인원을 감소시키는 데 종종 효과적임을 나타낸다. 그러나 다이버전을 받은 청소년이 전환되지 않은 청소년보다 새로운 범죄를 범하는 경향이 적다는 증거는 많지 않다(Lundman, 1993; Jensen and Rojek, 1998). 또한 다이버전 프로그램은 영역확대(*net-widening*) 문제에 직면했다. 다이버전 정책이 없을 때보다 청소년이 지역사회에서 비자발적 통제하에 더 많이 배치되는 의도하지 않은 결과를 가져온 것이다. 이것은 다이버전이 없었다면 공식적 관심 없이 단순히 석방될 수 있는 경미한 사례 중 많은 것이 감독을 받게 되고 청소년 관계당국의 책임하에 있게 되는 것을 말한다.

이런 청소년은 어떤 처분으로 전환되는 것이지만 전통적 소년사법체계에서는 취급되지 않았을 사소한 범죄자이기 때문에 어떤 것으로부터 전환되는 것이 아니다. 전환된 청소년을 넘겨받는 지역사회 기관은 기관의 지속적 운영을 위해 일련의 사례를 유지하는 데 관심을 가질 것이다. 그러면 이런 프로그램의 존재는 다이버전 철학이 처음에 계획한 간섭하지 않는 전략보다는 간섭을 더 고무할 수 있다(Rojek, 1982).

다이버전 정책은 기본적으로 청소년비행자에게 맞추어졌지만 초범, 비폭력범인 성인범죄자를 위한 '판결 전 중재'나 '선고유예' 프로그램도 있다. 이런 프로그램에서 피고인은 판결을 받는 대신 지역사회의 감독과 약물치료, 배상 또는 감독비용의 지불과 같은 특정조건을 받아들인다. 이런 프로그램을 성공적으로 수행하면 유죄판결과 전과기록을 피하게 된다. 현재 성인 다이버전 프로그램에 대한 과학적으로 타당한 평가는 거의 없다.

6. 브레이스웨이트의 재통합적 수치이론

낙인이론의 몇몇 지지자는 낙인이론과 일치하지 않는 경험적 결과를 수용하지 않는데 이는 "이러한 연구의 상당 부분이 낙인이론을 제대로 검증하지 못한다"라고 생각하기 때문이다(Paternoster and Iovanni, 1989: 384). 이들은 낙인효과가 다른 요인에 조건적임을 가정하는 좀 덜 극단적이고 더욱 복잡한 모형을 제안한다.

그러나 스미스와 패터노스터(Smith and Paternoster, 1990)가 낙인이론 가운데 더 복잡한 '일탈증폭 모형'(deviance-amplification model)으로 소년법원의 사례를 검증했을 때 이들은 소년법원 출두와 장래의 비행발생과의 관계가 애초에 재범위험이 높은 소년이 소년법원에 회부되고 그것 때문에 비행소년이라는 낙인을 받는다는 사실로부터 나온 것임을 발견했다.

다이버전을 통해 공식적 낙인을 피한 소년은 위험성이 낮은 소년이며 어떻게 처리되어도 재범가능성이 낮다. 낙인이 영향을 미치는 것이 아니라, 낙인 자체가 소년의 과거 그리고 미래의 개연적 행동의 결과이다. 그들은 "재판회부가 미래 비행에 미치는 분명한 낙인효과는 선별의 인위적 산물로 돌릴 수 있다"고 결론 내린다(Smith and Paternoster, 1990: 1128). 이 연구의 설계와 결과는 낙인효과에 관한 대부분의 과거 연구와 일치한다. 일반적으로 유의미한 낙인효과는 발견되지 않았다.

몇몇 낙인이론가는 이 이론에 대한 비판의 많은 부분을 정당한 것으로 수용하고 낙인이론의 경험적 타당성을 높이기 위해 수정이 필요함을 인정한다. 이러한 수정주의자 몇몇은 낙인이 일탈을 야기한다는 가정을 포기하고 대신 낙인과정 자체가 어떻게 이루어지는가를 파악할 필요가 있음을 재강조했다(Goode, 1975; Hawkins and Tiedeman, 1975).

다른 사람은 낙인과정을 권력과 사회적 갈등의 좀더 큰 맥락 안에서 파악하려고 했다(Grimes and Turk, 1978). 그들은 낙인효과가 사회구조의 광범위한 맥락을 조건으로 하는 경우에만 중요한 것으로 보았다. 낙인을 일탈행동의 간접적 원인으로 보았기 때문에 이제 이론적 과제는 낙인의 효과를 매개하는 변수를 규명하는 것이다. 범죄학에서 이러한 노력 중 가장 주목할 만한 것은 브레이스웨이트(Braithwaite, 1989)에 의한 것이다.[4)]

브레이스웨이트 이론의 핵심은 '재통합적 수치'(*reintegrative shaming*)이다. 그는 이 개념을 통해 어느 때 범죄자라는 낙인이 범죄적 자아개념과 미래의 범죄를 산출하는 효과를 가지는가, 그리고 어느 때 범죄를 예방하는 상반된 효과를 가지기 쉬운가라는 문제에 답하려 했다. 브레이스웨이트는 '수치'란 "수치를 당하는 사람에게 양심의 가책을 느끼게 하는 효과를 가진 사회적 불승인 그리고(또는) 타인의 비난"이라고 정의했다(1989: 100).

이 개념은 언뜻 보기에 낙인의 또 다른 용어로 보이기는 한다. 그러나 그는 낙인이라는 용어를 수치를 당한 범죄자와 공동체가 화해하려는 시도를 하지 않는 '해체적 수치'(*disintegrative shaming*)라는 용어로 바꾼다. 과거 낙인이론에서 말한 효과, 즉 미래의 추가적 범죄를 야기하는 것은 바로 이러한 해체적 수치의 일종이다.

다른 한편, '재통합적 수치'는 "용서의 단어나 몸짓 또는 일탈자라는 낙

---

4) 링크 등(Link et al., 1989), 마쓰에다(Matsueda, 1992)와 트리플렛과 자조라(Triplett and Jarjoura, 1994)를 참조하라.

인을 벗겨주는 의식을 통해 범법자가 법을 준수하고 존중하는 시민의 공동체로 돌아가도록 재통합시키는 노력을 말한다"(1989: 100-101). 수치라는 사회적 불승인은 "사회적 승인에 의해 압도적으로 특징지어지는" 관계 가운데 깊숙이 각인될 때 범죄를 통제하는 효과를 갖는다(Braithwaite, 1989: 68). 따라서 이러한 조건 아래 범죄자라는 낙인은 범죄를 강화하는 효과를 가지지 않을 것이다.

재통합적 수치는 범죄율을 낮추는 경향이 있고 낙인은 간접적 방법으로만 범죄율을 높인다. 브레이스웨이트는 낙인의 간접효과를 측정하기 위해 사회학습이론, 아노미/긴장이론 그리고 사회통제이론을 끌어왔다. 예를 들면, 그의 모형에서 낙인은 범죄자 집단 내의 참여를 가져오고(차별교제), 불법적 기회(고전적 긴장)의 활용을 좀더 매력적으로 만들며, 이는 다시 범죄를 반복할 가능성을 높인다.

더욱이, 브레이스웨이트는 재통합적 수치가 범죄를 감소시키는 데 성공적일 수 있는 조건을 구체적으로 명시한다. 상호의존성을 보이고, 타인에 대한 애착이 있고, 인습적 활동에 관여하는(사회통제) 사람이 재통합적 수치에 더 빠른 반응을 보이며 공동체주의로 특징지어지는 문화, 즉 가족이 서로 의존하는 소규모의 긴밀하게 조직된 공동체가 재통합적 수치를 주는 것에 더 참여하는 경향이 있다는 것이다.

브레이스웨이트는 "범죄이론이 명심해야 할" 13가지 사실을 제시했으며(즉, 범죄는 많은 부분이 젊은 소수집단 남자·미혼자·교육적 열망이 낮은 사람·범죄자와 교제하는 사람에 의해, 대도시에서 발생한다) 그의 모형은 이러한 것과 모두 합치한다고 주장한다. 지금까지 해체적 수치가 미래의 범죄가능성을 증가시키는 반면, 재통합적 수치는 그러한 가능성을 감소시킨다는 이 이론의 중심명제를 직접적으로 검증한 경험적 연구는 혼재된 결과를 보여주었다.

마카이와 브레이스웨이트(Makkai and Braithwaite, 1994)는 호주 내 요양소의 규칙준수 변화를 연구했다. 이 연구의 결과는 감독자의 재통합적 이데올로기와 위반에 대한 불승인의 상호작용이 요양소 운영자의 미래 규칙준수에 영향을 주는 것으로 나타나서 이 이론을 지지한다. 머피와 해리스(Murphy and Harris, 2007)는 호주에서 성인을 대상으로 한 연구에서 수치와 관련된 정서변수를 통제해도 낙인에 대한 인식이 세법위반과 관련됨을 발견했다. 호주와 인도의 청소년에 대한 연구에서, 비낙인적 형태의 수치가 비행 및 괴롭힘 감소에 긍정적 영향을 주는 것으로 나타났다(Ahmed, 2001; Ahmed and Braithwaite, 2005). 그러나 이 연구는 이론의 원래 설명에는 없던 요소, 즉, 범죄자가 자신의 범죄와 관련하여 수치심을 인정하는 것(다른 사람에게 책임을 전가하는 것이 아니라)의 중요성을 강조하였다. 피치 등(Fitch, Nazaretian, and Himmel, 2018)은 이러한 재통합적 수치이론의 확장이 비약탈범죄에 대한 설명으로까지 확장된다는 것을 보여주었다. 또한 브레이스웨이트의 재통합적 수치 변수들이 재산이나 사람에 대한 약탈범죄에 거의 영향을 미치지 않았지만, 수치심 인정은 성별의 순응에 대한 영향을 매개하는 것으로 나타났다(Fitch and Nazaretian, 2019).

재통합적 수치이론에 대한 다른 검증도 이론을 지지하는 결과를 보여주지 못했다. 헤이(Hay, 2001a)는 미국도시의 고등학생을 대상으로 자기보고식 비행에 대한 부모훈육의 재통합적 수치효과를 연구했다. 그는 부모훈육에서 재통합적 수치가 스스로 예측한 비행가능성에 거의 영향을 주지 않음을 발견했다. 더욱이 "낮은 통합/높은 수치의 범주 — 브레이스웨이트가 낙인이라고 부른 — 가 RST(재통합적 수치이론)의 예측과 모순되게 비행에 대해 정적 계수가 아니라 부적 계수를 갖는다"는 것을 발견했다(Hay, 2001a: 144).

티틀 등(Tittle, Bratton, and Gertz, 2003)은 성인을 대상으로 한 연구에서 재통합적 수치 척도가 범죄예측에 영향을 미치지 못하며 낙인적(*stigmatizing*) 수치 척도가 예상 범죄(*projected offending*)를 증가시키기보다는 감소시키는 것을 발견했다. 보츠코바와 티틀(2005, 2008)은 러시아 성인을 대상으로 재통합적 수치와 낙인적 수치 모두가 예상 범죄를 증가시킨다는 것을 보여주었다. 상호의존성, 수치, 범죄 간의 관계에 대한 경험적 연구도 수행되었다. 일부 연구는 가족 상호의존성과 범죄 간의 예상된 부(-)적 관계를 발견했지만(Hay, 2001a; Losoncz and Tyson, 2007; Zhang and Miethe, 2002도 참조), 그런 지지를 보여주지 않는 연구(Tittle et al., 2003; Botchkovar and Tittle, 2005, 2008)도 있다. 공동체주의와 재통합적 수치가 범죄율에 미치는 효과를 다룬 연구는 별로 없다(그러나 Schaible and Hughes, 2011 참조).

7. 재통합적 수치, 회복적 사법 그리고 신앙에 기반을 둔 프로그램

1) 회복적 사법의 적용

브레이스웨이트(1995)는 재통합적 수치이론이 이웃공동체, 지역사회, 국가적 수준에서 공동체주의(*communitarianism*)의 발달을 촉진하는 정책을 지지한다고 주장했다. 그 목표는 범죄자로 하여금 자신의 잘못에 대해 진심으로 뉘우치게 해 이들을 지역사회로 재통합하기 위한 수치방법을 발견하는 것이다.

'회복적 사법'(*restorative justice*)이 브레이스웨이트의 최초 저서보다 먼저 존재했고 그가 나중까지 자신의 이론에 이를 명백하게 연결시키지는 않았지만, 브레이스웨이트와 그의 재통합적 수치이론이 옹호하는 이런 정책들은 회복적 사법의 주요한 촉진제이며, 중요한 부분으로 남았다(Van Ness and Strong, 2006; Bazemore and Day, 1996; Bazemore and Umbreit, 1998; Schiff, 1998; Bazemore and Schiff, 2001; Braithwaite, 2002; Braithwaite, Ahmed, and Braithwaite, 2006). 이 운동은 초기 지지자들이 있던 호주와 뉴질랜드에서 확고하게 수용되었고(Braithwaite, 2002) 미국 등 세계 여러 국가에서도 수용되었다(Bazemore and Schiff, 2001; Van Ness and Strong, 2006).

재통합적 수치는 일부 회복적 사법 프로그램을 위한 동기부여체계가 되었다. 그러나 이론은 회복적 사법의 실행자가 재통합적 수치이론에 대한 담론적 의식이 있는지 여부와 관계없이 그런 종류의 개입이 명확히 범죄를 감소시킬 것이라고 예측한다. 회복적 사법과 이론적으로 관련된 특징에는 범죄자에게 정중한 방식으로 범죄의 결과를 직면하게 하는 것(수모 없는 수치), 낙인을 피하기 위한 분명한 노력(예: 사랑하는 사람으로부터 그 혹은 그녀가 좋은 사람이라는 증언을 통해 범법자가 나쁜 사람이라는 비난을 반박할 기회), 의례적 재통합을 위한 분명한 노력(예: 진심 어린 것으로 보이는 관계회복, 사과와 용서를 위한 기회의 극대화; Braithwaite et al., 2006: 408) 등이다.

청소년과 성인을 위한 일련의 시설·사회 내 프로그램은 회복적 사법으로 파악되었다. 여기에는 범죄자의 사회봉사, 피해자에 대한 직접적 사과, 손해배상, 갈등관리·해결훈련 참여, 친척집단과의 연대, 피해자와 지역사회에 대한 원상회복이나 '배상' 프로그램 등이 포함된다. 또한 여기에는 피해자 옹호, 피해자-가해자 조정(*victim-offender mediation*), '배상적(*reparative*) 보호관찰', 피해자 공감 집단, '중재법원'(*peacemaker courts*), '양형 서클'(*sentencing circles*) 그리고 피해자 가족과 범죄자 가족의 회합과 같은 다양한 형태의 '회복적 회합'이 포함된다(Bazemore and Umbreit, 1998; Schiff, 1998; Bazemore and Schiff, 2001; Braithwaite, 2002; Van Ness and Strong, 2006; Kim and Gerber, 2012; Mongold and Edwards, 2014).

지역사회에 기반을 둔 회복적 사법의 한 예는 1995년 이후로 운영되는 버몬트 주의 배상적 보호관찰 프로그램이다. 이는 "미국에서 시행되는 가장 대규모의 회복적 사법운동이다"(Karp and Walther, 2001: 214). 버몬트 주에서는 판사가 경미한 범죄로 유죄판결을 받은 범죄자에게 구금형이나 일반 보호관찰을 대신해서 90일간 '배상적 보호관찰' 판결을 내릴 수 있다. 범죄자는 보호관찰 기간의 시작, 중간, 종료 시에 지역사회 자원봉사자로 구성된 지역사회 배상위원회(Community Reparative Board, 보호관찰관이 조정)에 출석해야 한다. 가해자에 의해 피해를 당한 피해자와 그 가족은 그들이 원하는 정보를 위원회에 제공하고 위원회(일반인에게 개방된) 회기 중에 참석하도록 초대된다.

위원회 모임은 자유토론과 회복적 결정을 하는 과정에 모든 당사자가 적극적으로 참여하는 것으로서, 적대적이지 않고 비난하지 않는다. 목적은 범죄자가 자신이 지역사회에 끼친 해에 대해 구체적으로 자각하도록 하며, 피해자 등에게 할 수 있는 사죄방법을 결정하도록 하고, "미래의 재범을 피할 수 있는 방법을 배우도록 하는 것이다"(Karp and Walther,

2001: 201). 이런 모임의 중요한 결과라면 범죄자가 피해자에게 회복을 위한 조처를 취하는 것과 그의 지역사회로의 재통합을 돕는 조처에 동의하는 '배상계약' 협상이다. 계약을 위반하면 구금될 수 있다.

> (배상계약에서) 배상전략은 일반적으로 반성문과 사회봉사가 포함되는 반면, 재통합적 전략에는 범죄의 충격, 피해자 충격 심사위원회에의 출두, GED 수업[5]이나 안전운전교육 등 능력개발 훈련 참여를 설명하는 가해자의 서면진술이나 짧은 글이 포함된다. 위원회는 가해자에게 전문가에 의한 약물, 알코올 검사를 받을 것을 요구하기도 한다(Karp and Walther, 2001: 201).

교도소와 지역사회에서 최근까지 이어지고 있는 신앙에 기반을 둔 프로그램 또한 회복적 사법과 재통합적 수치의 원리를 묵시적으로 혹은 명백하게 반영하며 신앙에 기반을 둔 배경과 조직을 가진 사람은 회복적 사법 운동의 가장 오래된, 가장 지속적인 지지자이다(Van Ness and Strong, 2006). 미국의 교도소와 다른 교정시설은 항상 종교활동을 위한 사역자와 시설을 제공해 수용자에게 영적 인도를 제공했다.

게다가 수용자 집단, 지역 및 전국 교도소 성직자 조직[교도소 펠로십(Prison Fellowship)과 저스티스 펠로십(Justice Fellowship) 같은], 그 밖의 집단에 의해 운영되는 종교에 기반을 둔 사회복귀 및 자조 프로그램이 시설과 사회 내에서 모두 오랫동안 번창했다(Johnson, Larson, and Pitts, 1997; Van Ness and Strong, 2006; Johnson, 2011).

---

5) [옮긴이 주] GED(General Equivalency Diploma) 수업은 고졸자격검정고시 교육과정을 뜻한다.

이들은 종교적 상담, 신본주의 집단모임, 성경공부, 예배, 그리고 다른 사람에 대한 예의바름, 친절, 정직, 책임 및 배려에 대한 믿음과 가치를 강화함으로써 수용자를 돕고 교정하는 방법을 제공했다. 그들은 영적 성장, 회개, 용서 구함, 해를 끼친 사람들과 화해하는 노력을 가르친다. 이러한 것은 또한 공평함, 사회복귀, 지역사회로의 재통합에 대한 광범위한 관심을 지지하며 범죄자의 가족뿐만 아니라 피해자와 그 가족에게도 도움이 된다.

> 교도소 펠로십 성직자회(Prison Fellowship Ministries) — 종교에 기반을 둔 교도소 교정단체 — 는 휴스턴 외곽에 위치한 경구금 교도소(*minimum-security prison*, Jester Ⅲ)에서 텍사스 교정국의 후원하에 '영적 변화 운동'(Inner-Change Freedom Initiative, IFI)을 시작했다. 이 운동은 브라질에서 교도소 개혁과 관리에 사용된 모형에 근거해 신앙에 기반을 둔 교도소 공동체를 발전시키고자 했다. 여기에 참여하는 수용자는 다양한 범죄경력이 있었으며(폭력이나 성범죄 경력은 아무도 없었지만) 가석방이나 출소 전 21~24개월 사이에 있는 사람들이었다. … 프로그램이 광범위하게 짜였고 주로 교회에 기반을 둔 자원봉사자가 교회사역을 담당하고, 소집단을 이끌고, 수용자에게 조언하고, 교육적·예술적 교습을 제공하고, 가족지원집단을 촉진하고, 지역사회 봉사 프로젝트를 조정한다(Cullen, Sundt, and Wozniak, 2001: 281-282).

이 프로그램은 성경공부, 멘토링(*mentoring*), 또래집단 토의, 일반교육기술, 생활기술, 직업기술, 레크리에이션, 주간·야간이나 주말의 사회봉사를 수행하기 위한 단기석방을 포함한다. 참여자는 교도소에서 16~24개월 동안 복역한 후에 갱생, 지원, 고용과 주거에 대한 도움을 제공하는 지역교회와 더불어 가석방 감시하에 6~12개월 동안 석방된다. 이때 성경공부와 교회활동, 예배참여는 계속한다(Eisenberg and Trusty, 2002; Johnson, 2011; Prison Fellowship, 2020도 참조). 유사하게, 중간처우의 집과 지역사회 집단을 통한 전과자 대상의 성경공부, 신앙 중심 활동, 영적 지도와 가족 및 직업상담 프로그램이 보편화되었다.

> 세계 도처에서 교회와 교회신도는 교도소에서 출소하는 사람이 재통합되도록 돕는다. 교회가 취하는 방법에는 중간처우의 집, 직업훈련 및 취업알선, 알코올과 다른 약물치료프로그램, 생활기술훈련, 멘토링 등이 있다… 이러한 긍정적 연계는 피해자와 범죄자 모두의 재통합을 위한 희망을 보여준다(Van Ness and Strong, 2006: 110).

비록 '회복적 사법'이라는 용어가 범죄학 문헌에서 일반적으로 쓰인 것은 상당히 최근이지만 이 용어가 포함하는 많은 것은 그전부터 존재해왔으며 혁신적이거나 근본적으로 다른 대안적 정책이나 실무를 의미하지는 않는다. 오히려, 회복적 사법운동은 형사사법정책에서 공식적으로 이루어지거나 지역사회에서 비공식적으로 실행되는 피해자 옹호, 갈등해결, 중재, 사회봉사와 같은 다양한 활동과 분쟁해결, 조정의 전통을 하나의 제목으로 묶는다(Van Ness and Strong, 2006). 버제모와 시프(Bazemore and Schiff, 2001: 4)는 이러한 움직임이 사법에 관한 '새로운 사고방식'을 나타내는 것이라고 주장하지만 "실제로, 지금 '회복적 사법'으로 불리는 일부 실무와 정책은 오래전부터 있었던 범죄자 다이버전 프로그램이나 대안적 분쟁해결 과정과 구별하기 어려울 것"이라고 인정했다.

브레이스웨이트(2002)는 회복적 사법이 전통사회와 세계역사의 대부분을 통해 영향력을 행사해왔다고 주장했다. 그것은 근대사회에서 쇠퇴했다가 20세기 후반에 부활했기 때문에 상대적으로 새로운 것으로 보인다. 회복적 사법 프로그램이 주로 청소년 범죄자와 경미한 범죄자에게 집중되었지만 브레이스웨이트(2002; Braithwaite and Drahos, 2002)는 회복적 사법이 심각한 성인범죄, 조직범죄, 기업범죄, 정치범죄, 전쟁범죄에도 잘 적용된다고 설득력 있게 주장한다.

2) 회복적 사법의 이론과 철학: 재통합과 사회복귀

재통합적 수치이론은 회복적 사법의 기본적 틀로 남았지만 많은 프로그램이 이론을 언급하지 않으며 다른 이론적 개념, 구조, 과정을 언급하는 문헌도 있다(Braithwaite, 1997, 2002; Braithwaite et al., 2006). 회복적 사법은 형사사법체계, 피해자, 지역사회의 다른 '이해당사자'(*stakeholders*)가 재통합적 대응을 하면서 피해자와 지역사회에 끼친 손해를 배상하는 것을 목표로 한다. 이는 공동체 수용 하에 범죄자에게 적절한 후회를 불러일으켜서 장래에 해를 끼치지 않도록 하기 위한 것이다. 이것은 재통합적 수치이론이 회복적 사법정책에 가장 많이 관련되는 부분인데 이 이론이 해체적(낙인적) 수치가 재범을 증가시키는 반면, 재통합적 사회 반응은 재범가능성을 줄일 것이라고 예측하기 때문이다.

이러한 범죄자의 변화나 사회복귀 목표와 관련해서 보면 다른 범죄학 이론도 회복적 사법과 관련된다. 브레이스웨이트(2002)는 사회복귀가 회복적 정책의 자연스런 결과로 나타날 것이라고 믿지만 회복적 사법의 분명한 목표는 사회복귀 자체가 아니라 재범의 감소라고 말했다. 이것은 동기부여, 자원동원, 범죄자의 '반응'촉진 그리고 '효과적 사회복귀 프로그램의 특징이 되는 사회인지적 원리'의 강화를 통해 발생할 수 있다(Braithwaite, 2002: 97). 그러나 회복적 사법의 지지자는 범죄자 회복에서 '사회복귀의 역할'에 대해 거의 논의하지 않았고(Levrant et al., 1999: 13) 일부 지지자는 많은 사회복귀 프로그램이 '사실상 회복적'이지 않다고 믿는다(Schiff, 1998: 9).

지지자가 그것을 인정하든 부인하든 관계없이 컬른 등(Cullen et al., 2001)은 회복적 사법 프로그램이 범죄자의 태도, 사고, 행동을 교정하고 프로그램 종료 후 범죄로 되돌아갈 기회를 낮추려는 모든 범죄자 사회복귀 프로그램과 동일한 목표를 가진다는 것을 보여준다. 회복적 사법이 범죄자의 가치, 신념, 행위에 영향을 미칠 수 있는 메커니즘은 재통합적 수치를 넘어 다른 범죄학 이론에서 제안된 개념, 변수, 과정을 반영한다.

예를 들면, 신앙에 기반을 둔 교도소 프로그램을 포함해 회복적 사법실무에서는 범죄자에게 정직, 통합, 타인에 대한 존중, 친절, 기타 도덕적 가치를 지지하는 전통적·인습적·종교적 가치를 고취시켜 이들을 사회화 혹은 재사회화시키기 위한 노력이 많이 이루어진다. 회복적 사법전략이 실제로 이런 가치와 태도의 내면화를 촉진시키고 지역사회에서 인습적 집단의 긍정적 영향을 가져오도록 한다면, 범죄자의 범죄행위는 친사회적 방향으로 변화되고 회복과 재통합이 촉진될 것이라고 기대할 수 있다. 이런 가정은 재통합적 수치뿐만 아니라 사회통제(인습적 신념의 회복을 통한 사회유대의 강화), 사회학습(우호적·비우호적 정의에 대한 집단영향), 긴장(긴장의 감소), 다른 이론에도 적합한 것이다. 문제는 회복적 사법 프로그램이 실제로 범죄자에 대해 이런 변화를 가져오는지의 여부이다.

모든 정책과 실행이 그렇듯이(제 1장 참조) 회복적 사법운동은 범죄, 비행에 대한 이론을 반영할 뿐만 아니라 정치적·종교적·도덕적 철학에 근거한다. 회복적 사법의 지지자는 범죄에 대해 도덕적으로 올바른 대응이 범죄자에게 책임을 지우는 것이긴 하지만 공공의 안전을 보호하면서도 범죄자와 피해자 모두를 지역사회로 되돌리는 것이라고 주장한다(Schiff, 1998). 이는 "비공식적 사회통제와 사회화 과정을 동원하기 위해 시민과 지역사회 집단의 능력을 재건하고자" 노력하는 사법에 대한 "가치에 기반을 둔 비전"이다.

회복적 사법 접근방식은 억제, 무력화, 응보, 치료와 공식적 형사사법 노력을 중시하지 않는다. "해를 끼친 범법자가 … 사태를 바로잡는 방식으로 … 이러한 해를 배상하기 위한 계획을 발전시키는 데 피해자, 범죄자, 지역사회의 포함"을 지지하는 비공식적·비적대적 결정을 분명히 선호한다(Bazemore and Schiff, 2001: 4-8).

회복적 사법의 철학은 많은 사람들이 잘 설명하고 있지만 브레이스웨이트(1989, 1997, 2002; Braithwaite and Drahos, 2002; Braithwaite et al., 2006)의 표현이 가장 명료하고 강력한 것으로 남았다. 브레이스웨이트의 철학 혹은 그가 선호한 '규범이론'은 '시민 공화주의'(*civic republicanism*)의 한 형태이다. "주요한 정치적 가치는 공화주의적 자유, 즉 비지배로서의 자유, 더 큰 권력을 가진 사람들이 우리를 지배하는 능력을 통제할 수 있도록 법적·사회적·경제적으로 보증된 자유이다". 그러나 이는 "인간에 대한 존중, 통제자의 겸손"과 함께 법을 통해 발휘되는 "덕스러운"(*virtuous*) 통제에 의해 달성되어야만 한다(Braithwaite, 1997: 89).

브레이스웨이트(2002)의 '공화주의 규범이론'은 처벌의 제한을 주장하지만 자비에 대해서는 어떤 제한도 주장하지 않으며 형사사법의 합법적 목표로서 응보를 수용하지 않는다. 브레이스웨이트는 보편적인 인권, 존엄, 시민권, 정치적·종교적 자유, 기타 유엔과 세계적으로 적용되는 의무와 인권선언에서 표현되는 가치를 존중하며 도덕적·문화적 상대주의를 거부한다. 이는 모든 사람의 편에서 정중한 경청, 자비, 사과 그리고 용서와 더불어 회복적 사법철학의 중심요소이다.

브레이스웨이트(2002)는 회복적 사법에서 강압과 처벌의 현명한 사용을 거부하지 않았다. 범법자와 이런 가치를 인정하지 않는 사람은 강압의 위협 없이는 회복적 과정에 적극적으로 참여하지 않을 것이기 때문이다. 예를 들면, 기업범죄자를 대상으로 한 설득과 논증은 벌금형(*monetary*)이나 구금보다 법을 더 잘 준수하게 할 것이지만 설득을 뒷받침하기 위해서는 처벌이 필요하다. 그는 법을 위반하고 교정을 거부하는 범죄자에 대해 최대로 존중하고, 최소의 비용, 최소의 강압적 제재에서 가장 강압적이고 비용이 많이 드는 제재로 점차 나아가는 동시에, 강압적 집행(1980년대와 1990년대의 '중간적 제재' 운동을 생각나게 하는)의 확대를 피하는 적절한 대응의 '피라미드'를 제안했다.

신앙에 기반을 둔 프로그램에는 브레이스웨이트 등이 표현하는 철학과 가치가 깔렸다(Van Ness and Strong, 2006). 그러나 정의상 이런 프로그램은 참된 정의, 인권, 사랑, 용서, 화해, 모든 인간의 본질적 가치, 그 밖에 회복적 사법운동에서 주장하는 긍정적 가치의 궁극적 근원으로서 정의를 인식하고 신을 사랑하는 영적 가치에 대한 강조를 추가한다(Johnson, 2011). 교도소 펠로십 아카데미(Prison Fellowship Academy)와 같은 프로그램(원래 영적 변화 운동으로 텍사스에서 만들어졌고 지금은 미네소타에도 시설이 있다)은 "행위가 가치와 세계관의 반영이라는 믿음에 기초한다. 수감자의 사회복귀는 그리스도와 화해하는 근본적인 '영적 변화'에 달렸다고 제안한다. 이러한 종교적 관계는 범죄자에게 인간관계에서 화해하고 진정한 장기적 행동변화를 가져오도록 한다"(Cullen et al., 2001: 281-282).

프로그램은 "범죄자에게 성경적 정의기준, 참회, 회개, 용서, 화해의 원리를 가르치고 범죄가 가족과 지역사회에 미치는 영향에 대해 더욱 잘 이해시킨다"(Eisenberg and Trusty, 2002: 5). 기독교 신앙에서 인간관계에 대한 최상의 지침, 정의, 교정, 용서, 회복이라는 모든 가치는 그리스도와의 인격적 관계를 받아들이고 그리스도를 본받는 것으로 말미암는다. 어떤 점에서, 브레이스웨이트의 규범이론은 유대-기독교도(남에게 대접을 받고자 하는 대로 너희도 남을 대접하라, 네 이웃을 네 몸과 같이 사랑하라, 너희에게 악의로 대하는 사람에게 친절하게 대하라)와 다른 신앙전통에서 발견되는 종교철학의 세속화된 정치적 변형이다.

또한 사회복귀와 개인적 교정이라는 목표는 다른 회복적 사법 프로그램보다 신앙에 기반을 둔 프로그램에서 더 명백한 경우가 많다(Cullen et al., 2001; Johnson, 2011). 컬른 등(2001)이 믿는 이러한 종류의 사회복귀적·회복적 이념의 연합은 이들이 '회복적 사회복귀'가 실행될 수 있는 일명 '도덕적(*virtuous*) 교도소' 건설의 기초를 제공한다.

도덕적 교도소(컬른 등은 이것이 모든 수용자에게 적절하지는 않다고 인식했다)는 수용자의 나태함을 없애고, 구금의 고통을 최소화하고, 수용자의 회복적 활동참여를 위해 노력할 것이다. 그리고 "수용자에게 조언하고, 수용자를 방문, 사회화시키기 위해 … 종교적으로 영감을 받은 사람을 포함해 … 지역사회의 '덕망 있는 사람'과 수용자가 더 많이 접촉할 수 있도록 노력할 것이다. 그런 자원자는 우리가 수용자에 대해 배우기를 바라는 바로 그 친사회적·도덕적 행위의 모형이 되기 때문이다"(Cullen et al., 2001: 279-280).

> 그러나 우리의 관점에서 볼 때, 이 영적 변화 운동은 유익하다. 이 교도소 공동체로 통합된 특징이 **종교를** 제외하고는 우리가 제안한 도덕적 교도소와 매우 유사하기 때문이다. 그래서 텍사스 운동은 도덕적 회복과 사회복귀의 이중원칙을 광범위하게 수용한다. … 이 안은 수감자에게 고통을 주는 것이 아니라 강한 사회유대와 사랑이 있는 공동체를 만들고자 하는 열망을 표현하는 데 주저하지 않는다. 더 나아가, 수용자가 석방된 뒤 이들을 지원하는 종교공동체로 재통합시키기 위해 사후관리 프로그램을 이용한다(Cullen et al., 2001: 282; 원문 강조).

3) 회복적 사법 프로그램의 효과

레브란트 등(Levrant et al., 1999)은 '자비의 타락'(*corruption of benevolence*)을 초래할 수 있는 회복적 사법 프로그램의 문제를 지적한다. 그리고 브레이스웨이트(2002)는 '회복적 사법에 대한 우려'가 있다고 인정했다. 이러한 실제적이거나 잠재적 문제에는 다음과 같은 것이 있다. ① 피해자에 대한 회복이 종종 실질적이기보다는 상징적이다, ② 청소년 다이버전 프로그램에서 나타난 것과 유사하게 '영역확대'가 발생할 수 있다, ③ 비공식적·비적대적 결정에서 적정 절차와 법적 권리의 보호에 대한 불충분한 관심, ④ 보호관찰 조건의 증가로 인한 실패위험의 증가, ⑤ 피해자-가해자 조정이나 회합집단에서 피해자의 가해자 대면이 재피해에 대한 두려움을 증가시킬 수 있다, ⑥ 재통합적 수치에 필요한 지지적이고 재통합적 공동체라는 가정은 산업화된 사회에서 실재하기보다는 이상적인 것일 수 있다.

회복적 사법 프로그램을 평가할 때 이런 문제에 주의를 기울여야 하지만 핵심질문은 모든 프로그램에서 동일하다. 즉, '회복적 사법은 효과가 있는가?'이다. 어떤 프로그램이 재범감소 이외의 다른 목표를 성취하는 데 성공적이라는 것을 아는 것은 사소한 문제가 아니지만 가장 중요한 문제는 '프로그램이 범죄자의 재범감소에 효과적인가'라는 것이다. 범죄와 비행의 감소는 기본 목표이며, 모든 범죄통제, 억제, 예방, 치료, 사회복귀 프로그램을 판단하는 최고의 기준이다.

회복적 사법 회합이 재범감소에 미치는 효과를 검증한 12개 실험에 대한 최근의 한 메타분석은 이것이 더욱 징벌적 형사사법에 비용효과적 보완책이이라는 결론을 내렸다. 그러나 장기적으로 실험에 참여한 범죄자들의 재범이 감소했다는 통계적으로 유의미한 증거를 보여주지는 못했다(Sherman et al., 2015). 마찬가지로, 35개의 회복적 사법 프로그램에 대한 메타분석(Latimer, Dowden, and Muise, 2005)은 회복적 사법 기법이 재범위험을 감소시킬 수 있다는 일관성 없고 약한 증거를 보여주었다.

호주의 재통합적 수치 실험(Reintegrative Shaming Experiments)에 대한 평가에서는 회복적 사법 회합이 재범에 직접적 영향을 미치지 않는 것으로 나타났다(Tyler et al., 2007). 그러나 로드리게즈(Rodriguez, 2005, 2007)는 회복적 사법 프로그램을 성공적으로 마친 청소년 범죄자가(법원 판결에서 벗어난) 다른 다이버전 프로그램을 받은 사람보다 재범이 적다는 것을 발견했다. 또한 버몬트의 배상적(회복적) 보호관찰(*Reparative Probation*) 프로그램에 대한 평가연구에서는 일반 보호관찰을 받은 범죄자와 비교했을 때 프로그램 참여자의 재범이 감소했다는 것을 보여주었다(Humphrey, Burford, and Dye, 2012).

지금까지 회복적 사법정책과 실행에 대한 대부분의 평가는 범죄감소 효과를 강조하는 것이 아니라 참여자(피해자, 범죄자, 다른 '이해당사자')의 만족, 공평하게 대우받았다는 참여자의 의견, 프로그램의 회복적 사법철학에 대한 충실성, 피해자 회복, 프로그램 요구조건에 대한 참여자의 순응, 기타 프로그램 과정 및 결과 등에서의 성공을 평가하는 데 집중했다(Latimer et al., 2005; Kim and Gerber, 2012; Bergseth and Bouffard, 2013).

회복적 사법 프로그램에 대한 평가에서 재범측정이 두드러지지는 않지만 재범감소는 회복적 사법의 목표 중 하나로서 인식된다(Schiff, 1998; Bazemore and Schiff, 2001; Braithwaite, 2002). 우리가 보았듯이, 브레이스웨이트(1989)는 특별히 재통합적 수치가 재범을 감소시킬 것이라는 가설을 세웠고 회복적 사법 프로그램이 재범 성향을 줄일 수 있다고 믿었다(Braithwaite, 2002).

브레이스웨이트(2002: 6)는 재범에 대한 회복적 사법의 효과를 보여주는 연구가 거의 없지만 "서투르게 실행되는 회복적 사법 프로그램조차 십중팔구는 재범을 악화시키지는 않는다"는 점에 주목했다. 레브란트 등(1999: 17, 22)은 회복적 사법이 재범의 감소를 가져올 것이라는 가정이 빈번하게 "범죄자의 행동이 어떻게 변화되었는지에 대한 체계적 이해보다는 희망적 관측에 기반"을 둔다고 주장했다. 그리고 회복적 사법의 명백한 "약점은 어떻게 범죄를 통제하는지에 대해 그럴듯한 청사진을 제시하지 못하는 점"이라고 주장한다(Cullen et al., 2001도 참조).

레브란트 등(1999)은 이러한 특성이 모든 회복적 사법 프로그램에 적용되지는 않음을 인정했다. 특히, 일부 신앙에 기반을 둔 프로그램에는 피해자-가해자 및 가족의 화해라는 회복적·재통합적 목표 가운데 재범 감소를 분명히 포함한다(Prison Fellowship, 2020; Johnson, 2011도 참조).

컬른 등(2001)의 회복적 사법과 사회복귀 이념의 융합에 대한 논의는 재범감소와 직접적으로 연결된다. 종교 프로그램, 종교활동, 봉사는 교정정책의 역사적이고 필수적인 부분이기 때문에 교도소 교정, 사회복귀, 치료, 정책평가연구에 대한 범죄학 문헌에서 당연한 일로 여겨지거나 간과되었다. 그러나 체계적 성경공부와 신앙을 중심으로 한 집단 수업에 참여하면 교도소 내 규율위반과 출소 후 재범 모두 낮아졌다는 연구결과가 있다(Johnson et al., 1997).

현재 교도소 펠로십 아카데미로 알려진 영적 변화 운동에 대한 후속 연구에 따르면, 신앙에 기반을 둔 교도소 프로그램에 가장 적극적으로 참여했으며 성경공부 모임에 가장 많이 참여한 수감자들이 출소 후 1, 2, 3년차 동안 비참여자보다 체포될 가능성이 현저히 낮은 것으로 나타났다. 이후 재범의 차이는 줄어들어 출소 후 8년차에는 재검거와 재구금까지 걸리는 시간의 중간값에서 두 집단 간에 차이가 없었다(Johnson, 2004, 2011).

신앙에 기반을 둔 프로그램이나 다른 회복적 프로그램이 범죄자의 행동수정, 재범감소나 회복, 재통합 목표달성에 효과적이었는지에 대해 확고한 결론을 내릴 만큼의 충분한 증거는 아직까지 없다. 홀(Hall, 2003: 108-109)이 주목했듯이, "인지-행동적 접근은 범죄적 사고(thinking) 유형을 치료하기 위한 목화상담 및 교육과 매우 잘 양립되는 것으로 보인다. … 인지적 치료기법과 기독교 이념을 혼합하여 효과적 치유환경을 제공할 수 있다". "행위적 혹은 인지행동적 처우모형에 뿌리를 둔 유능한 개입"이 더욱 효과적일 것이며 사회복귀적 개입의 견실한 원리를 따르지 않는 프로그램은 "형편없는 성공률을 보일 것"이라는 기대가 있다(Levrant et al., 1999: 18-19). 또한 우리는 모든 종류의 프로그램에 대한 평가연구의 오랜 경험을 통해 최선일 때조차 중간 정도의 효과만 있을 것이라고 예측할 수 있다.

8. 낙인이론의 과거와 미래

낙인이론의 핵심적 가정은 일단 적용된 낙인 자체가 (일탈이 이미 발생했다면) 추가적 일탈을 야기하거나, (실제 일탈행동을 하지 않은 사람에게 낙인이 잘못 적용된다면) 일탈을 창출할 것이라는 점이다. 이러한 가정은 낙인이론의 독특한 점이라 할 수 있다. 물론 다른 이론도 사회통제기법이 공식적으로 확인하고 낙인찍은 개인에게 의도하지 않은 결과를 가져올 수 있다는 점을 인식한다. 그러나 미래의 일탈이나 범죄행위, 일탈경력의 발전에서 일탈이라는 사회적 낙인에 핵심적인 원인론적 역할을 부여하는 것은 낙인이론뿐이다.

1960년대에 낙인이론은 많은 사회과학 연구자, 이론가 그리고 실무가의 상상력을 사로잡았다. 일탈자라는 낙인의 자기실현적 예언에 대한 아이러니한 반전과 억제를 공언한 형사사법체계의 책임에 초점을 맞춤으로써 낙인이론은 당시 학계 분위기와 정치적 분위기에 잘 들어맞았다.

낙인이론은 1970년대에 주요한 이론이기는 했지만 지배적이지는 못했다. 낙인이론은 1970년대 후반부터 퇴조했고 몇몇 진영으로부터 공격받았다. 낙인이론의 지지자 중 많은 사람은 다른 이론적 전망으로 나아갔다. 1970년대 중반 이후 베커는 스스로 이 이론에 더 이상의 관심을 기울이지 않았다. 사실 그는 일탈연구에 '최소한으로'(*minimally*) 관여했다고 주장했으며 낙인이론을 창안하려는 의도는 없었다고 했다 (Ben-Yahuda et al., 1989).

일탈을 제재하고 통제하려는 과정에서 일어나는 부정적 낙인이 때때로 일탈적 경향을 부추기고 강화하며 범죄문제를 완화하기보다 오히려 상황을 악화시킨다는 점은 의심의 여지가 없다. 이 진실의 핵심이 낙인이론을 유지해왔다. 그럼에도 낙인의 효과를 판별해 주는 것이 거의 없다는 것은 사실이다. 낙인이론의 성과가 이것뿐이라면, 우리에게 별로 도움이 되지 않는다.

낙인이론은 광범위하게 수용되었는데 그것은 이 이론이 부분적으로 사회통제 노력으로 인해 일탈증대가 빈번하게 발생한다는 점을 확인하고 기존 체계에 대한 급진적 비판을 제공했기 때문이다. 그러나 경험적 연구가 이 이론과 정책적 함의를 지지하는 데 실패했을 때 급진적 광채를 상실했으며 영향력은 쇠퇴했다. 이 이론은 한때 범죄학 분야에서 지배적 패러다임으로서 군림했지만 이제 더 이상 관심이나 열의, 경험적 연구와 수용의 대상이 아니다.

비공식적 차원과 공동체의 사회적 특성을 통합한 브레이스웨이트의 수정된 낙인모형은 이전의 낙인이론 모형보다 훨씬 더 많은 경험적 지지를 기대할 수 있다. 재통합적 수치이론은 범죄학에 자리를 잡았으며 회복적 사법의 형태로 공공정책에 당분간 계속 영향을 미칠 것이다. 지금까지 이 이론은 유의미한 경험적 검증을 축적하지 못했으며 이론에 의해 형성된 정책은 여전히 효과성에 대한 일관된 확인을 기다리고 있다.

다른 수정된 낙인모형은 낙인이 이후 범죄에 미치는 간접효과에 초점을 맞춘다(Restivo and Lanier, 2015). 일부(Link, 1982; Link et al., 1989; Sampson and Laub, 1993, 1997; Bernburg and Krohn, 2003; Bernburg, Krohn, and Rivera, 2006)는 공식적 낙인이 법 위반에 미치는 효과가 '구조화된 기회'(*structured opportunities*)에 대한 영향을 통해 작동한다고 주장한다.

> 생애과정에서 결정적 시기에 일탈적 낙인을 적용하는 것은, 특히 교육과 고용에 의해 형성되는 인습적으로 구조화된 기회로부터의 소외로 이어지는 경향이 있다. 결과적으로 이런 문제로 인해 이후 일탈 가능성이 증가한다(Bernburg and Krohn, 2003: 1289).

베른부르크와 크론은 남자를 대상으로 13세부터 22세까지의 종단적 자료를 이용해 다음과 같은 것을 보여주었다.

> 공식적 개입은 낙인찍힌 사람이 고등학교를 졸업할 가능성을 감소시킴으로써 교육수준에 영향을 준다. 결과적으로 교육수준은 고용에 직접적 영향을 주며 공식적 개입이 성인범죄에 미치는 장기적 효과를 매개한다(Bernburg and Krohn, 2003: 1311).

마쓰에다(1992)는 중요한 타자에 의한 비공식적 낙인을 포함한 낙인의 효과가 반사적 평가(*reflected appraisals*) 혹은 타인이 자신을 보는 방식에 대한 개인의 인식에 의해 실질적으로 매개된다는 수정된 낙인모형을 제안했다. 타인에 의해 부과되는 낙인은 개인의 자아정체성에 좋거나 나쁜

거나, 순응적이거나 범죄적인 것으로 영향을 미치며 결국 개인의 행동에 영향을 미친다. 경험적 연구는 공식적 낙인이 자아정체성에 영향을 미친다(Brownfield and Thompson, 2008)는 가설과 반사적 평가가 부모에 의한 비공식적 낙인이 비행에 미치는 효과를 매개한다(Matsueda, 1992; Bartusch and Matsueda, 1996)는 가설에 대해 일부 지지를 보여준다. 드코스터와 루츠(De Coster and Lutz, 2018)는 비행을 한 적이 없는 사람에 대하여 비행자로 비공식적 낙인을 찍는 것이 이후 비행으로 이어진다는 것을 보여주었다. 그러나 반사적 평가가 이들의 행동을 변화시키는 기제로 작용했다는 증거를 보여주지는 못했다.

헤커트와 헤커트(Heckert and Heckert, 2010: 33)는 사회학습이론과 낙인이론이 상징적 상호작용이론에 공통의 뿌리를 둔다는 점을 강조하면서 공식적·비공식적 낙인과 반사적 평가를 포함하고 에이커스의 사회학습이론에 포함된 모든 개념과 명제를 유지하면서 일탈과 범죄행동 발생에 관련되는 추가 요인으로 사회적 상호작용을 통해 학습되는 자아에 대한 정의를 포함하는 '차별적 낙인'(*differential labeling*) 이론으로의 통합을 주장한다. 부모, 동료, 교사와 기타 상징적 상호작용 과정 내의 사람들에 의한 비공식적 낙인에 더 초점을 맞추는 낙인이론의 수정과 변형은 형사사법체계의 공식적 낙인보다 경험적 지지를 받을 가능성이 높다.

전국청소년조사 자료를 이용한 연구는 부모와 타인에 의한 비공식적 낙인의 비행증대효과에 관한 가설과 일치하는 결과를 보고했으며(Elliott et al., 1985) 낙인은 종종 일차적 일탈의 개시보다 선행한다는 몇몇 증거를 제시했다(Matsueda, 1992; Triplett and Jarjoura, 1994; De Coster and Lutz, 2018). 그러나 이러한 가설에 대한 상당 부분의 지지는 비공식적 낙인의 변형이 애착, 태도와 신념 그리고 동료와의 교제 같은 사회통제이론이나 학습이론의 변수를 통합한다는 사실로부터 나온다.

더구나 마쓰에다(1992)와 같은 학자는 개인의 이전 일탈행동이 자기에 대한 부모나 타인의 비공식적 낙인의 적용에 중대한 효과를 갖는다는 수정된 입장을 취한다. 그러나 이는 일탈행동 자체가 낙인찍히는 사람을 결정하는 데 중요하지 않다는 전통적 낙인이론의 가정과 모순된다. 사실 이런 연구에서의 발견점, 즉 청소년에게 적용되는 비공식적 낙인이 그들의 실제 비행수준을 꽤 정확하게 반영한다는 발견은 낙인이 일탈행동의 원인이라기보다 결과라는 에이커스와 다른 사람들의 주장을 지지하는 것이다.

9. 요 약

낙인이론은 계급, 인종과 같은 사회적 특성에 기초한 낙인의 차별적 적용을 기대하고 통제기관이 사회 내의 약자에게 낙인을 선택적으로 적용한 결과로 일탈 차이를 설명한다. 낙인을 독립변수로 여기는 이 이론의 기본적 가정은 일탈자로 낙인찍힌 자는 일탈자로서 자기정체성을 띠기 쉽고 낙인찍히지 않았을 때보다 실제로 일탈자가 되기 쉽다는 것이다. 그들은 그 길을 택하지 않았지만 낙인에 동조하려는 경향을 띠게 된다. 비행자나 범죄자라는 자기정체성은 이러한 낙인의 결과일 가능성이 매우 높다. 그 이후의 행동은 그 사람이 이러한 자기정체성에 기초해 행동하고 다양한 형태의 이차적 일탈에 참가함으로써 야기된다.

낙인이론의 최대 강점은 사회통제의 의도하지 않은 결과에 주목했다는 점이다. 제일 큰 약점은 일차적 일탈을 본질적으로 무시하고 다른 변수가 최초의 일탈행동과 미래의 일탈에 대해 가지는 영향을 아주 과소평가한다는 점이다. 어떤 사람이 실제로 무슨 행위를 했는가 또는 하지 않았는가는 그가 일탈자로 낙인찍히는지의 여부를 결정하는 데 별로 중요하지 않다는 가정은 옳지 않다.

낙인이 행동을 만든다기보다는 행동이 낙인보다 선행하며 낙인을 만든다. 이것이 경험적 연구의 상당 부분이 이전 범죄, 개인적 특성 그리고 사회적 특성을 통제할 때 공식적 낙인은 부정적 자아개념, 안정된 일탈경력의 발전 또는 일탈행동의 지속이나 중단에 별 영향이 없다는 점을 보여주는 가장 큰 이유이다. 낙인이론은 과거 일탈사회학과 범죄학 내에서 지배적 패러다임으로 기능했지만 이제는 더 이상 관심, 열의, 경험적 연구 그리고 수용의 대상이 아니다.

낙인이론에 대한 수정노력은 낙인을 범죄와 일탈행동에 간접적으로만 관계되는 것으로 간주하며 자아정체성과 이차적 일탈의 형성에서 형사사법과정보다는 비공식적 낙인과정에 더 초점을 맞추는 것으로 변화되었다. 낙인은 탈시설화와 다이버전 프로그램 정책을 위한 중요한 이론적 토대이다. 정책의 목표는 일부 이루어졌지만 청소년이나 성인 다이버전이 재범을 감소시켰는지에 대한 경험적 지지는 많지 않다.

브레이스웨이트 이론의 핵심개념은 낙인적 수치와 대비되는 재통합적 수치이다. 재통합적 수치에서 범죄자라는 낙인의 적용은 범죄율을 낮추는 반면, 보통의 낙인은 범죄율을 높인다. 회복적 사법 프로그램과 신앙에 기반을 둔 프로그램은 재통합적 수치 이론에 강력히 근거하고 있을 뿐만 아니라 다른 이론과 도덕철학에도 의존한다. 이런 프로그램을 지지하는 일부 증거가 있긴 하지만 직접적 평가연구가 별로 이루어지지 않아서 재범감소에 대한 효과를 확증할 수는 없다.

주요 개념

- 종속변수(*dependent variable*)
- 독립변수(*independent variable*)
- 상징적 상호작용(*symbolic interactionism*)
- 거울자아(*looking-glass self*)
- 자기실현적 예언(*self-fulfilling prophecy*)
- 일차적 일탈(*primary deviance*)
- 이차적 일탈(*secondary deviance*)
- 다이버전(*diversion*)
- 탈시설화(*deinstitutionalization*)
- 탈범죄화(*decriminalization*)
- 급진적 비개입(*radical nonintervention*)
- 영역확대(*net-widening*)
- 판결 전 중재(*pretrial intervention*)
- 선고유예(*delayed adjudication*)
- 수치(*shaming*)
- 해체적 수치(*disintegrative shaming*)
- 재통합적 수치(*reintegrative shaming*)
- 상호의존성(*interdependency*)
- 공동체주의(*communitarianism*)
- 회복적 사법(*restorative justice*)
- 신앙에 기반을 둔 프로그램(faith-based program)
- 반사적 평가(*reflected appraisals*)

제 8 장

사회해체이론

1. 서 론

이전의 장(제 2~7장)에서 논의되었던 이론은 범죄를 개인적 수준에서 분석하려고 시도했다. 이 미시이론들은 범죄행위를 저지른 개인의 특성, 환경, 동기에 초점을 맞추었다. 이 이론들은 범죄에 가담한 개인과 가담하지 않은 개인의 차이를 찾아내려고 노력했다. 예컨대, 비행또래와 어울리고 적절히 감독받지 못한 개인은 대부분 평범한 또래와 어울리거나 적절한 감독을 받는 개인보다 비행에 개입할 가능성이 크다. 그러나 범죄는 거시적 차원의 추가적 설명을 요구한다.

거시범죄이론은 범죄를 개인이 참여하는 행위로 뿐만 아니라 전체 공동체를 특징짓는 행위의 유형으로 간주한다. 따라서 거시이론은 높은 범죄율과 낮은 범죄율을 가진 공동체, 집단 또는 사회적 범주 사이의 차이를 규명하고자 한다(Stark, 1987). 구조적 이론(Akers, 1968; Weisburd et al., 2012, 2014; Braga and Clarke, 2014)이라고도 알려진 거시적 범죄이론은 각 공동체의 구조적 특징과 조건에 대해 검토함으로써 공동체 간의 범죄율 차이를 설명하려고 한다.

2. 초기의 통계적 이론

범죄학에서 범죄의 구조적 원인에 대한 주목은 범죄를 통계적으로 기록한 정부의 노력과 함께 비로소 시작되었다. 19세기 초 유럽에서 시작한 범죄에 대한 체계적 통계자료의 수집은 프랑스에서 두드러지게 나타났다. 프랑스 전역에서 지방검사는 매년 범죄로 기소된 인원수, 범죄유형, 범죄일시와 장소 그리고 기소된 피고인의 연령과 성별을 포함한 기록을 정부에 제출했다(Morris, 1957).

케틀레(Quetelet, 1831/1984)는 이러한 범죄통계를 범죄가 자유의지의 산물이라고 보는 고전적 견해에 도전하기 위해 사용했다(제 2장 참조). 만약 범죄가 여러 대안적 행동 가운데 개인적 선택의 산물이라면, 범죄율은 아무렇게나 무작위로 분포할 것으로 예측할 수 있다. 그러나 케틀레는 범죄통계에서 범죄율이 시간이 지나면서 주목할 만한 패턴과 규칙성을 보인다는 것을 관찰하였고, 그런 규칙성은 그것을 양산하는 집단 특성에 의해서만 설명될 수 있다고 결론지었다(Thomas and Hepburn, 1983). 그는 범죄율과 연령, 성별, 계절과 기후, 교육, 빈곤, 직업 그리고 알코올의 사용 등 사회적 특징과 범주 간의 상관관계를 발견했다.

현대판 케틀레인 앙드레-미셸 게리는 프랑스의 범죄통계를 범죄의 사회구조적 원인을 조사하기 위해 사용했다. 그는 통계자료를 추가로 편집해 범죄로 기소된 개인이 거주하는 프랑스의 지역을 나타내는 통계지도를 출간했다(Guerry, 1833/2002). 이 범죄지도에 부가해 프랑스 각 지역의 교육수준, 사생아, 자선기부 등과 같은 사회적 데이터가 추가로 삽입되었다. 케틀레와 게리에 의해 분석된 자료는 범죄가 빈곤과 미흡한 교육 때문이라는 당시의 통념을 반박했다. 통계적 자료는 범죄자가 높은 수준의 교육을 받고 부유한 지역에 더 많이 거주함을 보여주었다. 케틀레(1831/1984)와 게리(1833/2002)는 모두 교육수준이 더 높은 지역이 불법적으로 착취될 수 있는 더 많은 부를 생산함으로써 범죄율이 높다는 점을 관찰해 범죄원인에서 기회의 역할에 대해 언급했다.

케틀레와 게리의 연구는 범죄이론의 논거를 경험적 자료에 둔 최초의 시도일 것이다. 그러나 범죄의 사회구조적 요인에 대한 초점은 19세기 후반에 범죄자와 비범죄자 사이의 신체적 차이를 강조해 호응을 일으킨 롬브로소(Lomborso, 제 3장 참조)의 연구 때문에 많이 가려졌다(Morris, 1957). 범죄학에서 사회구조적 원인으로의 복귀는 20세기 초반에 미국에서 클리포드 쇼(Clifford Shaw)와 헨리 D. 맥케이(Henry D. McKay)의 연구로 사회해체이론이 등장함으로써 비로소 이루어졌다.

3. 사회해체와 범죄 및 비행에 관한 도시생태학

사회해체이론은 1920~1930년대에 시카고대학과 시카고 청소년연구소의 사회학자들이 도시범죄와 비행을 연구하면서 시작되었다(Shaw and McKay, 1942, 1969). 19세기 게리와 다른 학자의 연구와 유사하게 이 생태학적 연구는 시카고 각 지역의 소년법원에 회부된 비행소년의 거주지역을 도식화했다. 그러나 19세기 프랑스의 통계 연구와는 달리 시카고 연구들은 도시를 식물과 동물의 생태적 공동체와 비슷하게 보았던 로버트 E. 파크(Robert E. Park)에 의해 개발된 도시생태학에 기초했다(Park, Burgess, and Mckenzie, 1925).

1914년부터 1933년까지 시카고대학에 재직하였던 사회학자 파크는 새로운 종의 침입으로 급격한 변화가 발생한 식물 또는 동물 생태계의 생태학적 예를 연구했다. 각 생태계에는 희귀자원에 대한 경쟁이 심화되고 침입한 종이 지배적으로 되자 원래의 종은 새로운 지역으로 이주하거나 멸종되었다. 인간 생태계도 침입, 지배 그리고 승계라는 유사한 과정을 겪는다. 특히, 도시에서는 공장과 상업지역이 거주지역과 공간경쟁을 한다. 상업지역과 공장이 한때 거주지역이었던 곳을 침범하면 거주자는 도시 변두리의 외곽지역으로 밀려난다(Park, 1936).

파크의 이러한 생태학적 비유는 시카고대학 동료인 버제스(Ernest W. Burgess)의 도시성장이론으로 발전했다. 버제스는 도시가 외형뿐만 아니라 도시 안의 다양한 지역이 방사상으로 확장되어 주변 지역을 압박함으로써 더 먼 외곽까지 확장하는 과정을 조사했다.

버제스(Burgess, 1925)의 **동심원 이론**(*concentric zone theory*)은 도시가 동일한 중심을 가진 여러 개의 구역(*zone*)으로 구성되었다고 보고 각 구역은 서로 다른 기능과 생활패턴에 의해 구분된다고 묘사했다. 버제스의 이론은 도시가 성장함에 따라, 각각의 내면의 고리(*ring*)는 그것을 둘러싼 고리를 침범해 파크가 묘사한 침입, 지배 및 계승의 과정을 겪는다는 파크의 이론을 따른다.

버제스(1925)는 도시의 5개의 고리 또는 구역을 구분했다. 가장 중심의 구역은 도시의 핵심(*bullseye*)으로서 백화점, 고층빌딩, 대형호텔, 극장 그리고 시청 등이 있는 중심상업지구이다(*zone 1*). 중공업지

대가 구역 1의 바깥 쪽 경계를 차지한다. 중심상업지구의 바깥은 '전이지역'(*zone in transition*)이라 불리는 구역 2로 여기서는 구역 1의 외곽으로부터 구역 2로 팽창하는 제조업에 의해 점차로 침범되는 노후화된 주택에 새로 온 이민자와 빈민이 거주한다. 구역 3은 '근로자 거주지역'으로 전이지역에 있는 공장에 근무하는 숙련된 노동자가 거주하는 지역이다. 구역 3의 거주자는 자신의 경제적 형편이 나아지면서 구역 2의 슬럼가로부터 탈출한 사람이다. 구역 4와 구역 5는 '거주지역'과 '통근지역'으로 구역 1에 근무하는 많은 화이트칼라 근로자와 가족이 거주하는 지역이다.

1920년대 초반 시카고대학의 파크와 버제스의 제자인 쇼와 맥케이는 버제스의 시카고 동심원 지도를 모형으로 사용하여 도시 전역에서 비행소년의 지역적 분포를 조사했다. 이들은 '공식적으로 금지된 행동'(*officially proscribed activities*) 때문에 경찰, 소년법원, 소년교정시설과 접촉한 17세 미만 소년의 주소를 세 기간에 걸쳐서(1900~1906, 1917~1923, 1927~1933) 수집했다(Shaw and McKay, 1969: 44).

쇼와 맥케이는 비행소년 개인의 거주지를 기록하는 데 덧붙여 학교의 무단결석생과 청년범죄자의 거주지, 영아사망률, 홍역 그리고 정신이상, 인구 변화, 복지부조를 받는 가정의 비율, 주택임대 그리고 집 소유권, 인종과 민족구성 그리고 외국인비율과 같은 방대한 자료도 수집했다.

쇼와 맥케이의 연구는 도시지역에서 비행소년의 분포가 체계적 패턴을 따름을 보여주었다. 비행률은 도심 근처에서 가장 높고 더 부유한 지역으로 가면서 줄었다. 도심지역은 수십 년간 인종 및 민족구성이 상당히 변화했음에도 계속 높은 비행률을 유지했다. 도심지역으로부터 멀어지는 만큼 비행률도 하락하는 패턴이 다른 인종과 민족 내에서도 공통적으로 나타났다(Shaw and McKay, 1942, 1969).

가장 놀라운 점은 어떻게 규정되든 어느 시기이든 상관없이 비행소년이 전이지역이라 명명된 도시의 산업과 상업지구 주변에 집중된다는 점이다. 공장에 의해 잠식되면서 전이지역은 열악한 주택, 불완전한 가족과 결손가정, 높은 사생아 출생률과 영아사망률, 불안정하고 이질적인 인구구성 등 물리적 쇠락으로 특징지어진다.

전이지역 주민은 저소득, 낮은 교육 수준, 열악한 고용 등 사회경제적 지위에서 말단을 차지한다. 이 지역은 비행률이 높을 뿐만 아니라 공식적인 성인범죄, 약물남용, 알코올중독, 성매매, 정신질환 비율도 높았다. 이렇듯 놀랍게도 특정 지역에서 소년비행과 성인범죄, 무단결석, 정신질환, 빈곤, 인구변화, 민족적 이질성이 동시에 나타난다는 것은 이 지역을 특징짓는 공통인자가 비행의 원인임을 암시한다. 이러한 공동체의 특징, 주된 인종적/민족적 이질성, 낮은 정착률, 빈곤 등은 통틀어 사회해체로 해석된다.[1]

---

1) 버제스가 사실상 처음으로 공동체와 관련해 사회해체(*social disorganization*)라는 용어를 사용했다. "급격한 도시팽창은 질병, 범죄, 무질서, 악, 부패, 정신질환 그리고 자살 등 사회해체의 지표를 동반한다"(Burgess, 1925: 57).

4. 사회구조와 범죄율에 관한 연구

쇼와 맥케이의 선구적 연구 이래 많은 연구가 수행되었다. 도시범죄와 비행의 생태에 초점을 맞추어 이루어졌다. 도시범죄에 대한 연구와 조사는 범죄학연구에서 계속적으로 중요한 부분이다. 몇몇 연구는 초기 시카고학파 연구인 사회해체이론의 접근방법을 모방했지만 다른 연구는 간접적 관련을 가질 뿐이다.[2] 산업과 기업은 물론 백인과 흑인 중산층 거주자 모두가 대도시를 벗어나 교외 거주지역으로 빠져나감에 따라 도심은 더욱 궁핍과 쇠락 등의 사회해체상태를 경험하게 됐다.

이와 같은 사회해체의 경향은 높은 실업률, 복지지원율, 사생아 출생률, 편부모 가정비율, 약물사용 및 남용률, 폭행률 등을 특징으로 하는 '진정한 약자'(*truly disadvantaged*, Wilson, 1987) 혹은 '최하층계급'(*under class*)을 만들어냈다. 경험적 연구들에 따르면, 이 지역 거주자에게서 체포, 유죄판결, 구금, 및 기타 공식적 범죄율이 놀라울 만큼 높게 나타난다.

사회해체이론을 지지하는 많은 경험적 연구는 공동체, 도시, 주나 지역의 범죄율과 해당 지역의 다양한 경제 지표 간의 상관관계에 대한 단순한 조사로 이루어진다. 대부분의 연구는 센서스 자료를 활용하고 가

---

2) 랜더(Lander, 1954), 쇼와 맥케이(Shaw and McKay, 1969), 보스와 피터슨(Voss and Peterson, 1971), 윌슨(Wilson, 1987), 심차-페이건과 슈바르츠(Simcha-Fagan and Schwartz, 1986)를 참조하라. 사회해체에 관한 초기 이론의 본래적 문제를 지적하고 해결하려는 최근의 이론적·경험적 연구로는 버식(Bursik, 1988), 샘슨과 그로브스(Sampson and Groves, 1989), 워너와 피어스(Warner and Pierce, 1993)를 참조하라.

구중위소득, 소득불평등, 인구 중 전문직에 종사하는 사람의 비율, 복지부조금의 평균액수, 복지부조를 받은 사람의 비율, 실업률, 빈곤선 이하 가구 비율 등 매우 많은 경제적 변수를 분석한다.

범죄율과 연관된 다른 경제적 지표로는 제조업생산의 하락(White, 1999), 주택압류 비율(Immergluck and Smith, 2006), 인플레율(Devine, Sheley, and Smith, 1988) 공공부문 자원에 대한 부담(Goulas and Zervoyianni, 2015), 그리고 소비자신뢰지수(Rosenfeld and Fornango, 2007) 등이 있다. 경제적 조건과 범죄율에 관한 연구[3] 결과는 상당히 혼재되었으며 지역, 시대, 연구대상 등에 따라 다양하게 나타난다. 예측된 범죄의 유형 및 다른 구조적 공변인(*covariate*)에 대한 통제에 따라서도 연구결과는 달라질 수 있다. 대부분의 범죄에서 강력하고 지속적인 예측인자인 절대빈곤을 제외하고는 이러한 경제 지표 중 상당수가 재산범죄보다 폭력범죄, 특히 살인을 잘 설명한다(Pratt and Cullen, 2005).

이 연구에서 조사된 경제적 조건 이외에 다른 구조적 요소도 검토한다. 추가적인 사회구조적 요인으로 흑인 또는 비백인 비율로 측정된 인종/민족적 이질성, 지난 5년 또는 10년 이내에 이사한 주민의 비율로 측정되는 거주 이동성, 이혼율, 여성가구주 비율이나 부양 자녀가 있고 남편이 없는 가구 비율로 측정된 가족해체, 그리고 도시화, 가구밀도(방 1개당 1명 이상의 가족이 사용하는 가구의 비율), 주택소유가구 비율, 중위연령, 20세 미만 출산모의 비율, 중위 교육수준, 영아사망율 등의 인구

---

3) 범죄율의 거시수준의 지표에 대한 메타분석에서 프렛과 컬른(Pratt and Cullen, 2005)은 1960년과 1999년 사이에 출간된 2백 개 이상의 논문을 찾아냈다. 범죄와 비행의 구조적 상관관계에 관한 연구의 다른 검토는 쿠브린과 바이처(Kubrin and Weitzer, 2003), 쿠브린(Kubrin 2012)을 참조하라.

학적 특성이 있다. 또한 집중된 불이익(*concentrated disadvantage*)의 종합지수(composite index, Sampson, Raudenbush, and Earls, 1997)는 빈곤선 이하 가구 비율, 복지부조의 비율, 여성가구주 비율, 실업률, 18세 미만 비율, 흑인 비율과 같은 지표를 결합하여 빈곤, 인종, 연령이 수렴된 범죄위험이 가장 높은 '진정한 약자'(*truly disadvantaged*) 공동체의 조건을 포착하려고 했다(Wilson, 1987). 이러한 연구들도 연구대상 인구구성과 범죄의 유형에 따라 다양한 결과를 보여주었다(Pratt and Cullen, 2005).

뿐만 아니라 집중된 불이익 지표에 포함되는 척도들에 따라 다양한 결과를 보여주었다. 예를 들면, 채임벌린과 힙(Chamberlain and Hipp, 2015)은 ① 빈곤선 이하 거주자 비율 ② 실업율 ③ 편부모 가구 비율 ④ 중위 소득 ⑤ 중위 주택 가격의 다섯 가지 척도를 사용했다. 채임벌린과 힙(Chamberlain and Hipp, 2015)은 이러한 조작화와 79개 도시의 7,956개 지역 자료를 이용하여 중심 지역과 인근 지역의 집중된 불이익이 폭력범죄와 상관관계가 있다는 것을 확인했다.

이에 반해서 로렌스(Laurence, 2015)는 런던의 31개 지역 자료를 사용하고, 집중된 불이익에 ① 공공지원주택(*social housing*) 비율 ② 여성가구주 비율 ③ 주택소유자 비율 ④ 경제활동인구이지만 실업상태인 16세 이상 비율을 포함하였다. 그의 연구결과는 불이익이 폭력범죄와 상관관계가 있지만, 이러한 관계가 인종에 따라 달리 나타난다는 것을 보여주었다.

그러나 구조적 변수와 범죄의 관계에 관한 엄청난 양의 연구에도 불구하고 도심지역의 범죄가 어느 정도 사회해체의 결과인지는 불분명한 채로 남았다. 초기의 시카고 연구와 후속연구가 범죄의 원인으로서 사회해체를 입증했는지 판단하기는 쉽지 않다. 사회해체의 정도를 신중하게 측정하지 않는 연구가 종종 있다. 범죄와 일탈이 일정한 지역 내에서 높다는 사실이 그 지역이 사회적으로 해체되었다는 경험적 지표인 것처럼 가끔 동어반복적으로 사용된다(이 주제에 관해서 Bursik, 1988 참조). 나아가 사회해체가 가장 진전된 것으로 나타나는 이 지역에서도 소수의 청소년과 그보다 더 적은 수의 성인만이 범죄에 가담한다. 이러한 지역들의 높은 공식 범죄율이 그 지역 주민의 범죄율에 의한 것인지, 경찰 실무에서의 인종과 계층 차별에 의한 것인지에 대한 의문이 여전하다(Warner and Pierce, 1993).

더욱 본질적 문제로 어떠한 물리적·경제적·인구 및 가족적 상황을 사회해체라고 볼 것인가도 불분명하다. 물리적·경제적·인구적 특성이 해체의 객관적 지표인 것이 사실인가? 아니면 해체라는 용어가 단순히 하위계층의 삶의 형태와 조건에 대한 가치 판단을 반영하는 것인가? 쇼와 맥케이조차 다음과 같이 통계적 연구만으로 범죄이론을 구성하지 못한다고 인정했다.

> 이러한 지도와 통계자료는 비행률이 높은 지역과 낮은 지역을 구별하는 자료로서는 유용하지만 … 비행을 완전히 설명하지 못한다. 그러한 설명은 가정과 사회 내에서 아동의 사회적 세계를 구성하는 사회적 가치와 미세한 인간관계의 영역 안에서 구해야 한다(Shaw and McKay, 1969: 14).

쇼와 맥케이는 사회적으로 해체된 지역에 살았던 비행소년의 생활사를 인터뷰하고 기록함으로써 추가적 자료를 수집했다. 이러한 질적 자료는 양적 자료의 이론적 의미를 더 분명히 해석할 수 있도록 해 주었다. 사실상 그 해석은 범죄학에서 거시이론의 3가지 지배적 측면, 즉 아노미/긴장이론, 차별적 교제/학습이론 그리고 통제이론의 측면을 모두 포함한다. 경제적 지위가 낮은 지역의 소년범죄자의 압도적으로 높은 범죄율에 대해 쇼와 맥케이는 "불우한 처지에 있는 이 소년들은 자유사회에서 성취될 수 있다고 가정된 목표와 실제로 달성 가능한 목표사이의 갈등에 휘말렸다"(1969: 186-187)고 말한다.

사회적으로 해체되고 경제적으로 불우한 공동체가 다른 수단으로는 달성할 수 없는 목표를 달성하기 위해 범죄를 조장한다는 생각은 아노미/긴장이론이 강조하는 것이다(제 9장 참조). 쇼와 맥케이(1969: 170-171)는 서로 다른 공동체의 '차별화된 사회적 가치'에 대해 광범위하게 언급하면서 비행률이 낮은 지역은 균일하고 지속적으로 지지되는 관습적 규범과 가치를 가졌지만, 비행률이 높은 지역은 "엄격하게 관습적인 것부터 관습에 반대하는 가치까지" "서로 경합하고 갈등하는 도덕적 가치"를 발전시킨다는 것을 관찰했다. 쇼와 맥케이는 명시적으로 서덜랜드의 차별적 교제의 개념(제 5장)을 언급하면서 "어떻게 비행 전통이 대대로 소년에게 전승되는가?"를 공동체 내의 나이 많은 소년과 어린 소년 간 교제에 대한 사례연구를 통해 보여준다(Shaw and McKay, 1969: 174).

쇼와 맥케이는 또한 몇몇 공동체에서 사회해체가 개인행동에 대해 비공식적 사회통제(제 6장)를 행사하는 사회제도의 효과성에 부정적으로 작용한다는 사실도 제시했다. 주거의 잦은 이동과 경제적 쇠락은 가족의 붕괴, 예컨대 전통적 방향에 따라 아이들의 행동을 지도하는 능력을 약화시킬 수 있는 것이다.

5. 사회해체이론의 수정과 연구

공동체의 특징과 범죄 사이의 상관관계에 대한 다양한 이론적 해석에도 불구하고 사회적으로 해체된 공동체가 그 거주자의 행동에 대해 갖는 비공식적 통제력이 약화됨으로써 범죄를 조장한다는 생각은 지금 쇼와 맥케이의 자료에 대해 가장 넓게 받아들여지는 해석이다. 이러한 해석은 주로 콘하우저(Kornhauser, 1978)의 사회해체이론에 대한 비판적 분석과 그녀가 통제이론의 틀 내에서 사회해체모형을 재구성함으로써 촉진되었다. 이후에 버식(Robert Bursik), 샘슨(Robert Sampson) 등이 이론을 재분석하고, 기존 이론과 연결하고, 이론에 대한 비판 일부를 해결하면서 사회해체이론은 다시 관심을 받게 되었다(Sampson, 1995).

버식(Bursik, 1988; Bursik and Grasmick, 1993)은 쇼와 맥케이가 도시생태학, 도시공동체의 경제적 조건과 급격한 사회변화가 범죄와 비행의 직접적 원인이라고 제안하지는 않았다는 점을 지적했다. 버식은 오히려 이들이 사회해체가 공동체와 지역 내의 비공식적 사회통제를 약화하거나 방해함으로써 높은 범죄율을 발생하게 한다는 점을 제안했다고 주장했다. 따라서 버식은 사회통제의 결여나 붕괴가 현대 사회통제이론과 연결하는 사회해체 개념의 핵심적 구성요소라고 주장했다(제 6장 참조). 또한 그는 일상활동이론(제 2장 참조)에서 범죄기회의 생태학적 분포에 대한 가정을 사회해체 접근과 연결했다.

샘슨과 그로브스(Sampson and Groves, 1989)도 버식과 같은 문제, 즉 사회해체이론이 사회계층, 공동체의 인종적 구성과 같은 요소가 범죄와 비행의 직접적 원인이라고 주장하지 않았음을 지적했다. 게다가 이 요인들은 사회해체 자체의 구성요소라기보다 사회해체를 측정하기 위해 사용된 변수들이다. 그리하여 샘슨과 그로브스(1989: 775)는 "과거 연구자들이 공동체의 변화와 기타 지역적 요인이 비행에 미치는 영향에 대한 쇼와 맥케이의 예측을 검토했지만 누구도 사회해체이론을 직접적으로 검증하지는 않았다"고 결론지었다.

샘슨과 그로브스(1989)는 이 문제를 해결하기 위한 사회해체의 경험적 모형을 제시했다. 그들의 모형은 사회해체에 영향을 미치는 사회계층, 주거이동, 가족해체 등과 같은 '외부' 요인에 대한 일반적 측정뿐만 아니라 이러한 요인을 넘어 사회해체의 3가지 핵심 구성요소 — ① 10대 갱단에 대한 공동체의 감시 결여 ② 비공식적 친구관계 ③ 공식조직에의 참여 등 — 도 다루었다. 영국의 지역사회에서 수집한 자료는 그들의 모형을 뒷받침해 주었다.

그들은 예상대로 대부분의 외부 요인이 사회해체와 관련이 있음을 발견했다. 사회해체의 측정은 범죄피해율을 예측하는 데 유용하다는 점을 제시함으로써 이 모형이 완성되었다. 이 모형은 아주 충분하지는 않지만 범죄율도 설명했다. 그러나 버시와 메스너(Versey and Messner, 1999)는 영국의 자료를 더 정확한 통계적 기법을 사용해 재분석하였고 그 결과 외부 요인이 때로는 사회해체의 지표보다 범죄율에 강한 영향을 미친다는 사실을 발견했다.

샘슨은 최근에 지역별 범죄율 차이를 설명하는 사회해체이론에서 핵심적인 사회 기제로 **'집합효율성'**(*collective efficacy*)을 제시했다(Sampson et al., 1997; Sampson, 2006). 그는 개인이 임무를 수행하고 문제를 해결하거나 목표를 달성하는 능력에 대한 자기평가인 '자기효능감'(*self-efficacy*, Bandura, 1977a) 개념을 언급하면서 '집합효율성'은 비공식적 사회통제를 활성화할 수 있는 지역주민의 인지된 능력으로 정의

한다.

집합효율성은 상호관련된 2개의 차원이 있다. 하나는 사회적 응집과 상호 지지로 정의되는 것이고 다른 하나는 '사회통제에 대한 공통된 기대'이다. 샘슨은 도심에서 집합효율성을 갖는 사회조직은 '촘촘한'(*dense*) 사회적 네트워크상에서 형성될 수 있지만 실제로는 '약한'(*weak*) 결속을 기반으로 형성될 가능성이 높다. 높은 수준의 집합효율성은 이웃에서 비행이나 범죄가 발생하는 경우 주민이 비공식 통제를 하거나 공식적 통제(예를 들면, 경찰에 신고)를 요청할 가능성이 높을 때를 말한다. 집합효율성이 높을수록 범죄율은 낮을 것으로 예측된다.

샘슨 등(1997)은 쇼와 맥케이와 마찬가지로 지역사회의 구조적 특성이(민곤 밀집, 주거 이동성, 사회적 결속의 정도, 가족해체) 집합효율성을 약화시켜 높은 수준의 폭력이 생겨난다는 이론적 모형을 검증하기 위해 시카고 지역에서 연구를 수행하였다. 이들은 시카고 지역 인간개발 프로젝트의 자료를 사용해 표본 주민에게 다음과 같은 가상적 상황에서 "이웃이 어떠한 행동을 취할 것이라고 기대할 수 있는가"라는 질문으로 집합효율성을 측정한다. 즉, 아이들이 학교에 가지 않고 골목에서 노는 것을 보거나 집 앞에서 싸움이 일어나거나 또는 아이가 어른에게 무례하게 행동하고 이웃 건물에 낙서하는 경우와 같이 다양한 가정적 상황에서 거주민이 어떻게 행동할 것인가를 묻는다. 그들의 모형과 일관되게 낮은 수준의 집합효율성은 공식적 살인범죄율과 자기보고식 폭력과 관련되었다.

구조적 특성이 범죄율에 영향을 미치는 기제로서 집합효율성을 조사한 후속연구(Sampson and Raudenbush, 1999; Morenofff, Sampson and Raudenbush, 2001; Browning, 2002; Kirk and Matsuda, 2011; Wright and Benson, 2011) 또한 샘슨의 모형을 지지했다. 그러나 이러한 연구의 대부분은 샘슨이 자신의 원래 모형 검증에서 사용한 시카고 지역 인간개발 프로젝트 자료를 사용했다. 다른 자료를 사용해 집합효율성의 매개효과를 검증한 연구는 거의 없다.

그러나 주목할 만한 예외도 있다. 예컨대, 마제롤, 윅키스와 맥브룸(Mazerolle, Wickes and McBroom, 2010)은 호주에서 연구를 수행해 시카고 연구와 동일한 발견을 하였다. 그러나 워너(Warner, 2007)는 남부 주의 두 도시에서 사회적 결속이 이웃의 문제에 주민이 직접 개입하는 측면의 집합효율성은 증가시키지만 주민이 경찰이나 다른 국가기관에 신고하는 것으로 나타나는 집합효율성은 제고하지 않는다는 사실을 발견했다.

더 현대적인 연구에서는 집합효율성이 어떻게 개념화되고 측정되는지가 지역 범죄와 무질서 평가에 중요하기 때문에 집합효율성 구성이 업데이트될 필요가 있음을 보여주었다. 예를 들면, 힙(Hipp, 2016: 36)은 노스캐롤라이나 3개 군 113개 블록그룹(*block group*) 자료를 이용하고 "각 상황에서 이웃이 개입하여 무언가를 할 가능성이 얼마나 되는지 말씀해 주세요"라는 문구를 넣은 6개 질문에 대한 응답을 통해 집합효율성을 측정하였다. 6개 질문은 '① 십대들이 재물을 파손하였다', '② 십대들이 어른에게 무례함을 보였다', '③ 누군가의 집 앞에서 싸움이 일어났다', '④ 십대들이 담배를 피우며 시간을 보내고 있었다', '⑤ 십대들이 음주하며 시간을 보내고 있었다'와 '⑥ 십대들이 마리화나를 피우며 시간을 보내고 있었다'이다. 힙(2016)은 "집합효율성의 불확실성"(*uncertainty of collective efficacy*) 척도로 언급한 별도 변수도 포함하였다. 구체적으로 보면, 위의 6개 질문에 대해 응답자들이 '모르겠다'라고 대답한 문항 수를 계산하고 각 지역 내 거주민의 평균을 내어 이 척도를 구성하였다. 분석결과, 범죄나 무질서를 더 많이 인식하는 지역과 보다 낮은 집합효율성을 보고하는 지역 간에는 유의미한 상관관계가 있는 것으로 나타났다. 또한 무질서와 집합효율성의 불확실성을 더 많이 인식하는 지역은 다음 측정 시기에 집합효율성 수준이 더 낮은 것으로 나타났다.

주로 지역사회 수준 자료의 집합효율성 측정이 부족하기 때문에 사회해체이론에 대한 많은 현대적 연구는 매개기제로 집합효율성 외의 다른 것을 측정했다. '집합효율성'이란 개념과 유사한 변수는 '사회적 자본'(*social capital*) 이란 개념인데, 이는 "상호이익을 위한 조정과 협동을 촉진하는 관계망, 규범 그리고 사회적 신뢰"를 말한다(Putnam, 1995: 67). 샘슨의 주장과 유사하게 로젠펠드, 메스너와 바우머(Rosenfeld, Messner and Baumer, 2001)는 자원박탈, 인구의 크기, 밀도와 같은 공동체 특성이 공동체의 사회적 자본에 부정적 영향을 미친다는 것을 주장했다(또한 Messner, Baumer and Rosenfeld, 2004 참조).

지역이 쇠퇴하면 상호신뢰가 약화되고 지역사회에 이익이 되는 활동에 대한 주민 참여도 사라진다. 사회적 자본의 실제 측정은 집합효율성의 측정과 약간 다를 뿐이다. 양자 모두 지역주민 간 상호신뢰의 측정을 포함한다. 집합효율성은 일탈행동에 대한 주민 개입의 구체적 측정을 포함하는 데 반해, 사회적 자본의 전형적 측정(Rosenfeld et al., 2001; Messner et al., 2004; Hawdon and Ryan, 2004)은 정치조직이나 자원봉사조직에의 적극적 가입이나 참여 등 일반적인 시민 참여 측정을 포함한다.

집합효율성이 아닌 사회적 자본으로 측정했을 때, 결과모형은 혼재된 지지를 보여준다. 사회적 자본이 다소 낮은 범죄율과 관련이 있지만, 구조적 불이익은 범죄율과 간접적인 관계가 아닌 직접적인 관계를 유지하며 종종 사회적 자본 수준에 영향을 미치지 않는다(Rosenfeld et al., 2001; 또한 Hawdon and Ryan, 2004 참조). 다른 연구자도 사회적 자본의 특정 측면이 폭력범죄와 재산범죄에 모두 영향을 미치지만, 다른 방식으로 영향을 미친다는 것을 보여주었다(Moore and Recker, 2017).

집합효율성과 사회적 자본에 덧붙여 사회해체모형 내에서 비공식적 사회통제의 붕괴를 측정하기 위해 사용된 다른 사회적 기제에는 이웃 간의 결속력(Markowitz et al., 2001; Steenbeck and Hipp, 2011), 사회적 상호작용(Bellair, 1997), 사회적 관계망(Kingston, Huizinga and Elliot, 2009), 공동체정신(Cantillon, Davidson and Schweitzer, 2003) 그리고 지역의 사회유대(Warner and Rountree, 1997; Warner, 2003, 2007; Yuan and McNeeley, 2017)가 있다. 이러한 매개요인은 다양한 방식으로 조작화되지만 비공식적 사회통제 기제로서 지역 내에서 다른 사람과의 (추정된 또는 실제) 상호작용 정도에 초점을 맞춘다. 이 연구 결과는 일관되지 않으며, 이것은 강력한 사회유대가 실제로 비공식적 사회통제를 저해할 수 있다는 샘슨의 주장을 반영한다. 개인적 유대와 우정만으로는 충분하지 않다. 강한 혈연관계의 사적인 세계는 실제로 공적 신뢰와 일을 완수하기 위한 집합적 책임에 대한 기대를 저해할 수 있다(Sampson and Raudenbush, 1999: 612).

지역사회 취약성과 비공식적 사회통제 사이의 관계를 검증하는 연구에 더해 일련의 연구는 매개기제로서 다른 범죄학 이론으로부터 도출된 과정을 탐구했다. 예컨대, 윅스트롬과 뢰버(Wikström and Loeber, 2000)는 10대 초기에 시작된 비행이 아닌 10대 후반에 시작한 비행은 지역사회 취약성 및 불안정성과 관련이 있다는 것을 발견했다. 비행 위험성이 높은 청소년(열악한 부모의 감독, 차별적 또래교제, 비행적 태도와 충동성 때문에)은 거주지역사회 특성과 관계없이 비행을 할 가능성이 높았다.

장과 존슨(Jang and Johnson, 2001)은 사회해체를 거주지역의 무질서에 대한 인식을 통해 측정했고 사회해체와 청소년 약물사용과의 관계를 검증했다. 이들의 연구는 무질서한 것으로 인식된 거주지역에서 청소년 개인의 종교성이 유의미한 보호요인으로 작용함을 보여주었다. 그러나 약물사용은 사회통제변수에 의해 더 강한 영향을 받고 사회학습변수에 의해 가장 강력한 영향을 받았다. 약물을 사용하는 친구와 약물사용에 우호적 태도의 고수는 거주지역이 미치는 영향 대부분과 종교성의 완충효과를 거의 다 매개한다.

이러한 발견은 사회해체가 지역사회 내의 비공식적 사회통제에 영향을 미치기 때문에 범죄와 일탈과 관계가 있다는 버식(Bursik, 1988; Bursik and Grasmick, 1993), 샘슨(Sampson and Groves, 1989) 등의 이론적 전제를 지지해 준다. 그러나 이들 연구에서 사용된 비공식적 사회통제의 측정지표를 감안한다면, 우리는 사회해체에 의해 영향을 받는 비공식적 사회통제는 사회학습이론(또래교제와 태도), 사회통제이론(가족의 감독과 종교) 그리고 자기통제(충동성, Gibson et al., 2010) 이론에서 사용된 변수와 과정을 통해 작동함을 알 수 있다.

오늘날 사회해체이론 학자는 거시적 수준의 사회해체연구를 수행하는데 가장 적합한 집계(*aggregation*) 수준 또는 분석단위(*unit of analysis*)가 무엇인지에 대해 갈등한다. 예컨대, 몇몇 연구자는 주(州)를 조사하고(Kawachi et al., 1999) 몇몇은 군과 도시를 조사하며(Baumer, 1993), 몇몇은 거주지역(Lowenkamp, Cullen and Pratt, 2003) 혹은 블록 집단(Contreras and Hipp, 2019)에 초점을 맞춘다. 더 나아가 최근에는 많은 학자가 범죄를 조장하는 지역사회나 이웃수준의 이론적 과정을 가장 잘 포착하기 위해 거리 구간의 사용을 지지해왔다(Braga and Clarke, 2014; Weisburd et al., 2004; Weisburd et al., 2012, 2014). 그러나 거시적 수준의 사회해체를 거리 구간으로 좁히는 데 찬성한 입장은 이전 문헌에서 논의된 바 있다. 특히, 펠슨(Felson)은 다음과 같이 주장했다.

> 거리는 누구에게나 개방되었기 때문에 아무도 감독하지 않는다. 경찰이 가끔 순찰하지만, 그들도 그곳이 누구의 세상인지는 모른다. 편리한 이동과 양질의 경험을 위한 방대한 기회를 촉진하는 바로 그 체계가 청소년에 대한 비공식적 사회통제를 방해하고 침입자로부터 인명과 재산을 보호하는 데 지장을 준다. 그래서 거리체계는 사람들을 뜻밖의 행운과 재앙에 노출시킨다. 거리는 도시환경에서 생계를 꾸리는 수단을 제공할 뿐만 아니라 도시의 성장기관에 해당한다(Felson, 1987: 917).

거리에 대한 이러한 정의에 따라 시애틀의 수천 개의 거리 구간에서 16년간 자료를 수집한 웨이스버드 등(Weisburd et al., 2012)은 사회해체 측정과 거리 구간별 범죄율에 대한 다양한 수준의 경험적 지지를 발견했다. 예컨대, 부동산 가치와 주거지원 조치는 범죄율이 지속적으로 높은 거리 구간과 유의미한 관련이 있었다. 또한 쓰레기 투기 신고건수, 낙서건수, 낡은 집, 쓰레기더미, 거리에 방치된 고장 난 차량 등 사회적으로 무질서한 동네에서 흔히 관찰되는 물리적 무질서의 다양한 변수가 높은 범죄율과 거리 구간 수준에서 감독받지 않는 청소년 수와 관련이 있었다.

샘슨(Sampson et al., 1997; Sampson, 2006)의 집합효율성(또는 더 정확히는 Rosenfeld et al., 2001의 사회적 자본) 개념에 대한 지지도 발견되었는데, 거리 구간들에서 적극적 투표자의 숫자가 범죄율과 상관관계가 있는 것으로 나타났다. 이외에도, 웨이스버드 등(Weisburd et al., 2012)은 16년간의 연구에서 시애틀 거리 구간의 5%에서 시애틀 전역에서 발생한 범죄의 50% 이상이 발생했으며 1%의 거리 구간에서 같은 기간 범죄의 4분의 1 이상이 발생했다고 보고했다.

6. 거리규범

앤더슨은 '거리규범'(*code of street*)이라고 언급하는 이론적 개념의 창시자로 알려져 있다. 앤더슨(Anderson, 1999, 또한 1994, 2009 참조)에게 거주지역의 구조적 불평등과 사회해체는 거리규범의 성장을 조장하거나 "폭력의 사용을 합법화하거나 용인하는 사고방식을 만들어낼 수 있다." 이러한 거리규범의 특징적 진술에는 "뒤를 조심해", "너 자신을 지켜라", "꽁무니 빼지 마", "자존심을 가져", "누군가 너를 괴롭히면 갚아줘야 해", "누가 때린다고 여기서 울지 말고 가서 복수해줘" 등이 포함된다(Anderson, 1999: 70-71).

스튜어트와 시몬스(Stewart and Simons, 2006)는 주로 아프리카계 미국인이 거주하는 도심에서 볼 수 있는 거리규범이나 거리 하위문화가 주민들이 존경을 얻고 유지하는 방법으로 폭력이 필요하고 정당하다고 믿는 환경을 촉진한다는 것을 보여주었다. 마찬가지로 스튜어트 등(Stewart,

Simons, and Conger, 2002; Stewart, Schreck and Simon, 2006; 또한 Brezina et al., 2004도 참조)은 사회해체 지역에서 청소년의 거리규범 습득과 폭력 간에 유의미한 관계를 보여주었다.

스튜어트 등(2010)은 공동체의 구조적 특성이 비행 문화 혹은 상황적 규범과 결합하여 빈곤한 지역의 폭력 위험에 기여한다고 주장했다. 흥미롭게도 앤더슨(Anderson, 1999)은 사회적으로 해체된 지역에서는 폭력과 무질서가 정상이고 자신이 '거리'의 사람이든 '점잖은'(*decent*) 사람이든 상관없이 살아남기 위해서 지역 내의 지배적인 폭력적 하위문화와 거리규범을 잘 알고 승인해야만 한다고 제시했다.

이러한 맥락에서 그는 "비폭력은 악함과 강인함을 포기하는 대가로 … 젊은이가 조롱이나 심지어 폭력의 표적이 될 수 있다"고 주장한다(Anderson, 1994: 94). 이러한 거리규범 개념과 함의는 지배적 지역문화를 나타내는 구조적 조건을 더 강조하기는 하지만 일탈에 우호적인 개인과 동료집단의 정의, 차별교제, 차별강화와 모방이라는 사회학습이론과 일정한 유사점을 갖는다(Akers, 1985; 제5장도 참조). 바론(Baron, 2017)이 거리규범, 폭력적인 또래, 폭력과 폭력 피해 간에 유의미한 관계가 있음을 입증한 것 같이 최근 경험적 증거는 이러한 이론적 중복(*overlap*)을 지지하는 경향이 있다.

7. 사회해체이론에 근거한 지역 프로젝트와 정책

1) 시카고 지역 프로젝트

쇼와 맥케이(Shaw and McKay)는 사회해체이론과 연구결과를 이용한 범죄와 비행의 예방과 통제에 직접적 관심을 가졌다. 1930년대에 이들은 시카고의 여러 하위계층 거주 비행다발지역에서 최초로 대규모 시카고 지역 프로젝트(CAP)라는 도시비행 예방프로그램을 개발했다. 한 가지 주요 목표는 지역 내 법 준수주민 사이에서 비공식적 사회조직과 사회통제를 활성화하는 것이었다. 적절하게 수행된다면 이러한 지역조직은 사회해체에 대해 대항효과를 발휘하고 쇼와 맥케이가 보기에 지역 내 많은 사람이 지지하는 범죄적 가치와 규범에 대한 억제작용을 수행할 수 있었다.

또 다른 주요 목표는 통상적인 성인 및 또래와의 더 많은 접촉기회를 보장함으로써 지역 내 비행또래와 성인범죄자의 영향을 차단하는 것이었다. 또한 위생개선, 교통통제, 황폐해진 개인 및 공공재산의 물리적 복원을 위한 노력이 이루어졌다. 지역 내의 친사회적 성인이 운영하는 지역그룹과 클럽의 육성을 통한 지역 내 조직의 창설이 시도되었다. 이러한 친사회적 성인이 오락프로그램, 여름캠프, 운동팀, 그 밖의 다른 집단 및 활동을 만들고 운영하는 데 참여했다. 이들은 경찰, 소년법원, 교회, 사회복지기관, 숙박업소, 정치조직, 그 밖에 지역 청소년 관련 집단과 협력하였다. '파견된' 사회사업가는 비행갱단을 확인하고 거리에서 이들과 접촉해 이들이 범죄가 아닌 대안적 행동에 참여하도록 노력했다(Kobrin, 1959; Schlossman and Sedlak, 1983;

Finestone, 1976; Lundman, 1993도 참조).

프로그램이 시행된 이후 25년(Kobrin, 1959), 30년(Finestone, 1976) 그리고 50년(Schlossman and Sedlak, 1983; Schlossman and Shavelson, 1984) 이후의 장기평가는 CAP가 부분적 성공을 거두었음을 보여주었다. 범죄율과 비행률이 가장 높고 가장 무질서한 것으로 간주되는 지역에서도 인습적 가치에 헌신하는 유능하고 자발적인 하위계층 성인을 찾아 협조를 얻을 수 있었다. 전체 계획의 다양한 부분이 공동체 내 많은 지역에서 성공적으로 시행되었지만 이 프로그램이 얼마나 잘 조직되었고 주민으로부터 얼마나 많은 지원과 협력을 받았는가는 지역에 따라 상당한 차이가 있었다. 지역 내 전문 사회사업가는 CAP를 특징짓는 비전문가 자원봉사활동(*volunteerism*)에 대해 비판적이었다. 당시 몇몇 지역 지도자와 주민은 이러한 비행청소년과 갱단에 대한 조직적 개입은 비행을 고무시키고 학교, 교회, 부모의 권위를 훼손하는 결과를 가져올 뿐이라고 주장했다.

사실 강력한 CAP 위원회가 있는 몇몇 지역에서 범죄율이 감소하였지만(Finestone, 1976) 이 지역 프로젝트가 범죄율 감소의 주된 원인이었음을 밝히기는 쉽지 않으며 몇몇 지역은 범죄가 감소하지 않거나 오히려 증가하였다. 슐로스만 등은 인구학적 및 경제학적 특징에 근거해 예상되는 비행의 높고 낮음에 따라 CAP 지역을 6등급으로 나눴다. 이들 지역 중 두 지역이 예측한 것보다 높은 공식적 비행률을 나타냈지만, 네 지역의 비행률은 예측보다 낮았다. 이러한 결과는 이 계획의 성공에 대한 증거가 된다. 그러나 공동체 조직과 비행 측정이 제대로 되지 않았고, 지역 간 비행률 차이는 CAP 프로그램의 활동과 조직에 직접적으로 연결될 수 없었다(Schlossman et al., 1984).

2) 사회해체이론의 다른 정책적 함의

버식과 그래스믹(Bursik and Grasmick, 1995)은 공동체 내의 범죄방지활동을 위한 더 유용한 지침을 제공해 줄 새로운 사회해체 정책 입안을 제안했다. 이들은 공동체마다 거주민의 일탈행동을 통제할 수 있는 능력의 차이에 주목했다. 통제수준은 공동체가 친구, 가족 그리고 자원봉사자조직의 사회적 네트워크와 인구적 특성 그리고 경제적 복지수준 등을 통해 얼마나 강력하게 응집되었는가에 달렸다. 이러한 사적·지역적 통제수준은 정치적·사회적·경제적 힘 그리고 법과 사법체계에 의해 행사되는 '공공수준의 체계적 통제'와 연결된다.

사회적 통제의 서로 다른 수준을 연결함으로써 지역사회 내에서 범죄통제력을 향상시킬 수 있지만 몇몇 정책은 사태를 악화시킬 수 있다. 예컨대, 국가적 차원에서 대량의 범죄자를 지역사회로부터 교도소로 격리하는 정책은 범죄의 위협을 낮출 수 있겠지만 이는 또한 지역공동체의 응집력을 약화시키고 비공식적 사회통제의 효율성을 감소시킬 수 있다(Rose and Clear, 1998).

사회해체이론은 분명히 지역 내의 비공식적(사적이고 지역적인) 사회통제를 범죄율에 영향을 미치는 주요 요인으로 명시적으로 밝히고 있다. 그럼에도 사회해체이론은 공공적, 공식적 통제를 강조하는 억제이론(제2장)과 관련을 가진다(Zhang, Messner, and Liu, 2007). 결과적으로 이웃감시 프로그램이나 지역사회 경찰활동과 같은 경찰지원을 받는 프로그램은 일반적으로 사회해체이론과 관련된다고 인용된다(Reising, 2010).

이웃감시 프로그램은 지역사회의 범죄에 대한 조율된 대응으로 주민을 어느 정도 모으는 역할을 한다. 그러나 이 프로그램의 주된 목적은 시민을 '경찰의 눈과 귀'로 만들고 경찰에 대한 범죄신고를 고무시키는 것이었다. 공동체감시가 범죄율을 낮추는 데 최소한의 기여는 했지만 이 프로그램에 대한 평가는 연구계획의 수많은 결점 때문에 엇갈리며 이 프로그램이 얼마나 범죄를 감소시켰는지 분명하지 않다(Bennett, Holloway, and Farrington, 2006).

마찬가지로 지역사회 경찰활동의 주된 목적은 지역사회 주민과 경찰 사이의 협력적 관계를 유지하고 강화함으로써 범죄에 대한 법 집행능력을 향상시키는 것이다. 지역사회 경찰활동에 대한 연구는 범죄율 감소에 어느 정도 효과가 있었지만 지역사회 경찰활동에 대한 단일한 모형이 존재하지 않기 때문에 어떠한 지역사회 경찰활동이 범죄율 감소와 관련되었는지를 밝히기는 어렵다. 더 나아가, 사회해체이론과 비공식적 사회통제 기제의 역할과 관련해 집합효율성과 같은 요인에 대한 지역사회 경찰활동의 영향은 아직 조사되지 않았다(Reisig, 2010).

워너 등(Warner, Beck, and Ohmer, 2010)은 이웃감시나 지역사회 경찰활동 같은 경찰과 연관된 프로그램이 사회해체이론으로부터 유래한다는 데 동의하지 않는다. 대신, 회복적 사법(제 7장)과 평화주의 범죄학(제 12장)으로부터 도출되는 정책이 경찰과 시민의 협력증진을 추구하는 정책보다 사회해체이론과 더 적절히 결합될 수 있다고 주장한다. 사회해체이론의 정책적 함의는 다음과 같다.

> 안전한 공동체 만들기와 교육 프로그램 개발의 공동 책임에 대해 지역주민을 교육하는 프로그램을 제공한다. 이러한 프로그램은 ① 주민이 친사회적 행동과 상호신뢰를 지지하는 공동체 규범을 확인하고 정립하도록

도우며, ② 주민이 회복적 사법의 원칙을 사용해 이웃의 부적절한 행동에 대해 상대방을 존중하면서도 지지하는 방식으로 개입하는 능력을 촉진하고, ③ 지역조직화 전략을 사용해 주민 사이의 사회적 자본의 개발을 돕는다(Warner et al., 2010: 366).

사회해체이론을 위한 유망한 정책과 프로그램의 또 다른 예는 MTO (Moving to Opportunity for Fair Housing) 프로그램에 기인한다. 이 프로그램은 미연방 주택도시개발부에 의해 개발되고 5개의 도시(볼티모어, 보스턴, 시카고, 로스앤젤레스, 뉴욕시)에서 시행되었다. 이는 시카고에서 거의 30년간 시행되었던 고트로 프로그램(Gautreaux Program)이 성공한 이후인 1994년에 시행되었다. 고트로 프로그램과 관련하여 로젠바움(Rosenbaum, 1995; 또한 Rosenbaum and Popkin, 1991 참조)은 준실험 평가에서 확고한 경험적 증거를 제공했다. 연구결과, 사회적으로 해체된 지역으로부터 교외지역으로 이주한 청소년의 교육적 성취와 취업기회가 획기적으로 증가한 것으로 나타났다.

최근의 엄격한 MTO 평가에 따르면, 사회적으로 해체된 지역에서 청소년을 이주시키면 폭력범죄 검거가 눈에 띄게 감소하고, 전반적인 건강이 향상되었으며, 공공주택에 남은 소년에 비해 피해위험이 감소한 것으로 나타났다(Katz et al., 2001; Ludwig et al., 2001). 이주한 청소년과 부모의 정신건강 또한 증진되었는데, 공공주택에 남아 있는 부모와 소년과 비교하면, 이주한 부모는 고통이 덜하다고 보고하였으며 이주한 소년(8~13세)은 우울, 불안 그리고 의존성 문제를 유의미하게 더 적게 보고하였다(Leventhal and Brooks-Gunn, 2003). 클링 등(Kling et al., 2007)은 이주한 소녀가 섹션 8(Section 8) 공공주택에 남은 또래 소녀보다 정신건강과 교육적 측면에서 혜택이 있다는 유사한 증거를 보여주었다. 또한 체티 등(Chetty, Hendren and Katz, 2016)은 세금자료를 사용하여 MTO의 장기적 효과를 파악하였는데, 13세 이전에 빈곤이 덜한 지역으로 이주하는 것이 대학진학 및 장래 소득 증가, 편부모 비율 감소와 유의미하게 관련됨을 보여주었다.

8. 요 약

사회해체이론은 서로 다른 지역사회나 거주지역에서의 범죄율 차이를 설명하는 거시적 차원의 이론이다. 이 이론은 인간생태와 도시팽창에 관한 사회학적 분석으로부터 도출된 원칙에 기초한다. 사회해체이론은 쇼와 맥케이에 의해 개발되었다. 이들의 시카고 지역에 대한 비행연구는 비행청소년의 주거지가 도심지역에 제일 많이 집중되었고 도시 외곽지역으로 갈수록 감소하는 패턴을 수십 년 동안 유지했음을 보여준다.

특히, 주목할 것은 공장이 주거지역을 잠식하는 '전이지역'에 빈곤층과 이민층의 거주가 집중된다는 점이다. 전이지역의 주민은 사회해체의 조건을 양산하는 경제적 쇠락, 잦은 주거이동, 민족적 이질성에 의해 특징지어지며 이러한 조건은 공동체가 구성원의 행동에 대해 비공식적 통제를 할 수 없도록 만든다.

사회해체이론에 대한 대부분의 연구가 구조적 특징과 범죄율 사이의 관계를 조사하는 간접적 검증만을 제공한다. 후대의 이론가들은 지역사회 상황이 범죄율에 영향을 미치는 매개기제로 비공식적 사회통제의 역할에 관심을 기울였다. 샘슨(Robert Sampson)은 이 기제를 '집합효율성'이라 명명하며 범죄발생 시 주민이 개입하도록 동원할 수 있는 공동체의 능력이라고 정의했다. 다른 연구자들은 사회적 자본이나 주민 사이의 유대 밀도와 같은 유사 기제의 역할을 조사했다. 이러한 매개기제에 대한 연구결과가 확고한 결과에 이를 정도로 결정적이지는 않지만, 집합효율성은 가장 일관된 경험적 지지를 받는다.

현대의 사회해체 연구는 주, 군, 도시 등에서 수집한 보다 큰 규모의 데이터에서 사회해체 변수와 과정을 분석하는 대신 거리 구간(*street segment*)이나 블록 집단에서 관찰할 수 있는 사회해체의 변수와 과정에 세밀하게 초점을 맞추기 시작했다. 이러한 연구로부터 의미 있는 발견이 나오기 시작했다. 그뿐만 아니라 거리규범과 같은 이론적 관점은 왜 범죄(피해)율이 도심에서 더 높고 아프리카계 미국인이 압도적으로 높은 사회해체율을 보이는가를 설명하는 데 기여했다.

사회해체이론은 미국에서 가장 오래된 범죄예방 프로그램의 기초를 제공한다. 시카고 지역 프로젝트(CAP)는 범죄율이 높은 지역에서 인습적인 성인 거주민이 지역 클럽을 만들고, 청소년 대상 레크리에이션 프로그램을 운영하고, 지역의 물리적 조건을 개선하는 데 직접 참여하도록 함으로써 지역조직을 촉진하도록 고안되었다.

(이 프로젝트에 대한) 평가연구는 시카고 지역 프로젝트를 시행한 지역에서 어느 정도 범죄가 감소했음을 보여주었지만, 그것이 전적으로 시카고지역 프로젝트 활동과 프로그램으로 인한 것인지는 확실치 않다. 이웃감시와 지역사회 경찰활동 등 지역주민과 지역경찰 사이의 협력관계에 초점을 맞춘 프로그램은 사회해체이론에 근거한 정책으로 거론되지만, 범죄 감소에 대한 효과 및 사회해체이론에 대한 관련은 불분명한

채로 남았다. 그러나 위험한 환경에 있는 청소년을 사회적으로 해체된 지역에서 벗어나 사회적으로 조직화된 교외 지역으로 이주시키는 MTO와 같은 프로그램의 경우 좀 더 고무적인 장단기 효과를 보여주었다.

주요 개념

- 구조적 이론(*structural theories*)
- 동심원 이론(*concentric zone theory*)
- 전이지역(*zone in transition*)
- 집중된 불이익(*concentrated disadvantage*)
- 집합효율성(*collective efficacy*)
- 사회적 자본(*social capital*)
- 분석단위(*unit of analysis*)
- 거리규범(*code of the street*)

제 9 장

아노미/긴장이론

1. 서 론

아노미이론은 사회해체이론과 상당한 유사점을 가지고 있다(제 8장 참조). 각각 다른 이론과 연구전통으로부터 진화했지만 둘 다 사회의 질서, 안정, 통합은 순응을 만드는 반면, 무질서와 불완전한 통합(*malintegration*)은 범죄와 일탈을 만든다고 제안한다. **사회체계**(*social system*: 사회, 공동체, 사회 내의 하위체계)에는 규범과 가치에 대한 내부적 합의가 존재하고, 구성원 간의 강력한 결속이 존재하며, 사회적 상호작용이 질서 있게 진행될 때 사회적으로 조직되고 통합된 것으로 묘사된다. 반대로 사회적 결속이나 통합이 분열되거나, 사회통제가 붕괴되거나, 구성요소 간의 불균형이 있을 때 체계는 해체 혹은 아노미 상태로 기술된다.

사회해체이론과 아노미이론은 모두 집단, 공동체 혹은 사회 내 연대, 결속, 통합이 적을수록 범죄율과 비행률이 높아질 것이라고 제시한다. 각 이론은 빈곤한 하위계층과 민족 집단에서의 높은 범죄율을 설명하려고 시도한다. 두 이론 모두 한 번쯤은 범죄 또는 비행 갱과 하위문화에 초점을 맞췄다.

아노미이론이 사회해체이론과 다른 점은 무질서와 불완전한 통합이 높은 범죄율을 만들어내는 기제에 있다. 사회해체이론은 무질서와 급격한 변화가 구성원의 행동을 통제하는 공동체나 지역의 능력을 약화하고, 전통적 가치와 충돌하는 범죄적 및 일탈적 가치의 발달을 허용함으로써 그러한 지역에서 범죄와 비행의 가능성을 높인다고 제시한다.

아노미이론은 불완전한 통합은 법과 규범이 사회구성원에 대해 갖는 도덕적 영향력을 약화하지만, 이 조건이 경제적 목표에의 접근 제한이나 차단과 결합하지 않는 한, 범죄는 발생하지 않을 것이라고 제안한다. 이러한 아노미적 구조적 조건은 체계 내 구성원의 긴장을 초래한다. 이러한 긴장에 대한 구성원의 적응방식 하나 혹은 그 이상이 범죄나 비행의 형태를 띠게 된다. 나아가 사회해체이론은 명백히 공동체나 이웃 간의 범죄율 차이에 주목하는 데 비해, 아노미이론은 더 폭넓은 관점에서 사회 간의 범죄율 차이를 만들어내는 문화와 구조의 차이를 강조한다.

2. 고전적 아노미/긴장이론

1) 머튼의 사회구조와 아노미이론

아노미/긴장이론[1]은 미국사회의 전반적으로 높은 범죄율과 하위계층 도시지역뿐 아니라 일반적으로 하위계층과 소수집단에 범죄가 집중되는 현상을 설명한다. 이 이론은 사회학 창시자의 한 사람인 뒤르켐의 연구에 크게 의지한다. 뒤르켐(Durkheim, 1897/1951)은 아노미라는 용어를 높은 자살률을 조장하는 한 요인으로서 현대사회의 무규범상태 혹은 사회통제의 결핍상태를 표현하기 위해 사용했다. 머튼(Merton, 1938, 1957)은 이러한 뒤르켐의 접근방법을 현대 산업사회, 특히 미국의 상황에 적용했다. 머튼에게 통합된 사회란 사회구조(승인된 사회적 수단)와 문화(승인된 목표) 사이에 균형이 유지되는 사회를 말하는 것이었다. 아노미는 가치 있는 문화적 목표와 그 목표에 이르는 적법한 사회적 수단 사이에 괴리가 존재할 때 나타나는 사회적 모순의 한 형태라고 할 수 있다.

머튼은 미국에서는 두 가지 기본적 방식으로 수단-목표의 분리가

---

1) 아노미와 긴장이란 개념은 머튼의 이론과 그 후속이론을 언급할 때 호환적 방식으로 사용된다. 그러나 몇몇 이론가(Messner, 1988; Cullen, 1983 등)는 '긴장이론'을 '아노미이론'과 구분하는데 긴장이론은 목표에 대한 좌절이 개인적 범죄로 나아가는 미시적 수준의 과정을 언급하고 아노미이론은 거시적 수준에서 그 구성원의 행위를 규제하는 사회적 능력의 약화를 언급한다. 그러나 메스너와 로젠펠드(Messner and Rosenfeld, 2001b: 45)는 머튼의 이론을 포함해 거시적 설명이 보통 개인의 행동을 언급하는 데도 사용되는 점을 발견하고 '복합적' 접근, 즉 '아노미/긴장'이란 개념이 머튼의 이론적 틀로부터 파생된 이론을 통칭하는 가장 적합한 명칭이라고 추천한다.

나타난다고 주장했다. 첫째, 미국에서는 성공이라는 목표가 사회적으로 승인된 수단보다 더 강조된다. 모든 사람은 높은 성취와 성공에 대한 열망을 가지도록 사회화되었다. 경쟁과 성공은 공적 기관에 의해 가치 있는 것으로 인정되고, 학교의 교육목표이기도 하며, 언론에서 미화되고, 자자손손 이어지는 가치로 부추겨진다. 가치는 물질 및 금전적 성공으로 판단된다. '아메리칸 드림'(*American dream*)은 누구나 크게 성공할 수 있다는 것을 의미한다.

물론 이와 같은 성공은 제도교육, 직업 및 경제적 노력 등 올바른 방법에 의해 성취되어야 한다. 사회규범은 성공을 달성하기 위한 승인된 방법을 불법적 방법과 구분한다. 그러나 머튼은 미국의 가치가 방법의 정당성·적절성보다 어떠한 대가를 치르더라도 성공하고, 남보다 앞서고, 돈을 버는 데 더 관심이 있다고 이해했다. 다른 산업사회에서도 동일한 문제가 발생할 수 있지만, 특히 미국 사회는 승인된 수단을 사용하는 것보다 목적 달성을 강조하는 경향이 있다. 성공이라는 목표가 지나치게 강조될수록 그들의 성취를 규율하는 규범이 약화하여 뒤르켐이 아노미라고 말하는 상황이 초래된다.

그렇다면, 미국문화는 성공을 위한 합법적 노력을 높이 평가하지 않기 때문에, 미국인은 성공하기 위해서 법을 위반할 가능성이 다른 통합적 사회보다 더 높다. 따라서 미국 사회의 범죄율이 다른 사회보다 더 높다.

둘째, 미국에는 계층체계에 의해 영속되는 수단과 목표 사이의 괴리가 존재한다. 이러한 괴리는 다른 산업사회에도 존재하지만, 미국이 정도가 크다. 성공윤리는 모든 계층구조에 스며들어 모든 사회계층의 사람들이 거치는 교육체제에 구현된다. 아메리칸 드림은 모든 사람이 동등한 성공의 기회를 누리는 이상을 홍보한다.

그러나 실제로는 빈곤한 소수집단과 하위계층은 그와 같은 합법적인 기회에 동등하게 접근할 수 없다. 그들은 높은 열망을 갖도록 사회화되었지만 그러한 야망을 실현하는 데 필요한 전통적 교육과 직업의 기회로부터 상대적으로 차단된다. 이와 같은 아노미 상태는 그들이 목표로 하는 수입과 성공에 효과적이라면 불법·부당한 수단이라도 이용하라는 압력 혹은 긴장을 조성한다.

머튼(1938)은 미국사회에서 아노미를 만들어내는 힘을 거시-구조적 수준에서 제시했지만, 개인의 행동이 문화와 사회구조의 영향을 받는다는 점도 제시했다. 머튼은 아노미 상태에 직면한 '개인이 논리적으로 취할 수 있는 5가지 논리적 적응유형'(*modes of adaptation*)을 제시했다(Merton, 1938: 676; 원문 강조).

첫째, '순응'(*conformity*)은 가장 일반적인 반응이다. 주어진 상황을 단순히 수용하고, 성공을 위해 사용할 수 있는 제한된 합법적 수단으로 계속 노력하는 것이다. 두 번째 유형의 적응은 '혁신'(*innovation*)[2]으로 가장 일반화된 일탈적 반응이다. 기존의 성공 목표에 전념하되 이를 달성하기 위해 불법적인 수단을 이용한다. 대부분의 범죄와 비행, 특히 이욕적(利慾的) 범죄는 이 적응유형에 적합하다. 또 다른 비행유형은

---

2) [옮긴이 주] 학자에 따라 innovation을 '반발'로 번역하기도 한다. 그러나 이 번역은 다음과 같은 면에서 부적절한 듯하다. ① innovation의 사전적 의미에서 '반발'을 찾을 수 없다. ② '반발'로 번역하면 rebellion(반항, 모반)과 구별되지 않는다. 일탈적 적응유형을 '혁신'으로 번역하는 것이 어색하게 들릴 수 있다. 그러나 '혁신'은 새로운 방법을 채택한다는 의미를 갖기 때문에 목표를 이루기 위한 합법적 수단을 얻기 어려운 사람들이 불법적 수단을 새로운 방법으로 채택해 목표를 이루고자 한다는 의미에서 이해될 수 있다.

'모반'(*rebellion*)으로서 수단과 목표 모두를 거부하고 체제의 폭력적 전복과 같이 새로운 것으로 대체한다. 또 다른 하나는 '은둔'(*retreatism*)인데 도피적 반응이다. 사회적으로 낙오되어 목표달성을 위한 노력을 모두 포기하는 경우이다. 머튼은 알코올 중독, 약물남용, 부랑, 중한 정신질환을 이 유형에 포함했다. 마지막으로 '의례'(*ritualism*)는 출세를 위한 투쟁을 포기하고 규범을 엄격하고 철저히 준수함으로써 얻은 것이 거의 없는 상태를 유지하는 데 집중한다.

혁신은 하위계층 구성원들 사이에서 가장 빈번하게 나타나는 비순응적 적응유형이다. 따라서 하위계층의 높은 범죄율은 이들이 높은 수준의 긴장을 겪게 하는 사회적 위치로 설명된다. 이 긴장은 평등과 성공이라는 모두를 위한 사회의 이상과 이것을 실현할 기회 분배에서의 실제적 불평등 간의 괴리 때문에 발생한다. 이러한 불평등은 하위계층, 사회적 약자, 소수집단 구성원들에게 가장 심각하다. 상대적으로 합법적 수단이 결여된 그들은 여전히 아메리칸 드림에 매료되어 불법적 수단에 의지하는 방식으로 대응한다.

머튼의 이론은 범죄에 대한 사회학적 이론의 전형으로 즉각적으로 받아들여졌다. 쇼와 맥케이(1942) 같은 초기의 사회해체이론가는 성공의 목표와 합법적 수단에의 접근 간의 괴리라는 기본적 아노미 개념을 빠르게 채택했다.

> 모든 지역의 아동과 청년은, 부자와 가난한 사람을 막론하고, 우리 문화의 사치(luxury) 가치와 성공유형에 노출되어 있다. … 저소득 지역에 거주하는 아동과 청년 중에는 물질적 재화의 획득과 개인적 지위 향상에 관심이 많지만, 필요한 시설과 기회에 대한 제한된 접근 때문에 합법적

인 수단으로 실현하기 어려운 경우가 많다(Shaw and McKay, 1942, Williams and McShane, 1998: 66에서 재인쇄됨).

1950년대에 머튼의 이론은 광범위하게 수용되었고 수정된 형태로 하위문화적 비행에 적용되었다.

2) 코헨: 지위박탈과 비행 하위문화

코헨(Cohen, 1955)은 머튼의 입장을 따라 하위계층의 일탈적 적응을 초래하는 긴장의 구조적 속성을 강조했다. 그러나 코헨은 그것을 하위계층 남자 청소년들 사이에서 발견되는 비행 하위문화에 구체적으로 적용했다. 그는 하위계층 소년들이 비행 행동에 연루되는 데 비행 하위문화가 영향을 미치고 일조한다는 점을 인식했다. 그러나 그는 개인행동의 차이에 대한 설명이나 왜 비행 하위문화가 일정 기간 유지되었는지에 대한 어떠한 관심도 기울이지 않았다. 대신 그는 비행 하위문화가 왜 처음에 발생하는지를 설명하고자 했다.

코헨이 전개한 아노미/긴장이론은 기본적으로 머튼의 이론과 일치한다. 왜냐하면 두 이론 모두 차단된 목표가 일탈을 유발하는 긴장을 생성하는 것으로 인식하기 때문이다. 그러나 코헨의 견해에 따르면, 물질적 성공을 얻을 수 없는 것보다 전통적 사회에서 지위와 수용을 얻을 수 없는 것이 긴장을 생성한다고 보았다.

전통적 사회에서 지위는 복장, 행동, 학업 능력 등 일반적으로 수용되는 기준을 충족함으로써 달성된다. 코헨에 따르면, 이러한 기준 중 가장 널리 퍼진 것이 중산층의 기준이다. 청소년은 공립학교에서 존중과 수용(*respectability and acceptance*)이라는 중산층의 기준에 직면할 가능성이 가장 높다. 중산층의 기대는 교사나 관료에 의해 모든 계층의 학생에게 부과된다. 학생이 지위를 얻고 인정을 받는 방법은 좋은 태도, 적절한 품행, 비공격적 태도와 행위, 성적에 관한 관심, 학습, 학교 활동에의 적극적 참여와 같은 것들이다.

중산층 부모의 지원을 받는 중산층 청소년은 이러한 기준을 가장 잘 충족시킬 수 있다. 그들은 이러한 기준을 충족함으로써 어른뿐만 아니라 또래로부터도 인정받고 사회적 지위를 획득한다. 그러나 하위계층의 청소년, 특히 남자 청소년이 이러한 기준을 항상 충족시킬 수 있는 것은 아니다. 그들은 중산층이 요구하는 가치 기준을 충족시킬 수 있는 언어나 사회적 기술을 갖고 있지 않다. 그 결과 그들의 '지위박탈'(*status deprivation*)은 '지위좌절'(*status frustration*)을 낳는다.

코헨에 따르면 비행 하위문화는 이러한 좌절에 대한 집단적 반응이며, 비행 행동의 본질은 '반동형성'(*reaction formation*)에서 비롯된다. 전통적 기준에 반하여 '악의적'이고 '부정적'인 가치를 고수함으로써 비행갱에서 지위를 얻는 하위계층 남자 청소년들이 이러한 하위문화에서 발견되는 수용의 기준을 충족한다. 중산층에서 공격적이지 않은 행동이 수용된다면, 공격적인 강인함으로 명성을 얻는 것이 비행 하위문화에서 지위를 얻는 방법이다. 공손한 수업 태도와 좋은 성적을 내는 것으로 교사로부터 더 큰 지위를 얻는다면, 수업 방해와 학교성적을 무시하는 태도는 비행 하위문화에서 더 큰 지위를 얻게 될 것이다.

코헨은 합법적 수단의 박탈로 인해 불법적 수단으로 선회한다는 머튼의 견해는 너무 합리주의적(*rationalistic*)이어서 '비공리적'(*non-utilitarian*) 비행 하위문화에는 적용할 수 없다고 주장했다. 예를 들면, 비행청소년이 저지르는 대부분의 재산범죄는 실제로 불법적 수단을 통해 소득을 창출하거나 물질적 성공을 얻기 위한 것이 아니다. 이것은 오히려 비행 동료의 인정에 부합하는 지위좌절에 대한 비공리적 반응이다.

3) 클라워드와 올린: 차별적 기회와 비행 하위문화

코헨의 이론이 발간된 직후, 클라워드와 올린은 비행의 '차별적 기회'(*differential opportunity*) 이론을 제시했다(Cloward and Ohlin, 1960; Cloward, 1959). 이들의 이론은 한편으로는 머튼의 아노미이론과 코헨의 하위문화이론으로부터, 다른 한편으로는 쇼와 맥케이의 사회해체이론(제 8장)과 서덜랜드의 차별교제이론(제 5장)으로부터 도출되었다. 이들 이론의 일반 명제가 이후 광범위한 비행과 범죄행위에 적용되었지만, 클라워드와 올린은 특히 비행 하위문화 유형과 하위문화에의 참여를 설명하기 위해 이 이론을 개발했다.

클라워드와 올린에 따르면, 머튼의 아노미/긴장 이론은 합법적인 기회에의 접근이 거부된 하위계층이 자동으로 불법적 기회에 접근한다고 잘못 가정했다. 그들은 쇼와 맥케이뿐 아니라 서덜랜드 역시 도시지역 하위계층이 갖는 비행 가치의 문화적 전달(*cultural transmission*)에 초점을 맞추고, 불법적 기회의 이용가능성이 갖는 중요성을 은연중에 보여준다고 해석했다. 그들의 이론은 합법적 기회구조와 불법적 기회구조 모두에서의 위치에 의해 일탈적 적응이 설명된다고 주장함으로써 아노미, 차별교제, 사회해체이론을 결합했다.

클라워드와 올린은 동기와 성공하려는 열망 그 자체만으로는 순응적이거나 일탈적인 행동을 설명할 수 없다고 주장한다. 개인은 일탈적이거나 순응적인 '학습환경'(*learning environments*)으로부터 필요한 기술과 능력을 배우고 수행할 수 있어야 한다. 합법적인 기회가 차단된다고 해서 반드시 불법적 기회를 자유롭게 이용할 수 있는 것은 아니다. 어떤 불법적 역할은 이용할 수 있지만, 다른 불법적 역할은 전혀 이용하지 못할 수 있다. 순응으로 나아가게 하는 역할모형과 기회에의 접근이 불평등한 것처럼, 불법적인 역할과 기회에 대한 접근도 불평등하다.

청소년기 소년들 사이에서, 합법적 수단의 박탈이 비행으로의 긴장을 초래하는 것은 분명하지만, 그들이 연루될 비행유형은 공동체에서 그들이 이용할 수 있는 불법적 기회에 달려 있다. 소수인종이나 소수민족 출신의 소년, 특히 대도시 중심부의 하위계층 소년은 합법적인 교육 및 직업의 기회를 박탈당할 가능성이 가장 높다. 따라서 이들의 높은 비행률이 예상된다. 그러나 그들이 채택하는 하위문화나 갱 비행의 종류는 그들이 접근할 수 있는 불법적 기회의 성격에 의해 좌우된다. 이러한 기회는 지역의 사회조직이나 그들이 자란 도시의 지역에 의해 결정된다.

코헨이 하나의 비행 하위문화를 상정했지만, 클라워드와 올린은 몇 개의 하위문화를 확인했다. 그들은 비행 갱단이 다양한 불법행위를 수행한다는 점을 인정했지만, 이들 갱단은 이들이 사는 지역의 불법적 기회에 따라 다소 전문화된 비행 하위문화를 발전시킨다고 주장했다.

전문화된 비행 하위문화의 첫 번째 주요 유형인 '범죄적 하위문화'(*criminal subculture*)는 주로 절도(*theft*), 갈취(*extortion*), 사기(*fraud*)와 같은 재산범죄를 저지르기 위해 조직된 소년갱단에서 나타난다. 이러한 범죄는 불법적 수단의 다소 공리적 선택으로, 머튼의 혁신에 해당한다. 그러한 갱단은 안정된 성인 범죄 유형과 가치를 중심으로 조직된 하위계층 소수민족 공동체에서 발견된다. 조직적이고 성공한 범죄자들은 이러한 공동체에 거주하거나 공개적으로 활동하면서 합법적인 기회를 대신하는 범죄 역할모형과 기회를 제공한다.

비행 하위문화의 두 번째 주요 유형인 '갈등적 하위문화'(*conflict subculture*)는 폭력적 갱단에서 나타난다. 이러한 조직에서 지위는 강인하고, 폭력적이며 싸울 수 있는 능력을 통해 획득된다. 이들은 거부된 합법적 기회를 대체할 불법적 기회마저 거의 없는 사회적으로 해체된 하위계층 지역에서 발견된다.

이러한 지역에는 통상적이든 일탈적이든 성공적이고 모방할 성인 역할모형을 거의 찾을 수 없다. 청소년은 성인의 세계로부터 소외되고 그들이 접하는 성인 대부분을 '허약한' 존재로 간주한다. 그들은 합법적이든 불법적이든 경제적 성공을 성취할 수 있는 기술을 개발할 수 없고 전통적 지위나 범죄적 지위 어느 것도 얻을 길이 없다. 좌절한 그들은 갱단에 의지하여 대담함과 폭력으로 지위를 획득할 수밖에 없다.

비행 하위문화의 세 번째 주요 유형인 '은둔적 하위문화'(*retreatist subculture*)는 주로 마약과 알코올 중독에 초점이 맞추어져 있다. 은둔적 갱단 구성원은 통상적인 것이든 불법적인 것이든 목표와 수단 모두를 포기한다. 클라워드와 올린은 은둔자 집단이 발견되는 주민유형을 특정하지 않았지만 은둔자를 '이중의 실패자'(*double failures*)로 묘사했다.

이중의 실패자는 학교생활도 적응하지 못하고 직업적 성공가능성도 거의 없을 뿐 아니라 교활한 사기꾼도 못되고 사나운 싸움꾼도 못되는 것을 뜻한다. 그들은 '마약이나 술의 자극'(*kick*)과 '태연한 척'(*cool*)하는 것이 유일한 목표가 되는 다른 세상으로 도피한다. 대부분이 이런저런 비폭력적 '마약 밀매나 매춘'(*hustle*)으로 자신을 유지하는 한편, 갱단

속에서 술과 마약에 취하고 마약 습관을 유지함으로써만 지위와 명성을 얻을 수 있다.

4) 밀러: 하위계층 문화의 중점적 관심

밀러(Miller, 1958b)는 코헨, 클라워드와 올린의 뒤를 이어, 경제적으로 빈곤한 지역의 하위계층 남자 갱단〔밀러의 용어를 빌리면 '길모퉁이 집단'(*street corner groups*)〕의 비행에 초점을 맞추었다. 그는 또한 비행 행위가 원하는 목표를 달성하려는 시도에서 유발된다는 아노미/긴장이론가들의 의견에 동의했다. 그러나 밀러는 합법적 혹은 불법적 기회의 이용가능성에 따라 별개의 비행 하위문화를 가정하지 않고, 비행 행동이 독특한 하위계층 문화에 대한 청년 특유의 적응이라고 주장한다.

비행은 이러한 하위계층 문화의 기대에 따라 성취나 인정을 얻는 한 방법이다. 하위계층 청소년은 하위계층 성인의 중심 가치나 '중점적 관심'(*focal concerns*)에 따라 학습하고 행동하지만, 비행청소년은 이러한 가치를 과장된 방법으로 표현하고 행동으로 나타낸다. 이러한 가치에는 **말썽**(법 위반을 교묘히 모면하는 것; 사고처리), **강인함**(육체적 힘과 겁 없는 모습), **교활함**(타인을 속이고 사기 치는 능력), **흥분 추구**(전율 추구, 위험 감수), **체념**(운이 좋거나 나쁨), **자율성**(권위로부터 자유, 독립) 등이 있다.

하위계층 남자는 강인함, 교활함, 자율성 등 중점적 관심에 포함된 특징을 보임으로써 길모퉁이집단에서 지위와 소속을 획득한다. 싸움과 기타 형태의 범죄 및 일탈행동을 통해 이러한 자질이 입증될 수 있고, 가치 있는 목적이 성취된다.[3]

3. 고전적 아노미/긴장이론에 대한 경험적 연구

사회구조와 아노미에 대한 머튼의 이론은 거시적 및 미시적 수준의 과정 모두를 설명하지만, 머튼의 거시적 수준의 명제를 검증하는 경험적 연구는 드물다. 바우머와 구스탑슨(Baumer and Gustafson, 2007)은 목표-수단의 괴리가 도구적 범죄(즉, 강도, 빈집털이, 절도, 자동차절도)에 미치는 영향을 조사하기 위해 총합적(*aggregate-level*) 집계자료를 사용했다. 연구결과는 엇갈렸다. 아노미이론의 주장과 같이, 금전적 성공 목표에 대한 강한 의지와 그러한 목표 달성을 위해 합법적 수단을 사용하려는 의지가 약한 미국 카운티에서 도구적 범죄율이 더 높았다. 그러나 아노미이론이 예측하듯이 낮은 취업 가능성, 낮은 교육 및 경제적 성취, 높은 교육 및 소득 불평등 상황에서 이 관계가 강화되지 않았다.

범죄율과 상관관계가 높은 구조적 요인에 대한 거시적 수준의 연구는 아노미이론과 사회해체이론(제 8장) 모두에서 도출된 가설을 다루지만, 아노미/긴장이론에 관한 대부분의 연구는 개인적 분석수준에서 가설을 검증했다. 고전적 아노미/긴장이론에 관한 현존하는 연구는 몇 가지 다른 질문을 다뤘다.

---

3) 다른 학자는 하위문화의 개념을 사용해 폭력을 구체적으로 설명했다. 볼프강과 페라쿠티(Wolfgang and Ferracuti, 1982)는 젊은 하위계층, 흑인남성의 폭력을 폭력의 하위문화와 연결 짓는다. 또 다른 학자는 남부의 지역적 폭력 하위문화를 거론함으로써 남부의 높은 살인율을 설명하려 했다. 경험적 연구결과는 지역과 계층유형 모두에 따른 폭력 하위문화의 존재에 대해 의문을 제기했다(Erlanger, 1974, 1976).

1) 범죄와 비행은 하위계층과 소수집단에 집중되는가?

이론과 실무 모두에서 아노미/긴장이론은 합법적 기회를 가장 박탈당한 하위계층과 소수집단 사이에서 범죄와 비행의 우세를 강조한다. 이 이론의 모든 변형은 사회계층과 법 위반 사이에 역의 관계를 예측했고, 아노미/긴장이론의 가정과 논리를 확장하여 가난한 소수집단과 하위계층에 속하는 사람들에게서 높은 범죄와 비행 발생을 예측하게 된다.

앞서 살펴보았듯이(제 8장) 공식통계에 기반한 초기 도시지역 연구에서는 하위계층과 소수집단에서 불균형적으로 높은 범죄율과 비행률을 발견했다. 그러나 1950년대부터 시작된 개인의 비행에 대한 자기보고식 조사는 비행의 계층적 분포에 대해 심각한 의문을 제기했다(Nye, 1958; Akers, 1964). 1970년대까지 거의 모든 자기보고식 비행 연구와 많지 않은 자기보고식 성인범죄 연구는 사회경제적 지위(SES)에 따른 비행수준의 차이를 발견하지 못했다(Tittle and Villemez, 1977).

체포나 유죄판결과 같은 비행과 범죄에 대한 공식적 척도를 사용한 연구는 중위와 상위계층보다 하위계층에서 더 많은 범죄자를 발견했지만, 이러한 연구에서도 상관관계는 높지 않았다(Tittle, Villemez, and Smith, 1978). 비행에서 성인범죄에 이르기까지 공식적 체포 이력에 관한 종단적 연구에서 계층과 인종의 영향이 더 강했다(Wolfgang, Figlio, and Sellin, 1972; Wolfgang, Thornberry, and Figlio, 1987).

일부 연구자는 자기보고식 연구에서 불법행위를 더 효과적으로 측정한다면, 범죄와 비행이 사회계층 및 인종 모두와 관련되어 있음을 발견할 것이라고 주장했다(Hindelang, Hirschi, and Weis, 1979). 그들은 자기보고식 연구는 더 사소한 범죄만을 측정하고 범행 빈도가 높은 범죄자를 포함하지 못하지만, 공식적 측정은 더 심각하고 빈번하며 상습적인 범법자를 감지한다고 주장한다.

따라서 그들의 결론은 발생빈도가 낮은 사소한 범죄에서는 계층과 인종에 따른 차이가 거의 없을 수 있지만, 가장 빈번하고 심각한 범죄에서는 계층과 인종에 따른 상당한 차이가 있다는 것이다. 빈번하고 심각한 범죄를 포함하는 일부 자기보고식 연구는 공식적 척도를 사용한 연구에서 볼 수 있듯이 하위계층에서 그러한 범죄가 발생할 가능성이 가장 높은 것으로 나타났다(Hindelang et al., 1980; Elliott and Ageton, 1980; Thornberry and Farnworth, 1982). 반면에 피케로와 브레임(Piquero and Brame, 2008: 412)에 의하면 "자기보고식 범죄(빈도 또는 다양성) 또는 공식적 체포에서 중요한 인종적·민족적 차이에 대한 증거가 거의 없음"을 발견했다.

다른 연구자는 계층과 비행 또는 범죄 사이에 일반적으로 명확한 관련이 없지만 어떤 조건에서는 관계가 있다고 결론지었다. 어떤 학자는 사회계층이 이분화되고 가장 열악한 최하층(*underclass*)이 다른 모든 계층과 비교될 때 상관관계가 존재한다고 주장한다. 다른 학자는 백인보다 흑인 사이에서, 여성보다 남성 사이에서 그 관계가 더 강하다고 주장한다.

또한 이 관계가 도시 중심부에는 적용되지만, 교외 지역에는 적용되지 않으며, 중산층이나 상류층 지역에 거주하는 하위계층 청소년에게는 적용되지만 대부분 하위계층이 거주하는 지역 청소년에게는 적용되지 않는다고 제안했다. 그러나 경험적 연구결과는 이러한 조건에서 계층과 범죄의 관계를 명확히 뒷받침하지 않는다. 더나웨이 등(Dunaway,

Cullen, Burton, and Evans, 2000) 이 행한 도시 성인에 대한 자기보고식 조사에 의하면 계층을 어떻게 측정하든 사회계층이 범죄행위에 미치는 직접적 영향은 거의 없는 것으로 나타났다.

자기보고식 연구는 범죄와 비행에서 계층과 인종적 차이를 발견하지만, 그 차이는 공식적으로 체포되거나, 유죄판결을 받거나, 수감된 사람들에게서 나타나는 계층과 인종 차이만큼 크지 않다. 이것은 부분적으로 형사사법 결정에서의 차이 때문일 수 있고, 많은 수의 범죄를 저질러서 형사사법체계에 휘말릴 가능성이 가장 높은 소수의 심각한 상습범이 상대적으로 하위계층이나 소수집단에서 배출되는 경향 때문일 수도 있다(제 10장 참조).

2) 갱과 비행 하위문화

갱단의 비행이 로스앤젤레스, 시카고, 디트로이트, 뉴욕 등 대도시의 하위계층 흑인과 히스패닉계 거주지역에 계속 집중되고 있다는 것은 거의 의문의 여지가 없다. 그러나 이러한 도시 갱단이 코헨이나 클라워드와 올린의 이론과 얼마나 잘 부합하는지에 대해서는 상당한 의문이 있다(Schrag, 1962 참조). 하위계층과 비백인 갱단 소년은 갱이 아닌 중산층 백인 소년보다 합법적 기회는 더 제한되고, 불법적 기회는 더 이용할 수 있는 것으로 인지한다. 그러나 이러한 인식이 갱단 가입에 선행하는지 아니면 결과인지는 명확하지 않다(Short and Strodtbeck, 1965).

더욱이 갱 단원이나 기타 비행자 누구도 전통적 문화에 직접적으로 반대되는 가치와 규범을 장려하는 별개의 하위문화를 유지하지 않는다. 그들은 전통적 가치에 일반적으로 동조하고 그러한 가치를 위반하는 자신들의 행동을 '중화'(*neutralize*)하거나 변명할 가능성이 더 높다. 그러한 변명 자체는 일반적인 문화로부터 비롯되며 개념적으로 사회학습이론의 정의(*definitions*) 개념과 연결된다(Sykes and Matza, 1957; Matza and Sykes, 1961; 제5장 참조).

연구자들은 특정한 종류의 지역 기회구조에서 발견되는 클라워드와 올린의 세 가지 유형의 비행 하위문화를 아직 검증할 수 없었다. 연구에 따르면, 비행집단에 의한 범죄 전문화 경향이 다소 존재한다(Warr, 1996). 그러나 이러한 전문화는 차별적 기회이론에서 확인되는 하위문화 유형과 완전히 일치하지 않는다. 비행 갱단은 매우 다재다능하여 폭력범죄, 마약범죄 등 매우 광범위한 비행을 저지 수 있다. 일부 갱단과 갱 단원들이 마약 밀매에 깊이 관여하지만, 마약 필요성을 중심으로 조직된 클라워드와 올린이 기술한 '은둔적'(*retreatist*) 갱단은 없는 것으로 보인다. 마약사용이 모든 갱단에서 높게 나타나지만, 폭력과 절도도 마찬가지다(Short and Strodbeck, 1965; Spergel, 1964; Empey, 1967; Huff, 1990 참조).

3) 학교 중퇴와 비행

아노미/긴장이론, 특히 코헨(1955)의 이론에 따르면, 학교는 하위계층 청소년이 전통적 지위 기준에 부응하지 못해서 실패에 직면하는 중요한 곳이다. 그곳에서 그들은 학업적·사회적 책임이라는 현실에 지속적으로 직면하게 된다. 따라서 학교 경험은 비행을 초래하는 실패와 긴장으로 가득 차 있다. 이것이 사실이라면, 학교에서의 중퇴는 긴장과 불법행위로의 동기를 감소시킬 것이다.

엘리엇과 보스(Elliott and Voss, 1974)는 고등학교 졸업자와 중퇴자의 공식적으로 감지된 범죄(19세 때까지)를 비교함으로써 이 가설에 대한 어느 정도의 지지를 발견했다. 중퇴자가 재학 중에는 매우 높은 비행률을 보였지만 중퇴 후에는 범죄가 상당히 줄었다. 그러나 그들은 여전히 고등학교 졸업자보다 더 높은 비행률을 보였다. 중퇴생의 비행 감소 중 얼마나 많은 것이 스트레스가 많은 학교 상황을 벗어나는 것에서 비롯되었고 얼마나 많은 것이 17세 이후에 모든 집단에서 법 위반이 감소하는 경향에서 비롯되었는지 또한 불분명하다.

숀베리, 무어와 크리스텐슨(Thornberry, Moore, and Christenson, 1985)은 학교 중퇴자가 학교를 떠난 다음 해에 이들의 체포가 증가했고, 25세까지 고등학교 졸업자의 체포율보다 더 높은 수준을 유지했음을 발견했다. 사회계층과 인종을 통제해도 연구결과가 달라지지 않는 것 같다(Thornberry et al., 1985). 전국 청소년 표본을 대상으로 한 이후의 연구는 중퇴와 비행 빈도 사이의 관계에 대해 결론을 내리지 못했다. 학교 중퇴의 영향은 중퇴 이유와 인종, 연령, 성별과 같은 요인들에 따라 달라진다. 이러한 다른 변수를 통제하면, 학교 중퇴와 비행 사이의 관계 대부분은 통계적으로 유의하지 않게 된다(Jarjoura 1993; 또한 Sweeten, Bushway, and Paternoster, 2009 참조).

4) 열망과 기대 사이의 인지된 괴리

구조적 차원의 아노미이론은 아노미적 상황에 부닥친 개인이 문화적 목표와 사회적 수단 간의 격차를 인지하여 긴장을 경험할 수 있다고 암시한다. 사회심리적 수준에서의 긴장은 개인의 열망과 기대 간의 차이로 직접적으로 측정될 수 있다. '열망'(*aspiration*)은 개인이 경제적·교육적·직업적으로 성취하기를 바라는 것을 의미한다(예를 들면, 원하는 학력수준). '기대'(*expectations*)는 현실적으로 성취할 수 있다고 믿는 것을 의미한다(예를 들면, 예상할 수 있는 학력수준). 아노미/긴장이론은 열망과 기대 간의 괴리가 클수록 법 위반의 가능성이 높아진다는 가설을 설정한다.

그러나 이 가설을 지지하는 경험적 연구결과는 많지 않다. 자신의 교육 또는 직업적 열망과 기대 사이에 큰 차이가 있다고 인식하는 청소년의 비행행동은 자신의 열망과 기대 사이에 거의 혹은 전혀 차이가 없다고 인식하는 청소년의 비행행동과 크게 다르지 않다. 기대 정도와는 상관없이 열망의 높고 낮음에서 비행행동의 더 큰 차이가 나타난다(Hirschi, 1969; Liska, 1971; Elliott et al., 1985; Burton and Cullen, 1992). 세 이론을 모두 직접 비교했을 때, 긴장이론은 사회학습이론이나 사회통제이론보다 경험적 지지를 덜 받았다(Akers and Cochran, 1985; McGee, 1992; Benda, 1994; Burton et al., 1994).

많은 연구자는 열망과 기대 사이의 괴리를 측정하는 방식에 대해 의문을 제기하였다. 판워스와 라이버(Farnworth and Leiber, 1989)는 이러한 연구가 교육적 열망과 기대, 직업적 열망과 기대 사이의 차이를 측정하는 데 집중하기 때문에 긴장을 정확하게 측정하지 못한다고 주장했다. 그들은 더 나은 지표는 '경제적 목표(돈을 많이 벌고자 하는 욕구)와 교육적 기대(목표성취 수단) 간의 격차'일 것이라고 제안했다(Farnworth and Leiber, 1989: 265).

그들의 연구에 따르면, 경제적 목표와 교육적 기대 사이의 격차가 경제적 열망 단독 혹은 경제적 열망과 경제적 기대 간의 격차보다 비행을 더 잘 예측하는 것으로 나타났다. 그러나 그들의 주장과 달리, 이 연구에서 가장 좋은 예측변수는 기대와 상관없이 교육적 열망 하나뿐이었다.

애그뉴 등(Agnew et al., 1996)은 열망과 기대 사이의 괴리는 그 격차에 대한 불만을 가정하는 것에 불과하므로 긴장에 대한 간접적 측정일 뿐이라고 주장했다. 긴장을 개인의 금전적 상태에 대한 불만으로 직접적으로 측정한다면 이것은, 비록 크진 않지만, 마약사용과 수입창출 범죄 모두와 통계적으로 유의미한 수준에서 관련이 있다. 반대로 라이트 등(Wright et al., 2001)은 청소년의 경제적 자원이 비행과 마약사용에 미치는 영향을 조사한 결과, 직업이나 용돈으로 얻은 돈과 비행 및 마약사용 사이의 정(*positive*)적인 관계를 발견했다.

라이트 등(Wright et al., 2001: 241)은 이러한 결과가 "돈을 벌수록 박탈감이 완화되어 범죄행위가 감소한다"라는 긴장이론의 개인 수준 명제를 부정하지만, 그들의 연구결과는 "돈을 벌면 더 많은 돈을 갖고 싶어져서 비행과 범죄행위로 이어진다"라는 긴장이론의 거시적-구조적 설명에서 도출된 명제를 지지한다고 추론했다.

4. 현대적 아노미/긴장이론

아노미/긴장이론이 1950년대와 1960년대에 널리 받아들여졌음에도 불구하고, 열망과 기대 사이의 괴리가 범죄에 미치는 영향이 약하다는 연구결과로 인해, 1970년대 일부 비평가는 이 이론을 범죄행동에 대한 발전의 여지가 있는 설명으로 거부하게 되었다(예컨대, Kornhauser,

1978 참조). 그러나 머튼의 이론은 1980년대에 이르러 이론가들이 원래의 이론적 진술과 현존하는 연구문헌에서 이론이 검증된 방식을 재검토하며 부활했다(Messner, 1988; Agnew, 1985a).

이러한 아노미/긴장이론의 부활은 두 가지 별개의 경로를 취했다. 첫째, 제도적 아노미이론(Messner and Rosenfeld, 1994, 2013)은 엄격한 거시적-구조적 관점에서 머튼의 아노미이론에 접근하고, 사회적 구조 내의 다양한 제도로 분석을 확장했다. 둘째, 일반긴장이론(Agnew, 1992, 2006b)은 주로 사회심리적 접근방식을 취하고 긴장의 근원, 긴장으로 유발된 부정적 감정, 개인의 범죄행위 사이의 관련성에 대해 상세히 설명한다.

1) 메스너와 로젠펠드의 제도적 아노미이론

메스너와 로젠펠드(Messner and Rosenfeld, 1994, 2013; Rosenfeld and Messner, 2017)는 머튼의 사회구조와 아노미 이론을 그들의 제도적 아노미이론의 기본 구조로 사용했다. 구체적으로, 그들은 '아메리칸 드림'에 대한 그들의 이상을 표현하기 위해 머튼의 문화에 관한 논의를 활용했다. 이들은 아메리칸 드림에 범죄행위를 조장하는 최소 4가지 가치지향이 포함된다고 주장했다.

첫째, 강력한 **성취지향**(*achievement orientation*)은 사람들이 궁극적으로 성취하거나 소유한 것에 기초해 가치를 평가하는 문화를 만든다. 목표달성의 실패는 사회에 이바지하지 못하는 것과 동일시되고, "어떠한 대가를 치르더라도 성공해야 한다는 문화적 압력이 매우 강하다"(Messner and Rosenfeld, 2013: 72).

둘째, 개인주의(*individualism*)는 협력적 자세보다는 경쟁적 자세로 개인과 개인을 대결시켜 "스스로 헤쳐 나가도록" 부추긴다.

셋째, 보편주의(*universalism*)에 대한 강조는 미국 사회의 모든 구성원이 동일한 성공목표를 갈망하고 분투해야 한다는 규범적 기대를 형성한다.

마지막으로 돈에 대한 '물신주의'(*fetishism of money*)는 금전적 부의 축적을 그것이 살 수 있는 소유물이나 휘두를 수 있는 권력보다 더 가치 있는 목적 그 자체로 지정한다. 돈 자체가 유일한 "성공의 척도"이다(Messner and Rosenfeld, 2007: 70). 돈의 축적이 범죄를 유인하는 이유는 무한성 때문이다. "금전적 성공은 원래 제한이 없다. 원칙적으로 더 많은 돈을 갖는 것은 항상 가능하다. … 따라서 돈을 축적하라는 압력은 끊임없이 발생하며, 이는 사람들이 어떠한 수단을 써서라도 그들의 목표를 추구하도록 유도한다"(Messner and Rosenfeld, 2013: 73).

메스너와 로젠펠드가 머튼의 미국문화 묘사에서 많은 부분을 빌렸지만, 이들은 머튼의 사회구조 개념이 너무 편협하게 계층체계에만 초점을 맞추고 있다고 생각한다.

> 머튼에게 사회구조의 기능은 문화적 목표를 성취할 기회를 분배하는 것이다. 그러나 … 사회구조는 특정한 문화적 필수요소가 다른 것들을 지배하거나 파괴하지 않도록 제한을 두는 기능도 한다. 이것이 사회제도의 구체적인 역할이다(Messner and Rosenfeld, 2013: 64).

제도적 아노미이론은 머튼의 이론을 확장하여 다양한 사회제도의 역할을 고려한다. 메스너와 로젠펠드(2013)는 특히, 경제 · 정치 · 가족

· 교육제도에 초점을 맞추었다. 그들은 아메리칸 드림에 구현된 문화적 가치 때문에 경제적 제도가 우위에 있게 된다고 인식했다. 이러한 '제도적 힘의 균형'(*institutional balance of power*)에서 경제의 지배력은 세 가지 상호 연관된 힘에서 비롯된다.

첫째, 비경제적 제도의 기능이 평가절하(*devaluation*)된다. 예컨대, 가족 내에서 가정주부나 양육자는 가장보다 사회적 존경을 덜 받는다. 교육제도 내에서 학교는 종종 재정이 어렵고 교사는 박봉에 시달린다.

둘째, 비경제적 제도는 경제의 요구사항을 수용(*accommodation*)해야 한다. 가정생활은 종종 작업일정에 따라 움직이고, 학교는 기업이 요구에 따라 교육과정을 조정하며, 정부는 철저히 기업의 이해관계에 응한다.

마지막으로 경제 규범이 비경제적 제도에 침투(*penetration*)하기 시작한다. 교육은 상품으로, 학생은 지식의 소비자로 점점 더 묘사된다. 학교와 정부, 심지어 가정도 어느 정도 기업 운영과 관리모형을 채택하도록 압력을 받는다.

메스너와 로젠펠드(2013; Rosenfeld and Messner, 2017 참조)는 제도적 힘의 균형에서 경제적 지배가 비경제적 제도의 사회적 통제기능을 약화시킨다고 주장했다. 경제적 지배가 범죄 동기를 '자극하는' 문화적 가치와 결합하면, 범죄행위는 미국 사회조직의 자연스러운 결과로 생겨난다. 경제 제도가 불법이지만 금전적 성공에 매우 효과적인 수단 사용을 강력하게 경고하지 않기 때문에, 가족과 학교 같은 비경제적 제도가 개입하여 그러한 신념과 가치를 조성하는 것이 더욱 필요해진다.

그러나 이러한 제도가 평가절하되고, 수용하도록 강요되고, 경제에 침투되면, 규범적 통제를 행사하는 능력이 감소한다. 이렇게 약화된 비경제적 제도는 행위에 대해 외부 통제를 행사하는 능력도 상실한다. 가족의 요구보다 업무 요구사항을 우위에 두어야 하는 가정이나 자금 부족으로 과밀화된 학교는 어린이에게 적절한 감독이나 일관된 훈육을 제공하지 못할 수 있다.

마지막으로 '경쟁적 개인주의'라는 문화적 필수요소는 사람들이 취약한 비경제적 제도에 도전하고 저항하도록 부추긴다. 경쟁해서 이겨야 한다는 일반적 기대는 최소한의 간섭으로 성공에 도달할 것을 요구한다.

> 아노미적 사회는 개인적 목표달성에 가장 효과적인 것으로 입증된 수단은 가리지 않고 자유롭게 사용하는 사람의 행동을 사회적으로 통제하기 어렵고 비용이 많이 든다는 사실을 필연적으로 깨닫게 될 것이다. 그리하여 미국 제도를 약화하는 바로 그 사회문화적 역동성 때문에 미국인은 제도적 통제에 저항하고 또 그럴 권리를 얻는다. 만약, 미국인이 통제에 유난히 저항한다면 — 따라서 범죄 유혹에 유난히 취약하다면 — 그러한 저항은 그들이 다른 어떤 가치보다 개인의 물질적 성공에 대한 자유로운 추구를 중시하는 사회에서 살기 때문에 발생한다. 미국에서 아노미는 미덕으로 여겨진다(Messner and Rosenfeld, 2013: 90-91).

메스너와 로젠펠드(2001a: 155; 원저자 강조)는 제도적 아노미이론을 수정하여 "단순히 경제의 지배가 아니라 제도적 불균형 그 자체가 높은 범죄율을 초래한다"라고 주장하면서 자신들의 이론적 주장을 미국 사회 너머로 확장했다. 제도적 지배 유형이 다른 사회는 다른 유형의 범죄를 낳는다. 경제가 지배적인 사회는 물질적 이득을 수반하는 '아노미적' 범죄를 낳는다. 정치가 지배적인 사회는 타인의 복지에 대한 개인의 책임을 감소시키고, 부패의 원인이 되는 '도덕적 냉소주의'(*moral cynicism*)

를 낳는다. 친족관계나 종교가 지배적인 사회는 '극도의 도덕적 경계심'이 발전해 자경주의(自警主義, *vigilantism*)나 증오범죄와 같은 '도덕적 질서를 수호하는 범죄'를 낳는 경향이 있다(Messner and Rosenfeld, 2001a: 155-156).

제도적 아노미이론의 경험적 타당성을 검증한 연구는 여전히 다소 부족하며, 대부분의 연구는 이론에 대한 간접적 검증만을 제공한다(Kubrin, Stucky, and Krohn, 2009). 챔린과 코크란(Chamlin and Cochran, 1995: 415)의 연구는 "경제 상황이 도구적 범죄율에 미치는 영향은 비경제적 제도의 활성화에 달려 있다"는 가설을 부분적으로 지지했다. 그들은 (경제적 불평등의 지표로서) 빈곤이 재산범죄율에 미치는 영향은 교회 신도 수, 이혼율, 선거 참여 유권자 비율 등(비경제적 제도의 힘을 나타내는 지표로서)에 부분적으로 의존한다는 것을 발견했다. 그러나 이들의 연구는 제도적 아노미이론이 필요로 하는 국가 간 비교를 수행하지 않았다.[4]

국가 간 비교연구는 제도적 아노미이론에 대한 보다 유용한 평가를 제공한다. 메스너와 로젠펠드(1997)는 사회가 사회복지를 제공하여 구성원을 시장 세력으로부터 방어하여 이들이 경제에 덜 의존하게 하고, 제도적 힘의 균형에서 경제의 지배력을 감소시킬 수 있을 때 범죄율이 낮을 것이라고 가정했다. 이러한 사회적 보호는 노동의 '탈상품화'(*decommodification*)라고도 알려져 있다. 이들은 45개 국가의 표본을 연

---

4) 미국 자료만 사용한 제도적 아노미이론에 대한 부분적이고 간접적인 연구로는 핸논과 드프론조(Hannon and DeFronzo, 1998), 피케로와 피케로(Piquero and Piquero, 1998), 바튼과 젠슨(Batton and Jensen, 2002), 몸과 리(Maume and Lee, 2013) 그리고 쉐퍼와 피케로(Schoepfer and Piquero, 2006) 등이 있다.

구한 결과, 경제적 불평등을 통제해도, 사회적 복지의 양과 질은 살인율과 역의 관계에 있음을 발견했다.

새보레이넌(Savolainen, 2000)은 동일한 표본에서 소득 불평등 측정치와 탈상품화가 살인율에 미치는 상호작용 효과를 조사함으로써 메스너와 로젠펠드(1997)의 분석을 확장했다. 그의 분석은 제도적 아노미이론이 예측한 부정적 상호작용 효과를 입증하는 데 실패했다. 그러나 신흥시장으로 부상하는 (즉, 탈상품화가 덜 된) 몇몇 동유럽 국가를 포함한 보충 표본에서 시장으로부터 구성원을 더 잘 보호하는 사회에서 소득 불평등이 살인에 미치는 영향이 더 낮다는 것을 확인했다.

바튼과 젠슨(Batton and Jensen, 2002) 역시 미국에서 20세기 초반에는 살인범죄율에 대한 탈상품화의 기대효과를 발견했으나 20세기 후반에는 발견하지 못했다. 그러나 그들의 연구는 여러 기간에 걸쳐 미국에만 국한되었다. 탈상품화와 경제적 자유를 포함한 여러 가지 경제적 지배력 측정을 사용한 브예가르와 코크란(Bjerrgard and Cochran, 2008)은 49개 국가에서 살인범죄율에 대한 직접적 효과를 발견하지 못했다. 더구나 탈상품화는 몇몇 국가에서 낮기는커녕 높은 절도범죄율과 관련되었다.

49개국에 대한 동일한 자료를 사용한 후속연구에서 코크란과 브예가르(2012: 207)는 "자유시장원리로 작동하는 강한 경제와 높은 수준의 경제적 불평등 또는 사회의 일부분에 대한 기회 제한(즉, 풍요 속의 빈곤)이 동반된 곳에서 구조적 아노미 상태가 가장 높을 것"이라고 가설을 세웠다. 이들의 연구결과는, 제도적 아노미이론과 일관되게, 부의 축적을 문화적으로 강조하고, 경제가 강하며, 높은 경제적 불평등이 관찰되는 민족-국가에서 예측된 절도율이 가장 높게 나타났다.

이러한 국가 간 비교연구는 경제적 지배가 범죄에 미치는 영향만을 조사하고, 제도적 불균형의 본보기인 미국 사회와 다른 모든 사회를 직접 비교하지 않는다. 다른 형태의 제도적 불균형이 다른 유형의 범죄에 미치는 영향을 조사한 연구는 아직 발표되지 않았다.

현존하는 연구에 대한 검토에서, 메스너와 로젠펠드(2006)는 이 이론을 지지하는 몇몇 연구와 연구결과가 혼합되어 있거나 지지하지 않는 몇몇 연구를 나열했다. 그들은 이 이론에서 가장 적게 연구되고 가장 적은 경험적 지지를 받은 부분이 '미국의 문화적 예외주의(미국은 다른 나라와 다르다는 미국의 국가 정체성에 대한 신념) 주장'이라고 지적한다(Messner and Rosenfeld, 2006: 141).

챔린과 코크란(2007)은 미국의 '예외적으로' 높은 강력범죄율에 대한 설명으로서 제도적 아노미이론의 근거에 대해 의문을 제기한다. 메스너와 로젠펠드(1994)가 처음 제도적 아노미이론을 제안했을 때, 범죄자료는 이러한 예외주의(*exceptionalism*)를 확증했지만, 챔린과 코크란(2007)은 더 이상 그러지 않음을 보여준다.

이들이 선진국, 개발도상국, 제3세계 등 70개 민족국가를 대상으로 강도율과 살인율을 분석한 결과, "미국의 공식적인 살인율과 강도율이 상당히 높기는 하지만 예외적인 것은 아니다. 주로 서유럽의 민족국가를 대상으로 매우 제한된 하위표본에 초점을 맞출 때만 미국의 '강력'범죄율이 특별히 심각해 보인다"(Chamlin and Cochran, 2007: 46).[5)]

---

5) 메스너와 로젠펠드(2007)는 미국, 유럽 및 기타 사회의 이러한 범죄추세 변화가 세계에서 가장 높은 수준의 아노미와 제도적 불균형을 가진 미국의 범죄율이 가장 높다는 그들 이론의 기본전제와 배치된다는 것을 인식했다. 따라서 그들은 높은 범죄율에 초점을 맞추는 것에서 벗어나 이제 미국의 예외주의가 범죄율에는 덜 반영되고 산업화한

또한 이들이 세계가치조사(World Values Survey) 자료를 분석한 결과, 개발도상국 특히 구소련 국가가 미국보다 금전적 성공목표를 강하게 지지할 가능성이 높은 것으로 나타났다.

마지막으로 금전적 목표의 강조가 살인율과 강도율에 미치는 영향은 제도적 아노미이론의 예측과 일치하지 않는다. 챔린과 코크란(2007: 56)은 "왜 미국이 대부분의 다른 국가보다 높은 범죄율로 고통받는지를 설명하는 일에 제도적 아노미이론은 적합하지 않을 수 있다. … 미국은 다른 자본주의 국가와 비교했을 때 특별히 아노미적이지도 범죄로 고통받지도 않는다"라고 결론짓는다. 최근에 웰드와 로체(Weld and Roche, 2017)는 경제협력개발기구(OECD)에서 수집한 자료를 사용하여 제도적 아노미 이론에 대한 국가 간 비교연구를 수행했다. 그들은 분석을 통해 제도적 아노미 이론에 대해 혼재된 지지를 보인다고 결론지었지만, 제도적 아노미 이론의 복잡한 이론적 틀을 더 잘 검증하기 위해 구조적 요인, 설문조사를 통한 태도측정, (생활) 시간 변수를 통합하는 향후 연구를 지지한다.

2) 애그뉴의 범죄와 비행의 일반긴장이론

메스너와 로젠펠드가 아노미/긴장이론을 수정해 거시적-구조적으로 접근한 데 반해, 애그뉴(Agnew, 1985a; 1992, 2010, 2012, 2017, 2019)는 미시적 수준의 사회심리적 관점에서 아노미/긴장이론을 수정했다. 그는 열망과 기대 사이의 괴리로 인해 발생하는 것 이상으로 긴

민주국가 중 가장 높은 미국의 구금률에 더 잘 반영된다고 주장한다.

장 개념을 넓히고, 스트레스와 긴장의 여러 가지 근원을 포괄했다. 애그뉴의 이론에 따르면, 범죄와 비행은 스트레스에 대한 적응이다. 그는 비행을 유발하는 긴장의 3가지 주요 유형으로 목표의 성취 실패, 긍정적이고 바람직한 자극의 소멸, 부정적 자극에의 직면을 제시했다.

(1) 긍정적 목표의 성취 실패

이 스트레스의 원천에는 3가지 하위유형이 포함된다. 첫째, '열망과 기대 사이의 괴리'라는 전통적 긴장 개념이다. 애그뉴는 이 개념을 약간 확장하여 이상적이거나 미래지향적인 목표뿐 아니라 더 즉각적인 목표도 포함했다. 그는 또한 차단된 기회뿐만 아니라 개인의 무능력과 기술 부족으로 인한 실패도 포함했다. 둘째, '기대와 실제 성취 사이의 격차'이다. 예를 들어, 보상이나 혜택을 기대하지만 실현되지 않아 분노, 원한, 실망으로 이어진다. 세 번째 하위유형은 '공정하고 정의로운 결과라고 생각되는 것과 실제 결과 사이의 불일치'이다. 이 하위유형에서는 활동이나 관계에서 생겨난 긍정적 결과가 여기에 투자한 노력의 양에 상응하지 못하는 것으로 인식되며 다른 사람의 노력과 비교할 때 불공평한 것으로 여겨진다.

(2) 긍정적 자극의 소멸

이 긴장의 원천은 주로 중요한 사물이나 사람의 상실과 같이 청소년에게 일어날 수 있는 스트레스가 많은 사건의 경험을 말한다. 실연(失戀), 친구나 가족의 사망이나 질병, 정학, 전학 등은 모두 긴장을 만들어낼 수 있다.

(3) 부정적 자극에의 직면

이 긴장의 원천은 개인이 타인의 부정적 행동에 직면하는 것을 포함하는 스트레스가 많은 일련의 사건이다. 청소년은 아동학대, 범죄 피해, 부정적인 학교 경험과 기타 '유해한 자극'에 노출될 수 있다. 청소년은 가족과 학교로부터 합법적으로 벗어날 수 없어서 부모나 교사로부터 받는 스트레스를 피할 수 있는 합법적인 방법이 차단되어 있다. 청소년은 이러한 상황에서 일탈적인 방식으로 반응할 동기를 갖게 된다.

스트레스를 처리하기 위해 이것을 회피하거나, 긴장의 원인으로 인식된 것에 복수하거나, 마약사용으로 은둔하는 등의 일탈적 행동을 취할 수 있다. 그러나 긴장 자체만으로는 일탈행동을 유도할 만하지 않다. 일탈은 긴장이 부정적인 감정 특히 분노를 유발할 때 발생할 가능성이 가장 크다. 분노는 불행한 경험에 대해 자신보다는 체제나 타인을 비난할 때 발생한다(Bernard, 1990 참조).

이전 긴장이론에서와 마찬가지로 애그뉴의 일반긴장이론은 범죄나 비행을 긴장에 대한 여러 가지 가능한 적응 중 하나로 이해한다. 순응 방식을 채택할지 일탈 방식을 채택할지는 개인에 대한 수많은 내적 및 외적 제약뿐 아니라 개인이 합법적인 대처 기술을 이용할 수 있는지에 따라 달라진다. 합법적인 대처 기술은 다양한 형태를 취할 수 있다. 예컨대, 신체 운동, 기도나 명상, 혹은 음악감상을 통해 긴장과 부정적인 감정에 대처할 수 있다. 친구 교제, 신념, 원인 귀착(*attributions of causes*), 자기통제력, 자기효능감 같은 내적 및 외적 제약은 개인이 긴장에의 반응으로 비행을 선택하는 경향에 영향을 미친다.

애그뉴의 이론은 전통적 긴장이론을 넘어서는 중요한 발전을 보여준다. 그는 긴장이론에 활력을 불어넣어 초기 아노미/긴장이론보다 범죄와 비행을 더 잘 설명하게 한다. 애그뉴(1995a)는 일탈에 대한 부정적 압력에 주로 초점을 맞추고 있으며, 이것이 사회통제이론이나 사회학습이론으로부터 긴장이론을 명확하게 구분한다고 주장한다.

더욱이 모든 계층과 인종의 개인이 다양한 긴장을 경험하기 때문에 긴장이론이 비행행동의 계급이나 인종별 차이에만 얽매일 필요가 없다. 긴장이 수단과 목표 사이의 괴리로만 국한되지 않기 때문에 열망과 기대 사이의 불일치를 넘어서는 여러 가지 다른 측정방법을 이제 사용할 수 있다. 긴장의 유형(특히, 두 번째와 세 번째)을 열거하고 각 적응에 영향을 미치는 요인을 기술하면서 애그뉴는 긴장이론을 사회통제이론과 사회학습이론에 더 근접시킴으로써 이들 이론에서 수많은 설명변수를 통합했다.

여러 연구에서 다양한 긴장의 측정과 비행 사이의 직접적인 연관성이 입증되었다.[6] 그러나 긴장의 모든 원천이 비행이나 일탈 의도와 유의미하게 관련 있는 것은 아니다.[7] 일반긴장이론에서 분노의 역할은 경험적 연구에서 많은 관심을 받아왔지만, 연구결과는 긴장과 비행 사이의 매개기제로서 분노에 대한 약간의 지지만 나타낸다. 연구에 따르면, 일반적으로 긴장의 일부 유형이 분노를 유발한다는 것을 발견했지

---

6) 대부분의 연구는 긴장을 측정하기 위해 부정적인 생활 사건목록의 형식을 이용했다. 이러한 연구는 일반적으로 긴장과 비행 사이에 약간의 관계를 발견했다(Agnew and White, 1992; Paternoster and Mazerolle, 1994; Hoffman and Miller, 1998; Hoffman and Cerbone, 1999; Mazerolle et al., 2000; Piquero and Sealock, 2000).

7) 특정 유형의 긴장과 비행 또는 범죄행동 사이의 관계를 성공적으로 제시하지 못한 연구로는 마제롤(Mazerolle, 1998), 마제롤과 피케로(Mazerolle and Piquero, 1998), 브로이디(Broidy, 2001), 애그뉴 등(Agnew et al., 2002)이 있다.

만[8] 분노가 비행에 미치는 영향은 의문시된다.

브로이디(Broidy, 2001)는 분노와 기타 부정적 감정이 대학생의 일반 범죄와 관련이 있음을 발견했지만, 다른 연구자들은 그러한 관계가 상대적으로 약하고 폭력적이거나 공격적 행위에만 국한된다는 것을 발견했다(Mazerolle and Piquero, 1997, 1998; Aseltine, Gore, and Gordon, 2000; Piquero and Sealock, 2000, 2004).

마제롤 등(Mazerolle et al., 2000)은 분노와 폭력적 비행, 마약사용 또는 학교 일탈 사이에 직접적 관련이 없음을 보여주었다. 긴장이 분노를 통해 간접적으로만 비행을 유발한다는 일반긴장이론의 가설에도 불구하고, 소수의 연구만이 매개효과를 발견했다(Aseltine et al., 2000; Piquero and Sealock, 2000), 이러한 연구는 분노가 일탈행동에 대한 긴장의 영향을 부분적으로만 매개한다는 것을 보여주었다. 게다가 마제롤 등(2000)은 분노가 폭력적 비행에 미치는 영향을 긴장이 매개한 것을 실제로 발견했다. 그러나 이러한 연구에서 분노 변수는 일반긴장이론의 예측과 더 일치하는 부정적 감정의 상황-특정(*situation-specific*) 측정인 '상태'(*state*) 분노보다 만성적으로 화를 내는 일반적인 성향인 '특성'(*trait*) 분노를 측정하기 때문에 이러한 결과는 약간 주의해서 보아야 한다(Spielberger et al., 1983).

최근의 연구는 스트레스가 많은 가상 또는 실제의 상황과 분노를 느낄 가능성을 연결시켜 상황적 분노를 측정하려고 시도했다(Capowich, Mazerolle, and Piquero, 2001; Mazerolle, Piquero, and Capowich, 2003;

---

8) 긴장과 분노 사이의 관계를 발견한 연구(Brezina, 1996; Mazerolle and Piquero, 1998; Aseltine et al., 2000; Broidy, 2001; Bao, Haas, and Pi, 2004)를 보라.

Jang and Johnson, 2003). 이러한 연구는 상황적 분노가 긴장-비행 관계에서 더 일관된 매개자임을 입증함으로써 일반긴장이론의 예측을 지지했다.

최근에 수정된 일반긴장이론에서 애그뉴(2001a, 2001b, 2006a, 2006b, 2010b, 2012, 2017, 2019)는 어떤 유형의 긴장이 범죄나 비행적 대처로 이어질 가능성이 가장 큰지 명확히 명시했다. 그러한 긴장은 ① 부당해 보이고, ② 강도가 높으며, ③ 사회통제가 약화된 상황에서 발생하며, ④ 개인이 범죄나 비행 교제에 참여하도록 압박한다. 애그뉴는 이러한 기준을 충족하는 긴장유형을 측정하도록 제안했다. 그러한 긴장유형에 부모의 거부, 부정적인 학교 경험, 폭력적인 또래와 범죄 피해경험이 포함되지만, 이것으로 국한되지 않는다.

애그뉴가 식별한 범죄유발적 긴장을 측정하려고 시도한 가장 최근 연구에 따르면, 피해경험(*victimization*)은 마약사용, 재산범죄, 폭력범죄와 유의한 관계가 있다(Baron, 2009; Carson et al., 2009; Lin, Cochran, and Mieczkowski, 2011). 부당함(*injustice*)에 대한 인식은 비행과 관련된 긴장의 또 다른 원인이다(Moon, Blurton, and McCluskey, 2008).

애그뉴는 또한 긴장의 개념을 과거와 현재의 객관적이고 주관적인 긴장뿐만 아니라 '대리적'(*vicarious*) 그리고 '예상되는' 긴장도 포함하도록 확장했다. 그러나 보편적으로 스트레스가 많다고 추정되는 객관적 긴장보다 개인이 특히 스트레스를 많이 받는다고 보고하는 주관적 긴장이 비행을 더 잘 예측하지 못했다(Botchkovar, Tittle, and Antonaccio, 2009; Botchkovar and Broidy, 2013; Lin and Mieczkowski, 2011). 개인이 타인의 경험에서 긴장을 느끼는 대리 긴장과 미래의 스트레스에 대한 위험이나 두려움을 평가하는 예상된 긴장의 효과는 많이 연구되지 않았다. 대리 피해는 일반 비행과 관련이 있지만(Agnew, 2002; Lin et al., 2011) 폭력적 행동과는 관련이 없었다(Baron, 2009). 예상된 피해가 폭력적이거나 기타 비행적 반응을 촉발할 수 있는지에 대한 연구결과도 확정적이지 않다(Agnew, 2002; Baron, 2009).

애그뉴의 후기 연구는 일반긴장이론이 생애과정에 걸쳐 범죄를 설명할 방법을 제안하기도 한다(1997). 그는 특정한 스트레스 요인이 생애과정의 중요한 단계에서 범죄나 비행 대처에 영향을 미친다고 주장한다. 예컨대, 자율성에 대해 충족되지 않은 욕구는 청소년이 술과 담배 사용, 무단결석, 중퇴, 통행금지 위반, 성행위 등의 행동을 통해 성인의 지위를 누리려 하는 10대 중후반 청소년에 특히 현저한 긴장의 원천이 된다.[9]

첸(Chen, 2010)은 청소년기 중후반 남학생을 대상으로 한 종단연구에서 이러한 주장을 검증했다. 그는 자율성에 대한 욕구가 학교에서 저지르는 비행 행동에는 직접적인 영향을 미치지만, 절도나 공공기물 파손 같은 학교 밖에서의 행해지는 비행 행동에는 직접적인 영향을 미치지 않는다는 것을 발견했다. 그는 또한 일반긴장이론이 예측하듯이 자율성에 대한 욕구가 분노에의 초기영향을 통해 학교 비행에 간접적 영향을 미친다는 것을 발견했다. 첸(2010)은 자율성에 대한 욕구와 비행 사이의 관계는 상황에 따라 달라질 수 있으며, (가정환경보다) 학교환경은 그들의 자율성 행사능력에 더 엄격한 제약을 가함으로써 이러

---

9) 모핏(Moffitt)은 또한 '성숙 격차'(*maturity gap*)가 청소년기 비행의 정점에 기여한다고 주장했다. 자율성에 대한 욕구와 비행 사이의 연관성을 조사한 연구로는 애그뉴(Agnew, 1984), 피케로와 브레지나(Piquero and Brezina, 2001), 브레지나(Brezina, 2008), 그리고 첸(Chen, 2010)이 있다.

한 청소년에게 더 큰 스트레스를 유발한다고 결론지었다.

애그뉴는 일반긴장이론을 모든 사회인구학적 집단에서의 범죄행위와 비행행위를 설명하려는 일반이론으로 제안했다. 일반긴장이론을 소수 인종과 민족 집단에 적용한 연구는 인종차별(비방, 위협, 무례한 대우 등)의 경험이 흑인 남성의 비행과 관련이 있으며, 특히 차별 대우가 분노나 우울 같은 부정적 감정으로 이어질 때 더욱 그렇다는 것을 발견했다(Simons et al., 2003).

다른 연구자는 히스패닉계 청소년 사이에서도 유사한 결과를 발견했는데, 문화적응 과정에서 이러한 청소년이 부모와의 갈등 및 차별 같은 범죄유발적 긴장에 노출될 수 있다(Perez, Jennings, and Gover, 2008; Kam, Cleveland, and Hecht, 2010). 백인, 흑인, 히스패닉 간의 비교연구에서는 일반긴장이론이 세 집단 모두에서 성인 알코올남용을 설명하는 데 유용하다는 것을 발견함으로써, 이 이론의 일반성을 뒷받침했다(Akins, Smith, and Mosher, 2010).

보다 최근에는 펙(Peck, 2013)이 청소년건강에 관한 국가 종단연구 자료를 분석하면서 긴장-부정적 감정-범죄연계에서 특히 인종의 역할에 초점을 맞추었다. 일련의 다중회귀모형을 이용한 그녀의 연구결과는 예상대로 긴장 경험이 부정적 감정과 유의미하고 직접적인 영향을 미치고, 여러 형태의 긴장이 크고 작은 범죄와 정(+)적으로 유의하게 관련되었음을 보여주었다. 그러나 그 연구결과는 긴장-범죄 사이에서 부정적 감정의 매개효과에 대한 엇갈린 지지를 보여주었고, 긴장이 부정적 감정과 범죄로 이어지는 과정은 백인, 흑인, 히스패닉 사이에서 다르게 작동하기보다는 유사하게 작동함을 보여주었다.

가장 최근에 학자들은 인종화된 일반긴장이론(RGST)을 경험적으로 검증하기 시작했는데, 이 이론은 백인에 비해 불리한 사회적 지위에 직면한 아프리카계 미국인이 범죄를 유발하는 특정 유형의 긴장을 경험할 가능성이 높다는 가정에 근거를 둔다(Isom Scott and Grosholz, 2019). 이러한 맥락에서 스캇과 그로숄즈(2019)는 일반긴장이론을 명시적으로 검증하기 위해 시카고지역 인간 개발 프로젝트의 종단적 코호트 연구와 지역사회조사 자료를 이용했다. 그들의 분석결과, 아프리카계 미국인은 범죄를 유발하는 사회적 조건과 긴장을 백인보다 상대적으로 더 많이 경험하며, 특정 유형의 긴장(즉, 경찰의 부당함)은 아프리카계 미국인에게 다르게 영향을 미치는 것으로 나타났다.

일반긴장이론은 미국 이외의 문화권 출신을 상대로도 검증되었다. 이론은 미국 표본에서와 같이 아시아 표본에서도 유사하게 작용하는 것으로 보인다(Bao, Haas, and Pi, 2007; Moon et al., 2008; Lin and Mieczkowski, 2011; Lin, 2011; Oh and Connolly, 2019). 그러나 유럽 국가에서 수행된 이론 검증은 엇갈린 결과를 보여주었으며(Botchkovar et al., 2009; Kuptsevych-Timmer et al., 2018), 이는 이 이론이 문화에 따라 다를 수 있음을 시사한다.

일반긴장이론은 모든 사회인구학적 집단에 적용된다고 주장하지만, 브로이디와 애그뉴(1997)는 일반긴장이론의 과정이 남성과 여성에게 다를 수 있음을 지적했다. 그들은 '높은 수준의 긴장'(*strainful*) 상황에 대한 인식, 감정적 반응의 유형(예컨대, 분노 대 우울 혹은 불안), 합법적이고 불법적인 대응기제는 모두 성별에 따라 다를 수 있다는 가설을 설정했다. 이 논리에 따르면, 남성의 높은 범죄와 일탈은 남성이 긴장에 더 많이 노출되고, 긴장에 대해 분노로 반응할 가능성이 더 높으며, 긴장과 부정적 감정을 합법적으로 처리하는 대응 기술에의 접근성이 낮은 것으로 설명될 수 있다.

여러 연구자는 일반긴장이론에서 성별의 역할을 조사했다. 대부분의 연구는 남성과 여성이 긴장을 경험할 가능성이 동일하다고 제안했지만(Hoffman and Su, 1997; Mazerolle, 1998; Broidy, 2001) 남성과 여성이 경험하는 긴장유형은 종종 다르다. 예컨대, 흑인 남성과 여성에 관한 장(Jang, 2007)의 연구는 여성이 재정적 긴장, 건강상의 긴장 그리고 관계적 긴장을 보고할 가능성이 더 높으며 남성은 직장에서 인종차별과 관련된 긴장을 경험할 가능성이 더 높다는 것을 발견했다(또한 Jennings et al., 2009 참조).

부정적 감정의 성별차이와 관련된 연구결과는 엇갈린다. 몇몇 연구는 분노를 경험하는 경향에서 남녀차이가 없음을 발견했다(Broidy, 2001; Hay, 2003; Kaufmann, 2009; De Coster and Zito, 2009). 그러나 대부분의 연구[10]는 분노, 우울, 죄책감을 포함한 부정적 감정에서 유의미한 성별차이를 발견했으며, 일반긴장이론에서 예측하는 바와 달리 일반적으로 여성이 남성보다 이러한 부정적 감정의 경험을 보고할 가능성이 더 높다. 긴장과 부정적 감정이 일탈에 미치는 영향을 완화할 수 있는 합법적 대응 기술에서 성별차이를 조사한 연구는 거의 없다.

피케로와 시록(Piquero and Sealock, 2004) 그리고 제닝스 등(Jennings et al., 2009)은 모두 대응 기술의 유형이 중요하다는 것을 발견했다. 예

---

10) 부정적 감정에서 성별차이를 발견한 연구는 헤이(Hay, 2003), 피케로와 시록(Piquero and Sealock, 2004), 시그푸스도티르, 파카스와 실버(Sigfusdottir, Farkas, and Silver, 2004), 바론(Baron, 2007), 장(Jang, 2007), 카우프만(Kaufmann, 2009), 제닝스 등(Jennings et al., 2009) 그리고 드 코스터와 지토(De Coster and Zito, 2009)를 포함한다.

컨대, 긴장이나 부정적 감정에 적응하는 수단으로 여성은 영적인 대응전략을, 남성은 인지적 또는 신체적 대응전략을 사용할 가능성이 더 높았다. 성별과 일반긴장이론에 관한 연구는 또한 긴장과 부정적 감정이 비행에 미치는 영향이 남성과 여성에게 다르게 작용하지 않는다는 것을 보여주었다. 일반적으로 긴장은 남성과 여성 모두에게 분노로 이어져 결국 비행으로 이어질 가능성이 높다(Kaufmann, 2009; Jennings et al., 2009; De Coster and Zito, 2009). 그러나 일반긴장이론이 설명하지 못한 부분은 여성보다 긴장과 분노를 경험할 가능성이 작고, 대안적 대응기술을 활용할 가능성이 비슷한 남성이 여전히 여성보다 더 많은 범죄와 일탈을 저지르는 이유이다. 또한 최근 연구에 따르면, 성정체성은 생물학적 성에 비해 긴장-범죄 관계에 더 큰 영향을 미치고, 성정체성과 생활 스트레스 요인 간에 범죄와 관련하여 상호작용 효과도 관찰되었다(Dolliver and Rocker, 2018).

애그뉴의 모형에서 긴장은 직접적으로 또는 자동으로 비행으로 이어지지 않는다. 긴장에 노출된 결과로 경험하는 부정적 감정에 의해 긴장이 비행과 연결된다는 점은 이미 지적한 바 있다. 그러나 긴장이 분노를 유발하더라도, 비행은 개인이 선택할 수 있는 많은 가능한 적응 중 하나일 뿐이다. 긴장, 분노, 비행 사이의 연관성은 긴장에 대한 비행반응을 선택할 가능성을 높이거나 낮출 수 있는 다양한 '조건요인'(*conditioning factors*)에 의해 영향을 받는다.

애그뉴(1992)는 개인의 대응자원, 사회적 지원, 기질, 이전의 학습경험, 규범적 신념을 포함하는 여러 가지 가능한 조건요인을 확인한다. 이러한 조건요인 중 상당수는 실제로 다른 범죄이론, 즉 자기통제이론, 사회통제이론, 사회학습이론에서 도출된 변수이다. 그러나 릴리 등(Lilly et al., 2011)은 다음과 같이 말했다.

> … 일반긴장이론에서는 (학습과 통제변수가) 긴장과 함께 발생할 때만 범죄행동을 증가시킨다고 주장한다. … 그러나 또 다른 가능성은 애그뉴가 확인한 조건요인이, 사람이 주로 긴장 상태에 있을 때 작용하기보다는, 범죄행위에 직접적인 영향을 미친다는 것이다(Lilly et al., 2011: 76-77; 원저자 강조).

몇몇 연구가 비행 또래에 자주 노출되고 사회통제가 약할 때 긴장이 비행을 초래할 가능성이 높다는 것을 입증했지만(Mazerolle et al., 2000; Mazerolle and Maahs, 2000), 많은 연구는 이론이 예측한 조건적 효과(*conditioning effect*)를 입증하지 못했다(Paternoster and Mazerolle, 1994; Hoffman and Miller, 1998; Mazerolle and Piquero, 1998; Hoffman and Cerbone, 1999; Johnson and Morris, 2008; Tittle, Broidy, and Gertz, 2008; Botchkovar et al., 2009).

네프와 웨이트(Neff and Waite, 2007)는 긴장과 약물남용 사이의 관계를 발견했지만, 측정한 사회학습변수가, 긴장의 영향을 조절하기보다는, (약물남용에) 가장 강한 직접적 영향을 미쳤다. 애그뉴 등(Agnew et al., 2002)은 합성된 성격특성인 부정적 정서/억제가 긴장-비행 관계를 조절하는 능력을 조사했다. 이들은 "부정적 정서가 높고 억제가 낮은 청소년이 다른 청소년보다 긴장에 대해 비행으로 반응할 가능성이 훨씬 높다"(Agnew et al., 2002: 60)는 것을 발견했지만, 조건적 효과는 여전히 약한 것으로 나타났다.

린과 미츠카우스키(Lin and Mieczkowski, 2011)는 대만 청소년의 자아존중감, 자기통제력, 도덕적 신념, 비행 또래 교제가 비행에 대한 긴장의 영향을 조절하는지 조사했다. 이들은 이러한 조건적 효과를 개별적으로 검증하기보다, 네 가지 요인에 대한 개인의 상태를 하나의 척도로 결합하여 '총 위험지수'(*total risk index*)를 계산했다. 그들은 개인의 총 위험이 일부 유형의 긴장과 비행 사이의 관계에 유의미한 영향을 미치지만, 조건적 효과는 일관되게 나타나지 않았다.

투라노빅과 프랫(Turanovic and Pratt, 2013)은 최근에 피해와 가해 사이의 인과 경로를 설명하기 위해 일반긴장이론과 자기통제이론(제 6장)을 기반으로 한 이론적 관점에 대해 지지를 제시했다. 구체적으로 갱단 저항 교육 및 훈련(*gang resistant education and training*) 평가의 패널자료를 분석한 결과, 자기통제력이 낮은 피해자는 그들의 피해경험(즉, 긴장)에 대한 비행적 적응으로 약물을 사용할 가능성이 더 높았으며, 개인의 약물 사용은 피해와 가해 사이의 연관성에 조건적 영향을 미쳤다. 일반긴장이론이 과거의 한정된 고전적인 긴장이론보다 경험적으로 더 나은 결과를 얻었지만, 그럼에도, 일반긴장과 다른 이론적 설명 사이를 명확히 할 필요가 있으며, 이론의 핵심 개념을 더 잘 측정해서 이론에 대한 경험적 평가에 포함해야 한다.

5. 아노미이론과 하위문화이론에 근거한 프로그램

모든 구조 이론의 궁극적인 정책함의는 범죄를 유발하는 사회의 경제적·정치적·사회적 제도의 특징을 제거하기 위해 기본적인 사회변화를 촉진해야 한다는 것이다. 예를 들어, 아노미이론의 명백한 함의는 문화적 목표와 사회적으로 승인된 수단의 통합 그리고 계층체계 내 기회의 재분배이다. 그러나 이러한 종류의 광범위한 사회개혁에는 미치지는 못하지만, 아노미이론 및 하위문화이론과 연결될 수 있는 여러 가지 개선·통제·예방 정책이 존재한다.

가장 두드러진 예는 비행 갱단을 연구 대상으로 한 경제적 기회 강화와 훈련프로그램 제공이 있다. 이러한 프로그램의 고전적 모형은 1950년대(보스턴의 도심 프로젝트)와 1960년대(뉴욕의 청소년 동원)에 미국의 대도시에서 도입되었다. 이러한 프로그램은 (이론과는 별 관계가 없는 이유로) 많은 어려움과 제한된 성공을 거두었지만, 현재까지 유사한 직업, 청소년을 위한 기회, 갱단 프로그램에 영감을 주었다.

1) 보스턴 도심 프로젝트

이 프로젝트는 분명히 밀러의 하위계층 문화이론(Miller, 1958a; 1962)에 기초하지만, 시카고지역 프로젝트(제 8장)의 몇 가지 핵심적 특징을 포함한다. 이 계획은 도심 길거리 갱단의 범죄와 불법적 활동을 근절하기 위한 전면적이고 협력적인 지역사회의 노력으로 시작되었다. 이 프로젝트에는 3가지 측면이 있다. ① 비행소년을 가진 가정이나 자녀를 비행 위험에 처하게 하는 다른 종류의 문제를 겪고 있는 가족을 위한 직접적인 사회 사업적 원조, ② 지역사회 이웃 프로그램, ③ 청소년 갱단에 파견된 활동가(사회학, 인류학, 사회복지를 전공하는 대학원생) 프로그램. 이 중에서 활동가 파견 프로그램만 실제로 실행됐다. 이 계획은 프로젝트에 참여한 다양한 지역사회 기관 간의 목표, 이념, 전략을 둘러싼 갈등으로 인해 완료되지 못했다.

갱단에 그렇게 특별한 관심을 기울이는 것은 옳지 않다고 생각하는 지역공동체 주민들은 파견된 활동가를 향해 상당한 적대감이 있었다. 이러한 반대에도 불구하고 파견된 활동가는 상당한 수의 갱단과 길모퉁이집단을 확인하고 접근했다. 이들은 갱단 활동을 폭력과 범죄로부터 다른 쪽으로 돌리기 위해 전통적 역할모형과 개인적 설득을 제공했다. 이들은 갱 구성원을 체육활동과 스포츠 활동, 정규클럽, 기금모금, 자원봉사자 지역사회 봉사 등에 참여하게 했다. 이들은 여행 계획을 세우고, 지역체육관을 빌리고, 야구장을 찾고, 스포츠 리그에 참가하게 했다.

이들은 과연 지역사회에서 갱단 관련 혹은 개인적 비행행위를 줄이는 데 성공했을까? 지역 기관 간 갈등으로 인해 사업이 중간에 차질을 빚고, 계획이 제대로 시행되지 않았기 때문에 그 점에 대해 답하기 어렵다. 그러나 이 프로젝트 직원들이 수집한 자료에 따르면, 거리의 갱단원 사이에서 일탈과 법 위반 행동이 별로 감소하지 않았다.

갱 단원이 프로젝트 기간 동안 법원에 출두한 횟수는 실제로 증가했다. 파견된 활동가와 접촉한 갱단을 접촉하지 않은 길모퉁이집단 소년과 비교해도 차이가 없었다. 파견활동가와의 관계는 이 소년들 사이에서 일종의 지위 상징이 될 수 있었다. 그렇다면 이 계획의 의도하지 않은 결과는 갱단을 더 응집하게 하고 파견활동가의 관심을 얻기 위해 비행활동을 더 수행하게 만들 수 있다는 점이다(Miller, 1958a, 1962; Lundman, 1993).

2) 청소년 동원

아노미이론이 제시하는 정책 지침은 명확하다. 합법적 기회가 차단된 사람이 범죄활동을 통해 목표를 달성하려고 한다면, 사회가 이들에게 더 많은 합법적 기회를 제공함으로써 범죄를 막을 수 있다.

사회 전체의 기회 확대는 무역·경제·조세정책을 통해 경제적 발전을 촉진하고, 새로운 일자리를 창출하며, 실업률을 낮춤으로써 달성될 수 있다. 합법적 기회를 활용할 수 있는 개인의 능력과 그러한 기회가 현실적으로 가능하다는 인식은 교육 및 실무교육 프로그램을 통해 향상될 수 있다. 만약 불평등한 기회, 비행 하위문화와 기회의 이용가능성 때문에 비행 갱단이 도시에서 형성된다면, 합법적 기회를 제공하고 비행 하위문화의 영향에 대항하는 것이 목표가 되어야 한다.

이것이 클라워드와 올린의 차별적 기회이론에서 구체적으로 도출되어 1960년대 초 뉴욕 동남부 지역에서 시행된 청소년 동원(Mobilization for Youth) 프로젝트의 이론적 근거이다. 이 계획은 하위계층 청년들이 직업 기회, 교육, 기술훈련을 통해 합법적 성공 수단에 접근할 수 있는 능력을 키우기 위해 조직되었다. 또한 보스턴 도심 프로젝트에서처럼 파견활동가를 고용해 거리의 청년들과 직접 교류했다. 다시 말하지만, 이 계획의 목표는 갱 단원을 비행 활동과 가치에서 벗어나 전통적 활동, 스포츠, 지역 봉사활동에 참여하도록 방향을 전환하는 것이었다.

초기 지역사회 프로젝트와 마찬가지로 청소년 동원은 지역사회 기관 간의 정치적 반대와 갈등에 부딪혔다. 또한 이론이 요구하는 것과 실제로 실행되는 것 사이의 격차가 점점 커졌다. 이 프로그램은 세 가지 서로 다른 비행 하위문화 유형을 서로 다른 지역 유형과 연결하는 클라워드와 올린 이론의 핵심적 부분을 무시했다. 또한 이전의 프로그램에서와 마찬가지로 일부 갱단은 파견활동가의 관심을 얻기 위해 다른 갱단보다 더 심각한 비행을 저지르려고 시도했다.

'청소년 동원'은 미국 직업훈련 프로그램인 직업군단(Job Corps)과 경제 기회 사무국(Office of Economic Opportunity)뿐 아니라 학교 중퇴자와 저소득층 청소년을 위한 기회균등과 기술훈련 프로그램 같은 것으로, 1960년대 후반 연방정부의 빈곤퇴치 활동의 자금지원을 받은 지역사회 활동 프로그램의 원형을 제공했다.

그러나 이들 계획이 범죄예방에 성공했는지는 이것이 반대와 문제에 봉착해 조기 종료되었기 때문에 제대로 평가할 수 없다. 이 계획이나 그 후에 뒤따르는 유사한 프로그램 어느 것도 공동체의 사회구조를 바꾸고, 비행 갱단의 행동을 변화시키고, 비행을 예방하는 야심 찬 목표를 달성할 수 없었다(Hackler, 1966; Arnold, 1970; Short, 1975; Siegel and Senna, 1991; Bynum and Thompson, 1992).

6. 현대적 아노미/긴장이론의 정책적 함의

메스너와 로젠펠드(2001)는, 초기 아노미/긴장이론에서 제기된 제안과 달리, 모두를 위한 합법적 기회 강화는 더 큰 금전적 부를 향한 욕구를 부채질하고, 궁극적으로 어떠한 대가를 치르더라도 성공하려는 압력을 증가시키기 때문에 역효과를 낳을 가능성이 있다고 강조한다. 이들은 대신 미국 사회구조에서 비경제적 제도를 강화하여 제도 간 균형을 형성할 것을 제안한다.

이러한 제도적 힘의 균형의 회복은 직장에서 ① 육아/간병 휴가, '자유 근무 시간제'(*flex time*), 직장 내 보육시설과 같은 친가족적 노동정책을 수행하고, ② 학업 성과와 미래의 경제적 성공 가능성 사이의 강한 관계를 완화하여 학교에서 성취하지 못한 학생도 경제적 생존을 기대할 수 있게 하고, ③ 지역사회의 중간적 형사제재를 적용함으로써 범죄통제의 비용을 줄이고, ④ 아메리콥스(AmeriCorps) 같은 국가 및 지역사회 봉사 프로그램을 통해 더 광범위한 사회적·시민적 참여를 달성할 수 있다. 그러나 이러한 정책적 제안은 제도적 아노미이론처럼 가족, 종교 및 교육환경에 내재하는 (범죄에 대한) 규제력을 인정하는 사회통제이론으로부터도 도출될 수 있다.

애그뉴(1995a, 2006a)는 일반긴장이론과 일치하지만, 학습이론과 사회통제이론의 영향도 크게 받는 일부 예방 프로그램을 발견했다. "가장 유망한 프로그램은 가족에 초점을 맞추고, 부모 관리 교육과 기능적 가족치료를 포함한다"(Agnew, 1995a: 48). 그러나 여기에는 또한 학교 내부, 또래 및 개별적 개입도 포함한다.

애그뉴는 가족과 학교 개입을 지지한다. 이것은 ① 청소년의 사회적 환경에서 불행한 사건을 줄이고, 보상과 처벌의 보다 일관되고 효과적인 사용을 포함하여 자녀를 더 잘 감독하고 양육하는 기술을 부모에게 교육하고 ② 어린이와 청소년이 타인의 부정적 반응을 야기하는 행동이나 말을 줄이도록 사회적 기술훈련을 제공하고, ③ 상담, 중재, 보호 프로그램을 통해 청소년에 대한 사회적 지원을 강화하고, ④ 분노조절, 문제해결, 사회적 기술 및 스트레스 관리에 대한 훈련을 통해 청소년이 비비행적 방법으로 부정적 자극에 대응하는 능력을 늘리려는 것이다.

최근 몇 년 동안 긴장 유발 경험의 고위험 행동과 부작용을 예방할 수 있는 인지적, 학업적, 생리적, 정서적 회복력 생성 요인 개발 촉진을 위한 긍정적 청소년 개발(Positive Youth Development) 같은 프로그램의 성공을 입증하는 경험적 지지가 증가하고 있다(Hinduja and Patchin, 2017; Lerner et al., 2005; Lerner et al., 2010; Lerner et al., 2011).

애그뉴는 마지막으로, 응용 프로그램이 명백하게 일반긴장이론에 의존하지 않더라도, 많은 응용 시도 특히 회복적 사법 프로그램이 자신의 이론과 양립할 수 있다고 언급했다(Agnew, 2006a; Agnew, 2010a도 참조).

7. 요 약

아노미/긴장이론은 사회질서, 안정성, 통합이 순응에 도움이 되지만, 무질서와 불완전한 통합은 범죄와 일탈에 도움이 된다고 가정한다. 아노미는 가치 있는 문화적 목표와 그 목표에 이르는 합법적 수단 간의 괴리가 있을 때 취하는 사회적으로 불완전한 통합의 형태이다.

집단, 공동체, 또는 사회가 아노미적일수록 범죄율과 일탈률이 높다. 머튼은 아노미가 미국 사회 전반의 특징이며, 특히 하위계층은 합법적 기회에의 접근이 제한되기 때문에 아노미 현상이 더 높다고 명시했다. 개인 수준에서 열망하는 교육 및 직업적 목표와 실제로 기대되는 성취 사이의 괴리로 인해 형성되는 긴장은 개인이 범죄나 비행행위를 저지를 가능성을 높이는 것으로 제기된다. 연구결과 계층이나 인종에 관한 이 가설은 어느 정도 지지를 받지만, 일반적으로 그 관계는 약하다. 스스로 인식한 열망과 기대 간의 괴리는 비행에 약간 관련된 것으로 보인다.

코헨, 클라워드와 올린은 머튼의 이론을 수정하여 아노미를 하위계층의 비행 갱단에 적용했다. 밀러는 길모퉁이집단의 비행은 하위계층문화의 중점적 관심을 표현한 것이라는 이론을 제시했다. 연구결과, 갱단 비행은 대도시의 하위계층과 소수민족 거주지역에 계속 집중된 것으로 나타났다. 그러나 도시 갱단이 코헨, 클라워드와 올린, 그리고 여타 하위문화적 아노미이론에 의해 잘 설명되는지는 경험적으로 검증되지 않았다. 아노미이론이 지역사회 프로그램에 적용되어, 갱단 관련 활동에 개입하고, 청소년의 합법적인 기회를 강화하는 정책이 시행되었다. 이러한 프로그램은 정치적 반대로 인해 그 실행과 효과성이 어느 정도 저하되었다.

메스너와 로젠펠드는 미국의 높은 범죄율(나중에 높은 구금률을 포함하도록 수정됨)이 금전적 성공에 대한 미국인의 과도한 강조와 경제가 사회구조를 지배하는 제도적 힘의 불균형으로 설명될 수 있다는 제도적 아노미이론을 제안했다. 이 이론의 경험적 타당성을 평가하는 연구는 이 이론이 미국의 높은 범죄율에 대한 확실한 설명인지 의문을 제기했지만, 그럼에도 불구하고 사회복지 프로그램을 통해 비경제적 제도를 강화하는 다양한 방법이 제안되었다.

애그뉴는 긴장의 개념을 확장하여 긴장의 여러 원천(목표달성의 실패, 긍정적이고 바람직한 자극의 제거, 부정적 자극에의 노출)을 포함하고, 일부 유형의 긴장이 비행으로 이어지는 기제에 부정적 감정을 포함하는 아노미/긴장이론의 수정을 제안했다. 경험적 연구결과는 일반긴장이론에 대해 어느 정도 지지를 제공하지만, 긴장이 분노와 다른 이론에서 끌어온 변수를 통해 비행에 영향을 미치는 과정은 아직 입증되지 않았다. 애그뉴는 사회학습이론과 사회통제이론을 근거로 만들어진 가족과 학교 개입 프로그램에 일반긴장이론을 적용할 것을 권장한다.

주요 개념

- 사회체계(*social system*)
- 아노미(*anomie*)
- 긴장(*strain*)
- 순응(conformity)
- 혁신(*innovation*)
- 모반(*rebellion*)
- 은둔(*retreatism*)
- 의례(*ritualism*)
- 범죄적 하위문화(*criminal subculture*)
- 갈등적 하위문화(*conflict subculture*)
- 은둔적 하위문화(*retreatist subculture*)
- 중심적 관심(*focal concerns*)
- 말썽(*trouble*)
- 강인함(*toughness*)
- 교활함(*smartness*)
- 흥분 추구(*excitement*)
- 체념(*fatalism*)
- 자율성(*autonomy*)
- 열망(*aspirations*)
- 기대(*expectations*)
- 성취지향(*achievement orientation*)
- 개인주의(*individualism*)

- 보편주의(*universalism*)
- 돈에 대한 물신주의(*fetishism of money*)
- 평가절하(*devaluation*)
- 수용(*accommodation*)
- 침투(*penetration*)
- 탈상품화(*decommodification*)
- 분노(*anger*)
- 주관적 긴장(*subjective strains*)
- 객관적 긴장(*objective strains*)
- 대리 긴장(*vicarious strains*)
- 예상된 긴장(*anticipated strains*)

제 10 장

갈등이론

1. 서 론

갈등이론은 다음과 같은 전제에서 출발한다. 즉, 사회는 기본가치에 대한 상호 동의나 합의를 바탕으로 이루어지는 것이 아니라,

> 반대집단의 이해관계나 노력의 역동적 균형 속에서 집단들의 이합집산으로 이루어진다. 따라서 사회가 지속되는 한 갈등이란 본질적이고 중요한 사회적 과정 중의 하나일 수밖에 없다(Vold, 1958: 204).

권력은 이러한 갈등의 결과를 결정짓는 중요한 요인이다. 가장 힘 있는 집단은 법을 장악해 그들이 추구하는 가치가 법으로 채택되도록 만든다. 힘없는 집단의 구성원은 입법과 사법에서 패배를 겪음에도 그들 내부 집단의 규범에 따라 법 위반을 계속한다. 이렇게 갈등이론은 법과 형사사법에 대한 설명과 범죄와 비행에 대한 설명 모두를 제공한다. 이 장의 첫 부분에서는 법과 형사사법에 관해 갈등이론이 합의/기능

이론과 어떻게 대비되는가를 설명한다. 두 번째 부분에서는 범죄가 집단 간의 갈등과 문화적 갈등에 의해 발생된다는 이론을 제시하고 이에 대해 평가하고자 한다.

1) 사회통제 유형으로서의 법

사회통제는 사람들이 지켜야 할 규칙을 내용으로 하는 규범체계와 이러한 규칙을 위반하는 행위를 통제하거나 규칙을 준수하도록 유도하는 공식·비공식 기제(機制, *mechanism*)를 통해 이루어진다. 비공식적 사회통제는 가족, 친구집단, 교회, 이웃, 공동체 내의 여러 집단 속에 존재한다. 공식적 사회통제는 법적으로 인정된 관리에 의해 공식적으로 제시되고 유효한 규칙으로 이루어진 법과 형사사법체계 등을 통해 이루어진다. 몇몇 이론가는 두 가지 형태의 사회통제는 역관계에 있는 것으로 본다. 비공식적 통제가 잘 이루어지지 않으면 공식적 통제가 증가하고 반대로 공식적 통제가 와해되면 그 자리에 비공식적 통제가 자리 잡는다는 것이다. 블랙(Black, 1976)은 다음과 같이 가정한다.

> 법은 다른 사회적 통제가 약할 때 더 강해진다. 법은 다른 사회통제와 역으로 작용한다. … 그리하여 몇 세기에 걸쳐 가족뿐만 아니라 마을, 교회, 직장, 이웃과 같은 사회적 통제가 사라짐에 따라 법적 통제가 증가한 것이다(Black, 1976: 107-109; 원저자 강조).

사회통제는 상당 부분 사회화에 의존한다. 사회화는 긍정적·부정적 사회제재를 부과하면서 가치, 규범, 관습을 가르치고 배우는 과정을 말한다. 전통적 도덕과 가치는 가족, 교회 등 여러 사회기관 내에서의 사회화 과정에서 습득된다. 이와 같은 사회화 과정의 결과로 사회적 규범이 내면화되고 자기통제력이 발달한다. 법이 개인이 학습하고 준수하는 것과 동일한 가치와 규범을 포함하는 한, 그들은 법에 따라 자신의 행동을 제한할 것이다.

그러나 어떠한 공식적·비공식적 통제체계도 내면적 통제에만 의존하는 것은 아니다. 외부적 제재도 직·간접적으로 어린이의 사회화뿐 아니라 성인의 비공식적 상호작용이나 사회화에 적용된다. 애정, 칭찬과 모욕, 수용과 거부 등 모든 형태의 사회적 제재를 행사하거나 철회하는 것 등은 사회적 규범을 준수하도록 하는 데 기여한다(Akers, 1985). 그러나 법은 비행에 대한 처벌과 같이, 공식적인 부정적 제재(*negative sanctions*)를 외형적으로 부과한다는 점에서 다른 사회적 통제와 차이가 있다. 현대사회에서 다른 통제규범과 구분되는 법의 주요한 특징은 그 효력이 국가의 공인된 강제에 의해 담보된다는 점이다(Akers, 1965).

법은 영토의 모든 지역에 걸쳐 이보다 더 높은 세속적 권위를 인정치 않는 주권적 정치국가에 의해 공인되고 강제되는 규범체계이다(Davis 저서에서의 정의 참조, 1962: 41; Akers and Hawkins, 1975: 5-16).

> 모든 규범체계는 행위를 유도하고 강요한다. 따라서 우리가 법이라고 규정해온 규범체계는 이 목적을 위해 국가권력을 동원한다(Chambliss and Seidman, 1971: 10).

이 정의는 책 속의 이론적 법뿐만 아니라 현실적 법도 포함한다. 정치적 국가에 의한 법의 제정과 집행에 관해서는 두 가지 중요한 관점이 있다. 첫 번째 관점은 사회에 널리 퍼진 규범적 합의로부터 법이 도출되고 사회의 공통적 이해를 대체로 반영하는 것으로 보는 입장이다. 두 번째 관점은 법을 집단 간 이해관계의 충돌에 따른 부산물 및 권력의 행사로 이해하는 입장이다. 책 속의 법과 현실의 법은 경제적, 사회적, 정치적 권력을 쥔 집단의 좁은 관심사를 승인하고 보호한다(Quinney, 1969, 1970; Chambliss and Seidman, 1971, 1982; Bernd, 1983). 합의이론과 갈등이론은 법이 사회구조에 의해 형성되고 사회구조에 영향을 미친다는 점에 대해서는 견해가 같다. 다만, 사회를 바라보는 기본적 인식이 다르다(Sutherland et al., 1992; Ritzer, 1992).

2. 법에 대한 합의 및 기능주의이론

1960년대까지 법과 사회통제에 대한 주요한 사회학적 접근은 법과 집행이라는 공식적 체계를 사회구성원이 대체로 합의한 규범의 통합체로 보는 합의이론에 기초했다. 이러한 접근은 주로 19세기 후반과 20세기 초반의 사회학자에 의해 시도되었다(Sumner, 1906; Ross, 1901; Durkheim, 1893/1964; Weber, 1921/1954).

뒤르켐(Durkheim, 1893/1964)은 법의 내용과 본질을 사회의 특징인 연대(*solidarity*)에서 찾았다. 그의 논지는 사회구성원이 보편적 가치와 신조에 의해 통합되어 기계적으로 규합되는 덜 복잡한 '기계적 연대'의 사회에서는, 법은 특히 억압적이고 징벌적이라는 것이다. 문화적 동질성보다 기능적 상호의존성에 의해 '유기적 연대'로 통합되는 복잡하고 다양한 사회에서는, 범죄에 대한 처벌이 잔인하고 비인간적 형벌로부터 수감을 통해 자유를 박탈하는 형벌로 바뀐다. 법은 범죄에 대응하는 처벌보다 손해의 복구라는 측면을 강조해 민법과 헌법을 우선시한다.

베버(Weber, 1921/1954)는 경제적으로 발전된 사회의 조직이 좀더 합리적으로 이루어짐에 따라 법적 통제도 합리적으로 이루어진다고 보았다. 법의 합리성은 특정 개인이나 집단의 이념이나 이해관계에 따라 판단되는 실제적 결과의 공정성(실질적 합리성)보다 확립된 법 원리와 규정에 따라 결정된 적정절차와 공정한 과정에 입각했는가(형식적 합리성)의 문제에 달렸다고 보았다.

비록, 로스(Ross, 1901)와 그 외 초기 사회학자가 유사한 견해를 취했지만 법에 관한 합의이론의 고전적 명제는 섬너(Sumner, 1906)에 의해 내려졌다. 섬너에 따르면, 법의 내용은 주로 공식적 법 개정에 의해 또는 널리 통용되는 '관습과 습속'(*folkways and mores*)의 입법화와 법원이 행하는 법 적용을 통해 발전한다. 관습과 습속이란 오랜 기간에 걸쳐 점진적으로 진화하고 사회구성원이 대체로 인정하는 선·악에 대한 비조직적·직관적 원칙을 말한다. 관습과 습속이 변화하기는 하지만 항구적이거나 변화가 더딘 것이 사실이다. 입법 시에는 관습이 은연중에 반영된다. 입법이 새로운 관습을 창조할 수 없고 법이 기존의 관습을 변화시킬 수도 없다.

섬너의 견해는 모든 법이 관습으로부터 직접 형성되거나 법이 어떠한 사회의 변화도 유도할 수 없다는 것이라기보다는 입법을 통해 관습을 쉽고 빠르게 변경시킬 수 없다는 의미로 해석되어야 한다(Ball and Simpson, 1962). 그런데 섬너가 주로 강조하는 것은 법이 사회의 관습에 의해 어떻게 형성되는가 하는 점이다. 그는 사회운용에서 법을 통해 관습을 변경시키려는 무익한 시도를 인정하지 않았다(베버, 뒤르켐,

섬너의 법이론을 살펴보려면 Trevino, 1996 참조).

이와 같은 합의모형은 20세기 초반에 더 우세했다. 그러나 1950년대 이후로 이 이론의 중요성이 감소해 지금은 어떠한 주요 이론가도 합의모형을 법에 관한 최상의 모형으로 이해하지 않는다. 다만 합의이론에 관한 가정과 전제는 법의 최근 이론에도 여전히 원용된다는 점에서 '법과 규범의 잠재력은 서로 재강화'(Schwartz, 1986: 65) 한다는 '상호주의' 모형이나 갈등모형의 일부 형태에서도 합의이론의 가정과 전제를 쉽게 발견할 수 있기는 하다.

합의된 규범과 사회가치, 사회체계의 질서정연한 균형, 사회통합이라는 법의 궁극적 기능을 강조하는 기능주의이론도 마찬가지이다(Trevino, 1996: 333). 기능주의는 합의이론과 겹친다고도 말할 수 있고 합의이론의 한 분파라고도 말할 수 있다. 기능주의는 법을 더 나은 공공복지를 위해 기능하는 것으로 이해한다. 분쟁을 평화롭게 해결하고 비행을 규제하고 범죄를 통제함으로써, 법은 일정한 힘 있는 집단의 특별한 이익이 아닌 사회의 모든 사람의 이익을 위해 봉사한다.

그러나 기능주의가 사회의 비행을 통제하는 법의 효율성만을 강조하는 것은 아니다. 이 이론은 비행을 현실적으로 억제하는가 여부와 상관없이 법이 사회에 대해 상징적 기능도 하며 공식적으로는 일정한 비행을 응징하도록 한다는 점도 염두에 둔다. 법에 대한 기능주의의 설명이 전통적 합의모형(Davis, 1966; Friedman, 1975)보다 최근 들어 상대적 지지를 얻지만 오늘날 양자 모두 크게 지지받지는 못한다. 그러나 기능주의와 합의이론이 완전히 사라진 것은 아니고 다원적 갈등이론 내에 변형되어 남았다.

3. 법과 형사사법의 갈등이론

갈등이론은 1950년대의 사회학에서 합의모형과 기능모형에 도전하면서 발생했다. 갈등이론의 논의를 마르크스(Karl Marx)와 연관시키기도 하지만 이러한 접근은 갈등을 근본적 사회과정으로 파악한 유럽의 사회학자 짐멜(Simmel, 1950)로 직접 거슬러 올라간다. 당시 범죄학의 주류는 볼드(Vold, 1958)였는데 그는 《이론 범죄학》(*Theoretical Criminology*)이라는 고전에서 집단갈등은 형법이나 형사사법뿐만 아니라 범죄행위도 설명할 수 있는 것으로 보았다.

> 법의 제정, 법의 위반, 법의 집행 등의 정치적 과정은 이익집단 사이의 뿌리 깊고 근원적인 갈등과 국가경찰력의 장악을 위한 투쟁이 직접적으로 반영된 것이다. 입법 당시 다수파는 경찰력을 장악하고 누가 법 위반자인가를 결정하는 경찰을 지배할 수 있게 되는 것이다(Vold, 1958: 208-209).

버나드, 스나입스와 제럴드(Bernard, Snipes, and Gerould)는 볼드와의 공저 개정판에서 볼드의 이론을 어느 정도 부연하고 확장하며 계속 유지한다(Vold and Bernard, 1986; Vold, Bernard, and Snipes, 2002; Bernard et al., 2010).

1960년대에 몇몇 범죄학자, 특히 퀴니(Quinney, 1964, 1969, 1970), 챔블리스(Chambliss, 1964, 1969), 터크(Turk, 1964, 1966, 1969a) 등은 갈등이론적 접근을 발전시켜 범죄학 이론의 선두에 위치시켰다. 그들은 범죄학 이론이 너무 오랫동안 범죄행위를 설명하는 데만 초점을 맞추었기 때문에 이제는 형법을 설명하는 쪽으로 방향을 바꿔야 한다고 주장했다.

터크(1964, 1969a)는 범죄학 이론의 주된 임무란 범죄행위의 원인을 해명하는 것이 아니고 일정한 행위와 개인이 공식적으로 범죄자로 취급되는 과정을 설명하는 데 있다고 주장했다. 챔블리스(Chambliss, 1975: i - ii)도 이에 동의해 "'어떤 사람은 범죄를 범하고 그 외의 다른 사람은 왜 범하지 않는가?'가 아니라 '어떤 행위는 범죄로 정의되는 데 비해 그 외의 다른 행위는 왜 범죄로 보지 않는가?'를 물어야 한다"고 주장했다. 결국 갈등이론은 법의 형성과 집행이 사회의 더욱 힘 있는 집단의 이익을 위해 봉사하는 것이라고 주장한다. 1)

초기 합의이론가조차 법전의 법과 현실의 법이 특수집단의 이익을 위해 봉사한다는 점을 지적했다(Ball and Simpson, 1962; Sumner, 1906: 39, 55, 169). 그러나 이러한 견해는 합의이론의 핵심은 아니었던 반면, 갈등이론에서는 중심주제이다. 다양성과 통일성의 결여, 가치의 혼재는 현대사회의 특성이다. 갈등이론은 사회가 집단 간의 갈등이 계속되는 상태에 있는 것으로 파악한다(Ritzer, 1992). 사회구조는 "대립적 집단의 이익과 행동이 변하면서도 동적 균형을 이루는 상태"에서의 합의, 연합, 세력균형으로 구성된다(Vold, 1958: 204).

---

1) 형법에 대한 갈등이론의 초기 논지에 대해서는 챔블리스(Chambliss, 1964, 1969), 챔블리스와 세이드만(Chambliss and Seidman, 1971), 퀴니(Quinney, 1969, 1970), 터크(Turk, 1966, 1969a)를 보라. 그 이후의 논지에 대해서는 에이커스와 호킨스(Akers and Hawkins, 1975), 에이커스(Akers, 1985), 터크(Turk, 1977, 1979), 챔블리스(Chambliss, 1974, 1988)를 보라. 갈등이론에 대한 최근의 논지는 브리지스와 마이어(Bridges and Myers, 1994)를 보라. 인종과 범죄에 대한 이해의 틀로서 갈등이론의 역사적 발전에 대한 검토는 개비돈(Gabbidon, 2010)을 보라.

다양한 집단의 가치와 이해는 어느 한 집단에서는 통상적 행위이지만 다른 집단에서는 비행으로 취급되기 때문에 갈등이 발생한다. 지배집단은 그들 나름의 정상행위와 일탈의 정의(定義)를 법으로 제정하고, 공공정책에 반영하며, 형사사법체계의 운영에 의해 보호되도록 한다. 종속된 집단의 구성원이 법을 위반하면 형사절차에 따라 공식적 검거, 기소, 유죄선고, 구금을 피할 수 없게 된다. 이 이론은 퀴니에 의해 다음과 같이 명확하게 선언된다.

- 범죄정의의 수립: 범죄의 정의(법)는 공공정책을 형성하는 힘을 가진 세력의 이익에 대해 갈등을 일으키는 행위이다(Quinney, 1970: 16).
- 범죄정의의 적용: 범죄의 정의는 형법을 집행하고 운용하는 세력에 의해 결정된다(Quinney, 1970: 18).

계층, 인종, 성별, 연령, 민족, 기타 사회적 지위를 나타내는 특징들은 누가 검거되고 처벌되는가의 여부를 결정한다. 따라서 하층, 소수민족, 청소년, 여자 등 경제적·사회적으로 열등한 사람은 대체로 불리하게 취급되고 형사사법체계상 차별대우를 받는다.

퀴니, 챔블리스, 터크 등에 의해 발전된 이론은 법의 형성과 운용에서 권력과 강제를 강조하지만 합의 및 법에 의한 약자의 이익보호에 대한 여지를 어느 정도 남긴다.

권력을 가진 자와 그렇지 못한 자 사이에 갈등이 존재하지 않는 경우가 많다. 살인, 상해, 강간과 같은 대부분의 대인범죄의 경우, 이들에 대해 법적 제재를 부과하는 것이 타당하다는 점은 사회 전체적으로 합의된 것이다. 또한 일반 국민의 이익을 반영하지만 힘 있는 자의 이익에는 반대되는 법이 통과된다는 것도 사실이다(Chambliss, 1969: 10).

합의가 인정되기는 하지만 법과 형사사법은 주로 권력과 집단 간 갈등에 따라 설명된다. 법은 집단 간 갈등의 결과이면서 갈등상황에서 사용되는 무기이기도 하다(Turk, 1976). 어떤 집단과 단체는 오랜 시간에 걸쳐 많은 쟁점에 관해 상당한 권력을 유지하지만 한 집단이나 이해가 모든 것을 압도하지는 못한다. 중복되는 이해관계를 가지는 사회·경제·정치적 엘리트가 있긴 하지만 법·경제·사회에서 영구히 모든 권력을 누리는 단일한 계층은 존재하지 않는다.

퀴니(1970) 뿐 아니라 다른 갈등이론가는 다원주의가 경쟁적 이해관계의 표현과 판결에서 정치적 국가를 공정하고 중립적 영역으로 이해한다고 믿기 때문에 '다원주의'를 거부한다. 다원주의를 거부하는 이러한 입장은 1960년대의 많은 갈등이론가가 1970년대에 이르러 참여하는 급진적·비판적·마르크스주의적 이론에서도 볼 수 있다(제 11장 참조).[2] 그럼에도 불구하고 갈등이론의 초기 논지는 권력을 장악하는 유일한 엘리트 집단 대신 다수의 권력중심을 상정하고 형법이 다소나마 공통적 가치를 구현한다는 것을 인정했다는 점에서 분명히 다원주의적

---

2) 역설적이게도 급진적·비판적·마르크스주의 이론의 주장자가 다원적 갈등모형으로 회귀하는데 이는 자본주의만으로는 범죄를 적절히 설명할 수 없음을 인정한 것이며 '정체성'(즉, 인종, 계급 그리고 성)을 법과 형사사법의 주도적 개념으로 설정했음을 의미한다. 이러한 문제에 관한 논의는 메서슈미트(Messerschmidt, 1997), 바락, 레이튼과 플레빈(Barak, Leighton, and Flavin, 2010) 그리고 린치와 미칼로우스키(Lynch and Michalowski, 2006)를 참조하라.

이었다. 이는 에이커스에 의해 전개된 다원적 갈등모형의 핵심내용이기도 하다(Akers and Hawkins, 1975; Akers, 1985).

맥가렐(Edmund F. McGarrell)과 카스텔라노(Thomas C. Castellano, 1991)의 '통합적 갈등모형'(integrative conflict model)과 같은 이론적 노력은 형법에 관한 다원적 갈등모형의 발전에 계속 기여한다. 맥가렐과 카스텔라노는 범죄에 관한 입법과 정책입안 과정에서 작용하는 세 가지 수준의 요인을 제시했다. 최고수준에는 이질성과 불평등에 의해 형성되는 근본적인 사회구조적 갈등과 범죄에 대한 대중의 인식과 범죄에 대한 '신화'(*myths*)에서 나타나는 상징적 문화갈등이 있다. 중간수준에서는 피해율, 범죄 두려움, 범죄인의 처벌에 대한 지속적인 대중의 요구 등이 있다. 세 번째 수준에서는 범죄문제에 대한 언론보도, 이익집단의 활동, 개혁 캠페인, 정치적 사건과 같이 정책변화를 위해 입법을 촉발하는 더욱 즉각적인 사건과 활동이 있다.

다원적 갈등모형의 최근 입장도 정상에 있는 소규모의 권력 엘리트가 철저하게 통제하는 체계를 주장하지는 않는다. 대신 많은 엘리트와 경쟁집단이 그들의 영향력을 행사하면서도 제도적·경제적·정치적 변화에 대응하는 '탈중심화되어 느슨하게 연결된' 분화체계로 특징지어진다(Hagan, 1989b; Wright, 1993a; McGarrell, 1993; Walker, Spohn and DeLone, 2018).

> 정책은 복잡한 타협, 협상, 화해의 과정을 통해 점진적으로 형성된다. 시행되는 정책은 특정 이익집단의 초기 내용을 좀처럼 그대로 담지 않는다. 오히려 목적과 해결책은 왜곡·수정·둔화·혼합·변질되어 대부분의 집단이 대체로 만족하기는 하지만 완전히 만족하는 사람은 거의 없게 된

다(Wright, 1993a: 145).

다원적 갈등모형은 경쟁적 이익집단이 입법과 통치를 통해 그들의 가치를 실현하려는 민주사회에 적용된다. 상반되는 이해관계가 지도부, 예산 그리고 등록된 로비스트를 가진 조직적 압력집단 내에서만 존재하라는 법은 없다. 이러한 이해관계는 대규모의 사회운동, 광범위하게 규정된 경제적·정치적·사회적·지역적·종교적·성적·민족적·인종적·연령적 그리고 사회 내 기타 분파와 조직 내에서도 발견할 수 있다.

모든 집단은 정치체계의 합법성에 대해 기본적 합의가 되어 어떠한 집단도 무력을 사용해 이를 전복하려고 하지는 않는다. 그러나 이러한 체계와 과정에서는 최대의 권력과 자원, 최고의 조직, 가장 많은 구성원을 가진 조직이 승자가 될 것이다. 고도로 조직화된 정치적 압력단체는 입법을 통해 적극적으로 그들의 가치와 이익을 보호하려 할 것이며 법을 좌지우지함으로써 정부관리와 관료의 행위에 영향을 끼치려 한다.

또한 압력단체는 그들의 견해와 개별적 이익을 공유하는 자가 임명되도록 행정관리의 임명과 상급심 법관에 대한 입법부의 비준에 영향을 끼치려 한다. 이러한 이익단체는 그들의 영향력을 알리기 위해 직접 행동할 필요가 없다. 많은 입법자, 법관, 경찰, 정부관료들은 자신들이 동일시하는 집단의 최선 이익에 따라 행동하기 위해 실질적으로 직접 압력을 가할 필요가 없다.

형법에 의해 위협받거나 방어되는 이해관계가 물질적일 수 있지만 상징적일 수도 있다는 점도 주목해야 한다. 예컨대, 성매매, 마약 그리고 일정한 종류의 성행위를 금지하는 법은 이런 행위에 반대하는 도덕적 입장을 공식적으로 승인하기 때문에 특정집단에 의해 적극적으로 홍보되고 철저하게 옹호될 수 있다. 이 집단이 이러한 법과 어떤 경제적 또는 정치적 이해관계도 갖지 않고 그러한 행위를 통제하는 것이 비효율적임을 아는 경우에도 그렇게 한다.

정치적으로 지배적인 조직과 집단이 공공정책에 자신의 이익을 성공적으로 반영할 수 있지만, 법은 사회 전체의 일반적인 이익도 반영한다. 모든 입법과 법 집행이 집단이익에 의한 타협이나 승리에서 비롯된 것은 아니다. 형법의 핵심 — 신체폭력, 재물손괴, 사기 등 여러 약탈범죄의 금지 — 은 전체 사회의 이해를 반영하고 보호하는 것이다. 그 자체로 악인 자연범(自然犯, *mala in se*)의 경우에는 법에 의해 비난받지 않는다 하더라도 사회적으로 비난받는 행위라고 할 수 있다.

한편, 법에 의해 금지되었기 때문에 비난받는 것으로 파악되는 이른바 법정범(法定犯, *mala prohibita*)의 경우에는 더욱 심한 갈등과 비합의가 있을 듯하다. 성범죄, 마약사용, 알코올중독, 기업행위 등의 영역에서는 법의 절차나 집행과정에 대해 더욱 큰 갈등이 발생한다.

자연범에서조차 적정한 법적 제재가 어떤 것인가에 대해서는 상당한 논란이 존재한다. 예컨대, 살인범을 처벌하는 데는 모두 동의하지만, 행위와 환경이 어떻게 작용해 살인범을 낳게 했으며 사형을 정당화시켜 줄 수 있는 도덕적 기초가 어떠한 것인지에 대해서는 생각의 차이가 있을 수 있는 것이다(사형에 대한 여론의 검토에 대해서는 Cullen et al., 2000 참조).

더욱이 오늘날 상당한 합의를 이루는 핵심형법의 일부분조차 처음에는 사회 일각의 이익만을 추구하기 위해 고안되었을 수도 있다. 예컨대, 현재 횡령은 범죄의 범주 속에 포함되지만, 전에는 전혀 범죄로 인식되지 못했다. 믿고 맡긴 재물이나 돈을 착복당하는 것은 돈이나 재물을 다른 사람에게 어리석게 맡긴 데 대한 개인적 손해로 취급했던 것이다. 즉, 그것은 형법상의 절도로 보지 않았다. 법적으로 절도는 재물을 절취하는 적극적 불법행위가 포함되어야 했다.

믿고 맡긴 재물의 착복행위를 범죄로 정의하는 법을 추가함으로써 상인계급의 이익은 더 잘 보장된 반면, 지주귀족계급은 무단침입법에 의해 보호되는 정도였다. 기존 귀족계급의 권력은 쇠퇴하는 데 반해, 신흥기업가 집단은 권력을 획득, 강화했다. 따라서 법의 궁극적 변화는 사회적 권력균형의 변화를 반영하는 것이다(Hall, 1952).

비록 법이 이익집단의 직접적 압력에 굴복해 개정된다고 하더라도 폭넓은 공공여론은 여전히 법 제정과 개정에서 중요한 요인이 된다. 권력집단이나 집단의 연합체는 종종 대중정서(*public sentiments*)에 영향을 끼치려 하고 이를 통해 합의의 외형을 취하려 한다. 현재의 공통적 가치와 여론을 형성하는 데 성공한 집단은 다른 집단을 누르고 갈등을 극복할 수 있는 매우 유리한 지위를 점한다. 뉴스매체는 이 과정에서 중요한 역할을 한다(Hollinger and Lanza-Kaduce, 1988; Castellano and McGarrell, 1991; Barak, 1994 참조). 정치가와 대중 모두 뉴스 내용이나 사설 등을 통해 입법이 필요하다고 여기는 사항에 대해 촉각을 곤두세운다. 여론이 매스컴의 보도를 만들기도 하지만 또 한편으로는 매스컴의 보도 때문에 여론이 형성되기도 한다.[3]

3) 다만 최근의 연구는 미디어가 범죄에 대한 걱정을 만들거나 키운다는 '배양 효과'가 특히 뉴스의 원천이 전통적 뉴스와 대조적으로 인터넷인 경우에 과장될 수 있음을 증명한다(Roche, Pickett, and Gertz, 2016; Shi, Roche, and McKenna, 2019).

권력과 강제에 관한 갈등이론의 관심은 '사회적 위협'(*social threat*)이 법의 형성과 형사사법체계의 기능에서 중요한 역할을 한다는 점 또한 부각시켰다. 갈등주의적 관점에 의하면 "권력자의 이익을 위협하는 사람과 행위가 중대하고 많아질수록 일탈의 정도와 범죄통제는 증가한다"(Liska, 1992: 18). 소수집단, 빈민 그리고 청소년이 더 힘 있는 집단의 이익에 실질적이거나 상징적 위협을 제기하면 주류시민의 범죄두려움과 신고가 증가해 더욱 억압적 법이 제정되고 법 집행활동, 재판절차, 처벌의 증가로 이어진다. 갈등이론가는 최하층계급이 제기하는 사회적 위협은 형사사법 관리의 재량권에 입각한 의사결정에 영향을 미쳐 위협집단에 속한 범죄자에게 더 엄격하게 대응하고 권력집단에 속하는 범죄자에게는 관대한 처분을 내리게 된다고 주장한다.

법과 형사사법에 관한 갈등이론은 1950년대와 1960년대에 전개된 낙인이론으로 통합되었다(제 7장 참조). 그리하여 사회적·법적 규범의 형성과 작용을 설명하는 데 낙인이론과 갈등이론은 본질적으로 차이가 없다. 단지 양 이론은 범죄와 비행의 설명을 달리할 뿐이다. 갈등이론(낙인이론)은 원래 모든 비권력집단, 특히 빈자, 소수인종, 소수민족, 여성, 청소년에 대한 법과 형사사법의 영향을 연구했다.

그런데 시간이 흘러 갈등이론에서 특정한 비권력집단에 대한 특화된 접근이 이루어졌다. 예컨대, 마르크스주의 범죄학(제 11장)은 계급차이에 대한 갈등론적 접근에서 유래했고 페미니스트 범죄학(제 13장)은 범죄와 정의에서 성별차이에 대한 갈등론적 접근에서 시작되었다. 오늘날 현대 갈등이론을 인종/민족, 범죄와 형사사법에 대한 더욱 구체적인 연구와 일치시키는 경향이 있다(Gibbidon, 2010). 결과적으로 갈등이론을 검증하려는 현대적인 경험적 연구의 상당수는 범죄와 형사사법절차에서 인종적 그리고 민족적 차이에 초점을 맞춘다.

4. 법과 형사사법에 대한 합의이론 및 갈등이론의 경험적 타당성

1) 입법에 대한 연구

몇 가지 유형의 경험적 연구가 형법과 형사사법에 관한 설명으로서 갈등이론과 낙인이론의 타당성을 평가하려고 시도했다. 첫 번째 유형은 입법, 행정규제, 법원의 판결에 대한 이익집단의 영향력을 연구한다. 이 유형에는 이전의 법과 최근 혹은 현재의 법과 정책에 대한 연구가 포함된다. 이 연구에서는 절도, 부랑행위(浮浪行爲), 성매매, 마약복용, 마약사용, 유괴, 총기휴대, 청소년비행, 컴퓨터 범죄에 대한 입법과정에서 나타나는 배경과 집단갈등의 성격을 조사했다.[4)]

이 연구는 법 제정과 공공정책 수립에 영향을 미치는 특수집단을 가려냈다. 이들 중 일부는 잘 조직된 압력집단이지만 다른 집단은 지역, 노동, 사업, 농업, 종교, 전문적 그리고 기타 이해관계로 더욱 확산되

4) 홀(Hall, 1952), 베커(Becker, 1963), 챔블리스(Chambliss, 1964), 딕슨(Dickson, 1968), 로비(Roby, 1969), 플랫(Platt, 1969), 알릭스(Alix, 1978), 겔리허와 워커(Galliher and Walker, 1977), 헤이건과 레온(Hagan and Leon, 1977), 헤이건(Hagan, 1980), 트로이어와 마클(Troyer and Markle, 1983), 홀링거와 란자-카두스(Hollinger and Lanza-Kaduce, 1988), 카스텔라노와 맥가렐(Castellano and McGarrell, 1991) 그리고 로렌스(Lawrence, 2017) 참조.

었다. 심지어 법 집행기관과 정부 관료도 법의 제정과 집행에서 특별 이익집단으로 활동했다. 이 연구로부터 순수한 합의모형과 엘리트 집단이 모든 입법을 통제한다는 모형 중 어느 한쪽만이 옳다는 판정을 당장 내리기는 어렵다. 다만 연구결과는 다원적 갈등모형에 가장 근접하는 것으로 볼 수 있다.

> 연구를 통해 알 수 있는 것은 범죄통제를 위한 입법이 시대와 주제에 따라 달라지는 많은 이익집단 간의 갈등과 경쟁의 산물이라는 것이다. 가치와 이해관계에 대한 갈등이 끊임없이 나타나고 대부분의 법이 도시빈민을 대상으로 한다는 연구결과는 도덕적 기능주의 입장(*moral functionalist position*)에 대해 심각한 의문을 제기한다. 한편, 뚜렷하게 확인할 수 있는 기업이나 자본의 개입이 없다는 점은 도덕적 마르크스주의의 입장에 대해서도 의문을 제기한다(McGarrell and Castellano, 1991: 176).

2) 범죄와 형사사법에 대한 여론 연구

갈등이론을 평가하는 데 관련되는 두 번째 유형의 연구는 어떠한 행위가 어느 정도 비난받는가에 관한 여론에서 합의나 의견불일치에 대한 것이다. 법이 합의된 공공윤리 및 가치와 부합한다면, 공중의 의견과 어느 정도 합의되는 것이며 범죄행위와 이에 따른 형벌의 부과라는 법적 정의와 사회적 정의가 일치하게 된다.

연구결과, 핵심형법상의 범죄는 계층, 연령, 성별, 교육 정도, 인종, 지역적 집단을 초월한 합의가 있음을 보여준다. 형법이 중대한 범죄로 파악하는 행위(예컨대, 살인, 폭행, 강간, 강도, 절도 등)에 대해 시민도 대단히 악하고 사회적으로 위험한 행위라고 보았다. 난폭한 대인범죄가 가장 무거운 범죄로 평가되었고 마약밀매도 상당히 무거운 범죄로 평가된 반면, 재산범죄는 비교적 가벼운 범죄로 평가되었다. 공공의 도덕과 질서에 대한 범죄(예컨대, 공공연한 음주와 무질서 행위) 및 사적으로 합의하에 이루어지는 행위(예컨대, 성매매)는 불법성이 가장 낮게 평가되었으며 그 행위를 불법시하는 데도 상당히 많은 반대가 있었다(Rossi et al., 1974; Wellford, 1975; Pease, Ireson, and Thorpe, 1975; Thomas, Cage, and Foster, 1976; Wolfgang et al., 1985).

어떤 종류의 행동에 대한 평균적 견해는 상당한 차이가 있다(Miethe, 1982). 일정한 행위가 악하기 때문에 불법으로 인정되는 경우라도 특정 행위에 대해 특정한 사람이 주장하는 제재의 정도는 상황에 따라 달라진다(Lanza-Kaduce et al., 1979; Cullen et al., 2000). 이들 연구에서 발견되는 합의는 사실이며 단순히 연구방법에 의해 인위적으로 만들어진 것이 아니다.

하지만 그 결과가 법의 순수한 합의모형을 지지하는 것은 아니다. 오히려 다원적 갈등이론(*pluralistic conflict explanation*)에 더 부합한다. 형법을 통해 금지되는 행위는 사회적으로 처벌 필요성에 대해 합의를 이룬 행위이며 도덕적으로 가장 비난받는 행위이다. 그러나 갈등과 비합의가 내포된 법의 영역도 많다.

3) 사회적 위협에 대한 연구

세 번째 유형의 연구는 위협적 집단의 존재와 이 집단이 지역 내에서 범죄통제활동에 미치는 영향 사이의 관계를 조사한다. 이러한 연구에서 주요한 접근방법은 한 지역의 인구학적 구성과 다양한 제재수단에 대해 거시적 수준에서 초점을 맞춘다. 이러한 연구결과는 주로 방법론적 차이와 단점 때문에 엇갈리게 나타난다. 위협가설을 검증하려는 대부분의 연구는 흑인 또는 빈민의 비율과 사적 제재(*lynch*), 경찰의 규모와 예산, 경찰력의 과잉진압, 체포 그리고 양형 사이의 정(+)적인 상관관계에 대한 약하거나 중간 정도의 지지를 발견했다.[5] 하지만 일부 연구는 청소년의 경우 범죄통제 노력과 관련하여 소수집단 위협가설에 대한 아무런 지지도 없음을 발견하였다(Leiber, Peck, and Rodriguez, 2016; Andersen and Ouellette, 2019).

그러나 챔린과 코크란(Chamlin and Cochran, 2000: 84)은 이러한 대부분의 연구에서 지배집단에 대한 위협이 측정되기보다 가정되었으며 사회적 위협의 '구조적 예측인자'(*structural antecedents*)를 측정함으로써 위협가설을 간접적으로 검토했을 뿐이라고 주장한다. 에이틀, 달레시오와 스톨젠베르그(Eitle, D'Alessio, and Stolzenberg, 2002)는 정치적 위협(흑인에 대한 백인 유권자 비율), 경제적 위협(흑인에 대한 백인 취업률) 그리고 흑인범죄의 위협(흑인가해자/백인피해자 중범죄율)을 포함해

---

5) 이러한 연구문헌에 대한 검토는 리스카(Liska, 1992), 에이틀 등(Eitle et al., 2002), 그리고 챔린(Chamlin, 2009) 참조. 또한 최근의 연구는 왕과 미어즈(Wang and Mears, 2015), 조단과 마론(Jordan and Maroun, 2016), 젠(Zane, 2018), 그리고 램지와 스테들리(Ramsey and Steidley, 2018) 참조.

위협을 구체적으로 측정했다(Eitle, D'Alessio, and Stolzenberg, 2002).

이들의 연구는 정치적 위협이나 경제적 위협이 흑인범죄자의 체포율을 높이는 것이 아니며 흑인 대 흑인의 범죄가 아닌 흑인 대 백인의 범죄가 흑인범죄자의 체포율을 증가시킴을 보여준다. 비록 이러한 연구결과가 흑인피해자보다 백인피해자에 대해 호의적 경찰활동에서의 편견을 지적하는 것이긴 하지만[6] 백인에 대한 흑인범죄가 흑인 체포율에 미치는 영향에 대해서는 경찰이 증가한 범죄율 때문에 더 많은 체포활동을 펼칠 수밖에 없었다는 기능주의 해석도 가능하다(Chamiln and Cochran, 2000; Sharp, 2006).

챔린(2009: 555)은 "백인 대다수에게 특별히 위협적인 범죄로 인식되는 범죄"인 강도의 체포에 미치는 인종관련 폭동의 영향을 특정 위협으로 조사함으로써 인종구성과 형벌 간의 관계에 대한 합의론적 해석과 갈등론적 해석의 검증을 실시했다. 그의 분석은 "폭동은 강도체포율의 즉각적이고 지속적인 증가"(2009: 553)로 이어졌지만 이는 신고된 강도범죄가 실제로 증가했기 때문이라고 볼 수는 없다. 스터키(Stucky, 2012)는 주민 중에서 흑인의 비율과 흑인주민의 높은 체포율 사이의 관계는 그 지역의 정치적 상황에 달렸음을 발견했다(예컨대, 흑인시장과 시의원이 있는 도시에서는 체포율이 낮다).

사회적 위협의 측정은 전 세계적 범위로 확장된다. 전 세계 140개 국가에서의 사회적 위협과 처벌에 관한 연구에서, 루델과 우비나(Ruddell

---

6) 리스카와 챔린은 이러한 현상을 '은근한 무시'(*benign neglect*)라고 언급했다(Liska and Chamlin, 1984). 이외에도 라프리(LaFree, 1980), 패터노스터(Paternoster, 1984), 클랙(Kleck, 1981) 그리고 아우지와 리(Ousey and Lee, 2008), 그리고 앤더슨(Andersen, 2015) 참조.

and Urbina, 2004)는 사회적 위협을 관습적인 인종적 차원을 넘어 인구 내의 종교, 인종 그리고 언어차이를 포함하는 문화적 차원까지 확대했다. 그들은 경제적 압박, 근대화, 정치적 안정성 그리고 폭력범죄를 통제한 후, 인구다양성이 구금률을 증가시키고 연구에 포함된 국가 사이에서 사형폐지 가능성을 감소시킨다는 사실을 발견했다. 그러나 그 연구는 국가 내 다양성의 분포 차이(변산도, *variability*)가 미치는 영향을 파악할 수 없었고, 주요 소수민족의 거주지 분리가 커져가는 위협에 더 큰 사회적 제재로 반응할 필요를 어느 정도까지 감소시키는지도 파악할 수 없었다(Stolzenberg, D'Alessio and Eitle, 2004; Kent and Jacobs, 2005).

4) 형사사법에 관한 의사결정에서 인종 차이와 편견

사회적 위협 가설은 갈등이론과 관련해서 가장 자주 수행되는 네 번째 연구유형에도 내포되었다. 이러한 연구는 형사사법 결정에서 인종 차이를 검증하고, 경찰 접촉, 체포, 기소, 양형 결정에서 인종 차이가 권한을 가진 자들의 인종 편견에 얼마만큼 기인하는지 측정하고자 한다. 미국에서 소수집단, 특히 흑인은 형사사법 및 소년사법제도에서 공식적으로 처리되는 인원이 일반 인구 구성비보다 과도하다. 예를 들면 흑인은 인구의 약 13.4%인데, 체포의 27.4%, 수감의 40%를 구성한다(Federal Bureau of Investigation, 2018; Carson, 2018).

인종 간 차이의 증거는 성인의 형사사법체계보다 소년형사사법체계에서 더 분명한 것으로 보인다. 흑인 소년은 18세 미만 인구의 약 16.7%에 해당하는데 소년 체포의 34.9%와 주거형 교정시설 위탁의

39%를 구성한다(FBI, 2018; Office of Juvenile Justice and Delinquency Prevention, 2019). 하지만 비숍과 라이버(Bishop and Leiber, 2012)는 성인범죄보다 소년범죄의 처리과정에서 이러한 인종 간 차이가 나타나지만 이것이 힘없는 사람에 대한 명백한 차별의 결과로 바로 연결되지는 않는다고 주장한다.

구금결정, 비행으로의 입건, 보호처분 등 공식적 처벌(제 7장)로부터의 다이버전을 포함한 모든 소년법원의 결정은 인종 효과를 반영하지만 기껏해야 간접적 효과일 뿐이다. 모든 인종적 차이가 범죄의 심각성 및 전과와 같은 법적 변수로 환원될 수 없다고 해도 인종과 관련된 소년사법체계에 특유한 고려사항에 의해 설명할 수 있다.

> 초창기부터 소년법원은 사회복지와 사회통제의 두 가지 기능의 균형을 이루기 위해 노력했다. 개별적 처우에 대한 관심은 … 소년의 욕구와 생활환경에 대한 평가 그리고 그들의 문제에 효율적으로 접근할 수 있는 대응책을 찾아야 한다. 그렇다면 당연히 … 개인적이고 사회적인 요소(예컨대, 가족구조, 부모의 통제와 감시에 대한 태도와 능력, 학교 성적, 고용 상태)는 … 법원에 대해 심사위탁(*referral*), 구금 그리고 보호처분 등의 결정에 영향을 미친다. **이 요소 각각이 인종과 관련되었다는 점은 소수인종의 소년이 소년법원에 더 자주 회부되고 더 간섭적 처분을 받게 되는 것을 불가피하게 한다**(Bishop and Leiber, 2012: 473; 인용자 강조).

형사사법 결과에서 인종 차이의 증거가 곧바로 갈등이론을 지지하는 인종 편견의 증거로 되는 것은 아니다. 이런 차이는 피터실리아와 터너(Petersilia and Turner, 1987)가 형사사법체계에서의 '차별'(*discrimination*)이라기보다는 '차이'(*disparities*)라고 말한 것과 같은 현상으로도 볼 수 있다.

> 인종 차별(*racial discrimination*)은 형사사법체계 당사자가 명백한 객관적 기준보다는 인종에 기반을 두고 결정할 때 발생한다. … 그러나 인종 차이는 그런 〔객관적〕 기준이 적용되지만 인종집단에 따라서 다른 결과가 발생할 때 나타난다(Petersilia and Turner, 1987: 153; 원문 강조).

오마르 미첼(Ojmarrh Mitchel, 2009)은 형사사법 결과에서 인종 차이를 설명하기 위해 세 가지 다른 가설을 주장한다. 차등 참여 가설(*differential involvement hypothesis*)은 체포와 수감 결정에서 소수집단의 과잉대표는 단순히 실제 범죄에서 인종 차이에 기인한다는 것을 주장한다. 즉 흑인이 백인보다 체포되고 수감될 가능성이 더 높은 것은 그들이 수행하는 범죄의 비율이 더 높기 때문이다. 두 번째 가설은 차등 주시 가설(*differential scrutiny hypothesis*)인데, 대부분의 범죄, 특히 중범죄의 지리적 집중은 많은 소수집단, 특히 빈민이 거주하고 일상생활을 영위하는 주거 및 상업 지역에 수렴한다고 주장한다. 범죄율 높은 지역에 경찰을 증강 배치하는 것이 그 지역에 출몰하는 자들에 대한 경찰의 주시를 증대시키는 결과가 되고, 현존하는 자들의 범죄행위를 적발할 가능성을 증가시킨다. 결과적으로 범죄율 높은 지역에 거주하는 개인들은, 그 다수는 흑인인데, 범죄율 낮은 지역에 거주하는 개인들보다 체포될 가능성이 더 크다. 다음으로 미첼(Mitchell, 2009)은 만약 체포와 수감에서 인종 차이가 차등 참여 또는 차등 주시로 설명되지 않는다면 그러한 불균형은 인종 편견 가설(*racial bias hypothesis*)에 의하여 설명된다고 주장한다. 경찰과 다른 형사사법기관들은 소수집단의 구성원에 대한 부정적 고정관념에 의존하고 있어 그들을 체포, 기소 또는 수감하는 결정의 가혹성을 증가시킨다는 것이다. 미첼은 다음과 같이 지적한다.

> 소수집단을 마약, 범죄 및 기타 사회적으로 바람직하지 않은 행위와 연결하는 문화적 고정관념이 만연하여 잠재의식 수준의 의사결정에 영향을 미칠 수 있어서 만연해있는 인종 고정관념은 아무런 의식적인 인종 적의(*racial animus*)를 갖지 않더라도 누군가의 행위에 영향을 미칠 수 있다. 그런 결정을 하기 위해 꼭 '인종차별주의자'(*racist*)가 될 필요는 없다(Mitchell, 2009: 57-58).

조사 결과는 미첼(Mitchell, 2009)의 가설을 부분적으로 지지하는 것으로 나타났다. 범죄적 활동에서 소수집단의 차등 참여와 관련하여 전미 범죄 피해조사(National Crime Victimization Survey · NCVS)에 따르면 폭력사건의 21.7%에서 피해자는 가해자가 흑인이라고 보고하였는데, 이 비율은 일반 인구의 구성비보다 높다(Morgan and Oudekerk, 2019). 또한 자기 보고식 조사에 따르면 폭력 범죄를 저질렀다고 자인할 가능성은 흑인이 백인보다 일관적으로 높은 것으로 나타났다(Huizinga. Loeber, and Thornberry, 1993; Elliott and Ageton, 1980). 하지만 동일한 조사에 따르면 비폭력적 범죄와 경미한 범죄에 대한 자기 보고에서 인종 차이는 거의 없는 것으로 나타났다. 게다가 비록 흑인이 마약 소지와 배포로 체포될 가능성이 백인의 3배 내지 5배에 이르지만(Mitchell, 2009), 흑인이 마약이나 알코올을 남용할 가능성은 백인보다 많지 않다(Johnston, O'Malley, Bachman, and Schulenberg, 2011). 차등 참여 가설을 검증하는 연구에서 마약 배포를 포함한 마약 혐의의 체포에서 인종 차이는 마약 남용의 체포를 통제한 후에도 유의미한 수준을 유지하였다(Mitchell and Caudy, 2015, 2017).

차등 주시 가설의 타당성을 검증하는 연구도 마약 체포에서 인종 차이를 설명할 수 있는 적용성에 주로 집중하였다(Mitchell, 2009; Mitchell and Caudy, 2015, 2017; Gaston, 2019a, 2019b). 거시수준 접근을 활용하여 가스톤(Gaston, 2019a)은 폭력범죄율과 시민의 서비스 요청 비율이 백인 아닌 흑인의 체포 가능성을 증가시켰다는 점에서 차등 주시 가설에 대해 지지를 발견했다. 또한 경찰관이 체포를 정당화하기 위하여 작성한 서술적 기록을 조사한 가스톤의 연구에 따르면, 백인 우세 지역이 아닌 흑인 우세 지역에서 체포할 때 사전 조치(예를 들면 경찰관의 순찰, 보행자 정지, 자동차 정차)가 통상적으로 사용되었다는 것을 나타냈다(Gaston, 2019b). 하지만 대조적으로 미첼과 카우디(Mitchell and Caudy, 2015, 2017)는 지역의 도심 갱단 통제를 위한 개인 체포에 대한 분석에서 경찰 순찰 강화 조치가, 그 자체로 중요한 예측 변수이지만, 인종이 마약 체포에 미치는 유의미한 효과를 제거하지 못했다.

미첼과 카우디(Mitchell and Caudy, 2015, 2017)는 차등 참여 변수와 차등 주시 변수가 체포에서 인종 차이를 완벽하게 설명할 수 없다는 점이 인종 편견 가설을 지지하는 증거를 제공한다고 주장한다. 하지만 그들의 분석은 체포 결정에서 인종 편견의 역할을 확인하기 위한 어떠한 측정도 포함하지 않았다. 가스톤(Gaston, 2019a)은 인종 편견에 대한 측정으로 지역의 흑인 거주자 비율을 포함하였다. 그 결과, 흑인 우세 지역에서 백인이 마약 혐의로 체포될 가능성이 더 높고, 백인 우세 지역에서 흑인이 마약 혐의로 체포될 가능성이 더 높다는 사실을 발견하였다. 이는 경찰관이 한 인종의 구성원이 다른 인종이 지배하는 지역에서 '제자리를 벗어난'(*out of place*) 것으로 보이는 상황에 적절히 대응하고 있음을 암시한다. 비록 가스톤(Gaston, 2019a)이 인종 편견 가설에 대해 지지를 주장하지만, 이 발견 자체가 의사결정에서 인종 차이를 어떻게 확증하는지 알기는 어렵다.

인종이 공식적 형사사법 결정에서 비록 사소하지만 적어도 '약간의'(*some*) 역할을 할 때는 언제나 갈등이론과 낙인이론이 지지된다고 선언하는 것은 매우 최소한의 주장이 된다. 왜냐하면 어떤 사회인구적 변수가 그러한 결과에 미치는 영향이 0보다 크다는 것을 발견하기는 매우 쉽기 때문이다. 하지만 낙인이론과 갈등이론은 오직 인종만이 누가 범죄인으로 규정되거나 낙인되는지를 결정한다는 정반대의 극단적인 예측을 하는 것으로 쉽게 해석될 수 있다. 이러한 입장이라면 범죄행위와 실질적 또는 법적 관련성을 가진 기타 변수가 경찰, 법원, 교정공무원에 의한 어떤 행위에도 아무런 작용을 하지 못하는 것이 된다. 이러한 예측을 증명할 수 있는 증거를 발견하기란 참으로 어렵다. 법적 변수가 '0' 이상의 무언가를 나타낸다는 것은 곧바로 앞서 언급한 결과를 부정하는 것이 되기 때문이다. 그러나 이러한 극단적인 어떤 해석도 형사사법에 대한 갈등주의 시각에서 가장 일반적이고 합리적인 설명을 제시하지 못한다.

갈등이론가와 낙인이론가는 형사사법적 결정(체포, 기소, 유죄판결 그리고 처벌)이 사회 내에서 약자에게 불리하게 행사된다고 주장한다. 이들의 관점에서 형사사법체계는 중산층과 상층계급의 가치와 이해를 지지하며 재산과 사업을 보호하고 사회의 구성원 중에서 더 영향력 있고 힘 있는 자를 보호하려 한다.

따라서 힘없는 집단의 구성원은 더 자주 체포·기소되고 유죄판결을 받으며 똑같은 범죄를 저질렀음에도 불구하고 지배계급의 구성원보다 무거운 처벌을 받는다. 특히, 이 가설은 개인범죄자의 특성을 검토하면서 형사사법적 결정이 기소된 범죄, 전과 그리고 유죄 또는 무죄와 같은 행위적·법적 변수보다 인종, 계급, 연령 그리고 성별과 같은 법외적 변수에 더 많이 기초한다고 주장한다. 갈등이론에 따르면 통상 형사사법 결정에서 법외적 변수가 법적 변수와 비교해서 동일한 정도 또는 더 강하게 영향을 끼치는 것으로 이해된다.

형사사법 의사결정에 영향을 미치는 요인을 검증하기 위한 조사는 매우 많이 이루어졌다. 이러한 조사에 대한 초기 검토(Hagan, 1974; Wilbanks, 1987; Tittle and Curran, 1988)는 일단 범죄의 중대성과 전과와 같은 법적 변수가 동일하게 유지된다면 체포, 양형 및 소년사법 처리에서 인종 편견이 작용한다는 증거는 거의 없다는 결론을 내렸다. 보석, 미결구금, 기소결정에서 인종 차이는 중요하지 않았고(Free, 2002), 기소인부(*plea offer*)에서도 마찬가지였다(Kutateladz, Andiloro, and Jonson, 2016). 나아가 인종과 양형 조사에 대한 메타분석도 양형에 대한 인종 효과는 전과와 범죄 경중에 대한 보다 정확한 측정이 통제되면 많이 감소한다는 결론을 내렸다(Mitchell, 2005).

어떤 이론가는 형사사법체계에서 법외적 변수보다 법적 변수의 우월성에 대한 경험적 연구결과를 확신하게 되어 인종차별주의의 일반적 가설을 '신화'(*myth*)에 불과하다고 한다(Wilbanks, 1987). 그러나 이것은 너무 과장된 것이다. 체계가 심히 차별적이어서 항상 법적 정확성을 배제한 채 인종에 근거하거나 다른 편향된 결정을 한다는 것은 신화이다. 전반적인 경험적 연구결과를 통해서 법 집행, 사법 및 교정체계가 상대적으로 공평하게 운영됨을 확인했다. 그러나 일부 지역에서 인종, 계층, 기타 법외적 변수가 성인 및 소년사건에 관한 결정에 영향을 미친다는 사실은 결코 신화가 아니다.[7)]

워커 등(Walker et al., 2018)이 말했듯, 인종에 기초한 결정은 일부 영역에서 발생하며 형사사법체계 내의 일부 사람에 의해 이루어지기도 하지만 또 다른 사람에 의해서는 이루어지지 않는 '상황적 차별'(*contextual discrimination*)[8)]이 있다.

대부분의 경험적 연구를 통해 볼 때, 중대한 범죄일수록 그 범죄에 대한 사법결정은 인종, 계층과 같은 범죄자의 사회적 지위와 관련성이 적다. 자유재량권은 사소한 범죄의 경우 더 많이 작용하는 경향이 있는 것이다. 인종차별주의, 성차별주의, 계층에 대한 편견이 사법체계에 일부 존재하지만 이것이 검거, 유죄판결, 제재결과에 미치는 영향력은 상대적으로 약하다. 전체적으로 이러한 요인은 직접적이고 확실하게 나타나기보다는 교묘하고 복잡한 방식으로 작용한다.

이러한 변수들의 복잡한 결합에 대한 설명은 살인죄에 대한 사형선고의 인종적 차이를 다룬 연구에서 발견된다. "퍼만(Furman) 판례 이

---

7) 피터실리아(Petersilia, 1983), 피터실리아와 터너(Petersilia and Turner, 1987), 켐프와 어스틴(Kempf and Austin, 1986), 브리지스와 그러치필드(Bridges and Crutchfield, 1988), 비숍과 프레지어(Bishop and Frazier, 1989), 호로위츠와 포티에거(Horowitz and Pottieger, 1991), 스미스와 에이커스(Smith and Akers, 1993), 스폰(Spohn, 2002), 재츠(Zatz, 2002), 워커 등(Walker et al., 2011) 참조하라. 1966년부터 2004년에 걸친 연구에서 보고된 27개의 독립적 효과단위를 검토한 체포결정에 관한 인종의 영향에 대한 메타분석은 법적 변수를 통제하더라도 흑인이 백인보다 높은 체포율을 가짐을 발견했다(Kochel, Wilson, and Mastrofski, 2011).

8) [옮긴이 주] 맥락적 차별이라고도 한다.

전의 미국의 사형사(死刑史)가 불평등과 차별로 특징지어짐"에도 불구하고(Radelet, 1981: 918), 사형에 대한 경험적 연구는 범죄자의 인종에 따른 사형선고에서 유의미한 차이를 발견하지 못했다. 실제로 인종적 차이가 있는 경우에도, 오히려 유죄판결을 받은 백인 살인범이 흑인 살인범보다 사형선고의 위험이 두 배로 높다.

그러나 살인피해자의 인종에 따라서는 기소와 양형의 차이가 나타나는 경향이 있다. 백인살인범의 경우에는 피해자도 백인인 경우에 사형 가능성이 높다. 살인피해자가 백인일 때, 범죄자의 인종과 관계없이 사형을 선고받을 상대적 확률이 높아진다. 이는 백인을 살해한 사람은 유일하게 사형이 가능한 1급살인으로 기소될 확률이 높기 때문이다. 1급살인죄에 의해 사형이 선고되는 확률이 가장 높은 범죄자-피해자 조합은 모든 측정 가능한 법적 변수가 통제되더라도 흑인살인범과 백인피해자의 조합이다(Radelet, 1981; Radelet and Pierce, 1991; Free, 2002; Paternoster and Brame, 2008; Thaxton, 2018).

일반적으로 폭력범죄에서는 가해자의 인종이나 가해자/피해자 인종이 실형선고율과 형량에 영향을 미치지 않는다. 오히려 양형에 가장 많이 영향을 미치는 요인은 범죄의 중대성과 범죄자의 범죄경력과 같은 법적 변수이다. 그러나 살인과 성범죄의 양형에는 범죄자의 인종/피해자의 인종이 유의미한 변수로 작용한다(Spohn, 1994).

대럴 스테펜스마이어와 동료들은 양형결과에 대한 연령, 성별, 인종 그리고 민족의 영향을 검토했다(Steffensmeier, Ulmer, and Kramer, 1998; Steffensmeier and Demuth, 2000, 2001, 2006; 또한 Doerner and Demuth, 2010). 이들의 연구는 징역형과 형기 등의 사법적 결정은 모두 범죄의 중대성과 범죄자의 전과에 의해 가장 큰 영향을 받음을 증명했다. 그러나 이러한 법적 변수가 통제되었을 때도 법외적 변수의 효과는 작거나 중간수준으로 남았다. 예컨대, 똑같은 전과와 범죄를 저질렀음에도 불구하고 백인은 가장 관대한 형을 선고받지만, 히스패닉인은 흑인이나 백인보다 더 가혹한 형벌을 받는다고 한다(Steffensmeier and Demuth, 2000, 2001, 2006; Doerner and Demuth, 2010).

그러나 이러한 조건부 인종 및 민족 효과도 성별에 따라 달라진다. 남성의 경우 흑인과 히스패닉계 사람은 모두 양형에서 혹독한 처벌을 받는다. 그러나 여성의 경우 인종과 민족이 양형의 결과에 대해 미치는 효과는 보이지 않는다. 스테펜스마이어는 이러한 차이가 주로 판사가 범죄자에 대한 비난 가능성, 위험성 그리고 몇몇 피고인이 교도소 내에서의 '어려움'(*hard time*)을 어떻게 견딜 수 있을까에 대한 고려 등에 '중점적 관심'(*focal concerns*)을 둔 결과라고 한다.

비록 일반적으로 판사와 다른 사법관은 흑인과 히스패닉계 사람을 "더 위험하고 더 상습적이고 (형벌에 의해) 덜 억제된다고 인식하는" 반면, "모든 여성피고인은 (인종이나 민족과 관계없이) 과실이 적고, 덜 위험하고, 덜 상습적이고 아이를 돌보는 데 더 필요하다(부분적으로 아이를 비롯한 가족에 강한 유대를 가졌기 때문에)고 보는" 인식의 혜택을 받는다(Steffensmeier and Demuth, 2006: 246-247; 원문 강조).

5) 인종 차이의 누적 효과

신중한 조사를 통해 검거, 기소, 유죄판결, 양형에 상대적으로 공정한 것으로 판명된 형사사법체계에서 어떻게 그렇게 불균형적으로 많은 흑인, 남성, 빈민이 교도소 내에 있는가 하는 문제이다. 형사사법절차의 모든 단계에서 수행된 연구는 적절한 법적 변수가 통제될 때는 인종에 따른 차이가 거의 없다고 결론 내린다. 하지만 체포라는 시작단계부터 투옥이나 중간제재(*intermediate sanctioning*)라는 마지막 단계로 가면서 인종, 계급 그리고 다른 차이가 증가한다. 한 가지 가능한 설명은 각 결정단계에서 상대적으로 작은 차이가 모여 절차의 끝에서는 더욱 큰 차이가 된다는 것이다(Liska and Tausig, 1979; Bishop and Frazier, 1989; Horowitz and Pottieger, 1991).

관련된 답변은 상습범과 범죄경력자에 대한 경험적 연구에서 찾을 수 있다. 이들은 많은 범죄를 연속적으로 저질러 구치소나 교도소를 붐비게 하는 상습적 범죄자이다. 예를 들면, 도시출생 집단 연구에서 18세까지 흑인남성의 50%와 백인남성의 28%가 적어도 한 번은 경찰과 접촉한 적이 있다는 점이 밝혀졌다. 이 중에서 경찰에 검거된 사람의 절반 이상(52%)이 상습범 집단이었다.

여러 변수 중 인종과 사회계층 변수가 비행의 심각성, 반복성과 가장 강하게 관련되었다(Wolfgang et al., 1972). 청소년기에 검거된 적이 있는 사람들 대부분은 성인기에는 범죄경력을 갖지 않지만 흑인과 낮은 계급의 남성이 많이 포함되는 상습적 청소년 범죄자의 약 80%는 성인이 되어서도 범죄를 계속 저질렀다(Wolfgang et al., 1987; Shannon, 1982도 볼 것).

행동이나 생활양식 때문에 형사사법체계의 공식적 관심을 받을 위험이 가장 큰 '상습적이고 지속적인 범죄자'(*chronic persisters*, Blumstein, Farrington, and Moitra, 1985)는 흑인이며 빈민이다. 이들은 체포가 더 자주 발생하고 이후에 형사사법 제재 결정의 기초가 되는 공식기록이 축적된다. 또한 상습범은 오랫동안 사회와 격리되도록 장기간의 교도소복역이 강요되는 '선택적 구금'형을 받을 수 있다(Blumstein et al., 1978; Bernard and Ritti, 1991). 그렇다면 교도소 인원 중에서 특정 집단이 과도하게 많은 것은 그들의 더욱 높은 범죄빈도와 더욱 긴 범죄행위 지속기간, 법 집행 초기단계에서의 그들에 대한 더욱 큰 주목의 결과라고 할 수 있다.[9]

또 다른 답변은 형사사법제도에서 공식 처리 이전 상황에 있을 수 있다. 형사사법체계에서의 차이에 대한 경험적 연구는 거의 대부분 공식적 절차(즉, 체포, 기소, 유죄판결, 양형 등)만을 조사했다. 거리에서 이루어진 비공식적이고 승인되지 않은 활동에서 인종·지역적 차이는 면밀하게 조사되지 않았다. 조지-에비이(Georges-Abeyie, 1990)는 정부의 법과 절차에 분명하고 공공연하게 각인된 '중대한 인종차별정책'과 도덕과 관습 내에 은밀하게 또는 아마도 비의도적으로 각인된 '사소한 인종차별정책'을 명확히 구분한다(Milovanovic and Russel, 2001 참조).

그러나 순찰형태, 시민 괴롭힘, 불심검문 및 수색, 무력사용의 강도 등 공식적으로 기록되지 않는 경찰의 활동 내에서도 인종적·계급적 편견이 발견된다(Chambliss, 1994). 한 가지 주목할 만한 예가 경찰에 의한 인종 프로파일링(*profiling*)[10] 관행이다. 여러 주에서 불법화되고 전

9) 웨켄트(Wacquant, 2001)는 이런 결론에 강렬히 반대하는데 그는 교도소와 '고도화한 게토'(*hyperghetto*)가 게토가 가진 공동체적 성격을 상실하고 교도소와 유사하게 되고 끊임없는 국가의 감시, 실업, 가난, 황폐 등으로 특징지어지는 공식적 사회통제의 부분으로 기능한다고 주장한다. 마찬가지로 교도소는 재소자 인구, 갱단 전쟁, 그리고 재소자간 연대의 유죄 코드(*convict code*)를 대체하는 '거리 코드(*code of street*)'의 범위 안에서 인종 부분의 게토가 되고 있다.

10) [옮긴이 주] 연쇄살인범 등에 대한 수사에서 범죄수법 등을 바탕으로 '뚱뚱한 중년의 백인남자'와 같이 범죄자의 특징을 추출하는 범죄분석기법이다. '특징추출'로 번역할

국의 법원에서 점차 감독 대상이 되는 인종 프로파일링 또는 인종에 기반을 둔 법 집행은 개인의 행위보다 인종에 근거해 경찰이 행동하는 것을 말한다.

'운전 중인 흑인'(또는 심지어 '도주 중인 흑인' 또는 '서 있는 흑인')과 같이 입증되지 않은 기술은 경찰의 교통단속과 현장심문에서 수집된 자료의 더 체계적인 분석으로 이어진다. 대부분의 이러한 연구에서 불균형적으로 많은 소수민족 주민이 경찰에 의해 정지심문(불심검문)을 받았음을 알 수 있다.[11] 더 최근의 연구는 경찰에 의해 정지된 소수민족 운전자가 백인보다 더 많이 교통범칙금을 받고 수색당하며 체포됨을 발견했다.[12]

인종 프로파일링에 대한 연구는 수많은 방법론적 비판을 받았다. 특히, 인구조사자료를 사용해서 거주자 가운데 소수인종의 비율을 측정

수 있겠지만 아직 적당한 번역어를 찾지 못했고 원문의 의미를 좀더 분명히 하고자 일단 '프로파일링'으로 번역했다.

11) 그 검토에 대해서는 위드로(Withrow, 2006)를 참조하라.

12) 위드로(Withrow, 2006), 틸리어와 하트리(Tillyer and Hartley, 2010)에 의한 인종 프로파일링 연구에 대한 검토는 운전자에 대한 경찰의 정지결정과 후속조치에서 인종이 중요한 역할을 한다는 것으로 보여준다. 그러나 다른 연구는 이러한 일반적 결론과 모순된다(Novak, 2004; Durose, Smith, and Langan, 2007). 또한 에이릴과 탠키비(Ariel and Tankebe, 2018) 참조. 관련된 문헌은 피의자의 경찰에 대한 '태도'가 경찰의 체포 결정에 어떤 영향을 미치는지를 다룬다. 이러한 쟁점에 대한 연구에 따르면 태도를 통제하면 체포에서 인종 차이가 감소하고, 혐의를 받는 범죄행위가 일정한 경우에도 적대적이거나 무례한 태도가 피의자가 체포될 가능성을 증가시킨다(Klinger, 1996; Worden and Shepard, 1996; 또한 경찰 혐의의 형성에 영향을 미치는 요인에 대한 관찰 분석에 대해서는 Dunham et al., 2005 참조). 이러한 발견은 경찰은 적대감을 권위에 대한 도전으로 해석한다는 것을 암시한다. 하지만 태도는 타당한 이유와 관련 있는 것으로 보이기 때문에 그것이 법적 또는 법외적 변수인지는 분명하지 않다.

하고 이것을 '기준점'(*benchmark*)으로 삼아 경찰의 교통단속이나 현장 검문을 당한 소수인종의 비율과 비교한 것이 많은 비판을 받았다(Fridell, 2004).

엥겔 등(Engel, Calnon, and Bernard, 2002)도 현재의 프로파일링 연구의 개념적 기초에 대해서도 의문을 제기한다. 이러한 연구의 대부분은 순전히 서술적이며 경찰조치에 대한 인종적 기반의 의도를 조사하려 시도하지 않는다. 인종 프로파일링은 인종을 경찰행동의 유일한 기준으로 사용하는 것으로 정의되기 때문에 경찰관의 의도나 동기가 가장 중요하게 된다.

따라서 인종 프로파일링을 검증하는 연구에서는 경찰관과 정부기관의 인종에 기반한 조치를 설명하기 위해 수많은 사회심리학적·조직적·사회구조적 변수를 고려할 필요가 있다. 틸리어와 하트리(Tillyer and Hartely, 2010)는 현장에서 경찰의 의사결정에 인종이 미치는 영향의 근거에 대한 추가조사를 이끌기 위해 〔양형연구에서 '중점적 관심'을 사용한 것(Steffenmeier and Demuth, 2006)처럼〕 이 이론의 사용을 옹호한다.

5. 범죄행위에 관한 갈등이론

갈등이론은 입법, 법 위반, 법 집행의 모든 과정이 사회적·경제적·정치적 이익집단 사이의 갈등과 권력차이에 관련되는 것으로 본다. 범죄행위는 이러한 지속적인 집합적 갈등을 반영하는 것이다. 이와 같은 갈등적 설명은 볼드의 집단갈등이론에서 가장 잘 나타난다(Vold,

1958: 203-219). 또한 이러한 설명은 셀린(Sellin, 1938)과 서덜랜드(Sutherland, 1947, 1973)의 범죄에 관한 문화적·규범적 갈등이론과도 통한다. 갈등이론은 범죄와 일탈행동을 문화적·집단적 갈등 속에 있는 사람의 정상적이고 학습된 행위라고 설명한다. 범죄는 그러한 갈등의 표현이고 자신이 속한 집단의 규범과 가치에 따라 행동하는 사람들이 법으로 규정된 다른 사람들의 규범, 가치를 위반한 결과이다(Sellin, 1938; Sutherland, 1947; Sutherland and Cressey, 1978).

예를 들면, 외국인 이주자가 이전에 살던 나라의 관습에 따라 행동함으로써 이주해온 국가의 법을 위반할 수 있다는 것이다. 한 국가 내에서도 농촌 이주자가 도시에서 자신들의 규범과 가치에 맞는 행동을 하면 도시의 법과 갈등관계에 놓일 수 있다. 종교적, 민족적, 문화적 소수집단은 지배적 전통사회의 기준과 충돌하는 행동기준을 고수할 수 있고 이러한 기준을 표현하고 유지하기 위한 행동은 폭력, 재물손괴, 절도, 사기를 초래할 수 있다(Ben-Yehuda, 2010).

직접적 집단갈등으로 인해 다른 범죄가 발생할 수 있다. 기존의 정치, 사회질서에 반대하거나 이를 변화시키려는 집단이 크고 작은 범죄를 저지를 수 있는 것이다. 시민의 권리를 주장하는 자는 법을 부당한 체계의 도구로 이해하는 견해를 지지하기 때문에 법의 불복종이나 위반에 가담한다. 반면, 그들이 옳고 정당하다고 믿는 체계를 지지하는 사람(법 집행자의 일부를 포함해서)에 의해 흑인이 린치당하고, 교회가 폭격당하고, 흑인과 백인 모두에게 폭력이 가해졌다.

집단 간 갈등으로 싹튼 법 위반은 비폭력적 방해행위나 단지 경찰명령에 불응하는 것일 수 있지만 종종 이 정도에 그치지 않고 폭력, 재산 파괴로 이어지기도 한다. 예를 들면, 낙태합법화에 반대하는 행동주의

자는 낙태를 시술하는 병원의 문을 닫게 함으로써 재산적 손해를 입히는 불법행위를 했다. 한편, 낙태합법화를 주장하는 행동주의자는 이에 반대하는 시위자를 공격했다. 한 낙태시술자는 반낙태 열광자에 의해 살해당하기도 했다. 양측은 자신이 옳다고 굳게 믿었으며 이는 폭력과 법에 대한 공공연한 도전을 초래했다.

그런 항의가 전체 체계를 무시하는 정도에 이르면 그 결과는 폭력적 혁명이다. 예를 들면, 베트남전쟁 시대에 전쟁과 징병에 대한 항의는 종종 법과의 대규모 갈등을 가져왔다. 체계를 변화시키려는 급진적 집단은 정의라는 이름으로 건물을 불태우고 폭력을 행사했다. 혁명상황에서는 모든 형태의 테러리즘이 이데올로기에 의해 정당화된다. 급진적 집단이 경찰과 충돌함에 따라, 살인, 파업, 재산강탈, 절도 등의 범죄가 발생할 수 있다. 기존의 법체계를 보호하기 위해 경찰이나 다른 국가기관이 폭동을 통제하는 과정에서 법을 위반할 수도 있다(예: '경찰의 잔혹행위').

이러한 범죄는 전형적 정치범죄이다(Vold, 1958; Quinney, 1964). 정치범죄란 기존의 공공정책, 정치제도, 권력관계에 영향을 미치기 위한 법 위반행위로 정의된다(Minor, 1975). 기존의 체계에 반대하고 그것을 변화시키거나 파괴시키기를 원하는 이가 정치범죄를 저지를 수 있다. 또한 정부, 법 집행, 형사사법체계 당사자가 현상유지나 원하는 방향으로 체계를 변화시키기 위해서도 정치범죄를 저지를 수 있다. 워터게이트 사건으로 잘 알려진 1970년대의 닉슨 대통령과 백악관 관료들의 파렴치한 범죄 및 사법방해는 전형적 정치범죄의 예이다. 그들은 정부의 권력과 권위에 대한 위협으로 인식되는 집단과 개인을 억압하기 위해 정부와 법 집행기관의 권력을 사용했다.[13]

범죄자 여부는 갈등에서 이기는 편이 누구인가에 따라 좌우된다. 저항이나 혁명이 성공하면, 이전의 지배자들은 범죄자가 된다. 만약, 그렇지 않다면 저항자가 범죄자가 된다. 이전에 흑인차별법(Jim Crow Laws)을 시행하고 이 법을 위반한 흑인을 범죄자로 낙인찍었던 백인지상주의자가 오늘날에는 시민권에 관한 법을 위반한 범죄자로 간주된다. 소련연방과 동유럽 공산주의의 붕괴는 또 다른 예이다. 구제도하에서 의견을 달리하는 사람은 공산주의 법을 위반하였지만 그들 가운데 많은 사람이 지금은 권력을 쥐었다. 이전의 지배자는 기소되어 유죄판결을 받았거나 새롭게 선출된 정부의 통제하에 법 집행기관이 찾는 도망자가 되었다.

정치적 이데올로기에 의해 동기화된 범법자는 자신을 더욱 높은 가치를 위해 싸우는 사람으로 인식한다. 그들은 공공연히 자신들의 법위반을 알리고 법을 부정한다. 그러나 갈등이론가는 종종 이런 요소가 없고 범죄자가 자신이 위반한 법의 정당성을 인정하더라도 범죄를 설명하려고 한다. 실례로 볼드는 비행 갱단을 지배적 대다수의 가치와 갈등하는 집단으로 보았다. 또한 조직범죄를 정당한 사회의 법과 갈등관계에 있는 사업체계의 유형으로 분석했다.

---

13) 한편, 개인의 금전적·정치적 이익을 위한 공무원의 범죄는 정치범죄라기보다는 직업범죄 혹은 화이트칼라 범죄의 예이다.

6. 범죄행위에 관한 갈등이론의 경험적 타당성

집단적 · 문화적 갈등과 관련된 범죄의 다른 많은 예를 들 수 있지만 범죄행위에 관한 갈등이론의 가설을 명시적으로 검증한 연구는 매우 드물다. 한 연구는 정치적 이익집단의 수와 범죄율 사이에서 상관관계를 찾지 못했지만 범죄와 이익집단의 유형 간에는 약간의 관계가 있다는 것을 밝혀냈다(Brunk and Wilson, 1991). 경험적 연구의 부족은 갈등이론의 타당성과 범위가 적절하게 검증되지 않았음을 의미한다. 이러한 사실에도 불구하고 이 이론이 범죄에 경험적으로 적용될 가능성이 있다는 의견도 있다.

갈등이론은 현대사회를 매우 이질적 사회로 보아, 일반적으로 사람 사이에 가치합의가 거의 없는 것으로 본다. 분열된 부분 사이의 균형 유지와 집단타협이 오늘날 사회조직의 기반을 형성한다. 이러한 갈등 모형은 어느 정도 타당성을 갖는 것도 사실이지만 불완전한 상태로 남았다. 사회에는 갈등하는 집단과 이해관계가 뭉쳐서 해결하는 것보다 더 많은 것이 있다. 사회는 또한 다소간 광범위하게 지지되는 가치, 공통 가정, 세계의 이미지에 의해 유지된다. 이는 다양화된 사회에서 어느 정도 연속성과 통일성을 제공해 주는 주된 요인이다.

우리는 이런 가치와 규범을 위반하는 사람의 범죄행위를 단순히 지배적인 견해와 충돌하는 일부 집단의 이해관계를 대변하는 것으로 설명할 수 없다. 물론 집단과 그들의 가치가 입법과정에서 충돌하지만 대부분의 범죄가 단순히 입법과정의 충돌을 넘어 갈등이 지속된 결과는 아니다. 정치적 전투에서 승리한 집단의 사람은 충실하게 법을 지키고 패배한 집단의 사람은 일반적으로 법을 위반할 것이라는 것은 사실이 아니다.

볼드는 다소 조직화된 이익집단 간의 갈등을 강조했다. 그는 "조직화된 사회에서 서로 다른 이익집단 간의 갈등과 전혀 관련이 없는 충동적·비합리적 범죄행위"를 배제했다(Vold, 1958: 219). 그는 또한 "집단갈등 가설이 너무 확장되어서는 안 된다"고 경고했다(Vold, 1958: 219). 그럼에도 그는 조직범죄와 화이트칼라 범죄를 포함해 '상당한 양의 범죄'를 전반적으로 포괄하도록 이론을 확장했다(Vold, 1958: 219).

그러나 갈등이론이 경험적으로 타당성을 인정받는 범위는 이보다 훨씬 좁다. 갈등이론은 협소한 범위의 범죄에만 정확하게 적용되어 정치적 이데올로기에 의해 동기화된 범죄만이 이 모형과 잘 부합할 것이다. 대다수의 청소년비행과 성인범죄를 그저 집단갈등과 문화갈등에 부수되는 행동으로 설명할 수는 없다. 대부분의 범죄는 집단 간보다는 오히려 집단 내의 사람에 의해 저질러진다.

범죄행위를 설명하는 갈등이론의 범위가 제한된다는 것을 부분적으로 인정한 다른 갈등이론가들은 집단이나 문화적 갈등의 결과로 범죄를 설명하는 노력을 자제하거나 거부했다.[14] 오히려 그들은 사람들이 법을 위반하는 이유에 대한 다른 설명에 의지하면서 법을 제정하고 집

14) 예를 들면 비교적 갈등 이론(Hagan, Shedd, and Payne, 2005)은 부정의에 대한 시민 인식에 초점을 두고 인종적 민족적 소수집단의 구성원이 다수자 집단의 구성원에 비하여 형사사법 당국에 의한 결정과 행위가 부정의하다고 인식할 가능성이 더 크다(Shedd and Hagan, 2006; Buckler and Unnever. 2008; Buckler, Unnever, and Cullen, 2008). 비록 몇몇은 인식된 부정의가 범죄행위로 직접 이끈다고 주장하지만(Sherman, 1993; Tyler, 1990) 하간(Hagan)이 주장한 비교적 갈등이론은 이러한 부족한 예측을 멈추고, 따라서 범죄행위에 대한 갈등이론도 아니고 법고 형사사법에 대한 갈등이론도 아니다.

행하는 과정에서 집단권력과 갈등을 강조했다.

예를 들면, 퀴니(1970)는 형법의 제정과 적용을 설명하기 위해 권력과 갈등을 이용한다. 그러나 법을 위반하는 사람의 행동을 설명할 때는 갈등이론이 아닌 차별교제, 학습, 자아개념, 그 밖의 다른 변수에 의존했다. 버나드 등(Bernard et al., 2015: 254)은 서로 이질적이고 갈등하는 가치와 이해관계를 강조하는 볼드의 입장을 유지하면서 범죄행위와 형법 모두를 설명하기 위해 '범죄에 관한 통합된 갈등이론'을 제안한다. 그렇게 함으로써 버나드는 "볼드의 주장에 사회학습이론의 원리를 통합했다."

7. 갈등이론의 정책함의

법과 형사사법에 관한 갈등이론적 접근은 법에서 서로 다른 이해와 가치의 공정한 대변과 형사사법체계 내에서 인종, 성별 그리고 계층과 관련한 비차별정책의 중요성을 보여준다. 그러나 이러한 정책은 법과 형사사법에 관한 합의이론적 접근에 의해서도 똑같이 제시될 수 있는데 법과 형사사법 역시 미국사회에서 보편적이고 폭넓게 지지되는 정의, 법의 평등한 보호 그리고 비차별이란 가치를 반영하기 때문이다.

형사사법체계 내에서 법적으로 공정하고 공평한 정책, 절차, 판결은 이미 공공정책이 되었다. 차별, 법적 요소 대 법외적 요소에 대한 연구 그리고 이 장에서 논의된 다른 종류의 연구결과는 이러한 공공정책이 실제로 얼마나 잘 시행되는가를 판단하는 데 유용하다. 그러나 실무를 이상과 가깝게 만드는 방법에 대해 이론이 우리에게 알려주는 것은 많지 않다. 또한 범죄행위에 대한 갈등론적 설명의 정책적 함의를 식별하는 것은 쉽지 않다.

갈등이론은 우리로 하여금 사회 내에서 근본적인 구조적 변화 없이는 범죄에 관해 많은 개혁이 이루어질 수 없다고 결론짓도록 이끈다. 범죄행위가 집단이익의 충돌로부터 발생하고 갈등의 축소만이 범죄를 감소시킬 수 있기 때문이라는 것이다. 그러나 이 이론은 갈등을 사회 내의 필요하고 보편적 측면으로 보기 때문에 집단갈등을 감소시키기 위한 어떠한 노력도 쓸데없거나 이 이론과 모순되는 것으로 간주한다.

터크(Turk, 1995)는 갈등이론이 정책이나 형사정책에 적용될 가능성이 많지 않다는 관점에 이의를 제기했다. 그는 갈등이론의 정책적 함의가 과소평가되었다고 주장하는데 이는 '초당파적 갈등'(비급진적 다원적 갈등) 이론(*non-partisan conflict*)이 너무나도 자주 급진적 혁명주의(*radical revolutionism*)와 혼동되었기 때문이다.

> (급진적 혁명운동이) 유일하게 고려할 만한 정책은 어떻게 현재의 사회질서를 전복시킬 수 있는지다. 사회질서의 본질적 특성이 자본주의, 인종주의, 성차별주의, 군국주의 혹은 사회적 불평등의 다른 이유 중에서 어느 것이 되었든 간에 그 특성을 개선하거나 변형할 수 없다는 것은 당연하다(Turk, 1995: 16).

그러나 터크는 초당파적 갈등이론이 점진적 개혁과 혁명 모두를 거부한다는 것 이외에 갈등이론에 의해 어떤 구체적 정책이 제안될 수 있는가에 대해서는 분명히 제시하지 않는다.

8. 요 약

법은 전체 사회통제체계의 공식적 부분이다. 법은 사회적 · 경제적 · 정치적 기타 사회제도를 반영하는 동시에 이에 대해 영향을 준다. 합의이론은 사회규범과 도덕규범에 대한 전반적 합의와 사회의 모든 요소와 관련된 공통적 이해관계를 언급함으로써 법의 내용과 운용을 설명한다. 갈등이론은 법과 형사사법체계가 전체 사회의 이해관계나 규범보다는 사회에서 가장 힘 있는 집단의 이해관계와 규범을 구체화한다고 주장한다. 그리고 법은 사회에서 힘없는 집단을 부당하게 낙인찍고 처벌하는 형사사법체계에 의해 집행되는 것으로 주장한다.

합의이론과 갈등이론에 대한 경험 증거는 법률의 제정에 대한 연구, 범죄에 관한 공공 의견에 대한 연구, 체포, 기소 및 처벌에서 인종, 계급, 연령 차이에 대한 거시적·미시적 수준의 연구에서 유래한다. 조사는 다원적 갈등모형에 우호적 경향인데, 핵심적 법 규범에는 합의가 있지만 법의 제정과 집행에서 경쟁하는 이해집단 간에는 갈등이 있다. 조사 결과가 인종주의와 성차별이 형사사법제도를 노골적으로 감염시킨다는 것을 보여주지는 않는다. 동시에 형사사법제도가 편견에서 자유롭다는 것을 보여주지도 않는다. 하지만 조사 결과는 대체로 극단적 갈등이론에 반하고 다원적 갈등이론에 일치하는, 즉 형사사법제도는 법외적 변수보다 법적으로 관련 있는 변수에 더 많이 근거하여 결정을 내린다는 결론을 지지한다(Walker et al., 2018).

갈등이론은 범죄를 문화적 갈등이나 집단갈등 속에 휩쓸린 개인의 행동으로 설명한다. 그러나 범죄행위에 관한 이러한 이론을 검증한 연구는 거의 없다. 정치적 혹은 이데올로기적 동기로 인한 범죄는 갈등모형과 잘 맞는 것으로 보인다. 하지만 청소년비행이나 살인, 절도, 주거침입절도, 강간, 방화, 화이트칼라 범죄, 조직범죄와 같은 대다수 범죄에 대해서는 갈등이론이 설명력을 갖지 못한다. 갈등이론은 형사사법체계의 운영이나 범죄행위에 관한 설명보다는 법 제정에 대한 설명으로서 더 큰 경험적 지지를 받는다. 갈등이론과 합의이론 모두 다양한 이해와 가치가 공정하게 대표되고 법과 형사사법체계가 비차별적이어야 한다는 점을 암시적으로 지지하지만 갈등이론이 범죄행위에 대해 갖는 구체적인 정책적 함의는 찾아보기 어렵다.

주요 개념

- 사회통제(*social control*)
- 비공식적 사회통제(*informal social control*)
- 공식적 사회통제(*formal social control*)
- 사회화(*socialization*)
- 법(*law*)
- 합의이론(*consensus theory*)
- 기계적 연대(*mechanical solidarity*)
- 유기적 연대(*organic solidarity*)
- 실질적 합리성(*substantive rationality*)
- 형식적 합리성(*formal rationality*)
- 관습과 습속(*folkways and mores*)
- 기능주의이론(*functionalist theory*)
- 다원적 갈등모형(pluralistic conflict model)
- 사회적 위협(*social threat*)
- 차등 참여 가설(*differential involvement hypothesis*)
- 차등 주시 가설(*differential scrutiny hypothesis*)
- 인종 편견 가설(*racial bias hypothesis*)
- 법외적 변수(*extralegal variables*)
- 법적 변수(*legal variables*)
- 정치범죄(*political crimes*)

제 11 장

마르크스주의이론

1. 마르크스주의이론

갈등이론은 낙인이론과 마찬가지로 1960년대 미국 사회학과 범죄학계에서 두각을 나타냈다. 1970년대 중반까지 퀴니(Quinney, 1974a; 1974b), 챔블리스(Chambliss, 1975; Chambliss and Seidman, 1982), 플랫(Platt, 1977; Platt and Tagaki, 1981), 슈벤딩어 부부(Schwendinger and Schwendinger, 1981, 1984) 등의 학자는 갈등이론을 고수하던 이전의 입장을 바꿔 마르크스주의이론을 수용하거나 마르크스주의이론과 거의 동의어이거나 매우 밀접하게 연관된 것으로 여겨지는 '급진적'(*radical*) 또는 '비판적'(*critical*) 접근으로 나아갔다.[1] 이러한 마르크스주의이론과 갈등이론의 역사적 연관성은 "마르크스주의이론이 표면

1) 급진적, 비판적, 마르크스주의적 모형에 관한 추가적인 참고문헌, 논평, 비판, 차이점에 대해서는 마이어(Meier, 1977), 인시아디(Inciardi, 1980), 봄(Bohm, 1982)을 참조하라. 이 책에서 급진이론과 비판이론은 제 12장에서 소개했다.

적으로 아주 다른 이론구조의 태내에서 성장했다는 흥미로운 역설"을 보여준다(Beirne and Quinney, 1982: 8).

마르크스주의이론은 갈등이론과 함께 법과 형사사법체계를 설명하는 데 공통된 관심을 가지지만 사회가 다수 집단 간의 갈등으로 이루어졌음을 거부하고 '후기 자본주의'(*late-stage capitalism*)가 사회적·경제적·정치적 권력을 장악한 소수 지배계급의 권력-엘리트 사회임을 주장한다. 후기 자본주의 또는 선진 자본주의라는 개념은 마르크스주의자들이 고도로 발전된 민주주의적 산업사회에 붙여준 명칭이다(Mankoff, 1970).

마르크스주의이론에서 자본주의는 생산수단을 소유한 지배계급(자본가 또는 부르주아)과 팔 수 있는 것은 자기 노동력밖에 없는 프롤레타리아(*proletariat*), 노동자 또는 대중의 두 계급의 체제로 파악된다. 생산수단에 대한 자본가의 독점은 이들로 하여금 정치적 권력, 즉 국가에 대한 통제를 가능하게 한다. 또한 이러한 정치권력은 법률과 형사사법체계를 통해 자본가계급의 이익을 증진시키고 권력의 소유를 영속시키도록 조작한다.

이러한 자본주의체제의 억압으로 노동자 대중은 자신의 억압상태를 개선하거나 철폐할 아무런 힘을 가지지 못한다. 이러한 상황은 노동자 대중이 혁명을 위해 조직화하고, 권력을 손에 쥐고, 정부를 전복해 자본주의 경제를 폐지할 때까지 변하지 않는다. 이러한 혁명적 기간 뒤에 프롤레타리아는 사회주의체제를 수립할 것이다. 사회주의체제는 궁극적으로 경제적 및 사회적으로 평등해지고, 정의가 실현되고, 정치적 국가가 사라지고, 법도 필요 없어지는 계급 없는 공산주의체제로 발전할 것이다.

범죄학에서 마르크스주의이론의 가장 대표적 주장자는 퀴니이다

(Quinney, 1974a, 1974b, 1979, 1980). 퀴니는 사회 내에 존재하는 다양한 이해와 관련된 모든 갈등은 프롤레타리아와 부르주아 사이의 투쟁으로 귀결된다고 주장한다. 각각의 계급 안에서 발생하는 내부적 갈등은 중요하지 않다.

미국이나 다른 후기 자본주의 사회 내에서 모든 사회구성원은 지배계급이거나 억압받는 대중 가운데 하나이다. 만약 우리가 생산수단의 소유자가 아니라면 자본가에게 억압받는 노동자이거나 지배 엘리트의 명령을 수행하는 하수인일 것이다. 대중의 객관적 이해관계는 프롤레타리아와 같다. 이러한 계급적 이해를 인식하지 못하고 주관적으로 부르주아 계급과 자신을 동일시하는 노동자는 '허위 계급의식'을 가진다.

퀴니(1979)는 미국사회 대부분의 지식인과 학자가 거짓된 계급의식을 가졌다고 주장한다. 지배계급이 자신의 이익을 위해 범죄문제를 조작할 수 있도록 범죄와 형법에 관한 지식을 제공하는 비(非)마르크스주의자, 전통적 범죄학자도 여기에 포함된다. 비록 범죄학자가 자기 자신을 객관적 사회과학자라고 여기더라도, 실제로는 자본가계급의 이익을 위해 봉사한다는 것이다.

실재하는 모든 권력과 권위는 지배계급의 전유물이며 이들의 최고 목표는 현재의 권력과 자본주의적 질서를 유지하는 것이다. 이러한 목적을 위해 자본가는 대중의 권리와 주장을 짓밟으면서 프롤레타리아의 이익에 반대되는 자신의 이익증진에 몰두한다. 현실적 억압과 자유와 평등이라는 민주주의적 이상 사이의 기본적 모순은 자본가 엘리트로 하여금 지속적인 '정당성의 위기'(*crisis of legitimacy*)에 부딪히게 한다.

만약, 대중이 지배 엘리트에 의한 억압을 완전히 인식하기만 하면 그들은 조직화되어 혁명을 일으키고 자본주의체제를 전복할 것이다. 강제력만으로 대중을 영원히 통제할 수는 없다. 따라서 지배 엘리트는 사회의 '지배적 이념', 즉 문화적 · 이데올로기적 '주도권'(*hegemony*)을 유지하기 위해 끊임없는 싸움을 벌여야만 한다. 지배계급은 대중이 체제의 정당성을 지속적으로 신뢰할 수 있도록 대중매체, 지식인 및 학계 그리고 기타 여론의 출처를 조작한다.

퀴니는 법률에 관한 일정한 합의가 존재할 수도 있지만 이는 법률이 반드시 공통의 경험을 반영하고 전체로서 사회이익을 지지함을 보여주는 것은 아니라고 파악한다. 현존하는 합의와 질서는 강제력과 여론의 조작을 통해 위로부터 부여되는 것이라고 주장한다.

2. 법과 형사사법에 관한 마르크스주의이론

법은 전체 사회의 이익을 위해 운영되는 것처럼 보이지만 실제로는 지배 엘리트의 이익에만 봉사하도록 구조화되었다. 형사사법체계는 대중을 위하기보다는 대중을 억압하기 위해 작동된다. 자본주의 사회에서 법과 형벌의 체계는 원래 공정하지 않은 것이며 전체 사회를 위해 범죄를 통제하도록 기획된 것이 아니라 대중을 복종시키기 위해 설계되었다. 예를 들어, 자유형은 유죄판결을 받은 범죄자에 대한 직접적 형벌로 부과되는 것이라기보다는 잉여 노동력을 통제하는 하나의 방법이라는 것이다(Rusche, 1933/1978; Rusche and Kirchheimer, 2003).

자본주의에는 경기상승과 불황의 '장기순환'이 내재해있기 때문에(Gordon et al., 1982) 경제부문이 다 수용할 수 없을 정도로 많은 노동자가 존재하는 상황이 있을 수 있다. 이러한 잉여 노동자는 혁명운동에 동원되고 조직화될 수 있어 자본가에게 잠재적 위협이 된다. 따라서 마르크스주의이론은 범죄자의 구금을 노동력의 유용성과 비용을 조절하려는 또 다른 방법이라고 설명한다. 구금은 자본가가 수요가 다시 있을 때까지 사회로부터 잉여 노동력을 제거하는 조치여서 경기하강과 고실업 기간에는 구금률이 높을 것으로 예상된다.[2)]

퀴니에 따르면 형사사법체계는 범죄로부터 사회를 보호하기 위해 기획된 것이 아니라 자본주의 국가의 다른 제도와 마찬가지로 대중을 억압하기 위해 고안된 것이다. 이러한 상황이 자본주의체제 내에서 불가결한 것이라면, 프롤레타리아의 상태를 개선하기 위한 개혁을 수행할 수 있는 길은 없다. 따라서 모든 자본주의체제는 반드시 파괴되어야만 하고 또 그렇게 될 것이다.

따라서 범죄문제에 대한 유일한 해결책은 계급투쟁에 가담해 자본주의체제를 전복하고 사회주의 국가를 수립하는 것이다. 마르크스주의 이데올로기는 이러한 체제의 전복이 폭력적 수단을 통해서만 가능하다고 주장한다. 그러나 사실 퀴니는 체제가 비폭력적으로 전복될 수 있고 민주적 사회주의의 형태로 대체될 수 있다고 주장함으로써 정통 마르크스주의 진영과는 결별했다.

1) 도구주의적 및 구조주의적 마르크스주의

법과 형사사법체계에 관한 퀴니와 다른 학자(Balkan, Berger, and Schmidt, 1980)의 설명은 **도구주의적 마르크스주의**(*Instrumentalist marxian*)로 알려졌다. 그러나 국가를 자본가계급의 도구로만 간주하는 이 이론은 다른 범죄학자의 강력한 비판에 부딪혔다. 비판가 중에는 대안으로 구조주의적 마르크스주의(*Structuralist Marxism*)를 제시한 학자도 있었다(Balbus, 1977; Chambliss and Seidman, 1982). 이러한 비판에 직면해 부분적으로 퀴니와 다른 도구주의적 마르크스주의자는 구조주의적 모델과 유사하도록 자신의 견해를 수정하기도 했다(Beirne and Quinney, 1982).

그들과 구조주의적 마르크스주의자의 기본적 차이점은 국가의 '상대적 자율성'(*relative autonomy*)에 관한 것이다. 구조주의자에 의하면 국가는 전적으로 지배 엘리트의 지배하에 있지 않고 법도 항상 그들의 이익을 증진하기 위한 도구만은 아니다. 요컨대, 국가가 자율적일 수 있다는 것이다.

법과 형사사법체계의 많은 부분은 자본가의 이해를 그대로 반영하지 않는다. 사실 많은 법률은 자본가의 이해와 직접적으로 상반되는 내용을 가진 채 통과된다. 지배계급의 일원이라 할지라도 법률을 위반한 것이 적발되면 체포되고 처벌받는다.

더구나 구조주의적 모델은 자본가계급이 전체적으로 단일한 집단이라고 주장하지 않는다. 그 내부에는 서로 충돌하는 파벌이 존재할 수 있다. 특정한 법과 정책이 일부 지배계급의 이익을 증진시킬 수 있지만 다른 지배계급의 이익을 저해할 수도 있다(Balbus, 1977; Beirne, 1979; Greenberg, 1981a; Berine and Quinney, 1982; Chambliss and Seidman, 1982; Chambliss, 1988).

도구주의적 마르크스주의와 구조주의적 마르크스주의의 이러한 차

2) 루쉐와 키르히하이머(Rusche and Kirchheimer)의 가설에 대한 추가적 논의는 서튼(Sutton, 2000, 2004), 웨이스(Weiss, 2001) 그리고 멜로시(Melossi, 2003), 린치(Lynch, 2007)를 참조하라.

이는 일시적으로는 유지될 수 있었다. 하지만 결국에는 이 두 유형의 마르크스주의의 차이는 사라지게 되었다. 각각은 법 체계의 장기적인 역사적 경향이 자본가의 이해를 반영하고 증진하며 대중을 억압하는 것이라는 데 일치한다(Lynch and Grove, 1986).

유일한 차이점이라면 구조주의적 마르크스주의는 단기적으로 자본가와 프롤레타리아 사이의 충돌 이외의 갈등도 존재하고 권력 엘리트를 견제할 능력을 가진 다른 권력집단이 존재할 수 있다고 주장한다는 점이다. 마르크스주의이론이 사회에서의 갈등의 복합성, 권력집단 그리고 모순을 설명하기 위해 수정되면 될수록(Chambliss, 1988) 다원적 갈등이론의 변형에 가까워진다. 따라서 구조주의적 모형은 갈등이론으로 되돌아간 일부 마르크스주의 범죄학자의 움직임을 나타낸다.

3. 법과 사법에 관한 마르크스주의이론의 경험적 적절성

마르크스주의이론은 법 제정과 법 집행에 관한 검증가능한 이론을 제시하기보다 동어반복적 명제와 독단적 이데올로기를 제시한다는 점에서 비판을 받았다. 에이커스(Akers, 1979)는 마르크스주의이론의 대부분이 서유럽 민주주의에 대한 이데올로기적 비난이며 이를 전복하기 위한 혁명적 행동을 요구한다고 주장한다. 그러나 그는 검증할 수 없는 마르크스주의 정치철학과 검증가능한 가설을 제시하는 마르크스주의 분석을 구분한다.

사회의 정치경제체계가 범죄에 대한 형사사법체계의 반응에 영향을 미친다는 마르크스주의의 주장은 경험적 검증의 주된 대상이 되었다.

대표적 가설은 지배 엘리트들이 잉여 노동력을 통제하기 위해 경기 하강기에는 수형률을 높이고 상승기에는 낮춘다는 것이다. 실업이 수형에 미치는 영향은 범죄율의 변화를 고려해도 지속적으로 나타나야 할 것이다. 그러나 역사적 증거는 이러한 가설과 모순적으로 나타났다.

수형률은 1930년대 대공황 시기에 높았지만 상대적으로 낮은 실업률을 보이고 잉여 노동력이 거의 없었던 1990년대의 경제성장 시기에도 미국역사에서 수형자는 가장 많이 증가하였다. 21세기 첫 10년 후반부터 시작된 은행 및 주택위기로 인한 경기침체와 높은 실업의 기간 동안 수형률은 여전히 매우 높지만 실제로 증가하기보다는 안정되었다.

또한 이러한 가설에 대해 양적 자료를 통해 직접적 또는 간접적 검증을 다양하게 시도했으나 결과는 일관적으로 나타나지 않았다. 경험적 문헌을 개관한 한 연구는 실업과 구금현상 간에 정(+)적 관계가 있다고 결론을 내렸다. 그러나 이러한 연구에서 검토된 연구의 60% 정도만이 통계적으로 유의미한 것이었다는 비판이 제기되었다(Chiricos and DeLone, 1992; Jacobs and Helms, 1996).

최근 연구는 실업-구금관계의 정도는 경기침체기의 자본, 노동 그리고 국가 간의 독특한 관계에 따라 달라진다고 주장한다(Michalowski and Carlson, 1999). 그럼에도 다른 연구는 노동조건보다 자본조건(기업 및 은행파산, 무역적자 등)이 형벌을 부과하는 법률제정에 더 많은 영향을 미친다는 것을 증명하려고 한다. 그러나 연구성과는 아직 미흡한 수준이다(Barlow, Barlow, and Johnson, 1996; Lynch, Hogan, and Stretesky, 1999). 더구나 실업이 구금에 미치는 영향력은 보수주의 정당의 지배와 가정해체와 같은 변수를 통제하면 사라지는 것으로 나타났다(D'Alessio and Stolzenberg, 1995; Sutton, 2000; Jacobs and Helms,

1996, 2001; Jacobs and Carmichael, 2001). 린치(Lynch, 1988, 2010)는 대안적 관점을 제시하면서 수감과의 연관성을 조사할 때 실업이 경제적 주변화(*marginalization*)를 측정하는 데 충분하지 않다고 주장한다. 대신에 그는 "잉여가치 추출비율"(*rate of extraction of surplus value, profit-taking*)이 소외, 착취, 경제체계에서의 주변화 등을 더 완벽하게 파악한다고 제안한다. 수십 년에 걸친 미국의 실업률, 잉여가치, 범죄, 수감에 관한 연구는 수감이 취업자를 포함하여 소외되고 억압받는 조건에 놓인 구성원을 통제하기 위한 수단으로 사용된다는 것을 뒷받침한다.

전체적으로 법과 형사사법에 관한 마르크스주의이론이 경험적으로 검증될 수 있는 경우는 많지 않다. 대부분의 마르크스주의자는 검증가능한 가설을 만들고 이를 양적 자료에 근거해 판단하려는 시도가 '부르주아적 실증주의'이며 마르크스주의이론을 제대로 이해하는 것이 아니라고 주장한다.[3]

이들이 주장하는 마르크스주의이론을 검증하는 유일한 방법은 역사적 검증이다. 그러나 비판가는 마르크스주의 이론가가 역사적 분석을 사용할 때 서유럽 민주주의의 실패, 오류, 부정의에만 초점을 맞추는 경향이 있으며 마르크스주의 원칙에 바탕을 둔 사회주의체제의 역사적 엘리트주의, 억압, 부정의에 관심을 기울이는 데 인색하다고 비판한다

3) 린치와 슈벤딩거 부부는(Lynch, Schwendinger, and Schwendinger, 2006) 한때 마르크스주의 사상을 받아들였던 포스트모던주의자들의 책임으로 비난하였지만, 마르크스주의이론과 급진주의이론을 이렇게 특징짓는 것에 이의를 제기했다. 또한 이들은 정치경제학과 형벌에 대한 연구뿐 아니라 계급 억압과 범죄와 관련된 형사사법과 환경적 해악에 대한 수많은 양적 연구들을 제시하고 있다.

(Turk, 1979; Klockars, 1979; Akers, 1979).

이것은 자본주의 사회에 대한 마르크스주의적 비판에 타당성이 결여되었음을 뜻하는 것은 아니다. 자본주의체제의 역사적 경향이 자본과 권력 집중으로 더욱 기운다는 데는 의심의 여지가 별로 없다. 우리는 현재 노동을 대체 가능한 재화로 취급하고 무역과 상업의 세계적 체계를 증진하고 보호하려는 데 중점을 두는 시대에 산다. 대기업의 구조조정 과정에서 노동력에 상대적으로 고임금을 지급하는 미국과 같은 나라에서 일자리를 축소하고 노동자의 권리가 미약한 나라로 산업시설을 옮긴다.

노동조합의 권력과 중산층 및 노동자 계급의 생활수준은 심각할 정도로 악화된 반면, 제조기업과 금융기관의 소유주와 경영진의 생활수준은 과거 수준을 유지하거나 향상되었다. 자유무역정책과 대외정책은 일반 노동자의 이해를 대변하기보다 다국적 기업과 다국적 금융기관의 이해를 대변한다. 그러한 점에서 마르크스주의이론은 경제력의 집중이 자본주의 사회의 법과 정의에 어떤 영향을 주는지를 설명하는 하나의 관점으로 이해될 수 있다.

그러나 자본주의체제의 구조와 기능을 검토하는 것만으로는 마르크스주의이론을 평가하기에 충분하지 않다. 에이커스(1979)는 마르크스주의이론을 실증하기 위해서는 마르크스주의 범죄학자가 현재의 사회주의 국가와 자본주의 국가를 서로 비교하여 연구해야 한다고 주장한다. 그러나 마르크스주의자는 이전이나 현재의 자본주의 사회를 이상화된 미래의 사회주의 유토피아와 비교한다. 이러한 접근은 이론의 타당성을 평가할 수 있는 적절한 방법이 아니다.

사회에서의 법의 형성과 운영에 관한 마르크스주의자의 설명이 갖는 역사적 정확성에 대해 심각한 의문이 제기되었다. 마르크스주의자는 자본주의 경제체제에 내재한 모순과 부정의 때문에 억압적 법체계가 불가피하다고 한다. 사실 몇몇 자본주의 사회는 대중을 억압하기 위해 경찰, 법원과 교도소를 운영하는 권위주의적 정치체계에 의해 지배되기도 했지만 역사적으로 가장 개방되고 자유로우며 민주적인 사회는 자본주의 경제체계에 속한다. 다른 한편, 마르크스주의이론은 시민의 자유와 개인의 권리를 '부르주아적 민주주의'로 폄하하면서 개인의 권리를 보호하지 않는 프롤레타리아 독재를 지지한다(Lipset, 1960).

'인민민주주의 공화국'이란 이름을 사용하지만, 마르크스주의 정권은 대체로 전체주의적이거나 권위주의적이다. 이러한 정권은 비억압적인 법과 형사사법체계를 가진 무계급사회를 건설하지도 못했다. 대신, 정치적 이단자를 억압하고 자신의 권력을 보호하기 위해 소수의 지배자 집단이 경제, 법, 형사사법체계를 통제하는 경제체계를 만들어냈다.

이에 대해 의심한다면, 1980년대 후반에 전 세계에 걸쳐 일어난 공산주의 정권의 붕괴 후에 마르크스주의 정부 내에 존재했던 억압적 경찰국가의 법 집행체계를 상기할 필요가 있다. 마르크스주의 정치-경제체계가 실패하기 이전에도, 법은 자본주의 사회 내에서 불가피한 억압의 도구이지만 사회주의 사회에서는 정의를 증진하는 도구라는 주장은 두 유형의 사회 간의 비교를 통해서 검증되지 못했다.

마르크스주의자가 서구 자본주의 사회를 비난했던 부정의 개념은 이미 사라진 소비에트 연방과 동유럽, 현재의 쿠바, 중국, 베트남, 베네수엘라, 북한의 정권을 설명하는 데 적합하다. 이러한 체제에서는 특권적 엘리트가 자신의 이익을 관철시키기 위해 국가, 법, 형사사법체계를 장악하고 있다. 더구나 마르크스주의이론은 아프가니스탄의 이전 정부와 같이 후기 자본주의도 아니고 사회주의도 아닌, 가장 극단적이고 포괄적인 억압체제의 등장을 설명하지 못한다.

이러한 역사적 현실은 법과 형사사법에 대한 마르크스주의적 분석에서 대체로 무시되었다. 그러나 구조주의적 마르크스주의자는 도구주의적 마르크스주의자보다 사회주의체제의 현실문제에 대해 상당 부분 인정한다. 미국의 많은 마르크스주의 학자는 소비에트 연방과 유사한 체제들이 해체되기 이전에도 진정한 사회주의가 아니었다고 비판했다. 예를 들어, 몇몇 학자는 소비에트 체제의 정치적 억압과 권력갈등에 대해 인식하고 있었다(Chambliss and Seidman, 1982; Greenberg, 1981a). 비록, 초기 마르크스주의적 사고가 "일탈(범죄성)의 정의가 만들어지고 집행되는 정치적 갈등과정이 '자본주의 사회'에 특유한 것이 아니라는 사실을 깨닫지 못했지만"(Turk, 1969b: 14) 일부 마르크스주의와 급진적 학자는 다음과 같이 기술했다.

> 모든 사회는 사회구조 안에 내재된 모순에 의해 나타난 갈등을 해결하기 위한 고유한 사회적 관계를 가졌다. … 현시대의 사회주의 사회에서도 자본주의와 같은 모순과 갈등이 있으며 자기 체계의 독특한 문제도 지녔다. … 사회주의 또는 자본주의 사회에서 범죄는 그들 사회의 고유한 모순을 반영한다(Chambliss, 1988: 304, 325).

다른 학자들은 서구 민주주의의 문제를 후기 자본주의체제에 내재된 불가피한 현상으로 바라보지만 사회주의체제의 문제는 그것이 무엇이든 진정한 사회주의를 반영하지 않는 불행한 이상 현상으로 일축하거나 공산주의 사회에 인권과 억압의 문제가 있다는 사실을 부인했다(Chase-Dunn, 1980; Szymanski, 1981).

4. 마르크스주의 범죄이론

칼 마르크스(Karl Marx)는 범죄행위에 관해 사실상 아무런 언급도 하지 않았고 많은 마르크스주의 범죄학자도 순수한 마르크스주의 범죄이론이 존재하지 않는다고 오랫동안 생각했다(Taylor et al., 1973, 1975). 갈등이론이 그러했듯이 마르크스주의자도 형법과 형사사법체계의 문제에 몰두했으나 범죄행위의 원인에 관해서는 별로 언급하지 않았다. 범죄원인을 연구할 때도 마르크스주의자는 범죄자의 행위에 관심을 갖기보다 체제의 통제에 관심을 두었다.

예컨대, 스피처(Spitzer, 1975)는 범죄에 관한 마르크스주의적 설명으로 대표되는 '마르크스주의 일탈이론'을 제안했다. 스피처의 이론은 주로 절도범이나 갱단에 참가하는 사람이 어떻게 혁명적 활동가가 되는지 또는 실업자가 자본가에 의해 어떻게 '문제인구'로 규정되고 통제되는가를 밝히고자 했다. 그러나 이 문제인구에서 발생하는 범죄의 원인에 대해서는 관심을 기울이지 않았다. 그는 단지 범죄를 유발하는 자본주의의 모순과 같은 자본주의의 일반 특징을 대략적으로 기술할 뿐이다. 자본주의의 일반적 속성을 범죄원인으로 제시하는 것은 마르크스주의 범죄설명의 전형적 특징이다.

1) 봉거: 초기 마르크스주의 범죄이론

범죄원인에 관한 마르크스주의 최초의 체계적 설명은 네덜란드의 범죄학자 봉거(Willem Bonger, 1876~1940)에 의해 시도되었는데 그는 범죄가 '자본주의적 사회조직'에 의해 만들어진다고 주장했다(Bonger, 1916/1969; van Bemmelen, 1972). 자본주의 사회에서 발견되는 생산수단의 사유 및 이윤동기는 '이기주의적 경향'을 형성시키고, 탐욕과 이기심을 부추기며, '이기적 생각이 이기적 행동으로 발전하는 것'을 억제할 수 있는 '사회적 능력'을 강화시키지 못하게 한다. 봉거는 "현존하는 자본주의체제의 결과로 사람들이 매우 이기적으로 변해 환경이 이타주의의 싹을 발전시켰을 때보다 범죄를 저지를 가능성이 더욱 강화되었다"고 주장한다(Bonger, 1916/1969: 40-41; 원문 강조).

모든 계급은 자본주의에 의해 유발된 이기주의의 영향을 받고 탐욕에 빠지지만, 법은 부르주아에 의해 통제되므로 프롤레타리아의 이기적 행위만 범죄로 규정된다. 따라서 모든 계급에서의 범죄원인은 생산수단과의 관계에 의해 사회 내 개인의 계급위치가 규정되는 자본주의적 경제조직 양식이다. 성인범죄와 소년범죄, 여성범죄, 성매매, 알코올중독 그리고 기타 범죄는 자본주의적 경제조건 때문에 발생하는 것이다.

2) 퀴니: 계급, 국가, 범죄

봉거의 이론은 처음에 별로 주목받지 못했다. 1940년대까지 경제 일원론적 범죄설명과 사회주의에 대한 순박한 믿음은 미국 범죄학에서

도외시되었다(Gillen, 1945: 152-157). 그 시대에는 비마르크스주의 계급분석이 지배적이었고 경제적 요인은 여러 범죄요인 가운데 하나에 불과했다. 계급과 범죄에 관한 주류 사회학 이론(즉, 아노미이론)이 마르크스주의 계급분석을 압도했다. 범죄의 '근본' 원인과 사회계급을 강조하기는 했지만 사회학 이론은 자본주의적 사회구조 자체가 모든 범죄의 근본원인이라는 관념을 내포하지 않았다.

마르크스주의이론은 1970년대에 서구 사회과학에서 영향력 있는 위치를 차지하게 되는 지적 호황을 맞이했다. 그러나 이러한 신마르크스주의자의 범죄설명은 봉거가 수십 년 전에 제시한 범죄설명과 동일했다. 즉, 자본주의가 범죄의 핵심적 원인이라는 것이다.

이러한 신마르크스주의자는 영국출신의 테일러(Ian Taylor), 월튼(Paul Walton), 영(Jock Young)이며 이들은 사회학에서 '전통적' 범죄이론인 아노미이론, 사회해체이론, 사회통제이론, 낙인이론 그리고 사회학습이론의 이데올로기적·이론적 문제점을 통렬히 비판했다(Taylor et al., 1973, 1975). 그러나 급진적 범죄이론의 개요를 제시하지 못함으로써 다른 이론에 대항하는 생명력 있는 대안을 제시하는 데는 실패했다.

테일러 등(Taylor et al., 1973)에 따르면 범죄는 자본주의하에서 노동계급에 대한 착취와 억압의 산물이다. 대부분의 프롤레타리아 법 위반자는 **적응범죄**(*crimes of accommodation*: 직업적 범죄, 절도, 성매매 그리고 조직범죄)를 저지르게 유도된다. 이들의 범죄는 부당한 사회를 변화시키지 않고 생존하는 최상의 방법이기 때문에 프롤레타리아 계급투쟁과 아무런 관련이 없다. 그러나 다른 범죄자는 자본주의체제에 대항하는 혁명적 투쟁으로써 '반역적' 범죄나 정치적 범죄를 저지른다.

퀴니(1980)도 범죄를 자본주의의 물질적 조건에 대한 불가피한 반응으로 보았다. 테일러와 마찬가지로 그는 노동계급의 범죄는 '적응범죄'이거나 자본주의체제에 대한 '저항범죄'(*crimes of resistance*) 라고 했다. 적응범죄는 침입강도나 일반강도와 같이 타인의 재산을 약탈함으로써 자본주의체제에서 단순히 재산획득을 '재생산'하는 약탈범죄이다. 또한 살인, 폭행, 강간 같은 폭력범죄는 자본주의체제에 의해 '약탈당한' 자가 자행하는 적응범죄이다. 이와 같이 미칼로우스키(Michalowski, 1985) 는 폭력범죄와 재산범죄를 간단히 '약자의 범죄'(*crimes of powerless*) 라고 보았다. 퀴니에 따르면 저항범죄는 착취에 대항하는 비혁명적・무의식적 저항과 자본주의에 대한 프롤레타리아의 반란으로서 계획적으로 이루어지는 범죄 모두를 일컫는다.

퀴니의 이론은 프롤레타리아 범죄의 영역을 넘어 확장되었다. 지배계급에 의해 저질러지는 범죄도 자본주의체제의 결과로 보았다. 이러한 범죄는 지배계급이 자신의 이익을 보호하기 위해 저지르는 '지배와 억압의 범죄'이다. 기업범죄(특히, 입찰담합, 가격조작, 증권거래법 위반)는 지배계급에 의한 '경제적 지배'의 형태이다. '통제범죄'는 형사사법기관의 관리에 의해 자행되고 '정부범죄'는 선출직 공무원과 임명직 공무원에 의해 자행된다.

퀴니에 의하면 조직범죄조차도 자본가계급이 사회에 대한 지배를 지속하려는 노력의 하나이다. 또한 성차별과 인종차별도 법률위반 여부와 관계없이 노동계급에 대한 통제를 유지하려는 지배계급의 범죄로 파악했다(Michalowski, 1985; Henry and Lanier, 1998; Lynch and Michalowski, 2006; Lynch, Stretesky, and Long, 2015).

이와 같이 퀴니를 비롯한 여러 학자는 거리범죄로부터 기업범죄까지 모든 현대 산업사회에서 발견되는 범죄유형을 먼저 구성하고 그 후에 각 유형의 원인을 자본주의의 특징과 결부시켰다. 이러한 범죄유형론을 추가해도 범죄가 자본주의에 의해 야기된다는 마르크스주의의 기본적 주장을 크게 넘어서는 것은 아니다.

3) 마르크스주의이론의 수정

마르크스주의이론이 너무 단순하고 이데올로기적이며 유토피아적이라는 비판(Akers, 1979; Turk, 1979; Inciardi, 1980)에 대한 대응으로 린치와 그로브스(Lynch and Groves, 1986: 45)와 다른 급진범죄학자는 "범죄의 유일한 원인이 자본주의라는 과잉 단순화되고 '단일 원인론적'인 접근을 피하는 설명방식을 지향했다". 이러한 설명방식은 경제적 불평등이 소외, 가족해체, 부모에 의한 사회화훈련 그리고 긴장이론과 통제이론의 기타 변수를 통해 범죄에 미치는 영향을 강조한다. 볼드와 버나드에 의하면 1980년대까지 범죄행위를 자본주의적 억압에 대한 단순한 반응으로 본 설명은 역사와 사회변동에 관한 마르크스주의이론의 맥락 속에서 더 복잡한 범죄설명 방식을 시도한 '마르크스주의자에 의해 거부당했다'(Vold and Bernard, 1986: 305-306; Bernard et al., 2015).

그린버그(David Greenberg, 1981a)도 마르크스주의적 범죄설명에 대한 수정을 요구했다.

> 마르크스주의자도 사회심리학적 과정 및 대면을 통한 상호작용이 범죄와 형사사법의 이해에서 중요하다는 것을 부정하지 않는다. 다만, 그들은 이러한 요소가 커다란 사회구조에 의해 형성된 것으로 보려고 한다. 그리

고 이러한 구조를 특징지을 때 사회의 정치적·이데올로기적 차원을 소홀히 하지 않고 경제활동의 조직에 특별한 관심을 기울인다(Greenberg, 1981a: 18).

그린버그는 다차원적 마르크스주의 범죄이론이 다루어야 하는 많은 영역과 문제를 제시했지만 비마르크스주의적 구조주의이론과 구분되는 마르크스주의만의 범죄이론을 제시하지는 못했다. 그러나 그는 범죄의 연령 분포(1977)에 관한 분석에서 구체적인 범죄이론을 제안했다. 그는 범죄를 저지른 청소년이 불균형적으로 많은 것은 "현재의 비행이론으로는 잘 설명되지 않으며 자본주의 경제체계의 장기적 경향 내에서 … 청소년의 역사적 지위변화의 산물로 이해할 수 있다"(Greenberg, 1977: 189)고 주장했다.

그린버그 이론의 전제는 자본주의 사회에서 모든 계급의 청소년은 노동시장에 접근하기가 상대적으로 어렵다는 것이다. 또래집단의 영향으로 특정한 재화의 소유를 원하지만 부모가 이러한 재화를 구입할 능력이나 의향이 없으면 청소년은 이를 얻기 위해 다른 수단을 사용해야 한다. 청소년이 합법적 노동시장에 진입하지 못하기 때문에 그들은 결국 범죄적 수단에 의존하게 된다.

그러나 주로 연령에 따라 달라지는 범죄비용이 너무 크지 않다고 생각하면 그들은 범죄를 저지르게 될 것이다. 나이가 어릴수록 범죄행위로 인해 심각한 법적·사회적 결과가 초래될 가능성이 줄어든다. 따라서 자본주의 사회에서 범죄로부터 생기는 보상과 비용은 연령과 관계된다. 그린버그는 범죄가 사회주의 사회에서도 발견되지만 점점 감소하고 있고 자본주의 사회만큼 문제가 되지 않는다고 본다(Greenberg, 1981b).

그린버그의 범죄의 연령분포이론이 다소 경험적 장점이 있다고 하더라도 이를 마르크스주의이론으로 평가하기는 어려울 것이다. 청소년의 연령적 지위로 인해 사회주의 사회보다 자본주의 사회에서 청소년의 범죄가 많을 것이라는 점을 제외하면 이 이론은 범죄의 연령별 차이를 설명하기 위해 기본적으로 차별기회이론, 발달 및 생애과정이론, 사회통제이론, 사회학습이론과 같은 비(非) 마르크스주의이론의 개념과 명제를 사용하기 때문이다.

'통합된 구조적-마르크스주의이론'의 좋은 예로 자주 인용되는 또 다른 비행 설명이 콜빈과 폴리(Colvin and Pauly, 1983)에 의해 제시되었다. 이들은 부모의 자녀에 대한 사회화와 훈육 관행이 부모 자신이 직장에서 받는 통제의 양상을 반영한다고 주장한다.

사무직 노동자는 직장에서 강력한 내면의 도덕규범에 의한 통제를 경험하기 때문에 가정에서도 강력한 도덕적 유대를 발전시키는 적극적 방법을 통해 그들의 자녀를 훈육한다. 경제구조의 하층에 있는 다른 노동자는 고용주와 관리자로부터 강압과 직접적 조작을 받기 때문에 자신이 경험한 직장에서의 종속을 자식에 대한 훈육에 적용한다. 육체노동자는 물질적 보상으로 노동통제를 받으므로 아이도 직접적 보상과 처벌이라는 공리적 방법으로 양육한다. 경제적으로 매우 낮은 수준의 미미한 직업을 가진 부모는 직장에서 일관된 대우를 받지 못하며 관리자에게 강압적 통제를 받는다. 따라서 자식에 대한 훈육에서도 때로는 관용적이고 때로는 가혹하다.

이와 같이 가정 내에서의 사회화 유형은 비행적 행위나 순종적 행위를 형성하며 이러한 유형은 부모의 노동현장에서의 지위를 반영한다는 것이다. 하층계급의 청소년은 부정적 가정환경에서 양육될 뿐만 아니라,

부정적 학교환경, 기타 범죄와 관련된 부정적 사회환경과 부딪힌다.

학교, 가정, 부모의 사회화와 비행 간의 관련성에 대한 경험적 연구가 시도되지만 부모의 직업유형에 의해 훈육방식이 어떻게 결정되는가를 보여주는 연구는 별로 없다. 최근까지 이 이론에 대한 경험적 검증은 거의 없었으며 비록 이 이론을 지지하더라도 경험적 타당성은 매우 미약한 것으로 보고되었다(Messner and Krohn, 1990; Simpson and Ellis, 1994).

심슨과 엘리스(Simpson and Elis, 1994)는 부모의 계급지위가 자녀의 비행에 영향을 미친다는 콜빈과 폴리의 이론을 부모가 고용된 직장의 유형, 가족, 학교, 또래 등의 변수를 측정함으로써 검증하고자 했다. 이들은 이 이론 내에 포함된 모든 관련변수가 청소년의 폭력비행(설명된 변량의 3%)이나 재산비행(1%)에 대해 매우 낮은 수준의 설명력이 있다는 것을 발견했다. 더구나 이들은 상관관계가 때로는 예측된 방향과 다르고 이 이론의 주요변수인 부모의 직업유형은 거의 영향력이 없는 것을 발견했다.

마지막으로 콜빈과 폴리의 수정된 마르크스주의이론에 의하면, 그동안 이론에서 소홀히 다루었던 성별(*gender*)이란 변수에 따라서 계급, 가족, 학교라는 변수의 효과는 현저한 차이를 보인다고 한다. 콜빈과 폴리의 이론을 강하게 지지하는 경험적 조사가 있다고 하더라도 이 이론을 비마르크스주의 이론과 구분하기는 매우 어려울 것이다. 단순히 부모와 청소년의 계급지위를 언급하는 것 — 특히, 이것이 비마르크스주의자가 사용하는 직업분류와 유사하게 측정될 경우 — 만으로 마르크스주의이론임이 입증되는 것은 아니다(Akers, 1980). 마르크스주의이론을 언급하지 않거나 생산수단과의 관계에 의해 규정되는 자본주의 사회의 계급구조를 언급하지 않고도 똑같은 명제에 도달할 수 있다. 이 이론에 경험적 신뢰성을 가져다주는 가정의 사회화 및 학교경험의 측면은 마르크스주의이론보다 사회통제이론으로부터 더 잘 끌어낼 수 있다.

이러한 예들이 증명하듯, 마르크스주의 이론가는 범죄를 설명할 때 모든 범죄의 원인을 자본주의로 돌리는 것에서 벗어나, 이들이 이전에 비판했던 '전통적' 범죄학 이론으로부터 빌려온 개념에 직접적으로 의존한다. 젠슨(Jensen, 1980)이 지적하듯이, 범죄에 관한 수정된 마르크스주의이론에서 사용된 경제적·계급적 불평등, 도시화 정도, 산업화, 가족, 또래집단 등의 요소들은 비마르크스주의적 사회학 이론에서 제안되었던 것과 같은 요소이다.

범죄학에서 마르크스주의이론이 연령, 성, 사회화, 긴장, 차별적 기회, 사회학습유형과 같은 개념을 통합할수록 비마르크스주의이론과 구별하기 힘들어진다. 강조하는 정도와 사용하는 용어를 제외하면 마르크스주의이론이 대체하려던 주류 범죄사회학 이론과 거의 구별할 수 없어진다.

5. 범죄는 자본주의 경제의 결과인가?

자본주의를 범죄발생요소로 보는 마르크스주의적 관점이 타당하다면 모든 사회주의 사회에서는 범죄가 존재한다고 하더라도 매우 적어야 하고 자본주의체제에서는 반대로 매우 많아야 할 것이다. 이 이론은 사회유형에 따른 범죄율의 차이를 설명하지만, 같은 사회 내의 개인적 또는 집단적 범죄율의 차이를 설명하지 못한다. 따라서 한 사회 내에서 범죄율 차이를 분석하는 것으로는 이 이론을 검증할 수 없다. 자본주의에 내재하는 범죄발생적 모순은 자본주의체제의 범죄와 자본주의 이전의 체제나 사회주의체제와의 국가 간 비교를 통해 검증될 수 있을 것이다.

마르크스주의 범죄학자는 실제 사회 간의 비교에 관심을 기울이지 않았다. 세계의 1백 개 국가를 대상으로 한 드문 연구에서, 각 국가의 자본주의의 정도가 살인율을 예측하는 지수로서 조사되었다(Antonaccio and Tittle, 2007). 연구자들은 자본주의의 정도를 4개의 지표(정부 재정에서 사회보장세금의 비율, 국가의 건강지출비율, 고용자 중에서 노동조합구성원의 비율, 소득불평등)로 파악했다. 자본주의가 덜 발전한 국가의 살인율이 상당히 낮았지만, 이 결과는 낮은 부패와 동방종교의 지배 등과 같은 다른 변수의 영향에 의해 가려진 것이다. 이러한 요인은 자본주의보다 낮은 살인율에 더 강한 연관이 있다.

대체로 마르크스주의 범죄학자는 기존의 자본주의 사회와 이상적인 미래의 사회주의체제를 비교하는 것을 선호했다. 대부분의 마르크스주의자는 소련이나 동유럽 국가 같은 기존의 사회주의 국가는 진정한 사회주의체제가 아니라고 오랫동안 주장하였다. 그러한 체제는 기껏해야 국가자본주의, 집단주의 또는 불완전하게 적용된 사회주의라는 것이다(Greenberg, 1981a).

스웨덴과 같은 국가가 자본주의 경제로부터 벗어나 사회주의 정책을 채택한 사회민주주의 정권을 선출하던 당시에 폭력범죄율과 재산범죄율이 급격히 증가했다(Felson, 1994: 12). 그러나 마르크스주의자는 이러한 사회의 정치·경제를 진실한 사회주의로 인정하지 않았다. 사회주의 사회를 현실에 구현되지 않은 미래의 유토피아로 보면 마르크스주의이론의 검증은 불가능해진다.

마르크스주의 원칙에 입각한 사회가 존재하지 않는다면, 자본주의

체제와 사회주의체제 사이의 범죄의 경험적 비교도 불가능하다. 따라서 자본주의가 범죄를 유발하고 사회주의가 범죄를 억제시킨다는 마르크스주의 가정은 검증할 수 없는 것이다. 이러한 이상주의는 마르크스주의를 현실에 존재하는 범죄에 관한 이론적 설명으로부터 범죄 없는 이상적 사회에 관한 도덕철학으로 바꾸어 놓았다.

이러한 이상주의적 마르크스주의를 거부하고 사회주의체제를 대상으로 검증하려고 해도 비교할 자료를 수집하기 어렵기 때문에 적절한 비교연구를 수행하기 힘들다. 소련과 동유럽의 과거 사회주의 국가는 당에 의해 통제되고 정부가 정보를 독점하는 폐쇄체제였다. 현실적으로 국가의 영향을 받지 않는 사회과학연구는 알려지지 않았다. 범죄에 관한 타당하고 신뢰가능한 공식적 자료 또는 비공식적 자료는 존재하지 않았거나 공개적으로 알려지지 않았다. 이러한 상황은 현재의 중국, 쿠바, 북한의 경우에도 마찬가지이다.

그런데도 일부 적절한 비교관찰을 통해서 범죄에 대한 마르크스주의 이론의 타당성을 부분적으로나마 평가할 수 있다. 고려할 만한 변수 하나는 두 정치체계 사이의 범죄유형의 차이이다. 정치적 이견, 중립노동조합의 결성, 정부에 대한 비판 또는 단지 직업을 가지지 않는 것도 공산주의 사회에서는 불법적이다. 서유럽 민주주의 사회에서 정당한 생활양식의 하나로 규정되거나 헌법적 권리로 보호되는 활동이 사회주의 체제에서는 범죄행위로 규정되기도 한다(Klockars, 1979; Nettler, 1984 참조).

따라서 이러한 행위는 공산주의 사회 내의 범죄율을 급격히 높이는 반면, 서구 민주사회에서는 범죄율에 아무런 영향을 미치지 않는다. 반대로, 사유기업에 의한 범죄는 자본주의 사회의 중요한 범죄범주이지만 공산주의 사회에서는 사유기업이 존재하지 않으므로 그러한 범죄 자체가 존재하지 않는다. 동시에 통화나 일상물품을 다루는 암시장 범죄는 사회주의 경제에서 만연하지만 자본주의체제에서 그러한 시장은 상대적으로 미약하거나 심각하게 고려되지 않는다. 사회주의 사회에서 금지행위의 범위는 자본주의 사회보다 매우 넓으며, 대부분의 행위는 한 체제에서는 범죄인 반면 다른 체제에서는 범죄가 아니다.

공산주의 사회의 범죄관련 자료가 부족해서 두 체제에서 모두 범죄로 규정된 행위인 폭력, 절도, 사기, 재물손괴와 같은 '일상적' 길거리범죄의 크기를 비교하기도 매우 어렵다. 1980~1990년대에 민주화되기 이전의 사회주의 국가에서 실행된 범죄원인에 관한 연구가 적지만 미국에서 밝혀진 것과 동일한 사회경제적 변수와 사회심리적 변수가 범죄에 관련되었다는 것이 발견되었다(Chalidze, 1977; Shelly, 1980 참조).

공산주의 통제로부터 개방경제, 자유기업경제로 이행한 후 러시아의 주요도시와 구소련에 속했던 국가에서 범죄가 급격하게 증가한 것으로 보고된다. 이것이 사회주의체제로부터 자본주의체제로의 변화 때문인지는 논쟁의 여지가 있다. 이러한 범죄율의 변화는 경제적·사회적 체제붕괴와 한때 매우 억압적이었던 법 집행체계의 붕괴에 기인할 수 있기 때문이다. 구동독 지역에서는 범죄의 급격한 증가를 발견할 수 없는데 이는 서독과의 통일을 통해서 소련의 해체에 뒤따르는 사회해체를 피하고 공공질서를 유지했기 때문으로 추정된다.

미국, 일본, 독일, 영국 그리고 스칸디나비아 국가처럼 사회복지적 자본주의를 포함한 거의 모든 산업화된 나라뿐만 아니라 대부분의 개발도상국은 거의 자본주의적이다. 그러나 이러한 국가는 매우 다양한 범죄율을 보인다. 어떤 나라는 공산주의 체제하의 범죄율보다 낮고 다른 일부는 높다. 자본주의 생산양식 내에 고유한 범죄발생적 요소가 내재한다면 모든 자본주의 사회는 비슷한 범죄율을 보여야 하고 다른 사회주의체제보다 범죄율이 높아야 한다. 그러나 이러한 가설은 역사적으로 검증되지 않는다.

20세기 동안 재산범죄와 폭력범죄의 발생률은 서유럽의 자본주의 국가보다 미국에서 현저하게 높았다. 그러나 최근 20년 동안 이들 국가의 범죄율은 미국과 같은 수준이거나 더 높은 것으로 나타났다. 예를 들어, 가구별 범죄피해조사와 공식적 경찰통계에 의하면, 서유럽국가에서 특정한 범죄유형은 일정수준을 유지하거나 감소한 데 비해 잉글랜드와 웨일스에서는 증가한 것으로 나타났다. 1990년대 중반 이후, 주거침입, 폭행 그리고 절도 등 몇몇 범죄는 미국보다 잉글랜드/웨일스에서 더 많이 발생했고 강간과 살인율은 미국에서 더 높았다(UNODC, 2019).

제 9장에서 보았듯이 미국의 범죄율은 1980년 이후 폭력범죄와 재산범죄 모두 감소한 데 비해 몇몇 나라의 범죄율은 그 기간 동안 증가해 미국보다 높아졌다. 제 9장에서 살펴보았듯이 이러한 변화와 차이는 아노미이론과 일치하지 않는다. 이러한 현상이 마르크스주의이론과도 일치하지 않는다는 것을 아는 것은 중요하다. 범죄율에서의 사회 간 차이와 변화는 설명할 수 있다. 그러나 미국이 잉글랜드나 다른 나라보다 덜 자본주의적이고 더 사회주의적이 되었기 때문에 이러한 변화와 차이가 발생했다고 설명하는 것은 타당하지 않다.

6. 마르크스주의이론의 정책적 함의

마르크스주의 범죄학자는 사회변화를 유발하기 위해 계획적 행위를 통한 마르크스이론의 적용, 즉 실천(*praxis*) 개념을 오랫동안 강조했다 (Lynch and Michalowski, 2006). 실제로 일부 마르크스주의 학자에게 이론의 사실성은 경험적 증거에 의해 판단되기보다 자본주의체제를 전복하고 사회주의체제(궁극적으로는 공산주의체제)로 대체하기 위한 계급투쟁에 이론이 기여하는가에 의해 평가된다.

마르크스주의이론에 의하면, 범죄율은 자본주의 사회에서 항상 높을 것이고 이러한 자본주의 사회에서 범죄에 대한 해결책은 없다. 만일 '생산수단을 공유하는' 사회주의체제가 현재의 자본주의적 생산양식을 대체한다면 "물질적 빈곤은 더 이상 나타나지 않을 것이다"(Bonger, 1916/1969: 198). 이윤동기가 제거되면 일반적 사회복지에 대한 관심이 이기적 특권과 경쟁심을 억제할 것이고 범죄는 거의 대부분 사라질 것이다.

> 이러한 (사회주의적) 사회는 사람을 이기주의적으로 만드는 모든 원인을 제거할 뿐만 아니라 … 범죄문제도 있을 수 없다. … 병리적 개인들에 의한 범죄는 있을 수 있지만 이러한 문제는 재판관의 영역이 아니라 의사의 영역이 될 것이다(Bonger, 1916/1969: 200).

퀴니와 후기 마르크스주의 이론가의 정책적 제안은 봉거의 제안과 같다. "범죄통제와 범죄성은 자본가의 노동착취에 기인한 상황의 측면에서 이해될 수 있기 때문에"(Quinney, 1980: 67) 다음과 같이 표현된다.

> 자본주의 위기를 해결하는 유일한 영속적 방안은 사회주의이다. 후기 산업자본주의에서 사회주의는 자본주의적 생산양식에 의해 억압받는 모든 사람의 투쟁 속에서 성취될 것이다. … 자본주의 발전에서 범죄의 본질적 의미는 사회주의 사회의 필요성을 제기한다는 점이다(Quinney, 1980: 67-68; 인용자 강조).

만일, 범죄가 자본주의의 결과이고 형사사법체계는 자본가계급이 노동자와 문제를 일으키는 인구를 통제하기 위한 수단이라면, 자본주의를 전복하고 사회주의체제를 채택하지 않고서는 자본주의의 부도덕성을 제거하거나 범죄문제를 해결할 수 없다(Schwendinger and Schwendinger, 1976). 자본주의 사회의 범죄는 정치경제의 혁명적인 구조적 변화 없이는 제거되거나 크게 줄어들 수도 없다(Schwartz and Friedrichs, 1994: 235). 기존 형사사법체계의 사회적 조치와 개혁은 자본주의 사회의 근본적 병리현상에 아무 일도 하지 않기 때문에 소용없다.

> 이러한 개혁은 자본주의체제의 이해관계를 넘어서지 못한다. … 개혁은 선진자본주의의 적응기제이다. … 우리의 실천은 비판적 사고와 행위이다. … 우리의 이론과 실천은 사회주의 사회를 건설하기 위한 투쟁에서 형성된다(Quinney, 1974a: 168-169, 197-198).

현실적 개혁을 부정하고 범죄문제를 해결하기 위해 매우 비현실적 혁명 시나리오에 의존하기 때문에 마르크스주의이론은 "혁명을 제외하고는 적절한 정책함의가 없는 유토피아적 사고"로 치부된다(Lynch and Groves, 1986: 105). "1980년대와 1990년대에 이르러 이러한 사고의 장점은 명백한 한계에 다다랐다. 특히, 범죄문제에 대한 해결책으로 사회주의에 대한 낭만적 요청이 그렇다"(Henry and Einstadter, 1998: 7).

이러한 여러 가지 이유 때문에, 마르크스주의 범죄학자는 혁명적 용어를 포기하고 "보석제도의 공정성, 의무적 양형제도의 폐지, 기업범죄의 소추, 고용기회의 증가, 구금에 대한 지역사회 대안의 촉진" 등의 비혁명적 개혁을 요구하게 되었다(Lynch and Groves, 1986: 107). 이러한 정책의 장점이 무엇이든, 이는 마르크스주의자가 이전에 개량적이고 성과 없다고 거부했던 비마르크스주의 사고에 기초한 인문주의적이고 자유주의적인 개혁방안이다. 이러한 정책을 마르크스주의이론의 실천적 적용으로 탈바꿈시켜주는 것은 무엇인가?

7. 요 약

마르크스주의이론은 자본주의 사회의 법과 형사사법체계가 자본주의 지배 엘리트의 이익을 위해 봉사하고 그들에 의해 통제된다고 설명한다. 도구주의적 마르크스주의자는 항상 법과 형사사법체계를 포함한 모든 국가행위를 지배계급의 도구로 파악한다. 구조주의적 마르크스주의자는 국가가 지배계급으로부터 상대적으로 독립되었으며 때때로 프롤레타리아의 이익을 반영할 수도 있다는 수정적 주장을 제시했다.

마르크스주의이론에 따르면, 자본주의 자체는 범죄의 가장 근본적 원인이다. 자본가 지배계급에 의한 생산수단의 소유는 처음부터 범죄생산적 사회를 만들어낸다. 몇몇 마르크스주의자는 모든 형태의 범죄가 자본주의의 범죄생산적 체계에 의해 만들어진다고 한다. 노동자 계급의 범죄는 '적응범죄'이거나 자본주의체제에 대항하는 '저항범죄'라는 것이다. 또한 지배계급에 의한 범죄는 지배계급의 이익을 보호하고 증진하기 위한 '지배와 억압의 범죄'라고 주장했다. 그러나 다른 마르크스주의자는 이렇게 과도하게 단순화된 접근에서 벗어났다. 그렇지만 마르크스주의자들이 복잡한 이론을 제안하면 할수록 비마르크스주의적 이론의 개념과 설명변수에 의존하게 되었다.

마르크스주의이론은 범죄뿐 아니라 법과 형사사법의 근원으로 자본주의 사회에 내재된 모순에 초점을 맞추기 때문에, 자본주의체제만 조사해서는 검증될 수 없다. 단순한 마르크스주의이론이 타당한지, 복잡한 마르크스주의이론이 타당한지 여부는 실재 자본주의 사회와 실재 사회주의 사회를 직접 비교함으로써만 판단될 수 있다.

실제로 비교해 보면 법과 형사사법체계 운영에 관한 마르크스주의이론의 설명방식은 타당하지 못하며 범죄는 사회주의 사회의 문제가 아닌 자본주의 사회만의 문제라는 초기 마르크스주의자의 주장도 경험적 타당성이 없는 것으로 나타난다. 마르크스주의이론의 고유한 범죄정책은 자본주의 사회를 전복하고(체제의 개선을 위한 노력은 거부됨), 사회주의 사회로 대체하는 것이다. 그러나 최근의 마르크스주의 이론가가 지지하는 다른 정책에는 이전에 비효과적 개선이라고 거부했던 여러 유형의 개선정책이 포함되었다.

주요 개념

- 후기 자본주의(*late-stage capitalism*)
- 자본주의(*capitalism*)
- 자본가/부르주아(*bourgeoisie*)
- 프롤레타리아(*proletariat*)
- 주도권(*hegemony*)
- 도구주의적 마르크스주의(*instrumentalist Marxism*)
- 구조주의적 마르크스주의(*structuralist Marxism*)
- 적응범죄(*crimes of accommodation*)
- 저항범죄(*crimes of resistance*)
- 지배와 억압의 범죄(*crimes of domination and repression*)
- 경제적 지배(*economic domination*)
- 통제범죄(*crimes of control*)
- 정부범죄(*crimes of government*)

제 12 장

급진이론과 비판이론

1. 서 론

제 11장에서 살펴보았듯이 마르크스주의자란 용어는 갈등이론이 발전했던 1970년대 중반 미국 범죄학에서 쉽게 찾아볼 수 있었다. 이 과정에서 많은 범죄학자는 '갈등적', '비판적', '급진적'이란 용어를 마르크스주의이론의 동의어로 사용했다. 이러한 용어는 수년간에 걸쳐 지속적으로 마르크스주의이론에 부합하는 관점으로 인식되었으며 자본주의 사회, 서유럽 민주주의의 법과 형사사법 그리고 '주류' 또는 '주도적' 범죄학에 대해 '비판적' 관점을 공유하는 데 사용되었다. 이러한 비판적 관점은 '급진적' 정책제안과 분석을 수반했다.

1970년대와 1980년대 학계에서 마르크스주의에 대한 인기가 급격히 상승하자 갈등, 비판, 급진 용어의 사용은 줄었고 마르크스주의란 용어가 주로 사용되었다. 그러나 1980년대 이후 범죄학 논문과 서적에서 마르크스주의란 용어가 점점 감소했고 급진적, 비판적, 좌파적 등의 용어가 자주 사용되었다. 그러나 비판 및 급진범죄학(*critical and radical criminology*)은 마르크스주의 범죄학과 완전히 동일한 것이 아니다.

비판 및 급진이론은 과거 10여 년간 새로운 관심을 얻어 마르크스주의이론에서 벗어나 페미니스트, 좌파 실재론, 문화범죄학과 '그린'(*green*), '탈현대', '탈구조', '재소자' 및 '위태로운 인종', '교차성', '동성애' 또는 '무정부주의자'뿐 아니라 성별, 인종, 계급, 남녀평등과 사회변혁의 영역에서 '비판적 실천' 및 '초월적 실천' 등에 대한 다양한 관점으로 정체성을 확장했다(Kauzlarich, 2015: 11).

따라서 최근에 급진 및 비판범죄학의 제목 아래 포함된 대부분은 마르크스주의가 아니다. 비록 계급과 국가의 억압 등과 같은 개념을 사용하더라도, 마르크스주의적 분석에 의한 것이 아니다. 그들은 서유럽의 선진 산업사회를 '후기 자본주의'(*late-stage capitalism*)라기보다는 '탈현대주의'(*post-modernism*) 또는 '후기 현대성'(*late modernity*)의 전형으로 언급할 가능성이 높다(Ferrell, Hayward, and Young, 2008).

비판범죄학의 제목 아래 포함된 것이 일반 범죄학자에게는 분명하지 않기 때문에 비판범죄학의 내용과 타당성을 평가하기가 더 어렵다. "이 연구는 개괄적 명제나 일반화와 입증자료의 일관성 있는 완전체를 형성하지 못한다. 사실 비판범죄학은 다양한 범죄학적 노력을 추구하는 지적 자세이다"(Gibbons, 1994: 60).

2. 헨리와 밀로바노빅: 구성범죄학

비판범죄학이 무엇인가에 대한 명확성 결여는 헨리와 밀로바노빅(Henry and Milovanovic, 1991, 1996)에 의해 제기되었다. 이들은 비판범죄학 대신 '구성범죄학'(*constitutive criminology*)이란 용어를 사용할 것을 주장하며 이러한 포괄적 용어를 통해 비판적, 급진적 또는 탈현대적 관점의 다양성을 포괄하려 했다. 또한 이들은 구성범죄학이 "개인과 사회 간의 관계에 대한 총체적 개념으로 어느 쪽도 우선시하지 않고 그들의 상호성과 상호관계성을 검토한다"고 주장했다(Henry and Milovanovic, 1996). 이 접근은 "비판범죄학자들이 해악의 과정을 해체하고, 그러한 담론이 어떻게 존재하게 되는지에 대한 기제를 밝혀내고, 어떻게 담론이 개인이 투자하는 '존재론적 중립상태'를 발전시키는지를 설명하도록 범죄학자들을 자극한다"(Ahmed, 2014: 367).

밀로바노빅(2002)은 비판범죄학 내에서 '새롭게 출현하는 관점'으로 기호학(*semiotics*), 모서리연구(*edgework*), 혼동이론(*chaos theory*), 파국이론(*catastrophe theory*) 등을 제시했다. 최근에 그는 홀로그램 이론과 통합된 양자역학 이론의 물리학적 복잡성을 선호하여 현대실증주의 과학을 거부하고, "양자 홀로그램의 범죄학"(*quantum holographic criminology*)을 소개하였다(Milovanovic, 2014). 아리고(Arrigo, 2000)는 이 목록에 새로운 관점으로 비판적 인종이론, 동성애(*queer*) 이론, 무정부주의, 평화주의, 예언적 비판주의, 사회주의적 페미니즘 그리고 탈현대적 페미니즘을 추가했다.[1] 슈바르츠와 프리드리히(Schwartz and

1) 비록 몇몇 비판적 범죄학자에 의해 범죄학의 '최첨단의 영역'(*cutting edge*)이라고 평

Friedrichs, 1994: 222)는 탈현대주의를 "비판범죄학과 아주 밀접한 연관이 있으며 그러한 맥락에서 살펴보아야 한다"고 주장했다.

탈현대주의자는 검증가능한 범죄원인과 설명을 추구하는 현대의 과학적 사고의 주도권(*hegemony*)이나 압도적 영향을 우려하는 것으로 보인다. 그들은 과학을 몰아내고 "소외된 사람에게 우호적인 진보적 의제발전의 필요성"을 인식하게 하는 언어에 기초한 비과학적 시각으로 대체하고자 한다(Schwartz and Friedrichs, 1994: 222).

구성범죄학은 이러한 입장과 매우 유사하지만 헨리와 밀로바노빅(Henry and Milovanovic, 1996)은 구성범죄학을 "탈현대주의를 넘어선" 것으로 믿는다. 비록 그들은 구성범죄학이 '대립적'이지 않다지만 주류범죄학을 반대하고 거부하는 측면에서 비판범죄학의 전통을 계승했다고 할 수 있다. 헨리와 밀로바노빅(1991: 293)은 범죄원인에 관한 연구를 명백하게 거부한다. 대신에 그들은 범죄란 "행위자가 범죄적 양식으로 행위하고 다른 사람은 범죄행위의 통제를 모색하며 또 다른 사람이 이를 탐구하고 철학적으로 해석하고 설명할 때 만들어지는 '담론적 산

가되더라도, 이러한 접근에서 배태된 대부분의 이념은 분명히 새로운 것이 아니다. 담화의 화자, 청자, 담화 주제에 언어와 수사학이 미치는 영향을 탐구하는 기호학은 크레시(Cressey, 1953)의 '동기 어휘' 및 사이크스와 마차(Sykes and Matza, 1957)의 '중화기술' 등과 같은 주류 범죄학의 개념에서도 발견된다. 범죄와 일탈의 비물질적·정서적 보상을 분석하는 문화범죄학에서도 강조되는 모서리연구는 자기통제이론(제 6장)의 충동성 차원이나 사회학습이론(제 5장)의 차별강화 원리와 구별되지 않는다. 비판적 인종이론과 '동성애' 이론은 갈등이론의 변형이다. 혼동이론, 파국이론, 양자 홀로그램 이론은 설명이 아니라 단지 범죄 및 형사사법에 대한 고도의 복합적이고 비선형적인 이론적 모형을 구성하는 틀에 불과하다. 역설적으로 이러한 모형은 탈현대주의자가 격렬하게 반대하는 경험적 검증의 대상이 되기도 한다.

물'(*discursive production*)"이라고 주장한다.

한편으로 이러한 이론의 주장들은 대체로 자명하거나 정의상 참인 범죄, 형사사법, 범죄학에 관한 서술적 진술문이다. 예를 들어, 몇몇 사람은 범죄를 저지르며(범죄적 양식으로 행동하는 범법자) 다른 이는 그 범죄에 대한 통제를 모색하며(형사사법기관) 또 다른 이(범죄학자와 기타 사회과학자)는 범죄를 설명하고자 시도한다. 범죄가 인간의 상호작용의 산물이라는 헨리와 밀로바노빅(1991: 295)의 서술과 주장은 사실 모든 범죄학자에게 즉시 받아들여질 수 있는 평범한 진술이다.

그러나 다른 한편으로 이러한 진술은 범죄가 현실 자체로 존재한다는 것을 거부하는 극단적 입장이다. 범죄는 단지 '담론적 산물'로서만 존재한다. 즉, 범죄는 범죄자, 통제기관, 범죄학자, 기타 사람들의 상호작용의 산물일 뿐만 아니라 그들이 단순히 그것에 대해 말하는 것의 산물이기도 하다. 통제에 관한 대화, 조직적 대화, 법에 관한 대화 등 여러 종류의 '대화'를 의미하는 '담론적 수행'(*discursive practices*)은 범죄, 피해, 통제의 '상호결정과정'(*codetermination*)을 통해 이야기적 매체를 구성한다. 이것이 의미하는 바는 객관적 행태로 설명될 수 있는 범죄 자체가 존재하지 않으며 범죄, 형사사법, 사회구조, 제도는 대화, 문헌, 담론적 수행의 단순한 산물이라는 것이다(Henry and Milovanovic, 1991: 299).

동시에, 헨리와 밀로바노빅은 범죄는 그것에 관한 대화행위, 그것을 설명하려는 시도 그리고 그것을 통제하려는 시도과정에서 공동으로 형성되는 무엇으로 존재한다고 암시한다. 헨리와 밀로바노빅이 분명히 말했듯이, 원인에 관한 연구가 포기되어야 하거나, 아니면 이들이 암시하듯이 범죄가 담론과정에서 객관적 실체로서 존재하지 않는다면 범죄가 어떻게 '유발되고 억제될 수 있으며'(즉, 어떻게 발생되거나 예방될 수 있으며) 동시에 상호 '형성' 효과를 통해 사회구조에 영향을 미칠 수 있는가? 피해자와 통제기관은 이 과정에서 현실적 실체로서 존재한다.

사실 구성범죄학은 범죄, 피해, 통제가 미시적 차원, 즉 '개인적 선택이나 성향'과 거시적인 구조적 장치 모두에 의해 '형성'(야기) 된다고 보기 때문에 범죄원인에 관한 연구를 포기한 것은 아니다. 마찬가지로 범죄와 통제 또는 적어도 이에 관한 대화는 개인적 행위와 사회구조를 모두 '형성'한다.

> 이 이론의 옹호자는 개인의 선택이나 성향 또는 제도적·사회적 차원에서의 구조적 장치가 범죄, 피해, 통제를 형성하는 데 우선권을 가진다는 주장을 거부한다. … 그들은 범죄행위를 초래하고 억제하는 인간의 상호작용의 산물로서 사회구조와 통제기관을 보며 이러한 구조는 재생산의 일부분이 되는 범죄와 범죄통제에 관한 대화로 동시에 형성된다. 구성범죄학은 인간 스스로 만든 구조로부터 인간을 분리하는 논증법의 적용이 아니다.
>
> 구성범죄학은 인간 사이의 상호관계가 현실로서의 범죄, 피해 그리고 통제를 구성하는 방식을 밝히는 데 집중한다. 동시에 구성범죄학은 이렇게 나타나는 실체 자체가 인간행위를 구성하는 방식에도 관심을 가진다(Henry and Milovanovic, 1991: 295).

헨리와 밀로바노빅은 또한 범죄학자가 비공식적 통제체계를 배제하고 '이데올로기적 지배'를 뒷받침하는 '상징적 폭력'을 구성하는 비공식적 체계의 상호의무, 충성, 감사, 기타 과정을 이해하지 못한다고 주장한다. 범죄학자는 비공식적 체계를 간과하거나 이해하지 못하고 이것을 '법'보다는 과거의 '관습'으로 취급한다.

그러나 범죄학을 이렇게 평가하는 것은 잘못된 것이다. 전통적 주류 범죄학에서 비공식적 통제체계와 형사사법의 비공식적 기제가 배제된다는 것은 사실이 아니다. 사실 고전적 억제이론과 고전적 생물학이론을 제외하면, 비공식적 상호작용과 통제과정은 현대의 모든 범죄학 이론에서 인정된다.

우리는 "범죄원인을 찾으려는 헛된 연구"를 포기해야 하며 "우리는 행위자가 범죄로 여기는 것을 공동으로 생산하는 방식에 관심을 가져야 한다"는 주장(Henry and Milovanovic, 1991: 307)은 해답을 제안하는 것이 아니라 하나의 물음을 던지는 것이다. 이러한 저자들이 범죄와 형사사법에 '관한 토론'(*talking about*) 및 인간과 사회구조가 어떻게 범죄를 공동 결정하는가를 논의한다고 하더라도, 구성범죄학은 범죄와 형사사법 그 어느 것에 대해서도 검증가능한 설명을 제공하지 못한다.

사실 구성범죄학은 범죄를 설명하거나 통제하는 어떠한 노력도 거부하는데 그것은 이러한 행동 자체가 범죄를 생산하는 과정의 일부를 구성하기 때문이다. 범죄와 형사사법이 구성범죄학에서 설명하려는 대상이 아니라면, 무엇을 설명하려 했는가? 구성범죄학은 다른 여러 가지 비판적이고 급진적인 범죄학과 마찬가지로 범죄에 관한 대안적 설명을 제공하기보다 다른 범죄이론의 단점을 비판하는 데 더 관심을 쏟는다. 이러한 비판에 따르면, 구성범죄학에 관해 잘 알지 못하는 범죄학자는 자신들이 범죄에 관해 논의하고, 연구하며, 범죄를 통제하는 정책을 제안함으로써 실제로 범죄생산에 참여한다는 점을 깨닫지 못한다.

이러한 입장은 구성주의 범죄학에서 또 다른 명백한 내적 불일치를 초래한다. 왜냐하면 범죄에 대해 논의하고 연구하고 정책을 제안하는 것은 바로 헨리와 밀로바노빅(1996)이 지속적으로 수행하는 것이기 때문이다. 그들은 자신들의 이론을 설명할 뿐만 아니라 그것이 '정의 수행'(*justice practices*)에 대해 갖는 함의를 소개한다. 그들의 정책적 제안은 최근의 '훈육기술'을 새로운 '가능성의 언어'로 대체하는 것을 의미한다. 이러한 '대체담론'의 목적은 '해악감소'를 위한 작업이며(Henry and Milovanovic, 1996: 214) 이는 '담론적으로 자리 잡은 최근의 국가 및 제도적 체계'가 '초자유적, 권능적 민주주의'로의 대체에 의해 '소식창출 범죄학'(*newsmaking criminology*), '사회적 방어'(*social judo*), 정치경제학의 '비판적 변형'(*critical transformation*) 등과 같은 전략에 의해 성취된다(Henry and Milovanovic, 1996: 214-238).

이와 같은 담론에서 사용하는 은어적이고 내부적인 언어는 구성범죄학에 바탕을 둔 정책제안에 대한 명확한 평가를 방해한다. 더구나 이와 같은 정책이 어떻게 범죄의 해악을 줄이고, 범죄행위를 통제하거나 예방하며, 범죄자의 사회복귀를 돕거나 범죄생산 과정에 참여하는 문제를 어떻게 회피할 수 있는지는 모호하며 그 효과에 대한 경험적 증거도 없다. 그러므로 구성범죄학 역시 생명력 있는 이론적 대안을 제시하지 못하고 범죄문제에 관해 현실적이지 못하다는 비판을 면할 수 없다. 실제로 이러한 이유로 구성범죄학은 스스로 '좌파 실재론'이라고 자칭하는 또 다른 비판 및 급진 범죄학자에 의해 비판받는다.

3. 좌파 실재론

좌파 실재론(*left realism*)은 주로 1970년대 급진범죄학의 선두에 섰던 영(Young, 1975, 1979)과 같은 영국 출신 범죄학자들의 저작을 가리킨다. 이후에 미국과 캐나다 학자가 합류하여 현재의 범죄학에서 계속되고 있다(DeKeseredy and Schwartz, 2013). 좌파 실재론은 범죄와 형사사법에 관해 비판범죄학자와 급진범죄학자가 취했던 극단적 입장인 '좌파 관념론'(*left idealism*)에 대한 대응으로 영(Young, 1987) 등의 학자에 의해 발전했다. 또한 이는 영국사회에서 범죄피해자의 증가현상, 정치적 보수주의의 등장으로 발생한 정치적 변화와 '우파 실재론'(*right realism*)의 발전에 대한 대응이기도 하다(Matthews and Young, 1992).

'좌파 관념론'은 자본주의 사회와 억압적 형사사법체계에 대한 많은 급진적이고 마르크스주의적 비판에서 범죄자에 의해 초래되는 가난하고 힘없는 동료들의 고통과 어려움의 실재를 간과하는 경향을 의미한다. 좌파 관념론은 "범죄를 부수현상으로 보고, 범죄자를 일종의 사회주의적 축소판 또는 혁명의 원형으로 파악하고 이들을 비난할 수 없으며, 이들에 대한 처벌은 부당하거나 일탈 증폭적인 것"으로 파악한다(Lowman, 1992: 141). 또한 초기에 좌파 관념론자는 기본적으로 노상강도와 같은 약탈적 길거리 범죄에 초점을 두었으며 이러한 범죄는 노동계급에 의해 노동계급 구성원에게 저질러졌다(DeKeseredy and Schwartz, 2013).

그러나 좌파 실재론자는 사회에서 증가하는 범죄문제와 범죄통제를 위해 강경한 처벌 위주의 형사정책을 시행하는 1980년대 미국 및 영국 보수주의 정부의 지배가 이른바 범죄학의 '위기'를 초래했다고 주장한다. 이러한 위기는 범죄에 대한 전통적인 자유주의적 접근뿐만 아니라 급진적 접근에 대한 재평가를 요구했다. 좌파 실재론자는 급진적 접근이 사회의 일반 구성원을 위해 범죄의 진정한 문제개선에 직접적으로 관심을 갖지 않기 때문에 기존 사회에 관한 비생산적 비판에 불과하게 되었다고 주장했다.

좌파 실재론자에 의하면, 좌파 관념론자는 범죄를 지배계급이 자신의 주도권(*hegemony*)을 유지하기 위해 창안한 허구이며 형사사법체계는 범죄를 실제로 통제하지 못하고 대중을 억압하는 기구라 믿는다고 한다. 매튜스와 영(Matthews and Young, 1992)은 범죄가 언어적 구성과 이야기적 담론을 통해 변형될 수 있는 임의적인 사회적 범주라는 탈현대주의적 견해를 거부한다. 길거리 범죄는 실제로 존재하며 심각한 상황이다. 더구나 사회에는 형법의 핵심사항에 대한 실제적 합의가 존재하며 형사사법의 개혁 및 범죄예방은 범죄학자와 정책입안자가 추구하는 가장 중요한 현안과제이다(Lowman, 1992).

좌파 실재론자는 경찰에 대한 비판의 목소리를 낮추고 범죄예방, 피해자 지원, 원상회복, 지역사회지원, 지역사회 경찰활동 그리고 징역형의 최소화 등의 정책을 지지한다(Gibbons, 1994; Curran and Renzetti, 2001; Einstadter and Henry, 1995). 또한 동시대 좌파 실재론자는 폭력음란물과 같은 음란물의 이용과 배포에서 기술 혁신의 부정적 효과를 감소시키는 정책에 관심을 보인다(Dekeseredy, 2011a, 2011b, DeKeseredy and Schwartz, 2014).

다른 학자는 좌파 실재론이 범죄를 설명하고 농촌지역과 같은 특정지역의 범죄통제정책을 형성하는 데 어느 정도 적절성을 지닌다고 주장한다. 우드는 다음과 같이 구체적으로 제안했다.

> 좌파 실재론은 농촌범죄연구에 도움이 되며 농촌범죄연구도 좌파 실재론의 기초를 지지한다. 농촌지역도 노동계급 범죄의 영향을 받을 수 있다. 좌파 실재론자는 이러한 행위에 관한 연구는 오랜 시간동안 형성된 관점을 넘어서야 한다고 주장한다. 그리고 도심시민과 농촌시민 모두의 정치경제적 상황이 유사하다는 사실을 고려하면, 노동계급 범죄에 대한 사회주의적 대응을 시도하는 좌파 실재론이 정당화된다(Wood, 1990: 14).

좌파 실재론자는 자신들이 기존 범죄학과 형사사법에 대한 급진적 비판을 제시하는 것으로 여기지만 주류 자유주의 범죄통제정책과 분명히 구분되는 정책 입장은 거의 없다. 형사사법을 더 효율적이고 정당하게 하기 위한 범죄의 근본적 원인 제거, 범죄예방의 진작, 피해자에 대한 원상회복의 시행, 처벌 위주의 범죄통제와 시설구금정책의 개혁, 경찰력 남용에 대한 통제 등의 좌파 실재론의 제안은 지난 60년 동안 주류 범죄학의 형사사법정책과 개혁안에서 다루어진 것이다.

최근의 전개과정에서 '비판적 실재론'('순박한 실재론'에 대응되는)이 더 선호되는 용어처럼 보인다(Matthews, 2010). 비록, 범죄가 사회적으로 구성된다는 것을 받아들인다고 하더라도 비판적 실재론은 범죄와 그 결과에는 객관적 차원이 있으며 "사회적 범주와 인식은 언어와 담론으로 환원되지 않는다"는 것을 인식한다(Matthews, 2010: 200). 이와 유사하게, 매드피스와 코헨(Madfis and Cohen, 2016)은 좌파 실재론을 범죄의 해악에 대해 단기적으로 실용적이고 정치적으로 실현할 수 있는 해결책을 제공하는 '현재의 범죄학'으로 묘사하고, 좌파 관념론을 사회변화와 사회정의에 대한 장기적인 비전을 포기해서는 안 되는 "미래의 범죄학"으로 묘사한다. 그럼에도, 순박한 실재론, 좌파 관념론에 대한 반응과 형사사법체계에 대한 더 실재적인 개선안은 이론적 설명이 아니다. 그것은 사회는 어떠해야 하고 형사사법체계는 어떻게 운영되어야 하는가의 사안에 대한 철학적이고 정치적인 진술문이다.

1970년대 초기의 급진적인 '새로운'(*new*) 범죄학(Tayler et al., 1973)에서 그랬듯이 오늘날 영(Young)과 매튜스(Matthews)의 좌파/비판적 실재론은 잠재적으로 중요한 변수의 범주를 제시하고 타당한 이론이 해야 할 일을 제안하는 것에 만족하는 듯하다. 이것은 경험적으로 검증할 수 있는 형사사법이나 범죄에 대한 이론을 제공하지 않는다. 좌파 실재론에 대한 이러한 평가에 대한 이의제기는 일부 비판적 학자가 상대적 박탈, 계급구조, 하위문화 같은 기존의 전통적 이론개념을 사용한다는 것을 가리키는 것에 지나지 않는다(DeKeseredy and Schwartz, 2013).

4. 문화범죄학

문화범죄학을 제안하고 발전시킨 학자는 퍼렐이다. 퍼렐은 미국학자로서 영(Young)을 포함한 영국 학자들과 공동연구를 했다(Ferrell et al., 2008; Ferrell, 2010, 2013a, 2013b, 2014; Ferrell and Sanders, 1995).[2] 문화는 일반적으로 "사회체계 구성원의 공유된 가치, 규범,

---

2) 문화범죄학은 인터뷰, 관찰, 민속방법론, 매체분석과 기타 질적인 기법을 활용하여 범죄의 사회적 실재를 구성하는 과정에서 일상생활의 문화, 정서, 사회적 맥락의 긴밀한 상호작용을 조사한다. 문화범죄학은 오랫동안 범죄와 형사사법에 대한 사회학적 연구의 일부였지만 현재의 '정통' 범죄학을 강력하게 거부하는 낙인, 상징적 상호작

신념, 도덕적 평가, 상징적 의미, 규범적 지향"을 지칭한다(Akers, 1998: 102). 문화범죄학(*cultural criminology*)은 "개인과 집단이 점유하는 상징적 환경"으로서 문화를 강조하며, "가해자, 경찰관, 피해자, 가석방위반자, 신문기자 등 사회적 행위자의 일상적 문제를 휘감은 집합적 의미의 맥락 — 범죄경험의 긴박함과 얽혀있는 문화적 의미의 절충 —"과 관련된다고 강조한다(Ferrell et al., 2008: 23, 원문 강조).

문화범죄학의 초점은 범죄와 형사사법에 대한 문화적 영향력과 요인, 기본적으로 사회학적 관점에 근거해 사회구성원이 일상적 경험을 바라보고 수행하는 가치, 규범, 관습과 방식 그리고 행위와 단어에 관한 상징적 의미의 총체적 범위이다(Ferrell, 2010). 문화는 안정적이거나 고정적인 전통이 아니라 사회통제 및 형사사법기관, 범법자, 관련자 등에 의해 (특히, 하위문화에서 발견되는) '구성된'(*constructed*) 범죄와 사회적 반응에 대한 의미이고 상징이다. 문화범죄학은 퍼렐과 다른 학자들의 주요 저작이 이른바 '정통' 범죄학을 강력하고 경멸적으로 비판하기 때문에 비판적 범죄학의 한 유형으로 여겨진다.

더욱이 지지자들은 '비판 사회학'과 사회의 확립되고 지배적인 권력구조에 대한 비판을 동일시한다. 동시에 문화범죄학은 전통적 범죄학에 속하는 상징적 상호작용, 사회적 구성주의, 이해(*verstehen*), 사회해체, 아노미, 하위문화, 낙인, 갈등, 중화기술 그리고 주류 사회학적 범죄학의 주요 용어를 수용해 사용한다.

문화범죄학자는 주류 정통범죄학 가운데 초기의 사회문화적, 하위문화적 접근에 대해 덜 비판적이고 우호적 경향을 보인다. 예를 들어,

---

용, 하위문화 같은 연구방식과 개념에 의지한다.

1920~1930년대 시카고의 민속방법론적 연구와 1950~1960년대 하위문화적 접근을 선호한다(제 8장 및 제 9장 참조). 최근 범죄학에 대한 문화범죄학자의 가장 강력한 비판은 추상적 이론을 검증하기 위해 양적 조사자료를 이용한 무익하고 복잡한 통계분석에 대한 것이다.

이러한 분석은 범법자와 비범법자의 역동적인 일상생활의 사회적 맥락이 담긴 실제 삶의 감정, 정서, 상징적 의미, 행위자인 사람을 배제한다고 주장한다. 문화범죄학자는 특히 최근의 합리적 선택이론과 일상활동이론(제 2장 참조)에 반대한다. 이러한 이론은 범죄 결정과정에서 개인의 위험과 비용에 대한 냉정한 계산을 제외하고 모든 것을 배제한다.

그들은 이러한 관점이 현실감 없고 실체가 없을 뿐만 아니라 처벌적/억압적 사회통제체계 및 형사사법을 지지하는 것으로 파악한다. 문화범죄학에서 개인의 선택으로서의 범죄는 그것이 구성된 사회적 및 상황적 맥락 밖에서는 존재하지 않는다. 문화범죄학자는 대부분의 범죄학 이론에서 나타나는 '실증주의'(*positivism*)를 비난한다. 합리적 선택이론은 심지어 '시장 실증주의의 형태'로 일축된다(Ferrell et al., 2008: 204). "이론적으로 질서와 예측 가능성을 추구하는 합리적 선택이론과 사회학적 실증주의는 범죄의 실체에 대한 잘못된 이해뿐만 아니라, 인간의 가능성을 가두는 관료주의 시대를 만드는 데 결탁한다"(Ferrell et al., 2008: 80).

범죄설명이나 사법정책 측면에서 문화범죄학에 수용되거나 양립할 수 있는 현대 범죄학은 거의 없다. 객관적이고 과학적인 연구 분야라는 개념은 '열정과 정치적 의미가 없는' 범죄학을 형성하는 '허구'이다(Ferrell et al., 2008: 13). "근본주의적 실증주의가 정통범죄학을 지배한다. … 그것은 위험한 반역사주의, 이론의 지나친 축소, 현실을 무감각하게 만드는 것으로 여겨진다"(Ferrell et al., 2008: 65). 그리고 "주류 범죄학은 절망적 실패이다"(Ferrell et al., 2008: 204) 등의 진술문은 주류 또는 정통 범죄학에 대한 문화범죄학자의 견해를 드러낸다.

문화범죄학은 귀납적이고, 양적이며, 범죄의 사회적 실재에 더욱 적합한 합리적 선택 및 실증주의 이론에 대한 대안적 관점으로 제시된다. 이것은 참여관찰, 인터뷰, 민속방법론, 내용분석, 대중매체분석, 범죄와 사법에서 '실재'(*real*)와 '가상'(*virtual*) 간의 모호한 상호작용에 대한 대중매체의 역할분석, 시각사회학 그리고 범죄, 일탈, 정책에 대한 다른 비(非)양적 방법 등을 채택한다. 더구나 유럽의 문화범죄학 지지자인 헤이워드(Hayward, 2016)는 문화범죄학이 범죄와 범죄자에 대한 현상학적 연구에 초점을 맞추는 한편, 이러한 현상에 대한 개인적 의미와 동기를 주로 권력과 정치경제의 구조적 배경에 두고 보기도 하지만 반드시 세계자본주의는 아니라고 강조한다(Ferrell et al., 2008).

문화범죄학자는 범죄와 일탈의 문화, 상징적 의미, 기타 사회문화적 또는 사회정서적 차원에 대한 이해와 통찰력에 초점을 둔다. 이들은 사람들이 왜 범죄적 및 일탈적 행위를 저지르는 지를 설명하는 데는 관심이 적고 형사사법, 범죄통제, 일탈에 대한 사회적 대응의 분석과 설명에 관심이 많다.

문화범죄학의 주창자는 문화범죄학을 구성하는 것이 무엇인지를 정확하고 명확하게 정의하는 일에 의도적으로 침묵한다. 그것은 "부분적으로 문화범죄학에 활력을 불어넣는 무정부주의 정치, 이론, 인식론"에서 비롯된다. 그러나 또한 "이론적 정의를 중단하는 데 가장 강하게 반대하는 것이 바로 문화에 대한 초점"이다(Ferrell et al., 2008: 304).

문화범죄학에서는 범죄와 사법에 대해 명백하게 기술된 이론은 요구되지 않는다. 오히려 문화범죄학은 진행 중인 프로젝트로 지지자들에 의해 묘사된다. 문화범죄학은 하나의 최종 모형을 제시하지 않고 진입이 개방된 하나의 관점으로 남아있는 것을 명백히 선호한다.

페렐 등(Ferrell et al., 2008: 51, 64)은 "범죄와 통제를 문화적 맥락에서 고려할 뿐만 아니라 현대 문화역학이 기존 경향의 강화를 구현한다는 것을 입증하는 범죄학을 만들기 위해 기존 범죄학의 최고를 새로운 이론 및 학문과 융합하는 '문화범죄학을 향해' 노력하고 있다"고 한다. 이러한 노력은 "처방이 아닌 제안"이며, "명령보다 초대"로 제시된다(Ferrell et al., 2008: 82). 이는 명시된 이론과 느슨한 생각의 집합 사이 어딘가에 있는 것으로, 문화범죄학이 "정통 범죄학과 형사사법을 비판하고 인도주의적 대안을 개발할 수 있는 자유로운 지적 공간을 열어두고 초대하는" 장점을 가지고 있다(Ferrell et al., 2008: 210). 그러므로 문화범죄학은 (대부분의 비판적 범죄학에서 나타난 바와 같이) 하나의 이론이나 이론체로서의 정밀한 진술문을 제시하지 않는다.

문화범죄학의 주창자들은 직접적으로 검증가능한 이론, 즉 측정가능한 개념정의, 연역적으로 도출된 검증 가설, 경험적 증거의 적용 등을 포함한 이론으로 제안하는 것을 가치 있는 것으로 평가하지 않는다. 이는 검증가능성과 경험적 타당성이 문제가 있는 것으로 간주된다는 의미이지만 이 관점에는 문화와 정서 같은 설명요인이 있고, 이런 요인이 범죄행위와 형사사법에 영향을 미친다는 문화범죄학자의 주장은 진위를 평가할 수 있다는 점을 부정하지 않는다. 그러나 문화범죄학을 지지하는 증거는 질적인 연구로부터 나온다. 따라서 문화범죄학은 '탈현대적'이지 않다. 오히려 선호하는 명칭은 '후기 현대성'이며 이 관점은 "세상의 반향을 불러일으켜 혼미함과 부정의를 꿰뚫는 것"을 의미한다(Ferrell et al., 2008: 56).

느슨하게 만들어진 문화범죄학은 범죄와 일탈, 형사사법, 사회적 통제를 이해하고 설명하기 위한 하나의 틀이지만 다른 비판적 범죄학 같이 '권력에 대항'하는 '진보적' 정치적 행위지침을 지닌 철학 또는 이데올로기적 속성이 내재하여 특정한 정책을 지지한다. "만일 후기 현대 정치질서가 두려움과 배제를 통해 통치하는 것이 효과적이라고 여긴다면, 우리는 정치적 변화에 맞설 수 있는 범죄학을 가져야 하고 사회생활을 다른 진보적 용어로 정의해야 한다. … 이러한 의미에서 문화범죄학은 이 진보적인 정치적 명령에 적합한 수행과 설득의 형태로 고안되었다"(Ferrell et al., 2008: 198). 또한 퍼렐은 비판적 및 문화범죄학자가 이러한 이론적 전통을 계속 옹호하고 발전시키기 위해 앞으로 나아갈 때 고려해야 할 질문을 제시했다.

> 그 질문은 어떻게 비판적 및 문화범죄학이 의미에 의해 공유된 세상에서 의미 있는 것이 될 수 있는가—어떻게 범죄학이 비판과 연민, 학문과 사회참여의 혼합을 통해 범죄와 사법의 영역에 퍼진 의미에 대한 동시대적 정책에 대항할 수 있는가이다(Ferrell, 2013a: 269).

5. 평화주의 범죄학

평화주의 범죄학(*peacemaking criminology*)의 주요 제안자는 바로 페핀스키와 퀴니(Pepinsky and Quinney, 1991; Fuller and Wozniak, 2006)이며 이들은 범죄와 범죄통제 간의 관계를 전쟁상황에 비유하고 이제는 법 위반자와 피해자, 경찰, 공동체 간의 평화를 추구해야 할 시대라고 선언한다. 평화주의 범죄학은 중재, 갈등해결, 화해 그리고 "고통을 완화하고 범죄를 감소시키는" 노력을 통해 법 위반자를 공동체에 재통합할 것을 제안한다(Pepinsky and Quinney, 1991: ix). 이러한 평화주의 범죄학은 종교적, 인도주의적, 페미니즘적 그리고 마르크스주의적, 비판적 전통으로부터 출현한 것으로 알려졌다(Pepinsky, 1991; Fuller and Wozniak, 2006).

앞서 보았듯이, 퀴니의 이론적 관심이 초기에는 갈등이론, 후기에는 마르크스주의로 전환되었다. 그러나 최근 그의 평화주의 범죄학은 종교적 성향을 지닌다(기본적으로 기독교적이고 부분적으로 불교적 요소를 가졌다). 그것은 비폭력에 대한 정신적 · 초월적 · 예언적 기도이고 고통을 종식시키려는 설교이다.

퀴니가 범죄 자체를 고통으로 정의하기 때문에 그의 중심적 주장은 동어반복적이다. 만일 고통이 사라지면 범죄도 종식될 것이라고 본다. 그의 입장에서 보면, 현재 조직화된 형사사법체계는 폭력의 원리에 기초한다. 이러한 형사사법체계는 범죄에 대한 유일한 해결책으로서 사랑과 비폭력의 원칙으로 대체되어야 한다. "우리의 가슴이 사랑과 봉사의 마음으로 가득하다면 우리는 무엇을 어떻게 해야 하는가를 알게 된다. 이것이 비폭력 범죄학의 기초이다"(Quinney, 1991: 12).

몇몇 학자는 평화주의 범죄학에 대한 더 세속적인 접근방법을 제시했다. 예를 들어, 앤더슨(Anderson, 1991)은 간디주의(*Gandhian*) 및 마르크스주의적 인도주의가 범죄문제에 관한 평화적 해결의 지침을 제공한다고 주장했다. 해리스(Harris, 1991: 88)는 페미니스트이론이 조화와 '적절함'(*felicity*)을 무엇보다 중요한 가치로 여기고 "페미니스트는 보살핌, 공유, 양육 그리고 사랑을 강조한다"고 주장했다. 이는 지금까지 범죄와의 전쟁에서 범죄학적 사고와 정부정책을 주도한 '권력/통제', '권리/정의'라는 남성적 관점과 대비된다. 따라서 이러한 페미니스트 관점을 결합하면 형사사법체계 내에서 갈등해소와 평화로 나아갈 수 있을 것이다.

평화주의 범죄학은 전통적인 범죄학 이론과 똑같은 방식으로 범죄와 범죄성 문제를 직접적으로 다루지 않는다고 주장하지만(Fuller and Wozniak, 2006: 256), 평화주의 범죄학자는 실제로 이 문제를 어떻게 다루는지에 대해 언급하지 않았다. 평화주의 범죄학은 '전통적' 이론과 비교해서 경험적으로 평가될 수 있는 범죄 또는 형사정책체계에 관한 하나의 이론을 실제로 제공하지 않는다.

> 평화주의적 관점은 오랜 시간 동안 학문적 범죄학에서 인정된 이론이 되지는 못했다. 실제로 이 관점은 너무 새로운 것이라서 아직 검증가능한 명제의 형성과 경험적 증거를 확보하지 못했다. 평화주의적이라는 이름을 부여할 만한 프로그램도 없다. 간단히 말해, 전통적 범죄학 이론과는 다른 **평화주의 범죄학을 평가할 만한 직접적인 유용한 연구는 거의 없다**(Fuller and Wozniak, 2006: 264; 인용자 강조).

범죄와 형사사법체계에 관한 설명은 평화주의 범죄학이 제안하는 종교적 또는 다른 교훈과 일치하거나 일치하지 않을 수 있다. 그리고 이러한 교훈 자체는 검증가능한 이론으로 구성되지 않는다. 평화주의 범죄학으로부터 검증가능하고, 간결하며, 타당한 이론을 구성하는 것이 가능할 수 있겠지만 현재 평화주의 범죄학은 이론이라기보다 철학으로 남았다.

평화주의 범죄학은 전쟁, 범죄, 폭력을 영원히 없애고 나아가 비폭력, 갈등의 평화적 해결 그리고 법 위반자의 회복 등을 특징으로 하는 사법체계의 구성을 위한 개혁과 재구성을 지향하는 이상주의적 사회관을 지녔다. 이는 형사사법에 관한 매우 건전한 철학이지만 형사사법체계가 왜 현재와 같이 작동하고 범죄자가 왜 범죄를 저지르는지를 설명하는 것은 아니다. 이 이론은 다른 기준에서는 높이 평가할 수 있지만 경험적 타당성에서는 그렇지 않다.

비록 모든 종교적 신념과 실천이 비폭력적이지 않고 종교가 비폭력의 유일한 원천은 아니라고 하더라도 몇몇 범죄학자의 종교적 가치가 평화주의 범죄학을 뒷받침한다는 점은 쉽게 이해할 수 있다. 기독교는 이웃을 자기 자신만큼 사랑하고 심지어 자신을 경멸하는 사람도 사랑하라는 계명을 존중한다. 기독교는 비폭력, 용서, 화해 그리고 구원을 설교한다. 악행은 용납할 수 없지만 잘못한 사람에게 돌을 던지지는 않는다. 오히려 그들을 용서하고 더 이상 죄를 짓지 말라고 권고한다. 기독교에서 의로움은 다른 사람을 섬기는 데 기초하지 그들에 대한 권력을 얻거나 통제하는 것이 아니다.

페핀스키, 퀴니 등에 의해 평화주의 범죄학이 창안되기 전에도 교회나 일반인에 의해 운영된 교도소의 종교 프로그램과 교도소 목회는 평화를 실천했다. 범죄자에게 종교에 귀의하고 범죄와 고통을 야기하는 생활양식을 청산할 것을 설득함으로써 범죄자들에 대한 사랑과 평화적 교화의 교리를 적용해 왔다.

바락(Barak, 1991)이 기술한 어떤 도시에서 기독교회와 유대교회의 연합단체가 시도한 집 없는 사람과 떠돌이 노동자에게 지원, 위로, 안식처를 제공하려는 운동은 전국적으로 수천 개 도시로 확산했던 적이 있다(제 7장의 신앙에 근거한 프로그램에 대한 논의를 참조). 불교와 다른 종교도 비폭력과 화해를 설법했다. 종교적이든 세속적이든, 간디와 다른 철학자도 비폭력적 사회변화를 가르쳤다.

그럼에도 몇 가지 측면에서 평화주의 범죄학은 조화되기 어려운 내적 불일치와 모순을 지녔다. 예를 들어, 평화주의 범죄학의 주요 기초의 하나로서 마르크스주의적 및 비판적 범죄학을 제시하는 주장은 모순적인 것처럼 보인다. 앤더슨(Anderson, 1991)이 주장하듯, 마르크스의 저작 안에 인도주의적 요소가 존재하는 것은 사실이다. 그러나 이러한 인도주의적 요소는 마르크스 스스로 옹호한 폭력혁명론과 자본주의 사회는 양립 불가능한 계급갈등에 기반을 둔다는 마르크스주의이론의 주요 주장을 충분히 극복할 수 있는가?

마르크스에서 신마르크스주의에 이르기까지 기본적인 이론적 정책 제언은 자본주의 사회를 전복하기 위해서 힘에는 힘으로, 폭력에는 폭력으로 대응하라는 것이었다. 더 나아가 평화주의적 이미지를 마르크스주의 원칙에 기초한 정부, 즉 시민에 대한 폭력적 억압, 다른 의견을 가진 사람에 대한 불관용, 범죄에 대한 처벌적 통제, 테러로 통치하는 정부와 어떻게 조화시킬 수 있을 것인가?

확실히 마르크스주의자가 아닌 비판적 범죄학에 대해 특별히 폭력적인 것은 없지만 동시에 화해적이고 평화주의적인 요소도 별로 존재하지 않는다. 비판범죄학은 이름부터 비판적이고 대항적이다. 비판범죄학은 비판 대상과의 평화를 시도하지 않는 것으로 알려졌다.

페미니스트이론이 평화주의 범죄학의 기초라고 주장하는 것도 논리적 불일치로 보인다. 해리스(Harris, 1991)가 여성의 평화주의적 경향과 남성의 통제 위주의 경향을 구별한 것은 타당할 수 있다. 그녀는 남성이 권력관계를 지지하는 경향이 있는 반면, 여성은 양육과 보살핌을 지지하는 경향이 있다는 경험적 연구결과를 언급했다. 그러나 양육, 보살핌, 사랑, 평화에 대한 여성의 경향을 강조하는 것은 페미니스트 전통의 주된 부분은 아니다(제 11장 참조).

실제로 평화주의이론은 '여자같이 행동함'과 '여성적' 역할에 대한 전통적 '패권적 정의'(*hegemonic definition*)와 더 일치한다. 그러나 페미니스트는 이러한 전통적 역할이 여성에 대한 가부장적 억압체계의 반영이라고 비판했다. 그렇다면 어떻게 페미니즘이 평화주의 범죄학이나 형사사법실무에 편입되었다고 할 수 있겠는가?

'전통적' 범죄학자나 형사사법체계의 담당자는 범죄로 인한 현실적 고통을 인식하지 못하고 평화적이고 비폭력적 범죄대응방법을 옹호하지 않는다는 평화주의 범죄학자의 주장은 부정확한 것이다. 평화주의 범죄학의 정책은 그들의 관점을 가진 사람들만 제시할 수 있는 것은 아니다. 제 7장에서 살펴보았듯이, 범죄자에 대한 비처벌적 처우, 중재, 원상회복, 재통합, 재사회화와 같은 정책은 주류 '자유주의적' 범죄학자가 권고하는 주요 정책방안이다. 이러한 정책방안은 이미 형사사법체계에서 일반적으로 시행되고 있다.

풀러와 워즈니악(Fuller and Wozniak, 2006)은 평화주의 범죄학이 사형제도의 반대, 총기통제 찬성, 테러리즘과 전쟁 반대, 마약과의 전쟁, 인권의 주장 등을 특징으로 삼았다고 파악한다. 그러나 이것은 대부분의 학문적 범죄학자가 갖는 정치적 입장과 다르지 않다(Cooper et al., 2010). 기번스(Gibbons, 1994)가 지적하듯, 평화주의 범죄학은 대규모의 구조적 사회변혁을 통해 이미 실행되는 정책을 넘어 비폭력적이고 평화적 범죄통제를 증진하기 위한 그들만의 독특한 방안을 제시하지 못한다.

6. 요 약

구성범죄학, 탈현대주의, 좌파 실재론 그리고 평화주의 범죄학은 모두 비판범죄학의 변형으로 파악된다. 이러한 이론은 모두 주류 범죄학을 비판하고 기존의 사회체계와 형사사법체계를 비판한다. 구성범죄학은 객관적 실재로서 범죄의 원인에 관한 연구를 거부하고 범죄를 범법자, 통제자, 피해자 사이의 '담론적 수행'의 산물로 본다.

구성범죄학의 주창자는 소식창출 범죄학, 사회적 방어, 담화적 치료법 등과 같은 다양한 정책과 실천을 제안한다. 좌파 실재론은 이러한 설명과 정책을 비현실적인 것으로 비판하고 사회에서 범죄로 인한 실재적 고통에 대처하기 위한 형사사법체계의 개혁을 제안한다.

평화주의 범죄학은 범죄문제에 관해 비폭력적, 회복적, 화해적 접근을 제안하기 위해 종교적 · 인도주의적 · 페미니즘적 · 마르크스주의적 전통을 끌어들인다. 그러나 이러한 비판범죄학의 변형 가운데 어느 것도 범죄와 형사사법체계에 관해 검증가능한 이론을 제시하지는 못한다.

주요 개념

- 비판 및 급진범죄학(*critical and radical criminology*)
- 구성범죄학(*constitutive criminology*)
- 주도권(*hegemony*)
- 좌파 실재론(*left realism*)
- 좌파 관념론(*left idealism*)
- 문화범죄학(*cultural criminology*)
- 평화주의 범죄학(*peacemaking criminology*)

제 13 장

페미니스트이론*

1. 서 론

달리와 체스니-린드(Daly and Chesney-Lind, 1988: 490)에 따르면, 페미니스트이론의 주요 목적은 남성의 경험에 바탕을 둔 범죄학 이론에 대비되는 여성의 '인식 방법'에 기반을 둔 이론을 끌어내는 것이다. 이 이론의 목적은 범죄와 형사사법에 대한 '남성중심적 과학' 대신 페미니스트적 접근을 만들어내는 것이다.

학문은 (인종, 계급, 민족뿐만 아니라) 개인의 성별(*gender*)에 의해 좌우되는 경험에 의해 결정된다고 가정된다.[1] 남성이 범죄학을 주도해

---

* [옮긴이 주] 페미니스트이론은 여권론적 이론, 여성해방주의이론, 여성주의이론 등으로 표현할 수 있지만 여기서는 원어 그대로 사용하고자 한다. 이와 관련해서 페미니즘은 1990년대 중반 이후로 여성주의 또는 페미니즘이라는 용어 그대로 사용하는 편이다.

1) 페미니스트 범죄학에서 최근 강조점은 '상호교차성'(*intersectionality*)이다(Sharp, 2006; Burgess-Proctor, 2006; Bernard, 2013; Chesney-Lind and Morash, 2013). 범죄연구에 관한 이 접근방식은 여성이 단순히 성별을 공유한다는 이유만으

왔기 때문에, 기존의 범죄학 이론은 남성주의적 관점에 의해 심각하게 왜곡되었다. 범죄학에서 제기된 질문과 답변은 모두 '경제적 특권을 가진 백인 남성 경험의 산물'이다(Daly and Chesney-Lind, 1988: 506). 페미니스트이론은 이러한 편견에 맞서고 사회에서 성별 관계와 그것이 범죄와 형사사법에 미치는 영향을 새롭고 더 깊이 있게 이해해 보고자 한다(Chesney-Lind and Morash, 2011; Chesney-Lind and Pasko, 2013).

단일한 페미니스트이론은 없다. 오히려 자유주의적·급진주의적·마르크스주의적·사회주의적·포스트모던 등 다양한 페미니즘 사상이 있다.[2] 더욱이 다양한 성별 관련 이론과 경험적 연구가 이러한 범주에 따라 어떻게 분류되는지 또는 심지어 이런 이론과 연구가 페미니스트라고 주장할 수 있는지에 대해서 페미니스트 문헌에는 약간의 의견 차이가 있다. 모두가 전통적 범죄학에 대해 비판적이긴 하지만 이러한 페미니

로 경험도 동일하다고 말할 수 없음을 인정한다. 즉, 형사사법체계에서의 개인의 경험은 구조적으로 그들의 다양하고 동시적인 사회적 위치, 즉 성, 인종, 계급 그리고 나이, 성적 지향 및 신체적 능력을 포함한 기타 요소에 의해 형성된다. 그리하여 가난한 유색인 여성의 경험은 백인이며 중산층인 여성 혹은 젊은 흑인남성의 경험과 같을 수 없다.

2) 이러한 유형의 페미니즘에 대한 자세한 설명은 문헌(Tong, 1989; Walklate, 1995; Belknap, 2001; Chesney-Lind and Faith, 2001)에서 찾을 수 있지만, 많은 페미니스트 저자는 페미니스트의 단계를 언급한다. 이와 같은 5가지 유형의 페미니즘이 느슨하게 맞춰질 수 있고 그렇지 않을 수도 있다. 이러한 단계에는 '페미니스트 경험주의'에서부터 '일반적 페미니즘'으로 그리고 포스트모더니즘 페미니즘으로의 발전이 포함된다(Harding, 1987; 그러나 Naffine, 1995; Smart, 1995; Daly, 1997; Daly and Maher, 1998 등은 페미니즘의 발전을 달리 설명함). 우리는 하나의 페미니즘 구조에 집착하기보다 법, 형사사법, 범죄 등에 대한 복합적인 페미니스트 시각을 인정하고 평가한다.

스트 시각 중 다수는 범죄와 형사정책에 대한 다른 형태의 페미니스트 학문을 비판하기 위해 만들어졌다. 그렇지만 이런 모든 이론은 주류 범죄학 이론에서 포착하지 못하는 성별 문제에 대한 페미니스트 관점을 공유한다(Daly and Chesney-Lind, 1988; Burgess-Proctor, 2006; Chesney-Lind and Morash, 2013; Heidensohn, 2012).

2. 형사사법에 관한 페미니스트이론

페미니스트이론에 따르면, 전통적인 '남성 중심의' 범죄학 이론은 사회에서의 성별과 성역할에 대한 심오한 의미(Gelsthorpe and Morris, 1990; Chesney-Lind and Morash, 2013; Heidensohn, 2012)를 이해하지 못하고, 성별이 어떻게 '범죄와 사회통제를 형성하는 주요 추동력'인지를(Chesney-Lind and Morash, 2013: 88) 이해하지 못하는 중요한 약점이 있다. 어떤 면에서 이 중요성은 지속적인 성역할에서의 차이와 성 불평등을 나타낸다. 다른 면에서, 불평등성은 더욱 심해진다. '가부장제'는 사회조직의 근본적인 원리이다. 전 역사와 전 세계를 통해 볼 때 대다수 사회는 남성의 권리와 특권이 우세하고 여성은 종속적인, 가부장적 사회의 성격을 나타낸다. 가부장제는 보편적이지 않고 그 강도도 다양하지만, 이것은 자본주의와 사회주의 체제, 산업화한 사회와 비산업화한 사회에서 모두 지배하고 있다.

형사사법에 대한 갈등이론과 낙인이론도 남성과 여성의 권력 차이를 인정한다. 그러나 페미니스트이론은 성별에 따른 권력 차이가 인종, 계급, 연령에 따른 권력 차이만큼 중요하다고 주장한다. 마르크스주의

자는 계급을 자본주의 사회의 근본이고 사회를 두 집단으로 나누는 힘으로 본다. 페미니스트이론은 가부장제가 계급만큼 중요하며 사회를 지배와 종속으로 구분할 때 계급에 우선할 수도 있다고 가정한다.

페미니스트이론은 형사사법 결정이 이러한 남성의 지배를 반영하고, 여성을 차별하고 전통적 여성의 성(*sex*)과 가족 역할을 강화함으로써 가부장제를 지지하는 기능을 한다고 설명한다.[4] 또한 체스니-린드와 모라쉬(Chesney-Lind and Morash, 2013: 287)는 현대 페미니스트 범죄학을 전형적으로 보여주는 다음과 같은 일련의 추가적 특징을 확인했다.

> 현대 페미니스트 범죄학의 주요 특징은 상호교차성에의 명백한 강조, 남성지배적인 경찰과 교정 분야에서 여성의 독특한 위치에 대한 이해, 심각한 범죄에서 성별차이와 남성성에 관한 관심, 거대 미디어 기업에 대한 비판적 평가, 소수인종 여성과 소녀에 대한 악마화, 그리고 세계적이며 비판적인 페미니스트 범죄학 발전에서 여성 연구뿐 아니라 소녀 연구의 중요성에 대한 인식도 포함한다(Chesney-Lind and Morash, 2013: 287).

3. 형사사법에 관한 페미니스트이론의 경험적 타당성

형사사법에 관한 페미니스트이론의 경험적 타당성을 살펴보기 위해서는 사회주의 사회와 자본주의 사회를 비교하여 마르크스주의이론을 평가하는 것처럼 가부장적 사회와 비가부장적 사회에 대한 사회 각층에 걸친 역사적 비교연구가 필요하다. 그러나 이 이론의 경험적 타당성은 미국 사회의 형사사법 결정에서의 남성과 여성의 차이에 관한 연구를 통해서도 검증될 수 있다.[3)]

하지만 형사사법에 관한 페미니스트이론이 다루어야 할 첫 번째 문제는 형사사법제도에서 나타나는 성불평등의 성격이다. 남성성이 여성성보다 더 선호되고 남성이 여성보다 더 많은 권력을 갖는 가부장적 사회를 고려할 때, 페미니스트 이론은, 낙인이론이나 갈등이론처럼, 소녀나 성인 여성이 동일한 범죄에 대해 소년이나 남성보다 더 가혹한 처벌을 받을 것으로 예상할 수 있다.

선고 결과에 대한 경험적 연구결과는 이 가설이 타당하지 않음을 보여준다. 대신, 법적 변수를 고려하면 형사사법과 소년사법체계에서 성별, 연령, 인종, 계급에 따른 차이가 거의 없는 것으로 나타난다(Bridges and Myers, 1994와 제 10장에 나오는 조사결과 참조). 그뿐 아니라 선고에서 성별차이가 있는 것으로 밝혀진 연구에서는 형사사법체계가 대부분 남자에 대해 더 엄격하고 여자에 대해서는 더 관대한 것으로 나타난다(Daly, 1994a; Richards et al., 2014 참조).

> 양형통계 연구에서 흥미로운 사실은 (여성에 관대한) 성별차이가 (백인에게 관대한) 인종 차이보다 더 빈번하다는 것이다(Daly, 1989: 137).

---

3) 보커, 체스니-린드와 폴락(Bowker with Chesney-Lind, and Pollack, 1978), 멘(Mann, 1977), 메서슈미트(Messerschmidt, 1986), 모리스(Morris, 1987), 달리와 체스니-린드(Daley and Chesney-Lind, 1988), 심슨(Simpson, 1989, 1991), 달리(Daley, 1989, 1992), 체스니-린드(Chesney-Lind, 1988, 1989), 겔스트롭과 모리스(Gelsthorpe and Morris, 1990), 체스니-린드와 셀든(Chesney-Lind and Shelden, 2004), 달리(Daly, 1992, 1994a, 1994b)를 참조하라.

> 형사사법체계가 남성으로 채워졌다는 사실은 무시하지 못하지만, 성별차이를 연구해 보면, 이것이 모든 법적 결정에 미치는 영향은 작은 경향이 있으며 여성에게 호의적인 경우가 많다(Liska and Messner, 1999: 207).

남성 범죄자보다 여성 범죄자를 더 관대하게 취급하는 이러한 경향에 대해서는 많은 해석이 뒤따른다(Crew, 1991; Farnworth and Teske, 1995). 그중에서 가장 일반적이고 오랫동안 지속된 이론이 '기사도 가설'이다(Pollack, 1950). 이 가설은 대부분 남성인 경찰, 검사, 판사가 여성에 대해 전통적인 기사도적 태도를 가지며 이러한 태도를 여성 범죄자에게도 확장하기 때문에 남자보다 여자에게 더 관대하게 대한다.

기사도 가설은 페미니스트 대부분에 의해 거부되었고, 여성 범죄자에 대한 관대함은 '국가온정주의'(*paternalism*)의 산물로 재해석되었다. 여성을 존경이나 인정의 대상으로 여기고 여성 범죄자를 형사사법체계의 냉혹한 현실에 몰아넣지 않으려는 호의라기보다, 정책결정자가 여성이 너무 약하고 수동적이어서 형사사법체계에 의한 처벌을 견디거나 처벌로부터 무언가를 배울 수 없는 존재로 이해하는 국가온정주의적 견해를 밝히는 것이다(Chesney-Lind, 1988, 1989; Horowitz and Pottieger, 1991).

국가온정주의는 본질적으로 힘없는 여자를 보호한다는 명목으로 관용을 베푸는 것이, 통제라는 명목으로 동일한 여성을 더 가혹하게 대우하는 것으로 쉽게 바뀔 수 있다는 양면을 가진 것으로 이해할 수 있다. 하지만 판워스와 테스케(Farnworth and Teske, 1995)는 기사도와 국가온정주의 가설이 여성 범죄자가 형사사법체계에서 받는 대우를 지나치게 단순화한다고 주장한다. 그들은 기사도가 중산층 백인 여성

('선택가설')과 전통적 여성범죄('전형가설')로 기소된 여성과 같이 특정 유형의 여성에게만 확장된다고 주장한다. 이에 반해, 가난하거나 소수인종의 여성 그리고 여성성에 대한 규범적 기대를 위반하는 범죄(예컨대, 중폭행, 무장강도 등)를 범한 여성은 더욱 가혹한 대우를 받을 가능성이 높다.

형사사법절차에서 성별차이를 설명하는 다양한 가설에 대한 경험적 연구는 혼재된 결과를 보여준다. 앞에서 논의한 바와 같이, 기사도/국가온정주의 가설에 관한 양형 연구결과는 범죄의 중함이나 전과기록 등과 같은 법적 변수가 통제되어도 성인 여자 피고인에 대한 온정이 여전히 존재하는 것으로 나타난다(Steffensmeier, Kramer, and Streifel, 1993; Franklin and Fearn, 2008).

그러나 최근 메타분석에 따르면, 1999년 이후에 내려진 양형 결정에서 성별차이가 줄어들기 시작했다(Bontrager, Barrick, and Stupi, 2013). 더욱이 체스니-린드(1988, 1989; Chesney-Lind and Shelden, 2004; Chesney-Lind and Morash, 2013)는 소년사법체계가 특히 소녀에게 가혹했다고 주장한다. 역사적으로 가출, 무단결석, 다루기 힘듦과 같은 지위비행으로 소년법원에 회부 된 비율이 소년보다 소녀가 높았다. 더욱이 소녀는 지위비행에서 구금률이 더 높았다(반면 Spivak et ai., 2014 참조). 체스니-린드(1988, 1989; Chesney-Lind and Shelden, 2004; Chesney-Lind and Morash, 2013)는 형사사법체계가 소녀의 경범죄를 전통적 성역할 기대에 대한 위협으로 보고 "남녀를 구분하기(*sexualize*)" 때문에 소녀가 소년보다 경범죄에 대해 더 가혹하게 대우받는다고 주장한다. 이것은 남성지배적 사회가 소녀와 여성에 대한 통제를 어떻게 유지하는지 보여주는 한 예이다.

펠드(2009)는 1970년대 지위비행을 비범죄화하려는 움직임 이후로(제 7장 참조) 그러한 비행을 한 소녀의 체포가 상당히 감소했다고 밝혔다. 그러나 그는 지위비행 소녀의 체포가 요즘에는 가정폭력 또는 가정 내 갈등으로 인한 가벼운 폭행 혐의에 따른 체포로 대체되었다고 추측한다. 현재 연방 정책은 소년법원이 형법을 위반하지 않은 청소년에 대해 사법권을 유지하지 못하게 한다. 그는 그 결과 지위비행의 비범죄화 이후로 검찰이 이전에 지위비행으로 기소했던 동일한 행동에 대해 많은 소녀를 형법위반 유형의 범죄로 기소한다는 가설을 제시한다(Feld, 2009: 262). 이른바 '자동처리'(*bootstrapping*)로 부르는 이러한 관행을 통해 소년법원은 그러한 청소년을 비행적이라고 다시 낙인찍음으로써 이들에 대한 처분권한을 유지할 수 있으며, 그런 의미에서 "소년사법제도는 여전히 소녀를 보호하고 통제하는 일에 전념한다"(Feld, 2009: 263).

이 밖에도, 펠드(2009: 260)는 지위비행자가 공식적인 소년사법체계에서 처리되고 수용되는 대신 가족에 의해 사설 거주용 정신병원에 보내지는 기관 간 대체수용(*transinstitutionalization*) 관행을 언급한다. 소년법원에 의한 정신건강시설 위탁은 상대적으로 드물지만, 비범죄 행위를 대상으로 한 이러한 위탁의 대부분은 소녀이다(Yhomas and Stubbe, 1996; Herz, 2001).

선택가설을 검증하는 연구 역시 혼재된 결과를 보인다. 인종과 성별이 양형에 미치는 상호작용 효과에 관한 초기 연구에서, 흑인 여성 범죄자는 흑인 남성 범죄자보다 덜 가혹한 판결을 받았고(Spohn, Welch, and Gruhl, 1985), 백인 여성 범죄자보다는 약간 더 가혹한 판결을 받았다(Steffensmeier et al., 1998). 판워스와 테스케(1995)는 흑인 여성이 흑인 남성보다 혐의 감경을 받을 가능성이 더 높지만, 혐의 감경 가능성이 백인 여성과 다르지 않다는 점에서 가설에 대한 부분적인 지지만을 발견했다. 더욱이 이러한 미약한 결과도 양형의 엄정성을 검토하면 사라졌다.

선택가설을 직접적으로 다루는 최근의 연구에서 스테펜스마이어와 디무스(Steffensmeier and Demuth, 2006)는 여성 범죄자가 법적 변수를 통제한 후 인종이나 민족과 관계없이 남성 범죄자보다 더 관대한 선고를 받지만 백인, 흑인, 히스패닉계 여성 피고인 사이에 양형 엄격성에서 유의미한 차이가 없음을 보여주었다. 이 연구에서 검토된 양형관행은 백인 여성에게 이익을 주고 소수민족 여성 범죄자에게는 불이익을 준다는 "선택적 기사도"를 나타내지 않는다. 도우너와 디무스(Doerner and Demuth, 2010)의 추가분석에 따르면, 여성피고인의 인종/민족 간 양형 불변성은 연령에 의해서도 좌우되지 않는다(Doerner, 2015 참조).

가해자와 피해자의 성별과 인종을 모두 고려한 양형에서 성별차이에 관한 연구도 선택가설에 관해 엇갈린 결과를 제공한다. 오하이오주 사형선고의 성불평등에 관한 연구에서 백인 여성을 살해한 피고인이 흑인 여성을 살해한 피고인보다 사형선고를 받는 경향이 더 높았다(Williams and Holcomb, 2004). 그러나 노스캐롤라이나 주의 사형선고에서의 성불평등에 관한 유사한 연구에서는 피해자의 성별에 따른 사형선고에 차이가 없는 것으로 밝혀졌다(Stauffer et al., 2006; 또한 Richards et al., 2016 참조). 오클라호마 주 살인사건에 관한 연구에서는 백인 여성을 살해한 혐의로 유죄가 확정된 사람과 백인이 아닌 여성을 살해한 혐의로 유죄판결을 받은 사람에 대한 사형선고에 작은 차이만 있는 것으로 나타났다(Pierce, Radelet, and Sharp, 2017).

달리(Daly, 1989)는 기사도 가설/국가온정주의 가설이나 이것의 변형된 가설도 법원결정에서의 성별차이에 대한 연구결과를 적절히 설명하지 못한다고 주장한다. 그녀는 보석이나 양형에서의 사법 재량이 피고인의 가족 상황과 가족관계에 의해 매우 많은 영향을 받는다고 가정한다. 그녀는 경험적 연구를 통해 이런 가족 변수는 인종과 성별에 관계없이 피고인에 대한 판사의 결정에 영향을 미치는 것으로 나타났다.

판사는 가족관계가 더 강하고, 자녀에 대한 의무를 진 남녀피고인에게 더 관대한 처분을 내리는 경향이 있다. 가족관계가 있는 여성에게는 그런 유대가 있는 남성보다 더 관대한 처분이 내려졌다. 그런 유대관계는 남자보다는 여자 피고인의 특징으로 나타나기 때문에 판사는 여성에게 더 많은 보석과 관대한 형량을 선고했다.

두 가지 법원체계에 대한 달리의 연구결과는 기소된 범죄와 범죄경력 등 법적 변수가 사법적 판단에서 핵심 요소인 것을 보여준다. 그러나 그녀의 연구결과는 이런 법적 변수가 가족변수와 상호작용해 "가족 상황이 좋은(*familied*)" 피고인이 더 관대한 처분을 받는다는 가설도 지지했다. 따라서 애초 유의미하게 나온 성 효과는 일부 가족 상황이 좋은 여성과 가족 상황이 좋은 남성에 대한 처우에서의 차이로 설명될 수 있다(Daly, 1989: 152). 가설적 시나리오 상에서의 판사의 결정에 관한 후속연구에서도 유사한 결과가 나왔다(Freiburger, 2010).

앞의 연구에서 판사가 가족 상황 같은 요인을 고려한다는 사실이 이중 잣대, 성역할 기대가 적용되는 예라고 본다면 이 연구결과는 페미니스트이론과 일치한다. 그러나 남녀피고인에게 모두에게 가족 요인이 고려되었다는 사실은 이러한 페미니스트적 해석을 약화시킨다. 판사가 범죄, 범죄경력, 가족 변수를 남녀 모두에게 동등한 기준으로 결정을 내린다는 연구결과는 이론에 반대된다.

또한 달리(1994b; 1992)는 법원의 중범죄 사례에 대한 독특한 연구결과를 보고했다. 그녀는 300개의 중범죄 사례에 대한 통계분석을 수행했다. 그녀는 범죄, 범죄경력, 연령, 인종을 맞춰서 남녀피고인 각각 40쌍을 표집하고 이들의 양형 전 보고서와 법정기록에 대한 질적분석을 실시하여 양적분석과 결합했다. 그 결과 같은 범죄유형으로 유죄판결을 받으면 남자가 여자보다 징역형을 받을 가능성이 훨씬 더 높았지만, 일치하는 피고인 쌍을 자세히 조사한 결과, 표면적으로는 동일한 범죄혐의를 받은 남성이 실제로는 더 심각한 범죄를 저질렀다는 사실을 밝혀냈다.

> 나는 법률상 유사한 범죄로 기소되고 유죄판결을 받은 남자와 여자가 동일한 심각성을 지닌 범죄를 저질렀는지 알아보았다. 심층적 탐구의 대상이 된 40쌍 중에서, 남녀가 동등하게 심각한 범죄를 저지른 경우는 48%라고 판단했지만, 40%는 남자의 범죄가 더 심각했고 12%는 여자의 범죄가 더 심각했다(Daly, 1994b: 110).

따라서 동일한 범죄에 대해 남자가 더 가혹한 형벌을 받는 것으로 나타난 것은 개별사례의 특성에 의해 정당화될 수 있다. 그러므로 주로 성별에 따라 결정되는 사례는 거의 없다. 중범죄법원 판사는 여자를 남자보다 더 교정 가능하다고 보았지만, 판사가 사용한 양형사유는 남자와 여자에게 모두 같았다.

페미니스트이론은 형사사법상의 결정이 전적으로 혹은 주로 성별이나 성역할을 고려해 이루어질 것으로 기대하지만, 이는 연구문헌으로부터 많은 지지를 얻지 못했다. 비행소녀가 지위비행으로 구금될 위험이 더 크다는 사실과 경범죄로 복역하는 여성 재소자 비율이 높다는 사실은 여성이 특정한 성역할이나 가족 역할에 따라 생활해야 한다는 사회의 편견을 반영하는 것일 수 있다.

그러나 이것이 형사사법체계가 여성의 희생 아래 이루어지는 가부장적 지배체계라는 가설에 대한 확실한 증거는 되지 못한다. 왜냐하면 동일한 사법체계가 심각한 범죄를 저지른 남성을 여성보다 더 높은 비율로 심하게 처벌하기 때문이다. 여성의 가벼운 범죄는 여성성(*femininity*)에 대한 사회적 관습을 위반하지만, 심각한 중범죄는 그렇지 않다는 주장은 입증하기 어렵다. 또한 경범죄로 복역하는 여성의 비율이 높다는 것은 단지 심각한 범죄를 저지르는 여성 범죄자의 비율이 낮다는 것을 나타낼 수 있다. 동일한 범죄로 유죄판결을 받고 동일한 범죄경력을 가진 남성과 여성의 복역 가능성은 거의 비슷하다.

지금까지의 경험적 연구결과에 따르면, 성별이 형사소송에 미치는 효과는 약하거나 없다. 청소년과 성인 사법 결정에서의 성별차이에 관한 연구의 전반적인 결론은 법외적 변수가 형사사법체계에 미치는 영향에 대한 제 10장의 결론과 유사하다. 형사사법 결정에서 가장 강력한 영향을 미치는 것은 범죄의 심각성이나 범죄자의 범죄적 특성과 같은 법적으로 관련된 비차별적 요소이다. 여성에게 유리한 성별차이가 존재하기는 하지만 법적 변수보다는 영향력이 적다. 이런 변수가 통제되면 성별차이는 중요하지 않게 된다.

4. 범죄에 관한 페미니스트이론

성별이 형사사법에 관한 페미니스트적 설명에서 중심 쟁점인 것처럼 범죄에 관한 페미니스트적 설명에서도 중요하다. 달리와 체스니-린드(1988)는 범죄에 관한 페미니스트이론의 관심을 끌었던 성별과 관련된 쟁점 두 가지를 파악하였다(Miller and Mullins, 2006 참조). 이것이 페미니스트이론의 유일한 관심사이거나 전유물은 아니지만 범죄에 관한 페미니스트 관점을 이해하는 데 매우 중요하다.

첫 번째 쟁점은 "남성적 범죄이론이 여성에게도 적용되는가?"라는 '일반화의 문제'이다(Daly and Chesney-Lind, 1988: 514). 범죄와 비행에 관한 기존 이론은 남성 범죄자만 염두에 두고 개발되었고, 남성 모집단을 대상으로 검증될 때만 유효한가? 이에 대해 제시된 한 가지 답변은 기존의 일부 이론이 남성과 여성 모두에 적용되지만, 전체적으로 범죄학 이론의 전통적 체계는 여성범죄를 부적절하게 설명한다는 것이다.

두 번째 쟁점은 "기존의 이론이 범죄에서의 성별차이를 설명할 수 있는가?"라는 '성비(性比) 문제'이다. 여성이 남성보다 훨씬 적은 범죄를 저지르는 이유는 무엇인가? 다양한 답변이 제시되지만, 페미니스트 이론가는 주류 이론이 제시하는 답변을 비판하고, 한쪽 성에만 국한된(*gender-specific*) 변수가 범죄에서의 성별차이를 설명하고 예측한다고 가정하는 경향이 있다(Chesney-Lind and Morash, 2013).[4]

---

4) 거의 모든 범죄학자는 과거에 여성 범죄가 남성 범죄보다 적게 연구되었음을 인정한다. 연구의 범위를 남성 범죄로만 제한하는 이론은 비페미니스트이론으로 간주하는 것이 확실하다. 그러나 전통적으로 모든 범죄 — 남녀범죄 — 에 대한 일반적 설명으로 주장되는 이론조차 비페미니스트이론으로 규정된다. 더 나아가, 단지 여성범죄에

이렇듯 범죄와 비행에 관한 '전통적' 이론이 너무 남성중심적이라는 불만은 페미니스트이론 지지자의 공통적 특징이다. 페미니스트이론의 공통적 주제는 현재의 모든 인과론적 이론—생물학적, 심리학적, 아노미, 통제, 차별교제, 갈등, 낙인, 사회해체, 사회학습이론—이 남성 범죄만을 설명하기 위해 고안되었고, 이들을 대상으로만 검증되었다는 것이다(Einstadter and Henry, 1995). 이들 이론 중에 유용한 부분이 있을 수 있지만, 어떤 단일이론이나 이론의 조합도 여성범죄나 남녀 범죄 차이를 설명할 수는 없다(Leonard, 1982; Chesney-Lind and Pasko, 2013).[5]

집중하거나 남녀범죄율을 설명하는 것만으로 페미니스트이론으로 정의하기에는 불충분하다. 롬브로소 이후부터 1970년대까지 여성범죄에 관한 거의 모든 경험적 연구나 이론은 비페미니스트이론으로 규정되었다(예를 들면, Chesney-Lind and Shelden, 2004). 기존 이론을 수정하거나 확대해서 여성범죄에 대해 특별한 설명을 하는 이론은(예를 들며, Ogle et al., Katkin and Bernard, 1995) 페미니스트이론으로 해석되지 않는다. '전통적' 이론이 범죄의 성비를 설명하는 데 사용된다면, 특히 그 이론이 남녀의 생물학적 차이에 의존한다면, 그것은 페미니스트이론으로 규정되지 않을 것이다.

5) 레오나드(1982)는 모든 '전통적' 이론이 여성범죄를 설명할 수 없다고 주장했지만, 그녀의 비판은 주로 비페미니스트 비판가가 오랫동안 지적해 온 전통적 이론의 동일한 경험적·논리적 결함을 반복하는 것이다. 전통적 이론이 부적절하다는 그녀의 원래 가정과는 반대로, 레오나드의 분석은 일부 비페미니스트이론, 특히 차별교제/사회학습이론이 남성과 여성 범죄 모두를 어느 정도 설명할 수 있음을 보여주었다. 사실 "범죄에 관한 페미니스트이론을 향해" 나아가라는 그녀의 제안은 자신이 페미니스트 문제에 둔감하다고 비판했던 동일한 전통 이론으로부터 특정 개념과 변수를 채택한 것이다.

마찬가지로 체스니-린드와 파스코는 "주요 비행이론의 남성 중심적 편향"(2004: 15; 인용자 강조)에 대해 언급한다. 그들은 주요 범죄학 이론이 남성 범죄와 비행을 설명하기 위해 개발되었기 때문에, 여성 범법자는 항상 보이지 않았다고 주장했다. 그러

그러나 일부 페미니스트 이론가들은 전통적 범죄학 이론에 대한 이런 일반적 비판적 평가에 동의하지 않는다. 예를 들면, 모리스(Allison Morris, 1987)는 비록 생물학적 · 정신의학적 · 여성해방 이론은 잘못되었지만, 전통적 사회학적 설명은 여성범죄를 설명하고, 여성범죄가 왜 남성 범죄보다 적게 발생하는지 설명할 가능성이 있다고 다음과 같이 주장했다.

> 여성범죄만을 설명하는 특수이론은 특별히 성공하지 못했다. … 이것을 통해 알 수 있는 한 가지는, 일반 범죄학 이론의 여성 관련성을 다시 고려할 필요가 있다는 것이다. 성별이 범죄를 설명하는 데 역할을 해야만 하지만, 여성범죄에 대한 설명이 남성 범죄에 대한 설명과 근본적으로 달라야 한다고 가정할 이유는 없다. … 본래 여성을 대상으로 개발된 것은 아니지만 여성범죄를 이해하는 데 도움이 되는 범죄학 이론이 많이 있다(Morris, 1987: 75).

나 이러한 주장을 지지하기 위해 이들이 검토한 범죄학 이론은, 전적으로 남성 갱단 비행만을 명시적으로 설명하기 위한, 코헨, 클라워드와 올린, 밀러의 오래된 하위문화이론이었다. 이 이론들은 일반적이고 성별에 치우치지 않는 범죄이론을 제공할 수 없는 이론이다. 그들이 이렇듯 좁은 범위의 이론을 넘어서 이 책에서 논의되는 주요 범죄학 이론을 고려했다면 그 내용이 달라질 수 있다. 많은 주요 범죄학 이론은 단지 남성 범죄만을 배타적으로 설명하려 하지 않는다. 그 이론들은 남성, 여성, 혼성 경우를 모두 검토해 남성 비행뿐만 아니라 여성 비행도 모두 설명하려 든다.

애그뉴(Agnew, 2009)는 특히 여성이 저지르는 비행뿐만 아니라 비행의 성별 비율에도 적용되는 주류 이론을 상세히 검토한다. 또한 사회학습이론을 확장하여 범죄의 두려움에 관한 성별차이를 설명한 연구에 대해서는 레이더와 헤인즈(Rader and Haynes, 2011)를 참조하라.

그녀는 아노미, 차별교제, 사회통제이론에서 특별한 관련성을 발견하고 다음과 같이 결론을 내렸다. "차별적 기회구조, 차별교제, 사회화, 사회통제는 남성과 여성 모두가 저지르는 범죄를 이해하는 데 도움이 될 수 있고, 이들이 저지르는 범죄의 성격과 정도 차이를 설명할 수 있다"(Morris, 1987: 76).

범죄와 비행에서의 일반화 가능성이나 성비문제에 답할 수 있는 잘 개발된 고유한 페미니스트이론은 아직 없다. 그러나 페미니스트 이론가는 다른 이론이 무시하거나 잘못 이해한 성별과 성역할의 차원에 세심한 주의를 기울임으로써 그런 이론을 구성하는 작업에 근접해 왔다. 여기에는 다양한 성역할 기대뿐만 아니라 사회의 모든 측면에 침투한 가부장적 구조의 중요성도 포함된다.

> 가부장적 사회에서 성별에 따른 계층화가 계급 못지않게 강력한 체계라는 점은 점점 더 분명해지고 있다. 비행에 대한 페미니스트적 접근은 가부장적 상황에 민감한 여성 행동을 설명하려는 것이다. 비행에 대한 페미니스트적 분석은 또한 사회통제기관이 남성 위주의 사회에서 여성의 신분을 강화하는 방식을 조사한다(Chesney-Lind, 1989: 19).

1) 여성해방과 여성범죄

범죄에 관한 초기 페미니스트이론은 1970년대 미국에서 여성해방운동으로 인해 발생한 사회적 변화와 함께 당연시되는 범죄의 성별차이에 대한 변화에 초점 맞췄다. 이 기간에 언론매체는 여성 역할에 대한 전통적 고정관념에 반하는 범죄를 저지른 여성의 경우를 보도하기 시작했다. 1975년에 이 여성 범죄자들의 행동을 각각 약간 달리 해석하는 두 권의 책이 발간되었다.

(1) 남성성 가설

애들러(Adler, 1975)는 《범죄에 말려든 자매들》이라는 그녀의 저서에서 여성범죄의 성격과 범위가 남성 범죄로 수렴되고 있다는 자신의 주장을 뒷받침하기 위해 통계적이긴 하지만 대부분 입증되지 않은 증거를 사용했다. 애들러는 남성보다 여성 체포율이 더 빠르게 증가하고 있음을 보여주면서 논의를 시작하여, 남녀 간 범죄 차이가 급격하게 감소하고 있다고 결론지었다. 이에 대한 그녀의 이론적 설명은 여성운동이 전통적 성역할의 변화, 여성 평등의 확대, 여성 노동력 참여의 증가를 가져왔다는 것이다. 이전에는 남성에게만 허용되었던 광범위한 사회적 역할을 여성이 할 수 있게 되면서 의도하지 않은 결과가 나타났다. 즉, 전통적으로 남성이 지배하던 또 다른 영역인 범죄에 여성이 더 많이 관여하게 된 것이다.

> 여성이 합법적 분야에서 남성과 동등한 기회를 요구하는 것과 마찬가지로, 비슷한 수의 결연한 여성들이 과거에는 남성들만 저질렀던 주요 범죄의 세계로 침범해 들어가고 있다. … 합법적 분야의 여성처럼, 여성 범죄자는 '범죄'의 계급 구조 속에서 자신의 자리를 찾기 위해 투쟁하고 있다(Adler, 1975: 13-14).

'남성성 명제'(*masculinity thesis*, Simon and Ahn-Redding, 2005)로 불리는 애들러의 설명은 여성이 남성과 평등해짐에 따라 점차 남성적인 특징을 갖게 될 것이며, 그중 일부는 범죄를 범하는 경향을 강하게 만드는 것과 같은 부정적 결과를 가져온다고 예측한다.

> 따라서 현재의 사회적 추세가 계속된다면, 여성은 남성과 함께 (최근까지 거의 전적으로 남성 질병으로 여겨지던) 궤양, 관상동맥, 고혈압, 폐암을 앓게 될 뿐 아니라 대인범죄, 더 공격적인 재산범죄, 그리고 특히 화이트칼라 범죄같이 전통적인 남성의 활동 영역에서 점점 더 경쟁하게 될 것으로 예측하는 것은 타당해 보인다. 여성이 비즈니스 세계에 진출함에 따라 여성이 남성보다 더 정직할 것으로 기대할 이유는 없다(Adler, 1975: 251-252).

(2) 기회 가설

1975년에 발간된 두 번째 책에서 사이먼(Rita Simon)은 여성 사이에서 증가하는 범죄유형과 여성해방운동이 명백히 일치한다는 더 엄밀한 해석을 시도했다. 그녀는 여성의 재산범죄가 증가하여 더 많은 여성이 체포되고 구금되었지만, 애들러의 주장과는 달리 여성의 폭력범죄는 증가하지 않았다는 것을 보여주었다. 그녀의 관심은 오로지 재산범죄에 있었다. 그녀는 여성이 노동 현장에서 더 많은 직책을 맡게 됨에 따라 화이트칼라, 직업 관련 범죄를 범할 기회가 많아져 이런 범죄가 더 증가할 것으로 예측했다. 하지만 점차 교육 수준이 높아지고 재정적으로 독립한 여성들은 더 이상 피해를 받아들이지 않고 폭력 가능성이 있는 관계나 상황에서 벗어날 것이기 때문에 여성에 의한 폭력범죄는 증가하지 않을 것이다.

남성성 가설이나 기회 가설 모두 많은 경험적 지지를 받지 못했다(Mann, 1984; Chesney-Lind and Pasko, 2013). 여성 범죄율이 변하는 시기에 여성 평등이 극적으로 증가했거나 둘이 서로 연관되어 있는지는 입증되지 않았다. 스테펜스마이어 등(1980)은 여성범죄의 증가가 여성해방운동에 선행한다는 것을 보여주었다. 더 나아가, 범죄의 남녀 간 성비는 다소 감소했지만, 범죄는 여전히 압도적으로 남성현상이다. 최근의 추세를 보면, 범죄율 특히 폭력범죄에서 성별차이가 줄어드는 것은 남성성 가설이나 기회 가설이 모두 예측하는 것처럼, 여성범죄의 증가에 의한 것이라기보다는 1990년대 중반 이후로 남성과 여성 모두에서 범죄가 감소했기 때문으로 나타난다(Lauritsen, Heimer, and Lynch, 2009; Heimer, Lauritsen, and Lynch, 2009; Schwarz et al., 2009).

여성 비행의 유형과 여성 비행과 남성 비행과의 관계는 오랫동안 대체로 안정적으로 유지해 왔으며, 여성 비행과 페미니스트적 태도나 이념 사이에는 아무런 관계가 없다(Chesney-Lind and Shelden, 2004). 사이먼의 주장과는 반대로, 여성범죄의 증가는 상점절도와 같은 비(非)화이트칼라 범죄유형에서 나타났다(Datesman and Scarpitti, 1980).

체스니-린드와 파스코(Chesney-Lind and Pasko, 2013)는 여성이 드디어 사회에서 원하는 대로 자유롭게 될 수 있다는 징표로 남자처럼 폭력행위를 저지르는 '해방된 여성 범죄자' 개념의 정당성을 의심했다. 이들은 폭력적 갱단에 여성이 연루되는 일이 폭발적으로 증가했다는 언론보도의 문제를 분석했다. 그들은 소녀들이 항상 갱단의 비행 활동에 주변적으로만 관여해 왔고, 앞으로도 그럴 것이라고 주장했다. 갱단에 연루된 소녀조차도 그들과 갱 소년 사이의 범죄 격차(*criminality gap*)를 크게 좁히지 못했다(Esbensen, Deschenes, and Winfree, 1999).

(3) 경제적 소외 가설

여성해방과 여성 범죄율 증가와의 연관성에 대한 세 번째 해석이 제기되었다. 경제적 소외 가설은 여성의 취업 및 교육에서의 진보로 인해 이들의 범죄 참여가 증가할 것이라는 주장에 대한 경쟁가설(*rival hypothesis*)로 의도되었다. 남성성 가설과 기회 가설을 비판하는 사람들은 여성 범죄자는 주로 가난하고 능력 이하의 일을 하거나 실업에 시달리며 범죄 수단 외에는 자신과 부양가족을 위한 대안이 부족한 사람들이기 때문에(Crites, 1976; Chapman, 1980; Box and Hale, 1984), 이들에게서 점점 더 강력해지는 해방된 여성의 모습을 찾기 어렵다고 주장했다. 매우 다양한 연구가 경제적 소외 가설의 주장을 지지한다(Box and Hale, 1984; Miller, 1986; Steffensmeier, Allan, and Streifel, 1989; Reckdenwald and Parker, 2008).

> 여성해방보다 빈곤의 여성화가 여성 범죄와 가장 연관된 사회적 추세이다. 실업, 저임금 고용, 낮은 생계급여로 인한 여성에 대한 경제적 압박과 부양해야 할 아이가 있는 여성 가장 세대가 증가하면서, 취업에 대한 대안과 보완책으로 범죄행위를 통한 이익을 점점 더 추구하게 된다. 달리 말하자면 경제적 결핍이 법 준수의 행위규범으로부터 여성을 해방하고 있다(Simon and Ahn-Redding, 2005: 16).

경제적 소외 가설이 이전의 해방 가설에 대한 경쟁자로 제기되었지만, 소외 가설의 주장이 이전 가설의 주장과 반드시 모순되는 것은 아니다. 허니컷과 브로이디(Hunnicutt and Broidy, 2004: 135)는 이러한 경쟁 모형이 실제로 상호보완적 설명을 제공할 수 있다고 주장했다.

그들의 주장은 다음과 같다.

> 이상과 엄연한 현실 사이에는 괴리가 있다. … 여성이 해방되고, 독립적이어야 한다는 이상이 있지만 여성의 현실은 여전히 남성에게 경제적으로 의존한다. … 예컨대, 높은 이혼율은 부분적으로 여성해방의 결과이지만 여성은 이혼 후 경제적으로 더 어려워진다(Hunnicutt and Broidy, 2004: 135).

허니컷과 브로이디(Hunnicutt and Broidy, 2004)는 여성과 남성의 유죄 판결률에 관한 국가 간 비교연구에서 경제적 소외와 해방의 측정 모두가 높은 여성 유죄 판결률과 연관되었다는 사실을 발견했다. 여성의 유죄 판결률은 또한 남성의 경제적 소외와 연관되어 있다. 이것은 여성의 경제적 부가 여전히 남성의 부와 서로 얽혀있다는 것을 나타낸다.

이러한 연구결과는 여성해방운동에 의해 주어진 기회의 균등이 결과의 균등으로 나타나지 않았다는 점을 보여준다. 대신, 여성해방운동은 여성을 경제적으로 지원하고 보호해야 한다는 문화적 의무로부터 남성을 해방하는 결과를 가져왔고, 여성은 고용과 소득에 남아있는 구조적 한계 때문에 경제적으로 소외된 위치에 남게 되었다.

이러한 빈곤의 여성화 증가는 여성해방운동이 의도하지 않았던 결과이고 여성범죄의 근원으로 이해된다. 여성범죄가 경제적 박탈, 소외, 적법한 기회의 결여에 대한 적응이라는 설명 어디에 페미니스트 특유의 이론이 반영되어 있는지 의문이 생긴다. 이는 아노미이론의 주된 주장이며, 일반긴장이론(제 9장 참조)이 말하는 긴장의 한 원인과 일치하고, 오직 남성에게만 적용되는 것으로 많은 페미니스트 이론가가 거부했던 전통적 이론이기도 하다.

(4) 권력통제이론

여성범죄에 관한 여성해방이론의 핵심은 여성의 노동 참여 증가가 범죄율의 성별차이에 미치는 영향이다. 헤이건(1989a; Hagan, Gills, and Simpson, 1985; Hagan, Simpson, and Gills, 1987)의 권력통제이론(*power-control theory*)은 복잡한 구조적이고 관계적 맥락 속에서 이 영향을 조사했다. 이 이론은 가족구조 유형과 딸에 비해 아들에 대한 부모의 통제 정도에 따라 비행에서의 성별차이가 어떻게 확대되거나 축소되는지를 명확하게 설명하고자 시작되었다.

헤이건 이론의 핵심은 자본주의 경제체제 내의 계급관계가 가족 내 성별 관계에서 자신을 스스로 '재생산'한다는 생각이다. 권력통제이론의 초기 주장은 성별 권력 — 남편의 직업적 권위에 대비되는 아내의 직업적 권위 — 이 상대적으로 가부장적 또는 평등주의적 가족구조를 결정하는 요소라고 강조한다(Hagan et al., 1985; Hagan et al., 1987).

가부장적 가정은 아버지가 직업으로 인해 다른 사람에게 '명령'하는 위치에 있고, 어머니는 집 밖에서 일하지 않거나 직장에서 감독자의 명령을 받아 '복종'하는 위치에서 일한다. 평등주의적 가정에서는 어머니와 아버지 모두 "명령"하는 위치에서 일하거나, 모두 "복종"하는 위치에서 일하거나, 아니면 아버지가 없는 경우이다(Hagan et al., 1987)[6].

---

6) 헤이건은 가부장적 가족구조와 평등주의적 가족구조에 대한 설명이나 측정에서 일관성을 유지하지 못했다. 예컨대, 가부장적 가족 유형(또한 '더 가부장적'이라고도 부르는)의 측정은 남편이 권한을 가지고 아내는 실직 상태인 상황으로 제한되었다. 평등주의적(혹은 '덜 가부장적'이라고도 함) 가족 유형의 측정은 훨씬 더 다양해 어떤 경우

가부장적 가정이건 평등주의적 가정이건 모두 어머니는 아버지보다 자녀에 대한 '도구적 통제'(감시)와 '관계적 통제'(일탈을 간접적으로 통제하는 정서적 유대)를 모두 행사할 가능성이 높지만, 가부장적 가정에서는 어머니가 아들보다 딸에 대해 더 강한 통제를 한다.

평등주의적 가정의 어머니는 가부장적 가정의 어머니보다 딸에 대해 덜 통제하거나 아들에 대해 더 많은 통제를 행사할 수 있다. 평등주의적 가정에서는, 어머니 통제에서의 성별차이가 여전히 남아있지만, 그 차이는 뚜렷하지 않다. 가족 유형에 따른 어머니의 통제 관행 차이는 위험에 대한 아들과 딸의 성향에 차등적으로 영향을 미친다.

가부장적 가정에서, 상대적으로 통제에서 자유로운, 아들은 딸보다 위험한 행위(비행을 포함해)를 선호하고 결과에 대한 두려움 없이 이와 같은 행위를 할 가능성이 높다. 위험에 대한 선호와 인식에서의 성별

는 남편과 아내 모두가 권한 없이 고용된 가족을 제외하고, 때로는 남편과 아내가 비슷한 지위를 가진 모든 상황을 측정에 포함하기도 했다. 또는 아내가 권위를 가지고 고용되고 남편은 권위 없이 고용되는 이른바 '가모장적'(*matriarchal*) 가족을 인정하기도 한다.

권력통제이론은 가모장적 유형의 가족에서 나타나는 성별과 비행 사이의 관계에 대해서 상대적으로 침묵하거나 무시하는 경향이 있다. 가부장적 · 평등주의적 · 가모장적 가족은 모두 양부모 가족을 전제로 한다. 그러나 한부모 가족, 특히 여성 가장 가족은 현 사회에서는 오히려 일반적일 수 있다. 권력통제이론은 여성 가장 가족의 성별-비행 관계에 대한 예측이 일관되지 않았다. 때때로 헤이건과 다른 연구자들(Lieber and Walker, 1997; 또한 Bates, Bader, and Mencken, 2003; Mack and Lieber, 2005 참조)은 이러한 가족을 가모장적 가족으로 비유했지만, 덜 가부장적인 것으로 특징짓기도 했다(McCarthy et al., 1999). 여성 가장 가족은 양부모 가족을 특징짓는 어떤 범주에도 쉽게 포함될 수 없는 단일한 가족구조를 구성한다(Blackwell, 2000). 가모장적 가족과 여성 가장 가족 모두 권력통제이론에서 이론적 발달이 불충분해서 현재 이 이론의 설명 범위가 상대적으로 좁다.

차이는 평등주의적 가정에서 감소할 가능성이 높다. 초기 권력통제이론은 가부장적 가정에서 아들이 딸보다 비행을 더 저지를 것으로 예측한다. 그와 같은 가정에서 아들은 딸보다 통제를 덜 받고, 위험 감수를 더 즐거운 것으로 여기며, 위험한 행동의 부정적 결과를 덜 인식한다. 평등주의적 가정에서 아들이 딸보다 비행에 가담할 가능성이 여전히 더 높지만, 성별차이는 더 작을 것이다.

헤이건의 캐나다 자료는 권력통제이론을 지지하는 경향이 있지만[7] 다른 연구에서 나온 결과는 혼재되어 나타난다.[8] 일부 연구에서는 부모의 통제, 위험에 대한 선호, 인지된 제재의 위협이 설명 모형에 추가될 때, 이론이 예측하는 것처럼, 성별이 비행이나 일탈에 미치는 영향이 많이 감소한다는 사실을 발견했지만, 다른 연구에서는 이러한 매개요인에 대한 약한 효과만 발견했다. 이 연구는 또한 자녀를 통제하는 데 어머니가 아버지보다 더 중요한 역할을 한다는 헤이건의 주장을 거의

---

7) 권력통제이론의 다양한 모형을 검증하는 연구로는 헤이건 등(Hagan et al., 1985, 1990, 1993), 헤이건 등(1987, 1988), 헤이건(1990), 헤이건과 케이(1990), 메카시와 헤이건(1987), 보리치와 헤이건(1990), 메카시 등(1999), 헤이건 등(2004), 헤드자 등(2007)을 참조하라.

8) 헤이건의 연구결과를 재현하거나 헤이건의 초기 권력통제이론을 검증하려 시도한 연구로는 힐과 앳킨슨(Hill and Atkinson, 1988), 싱어와 레빈(Singer and Levine, 1988), 젠슨과 톰슨(Jensen and Thompson, 1990), 모라쉬와 체스니-린드(Morash and Chesney-Lind, 1991), 그래스믹, 헤이건, 블랙웰과 아네클레브(Grasmick, Hagan, Blackwell, and Arneklev, 1996), 아바카메(Avakame, 1997), 리버와 와커(Lieber and Wacker, 1997), 우겐(Uggen, 2000b), 블랙웰(Blackwell, 2000), 블랙웰 등(Blackwell et al., 2002), 블랙웰과 리드(Blackwell and Reed, 2003), 히르텐레흐너 등(Hirtenlehner, Blackwell, Leitgoeb and Bacher, 2014)을 참조하라.

뒷받침하지 않았다. 그보다는 딸은 어머니의, 아들은 아버지의 통제 대상이 되기 쉬운 경향이 있다(Hill and Atkinson, 1988; Marash and Chesney-Lind, 1991; Lieber and Wacker, 1997).

이 이론의 경험적 타당성에 가장 큰 타격을 주는 것은 가족구조가 통제, 위험, 비행에서의 성별차이에 미치는 영향에 대한 지지가 부족하다는 점이다. 이 관계에 대한 헤이건의 연구결과를 재현하지 못하는 한 가지 이유는 가부장적 가족구조와 평등주의적 가족구조에 대한 측정의 차이에서 비롯된다. 일부 연구에서는 아내에 대한 남편의 직업적 권위를 명시적으로 측정하기보다 사회계층에 대한 등급적(*gradational*) 측정이나 직업 유형에 대한 간접적 측정만을 사용한다(Jensen and Thompson, 1990; Morash and Chesney-Lind, 1991; Avakame, 1997). 그렇지만 헤이건과 유사한 측정을 사용한 연구에서조차 가족 유형에 따른 비행과 일탈에서의 성별차이에 대한 실질적이고 통계적으로 유의미한 변화를 입증하는 데 실패했다(Blackwell, 2000; Blackwell, Sellers and Schlaupitz, 2002).

권력통제이론의 의심스러운 경험적 타당성은 부적절한 표본을 사용해 검증한 결과이기도 하다. 권력통제이론은 사실 같은 가족 내에서 이성 형제자매간의 비행 차이를 예측하지만, 권력통제이론에 관한 대부분의 연구는 혈연관계가 아닌 개인 간의 비행의 성별차이를 조사했다.

이성 형제자매를 사용한 헤이건의 최근 연구(Hagan, Boehnke, and Merkens, 2004; Hadjar et al., 2007)는 이 이론을 지지했다. 블랙웰과 리드(Blackwell and Reed, 2003)는 비행의 성별차이를 가구 간 보다 가구 내에서 조사할 때, 가족 유형에 따른 비행의 성별차이 변화를 예측하는 이론의 능력이 다소 증가하는 것을 보여주었다.

헤이건은 직업과 관련된 가부장제 개념의 문제점을 인식하고 최근 권력통제이론을 수정했다(McCarthy, Hagan, and Woodward, 1999; Hagan et al., 2004; Hadjar et al., 2007). 그는 지난 20년 동안 서구사회에서 더 가부장적 가정보다는 덜 가부장적 가정이 흔한 형태가 되었음을 관찰했다. 그렇지만 부모의 자녀 통제에서의 성별차이는 크게 변하지 않았다.

헤이건 등(2004)은 직장에서 여성의 권한이 커짐에 따라 어머니는 부모의 자녀통제 관행과 가부장적 성역할 신념, 즉 '성 도식'(*gendered schemas*)을 "분리"(*decoupled*)했다고 이론화했다. 가부장적 가정에서 어머니는 아들에게 더 많은 자유를 준다, 이것은 남성 지배와 여성 복종을 지지하는 성 도식과 일치한다. 직업적으로 균형이 잘 잡힌 가정에서 어머니는, 초기 권력통제이론이 예측했던 것처럼, 딸에게 단순히 동일한 자유를 제공하지 않는다. 권한을 갖게 된 어머니는 대신에 자신의 통제를 사용하여 "이제 여성이 더 쉽게 얻을 수 있는 통상적 성취의 경로를 따라 딸의 기회를 발전시킨다"(Hagan et al., 2004: 662).

헤이건 등(2004)이 토론토와 베를린의 이성 형제자매를 가진 양(兩)부모 가정에서 얻은 자료는 직업적 권력이 부족한 어머니는 여전히 아들보다 딸을 더 통제하지만, 높은 수준의 직업적 권력을 가진 어머니는 딸보다 아들을 실제로 더 통제한다는 것을 보여주었다. 그리고 중간 지위의 어머니들 사이에서 상대적인 직업적 권한은 성별을 반영한 부모의 자녀통제와 관계가 없었다.

2) 가부장적 사회와 범죄

일부 사람들은 여성해방이론을 '자유주의적 페미니즘'(*liberal feminism*)으로 간주하지만, 이것을 페미니스트이론으로 간주하지 않는 경우가 자주 있다. 체스니-린드(1989: 19)는 여성해방이론을 오히려 "신빙성이 떨어지는" "결점이 있는 이론구조"의 사례로 언급했다. 그녀는 또한 권력통제이론의 적어도 초기 진술은, 페미니스트이론이 아니라 여성해방 가설의 한 변형이라고 보았다. 그 이유는 이 이론이 "어머니의 노동력 참여가 … 딸의 비행으로 이어진다고 주장"하기 때문이다. 그렇다면 사실상 "어머니의 해방이 딸의 범죄를 유발한다"라는 것이다(Chesney-Lind, 1989: 20). 여성해방이론과 권력통제이론이 남녀범죄에 대한 페미니스트적 설명이 아니라면 이 이론들은 무엇인가?

> 특정 작업이나 활동이 어떤 경우에 페미니스트적인지를 파악하는 것은 쉽지 않다. … 개별 학자의 성별이나 관심의 초점도 페미니스트 활동인지의 여부를 구별하는 데 사용할 수 없다. 여성이나 성별차이를 연구한다고 해서 그 자체로 페미니스트의 자격이 주어지는 것은 아니다. … 페미니스트 연구는 여성에 관한 주제로 제한되지 않고 남성에 대해서도 관심을 기울인다(Daly and Chesney-Lind, 1988: 503).

이렇듯 페미니스트이론의 구별되는 특징이 불분명해도 이 이론의 발전은 여성해방과 가정 사회화의 성역할 차별이라는 주제에서 분명히 벗어났다. 후기 페미니스트 범죄이론에서 강조되는 주제는 가부장적 사회에 남성 지배가 만연해있다는 점과 이것이 여성범죄나 여성을 상대로 하는 범죄에 미치는 영향이다. 가부장제에 대한 강조는 범죄의 성별차이를 설명하기 위해 여성해방이나 가족구조를 강조하는 것보다 더 명백하게 페미니스트이론을 비(非) 페미니스트이론과 구별시킨다.

그러나 그것이 주류 범죄학 이론과의 전적인 분리를 의미하는 것은 아니다. 예를 들면, 페미니스트이론에서 말하는 중요한 권력 차원은 남성이 만들어낸 전통적 갈등, 마르크스주의 이론에서의 권력 차원과 다르지 않다. 다만 어떤 유형의 권력이 중심에 놓이느냐에 따른 차이가 있다. 갈등이론의 주된 주제는 다양한 힘 있는 집단과 무력한 집단 사이의 갈등이다. 반면, 마르크스주의에서는 지배계급의 권력이 프롤레타리아를 지배한다. 페미니스트이론에서는 여성에 대한 남성의 권력이 주된 주제이다.

메서슈미트(Messerschmidt, 1986)는 자본주의가 노동자 계급을 착취하기 때문에 범죄가 발생한다는 마르크스주의 입장에다 가부장제에 대한 페미니스트의 관심을 결합했다. 그의 이론은 범죄가 남성지배적인 가부장적 사회구조와 자본주의 경제체계의 결합으로 인해 발생한다는 것이다. 메서슈미트는 여성범죄와 하층계급 남성의 폭력범죄는 모두 무력함에 의해 발생하는 반면, 기업범죄와 여성에 대한 성범죄, 특히 강간은 남성 권력의 결과라고 보았다.

페미니스트이론에 따르면 이러한 가부장적 지배는 범죄율의 성별차이를 이해하는 데 유용할 뿐 아니라 여성의 성매매나 (남성의 여성에 대한) 강간 등 특정 성에 의한 범죄를 더욱 잘 이해하는 데도 유용하다. 강간의 경우, 가해자의 대부분은 남성이고 남성이 피해자가 되는 경우는 거의 없어 성비의 불균형이 가장 심하다. 이것과 밀접하게 관련되는 것은 성적 학대나 가정 내 학대의 경우 여성은 주로 피해자가 되고 남성은 주로

가해자가 된다는 사실이다.[9]

강간과 학대에 대한 설명이 페미니스트이론에만 있는 것은 아니고 다양한 페미니스트 관점이 강간에 대한 일관된 이론으로 통합되지 못했다. 그럼에도 페미니스트의 조사연구, 이론적·정책적 의제는 강간과 학대의 피해자로서 여성의 매우 불리한 역할에 대해 주의를 환기했다. 이 문제는 여성의 피해와 생존의 측면뿐 아니라 형사사법체계에서의 강간 피해자에 대한 처우 측면에서도 논의되었다(Daly and Chesney-Lind, 1988).

체스니-린드(1989)는 가부장적 체계, 가족, 신체적·성적 학대, '생존전략'(예: 가출) 그리고 성과 관련된 다른 요인들이 여성 비행을 유발할 수 있는 한 가지 가능한 과정을 설명했다. 소녀들의 지위비행과 가벼운 비행은 가정 내 갈등에 대응하는 방법이다. 비전통적 가정에서조차 딸과 아들에게 적용되는 행동의 이중 기준은 이 갈등의 일반적 원인 중 하나이다.

계부와 다른 가족 성원들에 의한 성적·신체적 학대는 갈등의 또 다른 원인이 된다. 거리로 나와 성매매, 절도, 그 밖의 범죄를 저지르는 소녀는 가출 소년보다 학대의 피해자인 경우가 더 많다. 그래서 심각한 청소년비행과 더 나아가 성인범죄경력은 생존을 위해 가정을 떠나는 생존 대응과 연결된다. 이러한 과정은 학대받는 소년의 경우와 유사하지만 "소년과 달리 소녀의 피해와 그러한 피해에 대한 그들의 반응은 이들의 어린 여성의 지위에 의해 구체적으로 형성된다"(Chesney-Lind, 1989: 23).

---

9) 성적 파트너 폭력이 여성보다 남성에 의해서 더욱 많이 자행되는지, 아니면 남성과 여성이 동등하게 '상호전투를 벌이는지' 여부에 대한 논란은 존슨(Johnson, 2008)을 참조하라.

체스니-린드는 소년과 소녀의 아동기와 청소년기에는 결정적 차이가 있다고 본다. 소년과 소녀는 서로 다른 선택권을 가진 매우 다른 세계에 살고 있다. 이들이 유사한 상황을 공유하더라도 이것은 성별에 의해 여과된다. 따라서 가정 내의 학대가 소년에게도 영향을 미치기는 하지만 이것이 여성 비행과 범죄 발생의 원인으로 특히 중요하다(Chesney-Lind and Shelden, 2004; Chesney-Lind and Morash, 2013).

3) 남성성과 구조화된 행위

많은 페미니스트 학자는 주류 범죄학의 강조점을 남성 범죄자와 비범죄자를 구분하는 개인적 특징으로부터 모든 남성이 공유하는 여성에 대한 구조적 권력과 지배로 초점을 옮기는 수단으로 가부장제 개념에 기대를 걸고 있다. 그러나 최근에 메서슈미트를 포함한 몇몇 페미니스트 이론가들은 가부장제가 "분석 도구로서의 힘과 유용성을 상실했다"라고 주장하면서 개념으로서의 가부장제를 거부했다(Messerschmidt, 1993: 59). 메서슈미트(1993: 57)는 그의 가부장제 이론이 "여전히 남성 중심인 마르크스주의에 성별 관계에 대한 분석을 덧붙일 뿐"이고 "행위자의 의도와 범죄를 포함한 행위가 그 자체로 어떠한 의미 있는 구성개념인지를 설명하는 데 실패했다"라는 비판을 인정했다.

메서슈미트(1993: 58)에 따르면, 가부장제 이론의 주된 결점은 "특정 사회 안에서 남성성 구성의 실제 차이를 설명하지 못하고 결과적으로 한 형태의 남성성 — 전형적인 가부장적 남성 — 에 근거한 이론화를 조장한다는 것이다." 그는 대신 범죄를 성별화된 사회구조적 특징〔특히, 성별에 따른 분업, 성별에 따른 권력 차이, 이성애(異性愛)〕이 성별화된 사회적 행동으로 생성되고 동시에 이것을 생산하는 '구조화된 행위'로 개념화해야 한다고 주장한다. "사회구조는 사회적 행동으로 구성되고, 이것은 결국 개인의 '행위의 전략'을 구성하는 자원과 권력을 제공한다"(Messerschmidt, 1993: 77).

범죄에 대한 이런 개념화와 긴밀하게 연관된 것은 '특정 상황에서의 성취'(*situated accomplishment*)로서의 성별 개념이다(West and Zimmerman, 1987; West and Fenstermaker, 1993). 사회적 상호작용에서 개인의 성(*sex*)은 독특한 생물학적 특징 혹은, 그런 특징이 없는 경우에는, 머리, 의상, 말투와 같은 사회적 표시에 기초해 남성 혹은 여성으로 판단할 수 있다. 그러나 성별(*gender*)은 그러한 분류를 입증하는 사회적 행동을 만들어 낸다.

> 우리는 특정 사회적 상황에서 다른 사람들에게 우리의 '본질'이 분명하게 보이도록 우리의 행동을 만들어 간다. 즉, 남성성 혹은 여성성을 나타낸다. 이러한 측면에서 보면, 남성성은 미리 주어지거나 정해진 것이 아니고 성취되는 것이다. 그리고, 남성성은 결코 고정된 것이 아니며, 완성된 것도 아니다. 오히려 남자는 특정 사회적 상황에서 남성성을 만들어 가고 … 그 과정에서 사회구조를 재생산(때로는 변경)한다(Messerschmidt, 1993: 80; 인용자 강조).

남성성(*masculinity*)은 다양한 특정 사회적 상황에서 성취되는 것인 만큼 우리는 다수의 남성성을 개념화할 필요가 있다. 예컨대, 남성성의 구성은 계급, 인종, 성적 지향으로 결정되는 남성의 사회 내 위치에 따라 달라진다. 따라서 남성성은 지배적(문화적으로 이상화된 남성성을 고수하는)

이거나 종속적(이상적인 것이 아닌 모든 것)일 수 있다(Connell, 1987).

메서슈미트(1993: 85)는 이러한 구조화된 행위로서의 범죄개념과 특정 상황에서의 성취로서의 남성성 개념을 연결하여 범죄에서 성별차이를 설명한다. 본질적으로 "남성에 의한 범죄는 다른 자원을 사용할 수 없을 때, 남성성을 실현하기 위한 자원으로 시작된 사회적 관행의 한 형태이다". 특히, 남성성이 의심되거나 의문시되는 상황에서 남성성을 수행할 다른 방법이 없는 일부 남성은 남성성을 표현하는 방법으로 범죄를 선택할 수 있다.

메서슈미트는 남성성 이론을 다양한 연령, 인종, 계층의 남성이 다양한 사회적 환경에서 저지르는 여러 범죄에 적용했다. 그는 백인 중산층 소년이 남성성을 과시하는 방법은 백인 노동자 계급 소년이나 소수인종, 하층 노동자 계급 소년과 다른 환경에서 전혀 다른 형태의 범죄를 만들어낼 수 있다고 예시했다. 마찬가지로 남성의 권위적 위치, 또 이것이 결정하는 표출된 남성성 형태에 따라서 길거리에서 저지르는 범죄는 직장이나 가정에서 저지르는 범죄와 다르다.

가부장제 이론은 범죄자와 비범죄자 사이의 개인적 차이를 파악하는 것으로부터 남성에 의해 공유되는 구조적 보편성을 파악하는 것으로 관심을 돌렸다. 남성성 이론은 이번에는 이러한 보편주의로부터 남성성과 이에 따른 범죄행위 유형이 계층이나 인종 같은 요인에 따라 다양하다는 것을 인정하는 방향으로 초점을 바꿨다. 그럼에도 이 이론은 여러 가지 근거에 의해 다른 페미니스트의 비판을 받았다(Chesney-Lind and Morash, 2013 참조). 계층, 인종, 기타 정체성에 기초한 다수의 남성성을 인정하지만, 이 이론은 여전히 왜 모든 남성이 남성성을 드러내는 수단으로 범죄를 사용하지 않는지 답할 수 없다(Jefferson, 1996).

남성성 이론은 또한 범죄에 대한 동어반복적 설명을 제시한다는 비판을 받는다(Walklate, 1995; Hood-Williams, 2001). 이 이론은 범죄가 남성성을 확증해 주기 때문에 남성이 범죄를 저지른다고 설명한다. 그런데 무엇이 범죄를 남자답게 만드는가? 의심할 여지없이 그것은 남성이 범죄를 저지르기 때문이다. 페미니스트는 이론적 관심을 남성에게 다시 맞추는 것 같은 이론이나 전통적 범죄학 이론처럼 남성을 기준으로 삼고 여성은 '이종'(異種, *other*)으로 비교할 위험이 있는 이론을 경계해 왔다(Daly, 1997; Cain, 1990).

만일, 범죄를 저지르는 남성이 남성성을 나타낸다면, 범죄를 저지르지 않는 여성은 여성성을 나타내는 것인가? 범죄를 저지르는 여성은 어떤가? 여성의 범죄가 지배적 여성성보다 종속적 여성성을 성취하는데 도움이 되는가? 아니면 여성을 종속시키는 사회구조가 지배적 여성성을 성취할 기회를 단순히 차단하는 것인가? 만일 후자라면 그 이론은 여성의 수동적 이미지를 조장한다(Naffine, 1987 참조).

반면, 여성이 범죄의 수행을 통해 지배적 여성성보다 종속적 여성성을 적극적으로 표현한다면, 그 동기는 무엇인가? 달리(1997)는 여성성과 남성성을 정반대로 볼 필요는 없다고 경고했다. "연구자는 남성성을 이론화하면서 나온 범주가 여성성에 부적절하게 적용될 수 있다는 점을 유념해야 한다. 성별 범주는 중립적이지 않고, '성별을 드러내는'(*doing gender*) 남성과 여성을 묘사하기 위해 사용되는 용어는 상호 교환될 수 없다"(Daly, 1997: 37)[10].

---

10) 최근에 남성과 여성을 구분하는 경계를 모호하게 하여 성별 식별의 이분법 대신 범위를 허용하려는 서구사회의 문화적 노력이 범죄와 비행에서의 성별차이에 대한 향후 이

4) 성별화된 경로와 성별화된 상황

범죄학 이론은 최근에 범죄와 비행에 관한 페미니스트 관점을 더 수용하는 쪽으로 변화하고 있다. 주류 범죄학자들은 성별의 구조적, 문화적, 사회적, 심리학적 영향을 포함하여 성별을 더 적극적으로 고려하고 있다.[11] 또한 페미니스트 범죄학자들은 일반 범죄학 이론의 많은 요소를 유지하는 것이 유용하다는 것을 점차 인정하고 있다(Steffensmeier and Allan, 1996; Bottcher, 2001; Belknap and Holsinger, 2006; Heimer, De Coster, and Unal, 2006).

> 최고의 페미니스트 연구 — 페미니스트 범죄학의 미래로 볼 때 가장 유망한 방향 — 는 남성과 여성의 성별화된 생활 상황에 비판적으로 관여하면서, 더 넓은 범죄학적 사고의 통찰력을 끌어내고 분석을 풍부하게 하는 것이다(Miller and Mullins, 2006: 217).

론화에 영향을 미칠 수 있다. 그러나 현재는 이론적 범죄학 문헌에서 그러한 변화가 나타나지 않는다.

11) 예컨대, 에이커스(Akers, 1998)는 개인의 성별이 범죄를 촉진하는 교제, 강화, 정의, 모델에 노출되는 정도를 결정한다는 점을 인정하여, 그의 사회구조-사회학습이론에 성별을 포함했다. 브로이디와 애그뉴(Broidy and Agnew, 1997)는 긴장의 원인과 그러한 긴장이 만들어 내는 부정적인 감정의 성별차이뿐 아니라 비행 결과에 차별적으로 영향을 미치는 대응 전략의 차이를 이론화했다. 애플린과 메스너(Applin and Messner, 2015)는 사회제도 특히 경제와 가족이 성별화되어 있으며, 경제에서는 남성이 그리고 가족에서는 여성이 지배적이라는 점을 인정하는 제도화된 아노미이론(제 9장 참조)의 성별화된 설명을 제안한다. 여성보다 남성을 중시하는 가부장적 사회구조 내에서는 남성의 경제적 우세 또는 지배는 '사실상 보장'된다.

성별과 범죄에 관한 페미니스트이론에 주류 범죄학 이론을 통합하는 것은 성별화된 범죄경로와 성별화된 범죄상황이라는 두 가지 탐구 영역에서 가장 분명하게 드러난다. '성별화된 경로접근'(*gendered pathway approach*, Daly, 1998; Brennan et al., 2012)은 발달 및 생애과정 관점(제 14장 참조)과 많은 공통점을 가진다. 이 영역에서의 연구는 범죄에 연루된 소녀나 여성의 삶의 경험과 발달 궤적에 초점을 맞춘다. 페미니스트 연구자들은 일반적으로 민족지학적 현장 관찰과 여성 범죄자와의 면접에 참여하여 여성에게 자신이 저지른 범죄와 관련된 자기 삶 속의 사건을 설명하는 '발언권'을 허용한다.

성별화된 경로 연구에서 나타나는 가장 일반적인 주제 중 하나는 여성 범죄자가 살면서 신체적, 성적 피해를 당한 경험이다. 하지만 피해와 가해 사이의 '모호한 경계'(*blurred boundaries*, Darly and Maher, 1998)를 인정하는 것은 범죄설명에 도움이 되지 않는다. 대신 이 현상에는 설명이 필요하다.

예컨대, 주류 범죄학 이론에서 애그뉴(1992; Broidy and Agnew, 1997)는 피해경험을 일반긴장이론에 통합하여 이것은 부정적 감정(분노, 우울, 불안)을 생성하는 긴장이라고 주장했다(제 9장 참조). 긴장은 피해경험을 회피하기 위한 수단으로 결국 비행으로 이어질 수 있다. 그렇다면 성별화된 경로접근 방식은 그 자체로 설명적이기보다는 서술적이다.

성별화된 상황접근(*gendered context approach*)은 범죄의 성별화된 특징에 대한 검증 가능한 설명으로 더 많은 가능성을 제공한다. 이 접근은 남성과 여성이 범죄에 대한 서로 다른 규범적 기대와 기회에 직면하는 정도뿐 아니라 남성과 여성이 유사한 사건과 상황에 대해 서로 다른 의미를 부여하여 다르게 반응하는 정도를 연구한다.

성별화된 상황접근은 전통적인 범죄학 이론을 활용할 수 있고, 종종 활용한다. 예컨대, 스테펜스마이어와 앨런(Steffensmeier and Allan, 1996)은 사회학습이론, 사회통제이론, 아노미이론에서 도출된 이론적 변수가 사소한 범죄의 성별차이를 설명하는 데 도움이 될 수 있다고 인정한다. 그러나 심각한 범죄 연루의 차이를 설명하려면 성별화된 접근이 필요하다.

> 남자와 여자가 동일한 법정 범죄를 저지른 경우에도 범죄의 '형태'(*gestalt*)가 상당히 다른 경우가 많다. 사소하거나 가벼운 형태의 법위반에 대해서는 맥락상 성별차이가 작지만, 폭력이나 다른 심각한 형태의 범죄에서는 성별차이가 크기 때문에, 맥락분석을 통해 심각한 범죄의 성별차이를 밝힐 수 있다(Steffensmeier and Allan, 1996: 474).

스테펜스마이어와 앨런은 성별의 조직(*organization of gender*), 즉 규범, 도덕, 가치에서 성별차이를 결정하는 구조적 장치, 그리고 남성과 여성의 행동에 적용되는 사회통제가 궁극적으로 범죄의 기회, 동기, 맥락에서 성별차이를 만들어 낸다고 주장한다. 여성은 남성보다 양육을 담당할 것으로 기대되며, 도구적 관심보다 관계적 관심['돌봄의 윤리'(*ethic of care*), Gilligan, 1982]을 강조할 것으로 예상되고, 성별의 조직을 유지하기 위해 비공식적 사회통제를 종종 더 받는다.

성별의 이러한 구조적 조직은 무엇보다도 남성과 여성의 친구 유형, 위험과 보상에 대한 인식, 자기통제 수준에 영향을 미치고, 그 영향이 남자와 여자에게 다르게 미칠 수 있다. 게다가 남성과 여성은 서로 다른 맥락에서 범죄를 저지른다. 예컨대, 배우자 살해의 경우, 남편이 폭력피해의 두려움 때문에 아내를 살해하는 일은 거의 없지만, 남편을 살해하는 상당수의 아내는 관계에서 오랫동안 지속된 학대 때문에 살해한다(Steffensmeier and Allan, 1996).

하이머 등(Heimer et al., 2006)은 '지배적 성별 정의'(*hegemonic gender definitions*)에 대한 분석과 이것이 이후에 비행과 긴밀히 연관된 사회심리학적 요인에 미치는 영향을 분석하면서 유사한 논리를 사용했다. 이러한 성별 정의는 "주요 제도에 내장되어 있으며, 대부분의 사회적 상호작용 속에 스며들고, 상징적 수준에서 찬미되며, 남성과 여성 모두의 행동을 판단할 때 영향을 미친다"(Heimer et al., 2006: 112). 지배적 성별 정의는 남자와 여자의 교제, 정의, 우발적 강화 사건에의 노출 차이를 만들고, 사회화를 통해 도덕성, 공감, 수치심의 수준과 형태가 달라진다.

이러한 성별 정의는 다른 사회심리학적 변수가 개인에게 미치는 영향에도 차이를 만들어 낸다. 예컨대, 지배적 성별 정의로 인해 정서적 유대의 의미와 중요성이 여자와 남자에게 다를 수 있다. 화난 남자가 감정에 따라서 행동하는 것이 화난 여자와 다를 수 있다. 위험을 즐기는 여자는 위험을 즐기는 남자와 매우 다른 활동을 선택할 수 있다. 이런 사회심리학적 특성의 성별차이는 비행과 적법행위 모두에서 다르게 성별화된 결과를 만들어낼 가능성이 높다.

5. 범죄에 관한 페미니스트이론의 경험적 타당성

앞에서 살펴본 바와 같이, 권력통제이론을 포함해서 여성해방과 여성의 노동 참여 증가를 활용하는 이론은 직접적으로 검증되었지만 지지를 받지 못했고, 반대의 증거에 직면했다. 그러나 이 이론들은 페미니스트 이론가에 의해 페미니스트이론이 아니라고 규정된다.

일반적으로 페미니스트로 인정되는 가설이 직접적으로 검증되는 경우는 거의 없다. 메서슈미트(1986)와 같이 가부장적 사회구조에 의지해서 모든 종류의 범죄를 설명하는 것은 "자본주의가 범죄를 일으킨다"라는 마르크스주의적 설명과 동일한 문제를 안고 있다. 사회의 다양한 부분에서 가부장제의 정도를 측정할 방법이 없는 한, 동일한 사회 내에서의 어떠한 경험적 연구에서도 독립변수에 변화가 없을 것이다. 이 이론을 검증하기 위해서는 가부장제 정도가 다른 사회를 대상으로 문화간 비교연구를 수행하고 남녀의 범죄유형 차이를 고찰해 보아야 한다.

다양한 사회에서 성불평등 정도를 측정하는 얼마간의 국가 간 비교연구가 수행되었다. 예를 들면, 스테펜스마이어 등(Steffensmeier et al., 1989)은 다양한 사회에서 살인, 재산범죄, 가벼운 재산범죄로 체포된 여성의 비율을 비교했다. 그들은 다양한 사회에서 체포된 여성 대 남성의 비율은 그들이 측정한 '성불평등성'이나 '여성의 경제적 주변성'과 관련되지 않았으며, 오히려 사회통제의 공식화와 여성의 소비재에 대한 접근성 확대와 관련된다는 것을 밝혀냈다. 이 같은 연구결과는 범죄에서의 성별 비율이 가부장적 불평등성을 반영한다는 이론을 별로 지지하지 않는다. 이 이론을 더 잘 검증하기 위해 가부장제 개념을 더 직접적으로 측정하려면, 이 연구보다 훨씬 더 많은 연구가 필요할 것이다.

오글과 배튼(Ogle and Batton, 2009)은 범죄이론이나 연구에서 가부장제의 개념화와 조작화에 문제가 있음을 지적한다.

> 범죄학자 대부분은 단지 가부장제가 존재하고, 이것이 영향을 미친다고 가정할 뿐, 그런 일이 어떻게 혹은 왜 발생하는지 더 구체적이지 않다(Ogle and Batton, 2009: 174).

웰비(Walby, 1990)는 사적 가부장제와 공적 가부장제를 구분한다. 사적 가부장제는 미시적 수준의 분석으로 가족의 사적 영역에서 남성 가장의 아내와 자식에 대한 남성적 지배로 나타나며, 공적 가부장제는 거시적 수준의 분석으로 교육, 고용, 직권(職權)에서의 불평등을 드러낸다. 파커와 렉든월드(Parker and Reckdenwald, 2008)는 가부장제에 대한 이런 개념을 여성범죄 연구에 활용했다. 그러나, 그들의 자료는 공적 또는 사적 가부장제와 범죄 간의 연관성을 거의 뒷받침하지 못했다.

남성성 이론은 충분한 경험적 평가를 받지 않았고, 수행된 평가도 간접적이었다. 예를 들어, 심슨과 엘리스(Simpson and Elis, 1995)는 전국적인 확률표본 자료에서 14세에서 21세까지의 청소년을 대상으로 지배적 여성성과 남성성이 범죄에 미치는 영향을 조사했다. 지배적 여성성은 여성 중에 직장경력을 용인하지 않고 35세까지는 결혼해 일보다는 자녀양육을 예상하는 정도로 측정되었다. 이들은 경력을 지향하는 백인 여성이 전통적인 여성적 이상을 고수하는 백인 여성보다 폭력 및 재산범죄에 가담할 가능성이 더 높다는 점을 발견했지만, 이런 차이가 유색인종 여성에서는 발견되지 않았다.

지배적 남성성이 남성 범죄에 미치는 영향은 더욱 불명확했다. 이 연구에서 사용된 지배적 남성성의 유일한 측정은 35세까지 일하는 것이 아니라 결혼해 가정을 꾸릴 것이라는 남성의 전망이었다. 그러나 남성의 경우 두 옵션 모두가 일종의 남성성을 나타낸다고 주장할 수 있다. 이 측정을 사용하면 어떤 결과도 지지적인 것으로 해석될 수 있어서 이론을 반박하는 것이 불가능하다.

지배적 남성성 척도는 남성의 폭력범죄에 영향을 미치지 않았지만, 백인 남성의 재산범죄는 감소시키고, 흑인 남성의 재산범죄는 증가시켰다. 이러한 결과가 인종에 기반한 다양한 남성성의 존재를 지지할 수 있을지 몰라도, 성별 권력이 인종이나 계급 권력을 대체하는지 의문을 제기한다.

성별화된 범죄 경로에 관한 페미니스트 연구는, 양적, 질적 자료 모두에 의존하여, 아동기, 청소년기, 심지어 성인기에 경험한 신체적, 성적 학대가 소녀와 성인 여성의 비행과 범죄의 원인이 될 수 있다는 주장을 지지해 왔다[12]. 전국 범죄피해자 조사 및 미국 교정협회 조사

12) 소녀와 성인 여성의 범죄경로에 관한 양적 연구는 미국 교정협회(1990), 스넬과 모턴(Snell and Morton, 1994), 브라우니, 밀러와 매귄(Browne, Miller, and Maguin, 1999), 블룸, 오언과 로젠바움(Bloom, Owen, and Rosenbaum, 2003), 페이건(Fagan, 2005), 랜스포드 등(Lansford et al., 2007), 심슨, 야너와 듀간(Simpson, Yahner and Dugan, 2008), 살리스베리와 반 부르히스(Salisbury and Van Voorhis, 2009), 토피체스 등(Topitzes et al., 2011), 존스 등(Johnes et al., 2014)을 포함한다.

소녀와 성인 여성의 범죄경로에 관한 질적 연구는 체스니-린드와 로드리게스(Chesney-Lind and Rodriguez, 1983), 아놀드(Arnold, 1990), 길퍼스(Gilfus,

와 같은 전국 피해자 조사에서는 여자 수형자의 거의 반에 가까운 숫자가 평생 어떠한 형태로든 신체적 또는 성적 학대를 당한 경험이 있는 것으로 추정한다. 여자 수형자와의 심층면접을 포함한 질적 연구에서도 여성 범죄자들이 피해를 경험했다는 일관된 증거를 찾았지만, 표본 크기가 대체로 작다(예외에 대해서는 Owen, 1998 참조).

하지만 성별 경로에 관한 페미니스트 연구는 대부분 여성 범죄자의 피해전력을 남성 범죄자의 피해전력과 비교분석해 보려 하지 않았다. 일반적으로 경험적 연구는 아동과 청소년 시절 학대 피해자가 피해받지 않은 사람보다 범법자가 될 가능성이 높다는 것을 보여준다(Brezina, 1998; Widom and Maxfield, 2001; 반면, Jennings, Richards, Tomsich, Gover, and Powers, 2013; Jennings, Park, Richards, Tomsich, Gover, and Powers, 2014 참조).

그러나 여성피해자가 남성피해자보다 범죄를 저지를 위험성이 더 큰지에 대한 연구는 명확하지 않다. 위덤(Widom, 1989)은 학대받은 아동과 학대받지 않은 아동으로 짝지어진 667쌍을 대상으로 한 전향적 종단 연구에서 남녀 피해자 간에 범죄자가 될 가능성, 범죄 건수의 증가, 어린 나이의 체포, 상습적 범죄자가 될 가능성에서 차이가 없음을 발견했다. 요한슨과 켐프-레오나드(Johanson and Kempf-Leonard, 2009)는 심각하고 폭력적이며 만성적인 범죄로 가는 여성경로에 특유한 것으로 확인된 위험 요인들이(Howell, 2003) 남성의 범죄경로도 마찬가지로 예측한다는 사실을 발견했다.

토피츠와 메르스키 그리고 레이놀즈(Topitzes, Mersky and Reynolds,

1992), 리치(Richie, 1996), 무어(Moore, 1999), 오언(Owen, 1998)을 포함한다.

2011)는 아동학대가 남자 청소년의 비행으로 이어졌지만, 여자의 비행으로는 이어지지 않았다는 사실을 발견했다. 그러나 아동학대는 남자와 여자 모두 유사하게 성인범죄로 이어졌다. 따라서 범죄 '경로'가 피해와 관련되어 '성별화'된다는 주장에 대한 지지는 거의 없다.

범죄의 성별화된 상황에 대한 직접적 검증은 존재하지 않고, 간접적 검증은 남성 범죄와 여성범죄의 원인이 크게 다르다는 가설을 거의 지지하지 않는다. 남성 범죄와 관련된 동일한 변수는 여성범죄에도 관련된다. 성별은 이런 변수의 영향을 극적으로 바꾸기보다 조정한다(Simpson and Ellis, 1995; Daigle, Cullen, and Wright, 2007). 다른 경험적 연구도 이러한 결론을 지지한다.

기존 범죄이론을 여성의 범죄행위에 적용하면 반증 되거나 부적절하다는 페미니스트적 비판을 지지하거나, 범죄와 일탈의 성별 비율을 설명하기 위해 한쪽 성에 국한된(*gender-specific*) 이론이 필요하다는 결론을 지지하는 경험적 연구는 거의 없다. 사회학습, 사회통제, 자기통제 및 여타 이론은 비행과 범죄에서의 남성과 여성의 비율 차이와 남성과 여성 모두의 개인차를 설명한다. 남성이 범죄를 저지르는 경향이 더 크다는 사실은 대부분 이러한 동일한 변수에 대한 노출 차이로 설명되고, 일부 연구에서는 거의 완벽하게 설명된다(Esbenson and Deschenes, 1998; Mears et al., 1998; Liu and Kaplan, 1999; Moffitt et al., 2001; Hartjen and Priyadarsini, 2003; Chapple, McQuillan, and Berdahl, 2005; Piquero et al., 2005; Meadow, 2007).

미어스 등(Mears et al., 1998: 263)은 "남자와 여자의 비행을 설명하기 위해 전혀 다른 이론을 세우는 것은 무의미하다. 우리가 살펴본 바와 같이, 남자와 여자 모두 — 정도는 다를지 몰라도 — 비행친구와의 교제라는 공통 요인에 의해 영향을 받는다"라고 결론지었다. 일부 범죄(강간과 같은)의 경우에 성비율이 너무 높아서, 이것을 설명하려면 성폭행의 공통 원인에서의 성별차이 이상의 무언가가 필요할 수 있다. 그러나 범죄행위에 대한 페미니스트이론이 여성범죄를 설명할 수 있는 '전통적' 설명을 거부하고(Chesney-Lind and Pasko, 2013), 한쪽 성에 국한된 범죄설명에 의존하는 한, 경험적 증거에 부합하지 않는다.

예컨대, 하이머, 드 코스터와 우날(Heimer, De Coster, and Unal, 2006)은 개인 수준에서 비행에 대해 우호적이고 비우호적인 학습된 정의(사회학습이론으로부터 유래된, 제5장 참조)는 소년과 소녀에게 동일한 영향을 미친다고 주장한다. 소년과 소녀가 폭력적이거나 호전적인 행동에 호의적인 동일한 정의를 가지면, 그러한 행동을 저지를 가능성도 같다(Heimer et al., 2006). 주류 범죄이론이 남자와 여자 범죄 모두의 차이를 설명할 수 있다는 결론을 수용할 수 있지만, 동시에 주류 이론이 범죄율에서의 성별차이를 설명하는 데 여전히 해결되지 않은 문제와 질문을 남긴다는 점도 인식할 수 있다[13].

---

13) 주류 범죄이론이 범죄에 대한 성별의 영향을 완전히 중재하지 못한다는 점이 지속적으로 발견된다(Agnew, 2009). 이것은 가장 강력한 경험적 지지를 받는 범죄이론조차도 범행에서의 성별차이의 본질에 대해 무언가를 놓치고 있다는 것을 의미한다.

6. 페미니스트이론의 정책적 함의

페미니스트이론은 가부장제가 종식되어야 하고, 아니면 적어도 성별화된 제도나 사회적 관계에 근본적 변화가 있어야 함을 분명하게 암시한다. 사회 일반, 특히 법과 형사사법체계에서 성별에 기반한 차이와 불평등을 줄이는 것이 목표다. 법관의 재량권을 제약하는 양형지침(*sentencing guidelines*)은 형사사법체계가 범죄자의 처우에서 성별이나 다른 차별을 제거하기 위해 시도한 하나의 방법이다.

쿤스-위트(Koons-Witt, 2002)는 양형지침이 이와 같은 임무를 얼마나 달성했는지 조사했다. 그녀는 미네소타에서 양형지침이 시행되기 이전, 직후 그리고 오랜 후에 이루어진 양형결정을 검토한 결과, 양형지침이 시행된 직후에 일부 성별차이가 사라졌지만, 몇 년 후에 법원이 지침을 회피하는 방법을 발견하면서 다시 나타났다는 사실을 발견했다.

오하이오 주에서 수행된 유사한 연구에서 그리핀과 우드리지(Griffin and Wooldredge, 2006)는 양형지침이 시행된 직후에도 성별 불평등이 남아있음을 발견했다. 블랙웰, 홀렌과 핀(Blackwell, Holleran, and Finn, 2008)은 펜실베이니아 주 양형지침의 영향을 유예 이전과 유예기간 및 유예 이후로 나누어 조사했다. 그들은 법적 변수를 통제한 후에도, 세 기간 모두에서 여성에 대한 관대한 처분이 여전히 계속됨을 확인했다. 이것은 양형지침이 판결선고에서 성별차이를 줄이는 데 거의 영향을 미치지 못했음을 나타낸다.

범죄통제, 예방, 처우에 대한 페미니스트이론의 또 다른 함의가 있다. 예컨대, 체스니-린드와 파스코(2013)는 소녀나 성인 여성이 직면하는 특별하고 어쩌면 독특한 삶의 상황이 있기 때문에 이들에게는 징벌적 정책보다 범죄예방과 처우가 좋다고 주장한다. 여기에는 성폭행과 가족 간의 폭력, 예상치 않은 임신이나 청소년 모성에 대한 특별한 취약성이 포함된다.

치료 및 예방 프로그램을 설계할 때 이러한 상황과 기타 성별에 따른 사건 및 우발 상황을 고려해야 한다. 현재로서는 그런 프로그램 중 극히 일부만이 여성에게 서비스를 제공하고 있고, 이 중 다수는 소녀의 독특한 상담필요(예컨대, 성적 학대의 특별한 위험과 결과)를 충족해 주지 못한다.

예를 들어, 라이지히, 홀트프레터와 모라쉬(Reisig, Holtfreter, and Morash, 2006)는 여성 범죄자의 재범을 정확하게 예측하기 위해, LSI-R(*the level of service inventory-revised*) 위험 요인 평가도구(이에 관해서는 제 5장 참조)의 유용성에 관해 연구했다. 그들은 LSI-R 평가가 경제적 동기로 범죄를 저지른 여성의 재범을 예측할 수 있었지만, 성별화된 경로〔노숙 여성, 마약 관련, 매 맞는, 피해를 당하고 가해하는(*harmed and harming*)〕를 따른 여성의 재범은 예측할 수 없다는 사실을 발견했다. 그 결과, 많은 교정기관에서는 여성 범죄자의 필요와 위험에 더욱 민감한 '성별 감수성'(*gender-responsive*) 항목으로 LSI-R을 보완했다(Salisbury, Van Voorhis, and Spiropoulos, 2009).

여자 청소년 범죄자를 위한 한쪽 성에 국한된(*gender-specific*) 프로그램과 성중립적(*gender-neutral*) 프로그램의 효과성 평가연구를 검토한 결과, 특히 소녀를 대상으로 한 좋은 프로그램은 남녀 청소년 범죄자 모두를 대상으로 한 좋은 프로그램보다 재범감소에 더 효과적이지 않다는 결론을 내렸다(Zahn et al., 2009). 그러나 잔 등(Zahn et al., 2009: 289)이 한쪽 성에 국한된 프로그램이, 소녀에게 자율권을 부여하고 전반적인 삶의 질을 향상할 수 있는, 교육, 고용, 가족과 친구 관계, 자존감,

자기효능 그리고 기타 사회-심리적 산물(예, 자기인식이나 신체 이미지, 사회적 발달)에 잠재적으로 긍정적 영향을 미칠 수 있음을 지적했다.

여성을 남성과 다르게 처우해야 한다는 일반적 주장은 합리적이고 설득력 있으며 타당하다. 그러나 상당한 주의를 기울이지 않으면, 여성의 특별한 요구에 맞춰진 프로그램은 페미니스트 이론가의 시각과 부합하지 않는 것으로 판명될 수 있다. 실행방법에 따라 사회복귀와 범죄예방 프로그램에서 여성 범죄자를 달리 처우하는 것은 범죄자 처우와 교화에서 성차별적 고정관념이나 성별차이를 깨뜨리기보다는 오히려 지속시킬 수 있다.

7. 요 약

페미니스트이론은 지배집단과 종속집단 사이 사회 분열의 근원으로 가부장제에 초점을 맞추고 있다. 특권을 가진 남성은 통치하고 규칙을 만들고 시행한다. 이 체계에서 여성은 상대적으로 불이익을 받고 통제받는다. 남성의 지배가 유지되고 여성은 비공식·공식 통제체계에서 이루어지는 성역할 기대를 통해 부분적으로 자신의 위치를 유지한다.

형사사법체계에서의 성별차이는 남성의 지배와 제한적인 여성의 성역할을 반영한다. 여성은 이 체계에서 더 관대한 판결을 통해 온정적으로 다루어지거나 전통적인 여성의 성역할 기대에 크게 반하는 특정 범죄에 대해서는 더 엄하게 처벌받을 수 있다. 형사사법상의 결정에서 성별차이에 대한 조사연구는 페미니스트이론과 일치하는 자료를 일부 제공하지만, 대부분은 범죄자의 성별은 형사사법상의 결정에 거의 영향이 없거나 직접적 영향을 미치지 못하는 것으로 나타났다.

범죄행위에 대한 페미니스트이론은 두 가지 기본 문제, 즉 남성의 법 위반에 대한 설명이 여성의 법위반에도 적용될 수 있는지의 문제와 여성보다 남성의 범죄율이 높은 이유를 설명하는 문제를 다룬다. 초기 페미니스트이론은 범죄와 비행이 남성 역할을 학습한 결과라고 가정했다. 그러므로 여성해방이 남녀 간 평등을 강화함에 따라 여성범죄는 남성 범죄와 비슷한 수준으로 더 증가하게 된다. 권력통제이론은 가부장적 가족 체계가 비행 소년을 더 많이 만들고, 비행 소녀를 더 적게 만든다고 주장한다.

여성해방이론은 경험적 지지를 받지 못하는 어려움이 있었으며, 사회의 기본적인 가부장적 구조를 참조하여 범죄를 설명하는 많은 페미니스트 이론가에 의해 거부되었다. 범죄의 원인에 관한 뚜렷한 페미니스트이론은 아직 공식화되지 않았지만, 페미니스트 이론가는 남성의 여성에 대한 강간, 다른 성적·신체적 폭력과 여성범죄를 분석하기 위해 가부장제를 사용한다.

남성성 이론은 남성성을 성취하는 수단으로 남성의 범죄 참여 증가를 설명하고자 하지만, 그것은 동어반복적이며 경험적 증거가 부족하다는 비판을 받았다. 최근에 일부 페미니스트 범죄학자들은 주류 범죄학 이론에서 도출된 원인이 남성과 여성에 다르게 영향을 미칠 수 있고, 범죄를 저지르는 상황이 남자와 여자가 뚜렷하게 다르다는 가설을 세웠다. 페미니스트이론은 아직 형성되고 있고, 가설에 대한 직접적 검증과 정책함의의 구현이 부족해 경험적 타당성이나 정책적 유용성을 명확하게 평가하기 힘들다.

주요 개념

- 가부장제(*patriarchy*)
- 기사도 가설(*chivalry hypothesis*)
- 국가온정주의(*paternalism*)
- 선택가설(*selectivity hypothesis*)
- 전형가설(*typicality hypothesis*)
- 자동처리(*bootstrapping*)
- 대체수용(*transinstitutionalization*)
- 가부장적 가정(*patriarchal families*)
- 평등주의적 가정(*egalitarian families*)
- 성별화된 경로접근(*gendered pathways approach*)
- 성별화된 상황접근(*gendered context approach*)

제 14 장

발달이론과 생애과정이론

1. 서 론

발달 및 생애과정 범죄학(*developmental and life-course criminology* · DLC) 은 시간이 경과함에 따라 나타나는 다양한 유형의 범죄행위를 설명하려 한다. 연구에 따르면, 특정 연령층의 구성원은 다른 연령층의 구성원보다 범죄행동에 더욱 적극적으로 관여하는 것으로 나타난다. 예컨대, 연구결과에 따르면 범죄활동은 일반적으로 청소년기에 최고조에 이르고 이후로 나이가 들수록 점차 감소한다(Blimstein et al., 1986; Farrington, Piquero, and Jennings, 2013; Greenberg, 1991; Loeber, Jennings, Ahonen, Piquero, and Farrington, 2017).

또한 어떤 사람은 평생 동안 놀라울 정도로 일관된 수준의 범죄(또는 순응) 행위를 보이는 반면(더 자세한 내용은 Wright, Tibbetts, and Daigle, 2014 참조) 다른 사람은 나이가 들면서 어떤 시기나 단계에서는 범죄행위가 활발하고 다른 시기나 단계에서는 범죄행위를 하지 않는 것처럼 평생 동안 놀라울 정도로 범죄행동의 변화를 보인다(Laub and

Sampson, 2003; Roccque, Jennings, Ozkan and Piquero, 2017; Sampson and Laub, 1993).

생애과정 범죄학의 목적은 시간이 지남에 따라 동일한 개인 내에서의 범죄행위의 변화와 안정성 그리고 다른 연령이나 인생 단계에 있는 서로 다른 개인들 사이에서 나타나는 범죄행위의 변화와 안정성을 더 잘 이해하는 것이다. 때로는 별개의 이론적 설명으로 인정되기도 하지만 DLC의 많은 부분은 연령과 관련된 범죄유형의 복잡성을 설명하고, 다양한 유형의 범죄자가 평생 동안 나타내는 다양한 경로나 궤적을 추적하고, 범죄로 향하거나 범죄에서 벗어난 궤도에서 전환점 역할을 하는 요인을 발견하며, 다양한 연령과 인생단계에서 범죄의 시작과 중단을 유발하는 위험요인과 보호요인을 확인하는 데 전념한다(Piquero, 2008b; Jennings and Reingle, 2012; Jennings and Meade, 2016).[1)]

DLC는 시간의 경과에 따라 범죄 및 일탈행동의 연령 변화, 경력, 궤적에 초점을 맞춤으로써 연령이나 인생 단계를 범죄학의 중심으로 본다. 이것은 마르크스이론과 갈등이론이 계급과 인종에 초점을 맞추거나

---

1) 발달 및 생애과정 범죄학을 발전시키는 많은 학자 중에는 라웁과 샘슨(Sampson and Laub, 1993, 1997, 2005; Laub and Sampson, 1993, 2003; Laub et al., 2006); 패링턴(Farrington, 2005, 2006); 모피트(Moffitt, 1993, 2006); 뢰버(Loeber and LeBlanc, 1990; Loeber, 1996; Loeber, Farrington, Stouthamer-Loeber, Moffitt and Caspi, 1998); 호킨스와 카탈라노(Hawkins and Weis, 1985; Catalano and Hawkins, 1996, Catalano et al., 2005); 시몬스와 콩거(Conger and Simons, 1995; Simons et al., 1998; Simons et al., 2004); 피케로(Piquero and Mazerolle, 2001; Piquero and Moffitt, 2005); 네진과 트렘블리(Nagin and Tremblay, 2005; Blockland et al., 2005); 벤슨(Benson, 2002); 제닝스, 히긴스, 에이커스, 키와 도브로우(Jennings, Higgins, Akers, Khey, and Dobrow, 2013); 라이트, 티벳츠와 데이글(Wright, Tibbetts and Daigle, 2010) 등이 있다.

페미니스트이론이 성별에 초점을 맞추는 것과 동일한 방식이다. 라웁은 "범죄학이 범죄의 원인과 역학관계의 패러다임으로 생애과정 범죄학을 채택해야 한다. 그리고 이 패러다임은 범죄학 전반의 모든 사실, 연구 의제와 이론을 조직할 수 있는 범죄학의 '전형'(*soul*)과 '핵심'(*core*)이 되어야 한다"고 주장한다(Laub, 2006: 250).

패링턴은 발달 및 생애과정 범죄학과 밀접한 관련이 있는 핵심 이론적 질문을 다음과 같이 요약했다(Farrington, 2003: 230).

① 범죄의 기저를 이루는 핵심 구성개념(*construct*)은 무엇인가?
② 범죄를 조장하는 요인은 무엇인가?
③ 범죄를 억제하는 요인은 무엇인가?
④ 학습과정이 존재하는가?
⑤ 의사결정과정이 존재하는가?
⑥ 이론의 구조/체계는 무엇인가?
⑦ 이론적 구성개념의 '조작적 정의'(*operational definitions*)는 무엇인가?
⑧ 이론은 무엇을 설명하는가?
⑨ 이론이 설명하지 않는 것은 무엇인가?
⑩ 어떤 연구결과가 이론에 이의를 제기할 수 있는가?(그 이론은 검증될 수 있는가?)
⑪ 결정적 검증: 이론은 다른 이론과 얼마나 다른 예측을 하는가?

패링턴은 DLC 이론화와 관련된 위와 같은 일반적인 이론적 질문 이외에 DLC 연구가 주로 중점을 두는 다음과 같은 일련의 경험적 연구 질문의 목록도 제시했다(Farrington, 2003: 230).

① 사람들이 범죄를 시작하는 이유는 무엇인가?

② 범죄 시작으로 이어지는 연속적인 사건들은 어떻게 설명되는가?

③ 청소년기부터 성년기까지 범죄가 지속되는 이유는 무엇인가?

④ 왜 사람들은 범죄를 중단하는가?

⑤ 범죄 발생이 일반적으로 10대에 최고조에 달하는 이유는 무엇인가?

⑥ 범죄의 이른 시작(*early onset*)이 긴 범죄경력을 예측하는 이유는 무엇인가?

⑦ 범죄와 반사회적 행동이 다양(*versatility*)하게 나타나는 이유는 무엇인가?

⑧ 청소년기에서 성년기로 갈수록 공범 형태의 범죄가 감소하는 이유는 무엇인가?

⑨ 범죄에 개인 간 차이가 있는 이유는 무엇인가?

⑩ 범죄의 시작과 중단에서 핵심적 위험요인은 무엇이며, 어떻게 설명될 수 있는가?

⑪ 왜 범죄행위에서 개인의 내적 차이가 존재하는가?

ⓐ (생애 전반에 걸친) 장기

ⓑ (시간과 장소에 따른) 단기

⑫ 범죄행위의 중요 동기와 이유는 무엇인가?

⑬ 생활사건이 범죄에 미치는 영향은 무엇인가?

1) 연령과 범죄

연령과 범죄의 관계는 범죄학에서 반론의 여지가 없는 가장 확실한 '사실' 중 하나이다. 심지어 브레이스웨이트(Braithwaite, 1989)는 어느 범죄이론이든지 반드시 연령-범죄관계와 적합해야 한다고 지적했다.

연령-범죄 논쟁의 기원은 대체로 일부 학자들이 횡단적 연구방법보다 종단적 방법을 지지하기 위해 연령-범죄 분포를 '오용'하는 것에 대해 허쉬와 갓프레드슨(Hirschi and Gottfredson, 1983)이 불만을 표현하면서 시작되었다.

그들은 상세한 분석과 논의를 통해 범죄에서 연령효과는 시간이나 장소, 사회적·문화적 조건 및 범죄유형 전반에 걸쳐 항상적임을 주장했다. 이러한 강한 어조의 주장과 결론은 많은 학자에 의해 비판에 부딪혔음은 물론이다. 예컨대, 허쉬와 갓프레드슨(Hirschi and Gottfredson, 1983)이 언급한 **연령-범죄 곡선**(*age-crime curve*)에 따르면, 범죄율은 전형적으로 청소년기 초반부터 증가해 중후반에 정점에 이르렀다 후속되는 성년기 초반부터 감소한다고 보는데 패링턴(Farrington, 1986)은 범죄-연령 곡선이 범죄발생률(*incidence*)보다는 오히려 범죄자 유병률(*prevalence*)에서의 연령변화(즉, 개인이 얼마나 자주 범죄를 저지르는지 또는 주어진 연령집단에 따라 얼마나 많은 범죄가 발생하는가)를 반영한다는 점을 명확히 해 반박했다.

이보다 앞서 블룸스타인과 코헨(Blumstein and Cohen, 1979) 역시 모든 범죄자가 나이가 듦에 따라 범죄가 감소하는 것은 아니라는 증거를 제시했다. 이에 더해 패링턴(Farrington, 1986)은 총(*aggregate*) 연령-범죄 곡선이, 중심경향 측정(*measure of central tendency*)에서 보이듯이, 비슷해 보일 수 있어도 분산도(*measure of dispersion*)는 시간, 장소, 사회적·문화적 조건과 범죄유형에 따라 다를 수 있고, 실제로 종종 다르다고 말한다.

2) 범죄경력

범죄경력 연구에서 선구적 역할을 한 케틀레(Quetelet, *Research on the Propensity for Crime at Different Ages*, 1831), 쇼(Shaw, *The Jack Roller*, 1930), 글룩 부부(Glueck and Glueck, *Unraveling Juvenile Delinquency*, 1950), 볼프강, 피글리오와 셀린(Wolfgang, Figlio, and Sellin, *Delinquency in a Birth Cohort*, 1972)에서 초기 범죄경력 연구를 분명히 확인할 수 있지만 범죄경력 패러다임은 1980년대 연령-범죄 논쟁에서 광범위하게 모습을 드러냈다.

범죄학 이론과 관련된 현대의 범죄경력 연구는 주로 특정 요인이 '어떤 조건', '어떻게' 그리고 '왜' 범죄활동의 시작, 지속 및 확대, 중단 그리고 종료에 영향을 미치는지를 설명하는 데 초점을 맞춘다(Blumstein et al., 1986). 이와 같은 이론적 질문과 관련된 범죄경력 차원에는 유병률, 빈도, 시작 연령, 중지 연령 및 범죄경력 기간이 있다.

범죄경력 패러다임에서 언급된 바와 같이, 범죄유병률은 범죄 참여 또는 특정 기간 얼마나 많은 개인이 범죄에 연루되는지를 말한다. 본질적으로, 범죄유병률은 범죄행위를 하는 사람과 그렇지 않은 사람을 구분한다. 범죄유병률 또는 참여율은 측정 방법 그리고/또는 기준점(예컨대, 이전 달, 6개월, 1년 또는 평생)의 차이로 인해 연구마다 다를 수 있지만, 이전 연구인 런던의 비행 발달에 관한 케임브리지 연구 참가자 중 40%가 30세까지 공식 유죄판결 기록을 보유했고 자기보고에서는 96%까지 높게 나타났다(Farrington, 2002). 이와 유사하게, 모피트 등은 뉴질랜드의 더니든(Dunedin)에 거주하는 1천 명 이상의 출생 코호트에서 수집한 자료를 바탕으로 자기보고식 유병률 추정치가 18세까지 남성은 약 91%, 여성은 약 86%라고 보고했다(Moffitt et al., 2001).

이와는 대조적으로 범죄빈도는 주어진 기간 동안 활동적 범죄자가 저지른 범죄 수를 의미하며 전형적으로 그리스문자 λ(*lambda*)로 표기된다. 범죄빈도와 관련해 피케로, 패링턴과 블룸스타인(Piquero, Farrington, and Blumstein, 2003; 또한 Moffitt et al., 2001 참조)은 포괄적인 검토를 거쳐서 범죄빈도가 자기보고식으로는 대개 16세에 정점에 이르고 공식적 유죄판결로는 17~20세에 정점에 이르며 이후 청소년기 말기와 성년기 초반에 걸쳐서 점진적으로 감소함을 보여주었다.

스펠만(Spelman, 1994)은 평균적 범죄자가 활동적으로 범죄를 저지르는 기간 동안 1년에 약 8회의 범죄를 저지르지만, 과거에 구금 경력이 있는 범죄자는 연간 30~50건의 범죄를 기록함으로써 범죄 발생빈도가 상대적으로 훨씬 더 높다는 점을 보여주었다. 또한 패링턴, 람베르트와 웨스트(Farrington, Lambert, and West, 1998)는 범죄자가 저지른 3번째 범죄부터 10번째 범죄 사이의 재범가능성은 0.79와 0.91 사이임을 제시하였다. 따라서 일단 높은 수준의 범죄빈도가 관찰되면 범죄의 지속성과 연속성은 예외적이라기보다는 지극히 일반적이다.

범죄의 시작 또는 초범의 연령과 범죄의 중단 또는 마지막 범죄를 저지른 연령은 범죄경력 연구에서 중요한 두 가지 관찰점을 제시하며 개인의 범죄경력 기간이나 지속성을 산정하는 데 활용된다. 전자와 관련해 선행연구에 따르면, 자기보고식으로는 범죄 시작 시점이 더 이르고 공식적 범죄기록으로는 상대적으로 늦어지기는 하지만, 일반적으로 범죄 시작 시점이 13세에서 19세 사이로 나타난다(Elliott, Huizinga, and Morse, 1987; Tibbetts and Piquero, 1999).

또한 패링턴(Farrington, 1990; Farrington et al., 2013; Jennings, Loeber, Pardini, Piquero, and Farrington, 2016)은 특정 범죄에 대해 범죄개시 연령이 다르다는 것을 확인했다. 예컨대, 상점절도와 같이 다소 경미한 범죄는 13세와 14세에 정점에 이르는 반면, 폭행을 포함한 더욱 중대한 범죄는 17세에서 19세에 정점에 이른다. 이에 더해, 상대적으로 이른 범죄개시는 더욱 높은 범죄빈도 및 좀더 장기화되는 범죄경력과 연관된다(Farrington et al., 1998; Farrington et al., 2013). 특정한 형태의 일탈적/범죄적 행동(알코올중독, 마약중독 그리고 화이트칼라 범죄)은 청소년기에 정점에 이르지 않으며 화이트칼라 범죄는 저연령 집단보다는 상대적으로 고연령 집단에서 나타날 가능성이 더 높다.

범죄개시 시점과는 대조적으로, '진정한' 범죄중단(종료) 연령을 확인하는 방법에 대해서는 많은 논란이 존재한다. 이전에 활동적이었던 범죄자가 최근의 추적조사에서 특정 연도에 활동적이지 않았다고 해서 그것이 그들의 잔여 생애과정 동안 범죄를 완전히 중지했음을 의미하지는 않기 때문이다(Bushway et al., 2001; Bushway, Thornberry, and Krohn, 2003; Laub and Sampson, 2001). 그럼에도 상당히 긴 추적조사 기간을 기반으로 한 연구는 범죄중단 연령을 정확하게 추정하고 범죄경력 기간을 평가하는 더 나은 능력을 갖추고 있다.

예컨대, 패링턴(Farrington, 1992)은 범죄를 중단하는 평균연령을 20세에서 29세 사이로 보고, 첫 유죄판결부터 마지막 유죄판결까지의 평균 범죄경력 기간에 대해 일회성 범죄자를 제외하면 10.4년이며 이들을 포함하면 7.1년이라 보았다. 캘리포니아 청소년청(California Youth Authority) 자료에 근거해 피케로, 브레임과 리넘(Piquero, Brame, and Lynam, 2004)은 최초 경찰접촉시점부터 마지막으로 체포된 시점까지를 계산했을 경우 범죄경력의 평균기간이 17.3년임을 밝혀냈다.

마지막으로, 현재까지 알려진 최장의 범죄에 대한 추적연구에서 라웁과 샘슨(Laub and Sampson, 2003)은 글룩 부부(Glueck and Glueck, 1950)가 조사한 비행자를 70세까지 추적해 추정한 범죄경력 기간의 평균값을 보면 모든 범죄는 25.6년, 폭력범죄는 9.2년 그리고 재산범죄는 13.6년이다. 또한 라웁과 샘슨(2003)은 대부분의 범죄자가 성인기 중반에 범죄를 그만둔다는 점을 확인했다.

2. 발달이론과 생애과정 범죄이론

1) 모피트의 발달분류

현대 범죄경력 연구가 출현한 직후, 다양한 연령대나 생애과정의 발달단계에서 나타나는 다양한 범죄유형을 파악하기 위한 최초의 시도 중 하나가 바로 모피트의 연구이다(Moffitt, 1993; 또한 Bartusch et al., 1997 참조). 모피트는 범죄궤적이 현저하게 다른 두 범죄자 집단[2]을 확인했다. 청소년기 한정 범죄자(*adolescence-limited offenders*)는 청소년기 초기에 비행을 시작하고 청소년이 젊은 성인기로 성숙함에 따라 비행을 중단

2) 이후 연구에서 모피트(Moffitt et al., 1996; Moffitt et al., 2002)는 생애지속형 범죄자처럼 아동기에는 공격적인 이력이 있지만 청소년기에는 비행에 크게 가담하지 않는 '낮은 수준의 상습범'과 아동기에 행동상의 문제가 없고, 청소년기에도 비행이 없으며, 성인기에 비교적 성공한 '절제하는 사람(*abstainer*)'과 같은 집단을 추가로 확인했다.

함으로써 시간경과에 따른 범죄활동의 변화를 보여준다. 반면, 생애지속형 범죄자(*life-course-persistent offenders*)는 유년기 또는 아동기의 매우 이른 단계에서 행동장애를 나타내며 청소년기 및 성년기 전 과정을 통해 범법행위와 비행행위가 더욱 심각한 형태로 증가하며 지속된다.

모피트의 발달분류(Moffitt, 1993) 구상은 신경심리학과 발달심리학의 개념으로부터 도출되었다. 아동기의 반사회적 행동과 성년기까지 이르는 지속성의 위험요인은 낮은 언어능력, 과잉행동과 충동적 성격이다. 모피트는 생애지속형 범죄자와 청소년기 한정 범죄자 간의 차이점 중 적어도 일부는 생물학적이거나 유전적 근거가 있다고 주장했다.

최근의 연구(Barnes, Beaver, and Boutwell, 2011; Wright, Tibbetts, and Daigle, 2010 참조)는 이러한 주장을 뒷받침한다. 생애지속형 범죄자에 대한 또래의 영향력은 미미하다. 반면, 성년기까지 범죄를 지속하는 경향이 거의 없는 청소년기 한정 범죄자는 또래의 더 강한 영향을 받는다〔모피트(Moffitt, 1993)는 이를 '사회적 모방'(*social mimicry*)이라고 불렀다〕. 이것은 또래 영향이 범죄를 늦게 시작하는 사람에게 더 중요하다는 패터슨(Patterson, 1982)의 이전 모형들과 부분적으로 일치하지만, 패터슨은 일찍 시작한 범죄자에게도 상당한 또래의 영향력을 인정한다는 점에서 둘 사이에 차이가 있다.

게다가 패터슨의 사회학습 강압이론(*coercion model*)은 범죄 시작이 빠른 범죄자와 늦은 범죄자 모두에서 "성년기 범죄의 지속과 중단은 초기 아동기나 청소년기의 개인적 특성이나 환경적 영향으로는 완전히 설명될 수 없다. 성년기의 연령에 따른 변화도 고려해야 한다"(Weisner, Capaldi, and Patterson, 2003: 327)고 제시한다.

패터노스터와 브레임(Paternoster and Brame, 1997)은 비행 또래에

의 노출과 부모 관련 변수는 비행을 빨리 시작하거나 늦게 시작한 모두에게 유사한 영향을 미친다는 점을 발견했다. 또한 체계적 검토를 통해 얻은 최근의 증거는 〔낮은 수준의 상습범, 늦게 시작한 범죄자 등(Jennings and Reingle, 2012)〕 DLC 이론화와 관련된 다른 범죄집단과 함께 모피트(Moffitt, 1993)가 가정한 두 범죄집단의 식별에 압도적인 지지를 제시했다.

모피트는 또한 자신의 범죄자 분류를 확장하여 세 번째 집단으로 아동기 한정 공격성(*childhood-limited aggression*)이나 낮은 수준의 상습범〔*low-level chronic offenders*; 이전에는 회복(*recoveries*)이라고도 부름〕를 포함했다. 이 집단은 일찍 반사회적 행동을 보이기 때문에 처음에는 생애지속형 범죄자로 보이지만, 청소년기 후반에 "회복"하고 비행을 중단하는 것으로 보인다(McGee and Moffitt, 2019). 그러나 추가연구에 따르면, 이렇게 "회복한 사람" 중 상당한 비율이 나중에 다시 적극적인 범죄자가 될 수 있음을 발견했다. 이 점은 성인 초기, 중기, 후기까지 이어지는 종단적 자료를 가지고 연구할 때 더 잘 알 수 있다(Jennings, Rocque, Fox and Farrington, 2016).

모피트가 제시한 분류는 특히 일찍 범죄를 시작하거나 생애지속형 범죄자에 대한 몇 가지 설명 요소를 포함하고 있지만, 대부분은 서술하는 수준에 머물러 있다. 그렇지만 연령에 따른 범죄의 변화를 설명하기 위해 기존의 범죄이론을 적용하려는 시도가 일부 있었다. 어떤 이론은 시간이 지남에 따른 범죄의 안정성을 설명하는 데 유용했지만, 다른 이론은 전 생애에 걸쳐 범죄의 안정성과 변화가 바뀌는 시기를 설명하는 데 사용되었다. 이에 관해서는 이 장 후반에서 다시 논의하겠다.

2) 뢰버의 발달경로모형

모피트(Moffitt, 1993)가 제시한 2개의 분류와 유사하게 뢰버 등(Loeber et al., 1993)은 발달경로모형(developmental pathway model) 및 범죄자 유형분류를 제안했다. 뢰버와 슈말링(Loeber and Schmaling, 1993)은 11,000명 이상의 아동이 보이는 공공연한 행동과 은밀한 행동에 대한 심층분석에 근거해 범죄행동으로의 3가지 뚜렷한 발달경로를 확인했다.

예컨대, '표출발달경로'(*overt developmental pathway*)란 초기에는 괴롭힘과 같은 공격적 행동의 낮은 단계를 보이다가 이후에는 물리적 폭력을 포함하는 더욱 호전적 형태로 단계가 악화되는 특징이 있다. 표출발달경로상의 유소년은 궁극적으로는 폭행이나 강도, 강간 등 심각한 폭력행동에 가담하게 된다(Loeber, 1985).

이와 비교하여 '은밀발달경로'(*covert developmental pathway*) 상에 있는 청소년은 일반적으로 15세 이전에 범죄행동을 시작하고, 거짓말이나 상점 절도 같이 사소하고 은밀한 범죄활동을 생애 초기에 보여준다. 그러나 이러한 사소한 범죄에 참여한 이후, 그들의 가해 행동은 곧 재물손괴와 사기로 확대되고, 절도나 가구 침입 절도를 포함한 더 심각한 비행으로 이어진다.

세 번째 발달경로인 '권위갈등발달경로'(*authority conflict developmental pathway*)는, 12세 이전 이른 시기에 시작되며, 종종 부모와 교사 모두를 대상으로 고집부리기, 반항, 불순종의 형태로 잘 특징지어진다. 이러한 행동은 그 이후에는 가출, 늦은 귀가, 무단결석과 같이 권위 회피를 나타내는 또 다른 행동으로 확대된다.

행동과 경로에는 가능한 발달 순서가 많아서, 뢰버는(Loeber, 2019: 162-163) 이러한 발달경로의 존재 여부를 자료에서 판단하기 위한 자료 정리 과정(*data reduction process*) 단계를 개략적으로 설명했다.

① 요인분석과 메타분석이 하나의 요인 혹은 그 이상을 제시했는지 확인한다. 둘 이상의 요인을 식별하면 둘 이상의 발달경로가 있음을 시사한다.

② 행동유형에 따라 (비행의) 시작 연령(*age-of-onset*) 곡선이 유사한지 또는 다른지를 확인한다. 행동유형에 따라 다른 유형의 시작 연령 곡선이 있으면 두 개 이상의 발달경로를 나타낼 수 있다.

③ 시작 연령에 따라 행동을 특정하게 분류하는 것이 다른지 확인한다. 시작 연령이 다른 행동을 다르게 분류하는 것은 X세 1단계에서 발생하는 유사한 행동의 분류와 Y세 2단계에서 발생하는 유사한 행동을 다르게 분류하는 발달경로를 예시해 준다.

④ 특정 연령에서 B 행동을 보인 사람과 B 행동이 관찰되었을 때보다 더 이른 나이에 A 행동을 보인 사람의 비율을 계산한다. A 전에 B 행동을 보인 사람의 비율이 B 행동 전에 A 행동을 보인 사람의 비율보다 크다면 이것은 A 행동과 B 행동 사이에 발달경로가 있음을 시사한다.

뢰버 등(Loeber et al., 1993)이 이러한 세 가지 별개의 발달경로를 이론화하고 유형화했지만, 그들은 청소년이 둘 이상의 특별한 발달경로를 통해 진행할 가능성도 인정했다. 예를 들어, 그들은 초기 권위갈등 행동이 때때로 더 심각한 범죄로 확대되고, 표출발달경로(대인 폭력) 그리고/또는 은밀발달경로(재산 범죄)와 일치하는 행동을 끌어내는 전조 역할을 할 수 있다. 더욱이, 다른 연구자들은 문제행동이나 비행의 조기 시작과 은밀/표출 형태 비행의 더 빠르고 심각한 확대 사이의 연관성을 제시했다(Tolan, Gorman-Smith, and Loeber, 2000).

그렇지만 뢰버 등(Loeber et al., 1993)의 발달경로모형과 유형론을 검증한 최소 4개의 다른 대규모 종단연구 결과는 표출, 은밀, 권위갈등 발달경로를 식별하는 데 도움을 주었다(Loeber, DeLamatre, Keenan, and Zhang, 1998; Tolan et al., 2000). 그러나 이러한 연구에서 예비적인 지지를 받지만, DLC 관점의 정확도에 관해 확고한 진술을 하려면 훨씬 더 많은 실증연구가 수행되어야 할 것이다.

3) 갓프레드슨과 허쉬의 자기통제이론

갓프레드슨과 허쉬(Gottfredson and Hirschi, 1990)의 자기통제이론(*self-control theory*, 제 6장)은 범죄성의 생애 지속성을 설명하는 능력 때문에 종종 DLC 관점으로 언급되었다. 이 이론은 부모가 유년기 아동의 잘못된 행동을 효과적으로 감독, 인지 및 교정하지 못한 사람은 자기통제력을 충분히 발달시키지 못하고, 그 결과는 미래의 범죄행위에 광범위한 영향을 미치게 된다.

자기통제력 수준은 대체로 8세까지 확립되고, 개인이 나이가 들어가면서 그 이후로 증가할 가능성은 거의 없다. 그 결과, 8세까지 자기통제력이 낮은 사람은 평생 범죄와 비범죄를 막론하고 다양한 형태의 비행에 가담할 가능성이 높다. 범죄 참여가 최저 수준일 때에도 자기통제력이 낮은 사람은 높은 사람보다 범죄행동을 할 가능성이 더 높다. 다른 사람과 비교하여 범죄성이 한평생 상대적으로 안정적인 현상을 모집단 이질성(*population heterogeneity*)으로 부른다(Nagin and Paternoster, 1991a,

2000). 범죄성은 범죄성향의 개인 차(예를 들어, 낮은 자기통제력)로 설명되며, 이러한 상대적 이질성은 시간이 지나도 지속되거나 안정적으로 유지된다. 심지어 자기통제력 수준이 다른 집단들 사이에서 절대적 범죄 수준이 증가하거나 감소할 때도 차이가 안정적으로 유지된다.

갓프레드슨과 허쉬(Gottfredson and Hirschi, 1990)는 시간이 지남에 따라 자기통제력이 낮은 개인의 범죄 혹은 다른 형태의 비행에 대한 상대적 안정성에 초점을 맞추지만, 샘슨과 라웁(Sampson and Laub, 1993; Laub and Sampson, 2003도 참조)은 생애 전반에 걸쳐 발생하는 범죄성의 변화를 설명하는 데 더 관심을 두고 있다. 그들은 삶의 과정에서 범죄의 시작, 지속, 중단은 범죄행위의 위험을 높이거나 낮추는 개인 인생사에서 발생하는(또는 발생하지 않는) 특정 사건에 달려 있다는 견해다. 이러한 현상은 시간에 따른 범죄성과 순응의 변화가 이러한 사건에 의존하기 때문에 **상태의존성**(*state dependence*)으로 부른다(Nagin and Paternoster, 1991a, 2000).

4) 샘슨과 라웁의 연령단계에 따른 비공식적 사회통제이론

샘슨과 라웁(Sampson and Laub, 1993; Laub, Rowan and Sampson, 2019 참조)은 허쉬(Hirschi, 1969)의 사회통제이론(제6장)을 비중 있게 차용해 '연령단계에 따른 비공식적 사회통제이론'(*age-graded theory of informal social control*)을 발전시켰다. 그들은 결혼과 안정적 취업처럼 나이가 들면서 나타나는 갑작스러운 **전환점**과 점진적인 변화가 사회에 대한 유대를 증가시킨다고 제안했다.

이것은 어린 나이에 비행을 저질렀던 사람 대부분이 나중에 법 위반을 중단하는 반면, 나머지는 계속 범죄를 저지르는 이유를 설명한다. 결혼이나 취업 같은 변화를 경험하지 않거나 파괴적인 가족 또는 취업 경험을 한 사람들은 계속해서 범죄를 저지를 가능성이 더 높다. 나이가 들면서 사회환경에서 원인 요인의 안정성은 행위의 안정성을 가져온다. 그러한 요인의 변화는 주로 비공식적 사회통제에 미치는 영향을 통해 생애과정 전반에 걸쳐 행동의 변화를 가져온다.

샘슨과 라웁(Sampson and Laub, 1993)은 그들의 이론을 검증하기 위해 글룩 부부(Glueck and Glueck, 1950)의 백인 남성 비행자집단과 대응 표본인 비비행자집단으로 구성된 코호트 자료를 찾았다. 글룩 부부는 1924년에서 1935년 사이에 태어난 대략 10세에서 17세의 대상자를 상대로 자료 수집을 시작하였다. 그들은 대상자들이 25세가 되었을 때, 그리고 다시 32세가 되었을 때 추가적 자료를 수집했다. 이후 32세에서 45세 사이의 범죄경력 자료가 추가되었다.

샘슨과 라웁은 글룩 부부보다 훨씬 더 정교한 분석기법을 이용해 참가자의 삶에서 20년이 넘는 기간에 걸쳐 범죄성과 제안된 범죄원인 모두에서 안정성과 변화를 추적할 수 있었다. 이러한 주제에 대한 기존 자료를 분석한 후에 라웁과 샘슨(Laub and Sampson, 2003; Sampson and Laub, 2003, 2005; Laub, Sampson, and Sweeten, 2006)은 가능한 많은 대상자를 추적하여 상당수 참여자가 70세에 이른 시점에 다시 인터뷰할 수 있었다.

동일한 대상자에 대해 50년에 걸쳐 자료를 확보한 이 놀라운 연구는 사회과학 전반에서 희귀하고 범죄학 영역에서는 거의 유일하다〔15세에서 72세까지 대상자를 추적한 네덜란드 코호트 연구는 브로클란드, 네진과 니우베르타(Blockland, Nagin, and Nieuwbeerta, 2005) 참조. 10세에서 56

세까지 대상자를 추적한 영국 코호트 연구는 패링턴 등(Farrington et al., 2013) 참조]. 이 특별한 자료를 이용해 샘슨과 라웁(Sampson and Laub, 1993)은 연령단계에 따른 비공식적 사회통제이론에 대한 지지를 발견했다.

이와 유사하게, 다른 종단연구 자료를 사용한 피케로 등(Piquero et al., 2002)은 성년기에 접어든 18세에서 25세 사이의 가석방자 중에서 결혼과 정규직 고용이 공식적 재범률을 낮춘다는 점을 발견하였다. 에겐(Uggen, 2000a) 역시 자기보고식 조사에서 취업이 재범률을 낮춘다는 점을 확인했다. 그러나 피케로 등(Piquero et al., 2002)의 연구와는 달리, 에겐 연구의 경우 직업이 27세 이상의 범죄자 사이에서는 그와 같은 효과가 있으나 그보다 젊은 연령층에서는 그렇지 않다는 것을 발견했다.

글룩 부부의 원래 연구와 라웁과 샘슨의 후속연구에서 만들어진 방대한 양의 자료에도 불구하고 자료와 그에 기초한 이론에 한계가 없는 것은 아니다. 예를 들어, 표본은 1950년대에 성인이 된 백인 남성으로만 구성되었다. 그러한 점에서는 연령단계에 따른 비공식적 사회통제이론은 여성 범죄자, 다른 인종이나 민족 배경의 범죄자, 혹은 다른 시기에 성년이 된 범죄자에게는 적용되지 않을 수 있다고 주장할 수 있다(자세한 논의는 Giordano, Cernkovich, and Rudolph, 2002 참조). 생애 전체에 걸친 종단적 자료가 드물어서 다른 사회인구학적 집단의 범죄자를 대상으로 연령단계에 따른 비공식적 사회통제이론을 검증한 연구는 거의 없다.

지오다노 등(Giordano et al., 2002)은 원래 평균연령이 16세인 남녀 청소년 중범죄자로부터 수집된 자료를 조사했으며, 13년 후 같은 대상자가 20대 후반이 되었을 때 추적조사를 시행했다. 이들의 연구결과는 남성이나 여성에 대한 연령단계에 따른 비공식적 사회통제이론을 지지하지 않았으며, 직업 안정성이나 친밀한 파트너와의 애착 모두 범죄중단과 관련이 없었다. 그러나 이 표본은 생애과정에서 보면 비교적 젊은 편으로, 이후 중년기까지 추적조사하면 샘슨과 라웁의 연구와 더 일치하는 결과가 나타날 수 있다.

그런데도, 지오다노 등(Giordano et al., 2002: 1052)은 범죄중단과 관련된 전환점에서 약간의 성별차이를 발견했다. 예컨대, 여성은 남성보다 자신의 범죄행위가 변한 원인으로 종교적 변화와 아이의 존재를 언급할 가능성이 더 높았다(또한 Kreager, Matsueda, and Erosheva, 2010 참조). 대신, 남성은 여성보다 자신의 범죄행위 변화를 교도소에서의 수감 기간이나 자신이 받은 교정 처우로 돌릴 가능성이 더 높았다.

라웁과 샘슨(Laub and Sampson, 2003)의 노년기로 접어든 남성 자료에 대한 이후 분석은 그들의 초기 연구를 확인하고 확장했다. 이번에는 범죄의 시작, 지속, 중단의 다양한 유형을 보이는 '궤적집단'에 대한 분석 외에도 상세한 생애사 정보와 인터뷰를 추가하여 집단 내 개인의 변화 차이를 보고했다. 연구결과는 다양한 유형의 범죄자(예컨대, 한정된, 덜 심각하지만 지속적인, 가장 심각한)에 대해 질적으로 다른 생애과정 궤적을 추정하는 예컨대, 모피트(Moffitt, 1993, 2006; Piquero and Moffitt, 2005) 같은, 다양한 범죄 유형분류와 발달모형에 대해 심각한 의문을 제기했다.

그들은 이런 유형분류에 근거해서 개인의 인생 후반부 범죄행동을 예측하는 데 반대했고, 효과적인 범죄예방을 위해서는 생애 초기 개입이 필요하다는 정책을 지지하지 않았다(반대 견해에 대해서는 Farrington et al., 2013 참조). 라웁과 샘슨의 연구에 참여한 모든 남성은 청소년기에 '생애지속형'으로 분류되지만, 어느 시점에서는 사실상 모두가 범죄를 중단했다. 이 남성들 사이에서 범죄 지속과 중단 시점의 차이는 취업, 군 복무, 구금이나 형사사법 경험, 특히 결혼을 중심으로 진행되었다.

샘슨과 라웁은 사회통제이론의 준거 틀 안에서 그들의 연구결과를 해석했다. 그러나 워(Warr, 1998)는 샘슨과 라웁의 연구가 오히려 사회학습이론에 부합한다고 지적했다. 워는 가족과 직업에서의 생애 전환이 일탈행동의 지속과 변화를 설명한다는 샘슨과 라웁의 견해에는 동의했지만 "결혼은 친구들과 보내는 시간의 극적인 감소뿐만 아니라 비행또래에 대한 노출을 감소시키고, (예방적인 사회통제의 형성보다는) 이러한 요인들이 결혼과 비행 사이의 연관성 대부분을 설명한다(Warr, 1998 : 183)"라는 점에서 그들과 의견이 달랐다.

워는 10대 초반부터 후반까지 비행 행동의 급격한 증가는 비행또래에의 노출이 급격히 증가하기 때문이라고 보았다(Warr, 1993). 시몬스 등(Simons et al., 1998)은 어려서의 반사회적 행동과 이후 청소년 비행 사이의 관계가 양육 효과, 학교, 또래 변수를 고려하면 사라지기 때문에, 유대와 학습과정이 모두 관련된다고 주장했다(Simons et al., 1998; Simons, Simons, and Wallace, 2004).

에이커스와 리(Akers and Lee, 1999)는 통제와 학습 변수 모두 청소년기 약물사용 발달에 영향을 미치지만, 또래교제, 정의, 차별강화와 같은 사회학습변수가 애착, 관여, 신념 같은 사회통제변수보다 더 강한 영향을 미친다는 점을 발견했다. 크론 등(Krohn et al., 2011)은 청소년 시절 갱단 참여가 이후 전통적인 직업 및 가족 역할의 성공적 수행에 부정적 영향을 미쳐서 성인이 돼도 범죄적 행동을 지속한다는 사실을 발견했다.

라웁과 샘슨은 이후 연구에서 연령단계에 따른 비공식적 사회통제이론을 계속 신뢰했다(Laub and Sampson, 2003; Sampson and Laub, 2005). 그러나 그들은 통제이론뿐만 아니라 학습이론, 긴장이론과 일상활동이론 등 여타 범죄이론의 개념과 변수를 분명히 언급하고 이용하여 모형에 다양하고 미묘한 차이를 추가했다(Laub and Sampson, 2003; Laub et al., 2006; Sampson and Laub, 2003). 그리고 "생애과정에서 범죄의 지속과 중단을 이해하기 위해서는 관련된 다른 개념 … 즉, 개인대행(*personal agency*: 주체적 능력에 대한 자기인식), 상황적 선택, 일상활동, 노화, 거시적 수준의 역사적 사건, 지역문화와 지역사회 환경을 살필 필요가 있다"(Laub and Sampson, 2003: 293).

앞에서 제시한 내용에서 알 수 있듯이, 생물사회이론, 성격이론, 학습이론, 통제이론 및 기타 이론에서 도출된 변수가 생애과정 모형에서 활용되는 방식에는 약간의 중복이 있지만 이들 사이에도 상당한 차이가 존재한다. 합의된 단일모형은 존재하지 않는다. 이들 중에서 가장 중요한 공통 분모는 다양한 연령, 발달단계, 또는 생애의 특정 시기에 따른 범죄와 일탈행동의 유사점, 차이점과 변화를 설명하려는 노력이다.

> 생애과정 관점을 사용하는 범죄학자는 아동기의 파괴적 행동이 비행과 범죄로 확대되는 과정을 파악하고, 일부 반사회적 아동이 청소년기에 좀 더 전통적인 생활양식을 취할 수 있게 하는 요인을 발견하는 데 관심을 둔다(Simons et al., 1998: 221).

이들 범죄학자는 삶의 다양한 시점(더 이르거나 늦은)에 법 위반을 시작하고 나이가 들면서 다양한 행동 궤적(범죄빈도, 지속성과 심각성)을 따르는 범죄자 유형이 있는지에 그치지 않고 그 이상의 것에 대응하고 있다. 그들 대부분은 또한 이 장 앞부분에서 논의했던 연령-범죄 관계 자체에 대해 갓프레드슨과 허쉬(Gottfredson and Hirschi, 1990)가 제기한 이론적 도전에 대응하고 있다. 연령-범죄 곡선이 얼마나 불변적인지에 대해서는 강한 이견이 있지만(Benson, 2002 참조), 곡선의 형태는 범죄 대부분에 잘 맞는 것으로 대체로 수용된다. 대체로 수용되지 않는 것은 연령이 범죄의 직접적이고 비매개적인 원인이라는 허쉬와 갓프레드슨의 주장이다(Hirschi and Gottfredson, 1983).

이들에게 연령-범죄 관계는 더 이상의 추가적 설명이 필요 없을 뿐만 아니라 사실 어떤 범죄이론이나 알려진 원인변수도 이 곡선을 설명할 수 없다. 이들이 더 나아가 자기통제력이나 법 위반 성향의 차이가 아동기에 형성되면 한평생 본질적으로 변하지 않고 평생 지속된다고 주장한다. 그러므로 범죄와 일탈의 원인은 모든 연령대에서 같다.

이러한 주장을 거부하는 학자는 일탈, 비행과 범죄행위에서 지속성과 변화는 모두 존재하며, 연령과 관련된 변수가 두 가지를 모두 설명할 수 있다고 한다. 그들은 연령-범죄 관계를 만들어내는 것이 무엇인지를 설명하려고 노력한다. 일부는 연령에 따라 범죄와 비행의 원인을 다르게 설정한다(예컨대, 모피트 모형). 다른 학자는 모든 연령집단에서 범죄와 일탈의 원인은 동일하다는 갓프레드슨과 허쉬의 견해에 동의한다. 다만, 이들은 연령에 따른 범죄의 변화를 설명하는 원인(사회통제, 보상과 손실, 또래영향 등)의 크기와 값이 연령에 따라 변하기 때문이라는 가설을 세움으로서 허쉬와 갓프레드슨의 주장에 동의하지 않는다. 그리고 지금까지 경험적 증거는 이 가설을 지지한다(Akers, 1998 참조).

제 5장에서 검토한 에이커스(Akers, 1998, 2009)의 사회구조와 사회학습모형은 차별교제, 차별강화, 정의, 모방이라는 사회학습변수의 연령 관련 안정성과 변화로 인해 범죄행위가 생애과정에 걸쳐 안정적으로 유지되거나 변화한다고 주장한다.

벤슨(Benson, 2002)은 범죄행동의 지속성과 변화 모두 생애과정 관점의 핵심이라고 재차 강조한다. 지속성은 누적적 지속(*cumulative continuity*)과 자기선택(*self-selection*) 모두에 기초하는데 '누적적 지속'이란 어느 한 시기의 행위나 사건이 이후의 기회와 행동에 영향을 미치는 것이고, 인생의 초기 및 후기 단계 모두에서 비슷한 행동을 스스로 선택하는 자기 선택은 두 시점 모두에 존재하는 지속적인 개인 특성과 일치한다.

'변화'란 발달상의 변화와 상황의 변화 모두에 기초한다. 그는 생물학적 요인과 유아기가 인생 후반의 범죄행위에 미치는 영향은 상대적으로 약하다고 주장한다. "인생의 초기 단계에 존재하는 요인에만 기초하여 개인의 인생경로를 예측하는 것은 이후에 출현해 작용하는 모든 요인을 무시하는 것이다"(Benson, 2002: 14).

벤슨에 따르면, 범죄경력에는 다양한 궤적(단기, 장기, 높은 비율, 낮은 비율)이 있으며 생애과정의 단계(유년기, 청소년기, 성인기)마다 반사회적 행위나 범죄행위를 유발하거나 금지하는 요인이 존재한다. 누적된 경제적·사회적 불이익은 청소년기부터 성년기까지 범죄의 지속에 이바지하는 반면, 결혼, 가족, 자녀, 고용은 범죄의 중단을 촉진한다. 물론 반사회적 행동이 고용과 결혼에 부정적 영향을 미칠 수 있다. 그는 범죄학 분야의 '이론적 다양성'을 지적하며 생애과정 관점을 길거리범죄와 화이트칼라 범죄 모두에 적용한다는 것이 얼마나 어려운지를 강조했다.

중요한 질문은 생애과정 범죄학이 새로운 일반이론을 만들어 냈는지 아니면 다양한 연령이나 인생 단계에 따라 기존 이론으로부터 개념이나 명제를 끌어내는 방식을 나타내는지다. 우리가 보기에 생애과정 관점에서 새로운 설명변수를 발견하기는 어렵다. 대신, 생애과정 범죄학자는 생물사회이론, 발달이론, 사회통제이론, 사회학습이론 그리고 기타 현존하는 이론의 개념과 명제에 크게 의존한다. 생애 단계에 따라 범죄에 관한 설명이 다르다고 주장한 일부 학자는 기존 이론의 요인을 다르게 설명했다.

한편, 또 다른 학자는 설명변수는 모든 연령대에서 동일지만 연령대에 따라 변수의 값이 다르다고 주장한다. 이는 타당한 주장이지만 그것이 새로운 설명변수를 만들어 내지는 않았다. 경험적 연구결과에 따르면, 또래교제, 태도 그리고 사회적 통제(이것들은 차례로 연령에 따라 변하는 직업, 결혼 그리고 가족의 영향을 받는다)와 같은 기존 이론의 강력한 설명변수는, 영향력에 약간의 차이가 있지만, 청소년기와 이후 시기 모두의 비행과 범죄행동을 설명한다. 더욱이, 생애 한 단계에 있는 이러한 동일한 변수는 이후 생애 단계에서 나타나는 결과를 예측한다.

그 어떤 이론도 범죄의 연령에 따른 변화를 설명할 수 없다는 갓프레드슨과 허쉬(Gottfredson and Hirschi, 1990)의 주장에 대한 의견충돌이 생애과정 범죄학에만 국한된 것이 아니며 그 자체가 연령 변화에 관한 이론적 설명도 아니다. 행위 안정성만을 배타적으로 강조하는 자기통제이론에 반대해 생애과정 전반에 걸친 행위의 안정성과 변화 모두에 초점을 맞추는 시도는 범죄학이 연령 변화와 시간에 따른 행위 궤적에 더욱 민감하게 할 수는 있지만, 그것이 행동 변화나 안정성에 대한 새로운 설명을 제공한다는 의미는 아니다.

생애과정 범죄학의 이론적 모형은 주로 기존의 일반 범죄이론(예컨대, 학습이론, 긴장이론, 통제이론, 합리적 선택이론)을 정교화하거나 수정한 것이며, 때로는 매우 복잡한 모형을 생성하기도 한다. 라웁과 샘슨은 그들의 연령단계에 따른 비공식적 사회통제이론이 생애과정에서 범죄의 안정성과 변화를 설명하는 것으로 인식했다.

> 어떤 면에서는 (우리의 이론이) 생애과정 관점과 종종 동의어로 간주하는 〔모피트의〕 발달이론보다 갓프레드슨과 허쉬의 일반이론과 더 잘 양립할 수 있다 … 이러한 주장은 사회학습이론과 일반긴장이론, 통제균형이론에도 해당할 수 있다(Laub and Sampson, 2003: 587).

5) 지오다노의 사회학습에 관한 생애과정적 관점

사회통제이론에 크게 의존하는 샘슨과 라웁의 발달 생애과정 관점과 대조적으로 지오다노와 동료들(Giodano and colleagues, 2015)은 사회학습이론을 토대로 생애과정 관점을 제시했다. 그들은 법 위반에 우호적 정의를 학습하는 것이 누군가 범죄를 저지를 가능성을 증가시킨다는 기본가정을 고려할 때, 그들이 '재(再) 정의'(*redefinitions*) 라고 언급한 것이 범죄중단 과정에 영향을 미칠 수 있다고 한다.

이와 달리, 샘슨과 라웁의 관점(그리고 더 일반적으로는 통제이론적 관점)은 (범죄의) 동기는 생애과정에서 일정하게 유지되지만, 결혼, 취업 등 다양한 생애 전환에 따라 통제의 정도는 변화할 수 있다는 믿음에 근거하고 있다. 이에 비해 지오다노 등(Giordano et al., 2015)의 주장은 사회화 경험을 통해 학습된 범죄에 대한 우호적/비우호적 정의는 시간이 지남에 따라 새로운 사회적 또는 긴밀한 상호작용과 관계를 통해 재정의될 수 있고, 이것은 다시 범죄나 순응 행위를 통제하는 재정의를 생성할 수 있다.

톨레도 청소년 관계 연구(The Toledo Adolescent Relationships Study) 참여자를 대상으로 벌인 89개 질적 면접 자료에 근거해 지오다노 등 (Giordano et al., 2015)은 새로운 (그리고 다른) 사회적 경험이 태도와 행동의 변화와 관련된 재정의를 촉진할 수 있다는 증거를 제시했다. 이러한 결과가 배우자 폭력에 대한 예비적 검증에 불과하고, 연구설계가 질적 방법을 활용한 것이기는 하지만, 이 새로운 생애과정이론적 관점은 앞으로 더 엄격한 경험적 조사로 이어질 것이다. 이 관점은 에이커스 (Akers, 1985)의 사회학습이론의 중심 구성요소인 정의(*definition*)에만 초점을 맞추고 있어서 향후 이론적 정교화와 확장의 여지도 있다.

6) 패링턴의 통합인지 반사회적 잠재성 이론

패링턴(Farrington, 2005)은 기존의 일반 범죄이론을 정교화하거나 수정하고, 매우 복잡한 이론적 모형을 제시하는 생애과정이론의 논의를 확장하여, 생애과정에서 범죄를 설명하는 '통합인지 반사회적 잠재성 이론'(*integrated cognitive antisocial potential theory* · ICAP)을 제시했다. 이 통합이론은 범죄자의 발달을 설명하기 위해 개인 간 차이에 초점을 맞추고, 범죄자가 생애과정 동안 특정 상황에서는 범죄를 저지르지만, 다른 상황에서는 저지르지 않는 이유를 설명하는 것을 목표로 한다는 면에서 발달 및 생애과정 관점 중에서도 상대적으로 독특하다.

패링턴 이론의 핵심은 반사회적 잠재성(*antisocial potential* · AP) 개념으로, 이것은 반사회적 행위 그리고/또는 범죄행위를 나타내는 경향이다. 패링턴(2005)에 따르면, 범죄는 단기 AP와 장기 AP의 부산물이다. 단기 AP는 주로 즉각적인 상황 요인과 범죄 기회에 의해 영향을 받고, 장기 AP는 인지적 및 발달적 요인에 의해 더 큰 영향을 받아 형성된다. 패링턴에 따르면(Farrington, 2005), 범죄는 두 가지 AP의 조합에 의해 발생한다. 즉, 범죄는 상황 요인, 개인적 요인 그리고 이들 간의 상호작용으로 발생한다.

ICAP는 범죄를 설명하기 위해 긴장, 사회통제, 사회학습, 낙인 그리고 합리적 선택과 같이 많은 범죄이론으로부터 도출된 요인으로 구성되었다는 점에서 통합적인 발달 및 생애과정이론 모형이다. 예를 들어, 패링턴(Farrington, 2005)은 부적절한 자녀양육, 충동성, 부족한 사회적 기술, 낮은 학교 성적 등을 장기 AP 형성 및 표현에 영향을 미치는 위험요인으로 파악한다. 이에 비해, 일상활동이론에서 나타나는 요소들(목표물의 적합성, 유능한 감시자의 부재)뿐 아니라, 범죄 당시 알코올과 마약사용, 비행 또래나 공범의 존재/가담, 범죄자가 저지를 수 있는 범죄의 유형과 범위를 포함한 다른 요인들은 단기 AP와 특정 상황에서 개인행동에 영향을 미칠 수 있는 위험요소로 작용할 수 있다.

안타깝게도, 지금까지 패링턴의 ICAP에 관한 실증적인 연구는 거의 없었지만, 예비 연구에서는 장기 AP 위험요인이 비행과 유의미한 관련이 있으며, 단기 AP 위험요인을 모형에 추가하거나 포함하면 심각한 비행에 대한 설명력을 높이는 것으로 나타났다(van der Laan, Blom, and Kleemans, 2009).

ICAP에 대한 논의에서 패링턴(Farrington, 2005)과 같은 생애과정 범죄학자는 통합적인 발달 및 생애과정 범죄이론을 앞선 장에서 검토한 생물사회이론, 성격이론, 사회통제이론, 자기통제이론, 사회학습이론, 아노미이론, 긴장이론 그리고 기타 범죄이론에 대한 뚜렷한 대안으로 간주하는 것처럼 기술하기도 한다. 우리는 연령과 범죄 관계나 생애과정에 따른 범죄 변화에 대해 생애과정이론보다 현재의 일반이론에서 설명 개념과 변수를 도출함으로써 이론적으로 더 정확히 설명할 수 있다. 그렇지만 패링턴(Farrington, 2003: 223-224)은 지금까지 DLC 이론 발달과 경험적 연구에서 나타난 내용으로 대부분의 DLC 이론가와 연구자가 널리 수용하는 10가지 결론을 다음과 같이 요약했다.

① 범죄의 유병률(*prevalence*)은 10대 후반기에 정점에 이른다.
② 범죄 시작 연령의 정점은 8세와 14세 사이이고, 범죄중단 연령의 정점은 20세와 29세 사이이다.
③ 범죄 시작 연령이 빠를수록 상대적으로 긴 범죄경력 기간을 예측한다.
④ 아동기부터 10대와 성인기까지 범죄와 반사회적 행동에 현저한 지속성이 있다.
⑤ 인구의 적은 일부('상습범')가 전체 범죄의 많은 부분을 저지른다.
⑥ 범죄는 전문화되기보다는 다양하다.
⑦ 범죄로 정의된 행동유형은 더 큰 반사회적 행동 증후군의 일부이다.
⑧ 10대 후반까지의 범죄 대부분은 공범 형태지만, 20세 이후의 범죄 대부분은 단독범행이다.
⑨ 10대 후반까지 범죄를 저지르는 이유는 실용적인 이유, 흥분이나 즐거움 또는 분노 등을 포함해 매우 다양하다.
⑩ 다른 유형의 범죄는 뚜렷하게 다른 연령대에서 처음 행해지는 경향이 있다.

3. 발달 및 생애과정이론의 정책적 함의

많은 정책적 함의가 DLC(발달 및 생애과정) 이론에서 나오지만, 이 중에서도 가장 중요한 것은 조기 예방과 개입이다. 문제행동이 유아기에 시작되어 해결되지 않은 채 방치된다면, 이러한 문제행동이 확대되어 더 심각한 비행과 범죄가 될 가능성이 높아진다는 점은 잘 입증되어 있다. 더욱이 문제행동, 비행 및 범죄의 이른 시작은 상당히 긴 범죄경력 그리고 심각하고 폭력적인 범죄에 연루된 경력과도 연관되어 있다(Piquero et al., 2003, 2007; Piquero, Jennings, and Barnes, 2012). 당연히 길고 심각한 범죄경력이 범죄자, 피해자 및 사회적 비용의 측면에서 사회에 미칠 수 있는 재정적 손실은 엄청나서 종종 수백만 달러에 달할 수 있다(Cohen and Piquero, 2009).

이와 관련해 코헨, 피케로 및 제닝스(Cohen, Piquero, and Jennings, 2010b, 2010c; Piquero, Jennings, and Farrington, 2013)는 범죄비용 추정치가 범죄발달 궤적집단에 따라 어떤 차이가 있는지 보여주는 증거를 제시했다. 다시 말해, 고위험 상습범은 매우 작은 범죄자 집단일 수 있지만 그들이 저지른 범죄와 그에 따른 비용발생은 불균형적으로 높다. 이러한 비용은 주로 그들의 높은 범죄빈도와 심각하고 폭력인 범죄에의 연루 때문이며, 이것은 가벼운 유형의 범죄에 비해 더 높은 비용을 발생시킨다.

코헨 등(2010b, 2010c)과 피케로 등(2013)은 청소년기 한정 범죄자, 낮은 수준의 상습범 같은 다른 범죄발달 궤적집단이 부담하는 비용은 낮지만 사소하지는 않음을 밝혔다. 이 증거는 특히, 효과적인 것으로 입증된 인지 행동 치료(Landenberger and Lipsey, 2005), 아동 기술 훈련(Hawkins et al., 2005), 자기통제력 개선 프로그램(Piquero, Jennings, and Farrington, 2010; Piquero, Jennings, Farrington, Diamond, and Gonzalez, 2016)과 같이 문제행동에의 조기개입과 예방을 목적으로 하는 정책과 프로그램에 자원을 투자하는 것이 유용하다는 점을 보여준다.

발달 및 생애과정 상의 범행유형을 바꾸기 위한 일차 예방 전략의 효과성과 관련해 가장 유망한 결과는 초기가족 부모훈련과 간호사 가정방문 프로그램에 대한 최근의 메타분석에서 제시되었다(Piquero et al., 2009; Piquero, Jennings, Diamond, Farrington, Tremblay, Welsh, and Gonzalez, 2016). 특히, 피케로 등은 출판된 연구와 출판되지 않은 모든 연구에 대한 체계적 검토를 수행했으며 엄격한 메타분석 통계기법을 적용한 결과, 초기가족 부모훈련과 간호사 가정방문 프로그램이 문제행동과 비행을 줄이는 데 효과적이라는 결론을 내렸다. 더욱이 이러한 프로그램의 다수는 단기와 장기 양자 모두에서 상당한 효과를 거두었다. 궁극적으로 이러한 유형의 예방과 개입 프로그램(Cohen, Piquero, and Jennings, 2010a 참조)은 구금과 같은 범죄통제 전략에 대한 실행 가능한 대안임이 분명하다. 이러한 프로그램은 문제행동이 시작되기 전이나 생애과정을 거쳐 더 빈번하고 심각하며 비용이 많이 드는 범죄로 확대되기 전에 조기에 예방 또는 차단할 수 있기 때문이다.

4. 요 약

발달 및 생애과정 범죄학은 대체로 '비이론적'이라는 비판을 받아왔다. 그러나 DLC 이론화는 아직 초기 단계이고 지속적으로 발전하고 있으며, 이론검증을 위해서 종단적 연구설계가 필요한 일련의 핵심 연구 질문에 초점을 맞춘 DLC 이론이 있다.

이러한 초기 DLC 이론 중 일부는 연령-범죄 논쟁과 범죄경력 연구와 그 핵심 구성요소(유병률, 빈도, 시작 연령, 중단 연령과 범죄경력 기간)에 대한 조사에서 나타났다. 예컨대, 이론적으로 도출된 유형분류는 생애지속형 범죄로 이어지는 요인 중에서 생애 초기의 신경학적·생물학적 결함의 역할을 강조하거나 청소년기에 한정된 범죄행동을 설명하기 위해 또래영향이나 사회적 모방과 같은 요인을 강조한다. 또 다른 DLC 유형은 범죄에 연루되고 나이가 들면서 범죄행동이 확대될 위험이 있는 뚜렷하고 잠재적으로 교차하는 발전경로를 암시한다.

현대 DLC 이론의 일부 예는 모집단 이질성이나 상태의존성 가정을 따르는 것으로 분류될 수도 있다. 전자의 경우, 생애과정에서 범죄를 저지르는 경향의 안정성을 가정하는 데 반해, 상태의존성은 연령단계나 연령 의존적 사건의 발생 여부가 생애과정에서 개인의 범죄 가능성에 영향을 미친다고 믿는다.

최근의 DLC 이론은 확연히 더 통합되어 합리적 선택(제 2장), 사회학습(제 5장), 자기통제력(제 6장), 낙인(제 7장)과 긴장(제 9장)의 개념과 같은 현대 범죄이론의 많은 주요 구성요소와의 관련성이 인정된다. 최근의 통합적 관점에 관한 실증적 연구는 제한적이지만 DLC 이론가가 생애과정에서 범죄변화를 설명하기 위해 제시한 다양한 유형분류를 확인한 많은 선행연구가 있고, 생애과정에서의 범죄성을 설명하는 모집단 이질성과 상태의존성 모두를 지지하는 증거도 있다.

종합적으로 DLC 이론과 그에 따른 실증연구는 조기 예방과 개입 전략의 중요성을 강조한다. 관련 문헌은 생애과정에서 발생하는 엄청난 양의 범죄와 그로 인한 사회적 비용을 입증한다. 따라서 인지행동치료, 아동기술훈련, 자기통제력 개선 프로그램, 초기가정의 부모훈련/간호사 가정방문 프로그램과 같은 인생경로 초기의 예방 및 개입 프로그램은 범죄경력이 시작되기 전에 문제행동을 예방하거나 문제행동의 빈도나 심각성이 커지기 전에 범죄를 중단하도록 개입할 가능성이 가장 크다. 이 장에서 언급된 개입 유형은 효과가 있는 것으로 나타났지만, DLC 이론과 이에 근거한 개입을 지속적으로 발전·검증·개선하려면 더 많은 이론적·실증적 및 증거기반 평가가 필요하다.

주요 개념

- 연령-범죄 곡선(*age-crime curve*)
- 범죄경력(*criminal careers*)
- 청소년기 한정 범죄자(*adolescence-limited offenders*)
- 생애지속형 범죄자(*life-course-persistent offenders*)
- 표출발달경로(*overt developmental pathway*)
- 은밀발달경로(*covert developmental pathway*)
- 권위갈등발달경로(*authority conflict developmental pathway*)
- 모집단 이질성(*population heterogeneity*)
- 상태의존성(*state dependence*)
- 전환점(*turning points*)
- 궤적(*trajectories*)
- 반사회적 잠재성(*antisocial potential*)

제 15 장

범죄학 이론의 통합

1. 이론경합 대 이론통합

이론을 평가하고 발전시키는 데는 3가지 주요한 방법이 있다. 첫째는 각 이론을 자체적으로 검토하는 것이다. 이론의 주장이나 예상이 경험적 자료에 의해 확인되면 그 이론을 수용하고 경험적 지지를 받지 못할 때는 그 이론을 수정하거나 폐기된다(Krohn and Ward, 2015).

둘째는 둘 또는 그 이상의 이론을 경쟁시키는 '이론경합' 방법이다(Liska, Krohn, and Messner, 1989). 이론경합은 어느 이론이 범죄에 대해 더 나은 혹은 최상의 설명을 제공하는지 판단하기 위해 둘 또는 그 이상의 이론을 논리적·개념적·경험적으로 비교하는 방법이다. 이 책의 앞에서는 단일이론에 대한 평가와 해설이 주가 됐고 이론 간의 비교는 조금만 다루었다.

어느 이론에서든 약간의 진실은 발견할 수 있으므로 단일이론을 평가할 때 그 이론이 완전히 부정되거나 승인되는 경우는 거의 없다. 반대로, 그 어느 이론도 범죄에서의 모든 차이를 다 설명할 수는 없다.

〈표 15-1〉 범죄 및 일탈행위 이론 개관

이론/장	주요 개념	주요 명제	경험적 타당성	주요 정책함의
고전/억제 · 제 2장 베카리아 벤담	· 법적 처벌의 확실성 · 신속성 · 엄중성	범죄처벌은 특별 및 일반 억제 효과가 있다.	· 약함 · 많은 양의 경험적 연구	· 엄격한 형사사법 정책과 프로그램
합리적 선택 · 제 2장 코니시 클라크	· 예상되는 보상/비용 · 범죄의 효용 · 합리적 선택	보상과 비용의 합리적 판단 후에 범죄수행 여부를 결정한다.	· 순수한 합리적 선택은 타당성이 없음 · 수정된 모형의 경우 약함에서 중간 · 상당한 경험적 연구	· 억제 및 일상활동이론과 유사 · 특정상황을 고려한 예방
일상활동 · 제 2장 펠슨 코헨	· 동기화된 범죄자 · 취약한 대상 혹은 피해자 · 유능한 보호자의 부재	범죄는 동기화된 범죄자가 존재하는 가운데 일상활동으로 인해 대상에 대한 보호가 느슨해졌을 때 발생한다.	· 약함 · 직접적 검증은 미약함	· 일상적 예방책 및 방지 · 대상 견고화 · 일상활동의 변화
초기 생물학 · 제 3장 롬브로소 후튼	· 생래적 범죄인 · 격세유전 · 생물학적 열등	범죄자는 타고난다. 범죄자는 선천적으로 결함을 가진다.	· 사실상 없음 · 적은 양의 경험적 연구	· 우생학 · 사회로부터의 영구적 격리
현대 생물사회학 · 제 3장 메드닉 · 엘리스 · 월쉬 · 로 · 비버 · 반즈	· 유전 가능성 · 느린 신경학적 각성 · 낮은 IQ · 생화학적 불균형 · 여타의 생물학적 감수성	범죄는 유전적 혹은 생물학적 범죄감수성이 사회의 여러 요인과 상호작용하여 발생한다.	· 약함 · 경험적 연구의 양은 보통이지만 증가하고 있음	· 출산 전 관리 · 유전에 대한 상담 · 유전적 감수성에 대응하기 위한 지역사회 프로그램

〈표 15-1〉 계속

이론/장	주요 개념	주요 명제	경험적 타당성	주요 정책함의
정신분석학 · 제 4장 프리드랜더	· 원초자아, 자아, 초자아의 비정상성, 심리적 장애	범죄는 비이성적이고 무의식적 동기 및 정신장애의 증상이다.	· 매우 약함 · 직접적 경험연구는 적음	· 심층적, 개별화된 심리치료법
성격특성 · 제 4장 해더웨이 코스타, 맥뢰	· 반사회적 혹은 부적응 성격특성	범죄는 개인의 성격특성에서 유래한다.	· 약함에서 중간 · 많은 양의 경험적 연구	· 개인/집단 심리상담
정신병질적 성격 · 제 4장 헤어	· 사이코패스 · 소시오패스 · 정서적 공감결여 · 이기심 · 비양심의 성격 증후군	사이코패스는 심각하고 지속적인 범죄를 저지를 가능성이 매우 높다.	· 약함 · 상당한 경험적 연구	· 치료나 초기 개입을 통해 사이코패스를 변화시킬 가능성은 매우 낮다.
사회학습 · 제 5장 서덜랜드 에이커스	· 차별교제 · 정의 · 차별적 강화 · 모방	일탈/범죄 및 순응 행위는 사회학습 변수의 균형과 방향에 따라 동일한 사회학습 과정을 거쳐 생겨난다.	· 중간에서 강함 · 많은 양의 경험적 연구	· 인지/행동 치료 · 개인, 가족, 또래 및 여타 집단에 대한 예방 및 개입 프로그램
사회통제 · 제 6장 허쉬	· 애착 · 관여 · 참여 · 신념	순응은 다른 사람이나 사회에 대한 강한 유대에서 생겨난다. 일탈/범죄는 약한 유대에서 생겨난다.	· 약함에서 중간 · 많은 양의 경험적 연구	· 유대를 강화시키기 위해 개인과 가족을 대상으로 하는 치료, 예방 프로그램
자기통제 · 제 6장 갓프레드슨 허쉬	· 자기통제력	순응은 자기통제력이 높을 때 생겨나고, 비행은 자기통제력이 낮을 때 생겨난다.	· 약함에서 중간 · 많은 양의 경험적 연구	· 가족과 함께하는 초기 아동 개입 · 치료나 재활 부정

〈표 15-1〉 계속

이론/장	주요 개념	주요 명제	경험적 타당성	주요 정책함의
낙인 · 제 7장 레머트 베커 슈어	· 사회적 반응 · 낙인	낙인은 이차적 일탈을 야기한다.	· 약함 · 적은 양의 (대부분 오래된) 경험적 연구	· 청소년 전환처우
재통합적 수치 · 제 7장 브레이스웨이트	· 낙인과 재통합적 수치	재통합적 수치는 이차적 일탈을 방지한다.	· 약함에서 중간 · 적은 양의 경험적 연구	· 회복적 사법
사회 해체 · 제 8장 쇼, 매케이 샘슨 버식	· 사회해체 거주지역이나 지역사회의 약한 비공식적 사회통제 · 낮은 집합 효율성	사회 해체는 높은 범죄 및 일탈률을 낳는다.	· 중간 · 많은 양의 경험적 연구	· 거주지역/지역사회 프로젝트 · 갱단 개입
아노미/긴장 · 제 9장 머튼 클라워드 올린 메스너, 로젠펠드	· 아노미 · 접근 수단과 기회의 불평등 · 금전적 성공이라는 목적의 과잉강조 · 열망과 기대 사이의 괴리	아노미, 차단된 기회, 불평등은 일탈적 적응, 높은 범죄/일탈률과 비행 하위문화를 야기한다.	· 약함에서 중간 · 적은 양의 경험적 연구	· 구조적 변화 · 거주지역/공동체 프로젝트 · 갱단 개입 · 직업기술 훈련
일반긴장 · 제 9장 애그뉴	· 긴장 · 긍정적 목표성취 실패 · 긍정적 자극의 소멸 · 부정적 자극에의 직면	범죄와 일탈행위는 학습, 통제, 성격변수를 통하여 작용하는 긴장/스트레스에 대한 개인적인 적응이다.	· 약함에서 중간 · 중간에서 많은 양의 경험적 연구	· 가족과 개인의 상담/치료 · 간접적으로는 회복적 사법

〈표 15-1〉 계속

이론/장	주요 개념	주요 명제	경험적 타당성	주요 정책함의
갈등 · 제 10장 볼드 셀린 서덜랜드	· 집단 및 문화적 갈등 · 권력	범죄행위는 집단 및 문화적 갈등의 표현이다.	· 확인할 수 없음 · 연구가 거의 없음	· 불확실 · 각 집단의 권력을 평준화하기 위한 구조적 변화를 함축
마르크스주의 · 제 11장 봉거 퀴니	· 계급 갈등 · 자본주의 · 권력	범죄는 자본주의와 계급갈등에 의해 야기된다.	· 약함 · 역사적, 비교연구가 조금 있음	· 자본주의를 전복하고 사회주의나 공산주의로 대체함
페미니스트 · 제 13장 애들러, 사이먼 체스니-린드 헤이건 메서슈미트 스테펜스마이어	· 성역할 기대와 성별에 따른 불평등 · 가부장제 · 남성성	여성 범죄와 범죄 성비는 성적 불평등과 가부장적 사회의 반영이다.	· 약함 · 직접적인 경험적 연구가 조금 있음	· 불확실 · 성적 평등과 가부장제 약화의 구조적 변화를 내포함
발달론적 유형분류 · 제 14장 모핏	· 청소년기 한정 범죄자 · 생애지속형 범죄자	구분되는 두 범죄자 집단, 청소년기 한정 범죄자는 또래 교제의 영향을 받고, 생애지속형 범죄자는 신경학적 결함의 영향을 받는다.	· 중간에서 강함 · 중간에서 많은 양의 경험적 연구	· 가족/부모훈련 및 간호사의 가정방문 프로그램 같은 인생초기 개입과 예방
연령단계에 따른 비공식적 사회통제 · 제 14장 라웁 샘슨	· 비공식적 사회통제 · 사회유대	비행의 시작, 유지, 중단의 연령단계에 따른 변화는 생애과정에서의 비공식적 통제와 사회유대를 반영한다.	· 중간 · 적은 양의 경험적 연구	· 불확실 · 연령단계에 맞춘 사회통제 이론의 함의와 유사함

〈표 15-1〉 계속

이론/장	주요 개념	주요 명제	경험적 타당성	주요 정책함의
통합인지 반사회성 잠재이론 · 제 14장 패링톤	· 반사회적 잠재성	범죄는 반사회적 잠재성의 장 · 단기 부산물, 단기 반사회적 잠재성은 범죄기회와 즉각적 상황요인의 영향을 받고, 장기 반사회적 잠재성은 인지적, 발달론적 요인의 영향을 받는다.	· 예비조사의 지지만 있고 매우 제한적인 경험적 연구 있음	· 변경 가능한 위험 및 보호요인을 대상으로 한 인생초기 예방과 개입
사회적 네트워크 · 제 15장 크론 헤이니	· 사회적 네트워크 · 밀도 · 다중성 · 또래 네트워크	비행은 낮은 네트워크 밀도와 비행친구 수에 비례하는 다중 네트워크와 관련이 있다.	· 밀도에 대한 타당도 약함 · 비행 네트워크 타당도는 강함 · 적은 양의 경험적 연구	· 갱단과 다른 일탈 네트워크에의 개입
통제균형 · 제 15장 티틀	· 개인에게 혹은 개인에 의해 발휘되는 통제의 균형 · 과잉 · 부족	범죄는 통제의 과잉이나 부족의 균형을 맞추려는 노력이다.	· 약함에서 중간 · 적은 양의 경험적 연구	· 불확실 · 개인의 통제 부족이나 과잉에 따라 적용이 달라짐

주 : 이 표는 2장에서 11장까지의 주요한 범죄 및 일탈행위이론과 13장에서 15장 사이에서 선택된 몇몇 이론만을 포함한다. 범죄행위 이론을 제시하지 않거나 범죄행위에 대한 과학적 설명을 거부하는 좌파 실재론, 포스트모더니즘, 평화주의 범죄학과 문화적 범죄학(12장)같은 관점은 포함되지 않았다. 법과 형사사법 이론은 이 표에 제시된 이론(낙인이론, 갈등이론, 마르크스주의 및 페미니스트 이론 등)과 동일한 일반 관점에서 서술된 경우에도 제시하지 않았다. 표 속의 내용은 각 이론들의 이론가, 주요 개념, 명제, 경험적 연구, 정책적 함의 등을 요약하고 예시한 것일 뿐이지 포괄적이거나 상호 배타적으로 설명한 것은 아니다. 표는 이론의 개념과 명제, 이론에 대한 경험적 연구, 이론의 명시적 혹은 함축된 정책과 프로그램 등에 대해 해당 장에서 서술한 내용에 기초한 것이다. 의견이 다를 수 있는 다른 출처나 이론평가는 이 표에 반영하지 않았다.

이론을 지지하거나 부정하는 경험적 증거는 대부분 이 양극단 사이에 있다.

이론마다 정책함의가 모두 다르다. 각 이론은 몇 가지 응용된 정책함의를 갖지만, 어느 이론도 모든 정책이나 프로그램의 기초를 형성할 수는 없다. 문제는 각 이론이 다른 이론과 비교할 때 얼마나 더 우수한가이다. 관점이 다른 한 이론이 다른 이론을 비판하는 것은 흔한 일이고 서로 경쟁관계의 이론을 직접 대립시키는 경쟁적 검증도 쉽게 볼 수 있다. 〈표 15-1〉은 이 책의 앞장에서 다룬 주요 이론과 이 장에서 선택한 두 가지 통합이론의 주요 주창자, 개념, 명제, 경험적 타당도, 정책함의를 요약적으로 개관해 준다. 이 표는 이론을 개관하고 비교하는 데 도움이 될 것이다.

이론을 평가하고 구성하는 셋째 방법은 **이론통합**이다. 이전 장에서 이론통합에 대해 간략히 언급했기 때문에 이 마지막 장에서는 좀 더 자세히 살펴보겠다. 이론통합의 목적은 둘 혹은 그 이상의 이론으로부터 공통점을 확인해 각 개별이론보다 우월한 종합이론을 형성하는 것이다.

이론통합은 밀접하게 관련이 있는 두 이론을 결합시키려는 시도로부터 생겨나는 것이 일반적이지만 이론경쟁으로부터 생겨날 수도 있다. 세밀하게 따져보면 상반된 두 이론이라고 해도 생각했던 것처럼 양립할 수 없는 것은 아닐 수 있다. 앞에서 살펴본 모든 이론은 어느 정도 다른 이론과의 경쟁뿐만 아니라 통합의 대상이 된다.

어느 이론이든지 처음에는 기존 이론에 다소 의지하고 여러 다른 출처로부터 도출해 만들어진다. 더욱이 모든 이론은 어떠한 형태로든 처음의 내용이 뒤에 수정된다. 이러한 개정은 거의 항상 다른 이론에서 발견할 수 있는 통찰이나 설명을 빌려오거나 다른 이론의 주창자가 한 비평에 대한 반응이며, 적어도 부분적인 이론통합을 구성한다(예를 들면, 억제이론의 개정을 위한 제안은 제 2장을, 긴장이론의 개정을 위한 제안은 제 9장, 낙인이론의 개정을 위한 제안은 제 7장 참조). 동시에 각 이론의 주창자는 명시적이거나 암묵적 형태로 그 이론의 설명력을 대안적 설명과 비교한다.

이론통합과 경합은 양쪽 다 적극적으로 옹호되어 왔다〔다양한 주장은 메스너, 크론과 리스카(1989) 참조〕. 허쉬와 갓프레드슨(Hirschi, 1979, 1989; Gottfredson and Hirschi, 1990)은 이론경합의 대립적 전략을 강하게 옹호하고, 엘리엇(Elliott, 1985; Elliott, Huizinga, and Ageton, 1985)은 이론통합을 지지한다. 허쉬는 범죄학에서의 이론통합이 이것을 구성하는 이론 사이의 주요한 차이를 무시한다고 주장한다. 허쉬에 의하면 "통합이론은 실제적으로는 이론적 논쟁에서 어느 한편을 들면서 편견 없는 이론으로 위장한 대립적 이론이다"(Hirschi, 1989: 41-42).

> 이론통합이 사실상 똑같은 이론을 만들어낸다는 점을 밝히지 않는 한 나는 이론들을 통합하려는 노력에 찬성하지 않는다. …
>
> 대립적 이론구성이 갖는 가장 중요한 목적은 현재 수용되는 견해와 반대되는 이론이 생겨날 수 있는 환경을 만들어주는 것이다. … 따라서 대립적 이론가는 현 상태를 지키려는 사람의 삶을 편안하게 해서는 안 된다. 이들은 자신의 입장이 갖는 단점은 보지 않고 자신의 입장을 방어하는 일에는 고집스러운 쪽을 택할 것이다. 결국 이들이 미소 짓는 일은 없을 것이다(Hirschi, 1989: 44-45).

에이커스(1989)는 이론 간의 불일치한 점을 고려하지 않고 통합한다면 아무 쓸데없는 '이론적 꿀꿀이죽'을 만들어낼 수 있다는 허쉬의 주장에 동의한다. 반면, 그는 엄격한 대립적 전략이 종종 이론들 사이에서 발견되는 중요한 양립성을 간과한다고 본다.

> 이론을 분리시켜 경쟁시켜야 한다는 주장은 서로 다른 이론이라고 해도 서로 간에 유사점과 중첩되는 부분이 있을 수 있다는 사실을 간과한다. …
>
> 두 개 이상의 이론이 본질적으로 동일한 개념과 명제를 가짐에도 불구하고 각 개별이론을 유지하기 위해 이들 이론의 유사점을 무시해야 하는가? 이러한 태도는 명목상으로만 다른 이론을 만들어낼 것이다(Akers, 1989: 24-25).

이에 대한 좋은 예는 허쉬(Hirschi, 1969, 2004 참조)와 갓프레드슨과 허쉬(Gottfredson and Hirschi, 1990)가 사회학습이론을 문화적 일탈이론으로, 순수 '통제' 이론과 대립하는 순수 '실증주의' 이론으로 설명하는 방식이다. 이렇게 하면 통제이론과 학습이론 사이의 많은 유사점을 간과하게 된다(Akers, 1991, 1996 참조).

1) 범죄학에서 이론통합의 다양성

리스카 등(Liska et al., 1989)은 이론통합의 다양한 유형을 제시했다. 이론통합의 유형 중 하나는 '개념통합'(*conceptual integration*)으로 한 이론의 개념이 다른 이론의 개념과 그 의미가 중복된다는 점을 나타낸다. '명제통합'(*propositional integration*)은 서로 다른 이론들의 명제를 연결 짓는다. 이는 둘 혹은 그 이상의 이론이 서로 다른 개념과 가정으로부터 출발하지만 범죄에 대해서 동일한 예측을 한다는 점을 보임으로써 통합을 이룰 수 있다. 예를 들면, 아노미이론과 갈등이론은 모두 계층이 낮을수록 범죄율이 높을 것으로 예상한다.

명제통합은 다른 이론의 설명변인을 일종의 인과적 혹은 설명적 순서로 배열함으로써 이루어질 수도 있다. 그 순서는 한 이론의 변수(예를 들면, 사회해체)로 다른 이론변수(예를 들면, 가족 내의 애착)의 차이를 설명하고 이것이 차례로 비행을 설명하는 데 사용될 수 있다. 이론통합은 동일한 수준 내에서(오로지 미시수준 혹은 거시수준에서만) 이루어지는 동일수준통합 또는 서로 다른(미시와 거시 혹은 구조와 과정) 수준 사이에서 이루어지는 교차수준통합일 수도 있다. 이론통합의 모든 예를 다 설명하는 것은 이 책이 목적하는 바를 벗어난다. 대신에 범죄학에서의 이론통합을 예시하기 위해 여기에 몇 이론을 제시하겠다.[1]

1) 이 장에서 검토한 이론통합에는 어떤 식으로든 사회학습이론과 사회통제이론이 포함된다. 이 두 이론의 개념과 가설은 이론통합 관련 문헌에서 가장 자주 발견된다. 여기서 제시한 것 이외에 사회학습과 부분적이거나 전적으로 통합된 다른 많은 예가 있고 이 가운데 몇 가지는 앞장에서 논의되거나 언급되었다.

2. 개념통합

1) 에이커스: 개념적 흡수통합

에이커스(Akers, 1973, 1977)는 사회학습이론의 개념과 명제가 사회통제, 낙인, 갈등, 아노미, 억제 이론과 겹치는 부분이 있고 보완관계임을 오래전에 밝혔다. 뒤에 그는 이론통합이 '개념적 흡수'에 의해 이루어질 수 있다고 주장했다. 개념적 흡수란 한 이론의 개념을 다른 이론의 개념으로 정의된 현상의 특별한 경우로 포함시키는 것이다(Akers and Cochran, 1985; Akers, 1989).

예를 들면, 사회통제이론에서 '신념'(*belief*)이란 개념은 일반적인 도덕적 신념을 뜻하고 허쉬의 주장대로라면 비행을 억제한다. 신념은 사회학습이론의 범죄나 비행에 우호적이거나 비우호적인 더욱 일반적 개념인 '정의'(*definitions*)에 흡수될 수 있다. 정의라는 더 넓은 개념은 범죄와 비행을 억제하고 특정한 환경하에서 그러한 행위를 정당화하거나 승인하는 일반적이고 구체적인 신념과 태도를 모두 포함한다. 따라서 통상적인 도덕적 신념을 고수하지 않는 것이 비행에 우호적 정의의 한 유형인 것처럼, 통상적 신념을 강하게 고수하는 것은 비행에 비우호적 정의의 한 유형에 불과하다. '신념'은 '정의'의 한 유형으로 정의에 포함되지만, 정의에는 신념이 다루지 않는 현상도 포함된다.

사회통제이론의 '애착'(*attachment*) 개념은 부모, 친구 및 타인과 갖는 관계의 친밀함과 애정적 친밀함을 의미한다. 에이커스에 의하면, 이 개념은 사회학습이론에 명시된 교제의 '강도'에 대한 하나의 측정으로서 차별교제 양태의 개념에 포함할 수 있다. 애착은 타인을 역할모형으로 동일시하는 것이고 이것도 분명히 사회학습이론에서 모방이라고 하는 일반개념에 포함할 수 있다.

에이커스(1989)는 이러한 개념적 공통점이 있다고 반드시 비행에 대한 동일한 명제로 이어지는 것은 아니라고 지적한다. 개념통합이 그 자체로 명제통합을 만들어 내지 않는다. 예를 들면, 사회통제이론에서 타인에 대한 강한 애착은 설혹 비행친구와의 애착이라고 해도 비행을 억제한다고 예측하지만, 사회학습이론은 비행친구와의 강한 교제 또는 애착은 비행을 촉진하는 반대 결과를 예측한다.

손베리(1989)는 이렇게 다른 이론의 개념을 사회학습개념으로 흡수하는 일이 흥미롭지만 완전한 통합모형과는 거리가 멀다고 주장한다. 티틀은 에이커스가 '팩 맨'(*pack man*) 접근을 통해 단순히 다른 이론을 집어삼켰을 뿐 진정으로 통합한 것은 아니라고 지적했다. 흡수가 기존의 것을 넘어선 무언가를 만들지 못하고 오직 다른 이론의 개념이 기존 사회학습개념에 포함된다는 것을 의미한다면, 사회학습은 다른 이론을 통합한 것이 아니다. 이것은 다른 이론을 적대적으로 접수했다는 것을 의미할 뿐이다.

2) 컬른과 콜빈: 사회적 지지와 강압

컬른(Cullen, 1994; Cullen and Wright, 1997)은 모든 범죄학이 통합될 수 있는 중심적 조직개념으로 '사회적 지지'(정서적 · 물질적 · 사회적 지원이 제공되는 집단관계에서의 사회적 통합)를 제안했다. 컬른에 따르면, 사회적 지지는 범죄를 예방하므로 사회적 지지가 강할수록 범죄와 피해는 감소한다.

한편, 콜빈(Colvin, 2000)은 범죄가 강압에 대한 반응 혹은 대응이기 때문에 '강압'(*coercion*: 사람으로 하여금 공포, 불안, 위협을 통해 행동을 강요하는 모든 것으로 정의된다)이 범죄학에서 통합개념이 될 수 있다고 한다. 이 두 입장은 강한 사회유대에 의해 범죄가 예방될 수 있다는 일부 이론(예컨대, 사회통제이론)의 주장(제 6장 참조)과 사람은 긴장과 압박에 대한 반응으로 범죄를 저지르도록 동기화된다는(제 9장 참조) 다른 이론(예컨대, 아노미/긴장이론)의 대조적 주장을 연상시킨다.

그러나 콜빈과 컬른은 강압이 범죄를 야기하고 사회적 지지가 범죄를 예방한다는 이론적, 정책적 합의가 형성되고 있으며, 여러 다양한 이론적 개념이 이 두 가지 보편적 개념으로 포섭될 수 있다고 주장한다(Colvin, Cullen, and Vander Ven, 2002: 19). 그들은 강압과 지지가 정반대인 것이 아니라 두 개의 다른 일반 개념 범주로 그 아래 일련의 범죄예방 및 범죄유발 요인이 분류될 수 있다고 주장한다. 이 주장이 명제적 모형으로 제시됐지만, 여러 이론의 개념을 포섭하는 두 가지 개념에 초점을 맞추면 이들의 주장은 명제통합보다 개념통합에 더 가깝다.

강압개념에는 사회적 유대를 약화시키는 강압적 가족규율(강압적 가족모형), 긴장의 원인(일반긴장이론), 경제적 불평등(아노미이론), 억압(통제균형이론)이 포함된다. 강압은 대인관계(개인이든 소집단이든)와 비인격적 관계(경제, 정부, 형사사법) 모두로부터 나오며 강도와 지속성의 면에서 다양하다. 콜빈 등(2002: 24)에 따르면, 강압의 일반개념은 긴장이론에서 유래되었지만, 사회적 지지 개념은 조직화된 인간관계 네트워크가 사람의 표현적·도구적 욕구(*expressive and instrumental needs*) 모두를 충족시키는 데 도움을 주고 이것이 범죄를 예방한다는 시카고학파에 의해 처음으로 활성화된 생각에 근거한다."

표현적이거나 정서적인 지지는 인간으로서의 개인적 가치와 소중함을 확인시켜준다. 도구적 지지는 사회에서 살아가며 받는 지도, 도움, 원조뿐만 아니라 육체적 혹은 경제적 필요에 대해 도움을 제공한다. 비공식적인 사회적 지지는 일차 집단(가족, 또래, 이웃)에서 발견되고 공식적 지지는 학교, 직장, 형사사법, 정부, 공공조직에 의해 제공된다. 강압과 마찬가지로 사회적 지지도 강도와 지속성의 면에서 다양하다. 일관된 사회적 지지는 긴장의 효과를 중화시키며 더욱 강한 자기통제와 인습적 사회에의 유대를 야기한다.

콜빈 등(2002)은 사회학습개념(제 5장 참조)에 의지해서 사회적 지지가 항상 준법을 강화하고 범죄를 예방하는 것은 아니라고 인정한다. 사회적 지지가 불균형적으로 불법적이거나 일탈적 원인(차별교제)으로부터 온 경우라면 오히려 범죄행위가 일어나기 쉽다. 마찬가지로 저자들은 차별적 기회 개념과의 유사점을 비교하며(제 9장 참조) 네트워크, 연줄, 역할모형에의 제한된 접근을 경험하면 불법적 원천으로부터 사회적 지지를 구하게 된다고 지적한다.

콜빈 등(2002)은 사회적 지지가 일관성 있게 공급되면 범죄와 정신건강 문제는 최소화되고 순응행동과 도덕적 헌신은 높게 나타난다고 주장한다. 대신, 강압이 일관성 있게 사용되면 친사회적 행동과 범죄행동 모두가 낮고 정신건강 문제는 허무감 때문에 높게 나타난다. 사회적 지지나 강압이 일관성 없게 사용되면 범죄행위가 더 많이 발생한다. 일관성 없는 지지를 받으면 그 대안으로 불법행동을 조장하는 갱단 같은 불법 네트워크에서 지지를 찾게 된다.

일관성 없는 강압은 분노와 반항을 발생시켜 만성적 범죄행위로 이어진다. 원래 개인행동에 적용되도록 고안된 차별적 강압 및 사회적 지지

이론은 교도소 조직에도 적용되었다. 일관성 없는 강압만 하고 지지하지 않는 교도소에서는 수형자의 일탈행동이 파업, 탈옥, 수형자 간 폭력, 폭동과 같은 최악의 형태로 나타나기 쉽다(Colvin, 2007).

차별적 강압 및 사회적 지지이론이 예측한 효과를 검증하는 경험적 연구는 찾기 어렵다. 리스트완 등(Listwan et al., 2010)은 최근에 석방된 수형자를 대상으로 강압과 지지의 심리적 영향을 검증했다. 연구결과 수감 중에 지지에 대한 낮은 인식, 강압에 대한 높은 인식, 피해경험이 있을수록 외상 후 인지와 수면장애, 분노, 우울과 같은 외상 관련 증상이 높게 나타났다.

차별적 강압 및 사회적 지지이론에 대한 최근의 경험적 연구에는 다른 이론/이론적 구성개념이 포함되는 경우가 많다. 예를 들어, 바론(Baron, 2015)은 사회적 지원, 강압과 조직화한 범죄활동 사이의 관계를 발견했다. 그러나 그는 이런 관계가 분노(제 9장), 자기통제(제 6장), 불법적인 사회적 지원에의 접근성에 의해 매개된다고 판단했다. 마찬가지로 커츠와 자발라(Kurtz and Zavala, 2017)는 갱단 저항 교육 및 훈련(G. R. E. A. T.) 프로그램 평가 자료를 분석한 결과, 강압적 관계는 충동성(제 6장) 및 폭력적 범죄와 유의한 관계가 있음을 발견했다. 또한 브레지나와 아지미(Brezina and Azimi, 2018)는 사회적 지지가 비행친구와 교제하는 청소년의 비행 증가와 유의한 관계가 있다고 보고했다(제 5장).

이론에 대한 경험적 증거가 충분하지 않지만, 콜빈 등(2002)은 자신들의 통합이론이 갖는 정책함의를 제시한다. 일반적으로 그들은 "사회적 지지의 합법적 원천을 강화하고 강압의 힘을 줄이는" 사회정책이나 형사정책을 지지한다(Colvin et al., 2002: 33). 형사사법 및 소년사법체계에서의 회복적 사법의 많은 프로그램과 정책(제 7장 참조), 가족을 지원하는 사회정책과 부모기술훈련, 육아휴가, 헤드스타트(Head Start) 학교 프로그램, 초기 개입, 긍정적 또래와 멘토링 프로그램, 친사회적 행동의 긍정적 강화, 재사회화와 재통합 교정 프로그램 그리고 적절하고 일관된 처벌과 결합된 정책 등은 모두 이 이론의 개념과 원리에 부합한다.

3. 명제적 통합

1) 엘리엇의 긴장, 통제, 학습이론의 통합모형

엘리엇 등은 긴장, 통제, 사회학습이론의 이론적 통합을 제안했다(Elliott, Huizinga, and Ageton, 1995). 〈그림 15-1〉에 나타나듯이, 그들의 통합모형은 ① (가정과 학교에서의) 긴장이 ② 통상적 사회에의 유대를 약화시키고, ③ 비행또래와의 강한 유대(사회학습이론에서 말하는 비행적 정의, 강화, 모델링과 교제)가 촉진된다. 따라서 ④ 비행또래와의 강한 유대가 비행수행에 주요한 요인이 된다고 한다.

엘리엇 등(1985)은 긴장, 통제, 학습이론이 몇 가지 기본가정, 명제, 정책적 함의를 공유한다고 주장한다. 그러나 이들은 명제적 통합이 일어나기 전에 조정돼야 할 기본가정에서의 몇 가지 차이점을 인식했다. 예를 들면, 통제이론은 모든 사람이 일탈할 수 있는 경향을 가졌다는 가정으로부터 출발한다. 비행이나 범죄에서의 차이는 오로지 사회통제가 얼마나 강하게 비행을 예방하는가에 달렸다.

〈그림 15-1〉 비행에 대한 엘리엇의 통합이론

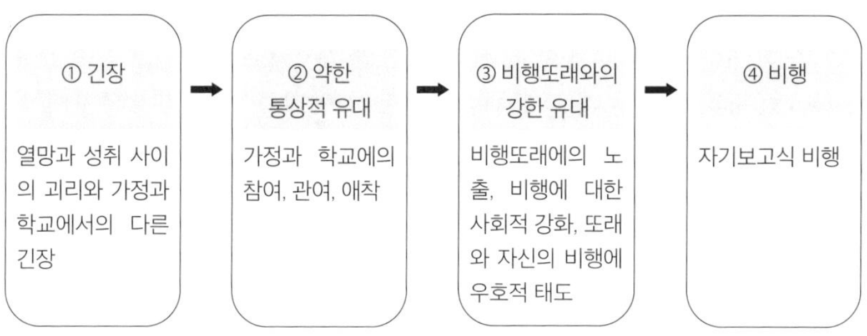

출처: 엘리엇 등(1985: 94, 146).

반면, 긴장이론은 모든 사람이 공유하는 범죄수행의 내재적 동기를 가정하지 않는다. 이 이론은 사회통제력을 언급하지 않고, 긴장에 노출된 사람은 그렇지 않은 사람보다 비행을 저지를 동기가 더 갖는다는 가설을 설정한다. 사회학습이론은 범죄수행과 억제 모두에서 동기의 차이가 있다고 주장한다.

사회통제이론에서 사회화의 내용과 방향은 항상 인습적이다. 비행은 사회화의 실패나 약화로 인해 생겨난다. 사회학습이론에서 개인이 사회화되는 방향은 순응적일 수도 있고 일탈적일 수도 있다. 비행은 순응적 행동이 학습되는 것과 동일한 방법으로 학습되고 사회화는 어느 방향이든 다소 성공적일 수도 있고 그렇지 않을 수도 있다.

엘리엇 등(1985)은 정상상태의 획일적인 범죄동기를 가정하지 않고, 순응적 혹은 일탈적 또래와의 교제에 따라서 유대가 인습적이거나 일탈적인 결과 중 하나를 만들어낸다는 점을 인정한다. 허쉬(1989)는 당연히 이론 사이의 차이를 조정하는 방식에 이의를 제기했다. 허쉬에 따르면, 이것은 통합이 아니고 다른 두 이론의 가정을 위해서 사회통제이론의 가정을 부정한 것일 뿐이다.

엘리엇 등(1985)은 사회통제이론의 용어와 명제는 유지하면서도 긴장이론과 학습이론의 가정 위에 그들의 통합모형을 만든 이유를 설명한다. 그들은 허쉬와 다른 통제이론가들이 범죄를 저지르는 동기에 차이가 없다는 가정은 유지될 수 없다는 것을 스스로 인식했다고 지적한다. 엘리엇 등은 단일한 범죄동기를 가정할 필요성을 경험적으로나 논리적으로 찾을 수 없다고 한다(이 문제에 대해서는 제6장의 논의 참조). 따라서 이들의 통합모형은 순응과 비행 모두에 동기 차이가 있다는 가정에서 출발한다.

가정과 학교는 사회의 통상적인 주요 사회화기관이기 때문에 가정이나 학교에의 강한 애착이 비일탈적 행위의 학습을 촉진한다고 가정한다. 이러한 집단의 사고방식, 모범(*models*), 보상은 일탈적 행동보다 순응적 행동에 도움이 된다. 동일한 과정에 의해 비행또래와의 강한 유대는 통상적 행동보다 일탈적 행동의 학습을 촉진시킨다. 통상적 사회화는 가정에서 시작되지만, 그것이 부적절할 수도 있다. 가족에 대한 약화된 유대는 또래에 대한 유대를 강화할 것이다. 통상적 또래에 대한 유대가 약하거나 비행또래에 대한 유대가 강할수록 비행을 저지를 확률은 커진다.

엘리엇 등(1985)이 전국청소년조사(National Youth Survey)의 종단적 자료를 사용해 자신들의 모형을 검증한 결과, 강한 경험적 지지를 발견했다. 이들은 최초 모형에서 비행또래 혹은 순응또래와의 유대가 비행에 주요한 직접적 영향을 미친다고 주장했다. 긴장과 통상적인 유대가 비행에 미치는 영향 대부분은 또래유대를 통해 간접적으로 나타날 것이다.

그러나 유대와 긴장 변수가, 또래 유대와는 별도로, 비행에 직접적 영향을 미친다는 통합이론의 가설은 경험적 지지를 받지 못했다. 긴장과 통상적 유대는 비행에 직접적 영향을 미치지 못했다. 비행또래와의 유대만이 강하고 직접적 영향을 미쳤고, 모형에서 가장 예측력 있는 변수였다. 다른 모든 변수는 비행또래와의 유대를 통해 간접적 영향만을 미쳤고 비행또래 변수가 비행을 직접적으로 설명하는 것 이상의 추가적 설명력을 거의 갖지 못했다.

전국청소년조사(National Youth Survey)의 자료를 분석한 최근 연구에서, 비행또래 유대가 모든 범죄의 가장 강한 예측요인으로 확인되었고, 이러한 결과가 두 세대의 청소년(즉, 1세대와 그 자손)에 걸쳐 일관되게 나타남으로써 결론을 더욱 지지했다(Menard and Johnson, 2015).

엘리엇 등(1985)은 경험적 자료와 가장 잘 맞는 최종적 통합모형이 사회학습이론으로 기술될 수 있지만 통합모형에서 사회통제이론의 표현을 사용하기로 했다. 이들이 이렇게 선택한 것은 다음과 같은 이유에서였다.

> 사회학습모형이 통상적 유대(억제)와 일탈적 유대(보상) 사이의 조건부 관계를 예측했는지는 명확하지 않다. … 선형회귀모형에 상호작용 효과를 추가했을 때 생긴 예측효율성은 상대적으로 작았지만(4%의 상대적 증가) 통계적으로 유의미하고 실질적으로 중요했다(Elliott et al., 1985: 137).

우리 생각에는 통상적 유대의 상호작용 효과를 추가한다고 해도 엘리엇 등(1985)이 보고한 최종모형은 (학습을 변형시킨) 사회통제이론의 변형보다는 (유대를 변형시킨) 사회학습이론의 변형에 가깝다. 가정과 학교(〈그림 15-1〉에서 ②)와의 차별적 애착과 참여, 순응적 혹은 비행적 또래(〈그림 15-1〉에서 ③)와의 차별적 참여 그리고 이 개념이 이전 연구에서 측정된 방식은 사회통제이론보다 사회학습이론과 훨씬 더 밀접하게 일치한다. 엘리엇 등이 사용한 비행또래와의 유대측정은 차별교제, 강화, 모델링, 정의를 포함하는 사회학습이론의 주요변수와 본질적으로 동일하다.

더 중요한 것은 모형에서 또래유대와 비행과의 관계에 대한 연구결과가 사회통제의 예측보다는 사회학습의 예측과 일치한다는 점이다. 애그뉴(1993)는 전국청소년조사 자료를 재분석해 이러한 결론을 확인했다. 이 문제는 사회학습이론과 사회통제이론이 정반대의 예측을 한다는 점과 관련 있다.

사회학습이론은 비행 행동이 일탈적인 또래관계와 관련이 있고, 순응행동은 통상적인 또래관계와 관련이 있다고 예측한다. 타인과의 강한 애착은 설혹 그 대상이 비행또래라고 해도 비행을 예방한다는 사회통제의 명제는 경험적 지지를 받지 못한다. 통제이론의 이 주장은 순수한 사회통제이론이든 유대와 학습을 통합한 이론이든 뒷받침될 수 없다. 따라서 통제이론과 학습이론의 통합에서 학습이론의 명제만이 살아남을 수 있다. 그 결과 통합은 사회통제이론가에게 수용되지 않을 것이다.

2) 크론의 네트워크 분석

크론(Krohn, 1986)은 사회학습과 통제이론을 모두 활용하여 비행에 대한 설명을 제안했다. 그의 이론은 사회적 네트워크의 구조적 특징과 상호작용 과정을 연결하는 두 수준 간 교차수준(*cross-level*) 통합이기도 하다. 이 이론은 두 이론을 전적으로 통합하지 않고 비행을 증가시키는 차별교제 효과와 비행을 억제하는 사회통제 효과에 대한 이론적 명제들을 "연결 짓는다(*bridging*)."

사회적 네트워크는 우정이나 기타 관계로 연결된 행위자, 개인 혹은 무리의 집합이다. 개인적 네트워크는 개인이 갖는 타인과의 연계망(예를 들면, 가족, 친구, 교회, 학교)을 말한다. 크론은 사회통제이론처럼 "사회적 네트워크는 개인의 행동을 억제한다. … 그리고 그들의 네트워크 관계를 지속시키는 행동이 생겨나기 쉽다"(Krohn, 1986: S82-S83)는 가설을 설정했다. 그는 엘리엇과 그 동료들(1985)처럼 네트워크가 주는 억제는 통상적 규범에의 순응으로만 연결된다는 사회통제이론의 가설을 부정한다. 대신 그의 네트워크 분석은 사회학습이론과 마찬가지로 "비행참여를 중심으로 네트워크가 형성되면 그 결과로 네트워크의 효과가 비행으로 이어질 것이다"는 가설을 수립한다(Krohn, 1986: S83).

크론은 사회적 네트워크의 두 가지 주요한 구조적 특징 — 다중성(*multiplexity*)과 밀도(*density*) — 을 확인했다. 다중성은 둘 이상의 사람이 공통적으로 갖는 서로 다른 관계 혹은 맥락의 수를 말한다. 예를 들면, 두 소년이 친구로 같은 동네에 살고, 같은 교회에 다니고, 같은 스카우트 단에 속했고, 같은 학년으로 같은 학교에 다니는 경우이다.

네트워크의 다중성이 클수록 개인의 행동에 미치는 영향도 커진다. 이러한 영향의 방향은 대개 비행을 줄이는 쪽이지만 이것은 다중성이 비행의 맥락보다는 가정과 학교처럼 통상적으로 지향된 맥락에서 일어날 확률이 매우 높기 때문이다. 이 이론은 "개인의 친구가 어떤 행동을 하는지(차별교제)와 그들이 함께 참여(관여/참여)하는 활동의 종류를 모두 인정한다"(Krohn, 1986: S84).

네트워크 밀도는 네트워크에서 가능한 관계의 최대 총수와 기존 사회적 관계의 비율을 말한다. 모든 사람이 서로 알고 상호작용하는 작은 지역사회에서는 네트워크 밀도가 높을 것이다. 네트워크 밀도가 높을수록 비행률은 낮을 것이다. 네트워크 밀도는 인구밀도(주어진 지역 내에 있는 사람 수)와 역의 관계에 있다. 인구밀도가 높을수록 네트워크 밀도는 낮아지고 따라서 비행률은 높을 것이다.

헤이니(Haynie, 2002)는 청소년 응답자에게 (학교 밖 친구와의 관계뿐만 아니라) 같은 학교에 다니는 가장 친한 여자친구와 남자친구를 각각 5명까지 밝히도록 해 친구네트워크를 측정했다. 그녀는 (사회학습 문헌에서 발견되는 차별적 또래교제의 표준적 측정인) 비행친구와 비(非)비행친구의 비율을 나타내는 친구네트워크의 '관계적 성격'(*relative nature*)이 이후의 비행과 가장 강하게 관련된다는 사실을 발견했다.

비행친구 비율은 친구들의 절대적 비행수준, 평균비행 혹은 전체 친구 수보다 더 큰 영향을 미쳤다. 비행친구 비율은 이전의 비행과 친구네트워크의 다른 차원(예컨대, 참여, 애착, 밀도, 평균연령 등)을 고려해도 강한 예측변수로 남는다. 헤이니는 크론이 사회 네트워크이론에서 사회통제와 사회학습 모두에 의존한다는 점을 인정하겠지만 그녀의 경험적 연구결과는 분명하게 후자를 선호한다.

> 청소년 비행이 사회적 혹은 인적 자본의 부족(예컨대, 사회통제이론 혹은 사회해체이론)이나 충동적 성격특징(자기통제이론) 때문에 발생한다는 상식적 생각과는 다르게, 청소년은 비행을 부추기고 용이하게 하는 친구네트워크에 처했을 때 비행을 저지른다(Haynie, 2002: 104).

비행또래와 청소년의 이후 비행참여가 관련 있는 것은 청소년이 중요한 타인의 행동 사례를 따른다고 제안하는 차별교제와 사회학습이론의 설명과 일치한다(Haynie, 2002: 124).

맥글로인과 셔머(McGloin and Shermer, 2009)는 네트워크 밀도뿐 아니라 개인의 네트워크 중심성(*network centrality*)이 비행에 미치는 영향을 분석했다. 네트워크 중심성은 한 개인이 또래네트워크에서 누리는 인기나 중요성의 정도를 말한다.

연구결과 비행또래가 향후 비행에 미치는 영향은 네트워크 중심성이 낮은 사람보다 높은 사람에게서 더 크게 나타났다. 그러나 네트워크 밀도는 비행또래가 향후 비행에 미치는 영향을 바꾸지 못했다. 맥글로인(McGloin, 2005, 2007)과 다른 연구자들은 또한 네트워크 분석이 비행 갱단 연구에 가치가 있으며 직접적인 갱단 개입에 대한 정책함의가 있음을 보여주었다(제 5장 참조). 그 외에, 네트워크 분석 연구에 대한 최근의 체계적인 검토에서 "총기나 기타 무기를 사용한 피해 및 가해를 포함하는 개인의 폭력 위험은 폭력 가해자나 피해자와의 긴밀한 연결을 통해 증가한다는 사실이 밝혀졌고, 가족관계, 친밀한 파트너 관계, 동료 네트워크, 공범(*co-offending*) 네트워크 전반에 걸친 전염이 입증되었다(Tracy, Braga, and Papachristos, 2016: 81).

3) 숀베리의 상호작용이론

숀베리(Thornberry, 1987; Thornberry et al., 1991; Thornberry and Krohn, 2019)는 사회구조, 사회통제, 사회학습이론의 요소를 통합해 비행의 '상호작용이론'을 만들었다. 사회계층, 인종, 지역사회, 이웃의 특징은 사회통제와 사회학습 변수 모두에 영향을 미친다. 비행의 근본 원인은 사회에의 유대 약화이다. 그러나 이 약화는 단지 젊은이를 비행의 후보로 만들 뿐이다. 이들이 교제, 강화, 정의를 통해 학습해야 비행이 발생한다. 이것이 지속될수록 비행은 그 사람 행동유형의 안정적인 한 부분이 될 것이다.

이러한 영향은 정적이지 않고 연령과 비행의 시작, 지속 또는 중단의 여러 단계에 따라 변한다. 특히, 비행에 대한 부모의 영향은 청소년기 초기에는 강력할 것으로 예상되지만 청소년기 중기와 후기에는 중요성이 감소할 것으로 예상된다. 학교관여는 청소년기 중반까지 중요성이 증가했다가 청소년기 후반으로 가면서 감소할 것으로 예상된다. 마지막으로, 또래의 영향은 청소년기 각 단계를 거치면서 꾸준히 증가할 것으로 예상된다.

이런 가설에 대한 경험적 연구결과는 엇갈리는 결과를 보인다. 라그란지와 화이트(LaGrange and White, 1985)는 종단자료를 사용해서 청소년기 중기에 가정과 학교유대 변인이 비행에 가장 큰 영향을 미치고 청소년기 후기에는 또래교제 변수가 비행에 가장 큰 영향을 미친다고 보고했다. 그러나 크론 등(Krohn et al., 1996)은 또래교제가 약물사용에 미치는 영향이 나이 많은 청소년집단에서 높지 않고 낮은 것을 발견했다. 또는 장(Jang, 1999)은 연령에 따른 집단 간 차이보다 개인의 시간경과에 따른 변화를 조사해 부모애착이 비행에 미치는 영향은 청소년기 전반에 걸쳐 안정적이고 학교관여와 또래비행은 청소년기 중기에 최고조에 달한 후에 감소한다는 것을 발견했다.

또한 상호작용이론은 통제, 학습, 비행 사이의 관계가 모두 단일한 방향으로 작용하는 것은 아니라고 제안한다. 예를 들면, 부모에의 애착이 낮아지면서 학교에의 관여가 낮아질 수 있고 이것이 이번에는 다시 부모에 대한 애착을 감소시킬 수 있다. 마찬가지로 낮은 관여와 애착이 비행으로 이어질 수 있다. 이 비행참여가 이번에는 부모에의 애착과 학교에의 관여를 방해하는 경향이 있다.

손베리 등(1991)은 부모애착과 학교관여의 상호작용효과에 대해 경험적 지지를 발견하지 못했다. 그들은 비행이 애착과 관여에 미치는 영향이 애착과 관여가 비행에 미치는 영향보다 더 크다는 상호작용효과를 발견했다. 그러나 모든 관계는 약하게 나타났다. 이후의 연구는 학교애착과 비행뿐만 아니라 잘못된 양육관행도 상호 관련된 것으로 나타났다(Jang and Smith, 1997; Stewart, Simons, Conger, and Scaramella, 2002). 손베리(1996; Thornberry et al., 1994; Thornberry and Krohn, 2019)는 사회학습 및 통제변인과 비행 사이에 상호작용효과가 있음을 밝혀냈다. 이 연구와 다른 연구를 통해서 차별교제의 사회학습변수가 비행의 모든 측면에 상당한 영향이 있다는 사실이 밝혀졌다(Smith, Visher, and Jarjoura, 1991).

4) 티틀의 통제균형이론

티틀(Tittle, 1995: Tittle and Dollar, 2019 참조)은 범죄와 비행에서 '통제균형'(*control balance*)을 중심으로 구성한 '합성통합'(*synthetic integration*)을 제안했다. 통제균형은 개인이 타인으로부터 받는 통제와 그가 타인에게 행사할 수 있는 통제의 비율로 정의된다. 이 통제균형은 비행의 동기와 억제 모두와 관련이 있다.

> 이 이론의 중심 전제는 사람들이 행사할 수 있는 통제의 양에 비례하여 그들이 받는 통제의 양이 그들이 특정 유형의 비행을 저지를 가능성에 영향을 미친다는 것이다. 비행은 통제부족은 피하고 통제과잉을 확장하도록 돕는 도구나 책략으로 해석된다.

> 불균형한 통제비율은 자율성의 욕구와 기본적인 신체적·정신적 욕구와 결합해 비행의 원인이 된다(Tittle, 1995: 142, 147-148).

티틀(1995)의 초기 이론 설명에서 통제균형은 성향(비행의 동기), 도발(긍정적 및 부정적 상황 자극), 기회(특정한 유형의 비행을 저지를) 및 제약(타인으로부터 제지를 받을 실제적 또는 인지된 가능성)의 네 가지 주요 변수의 맥락에서 작동한다. 이들은 사회학습, 아노미, 억제/합리적 선택, 사회통제이론의 개념을 포함한다. 통제의 비율이 부(-)적으로나 정(+)적으로 불균형해지면 비행발생 확률이 높아지고 통제가 균형을 이루면 낮아진다.

통제부족을 경험하는(타인을 통제하기보다 타인의 통제를 받는) 사람은 약탈적·반항적 혹은 복종적 비행을 저지르는 경향이 있고 통제과잉을 경험하는(타인의 통제를 받기보다 타인을 통제하는) 사람은 착취적이거나 퇴폐적인 비행을 저지르기 쉽다. 이론에 의하면, 비행은 비행자의 통제비율을 일시적이라도 바꾸기 위해서 발생한다고 주장한다(Tittle, 1995: 192).

비행의 동기를 가진 사람은 비행이 통제균형을 변화시킬 것을 인식하고, 비행을 저지를 기회가 있으며, 비행으로 생겨날 균형을 압도할 정도의 역통제(*counter control*) 가능성은 크지 않다고 기대해야 한다. 기회와 상황변수뿐만 아니라 행동에 대한 동기와 제약의 주요원천도 비행과 범죄의 수행으로 이어지는 일련의 사건에 편입되고, 이때 통제균형이 핵심과정으로 작용한다.

티틀(1995)은 초기 이론에서, 사회인구학적 변수(연령, 성차, 인종, 결혼여부, 자녀유무, 도시거주, 계급)와 범죄 및 비행 사이의 알려진 관계를 검토하고, 통제의 균형 혹은 불균형과 연결지어 각각을 설명했다. 그는 이것이 이론의 직접적 검증이 되지 않는다는 것을 인정했다. "이론의 경험적 신뢰성에 대한 더 확고한 판단은 기존의 자료로는 가능하지 않아서 더욱 정확하고 직접적으로 적용할 수 있는 자료로 검증한 결과를 기다려야 한다"(Tittle, 1995: 261).

이론에 대한 후속 검증에서는 혼합된 결과가 나타났다. 피케로와 히크만(Piquero and Hickman, 1999; Hickman and Piquero, 2001 참조)은 대학생 표본으로 자기보고에 기초한 일탈행동의 가능성을 연구한 결과, 통제부족이 약탈범죄(폭행 등) 및 반항적 행위(성비행 등)와 관련이 있다는 가설을 지지하는 연구결과를 보고했다. 그러나 이론과는 반대로 이 두 가지 범법행위는 모두 통제과잉과도 관련이 있었다.

피케로와 피케로(Piquero and Piquero, 2006)는 대학생 표본으로 유사한 방법론을 사용한 결과, 통제과잉이 '기업의 착취범죄'(*corporate exploitative crime*)를 설명한다는 사실을 발견하고, 다소 혼합된 결과를 산출하지만 대체로 지지하는 다른 연구를 검토한다(Tittle, 2004도 참조). 집 없는 청소년을 연구한 바론은 통제 과잉과 부족 모두가 폭행과 중(重) 절도의 자기보고 가능성〔그러나 경(輕) 절도와는 관련이 없음〕과 관련이 있고(Baron and Forde, 2007) 중독성이 강한 마약과 중독성이 약한 마약 모두와도 관련되었다고 보고했다(Baron, 2010).

노블스와 팍스(Nobles and Fox, 2013)는 통제 과잉과 부족이 스토킹에 미치는 영향을 연구했다. 이것은 통제균형 비율의 성별효과를 검증한 유일한 연구이다. 비록 통제균형 비율의 일반 척도는 스토킹과 대체로 관련이 없었지만, 연구대상자의 구체적 관계 안에서 측정한 통제과잉과 부족은 스토킹 가해와 피해 모두를 설명했다. 다만, 그 영향이 남자와 여자에게서 다르게 나타났다. 구체적 관계(*relationship-specific*)에서의 통제부족은 여성의 스토킹 가해와 피해 모두와 관련이 있었다. 이와 대조적으로 카스트로 등(Castro et al., 2017)은 남자와 여자의 통제 연속성에는 차이가 없음을 밝혀냈다. 그러나 통제부족과 여성의 친밀한 파트너 폭력 가해와 피해 사이에 유의미한 관계가 있고, 통제부족과 남성이 저지른 친밀한 파트너 폭력 사이에 유의미한 관계가 있음을 발견했다.

티틀은 경험적 연구결과를 고려해 이론을 계속 발전시켰다.

> 최초의 이론 형성과정에서 발견된 논리적 결함, 잘못된 범주 분류, 비일관성과 개념적 모호성 등의 문제를 처리하여 이론을 지속적으로 발전시켰다. … 새로 구성된 이론은 (일탈유형 구분을 없애고) 세 가지 형태의 행

동 — 순응, 일탈, 복종 — 을 다루고 최초의 서술이 갖는 일부 문제를 해결하기 위해 '통제균형 바람직성'(*control balance desirability*) 개념을 도입한다(Tittle, 2004: 395).

새로 구성된 이론은 최초의 이론과 동일한 인과과정(즉, 특정 일탈행동을 수행할 때 예상되는 통제증가와 마주치기 쉬운 역통제를 비교한 인지적 균형)을 제안하지만, 일탈의 단일 연속성만을 언급한다. 각양각색의 일탈행동이나 범죄행위의 통제균형 바람직성은 잠재적 행위가 행위자에게 개인적으로 호소력 있는 정도를 의미하는 것이 아니다. 그보다는 일탈행동이 바람직할수록 장기적으로 통제 불균형을 변화시킬 가능성이 더 높고, 피해자와 직접 대면할 필요성은 더 적어진다.

일탈행동의 통제균형 바람직성이 클수록 일탈행동을 저지르기 쉽다는 것이 가설이지만 개인이 거의 동일한 수준의 통제균형 바람직성을 가진 일련의 대안 중에서 어떤 행위를 선택하느냐는 이론이 밝힌 다른 변수 — 통제율, 기회, 억제, 자기통제력 — 의 영향을 받는다. 다양한 일탈행동의 통제균형 바람직성을 직접 측정하거나 이것과 통제 과잉 및 부족과의 예측된 관계를 검증한 경험적 연구는 아직 없다.

4. 범죄학에서 이론통합은 얼마나 성공적이었나?

이상적 이론통합의 가치에도 불구하고 범죄학의 실제적 통합모형은 엇갈린 성공과 수용을 경험했다. 일부는 경험적 지지를 받았고, 다른 모형은 검증되지 않거나 경험적 지지를 받지 못했으며, 많은 모형은 아예 무시되었다. 소수의 범죄학자만이 '분리된' 어느 한 범죄이론보다 '통합이론'을 더 선호하는 것 같다(Ellis and Walsh, 1999). 범죄학계에서는 이론통합에 대해 전체적으로 우호적 분위기가 남아있지만 이론형성 전략으로서의 통합에 대해 상당한 무관심과 건전한 회의론이 계속된다.

에이커스는 사회학습이론에 대한 연구를 통해 대립적 전략과 통합적 전략 모두의 가치를 강조한다. 그는 제 5장에서 논의된 교차수준 통합과 이 장에서 논의된 개념통합을 위해 노력을 경주(傾注)하는 동시에 범죄와 비행에 대한 대안적 설명과 사회학습 간에 경쟁적 접근법을 사용했다(Akers and Cochran, 1985; Krohn, Lanza-Kaduce, and Akers, 1984; Akers and Lee, 1999; Meneses and Akers, 2011).

사회학습이론 자체가 차별교제와 강화의 원리를 통합한 것이라는 사실을 기억해야 한다. 그러나 사회학습이론과 최근에 나온 다른 많은 이론적 통합모형은 일반적으로 문헌에서 통합이론으로 취급되지 않는다. 이런 모형은 한동안 통합모형으로 인정될 수 있지만 시간이 지남에 따라 다른 이론(때로는 그 이론이 통합하려고 의도했던 바로 그 이론)과의 통합대상이나 경쟁관계에 있는 개별이론으로 인용되고 검증되는 경향이 있다.[2] 이론통합 대 이론경합의 문제는 아직 완전히 해결되지 않았고 해결되어야만 하는 것도 아니고 완전히 해결되지도 않을 것이다.

---

2) 예컨대, 문헌을 보면 차별교제이론이 사회학습이론으로 통합되었다는 언급이 없는 경우를 볼 수 있고, 차별교제와 사회학습이 마치 경쟁이론 혹은 서로 관계없는 이론인 것처럼 따로 언급된 경우도 있다. 또 다른 예는 통제균형이론이다. 이 이론을 검증하는 경험적 연구문헌에서 이 이론이 '합성통합'(*synthetic synthesis*)이라는 사실에 대해 언급하지 않는다. 문헌에서는 티틀이 통제균형 개념을 통해 실제로 통합하고자 했던 바로 그 이론과 분리되고 경쟁관계에 있는 것으로 종종 취급되기도 한다.

5. 요 약

이론발전은 단일이론의 상술, 검증, 수정을 통해서, 경쟁이론과의 경합을 통해서 그리고 이론통합을 통해서 일어난다. 이론통합은 개념적 혹은 명제적일 수 있다. 이것은 동일한 설명수준의 이론을 포함하기도 하고, 서로 다른 설명수준의 이론을 포함하기도 한다. 어느 경우든 사회학습이론은 사회통제와 긴장이론과 더불어 범죄학에서 통합모형의 주요 구성요인이 된다.

에이커스는 다른 이론의 개념을 사회학습개념으로 흡수할 것을 제안한다. 컬른과 콜빈은 사회적 지지와 강압을 범죄학에서 무엇보다 중요한 통합개념으로 본다. 엘리엇은 긴장이론, 사회통제이론, 사회학습이론의 명제를 통합하는 비행이론을 제안한다. 크론은 사회 네트워크이론에서 사회통제이론과 사회학습이론을 이용한다.

손베리는 상호작용이론에서 구조, 통제, 학습과 다른 변수를 통합한다. 티틀은 통제균형의 개념에 의지하는 일반통합이론을 제시했다. 범죄학에서 많은 통합활동과 이론통합으로의 긍정적 지향이 있었지만 범죄, 비행 및 일탈에 대한 다양한 설명을 혼합하여 이론을 구축하는 것의 가치에 대해 논란과 회의가 여전하다.

주요 개념

- 이론경합(*theory competition*)
- 이론통합(*theory integration*)
- 개념통합(*conceptual integration*)
- 명제통합(*propositional integration*)
- 동일수준통합(*within-level integration*)
- 교차수준통합(*cross-level integration*)
- 개념적 흡수(*conceptual absorption*)
- 사회적 지지(*social support*)
- 강압(*coercion*)
- 사회적 네트워크(*social network*)
- 개인적 네트워크(*personal network*)
- 다중성(*multiplexity*)
- 네트워크 밀도(*network density*)
- 네트워크 중심성(*network centrality*)
- 통제균형(*control balance*)
- 통제부족(*control deficits*)
- 통제과잉(*control surpluses*)
- 통제균형 바람직성(*control balance desirability*)

참고문헌

Abrams, Laura S., Kyoungho Kim, and Ben Anderson-Nathe

2005 "Paradoxes of treatment in juvenile corrections", *Child and Youth Care Forum*, 34: 7-25.

Ackerman, Jeffrey M., and D. Kim Rossmo

2015 "How far to travel? A multilevel analysis of the residence-to-crime distance", *Journal of Quantitative Criminology*, 31: 237-262.

Adams, Stuart

1970 "The PICO Project", pp. 548-561 in Norman Johnston, Leonard Savitz, and Marvin E. Wolfgang (Eds.), *The Sociology of Punishment and Correction*. Second Edition. New York, NY: Wiley.

Adler, Freda

1975 *Sisters in Crime: The Rise of the New Female Criminal*. New York, NY: McGraw-Hill.

Adler, Patricia and Peter Adler

1978 "Tinydopers: A case study of deviant socialization", *Symbolic Interaction*, 1: 90-105.

Agnew, Robert

1984 "Goal achievement and delinquency", *Sociology and Social Research*, 68: 435-451.

1985a "A revised strain theory of delinquency", *Social Forces*, 64: 151-167.

1985b "Social control theory and delinquency: A longitudinal test", *Criminology*, 23: 47-62.

1991a "A longitudinal test of social control theory and delinquency", *Journal of Research of Crime & Delinquency*, 28: 126-156.

1991b "The interactive effect of peer variables on delinquency", *Criminology*, 29: 47-72.

1992 "Foundation for a general strain theory of crime and delinquency", *Criminology*, 30: 47-88.

1993 "Why do they do it? An examination of the intervening mechanisms between 'social control' variables and delinquency", *Journal of Research in Crime & Delinquency*, 30: 245-266.

1995a "Controlling delinquency: Recommendations from general strain theory", pp. 43-70 in Hugh Barlow (Ed.), *Crime and Public Policy: Putting Theory to Work.* Boulder, CO: Westview.

1995b "Determinism, indeterminism, and crime: An empirical exploration", *Criminology,* 33: 83-110.

1997 "Stability and change in crime over the life course: A strain theory explanation", pp. 101-132 in Terence P. Thornberry (Ed.), *Developmental Theories of Crime & Delinquency.* Piscataway, NJ: Transaction.

1999 "Introduction", *Theoretical Criminology,* 3: 437-494.

2001a "Building on the foundation of general strain theory: Specifying the types of strain most likely to lead to crime and delinquency", *Journal of Research in Crime & Delinquency,* 38: 319-361.

2001b *Juvenile Delinquency: Causes and Control.* Los Angeles, CA: Roxbury.

2002 "Experienced, vicarious, and anticipated strain: An exploratory study on physical victimization and delinquency", *Justice Quarterly,* 19: 603-633.

2006a "General strain theory: current status and directions for further research", pp. 101-123 in Francis T. Cullen, John Paul Wright, and Kristie R. Blevins (Eds.), *Taking Stock: The Status of Criminological Theory. Advances in Criminological Theory.* Volume 15. New Brunswick, NJ: Transaction.

2006b *Pressured into Crime: An Overview of General Strain Theory.* Los Angeles, CA: Roxbury.

2009 "The contribution of 'mainstream' theories to the explanation of female delinquency", pp. 7-29 in Margaret A. Zahn (Ed.), *The Delinquent Girl.* Philadelphia, PA: Temple University Press.

2010a "A general strain theory of terrorism", *Theoretical Criminology,* 14: 131-153.

2010b "Controlling crime: Recommendations from general strain theory", pp. 25-44 in Hugh D. Barlow and Scott H. Decker (Eds.), *Criminology and Public Policy: Putting Theory to Work.* Philadelphia, PA: Temple University Press.

2012 "Reflection on 'A Revised Strain Theory of Delinquency'", *Social Forces,* 91: 33-38.

2017 "Revitalizing Merton: General strain theory", pp. 137-158 in Francis Cullen, Cheryl L. Johnson, Andrew J. Myer, and Freda Adler (Eds.), *The Origins of American Criminology: Advances in Criminological Theory,* New York: Taylor & Francis.

2019 "The rise of social control theory, fall of classic strain theory, and reconciliation between social control and general strain theories", pp. 29-44 in James C. Oleson and Barbara J. Costello (Eds.), *Fifty Years of Causes of Delinquency: The Criminology of Travis Hirschi,* New York: Taylor &

Francis.
Agnew, Robert and Helene Raskin White
1992 "An empirical test of general strain theory", *Criminology*, 30: 475-500.
Agnew, Robert, Francis Cullen, Velmer Burton, T. David Evans, and R. Gregory Dunaway
1996 "A new test of classic strain theory", *Justice Quarterly*, 13: 681-704.
Agnew, Robert, Timothy Brezina, John Paul Wright, and Francis T. Cullen
2002 "Strain, personality traits, and delinquency: Extending general strain theory", *Criminology*, 40: 43-72.
Ahmed, Eliza
2001 "Shame management: Regulating bullying", pp. 211-314 in Eliza Ahmed, Nathan Harris, John Braithwaite, and Valerie Braithwaite (Eds.), *Shame Management Through Reintegration*. Cambridge, UK: Cambridge University Press.
Ahmed, Eliza and John Braithwaite
2005 "Forgiveness, shaming, and bullying", *Australian & New Zealand Journal of Criminology*, 38: 298-323.
Ahmed, Shamila
2014 "Constitutive criminology and the 'war on terror'", *Critical Criminology*, 3: 357-371.
Aichhorn, August
1963 *Wayward Youth*. New York, NY: Viking.
Akers, Ronald L.
1964 "Socioeconomic status and delinquent behavior: A restest", *Journal of Research in Crime & Delinquency*, 1: 38-46.
1965 "Toward a comparative definition of law", *Journal of Criminal Law, Criminology, and Police Science*, 56: 301-306.
1968 "Problems in the sociology of deviance: Social definitions and behavior", *Social Forces*, 46: 455-465.
1973 *Deviant Behavior: A Social Learning Approach*. Belmont, CA: Wadsworth.
1977 *Deviant Behavior: A Social Learning Approach*. Second Edition. Belmont, CA: Wadsworth.
1979 "Theory and ideology in Marxist Criminology", *Criminology*, 16: 527-544.
1980 "Further critical thoughts on Marxist criminology: Comment of Turk, Toby, and Klockars", pp. 133-138 in James A. Inciardi (Ed.), *Radical Criminology: The Coming Crises*. Beverly Hills, CA: Sage.
1985 *Deviant Behavior: A Social Learning Approach*. Third Edition. Belmont, CA: Wadsworth. Reprinted 1992. Fairfax, VA: Techbooks.
1989. 1992 "A social behaviorist's perspective on integration of theories of crime and deviance", pp. 23-36 in Steven Messner, Marvin D. Krohn, and Allen

Liska (Eds.), *Theoretical Integration in the Study of Crime and Deviance: Problems and Prospects.* Albany, NY: State University of New York Press.

1990 "Rational choice, deterrence, and social learning theory: The path not taken", *Journal of Criminal Law & Criminology,* 81: 653-676.

1991 "Self-control as a general theory of crime", *Journal of Quantitative Criminology,* 7: 201-211.

1992 *Drugs, Alcohol, and Society: Social Structure, Process and Policy.* Belmont, CA: Wadsworth.

1996 "Is differential association/social learning cultural deviance theory?", *Criminology,* 34: 229-248.

1998 *Social Learning and Social Structure: A General Theory of Crime and Deviance.* Boston, MA: Northeastern University Press.

1999 "Social learning and social structure: Reply to Sampson, Morash, and Krohn", *Theoretical Criminology,* 3: 477-493.

2005 "Sociological theory and practice: The case of criminology", *Journal of Applied Sociology/Sociological Practice,* 22(7): 24-41.

2006 "Commentary on Part I: Theory and research in the sociology and social psychology of crime and deviance", pp. 137-155 in Mathieu Deflem (Ed.), *Sociological Theory and Criminological Research: Views from Europe and the United States.* Oxford: Oxford University Press.

2008 "Self-control and social learning theory", pp. 77-89 in Erich Goode (Ed.), *Out of Control: Assessing the General Theory of Crime.* Stanford, CA: Stanford University Press.

2009 *Social Learning and Social Structure: A General Theory of Crime and Deviance.* New Brunswick, NJ: Transaction.

2010 "Nothing is as practical as a good theory: Social learning theory and the treatment and prevention of delinquency", pp. 84-105 in Hugh D. Barlow and Scott H. Decker (Eds.), *Criminology and Public Policy: Putting Theory to Work.* Philadelphia, PA: Temple University Press.

Akers, Ronald L. and Adam Silverman

2004 "Toward a social learning model of violence and terrorism", pp. 19-35 in Margaret A. Zahn, Henry H. Brownstein, and Shelly L. Jackson (Eds.), *Violence: From Theory to Research.* Cincinnati, OH: Lexis Nexis-Anderson.

Akers, Ronald L. and Anthony J. La Greca

1991 "Alcohol use among the elderly: Social Learning, community context, and life events", pp. 242-262 in David J. Pittman and Helene Raskin White (Eds.), *Society, Culture, and Drinking Patterns Re-examined.* New Brunswick, NJ: Rutgers Center of Alcohol Studies.

Akers, Ronald L. and Gang Lee

1996 "A longitudinal test of social learning theory: Adolescent smoking", *Journal*

of Drug Issues, 26: 317-343.
1999 "Age, social learning, and social bonding in adolescent substance use", *Deviant Behavior*, 19: 1-25.

Akers, Ronald L. and Gary F. Jensen
2006 "The empirical status of social learning theory of crime and deviance: The past, present, and future", pp. 37-76 in Francis T. Cullen, John Paul Wright, and Kristie R. Blevins (Eds.), *Taking Stock: The Status of Criminology Theory. Advances in Criminological Theory.* Volume 15. New Brunswick, NJ: Transaction.

Akers, Ronald L. and Gary F. Jensen (Eds.)
2003 *Social Learning Theory and the Explanation of Crime: A Guide for the New Century. Advances in Criminological Theory.* Volume 11. New Brunswick, NJ: Transaction.

Akers, Ronald L. and John K. Cochran
1985 "Adolescent marijuana use: A test of three theories of deviant behavior", *Deviant Behavior*, 6: 323-346.

Akers, Ronald L. and Richard Hawkins
1975 *Law and Control in Society.* Englewood Cliffs, NJ: Prentice Hall.

Akers, Ronald L. and Ross Matsueda
1989 "Donald Cressey: An intellectual portrait of a criminologist", *Sociological Inquiry*, 29: 423-438.

Akers, Ronald L. and Wesley G. Jennings
2009 "The social learning theory of crime and deviance", pp. 103-120 in Marvin Krohn, Alan Lizotte, and Gina Penly Hall (Eds.), *Handbook on Crime and Deviance.* New York, NY: Springer.
2015 "Social learning theory", pp. 230-240 in Alex R. Piquero (Ed.), *Handbook of Criminological Theory.* Malden: MA: Wiley-Blackwell.
2019 "The social learning theory of crime and deviance", pp. 113-129 in Marvin Krohn, Alan Lizotte, Gina Penly Hall, & Nicole Hendrix (Eds.), *Handbook on Criminology and Deviance.* Second Edition. New York: Springer.

Akers, Ronald L., Anthony J. La Greca, John K. Cochran, and Christine S. Sellers
1989 "Social learning theory and alcohol behavior among the elderly", *Sociological Quarterly*, 30: 625-638.

Akers, Ronald L., Lonn Lanza-Kaduce, Paul Cromwell, and Roger Dunham
1994 "Hurricane Andrew: Exploring its impact on law and social control", Paper presented at the annual meetings of the American Society of Criminology, Miami, FL, November.

Akers, Ronald L., Marvin D. Krohn, Lonn Lanza-Kaduce, and Marcia Radosevich

1979 "Social learning and deviant behavior: A specific test of a general theory", *American Sociological Review*, 44: 635-655.

Akins, Scott, Chad L. Smith, and Clayton Mosher

2010 "Pathways to adult alcohol abuse across racial/ethnic groups: An application of general strain and social learning theories", *Journal of Drug Issues*, 40: 321-352.

Akins, J. K., and Thomas Winfree Jr

2017 "Social learning theory and becoming a terrorist: New challenges for a general theory", pp. 133-149 in Gary LaFree and J. D. Freilich (Eds.), *The Handbook of the Criminology of Terrorism*, Malden, MA: Wiley Blackwell.

Alexander, Jeffrey C., Bernhard Giesen, Richard Münch, and Neil J. Smelser (Eds.)

1987 *The Micro-Macro Link*. Berkeley, CA: University of California Press.

Aliverdinia, Akbar and William Alex Pridemore

2007 "A first glimpse at narcotics offenders in an Islamic republic: A test of an integrated model of drug involvement among a sample of men incarcerated for drug offenses in Iran", *Criminal Justice Review*, 17: 27-44.

Alix, Ernest K.

1978 *Ransom Kidnapping in America, 1874-1974: The Creation of a Capital Crime*. Carbondale, IL: Southern Illinois Press.

American Correctional Association

1990 *The Female Offender: What Does the Future Hold?* Washington, DC: St. Mary's Press.

Andenaes, Johannes

1971 "The moral of educative influence of criminal law", *Journal of Social Issues*, 24: 17-31.

Andersen, Tia Stevens

2015 "Race, ethnicity, and structural variations in youth risk of arrest: Evidence from a national longitudinal sample", *Criminal Justice and Behavior*, 42: 900-916.

Andersen, Tia S., and Heather M. Ouellette

2019 "Juvenile court outcomes following youth's first arrest: A national test of the racial and ethnic threat hypothesis", *Crime and Delinquency*, 65: 183-214.

Anderson, Elijah

1994 "The code of the streets", *Atlantic Monthly*, 273: 81-94.

1999 *Code of the Street: Decency, Violence, and the Moral Life of the Inner City*. New York, NY: Norton.

2009 *Against the Wall: Poor, Young, Black, and Male.* Philadelphia, PA: University of Pennsylvania Press.

Anderson, Kevin

1991 "Radical criminology and the overcoming of alienation: Perspectives from Marxian and Gandhian humanism", pp. 14-30 in Harold E. Pepinsky and Richard Quinney (Eds.), *Criminology as Peacemaking.* Bloomington, IN: Indiana University Press.

Anderson, Linda S., Theodore G. Chiricos, and Gordon P. Waldo

1977 "Formal and informal sanctions: A comparison of deterrent effects", *Social Problems*, 25: 103-112.

Andresen, Martin A.

2010 "The place of environmental criminology within criminological thought", pp. 5-28 in Martin A. Andresen, Paul J. Brantingham, and J. Bryan Kinney (Eds.), *Classics in Environmental Criminology.* Boca Raton, FL: CRC Press.

Andrews, D. A.

1980 "Some experimental investigations of the principles of differential association through deliberate manipulations of the structure of service systems", *American Sociological Review*, 45: 448-462.

Andrews, D. A. and James Bonta

1998 *The Psychology of Criminal Conduct.* Second Edition. Cincinnati, OH: Anderson.

2003 *The Psychology of Criminal Conduct.* Third Edition. Cincinnati, OH: Anderson.

Andrews, Kenneth H. and Denise B. Kandel

1979 "Attitude and behavior: A specification of the contingent consistency hypothesis", *American Sociological Review*, 44: 298-310.

Antonaccio, Olena and Charles R. Tittle

2007 "A cross-national test of Bonger's theory of criminality and economic conditions", *Criminology*, 45: 925-958.

Antonaccio, Olena, Charles R. Tittle, Ekaterina Botchkovar, and Maria Kranidiotis

2010 "The correlates of crime and deviance: Additional evidence", *Journal of Research in Crime & Delinquency*, 47: 297-328.

Anwar, Shamena and Thomas A. Loughran

2011 "Testing a Bayesian learning theory of deterrence among serious juvenile offenders", *Criminology*, 49: 667-698.

Aos, Steve, and Elizabeth Drake

2013 *Prison, Police, and Programs: Evidence-Based Options that Reduce Crime and Save Money.* Olympia: Washington State Institute for Public Policy.

Applin, Samantha and Steven F. Messner

2015 "Her American dream: Bringing gender into institutional-anomie theory",

Feminist Criminology, 10: 36-59.

Ardelt, Monika and Laurie Day

2002 "Parents, siblings, and peers: Close social relationships and adolescent deviance", *Journal of Early Adolescence*, 22: 310-349.

Ariel, Barak, and Justice Tankebe

2018 "Racial stratification and multiple outcomes in police stops and searches", *Policing and Society*, 28:507-525.

Armstrong, Todd A. and Brian B. Boutwell

2012 "Low resting heart rate and rational choice: Integrating biological correlates of crime in criminological theories", *Journal of Criminal Justice*, 40: 31-39.

Armstrong, Todd A., Shawn Keller, Travis W. Franklin, and Scott N. MacMillan

2009 "Low resting heart rate and antisocial behavior: A brief review of evidence and preliminary results from a new test", *Criminal Justice and Behavior*, 36: 1125-1140.

Arneklev, Bruce J., Harold G. Grasmick, and Robert Bursik, Jr.

1999 "Evaluating the dimensionality and invariance of 'low self-control'", *Journal of Quantitative Criminology*, 15: 307-331.

Arnold, Regina A.

1990 "Women of color: Processes of victimization and criminalization of Black women", *Social Justice*, 17: 153-166.

Arnold, Robert

1970 "Mobilization for youth: Patchwork or solution?", pp. 448-453 in Harwin L. Voss (Ed.), *Society, Delinquency, and Delinquent Behavior*. Boston, MA: Little, Brown.

Arrigo, Bruce A.

2000 "Social justice and critical criminology: On integrating knowledge", *Contemporary Justice Review*, 3: 7-37.

Aseltine, Robert H. Jr., Susan Gore, and Jennifer Gordon

2000 "Life stress, anger and anxiety, and delinquency: An empirical test of general strain theory", *Health and Social Behavior*, 41: 256-275.

Avakame, Edem F.

1997 "Modeling the patriarchal factor in juvenile delinquency: Is there room for peers, church, and television?", *Criminal Justice and Behavior*, 24: 477-494.

Baier, Colin and Bradley R. E. Wright

2001 "'If you love me, keep my commandments': A meta-analysis of the effect of religion on crime", *Journal of Research in Crime & Delinquency*, 38: 3-21.

Balbus, Isaac D.

1977 "Commodity form and legal form: An essay on the 'relative autonomy' of the state", *Law & Society Review*, 11: 571-588.

Balkan, Sheila, Ronald J. Berger, and Janet Schmidt

1980 *Crime and Deviance in America: A Critical Approach.* Belmont, CA: Wadsworth.

Ball, Harry V. and George O. Simpson

1962 "Law and social change: Summer reconsidered", *American Journal of Sociology*, 67: 532-540.

Ball, John C.

1955 "The deterrent concept in criminology and the law", *Journal of Criminal Law, Criminology, and Police Science*, 46: 349-354.

Ball, Richard A.

1968 "An empirical exploration of neutralization theory", pp. 255-265 in Mark Lefton, James K. Skipper, and Charles H. McCaghy (Eds.), *Approaches to Deviance.* New York, NY: Appleton-Century-Crofts.

Bandura, Albert

1969 *Principles of Behavior Modification.* New York, NY: Holt, Rinehart & Winston.

1973 *Aggression: A Social Learning Analysis.* Englewood Cliffs, NJ: Prentice Hall.

1977a "Self-efficacy: Toward a unifying theory of behavioral change", *Psychological Review*, 84: 191-215.

1977b *Social Learning Theory.* Englewood Cliffs, NJ: Prentice Hall.

1986 *Social Foundations of Thought and Action: A Social Cognitive Theory.* Englewood Cliffs, NJ: Prentice Hall.

1990 "Selective activation and disengagement of moral control", *Journal of Social Issues*, 46: 27-46.

Bandura, Albert and Richard H. Walters

1963 *Social Learning and Personality Development.* New York, NY: Holt, Rinehart & Winston.

Bao, Wan-Ning, Ain Haas, and Yijun Pi

2004 "Life strain, negative emotions, and delinquency: An empirical test of general strain theory in the People's Republic of China", *International Journal of Offender Therapy and Comparative Criminology*, 48: 281-297.

2007 "Life strain, coping, and delinquency in the People's Republic of China: An empirical test of general strain theory from a matching perspective in social support", *International Journal of Offender Therapy and Comparative Criminology*, 51: 9-24.

Barak, Gregg

1991 "Homelessness and the case for community bases initiatives: The emergence of a model shelter as a short-term response to the deepening crisis in housing", pp. 47-68 in Harold E. Pepinsky and Richard Quinney (Eds.), *Criminology as Peacemaking.* Bloomington, IN: Indiana University

Press.

Barak, Gregg (Ed.)

1994 *Media, Process, and the Social Construction of Crime.* New York, NY: Garland.

Barak, Gregg, Paul S. Leighton, and Jeanne M. Flavin

2010 *Class, Race, Gender, and Crime: The Social Realities of Justice in America.* Lanham, MD: Rowman & Littlefield.

Barlow, David, Melissa Hickman Barlow, and Wesley Johnson

1996 "The political economy of criminal justice policy: A time-series analysis of economic conditions, crime, and federal criminal justice legislation, 1948-1987", *Justice Quarterly*, 13: 223-242.

Barlow, Hugh D.

1995 "Introduction: Public policy and the explanation of crime", pp. 1-14 in Hugh D. Barlow (Ed.), *Crime and Public Policy: Putting Theory to Work.* Boulder, CO: Westview.

Barlow, Hugh D. and Theodore N. Ferdinand

1992 *Understanding Delinquency.* New York, NY: HarperCollins.

Barnes, J. C. and Brian B. Boutwell

2012 "On the relationship of past to future involvement in crime and delinquency: A behavior genetic analysis", *Journal of Criminal Justice*, 40: 94-102.

Barnes, J. C. and Kevin M. Beaver

2012 "Extending research on the victim-offender overlap: Evidence from a genetically informed analysis", *Journal of Interpersonal Violence*, 27: 3299-3321.

Barnes, J. C., Brian B. Boutwell, and Kevin M. Beaver

2016a "Contemporary biosocial criminology: A systematic review of the literature, 2000-2012", pp. 75-99 in Alex R. Piquero (Ed.), *The Handbook of Criminological Theory.* Chichester, UK: Wiley & Sons.

2016b "Identifying the 'truly disadvantaged': A comprehensive biosocial approach", *International Journal of Behavioral Development*, 40:213-223.

Barnes, J. C., Brian B. Boutwell, and Kathleen A. Fox

2012 "The effect of gang membership on victimization: A behavioral genetic explanation", *Youth Violence and Juvenile Justice*, 10: 227-244.

Barnes, J. C., John P. Wright, Brian B. Boutwell, Joseph A. Schwartz, Eric J. Connolly, Joseph L. Nedelec, and Kevin M. Beaver

2014 "Demonstrating the validity of twin research in criminology", *Criminology*, 52: 588-626.

Barnes, J. C., Kevin M. Beaver, and Brian B. Boutwell

2011 "Examining the genetic underpinnings to Moffitt's developmental taxonomy: A behavioral genetic analysis", *Criminology*, 49: 923-954.

Baron, Reuben M. and David A. Kenny

1986 "The moderator-mediator distinction in social psychological research: Conceptual, strategic, and statistical considerations", *Journal of Personality and Social Psychology*, 51: 1173-1182.

Baron, Stephen W.

2007 "Street youth, gender, financial strain, and crime: Exploring Broidy and Agnew's extension to general strain theory", *Deviant Behavior*, 28: 273-302.

2009 "Street youths' violent responses to violent personal, vicarious, and anticipated strain", *Journal of Criminal Justice*, 37: 442-451.

2010 "Street youths' control imbalance and soft and hard drug use", *Journal of Criminal Justice*, 38: 903-912.

2015 "Differential social support, differential coercion, and organized criminal activities", *Justice Quarterly*, 32:1089-1117.

2017 "It's more than the code: Exploring factors that moderate the street code's relationship with violence". *Justice Quarterly*, 34:491-516.

Baron, Stephen W. and David R. Forde

2007 "Street youth crime: A test of control balance theory", *Justice Quarterly*, 24: 335-355.

Bartusch, Dawn Jeglum and Ross L. Matsueda

1996 "Gender, reflected appraisals, and labeling: A cross-group test of an inter-actionist theory of delinquency", *Social Forces*, 75: 145-176.

Bartusch, Dawn Jeglum, Donald R. Lynam, Terrie A. Moffitt, and Phil A. Silva

1997 "Is age important? Testing a general versus a developmental theory of antisocial behavior", *Criminology*, 35: 375-406.

Bates, Kristin A., Christopher D. Bader, and F. C. Mencken

2003 "Family structure, power-control theory, and deviance: Extending power-control theory to include alternative family forms", *Western Criminology Review*, 4: 170-190.

Battin, Sara R., Karl G. Hill, Robert D. Abbott, Richard F. Catalano, and J. David Hawkins

1998 "The contribution of gang membership to delinquency: Beyond delinquent friends", *Criminology*, 36: 93-115.

Batton, Candice and Gary Jensen

2002 "Decommodification and homicide rates in the 20th century United States", *Homicide Studies*, 6: 6-38.

Batton, Candice and Robbin S. Ogle

2003 "'Who's it gonna be-You or me?' The potential of social learning for integrated homicide-suicide theory", pp. 85-108 in Ronald L. Akers and Gary F. Jensen (Eds.), *Social Learning Theory and the Explanation of Crime: A Guide for the New Century. Advances in Criminological Theory.*

Volume 11. New Brunswick, NJ: Transaction.

Baumer, Eric P.

1994 "Poverty, crack, and crime: A cross-city analysis", *Journal of Research in Crime & Delinquency*, 31: 311-327.

Baumer, Eric P. and Regan Gustafson

2007 "Social organization and instrumental crime: Assessing the empirical validity of classic and contemporary anomie theories", *Criminology*, 45: 617-663.

Bazemore, Gordon and Mara Schiff (Eds.)

2001 *Restorative Community Justice: Repairing Harm and Transforming Communities.* Cincinnati, OH: Anderson.

Bazemore, Gordon and Mark Umbreit

1998 *Guide for Implementing the Balanced and Restorative Justice Model.* Washington, DC: U.S. Department of Justice, Office of Juvenile Justice and Delinquency Prevention.

Bazemore, Gordon and Susan E. Day

1996 "Restoring the balance: Juvenile and community justice", *Juvenile Justice*, 3: 3-14.

Beaver, Kevin M.

2008 "Nonshared environmental influences on adolescent delinquent involvement and adult criminal behavior", *Criminology*, 46: 341-369.

2009 *Biosocial Criminology: A Primer.* Dubuque, IA: Kendall Hunt.

2011 "The effects of genetics, the environment, and low self-control on perceptions of maternal and paternal socialization: Results from a longitudinal sample of twins", *Journal of Quantitative Criminology*, 27: 85-105.

2013 *Biosocial Criminology.* Dubuque, IA: Kendall Hunt.

Beaver, Kevin M., Chris L. Gibson, Wesley G. Jennings, and Jeffrey T. Ward

2009 "A gene X environment interaction between DRD2 and religiosity in the prediction of adolescent delinquent involvement in a sample of males", *Biodemography and Social Biology*, 55: 71-81.

Beaver, Kevin M., J. C. Barnes, and Brian B. Boutwell (Eds.)

2015 *The Biosocial Versus Nurture Debate in Criminology: On the Origins of Criminal Behavior and Criminality.* Thousand Oaks, CA: Sage.

Beaver, Kevin M., John Paul Wright, Matt DeLisi, and Michael G. Vaughn

2008 "Genetic influences on the stability of low self-control: Results from a longitudinal sample of twins", *Journal of Criminal Justice*, 36: 478-485.

Beccaria, Cesare

1963 *On Crimes and Punishments.* Translated with an introduction by Henry Paolucci. New York, NY: Macmillan.

1972 "On crimes and punishment", pp. 11-24 in Sawyer F. Sylvester (Ed.), *The Heritage of Modern Criminology.* Cambridge, MA: Schenkman.

Becker, Gary S.

1968 "Crime and punishment: An economic approach", *Journal of Political Economy*, 76: 169-217.

Becker, Howard S.

1963 *Outsiders: Studies in the Sociology of Deviance.* New York, NY: Free Press.

1973 *Outsiders: Studies in the Sociology of Deviance.* Revised Edition. New York, NY: Free Press.

Bedau, Hugo (Ed.)

1964 *The Death Penalty in America.* New York, NY: Anchor.

Beirne, Piers

1979 "Empiricism and the critique of Marxism on law and crime", *Social Problems*, 26: 373-385.

1991 "Inventing criminology: The 'science of man' in Cesare Beccaria's dei delitte e delle pene(1764)", *Criminology*, 29: 777-820.

Beirne, Piers and Richard Quinney (Eds.)

1982 *Marxism and Law.* New York, NY: Wiley.

Belknap, Joanne

2015 *The Invisible Woman: Gender, Crime and Justice.* Fourth Edition. Stamford, CT: Cengage Learning.

Belknap, Joanne and Kristi Holsinger

2006 "The gendered nature of risk factors for delinquency", *Feminist Criminology*, 1: 48-71.

Bellair, Paul E.

1997 "Social interaction and community crime: Examining the importance of neighbor networks", *Criminology*, 35: 677-703.

Bellair, Paul E. and Thomas L. McNulty

2009 "Gang membership, drug selling, and violence in neighborhood context", *Justice Quarterly*, 26: 644-669.

Bellair, Paul, Vincent J. Roscigno, and Maria B. Velez

2003 "Occupational structure, social learning, and adolescent violence", pp. 197-226 in Ronald L. Akers and Gary F. Jensen (Eds.), *Social Learning Theory and the Explanation of Crime: A Guide for the New Century. Advances in Criminological Theory.* Volume 11. New Brunswick, NJ: Transaction.

Benda, Brent B.

1994 "Testing competing theoretical concepts: Adolescent alcohol consumption", *Deviant Behavior*, 15: 375-396.

Bennett, Trevor, Katy Holloway, and David P. Farrington

2006 "Does neighborhood watch reduce crime? A systematic review and meta-analysis", *Journal of Experimental Criminology*, 2: 437-458.

Benning, Stephen D., Christopher J. Patrick, Brian M. Hicks, Daniel M. Blonigen, and Robert F. Krueger

2003 "Factor structure of the Psychopathic Personality Inventory: Validity and implications for clinical assessment", *Psychological Assessment*, 15: 340-350.

Benoit, Ellen, Doris Randolph, Eloise Dunlap, and Bruce Johnson

2003 "Code switching and inverse imitation among marijuana-using crack sellers", *British Journal of Criminology*, 43: 506-525.

Benson, Michael L.

2002 *Crime and the Life Course: An Introduction*. Los Angeles, CA: Roxbury.

Benson, Michael L. and Elizabeth Moore

1992 "Are white collar and common offenders the same? An empirical and theoretical critique of a recently proposed general theory of crime", *Journal of Research in Crime & Delinquency*, 29: 251-272.

Bentham, Jeremy

1948 *An Introduction to the Principles of Morals and Legislation*. Edited with an introduction by Laurence. J. Lafleur. New York, NY: Hafner.

Ben-Yehuda, Nachman

2010 *Theocratic Democracy: The Social Construction of Religious and Secular Extremism*. New York, NY: Oxford University Press.

Ben-Yehuda, Nachman, Richard A. Brymer, Steven C. Dubin, Douglass Harper, Rosanna Hertz, and William Shaffer

1989 "Howard S. Becker: A portrait of an intellectual's sociological imagination", *Sociological Inquiry*, 59: 467-489.

Berg, Mark T., Eric A. Stewart, Rod K. Brunson, and Ronald L. Simons

2012a "Neighborhood cultural heterogeneity and adolescent violence", *Journal of Quantitative Criminology*, 28: 411-435.

2012b "The victim-offender overlap in context: Examining the role of neighborhood street culture", *Criminology*, 50: 359-390.

Bergseth, Kathleen J. and Jeff A. Bouffard

2013 "Examining the effectiveness of a restorative justice program for various types of juvenile offenders", *International Journal of Offender Therapy and Comparative Criminology*, 57: 1054-1075.

Bernard, April

2013 "The intersectional alternative: Explaining female criminality", *Feminist Criminology*, 8: 3-19.

Bernard, Thomas J.

1983 *The Consensus Conflict Debate: Form and Content in Social Theories*. New York, NY: Columbia University Press.

1990 "Angry aggression among the 'truly disadvantaged'", *Criminology*, 28: 73-96.

Bernard, Thomas J. and R. Richard Ritti

1991 "The Philadelphia birth cohort and selective incapacitation", *Journal of Research in Crime & Delinquency*, 28: 33-54.

Bernard, Thomas J. and Robin Shepard Engel

2001 "Conceptualizing criminal justice theory", *Justice Quarterly*, 18: 1-30.

Bernard, Thomas J., Jeffery B. Snipes, and Alexander L. Gerould

2015 *Vold's Theoretical Criminology*. Seventh edtion. New York: Oxford University Press.

Bernburg, Jón Gunnar and Marvin D. Krohn

2003 "Labeling, life chances, and adult crime: The direct and indirect effects of official intervention in adolescence on crime in early adulthood", *Criminology*, 41: 1287-1317.

Bernburg, Jón Gunnar and Thorolfur Thorlindsson

2001 "Routine activities in social context: A closer look at the role of opportunity in deviant behavior", *Justice Quarterly*, 18: 543-568.

Bernburg, Jón Gunnar, Marvin D. Krohn, and Craig J. Rivera

2006 "Official labeling, criminal embeddedness, and subsequent delinquency: A longitudinal test of labeling theory", *Journal of Research in Crime & Delinquency*, 43: 67-88.

Bhati, Avinash Singh and Alex R. Piquero

2008 "Estimating the impact of incarceration on subsequent offending trajectories: Deterrent, criminogenic, or null effect?", *Journal of Criminal Law & Criminology*, 98: 207-253.

Bishop, Donna M. and Charles E. Frazier

1988 "The influence of race in juvenile justice processing", *Journal of Research in Crime & Delinquency*, 25: 244-263.

Bishop, Donna M. and Michael J. Leiber

2012 "Racial and ethnic differences in delinquency and justice system responses", pp. 445-484 in Barry C. Feld and Donna M. Bishop (Eds.), *Oxford Handbook of Juvenile Crime and Juvenile Justice*. New York, NY: Oxford University Press.

Bjerregaard, Beth and John K. Cochran

2008 "A cross-national test of institutional anomie theory: Do the strength of other social institutions mediate or moderate the effects of the economy on the rate of crime?", *Western Criminology Review*, 9: 31-48.

Black, Donald J.

1976 *The Behavior of Law*. New York, NY: Academic.

Blackwell, Brenda Sims

2000 "Perceived sanction threats, gender, and crime: A test and elaboration of power-control theory", *Criminology*, 38: 439-488.

Blackwell, Brenda Sims and Mark D. Reed

2003 "Power-control as a between- and within-family model: Reconsidering the unit of analysis", *Journal of Youth and Adolescence*, 32: 385-400.

Blackwell, Brenda Sims, Christine S. Sellers, and Sheila M. Schlaupitz

2002 "A power-control theory of vulnerability to crime and adolescent role exits revisited", *Canadian Review of Sociology and Anthropology*, 39: 199-218.

Blackwell, Brenda Sims, David Holleran, and Mary A. Finn

2008 "The impact of the Pennsylvania sentencing guidelines on sex differences in sentencing", *Journal of Contemporary Criminal Justice*, 24: 399-418.

Blokland, Arjan A. J., Daniel S. Nagin, and Paul Nieuwbeerta

2005 "Life span offending trajectories of a Dutch conviction cohort", *Criminology* 43: 955-988.

Bloom, Barbara, Barbara Owen, and Jill Rosenbaum

2003 "Focusing on girls and young women: A gendered perspective on female delinquency", *Women & Criminal Justice*, 14: 117-136.

Blumer, Herbert

1969 *Symbolic Interactionism: Perspective and Method*. Englewood Cliffs, NJ: Prentice Hall.

Blumstein, Alfred and Jacqueline Cohen

1979 "Estimation of individual crime rates from arrest records", *Journal of Criminal Law & Criminology*, 70: 561-585.

Blumstein, Alfred, David P. Farrington, and S. Moitra

1985 "Delinquency careers: Innocents, desisters, and persisters", pp. 137-168 in Michael Tonry and Norval Morris (Eds.), *Crime and Justice*. Volume 6. Chicago, IL: University of Chicago Press.

Blumstein, Alfred, Jacqueline Cohen, and Daniel Nagin

1978 *Deterrence and Incapacitation: Estimating the Effects of Sanctions on the Crime Rate*. Washington, DC: National Academy Press.

Blumstein, Alfred, Jacqueline Cohen, Jeffrey A. Roth, and Christy A. Visher

1986 *Criminal Careers and Career Criminals*. Washington, DC: National Academy Press.

Boeringer, Scot, Constance L. Shehan, and Ronald L. Akers

1991 "Social contexts and social learning in sexual coercion and aggression: Assessing the contribution of fraternity membership", *Family Relations*, 40: 558-564.

Bohm, Robert M.

1982 "Radical criminology: An explication", *Criminology*, 19: 565-589.

Boisvert, Danielle, John Paul Wright, Valerie Knopik, and Jamie Vaske

2012 "Genetic and environmental overlap between low self-control and delinquency", *Journal of Quantitative Criminology*, 28: 477-507.

Boman, John H.

2017 "Do birds of a feather really flock together? Friendships, self-control similarity and deviant behavior", *British Journal of Criminology*, 57: 1208-1229.

Boman, John H., and Thomas J. Mowen

2018 "Same feathers, different flocks: Breaking down the meaning of 'behavioral homophily' in the etiology of crime", *Journal of Criminal Justice*, 54: 30-40.

Bonger, Willem

1916/1969 *Criminality and Economic Conditions*. Abridged with an introduction by Austin T. Turk. Bloomington, IN: Indiana University Press.

Bontrager, Stephanie, Kelle Barrick, and Elizabeth Stupi

2013 "Gender and sentencing: A meta-analysis of contemporary research", *Journal of Gender, Race and Justice*, 16: 349-372.

Booth, Alan and D. Wayne Osgood

1993 "The influence of testosterone on deviance in adulthood: Assessing and explaining the relationship", *Criminology*, 31: 93-117.

Bordua, David J.

1967 "Recent trends: Deviant behavior and social control", *Annals*, 369: 149-163.

Boritch, Helen and John Hagan

1990 "A century of crime in Toronto: Gender, class, and patterns of social control, 1859 to 1955", *Criminology*, 28: 567-600.

Bossler, Adam M., Thomas J. Holt, and David C. May

2012 "Predicting online harassment victimization among a juvenile population", *Youth & Society*, 44: 500-523.

Botchkovar, Ekaterina V. and Charles R. Tittle

2005 "Crime, shame, and reintegration in Russia", *Theoretical Criminology*, 9: 401-442.

2008 "Delineating the scope of reintegrative shaming theory: An explanation of contingencies using Russian data", *Social Science Research*, 37: 703-720.

Botchkovar, Ekaterina V. and Lisa Broidy

2013 "Accumulated strain, negative emotions, and crime: A test of general strain theory in Russia", *Crime & Delinquency*, 59: 837-860.

Botchkovar, Ekaterina V., Charles R. Tittle, and Olena Antonaccio

2009 "General strain theory: Additional evidence using cross-cultural data", *Criminology*, 47: 131-176.

Bottcher, Jean

2001 "Social practices of gender: How gender relates to delinquency in the everyday lives of high-risk youths", *Criminology*, 39: 893-932.

Botvin, Gilbert J., Eli Baker, Linda Dusenbury, Elizabeth M. Botvin, and Tracy Diaz

1995 "Long-term follow-up results of a randomized drug abuse prevention trial in a White middle class population", *Journal of the American Medical Association*, 273: 1106-1118.

Bouffard, Jeffrey A. and Stephen K. Rice

2011 "The influence of the social bond on self-control at the moment of decision: Testing Hirschi's redefinition of self-control", *American Journal of Criminal Justice*, 36: 138-157.

Bourque, Blair B., Mei Han, and Sarah M. Hill

1996 *A National Survey of Aftercare Provisions for Boot Camp Graduates*. National Institute of Justice Research in Brief. Washington, DC: U.S. Department of Justice, National Institute of Justice.

Boutwell, Brian B., Cortney A. Franklin, J. C. Barnes, Amanda K. Tamplin, Kevin M. Beaver, and Melissa Petkovsek

2013 "Unraveling the covariation of low self-control and victimization: A behavior genetic approach", *Journal of Adolescence*, 36: 657-666.

Bowker, Lee H. with Meda Chesney-Lind and Joy Pollock

1978 *Women, Crime, and the Criminal Justice System*. Lexington, MA: Lexington.

Box, Steven and Chris Hale

1984 "Liberation/emancipation, economic marginalization, or less chivalry", *Criminology*, 22: 473-498.

Bradshaw, Catherine P., Christine W. Koth, Katherine B. Bevans, Nicholas Ialongo, and Philip Leaf

2008 "The impact of school-wide positive behavioral interventions and supports (PBIS) on the organizational health of elementary schools", *School Psychology Quarterly*, 23: 462-473.

Bradshaw, Catherine, Christine Koth, Leslie Thornton, and Philip Leaf

2009 "Altering school climate through school-wide positive behavioral interventions and supports: Findings from a group-randomized effectiveness trial", *Prevention Science*, 10: 100-115.

Bradshaw, Catherine, Mary Mitchell, and Philip Leaf

2010 "Examining the effects of schoolwide positive behavioral interventions and supports on student outcomes", *Journal of Positive Behavior Interventions*, 12: 133-148.

Bradshaw, Catherine, Elise Pas, Asha Goldweber, Michael Rosenberg, and Philip Leaf

2012 "Integrating school-wide positive behavioral interventions and supports with Tier 2 coaching to student support teams: The PBISplus Model", *Advances in School Mental Health Promotion*, 5: 177-193.

Bradshaw, Catherine, Tracy Waasdorp, and Philip Leaf
2012 "Effects of school-wide positive behavioral interventions and supports on child behavior problems", *Pediatrics*, 130: e1136-e1145.
Braga, Anthony Allen and Ronald V. Clarke
2014 "Explaining high-risk concentrations of crime in the city: Social disorganization, crime opportunities, and important next steps", *Journal of Research in Crime & Delinquency*, 51: 480-498.
Braithwaite, John
1989 *Crime, Shame, and Reintegration*. Cambridge, UK: Cambridge University Press.
1995 "Reintegrative shaming, republicanism, and policy", pp. 191-204 in Hugh Barlow (Ed.), *Crime and Public Policy: Putting Theory to Work*. Boulder, CO: Westview.
1997 "Charles Tittle's control balance and criminological theory", *Theoretical Criminology*, 1: 77-97.
2002 *Restorative Justice and Responsive Regulation*. New York, NY: Oxford University Press.
Braithwaite, John and Peter Drahos.
2002 "Zero tolerance, naming and shaming: Is there a case for it with crimes of the powerful?", *Australian & New Zealand Journal of Criminology*, 35: 269-288.
Braithwaite, John, Eliza Ahmed, and Valerie Braithwaite
2006 "Shame, restorative justice, and crime", pp. 397-412 in Frnacis T. Cullen, John Paul Wright, and Kristie R. Blevins (Eds.), *Taking Stock: The Status of Criminological Theory. Advances in Criminological Theory*. Volume 15. New Brunswick, NJ: Transaction.
Brantingham, Paul J. and Patricia L. Brantingham
1984 *Patterns in Crime*. New York, NY: Macmillan.
2008 "Crime pattern theory", pp. 78-93 in Richard Wortley and Lorraine Mazerolle (Eds.), *Environmental Criminology and Crime Analysis*. New York, NY: Routledge.
Brauer, Jonathan R.
2009 "Testing social learning theory using reinforcement's residue: A multilevel analysis of self-reported theft and marijuana use in the National Youth Survey", *Criminology*, 47: 929-970.
Brauer, Jonathan R. and Charles R. Tittle
2012 "Social learning theory and human reinforcement", *Sociological Spectrum*, 32: 157-177.
Braukmann, Curtis J. and Montrose M. Wolf
1987 "Behaviorally based group homes for juveniles offenders", pp. 135-159 in

Edward K. Morris and Curtis J. Braukmann (Eds.), *Behavioral Approaches to Crime and Delinquency: A Handbook of Application, Research, and Concepts*. New York, NY: Plenum.

Brennan, Patricia A., Sarnoff Mednick, and Jan Volavka

1995 "Biomedical factors in crime", pp. 65-90 in James Q. Wilson and Joan Petersilia (Eds.), *Crime*. San Francisco, CA: ICS Press.

Brennan, Tim, Markus Breitennach, William Dieterich, Emily J. Salisbury, and Patricia Van Voorhis

2012 "Women's pathways to serious and habitual crime: A person-centered analysis incorporating gender responsive factors", *Criminal Justice and Behavior*, 39: 1481-1508.

Brezina, Timothy

1996 "Adapting to strain: An examination of delinquent coping responses", *Criminology*, 34: 39-60.

1998 "Adolescent maltreatment and delinquency: The question of intervening processes", *Journal of Research in Crime & Delinquency*, 35: 71-99.

2008 "Recognition denial, need for autonomy, and youth violence", *New Directions for Youth Development*, 119: 111-128.

2009 "Accounting for variation in the perceived effects of adolescent substance use: Steps towards a variable reinforcement model", *Journal of Drug Issues*, 39: 443-476.

Brezina, Timothy and Alex R. Piquero

2003 "Exploring the relationship between social and non-social reinforcement in the context of social learning theory", pp. 265-288 in Ronald L. Akers and Gary F. Jensen (Eds.), *Social Learning Theory and the Explanation of Crime: A Guide for the New Century. Advances in Criminological Theory*. Volume 11. New Brunswick, NJ: Transaction.

Brezina, Timothy, and Andia M. Azimi

2018 "Social support, loyalty to delinquent peers, and offending: An elaboration and test of the differential social support hypothesis", *Deviant Behavior*, 39: 648-663.

Brezina, Timothy, Robert Agnew, Frances T. Cullen, and John Paul Wright

2004 "A quantitative assessment of Elijah Anderson's subculture of violence thesis and its contribution to youth violence research", *Youth Violence and Juvenile Justice*, 2: 303-328.

Briar, Scott and Irving Piliavin

1965 "Delinquency, situational inducements, and commitment to conformity", *Social Problems*, 13: 35-45.

Bridges, George S. and Martha A. Myers (Eds.)

1994 *Inequality, Crime, and Social Control*. Boulder, CO: Westview.

Bridges, George S. and Robert D. Crutchfield

1988 "Law, social standing, and racial disparities in imprisonment", *Social Forces*, 66: 699-724.

Broidy, Lisa and Robert Agnew

1997 "Gender and crime: A general strain theory perspective", *Journal of Research in Crime & Delinquency*, 34: 275-305.

Broidy, Lisa M.

2001 "A test of general strain theory", *Criminology*, 39: 9-36.

Bronson, Jennifer, and Ann E. Carson

2019 *Prisoners in 2017*. Washington, DC: US Department of Justice, Office of Justice Programs, Bureau of Justice Statistics.

Brown, Eric C., Richard F. Catalano, Charles B. Fleming, Kevin P. Haggerty, and Robert D. Abbott

2005 "Adolescent substance use outcomes in the Raising Healthy Children Project: A two-part latent growth curve analysis", *Journal of Consulting and Clinical Psychology*, 73: 699-710.

Brown, Wyatt and Wesley G. Jennings

2014 "A replication and an honor-based extension of Hirschi's reconceptualization of self-control theory and crime and analogous behaviors", *Deviant Behavior*, 35: 297-310.

Browne Angela, Brenda Miller, and Eugene Maguin

1999 "Prevalence and severity of lifetime physical and sexual victimization among incarcerated women", *International Journal of Law and Psychiatry*, 22: 301-322.

Brownfield, David and Kevin Thompson

2008 "Correlates of delinquent identity: Testing interactionist, labeling, and control theory", *International Journal of Criminal Justice Sciences*, 3: 44-53.

Browning, Christopher R.

2002 "The span of collective efficacy: Extending social disorganization theory to partner violence", *Journal of Marriage and Family*, 64: 833-850.

Bruinsma, Gerben J. N.

1992 "Differential association theory reconsidered: An extension and its empirical test", *Journal of Quantitative Criminology*, 8: 29-49.

Brunk, Gregory G. and Laura Ann Wilson

1991 "Interest groups and criminal behavior", *Journal of Research in Crime & Delinquency*, 28: 157-173.

Buckler, Kevin and James D. Unnever

2008 "Racial and ethnic perceptions of injustice: Testing the core hypotheses of comparative conflict theory", *Journal of Criminal Justice*, 36: 270-278.

Buckler, Kevin, James D. Unnever, and Francis T. Cullen

2008 "Perceptions of injustice revisited: A test of Hagan et al.'s comparative conflict theory", *Journal of Crime and Justice*, 31: 35-57.

Budziszewski, J.

1997 *Written on the Heart: The Case for Natural Law*. Downers Grove, IL: Intervarsity Press.

Burgess, Ernest W.

1925 "The growth of the city: An introduction to a research project", pp. 47-62 in Robert E. Park, Ernest W. Burgess, and Roderick D. McKenzie (Eds.), *The City*. Chicago, IL: University of Chicago Press.

Burgess, Robert L. and Ronald L. Akers

1966a "A differential association reinforcement theory of criminal behavior", *Social Problems*, 14: 128-147.

1966b "Are operant principles tautological?", *Psychological Record*, 16: 305-312.

Burgess-Proctor, Amanda

2006 "Intersections of race, class, gender, and crime: Future directions for feminist criminology", *Feminist Criminology*, 1: 27-47.

Bursik, Robert J.

1988 "Social disorganization and theories of crime and delinquency: Problems and prospects", *Criminology*, 26: 519-551.

Bursik, Robert J. and Harold G. Grasmick

1993 *Neighborhoods and Crime: The Dimensions of Effective Community Control*. New York, NY: Lexington.

1995 "Neighborhoods based networks and the control of crime and delinquency", pp. 107-130 in Hugh Barlow (Ed.), *Crime and Public Policy: Putting Theory to Work*. Boulder, CO: Westview.

Burt, Callie H. and Ronald L. Simons

2014 "Pulling back the curtain on heritability studies: Biosocial criminology in the postgenomic era", *Criminology*, 52: 223-262.

2015 "Heritability studies in the postgenomic era: The fatal flaw is conceptual", *Criminology*, 53: 103-112.

Burt, Callie H., Gary Sweeten, and Ronald L. Simons

2014 "Self-control through emerging adulthood: Instability, multidimensionality, and criminological significance", *Criminology*, 52: 450-487.

Burt, Callie H., Ronald L. Simons, and Leslie G. Simons

2006 "A longitudinal test of the effects of parenting and the stability of self-control: Negative evidence for the general theory of crime", *Criminology*, 44: 353-396.

Burt, S. Alexandra, Brent Donnellan, Mikhila N. Humbad, Brian M. Hicks, Matt McGue, and William G. Iacono

2010 "Does marriage inhibit antisocial behavior? An examination of selection vs. causation via a longitudinal twin design", *Archives of General Psychiatry*, 67: 1309-1315.

Burton, Velmer S. Jr. and Francis T. Cullen

1992 "The empirical status of strain theory", *Journal of Crime and Justice*, 15: 1-30.

Burton, Velmer S. Jr., Frances Cullen, David Evans, and R. Gregory Dunaway

1994 "Reconsidering strain theory: Operationalization, rival theories, and adult criminality", *Journal of Quantitative Criminology*, 10: 213-239.

Bushway, Shawn and Peter Reuter

2008 "Economists' contribution to the study of crime and the criminal justice system", *Crime and Justice*, 37: 389-451.

Bushway, Shawn D., Alex R. Piquero, Lisa M. Broidy, Elizabeth Cauffman, and Paul Mazerolle

2001 "An empirical framework for studying desistance as a process", *Criminology*, 39: 491-515.

Bushway, Shawn D., Terrance P. Thornberry, and Marvin D. Krohn

2003 "Desistance as a developmental process: A comparison of static and dynamic approaches", *Journal of Quantitative Criminology*, 19: 129-153.

Bynum, Jack E. and William E. Thompson

1992 *Juvenile Delinquency: A Sociological Approach.* Boston, MA: Allyn & Bacon.

Cain, Maureen

1990 "Realist philosophy and the standpoint epistemologies or feminist criminology as successor science", pp. 124-140 in Loraine Gelsthorpe and Allison Morris (Eds.), *Feminist Perspectives in Criminology.* Philadelphia, PA: Open Press.

Cantillon, Dan, William S. Davidson, and John H. Schweitzer

2003 "Measuring community social organization: Sense of community as a mediator in social disorganization theory", *Journal of Criminal Justice*, 31: 321-339.

Capaldi, D. M., P. Chamberlain, and G. R. Patterson

1997 "Ineffective discipline and conduct problems in males: Association, late adolescent outcomes, and prevention", *Aggression and Violent Behavior*, 2: 343-353.

Capowich, George E., Paul Mazerolle, and Alex R. Piquero

2001 "General strain theory, situational anger, and social networks: An assessment of conditioning influences", *Journal of Criminal Justice*, 29: 445-461.

Cardwell, Stephanie M., Alex R. Piquero, Wesley G. Jennings, Heith Copes, Carol A. Schubert, and Edward P. Mulvey

2015 "Variability in moral disengagement and its relation to offending in a sample of serious youthful offenders", *Criminal Justice and Behavior*, 42: 819-839.

Carey, Gregory

1992 "Twin imitation for antisocial behavior: Implications for genetic and family environment research", *Journal of Abnormal Psychology*, 101: 18-22.

Carmichael, Stephanie, Lynn Langton, Gretchen Pendell, John D. Reitzel, and Alex R. Piquero

2005 "Do the experiential and deterrent effect operate differently across gender?", *Journal of Criminal Justice*, 33: 267-276.

Carmines, Edward G. and Richard A. Zeller

1979 *Reliability and Validity Assessment*. Beverly Hills, CA: Sage.

Carson, Dena C., Christopher J. Sullivan, John K. Cochran, and Kim M. Lersch

2009 "General strain theory and the relationship between early victimization and drug use", *Deviant Behavior*, 30: 54-88.

Carson, E. Ann

2018 *Prisoners in 2018*. Washington, DC: US Department of Justice, Bureau of Justice Statistics.

Caspi, Avshalom, Terrie E. Moffitt, Phil A. Silva, Magda Stouthamer Loeber, Robert F. Krueger, and Pamela S. Schmutte

1994 "Are some people crime prone? Replications of the personality crime relationship across countries, genders, races, and methods", *Criminology*, 32: 163-196.

Castellano, Thomas C. and Edmund F. McGarrell

1991 "The politics of law and order: Case study evidence for the conflict model of the criminal law formation process", *Journal of Research in Crime & Delinquency*, 28: 304-329.

Castro, Erin D., Matt R. Nobles, and Egbert Zavala

2017 "Assessing intimate partner violence in a control balance theory framework", *Journal of Interpersonal Violence*.

Catalano, Richard F. and J. David Hawkins

1996 "The social development model: A theory of antisocial behavior", pp. 149-197 in J. David Hawkins (Ed.), *Delinquency and Crime: Current Theories*. New York, NY: Cambridge University Press.

Catalano, Richard F., Jisuk Park, Tracy W. Harachi, Kevin P. Haggerty, Robert D. Abbott, and J. David Hawkins

2005 "Mediating the effects of poverty, gender, individual characteristics, and external constraints on antisocial behavior: A test of the Social Development Model and Implications for developmental life-course theory", pp. 93-124 in David Farrington (Ed.), *Integrated Developmental & Life Course Theories of Offending. Advances in Criminological Theory*. Volume 14. New Brunswick, NJ: Transaction.

Catalano, Richard F., Rick Kosterman, J. David Hawkins, Robert D. Abbott, and Michael D. Newcomb

1996 "Modeling the etiology of adolescent substance use: A test of the social development model", *Journal of Drug Issues*, 26: 429-456.

Cattell, Raymond

1965 *The Scientific Analysis of Personality*. Baltimore, MD: Penguin Books.

Cernkovich, Stephen and Peggy Giordano

1992 "School bonding, race, and delinquency", *Criminology*, 30: 261-291.

Chalfin, Aaron, Amelia M. Haviland, and Steven Raphael

2013 "What do panel studies tell us about a deterrent effect of capital punishment? A critique of the literature", *Journal of Quantitative Criminology*, 29: 5-43.

Chalidze, Valery

1977 *Criminal Russia: Crime in the Soviet Union*. New York, NY: Random House.

Chamberlain, Alyssa W., and John R. Hipp

2015 "It's all relative: Concentrated disadvantage within and across neighborhoods and communities, and the consequences for neighborhood crime", *Journal of Criminal Justice*, 43: 431-443.

Chamberlain, Patricia, Philip A. Fisher, and Kevin Moore

2002 "Multidimensional treatment foster care: Applications of the OSLC intervention model to high risk youth and their families", pp. 203-218 in John B. Reid, Gerald R. Patterson, and James Snyder (Eds.), *Antisocial Behavior in Children and Adolescents: A Developmental Analysis and Model for Intervention*. Washington, DC: American Psychological Association.

Chambliss, William J.

1964 "A sociological analysis of the law of vagrancy", *Social Problems*, 12: 67-77.

1974 "The state, the law, and the definition of behavior as criminal or delinquent", pp. 7-43 in Daniel Glaser (Ed.), *Handbook of Criminology*. Chicago, IL: Rand McNally.

1988 *Exploring Criminology*. New York, NY: Macmillan.

1994 "Policing the ghetto underclass: The politics of law and law enforcement", *Social Problems*, 41: 177-194.

Chambliss, William J. (Ed.)

1969 *Crime and the Legal process*. New York, NY: McGraw-Hill.

1975 *Criminal Law in Action*. Santa Barbara, CA: Hamilton.

Chambliss, William J. and Robert B. Seidman

1971 *Law, Order, and Power*. Reading, MA: Addison-Wesley.

1982 *Law, Order, and Power*. Second Edition. Reading, MA: Addison-Wesley.

Chamlin, Mitchell B.

2009 "Threat to whom? Conflict, consensus, and social control", *Deviant Behavior*, 30: 539-559.

Chamlin, Mitchell B. and John K. Cochran

1995 "Assessing Messner and Rosenfeld's institutional-anomie theory: A partial test", *Criminology*, 33: 411-429.

2000 "Race riots and robbery arrests: Toward a direct test of the threat hypothesis", *Social Pathology*, 6: 83-101.

2007 "An evaluation of the assumptions that underlie institutional anomie theory", *Theoretical Criminology*, 11: 39-61.

Chapman, Jane R.

1980 *Economic Realities and the Female Offender*. Lexington, MA: Lexington.

Chappell, Allison T. and Alex R. Piquero

2004 "Applying social learning theory to police misconduct", *Deviant Behavior*, 25: 89-108.

Chapple, Constance L., Julia A. McQuillan, and Terceira A. Berdahl

2005 "Gender, social bonds, and delinquency: a comparison of boys' and girls' models", *Social Science Research*, 34: 357-383.

Charles, Kerwin K. and Steven N. Durlauf

2013 "Pitfalls in the use of time series methods to study deterrence and capital punishment", *Journal of Quantitative Criminology*, 29: 45-66.

Charney, Evan

2012 "Behavior genetics and postgenomics", *Behavioral and Brain Sciences*, 35: 331-358.

Chase-Dunn, Christopher K.

1980 "Socialist states in the capitalist world economy", *Social Problems*, 27: 505-525.

Chen, Xiaojin

2010 "Desire for autonomy and adolescent delinquency: A latent growth curve analysis", *Criminal Justice and Behavior*, 37: 989-1004

Chesney-Lind, Meda

1988 "Girls in jail", *Crime & Delinquency*, 34: 150-168.

1989 "Girls' crime and woman's place: Toward a feminist model of female delinquency", *Crime & Delinquency*, 35: 5-29.

Chesney-Lind, Meda and Karlene Faith

2001 "What about feminism? Engendering theory-making in criminology", pp. 287-302 in Raymond Paternoster and Ronet Bachman (Eds.), *Explaining Criminals and Crime*. Los Angeles, CA: Roxbury.

Chesney-Lind, Meda, and Merry Morash

2013 "Transformative feminist criminology: A critical re-thinking of a discipline",

Critical Criminology, 21:287-304.

Chesney-Lind, Meda, and Merry Morash (Eds.)

2011 *Feminist Theories of Crime*. Farnham, UK: Ashgate.

Chesney-Lind, Meda and Lisa Pasko

2013 *The Female Offender: Girls, Women, and Crime*. 3d ed. Thousand Oaks, CA: Sage.

Chesney-Lind, Meda and Noelie Rodriguez

1983 "Women under lock and key: A view from the inside", *The Prison Journal*, 63: 47-65.

Chesney-Lind, Meda and Randall G. Shelden

2004 *Girls, Delinquency, and Juvenile Justice*. Third Edition. Belmont, CA: Wadsworth/Thomson Learing.

Chetty, Raj, Nathaniel Hendren, and Lawrence F. Katz

2016 "The effects of exposure to better neighborhoods on children: New evidence from the Moving to Opportunity Experiment", *American Economic Review*, 106: 855-902.

Chiricos, Ted, Kelle Barrick, William Bales, and Stephanie Bontrager

2007 "The labeling of convicted felons and its consequences for recidivism", *Criminology*, 45: 547-581.

Chiricos, Theodore G. and Gordon P. Waldo

1970 "Punishment and crime: An examination of some empirical evidence", *Social Problems*, 18: 200-217.

Chiricos, Theodore G., Kathy Padgett, and Marc Gertz

2000 "Fear, TV news, and the reality of crime", *Criminology*, 38: 755-785.

Chiricos, Theodore G. and Miriam A. DeLone

1992 "Labor surplus and punishment: A review and assessment of theory and evidence", *Social Problems*, 39: 421-446.

Clark, Robert

1972 *Reference Group Theory and Delinquency*. New York, NY: Behavioral Publications.

Clarke, Ronald V. and John E. Eck

2005 *Crime Analysis for Problem Solvers in 60 Small Steps*. Washington, DC: Office of Community Oriented Policing Services, U.S. Department of Justice.

Clarke, Ronald V. and Marcus Felson

2011 "The origins of the routine activity approach and situational crime prevention", pp.245-260 in Francis T. Cullen, Cheryl Lero Jonson, Andrew J. Myer, and Freda Adler (Eds.), *The Origins of American Criminology. Advances in Criminological Theory*, Volume 16. Piscataway, NJ: Transaction.

Cloninger, C. Robert, Dragan M. Svrakic, and Thomas R. Przybeck

1993 "A psychobiological model of temperament and character", *Archives of*

General Psychiatry, 50: 975-990.

Cloward, Richard

1959 "Illegitimate means, anomie, and deviant behavior", *American Sociological Review*, 24: 164-177.

Cloward, Richard and Lloyd Ohlin

1960 *Delinquency and Opportunity*. Glencoe, IL: Free Press.

Cochran, John K. and Beth Bjerregaard

2012 "Structural anomie and crime: A cross-national test", *International Journal of Offender Therapy and Comparative Criminology*, 56: 203-217.

Cochran, John K. and Mitchell B. Chamlin

2000 "Deterrence and brutalization: The dual effects of executions", *Justice Quarterly*, 17: 685-706.

Cochran, John K. and Ronald L. Akers

1989 "Beyond hellfire: An exploration of the variable effects of religiosity on adolescent marijuana and alcohol use", *Journal of Research in Crime & Delinquency*, 26: 198-225.

Cochran, John K., Christine S. Sellers, Valerie Wiesbrock, and Wilson R. Palacios

2011 "Repetitive intimate partner victimization: An exploratory application of social learning theory", *Deviant Behavior*, 32: 790-817.

Cochran, John K., Jon Maskaly, Shayne Jones, and Christine S. Sellers

2017 "Using structural equations to model Akers' social learning theory with data on intimate partner violence", *Crime & Delinquency*, 63: 39-60.

Cochran, John K., Peter B. Wood, and Bruce J. Arneklev

1994 "Is the religiosity delinquency relationship spurious? A test of arousal and social control theories", *Journal of Research in Crime & Delinquency*, 31: 92-123.

Cochran, John K., Shayne Jones, Angela M. Jones, and Christine S. Sellers

2016 "Does criminal propensity moderate the effects of social learning theory variables on intimate partner violence?" *Deviant Behavior*, 37: 965-976.

Cochran, John K., Peter B. Wood, Christine S. Sellers, Wendy Wilerson, and Mitchell B. Chamlin.

1998 "Academic dishonesty and low self-control: An empirical test of a general theory of crime", *Deviant Behavior*, 19: 227-255.

Cohen, Albert K.

1955 *Delinquent Boys*. Glencoe, IL: Free Press.

Cohen, Albert K., Alfred R. Lindesmith, and Karl F. Schuessler (Eds.)

1956 *The Sutherland Papers*. Bloomington, IN: Indiana University Press.

Cohen, Geoffrey L. and Mitchell J. Prinstein

2006 "Peer contagion of aggression and health risk behavior among adolescent males: An experimental investigation of effects on public conduct and private attitudes", *Child Development*, 77: 967-983.

Cohen, Lawrence E. and Marcus Felson

1979 "Social change and crime rate trends: A routine activities approach", *American Sociological Review*, 44: 588-608.

Cohen, Lawrence E., James Kluegel, and Kenneth Land

1981 "Social inequality and predatory criminal victimization: An exposition and test of a formal theory", *American Sociological Review*, 46: 505-524.

Cohen, Mark A. and Alex R. Piquero

2009 "New evidence on the monetary value of saving a high risk youth", *Journal of Quantitative Criminology*, 25: 25-49.

Cohen, Mark A., Alex R. Piquero, and Wesley G. Jennings

2010a "Estimating the costs of bad outcomes for at-risk youth and the benefits of early childhood interventions to reduce them", *Criminal Justice Policy Review*, 21: 391-434.

2010b "Monetary costs of gender and ethnicity disaggregated group-based offending", *American Journal of Criminal Justice*, 35: 159-172.

2010c "Studying the costs of crime across offender trajectories", *Criminology & Public Policy*, 9: 279-305.

Cohn, Ellen G. and David P. Farrington

1999 "Changes in the most-cited scholars in twenty criminology and criminal justice journals between 1990 and 1995", *Journal of Criminal Justice*, 27: 345-360.

Cole, Simon A.

2001 *Suspect Identities: A History of Fingerprinting and Criminal Identifications*. Cambridge, MA: Harvard University Press.

Colvin, Mark

2000 *Crime and Coercion: An Integrated Theory of Chronic Criminality*. New York, NY: St. Martin's Press.

2007 "Applying differential coercion and social support theory to prison organizations: The case of the penitentiary of New Mexico", *The Prison Journal*, 87: 367-387.

Colvin, Mark and John Pauly

1983 "A critique of criminology: Toward an integrated structural Marxist theory of delinquency production", *American Journal of Sociology*, 89: 513-551.

Colvin, Mark, Francis T. Cullen, and Thomas Vander Ven

2002 "Coercion, social support, and crime: An emerging theoretical consensus", *Criminology*, 40: 19-42.

Conger, Rand D.

1976 "Social control and social learning models of delinquency: A synthesis",

Criminology, 14: 17-40.

Conger, Rand D. and Ronald L. Simons

1995 "Life course contingencies in the development of adolescent antisocial behavior: A matching law approach", pp. 55-99 in Terrance P. Thornberry (Ed.), *Developmental Theories of Crime and Delinquency*. New Brunswick, NJ: Transaction.

Connell, Robert W.

1987 *Gender and Power*. Stanford, CA: Stanford University Press.

Connolly, E. J., and Kevin M. Beaver

2016 "Considering the genetic and environmental overlap between bullying victimization, delinquency, and symptoms of depression/anxiety", *Journal of Interpersonal Violence*, 31: 1230-1256.

Contreras, Christopher, and John R. Hipp

2020 "Drugs, crime, and space, and time: A spatiotemporal examination of drug activity and crime rates", *Justice Quarterly*, 37: 187-209.

Cooley, Charles Horton

1902 *Human Nature and the Social Order*. New York, NY: Scribner.

Cooper, Jonathon A., Anthony Walsh, and Lee Ellis

2010 "Is criminology moving toward a paradigm shift? Evidence from a survey of the American Society of Criminology", *Journal of Criminal Justice Education*, 21: 332-347.

Cornish, Derek B. and Ronald V. Clarke (Eds.)

1986 *The Reasoning Criminal: Rational Choice Perspectives on Offending*. New York, NY: Springer.

Corrado, Raymond R., Matt DeLisi, Stephen D. Hart, and Evan C. 6

2015 "Can the causal mechanisms underlying chronic, serious, and violent offending trajectories be elucidated using the psychopathy construct?", *Journal of Criminal Justice*, 43: 251-261.

Corrado, Raymond R., Evan C. McCuish, Hart, Stephen D. Hart, and Matt DeLisi

2015 "The role of psychopathic traits and developmental risk factors on offending trajectories from early adolescence to adulthood: A prospective study of incarcerated youth", *Journal of Criminal Justice*, 43: 357-368.

Costa, Paul T. Jr. and Robert R. McCrae

1976 "Age differences in personality structure: A cluster analytic approach", *Journal of Gerontology*, 31: 564-570.

1985 *The NEO Personality Inventory Manual*. Odessa, FL: Psychological Assessment Resources.

1992 *Revised NEO Personality Inventory (NEO-PI-R) and NEO Five-Factor Inventory (NEO-FFI) Professional Manual*. Odessa, FL: Psychological Assessment Resources.

Costello, Barbara J.

2000 "Techniques of neutralization and self-esteem: A critical test of social control and neutralization theory", *Deviant Behavior*, 21: 307-330.

Costello, Barbara J., and John Laub

2020 "Social control theory: The legacy of Travis Hirschi", *Annual Review of Criminology*, 3: 321-341.

Costello, Barbara J. and Paul R. Vowell

1999 "Testing control theory and differential association: A reanalysis of the Richmond Youth Project data", *Criminology*, 37: 815-842.

Creechan, Jamens H.

1994 "A test of the general theory of crime: Delinquency and school dropouts", pp. 233-256 in James H. Creechan and Robert A. Silverman (Eds.), *Canadian Juvenile Delinquency*. Scarborough, ON: Prentice-Hall.

Cressey, Donald R.

1953 *Other People's Money*. Glencoe, IL: Free Press.

1955 "Changing criminals: The application of the theory of differential association", *American Journal of Sociology*, 61: 116-120.

1960 "Epidemiology and individual conduct: A case from criminology", *Pacific Sociological Review*, 3: 47-58.

Crew, B. Keith

1991 "Sex differences in criminal sentencing: Chivalry or patriarchy?", *Justice Quarterly*, 8: 59-84.

Crites, Laura (Ed.)

1976 *The Female Offender*. Lexington, MA: Lexington.

Cromwell, Paul F., James N. Olson, and D'Aunn Wester Avary

1991 *Breaking and Entering: An Ethnographic Analysis of Burglary*. Newbury Park, CA: Sage.

Crouch, Robert L.

1979 *Human Behavior: An Economic Approach*. North Scituate, MA: Duxbury.

Cullen, Francis T.

1983 *Rethinking Crime and Deviance Theory: The Emergence of a Structuring Tradition*. Totowa, NJ: Rowman & Allanheld.

1994 "Social support as an organizing concept for criminology: Presidential address to the Academy of Criminal Justice Sciences", *Justice Quarterly*, 11: 528-559.

Cullen, Francis T. and John Paul Wright

1997 "Liberating the anomie strain paradigm: Implications from social support theory", pp. 187-206 in Nikos Passas and Robert Agnew (Eds.), *The Future of Anomie Theory*. Boston, MA: Northeastern University Press.

Cullen, Francis T., Bonnie S. Fisher, and Brandon K. Applegate

2000 "Public opinion about punishment and corrections", *Crime and Justice: A Review of Research*, 27: 1-79.

Cullen, Francis T., Jody L. Sundt, and John F. Wozniak

2001 "The virtuous prison: Toward a restorative rehabilitation", pp. 265-286 in Henry N. Pontell and David Shichor (Eds.), *Contemporary Issues in Crime and Criminal Justice: Essays in Honor of Gilbert Geis.* Upper Saddle River, NJ: Prentice Hall.

Cullen, Francis T., John Paul Wright, Paul Cendreau, and D. A. Andrews

2003 "What correctional treatment can tell us about criminological theory: Implications for social learning theory", pp. 339-362 in Ronald L. Akers and Gary F. Jensen (Eds.), *Social Learning Theory and the Explanation of Crime: A Guide for the New Century. Advances in Criminological Theory.* Volume 11. New Brunswick, NJ: Transaction.

Cullen, Francis T., Paul Gendreau, G. Roger Jarjoura, and John Paul Wright

1997 "Crime and the bell curve: Lessons from intelligent criminology", *Crime & Delinquency*, 43: 387-411.

Curran, Daniel J. and Claire M. Renzetti

2001 *Theories of Crime.* Second Edition. Boston, MA: Allyn & Bacon.

Curry, G. David, Scott H. Decker, and Arlen Egley Jr.

2002 "Gang involvement and delinquency in a middle school population", *Justice Quarterly*, 19: 275-292.

Daigle, Leah E., Francis T. Cullen, and John Paul Wright

2007 "Gender differences in the predictors of juvenile delinquency: Assessing the generality-specificity debate", *Youth Violence and Juvenile Justice*, 5: 254-286.

D'Alessio, Stewart and Lisa Stolzenberg

1995 "Unemployment and incarceration of pretrial defendants", *American Sociological Review*, 60: 350-359.

1998 "Crime, arrests, and pretrial jail incarceration: An examination of the deterrence thesis", *Criminology*, 36: 735-762.

Daly, Kathleen

1989 "Neither conflict nor labeling nor paternalism will suffice: Intersections of race, ethnicity, gender, and family in criminal court decisions", *Crime & Delinquency*, 35: 136-168.

1992 "Women's pathways to felony court: Feminist theories of lawbreaking and problems of representation", *Review of Law and Women's Studies*, 2: 11-52.

1994a "Gender and punishment disparity", pp. 117-133 in George S. Bridges and Martha A. Myers (Eds.), *Inequality, Crime, and Social Control.* Boulder, CO: Westview.

1994b *Gender, Crime, and Punishment*. New Haven, CT: Yale University Press.

1997 "Different ways of conceptualizing sex/gender in feminist theory and their implications for criminology", *Theoretical Criminology*, 1: 25-51.

1998 "Women's pathways to felony court: Feminist theories of lawbreaking and problems of representation", pp. 135-156 in Kathleen Daly and Lisa Maher. *Criminology at the Crossroads*. New York, NY: Oxford University Press.

Daly, Kathleen and Lisa Maher

1998 *Criminology at the Crossroads*. New York, NY: Oxford University Press.

Daly, Kathleen and Meda Chesney-Lind

1988 "Feminism and criminology", *Justice Quarterly*, 5: 497-538.

Datesman, Susan K. and Frank R. Scarpitti (Eds.)

1980 *Women, Crime, and Justice*. New York, NY; Oxford University Press.

Davis, F. James

1962 "Law as a type of social control", pp. 39-61 in F. James Davis, Henry H. Foster, C. Ray Jeffery, and E. Eugene Davis (Eds.), *Society and the Law: New Meanings for an Old Profession*. New York, NY: Free Press.

Davis, Kingsley

1966 "Sexual behavior", pp. 322-408 in Robert K. Merton and Robert A. Nisbet (Eds), *Contemporary Social Problems*. Second Edition. New York, NY: Harcourt Brace Jovanovich.

De Coster, Stacy, and Jennifer Lutz

2018 "Reconsidering labels and primary deviance: False appraisals, reflected appraisals, and delinquency onset", *Journal of Research in Crime and Delinquency*, 55: 609-648.

De Coster, Stacy and Rena Cornell Zito

2009 "Gender and general strain theory: The gendering of emotional experiences and expressions", *Journal of Contemporary Criminal Justice*, 26: 224-245.

De Haan, Willem and Jaco Vos

2003 "A crying shame: The over-rationalized conception of man in the rational choice perspective", *Theoretical Criminology*, 7: 29-54.

DeKeseredy, Walter S.

2011a *Contemporary Critical Criminology*. London: Routledge.

2011b *Violence Against Women: Myths, Facts, Controversies*. Toronto: University of Toronto Press.

DeKeseredy, Walter S. and Martin D. Schwartz

2013 "Confronting progressive retreatism and minimalism: The role of a new left realist approach", *Critical Criminology*, 21: 273-286.

2014 *Male Peer Support and Violence Against Women: The History and Verification of a Theory*. Boston, MA: Northeastern University Press.

DeLisi, Matt

2009 "Introduction to the special issue on biosocial criminology", *Criminal Justice and Behavior* 36: 1111-1112.

Devine, Joel A., Joseph F. Sheley, and M. Dwayne Smith

1988 "Macroeconomic and social-control policy influences on crime rate changes, 1948-1985", *American Sociological Review*, 53: 407-420.

Dickinson, Timothy, and Scott Jacques

2019 "Drug sellers' neutralizations of guiltless drug sales and avoidance of 'drug dealer' identities", *International Journal of Drug Policy*, 73: 16-23.

Dickson, Donald T.

1968 "Bureaucracy and morality: An organizational perspective on a moral crusade", *Social Problems*, 16: 43-56.

Dijkstra, Jan Kornelis, Siegwart Lindenberg, Rene Veenstra, Christian Steglich, Jenny Isaacs, Noel A. Card, and Ernest V. E. Hodges

2010 "Influences and selection processes in weapon carrying during adolescence: The roles of status, aggression, and vulnerability", *Criminology*, 48: 187-220.

Dishion, Thomas J., Gerald R. Patterson, and Kathryn A. Kavanagh

1992 "An experimental test of the coercion model: Linking theory, measurement, and intervention", pp. 253-282 in Joan McCord and Richard E. Tremblay (Eds.), *Preventing Antisocial Behavior: Intervention From Birth Through Adolescence*. New York, NY: Guilford.

Dishion, Thomas J., Joan McCord, and Francia Poulin

1999 "When interventions harm: Peer goups and problem behavior", *American Psychologist*, 54: 755-764.

Doerner, Jill K.

2015 "The joint effects of gender and race/ethnicity on sentencing outcomes in federal courts", *Women and Criminal Justice*, 25: 313-338.

Doerner, Jill K. and Stephen Demuth

2010 "The independent and joint effects of race/ethnicity, gender, and age on sentencing outcomes in U.S. federal courts", *Justice Quarterly*, 27: 1-27.

Dolliver, Matthew J., and Dixie L. Rocker

2018 "Addressing a divide in the conceptualization of the gender-crime relationship: A comparative test of gender and sex using general strain theory", *Deviant Behavior*, 39: 1552-1565.

Donnerstein, Edward and Daniel Linz

1995 "The media", pp. 237-266 in James Q. Wilson and Joan Petersilia (Eds.), *Crime*. San Francisco, CA: ICS Press.

Donohue, John J. and Justin Wolfers

2005 "Uses and abuses of empirical evidence in the death penalty debate",

Stanford Law Review, 58: 791-846.
2009 "Estimating the impact of the death penalty on murder", *American Law and Economics Review*, 11: 249-309.

Douglas, Kevin S., Monica E. Epstein, and Norman G. Poythress
2008 "Criminal recidivism among juvenile offenders: Testing the incremental and predictive validity of three measures of psychopathic features", *Law and Human Behavior*, 32: 423-438.

Driver, Edwin D.
1972 "Charles Buckmand Goring, 1870-1919", in Hermann Mannheim (Ed.), *Pioneers in Criminology*. Second Edition. Montclair, NJ: Patterson Smith.

Dugan, Laura, Gary LaFree, and Alex R. Piquero
2005 "Testing a rational choice model of airline hijackings", *Criminology*, 43: 1031-1066.

Dunaway, Gregory R., Francis T. Cullen, Velmer S. Burton Jr., and T. David Evans
2000 "The myth of social class and crime revisited: An examination of class and adult criminality", *Criminology*, 38: 589-632.

Dunham, Roger G., Geoffrey P. Alpert, Meghan S. Stroshine, and Katherine Bennett
2005 "Transforming citizens into suspects: Factors that influence the formation of police suspicion", *Police Quarterly*, 8: 366-393.

Durkheim, Emile
1893/1964 *The Division of Labor in Society*. New York, NY: Free Press of Glencoe.
1897/1951 *Suicide*. Translated by John A. Spaulding and George Simpson. New York, NY: Free Press.

Durkin, Keith F., Timothy W. Wolfe, and Gregory A. Clark
2005 "College students and binge drinking: An evaluation of social learning theory", *Sociological Spectrum*, 25: 255-272.

Durose, M., E. Smith, and P. Langan
2007 *Contact Between Police and the Public, 2005*. Washington, DC: Bureau of Justice Statistics.

Eddy, J. Mark and Patricia Chamberlain
2000 "Family management and deviant peer association as mediators of the impact of treatment condition on youth antisocial behavior", *Journal of Consulting and Clinical Psychology*, 68: 857-863.

Eddy, J. Mark, John B. Reid, and Rebecca A. Fetrow
2000 "An elementary-school based prevention program targeting modifiable antecedents of youth delinquency and violence: Linking the Interests of Families and Teachers(LIFT)", *Journal of Emotional and Behavioral Disorders*, 8: 165-176.

Edens, John F., David K. Marcus, Scott O. Lilienfeld, and Norman G. Poythress Jr.

2006 "Psychopathic, not psychopath: Taxometric evidence for the dimensional structure of psychopath", *Journal of Abnormal Psychology*, 115: 131-144.

Einstadter, Werner and Stuart Henry

1995 *Criminological Theory: An Analysis of Its Underlying Assumptions.* Fort Worth, TX: Harcourt Brace.

Eisenberg, Michael and Brittani Trusty

2002 Overview of the Inner Change Freedom Initiative: The Faith-Based Prison Program within the Texas Department of Criminal Justice. Austin, TX: Criminal Justice Policy Council. [Online]. Available at http://www.cjpc.state.tx.us/reports/alphalist/IFI.pdf

Eitle, David, Sterart J. D'Alessio, and Lisa Stolzenberg

2002 "Racial threat and social control: A test of the political, economic, and threat of Black crime hypotheses", *Social Forces*, 81: 557-576.

Elliott, Delbert S.

1985 "The assumption that theories can be combined with increased explanatory power", pp. 123-149 in Robert F. Meier (Ed.), *Theoretical Methods in Criminology.* Beverly Hills, CA: Sage.

1994 "Serious violent offenders: Onset, developmental course, and termination", *Criminology* 32: 1-22.

Elliott, Delbert S. and Harwin L. Voss

1974 *Delinquency and Dropout.* Lexington, MA: Lexington.

Elliott, Delbert S. and Scott Menard

1996 "Delinquent friends and delinquent behavior: Temporal and developmental patters", pp. 28-67 in J. David Hawkins (Ed.), *Delinquency and Crime: Current Theories.* New York, NY: Cambridge University Press.

Elliott, Delbert S. and Suzanne S. Ageton

1980 "Reconciling race and class differences in self-reported and official estimates of delinquency", *American Sociological Review*, 45: 95-110.

Elliott, Delbert S., David Huizinga, and Barbara Morse

1987 "Self-reported violent offending: A descriptive analysis of juvenile offender and their offending careers", *Journal of Interpersonal Violence*, 1: 472-514.

Elliott, Delbert S., David Huizinga, and Suzanne S. Ageton

1985 *Explaining Delinquency and Drug Use.* Beverly Hills, CA: Sage.

Ellis, Lee

1987a "Criminal behavior and r/K selection: An extension of gene based evolutionary theory", *Deviant Behavior*, 8: 148-176.

1987b "Neurohormonal bases of varying tendencies to learn delinquent and criminal behavior", pp. 499-518 in Edward K. Morris and Curtis J.

Braukmann (Eds.), *Behavioral Approaches to Crime and Delinquency: A Handbook of Application, Research, and Concepts*. New York, NY: Plenum.

1987c "Religiosity and Criminality from the perspective of arousal theory", *Journal of Research in Crime & Delinquency*, 24: 215-232.

2003 "Genes, criminality, and evolutionary neuroandrogenic theory", pp. 13-34 in Anthony Walsh and Lee Ellis (eds.), *Biosocial Criminology: Challenging Environmental Supremacy*. New York: Nova Science.

2004 "Sex, status, and criminality: A theoretical nexus", *Social Biology*, 51: 144-160.

2005 "A theory explaining biological correlates of criminality", *European Journal of Criminology*, 2: 287-315.

2006 "Gender differences in smiling: An evolutionary neuroandrogenic theory", *Physiology and Behavior*, 88: 303-308.

2011 "Evolutionary neuroandrogenic theory and universal gender differences in cognition and behavior", *Sex Roles*, 64: 707-722.

Ellis, Lee and Anthony Walsh

1997 "Gene based evolutionary theories in criminology", *Criminology*, 35: 229-275.

1999 "Criminologists' opinions about causes and theories of crime and delinquency", *The Criminologist*, 24(4): 1, 4-6.

Ellis, Rodney and Karen Sowers

2001 *Juvenile Justice Practice: A Cross-Disciplinary Approach to Intervention*. Belmont, CA: Wadsworth/Brooks Cole.

Empey, LaMar T.

1967 "Delinquency theory and recent research", *Journal of Research in Crime & Delinquency*, 4: 28-42.

Empey, LaMar T. and Maynard L. Erickson

1972 *The Provo Experiment: Evaluating Community Control of Delinquency*. Lexington, MA: Lexington.

Engel, Robin Shepard, Jennifer M. Calnon, and Thomas J. Bernard

2002 "Theory and racial profiling: Shortcomings and future directions in research", *Justice Quarterly*, 19: 249-273.

Erikson, Kai T.

1964 "Notes on the sociology of deviance", pp. 9-23 in Howard S. Becker (Ed.), *The Other Side*. New York, NY: Free Press.

Erlanger, Howard S.

1974 "The empirical status of the subculture of violence thesis", *Social Problems* 22: 280-291.

1976 "Is there a 'subculture of violence' in the South?", *Journal of Criminal Law & Criminology*, 66: 483-490.

Esbensen, Finn-Aage, and David Huizinga

1993 "Gangs, drugs, and delinquency in a survey of urban youth", *Criminology*, 31: 565-589.

Esbensen, Finn-Aage, and Elizabeth Piper Deschenes

1998 "A multisite examination of youth gang membership: Does gender matter?", *Criminology*, 36: 799-827.

Esbensen, Finn-Aage, D. Wayne Osgood, Dana Peterson, Terrance J. Taylor, and Dena C. Carson

2013 "Short- and long-term outcome results from a multisite evaluation of the G. R. E. A. T. program", *Criminology and Public Policy*, 12: 375-411.

Esbensen, Finn-Aage, D. Wayne Osgood, Terrance J. Taylor, Dana Peterson, and Adrience Freng

2001 "How great is G. R. E. A. T. ? Results from a longitudinal quasi-experimental design", *Criminology and Public Policy*, 1: 87-118.

Esbensen, Finn-Aage, Elizabeth Piper Deschenes, and L. Thomas Winfree Jr.

1999 "Differences between gang girls and gang boys: Results from a multisite survey", *Youth & Society*, 31: 27-53.

Evans, T. David, Francis T. Cullen, R. Gregory Dunaway, and Velmer S. Burton Jr.

1995 "Religion and crime re-examined: The impact of religion, secular controls, and social ecology on adult criminality", *Criminology*, 33: 195-224.

Eysenck, Hans J.

1977 *Crime and Personality*. London: Routledge & Kegan Paul.

Eysenck, Hans J. and Gisli H. Gudjonsson

1989 *The Causes and Cures of Criminality*. New York, NY: Plenum.

Fagan, Abigail A.

2005 "The relationship between adolescent physical abuse and criminal offending Support for an enduring and generalized cycle of violence", *Journal of Family Violence*, 20: 279-290.

Farnworth, Margaret and Michael J. Leiber

1989 "Strain theory revisited: Economic goals, educational means, and delinquency", *American Sociological Review*, 54: 263-274.

Farnworth, Margaret and Raymond Teske

1995 "Gender differences in felony court processing: Three hypotheses of disparity", *Women & Criminal Justice*, 6: 23-44.

Farrington, David P.

1977 "The effects of public labeling", *British Journal of Criminology*, 17: 112-125.

1986 "Age and crime", pp. 189-250 in Michael Tonry and Norval Morris (Eds.), *Crime and Justice*, Volume 7. Chicago, IL: University of Chicago Press.

1990 "Age, period, cohort, and offending", pp. 51-75 in Don M. Gottfredson

and Ronald V. Clarke (Eds.), *Policy and Theory in Criminal Justice: Contributions in Honor of Leslie T. Wilkins*. Aldershot, UK: Avebury.
1992 "Explaining the beginning, progress and ending of antisocial behaviour from birth to adulthood", pp. 253-286 in Joan McCord (Ed.), *Facts, Frameworks and Forecasts. Advances in Criminological Theory*, Volume 3. New Brunswick, NJ: Transaction.
2002 "Understanding and preventing youth crime", pp. 238-253 in John Muncie, Gordon Hughes, and Eugene McLaughlin (Eds.), *Youth Justice: Critical Readings*. Thousand Oaks, CA: Sage.
2003 "Developmental and lifecourse criminology: Key theoretical and empirical issues", The 2002 Sutherland Address Award. *Criminology*, 41: 221-255.
2006 "Building developmental and life-course theories of offending", pp. 335-364 in Francis T. Cullen, John Paul Wright, and Kristie R. Blevins (Eds.), *Taking Stock: The Status of Criminological Theory. Advances in Criminological Theory*. Volume 15. New Brunswick, NJ: Transaction.

Farrington, David P. (Ed.)
2005 *Integrated Developmental & Life Course Theories of Offending. Advances in Criminological Theory*. Volume 14. New Brunswick, NJ: Transaction.

Farrington, David P., Alex R. Piquero, and Wesley G. Jennings
2013 *Offending from Childhood to Late Middle Age: Recent Results from the Cambridge Study in Delinquent Development*. New York, NY: Springer.

Farrington, David P., Sandra Lambert, and Donald J. West
1998 "Criminal careers of two generations of family members in the Cambridge Study in Delinquent Development", *Studies on Crime and Crime Prevention* 7: 85-106.

Federal Bureau of Investigation
2018 *Crime in the United States, 2018*. Washington, DC: Department of Justice.

Feld, Barry C.
2009 "Girls in the juvenile justice system", pp. 225-264 in Margaret A. Zahn (Ed.), *The Delinquent Girl*. Philadelphia, PA: Temple University Press.

Felson, Marcus
1987 "Routine activities and crime prevention in the developing metropolis", *Criminology*, 25: 911-931.
1994 *Crime and Everyday Life*. Thousand Oaks, CA: Pine Forge Press.
1998 *Crime and Everyday Life*. Second Edition. Thousand Oaks, CA: Pine Forge Press.

Felson, Marcus and Mary Eckert
2016 *Crime and Everyday Life*. Fifth Edition. Los Angeles, CA: Sage.

Felson, Marcus and Ronald V. Clarke
1995 "Routine precautions, criminology, and crime prevention", pp. 179-190 in

Hugh Barlow (Ed.), *Crime and Public Policy: Putting Theory to Work.* Boulder, CO: Westview.

Ferrell, Jeff

2010 "Cultural criminology: The loose can[n]on", pp. 303-318 in Eugene McLaughlin and Tim Newburn (Eds.), *The SAGE Handbook of Criminological Theory.* Los Angeles, CA: Sage.

2013a "Cultural criminology and the politics of meaning", *Critical Criminology,* 21: 257-271.

2013b "Tangled up in green: Cultural criminology and green criminology", pp. 349-364 in Nigel South and Avi Brissman (Eds.), *Routlege International Handbook of Green Criminology.* London: Routledge.

2014 "Manifesto for a criminology beyond method", pp. 285-302 in Michael H. Jacobsen (Ed.), *The Poetics of Crime.* London: Ashgate.

Ferrell, Jeff, and Clinton Sanders (Eds.)

1995 *Cultural Criminology.* Boston, MA: Northeastern University Press.

Ferrell, Jeff, Keith Hayward, and Jock Young

2008 *Cultural Criminology: An Invitation.* London: Sage.

Finckenauer, James O.

1982 *Scared Straight and the Panacea Phenomenon.* Englewood Cliffs, NJ: Prentice Hall.

Finestone, Harold

1976 *Victims of Change.* Westport, CT: Greenwood.

Fishbein, Diana H.

1990 "Biological perspectives in criminology", *Criminology,* 28: 27-72.

2001 *Biobehavioral Perspectives on Criminology.* Belmont, CA: Wadsworth.

2006 "Integrating findings from neurobiology into criminological thought", pp. 43-68 in Stuart Henry and Mark M. Lanier (Eds.), *The Essential Criminology Reader.* Boulder, CO: Westview.

Fitch, Chivon H., and Zavin Nazaretian

2019 "Examining gender differences in reintegrative shaming theory: The role of shame acknowledgment", *Crime, Law and Social Change,* 72: 527-546.

Fitch, Chivon H., Zavin Nazaretian, and Devon Himmel

2018 "Exploring the efficacy of reintegrative shaming for non-predatory offending", *Criminal Behaviour and Mental Health,* 28: 361-368.

Flexon, Jamie L.

2015 "Evaluating variant callous-unemotional traits among noninstitutionalized youth: Implications for violence research and policy", *Youth Violence and Juvenile Justice,* 13: 18-40.

2016 "Callous-unemotional traits and differently motivated aggression: An examination of variants in a noninstitutionalized samples", *Youth Violence and Juvenile Justice*, 14: 367-389.

Flexon, Jamie L., and Ryan C. Meldrum

2013 "Adolescent psychopathic traits and violent delinquency: Additive and nonadditive effects with key criminological variables", *Youth Violence and Juvenile Justice*, 11: 349-369.

Foglia, Wanda D.

1997 "Perceptual deterrence and the mediating effect of internalized norms among inner-city teenagers", *Journal of Research in Crime & Delinquency*, 34: 414-442.

Forgatch, Marion S., and John Kjøbli

2016 "Parent management training-Oregon model: Adapting intervention with rigorous research", *Family Process*, 55: 500-513.

Forgatch, Marion S., Gerald R. Patterson, David S. Degarmo, and Zintars G. Beldavs

2009 "Testing the Oregon Delinquency Model with 9-year follow-up of the Oregon Divorce Study", *Development and Psychopathology*, 21: 637-660.

Forthun, Larry F., Nancy J. Bell, Charles W. Peek, and Sheh Wei Sun

1999 "Religiosity, sensation seeking, and alcohol/drug use in denominational and gender contexts", *Journal of Drug Issues*, 29: 75-90.

Fox, Bryanna

2017 "It's nature and nurture: Integrating biology and genetics into the social learning theory of criminal behavior", *Journal of Criminal Justice*, 49: 22-31.

Fox, Kathleen, Matt R. Nobles, and Ronald L. Akers

2010 "Is stalking a learned phenomenon? An empirical test of social learning theory", *Journal of Criminal Justice*, 39: 39-47.

Franklin, Cortney A. and Noelle E. Fearn

2008 "Gender, race, and formal court decision-making outcomes: Chivalry/paternalism, conflict theory or gender conflict?", *Journal of Criminal Justice*, 36: 279-290.

Free, Marvin D.

2002 "Race and presentencing decisions in the United States: A summary and critique of the research", *Criminal Justice Review*, 27: 203-232.

Freiburger, Tina L.

2010 "The effects of gender, family status, and race on sentencing decisions", *Behavioral Sciences and the Law*, 28: 378-395.

Fridell, Lorie

2004 *By the Numbers: A Guide for Analyzing Race Data from Vehicle Stops*. Washington, DC: Police Executive Research Forum.

Friedlander, Kate

1947 *The Psychoanalytic Approach to Juvenile Delinquency*. London: Kegan Paul.

Friedman, Lawrence

1975 *The Legal System*. New York, NY: Russell Sage Foundation.

Fuller, John Randolph and John F. Wozniak

2006 "Peacemaking criminology: Past, present, and future", pp. 251-273 in Francis T. Cullen, John Paul Wright, and Kristie R. Blevins (Eds.), *Taking Stock: The Status of Criminological Theory. Advances in Criminological Theory*. Volume 15. New Brunswick, NJ: Transaction.

Gabbidon, Shaun L.

2010 *Criminological Perspectives on Race and Crime*. Second Edition. New York, NY: Routledge.

Gadd, David, and Mary-Louise Corr

2015 "Psychosocial criminology: Making sense of senseless violence". pp. 69-84 in J. Mitchell Miller and Wilson R. Palacios (Eds.), *Qualitative Research in Criminology*. New Brunswick: Transaction Publishers.

Gadd, David, and Bill Dixon

2011 *Losing the race*. London: Karnac.

Gadd, David and Tony Jefferson

2007 *Psychosocial Criminology: An Introduction*. Los Angeles, CA: Sage.

Gagnon, Analisa

2018 "Extending social learning theory to explain victimization among gang and ex-gang offenders", *International Journal of Offender Therapy and Comparative Criminology*, 62: 4124-4141.

Galliher, John F. and A. Walker

1977 "The puzzle of the origin of the Marijuana Tax Act of 1937", *Social Problems*, 24: 367-376.

Gardner, Margo and Laurence Steinberg

2005 Peer influence on risk taking, risk preference, and risky decision making in adolescence and adulthood: An experimental study. *Developmental Psychology*, 41: 625-635.

Gaston, Shytierra

2019a "Enforcing race: A neighborhood-level explanation of black-white differences in drug arrests", *Crime and Delinquency*, 65: 499-526.

2019b "Producing race disparities: A study of drug arrests across place and race", *Criminology*, 57: 424-451.

Gaylord, Mark S. and John F. Galliher

1988 *The Criminology of Edwin Sutherland*. New Brunswick, NJ: Transaction.

Geis, Gilbert

1972 "Jeremy Bentham 1748-1832", pp. 51-68 in Hermann Mannheim (Ed.), *Pioneers in Criminology.* Second Edition. Montclair, NJ: Patterson Smith.

Gelsthorpe, Loraine and Allison Morris (Eds.)

1990 *Feminist Perspectives in Criminology.* Philadelphia, PA: Open University Press.

Gendreau, Paul, Paula Smith, and Sheila K. A. French

2006 "The theory of effective correctional intervention: Empirical status and future directions", pp. 419-446 in Francis T. Cullen, John Paul Wright, and Kristie R. Blevins (Eds.) *Taking Stock: The Status of Criminological Theory. Advances in Criminological Theory.* Volume 15. New Brunswick, NJ: Transaction.

Georges-Abeyie, Daniel E.

1990 "The myth of a racist criminal justice system?", pp. 11-14 in Brian MacLean and Dragan Milovanovic (Eds.), *Racism, Empiricism, and Criminal Justice.* Vancouver, BC: Collective Press.

Gibbons, Don C.

1994 *Talking About Crime and Criminals: Problems and Issues in Theory Development in Criminology.* Englewood Cliffs, NJ: Prentice Hall.

Gibbons, Don C. and Marvin D. Krohn

1986 *Delinquent Behavior.* Fourth Edition. Englewood Cliffs, NJ: Prentice Hall.

Gibbs, Jack P.

1966 "Conceptions of deviant behavior: The old and the new", *Pacific Sociological Review*, 9: 9-14.

1968 "Crime, punishment, and deterrence", *Southwestern Social Science Quarterly*, 48: 515-530.

1975 *Crime, Punishment, and Deterrence.* New York, NY: Elsevier.

1986 "Punishment and deterrence: Theory, research, and penal policy", pp. 319-368 in Leon Lipson and Stanton Wheeler (Eds.), *Law and the Social Sciences.* New York, NY: Russell Sage Foundation.

1990 "The notion of a theory in sociology", *National Journal of Sociology*, 4: 129-158.

1995 "The notion of control and criminology's policy implications", pp. 71-89 in Hugh Barlow (Ed.), *Crime and Public Policy: Putting Theory to Work.* Boulder, CO: Westview.

Gibson, Chris L., J. Mitchell Miller, Wesley G. Jennings, Marc Swatt, and Angela Gover

2009 "Using propensity score matching to understand the relationship between gang membership and violent victimization: A research note", *Justice Quarterly*, 26: 625-643.

Gibson, Chris L., Traci B. Poles, and Ronald L. Akers

2010 "A partial test of social structure social learning: Neighborhood disadvantage, differential association with delinquent peers, and delinquency", pp. 133-148 in Matt DeLisi and Kevin M. Beaver (Eds.), *Criminological Theory: A Life-Course Approach.* London: Jones and Bartlett.

Gibson, Chris, Marc Swatt, J. Mitchell Miller, Wesley G. Jennings, and Angela R. Gover

2012 "The causal relationship between gang joining and violent victimization: A critical review and directions for future research", *Journal of Criminal Justice,* 40: 490-501.

Gilfus, Mary E.

1992 "From victims to survivors to offenders: Women's routes of entry and immersion into street crime", *Women and Criminal Justice,* 4: 63-90.

Gillen, John L.

1945 *Criminology and Penology.* New York, NY: Appleton-Century-Crofts.

Gilligan, Carol

1982 *In a Different Voice.* Cambridge, MA: Harvard University Press.

Giordano, Peggy C., Robert A. Lonardo, Wendy D. Manning, and Monica A. Longmore

2010 "Adolescent romance and delinquency: A further exploration of Hirschi's 'cold and brittle' relationships hypothesis", *Criminology,* 48: 919-946.

Giordano, Peggy C., Stephen A. Cernkovich, and Jennifer L. Rudolph

2002 "Gender, crime, and desistance: Toward a theory of cognitive transformation", *American Journal of Sociology,* 107: 990-1064.

Giordano, Peggy C., Wendi L. Johnson, Wendy D. Manning, Monica A. Longmore, and Mallory D. Minter

2015 "Intimate partner violence in young adulthood: Narratives of persistence and desistance", *Criminology,* 53: 330-365.

Glueck, Sheldon, and Eleanor Glueck

1950 *Unraveling Juvenile Delinquency.* Cambridge, MA: Harvard University Press.

1959 *Predicting Delinquency and Crime.* Cambridge, MA: Harvard University Press.

Goffman, Erving

1963 *Stigma: Notes on the Management of Spoiled Identity.* Englewood Cliffs, NJ: Prentice Hall.

Goldstein, Herman

1990 *Problem-Oriented Policing.* New York, NY: McGraw-Hill.

Goode, Erich

1975 "On behalf of labeling theory", *Social Problems,* 22: 570-583.

Gordon, David, Richard Edwards, and Michael Reich

1982 *Segmented Work, Divided Workers: The Historical Transformation of Labor in the United States.* New York, NY: Cambridge University Press.

Gordon, Rachel A., Benjamin B. Lahey, Eriko Kawai, Rolf Loeber, Magda Stouthamer-Loeber, and David P. Farrington

2004 "Anti-social behavior and youth gang membership: Selection and socialization", *Criminology*, 42: 55-87.

Gordon, Robert A.

1987 "SES versus IQ in the race IQ delinquency model", *International Journal of Sociology and Social Policy*, 7: 29-96.

Goring, Charles

1913/1972 *The English Convict: A Statistical Study.* Montclair, NJ: Patterson Smith.

Gottfredson, Michael and Travis Hirschi

1990 *A General Theory of Crime.* Palo Alto, CA: Stanford University Press.

2019 *Modern Control Theory and the Limits of Criminal Justice.* New York: Oxford University Press.

Gove, Walter R.

1982 "Labeling theory's explanation of mental illness: An update of recent evidence", *Deviant Behavior*, 3: 307-327.

Gove, Walter R. (Ed.)

1980 *The Labeling of Deviance.* Second Edition. Beverly Hills, CA: Sage.

Gover, Angela R., Wesley G. Jennings, and Richard Tewksbury

2009 "Adolescent male and female gang members' experiences of violent victimization, dating violence, and sexual assault", *American Journal of Criminal Justice*, 34: 103-115.

Grasmick, Harold G. and Donald E. Green

1980 "Legal punishment, social disapproval, and internalization as inhibitors of illegal behavior", *Journal of Criminal Law & Criminology*, 71: 325-335.

Grasmick, Harold G. and Robert J. Bursik

1990 "Conscience, significant others, and rational choice: Extending the deterrence model", *Law & Society Review*, 24: 837-862.

Grasmick, Harold G., Charles R. Tittle, Robert J. Bursik Jr., and Bruce J. Arneklev

1993 "Testing the core empirical implications of Gottfredson and Hirschi's general theory of crime", *Journal of Research in Crime & Delinquency*, 30: 5-29.

Gibson, Chris, Marc Swatt, J. Mitchell Miller, Wesley G. Jennings, and Angela Gover

2012 "The causal relationship between gang joining and violent victimization: A critical review and directions for future research", *Journal of Criminal Justice*, 40: 490-501.

Grasmick, Harold G., John Hagan, Brenda Sims Blackwell, and Bruce J. Arneklev

1996 "Risk preferences and patriarchy: Extending power-control theory", *Social Forces*, 75: 177-199.

Green, Donald E.

1989 "Measures of illegal behavior in individual level research", *Journal of Research in Crime & Delinquency*, 26: 253-275.

Greenberg, David F.

1977 "Delinquency and the age structure of society", *Contemporary Crises: Crime, Law, and Social Policy*, 1: 189-223.

1981b "Delinquency and the age structure of society", pp. 118-139 in David F. Greenberg (Ed.), *Crime and Capitalism*. Palo Alto, CA: Mayfield.

1991 "Modeling criminal careers", *Criminology*, 29: 17-45.

Greenberg, David F. (Ed.)

1981a *Crime and Capitalism: Readings in Marxist Criminology*. Palo Alto, CA: Mayfield.

Greenwood, Peter W.

1998 *Investing in Our Children: What We Know and Don't Know About the Costs and Benefits of Early Childhood Interventions*. Santa Monica, CA: Rand.

Griffin, Robin and Scott Akins

2000 "Multiple birth rates and racial type: A research mote regarding r/K theory", *Deviant Behavior*, 21: 15-22.

Griffin, Timothy, Amy Pason, Filip Wiecko, and Brittany Brace

2018 "Comparing criminologists' views on crime and justice issues with those of the general public", *Criminal Justice Policy Review*, 29: 443-463.

Griffin, Timothy and John Wooldredge

2006 "Sex-based disparities in felony dispositions before versus after sentencing reform in Ohio", *Criminology*, 44: 893-923.

Grimes, Ruth Ellen M. and Austin T. Turk

1978 "Labeling in context: Conflict, power, and self-definition", pp. 39-58 in Marvin D. Krohn and Ronald L. Akers (Eds.), *Crime, Law, and Sanctions: Theoretical Perspectives*. Berkeley, CA: Sage.

Guerette, Rob T. and Kate J. Bowers

2009 "Assessing the extent of crime displacement and diffusion of benefits: A review of situational crime prevention evaluations", *Criminology*, 47: 1331-1368.

Guerino, Paul, Paige M. Harrison, and William J. Sabol

2011 *Prisoners in 2010*. Washington, DC: U.S. Department of Justice.

Guerry, André-Michel

1833/2002 *Essay on the Moral Statistics of France* (1833). Edited and translated by Hugh P. Whitt and Victor W. Reinking. Lewiston, NY: Edwin Mellen Press.

Gunter, Whitney D. and Nicholas W. Bakken

2012 "The many measurements of self-control: How re-operationalized self-control compares", *European Journal of Criminology*, 9(3): 309-322.

Guo, Guang, Michael E. Roettger, and Tianji Cai

2008 "The integration of genetic propensities into social-control models of delinquency and violence among male youths", *American Sociological Review*, 73: 543-568.

Hackler, James C.

1966 "Boys, blisters, and behavior: The impact of a work program in an urban central area", *Journal of Research in Crime & Delinquency*, 3: 155-164.

Hadjar, Andreas, Dirk Baier, Klaus Boehnke, and John Hagan

2007 "Juvenile delinquency and gender revisited: The family and power-control theory reconceived", *European Journal of Criminology*, 4: 33-58.

Hagan, John

1973 "Labeling and deviance: A case study in the 'sociology of the interesting'", *Social Problems*, 20: 447-458.

1974 "Extra-legal attributes in criminal sentencing: An assessment of a sociological viewpoint", *Law & Society Review*, 8: 357-383.

1980 "The legislation of crime and delinquency: A review of theory, method, and research", *Law & Society Review*, 14: 603-628.

1989a *Structural Criminology*. New Brunswick, NJ: Rutgers University Press.

1989b "Why is there so little criminal justice theory? Neglected macro and micro level links between organizations and power", *Journal of Research in Crime & Delinquency*, 26: 116-135.

1990 "The structuration of gender and deviance: A power-control theory of vulnerability to crime and the search for deviant role exits", *Canadian Review of Sociology and Anthropology*, 27: 137-156.

Hagan, John and Alberto Palloni

1990 "The social reproduction of a criminal class in working class London, circa 1950-1980", *American Journal of Sociology*, 96: 265-299.

Hagan, John and Fiona Kay

1990 "Gender and delinquency in white-collar families: A power-control perspective", *Crime & Delinquency*, 36: 391-407.

Hagan, John and Jeffrey Leon

1977 "Rediscovering delinquency: Social history, political ideology, and the sociology of law", *American Sociological Review*, 42: 587-598.

Hagan, John, A. R. Gillis, and John Simpson

1985 "The class structure of gender and delinquency: Toward a power-control theory of common delinquent behavior", *American Journal of Sociology*, 90: 1151-1178.

1990 "Clarifying and extending power-control theory", *American Journal of Sociology*, 95: 1024-1037.

1993 "The power of control in sociological theories", pp. 381-398 in Freda Alder and William S. Laufer (Eds.), *New Directions in Criminological Theory. Advances in Criminological Theory*. Volume 4. New Brunswick, NJ: Transaction.

Hagan, John, Carla Shedd, and Monique R. Payne

2005 "Race, ethnicity, and youth perceptions of criminal injustice", *American Sociological Review*, 70: 381-407.

Hagan, John, John H. Simpson, and A. R. Gillis

1987 "Class in the household: A power control theory of gender and delinquency", *American Journal of Sociology*, 92: 788-816.

1988 "Feminist scholarship, relational and instrumental control, and a power control theory of gender and delinquency", *British Journal of Sociology*, 39: 301-336.

Hagan, John, Klaus Boehnke, and Hans Merkens

2004 "Gender differences in capitalization processes and the delinquency of siblings in Toronto and Berlin", *British Journal of Criminology*, 44: 659-676.

Hall, Jerome

1952 *Theft, Law, and Society*. Revised Edition. Indianapolis, IN: Bobbs-Merrill.

Hall, Stephen T.

2003 "Faith-based cognitive programs in corrections", *Corrections Today*, 65(7): 108-137.

Halleck, Seymour L.

1967 *Psychiatry and the Dilemmas of Crime*. New York, NY: Harper & Row.

Hamblin, Robert L.

1979 "Behavioral choice and social reinforcement: Step function versus matching", *Social Forces*, 57: 1141-1156.

Haney, Craig and Philip Zimbardo

1998 "The past and future of U.S. prison policy: Twenty-five years after the Stanford prison experiment", *American Psychologist*, 53: 709-727.

Hannon, Lance, and James DeFronzo

1998 "The truly disadvantaged, public assistance, and crime", *Social Problems*, 45: 383-392.

Harding, David J.

2009 "Violence, older peers, and the socialization of adolescent boys in disadvantaged neighborhoods", *American Sociological Review*, 74: 445-464.

Harding, Sandra (Ed.)

1987 *Feminism and Methodology*. Philadelphia, PA: Open University Press.

Hare, Robert D.

1965 "A conflict and learning theory analysis of psychopathic behavior", *Journal of Research in Crime & Delinquency*, 2: 12-19.

1999 *Without Conscience: The Disturbing World of the Psychopaths Among Us*. New York, NY: Guilford.

2003 *The Psychopathy Checklist Revised Manual*. Second Edition. Toronto: Multi-Health Systems.

Harris, Judith Rich

1998 *The Nurture Assumption*. New York, NY: Free Press.

Harris, M. Kay

1991 "Moving into the new millennium: Toward a feminist vision of justice", pp. 83-97 in Harold E. Pepinsky and Richard Quinney (Eds.), *Criminology as Peacemaking*. Bloomington, IN: Indiana University Press.

Hartjen, Clayton A. and S. Priyadarsini

2003 "Gender, peers and delinquency: A study of boys and girls in rural France", *Youth & Society*, 34: 387-414.

Hartley, Richard D., and Rob Tillyer

2018 "Examining prosecutorial discretion in federal criminal cases: Legal and extra-legal determinants of declination and charge change decisions", *Justice Quarterly*, 35: 1195-1225.

Hathaway, Starke

1939 "The personality inventory as an aid in the diagnosis of psychopathic inferiors", *Journal of Consulting Psychology*, 3: 112-117.

Hathaway, Starke and Elio Monachesi

1953 *Analyzing and Predicting Juvenile Delinquency with the MMPI*. Minneapolis, MN: University of Minnesota Press.

1963 *Adolescent Personality and Behavior*. Minneapolis, MN: University of Minnesota Press.

Hathaway, Starke and Paul E. Meehl

1951 *An Atlas for the Clinical Use of the MMPI*. Minneapolis, MN: University of Minnesota Press.

Hawdon, James and John Ryan

2004 Social capital, social control, and changes in victimization rates. *Crime & Delinquency*, 55: 526-549.

Hawkins, J. David and Joseph G. Weis

1985 "The social development model: An integrated approach to delinquency prevention", *Journal of Primary Prevention*, 6: 73-97.

Hawkins, J. David, Elizabeth Von Cleve, and Richard F. Catalano Jr.

1991 "Reducing early childhood aggression: Results of a primary prevention program", *Journal of the Academy of Child and Adolescent Psychiatry*, 30:

208-217.

Hawkins, J. David, Richard F. Catalano, Daine M. Morrison, Julie O'Donnell, Robert D. Abbott, and L. Edward Day

1992 "The Seattle Social Development Project: Effects of the first four years on protective factors and problem behaviors", pp. 139-161 in Joan McCord and Richard E. Tremblay (Eds.), *Preventing Antisocial Behavior: Interventions From Birth Through Adolescence.* New York, NY: Guilford.

Hawkins, J. David, Richard F. Catalano, Rick Kosterman, Robert Abbott, and Karl G. Hill.

1999 "Preventing adolescent health-risk behaviors by strengthening protection during childhood", *Archives of Pediatric and Adolescent Medicine,* 153: 226-234.

Hawkins, J. David, Rick Kosterman, Richard F. Catalano, Karl G. Hill, and Robert D. Abbott

2005 "Promoting positive adult functioning through social development intervention in childhood: Long-term effects from the Seattle Social Development Project", *Archives of Pediatrics and Adolescent Medicine,* 159: 25-31.

2008 "Effects of social development intervention in childhood 15 years later", *Archives of Pediatrics and Adolescent Medicine,* 162: 1133-1141.

Hawkins, Richard and Gary Tiedeman

1975 *The Creation of Deviance: Interpersonal and Organizational Determinants.* Columbus, OH: Merrill.

Hay, Carter

2001a "An exploratory test of Braithwaite's reintegrative shaming theory", *Journal of Research in Crime & Delinquency,* 38: 132-153.

2001b "Parenting, self-control, and delinquency: A test of self-control theory", *Criminology,* 39: 707-736.

2003 "Family strain, gender, and delinquency", *Sociological Perspectives,* 46: 107-135.

Hay, Carter and Walter Forrest

2006 "The development of self-control: Examining self-control theory's stability thesis", *Criminology,* 44: 739-774.

Haynie, Dana L.

2002 "Friendship networks and delinquency: The relative nature of peer delinquency", *Journal of Quantitative Criminology,* 18: 99-134.

Haynie, Dana L., Eric Silver, and Brent Teasdale

2006 "Neighborhood characteristics, peer networks, and adolescent violence", *Journal of Quantitative Criminology,* 22: 147-169.

Hayward, Keith J.

2016 "Cultural criminology: Script rewrites", *Theoretical Criminology,* 20: 297-321.

Heckert, Alex, and Druann Heckert

2010 "Differential labeling theory", *Sociological Imagination*, 46: 24-40.

Heidensohn, Frances

2012 "The future of feminist criminology", *Crime Media Culture*, 8: 123-134.

Heimer, Karen, Janet L. Lauritsen, and James P. Lynch

2009 "The National Crime Victimization Survey and the gender gap in offending: Redux", *Criminology*, 47: 427-438.

Heimer, Karen, Stacy De Coster, and Halime Unal

2006 "Opening the black box: The social psychology of gender and delinquency", *Sociology of Crime, Law and Deviance*, 7: 109-135.

Heineke, J. M. (Ed.)

1978 *Economic Models of Criminal Behavior*. Amsterdam: North-Holland.

Henry, Stuart and Dragan Milovanovic

1991 "Constitutive criminology: The maturation of critical theory", *Criminology*, 29: 293-315.

1996 *Constitutive Criminology: Beyond Postmodernism*. London: Sage.

Henry, Stuart and Mark M. Lanier

1998 "The prism of crime: Arguments for an integrated definition of crime", *Justice Quarterly*, 15: 609-627.

Henry, Stuart and Werner Einstadter (Eds.)

1998 *The Criminology Theory Reader*. New York, NY: New York University Press.

Herrnstein, Richard J.

1961 "Relative and absolute strength of response as a function of frequency of reinforcement", *Journal of the Experimental Analysis of Behavior*, 4: 267-272.

Herrnstein, Richard J. and Charles Murray

1994 *The Bell Curve: Intelligence and Class Structure in American Life*. New York, NY: Free Press.

Hersen, Michel and Johan Rosqvist (Eds.)

2005 *Encyclopedia of Behavior Modification and Cognitive Behavior Therapy*. Volume 1 *Adult Clinical Applications*. Volume 2 *Child Clinical Application*. Thousands Oaks, CA: Sage.

Herz, Denise

2001 "Understanding the use of mental health placements by the juvenile justice system", *Journal of Emotional and Behavioral Disorders*, 9: 172-181.

Hewitt, John P. and Randall Stokes

1975 "Disclaimers", *American Sociological Review*, 40: 1-11.

Hickman, Mattew and Alex Piquero

2001 "Exploring the relationships between gender, control balance, and deviance", *Deviant Behavior*, 22: 323-352.

Higgins, George E., Margaret Mahoney, and Melissa L. Ricketts
2009 "Nonsocial reinforcement of the nonmedical use of prescription drugs: A partial test of social learning and self-control theories", *Journal of Drug Issues*, 39: 949-963.

Higgins, George E., Wesley G. Jennings, Catherine Marcum, Melissa Ricketts, and Margaret Mahoney
2011 "Developmental trajectories of nonsocial reinforcement and offending in adolescence and young adulthood: An exploratory study of an understudied part of social learning theory", *Journal of Criminal Justice*, 39: 60-66.

Higgins, George E., Wesley G. Jennings, Richard Tewksbury, and Chris L. Gibson
2009 "Exploring the link between self-control and violent victimization trajectories in adolescents", *Criminal Justice and Behavior*, 36: 1070-1084.

Hill, Gary D. and Maxine P. Atkinson
1988 "Gender, familial control, and delinquency", *Criminology*, 26: 127-149.

Hill, Karl G., James C. Howell, J. David Hawkins, and Sara R. Battin-Pearson
1999 "Childhood risk factors for adolescent gang membership: Results from the Seattle Social Development Project", *Journal of Research in Crime & Delinquency*, 36: 300-322.

Hindelang, Michael J.
1970 "The commitment of delinquents to their misdeeds: Do delinquents drift?", *Social Problems*, 17: 502-509.
1973 "Causes of delinquency: A partial replication and extension", *Social Problems*, 20: 471-487.

Hindelang, Michael J., Travis Hirschi, and Joseph C. Weis
1979 "Correlates of delinquency: The illusion of discrepancy between self-report and official measures", *American Sociological Review*, 44: 995-1014.
1980 *Measuring Delinquency*. Beverly Hills, CA: Sage.

Hinduja, Sameer, and Justin W. Patchin
2017 "Cultivating youth resilience to prevent bullying and cyberbullying victimization", *Child Abuse & Neglect*, 73:51-62.

Hipp, John R.
2016 "Collective efficacy: How is it conceptualized, how is it measured, and does it really matter for understanding perceived neighborhood crime and disorder?", *Journal of Criminal Justice*, 46: 32-44.

Hirschi, Travis
1969 *Causes of Delinquency*. Berkeley, CA: University of California Press.
1973 "Procedural rules and the study of deviant behavior", *Social Problems*, 21: 159-173.
1979 "Separate and unequal is better", *Journal of Research in Crime & Delin-*

quency, 16: 34-38.

1989 "Exploring alternatives to integrated theory", pp. 37-49 in Steven F. Messner, Marvin D. Krohn, and Allen E. Liska (Eds.), *Theoretical Integration in the Study of Deviance and Crime*. Albany, NY: State University of New York Press.

2004 "Self-control and Crime", pp. 537-552 in Roy F. Baumeister and Kathleen D. Vohs (Eds.), *Handbook of Self-Regulation: Research, Theory, and Applications*. New York, NY: Guilford.

Hirschi, Travis and Michael Gottfredson

1983 "Age and the explanation of crime", *American Journal of Sociology*, 89: 552-584.

1993 "Commentary: Testing the general theory of crime", *Journal of Research in Crime & Delinquency*, 30: 47-54.

2006 "Social control and self-control theory", pp. 111-128 in Stuart Henry and Mark M. Lanier (Eds.), *The Essential Criminology Reader*. Boulder, CO: Westview.

2008 "Critiquing the critics: The authors respond", pp. 217-231 in Erich Goode (Ed.), *Out of Control: Assessing the General Theory of Crime*. Stanford, CA: Stanford University Press.

Hirschi, Travis and Michael Gottfredson (Eds.)

1994 *The Generality of Deviance*. New Brunswick, NJ: Transaction.

Hirschi, Travis and Michael J. Hindelang

1977 "Intelligence and delinquency: A revisionist review", *American Sociological Review*, 42: 571-587.

Hirschi, Travis and Rodney Stark

1969 "Hellfire and delinquency", *Social Problems*, 17: 202-213.

Hoffman, John P. and Alan S. Miller

1998 "A latent variable analysis of general strain theory", *Journal of Quantitative Criminology*, 14: 83-110.

Hoffman, John P. and Felicia Gray Cerbone

1999 "Stressful life events and delinquency escalation in early adolescence", *Criminology*, 37: 343-374.

Hoffman, John P. and S. Susan Su

1997 "The conditional effects of stress on delinquency and drug use: A strain theory assessment of sex differences", *Journal of Research in Crime & Delinquency*, 34: 46-78.

Hoffman, Kristi L., K. Jill Kiecolt, and John N. Edwards

2005 "Physical violence between siblings", *Journal of Family Issues*, 26: 1103-1130.

Holden, Gwen and Robert A. Kapler

1995 "Deinstitutionalizing status offenders: A record of progress", *Juvenile Justice*, 2: 3-10.

Holland-Davis, Lisa

2006 "Putting behavior in context: A test of the social structure social learning model", Ph. D. Dissertation. Gainesville, FL: University of Florida.

Hollinger, Richard C.

1991 "Neutralizing in the workplace: An empirical analysis of property theft and production deviance", *Deviant Behavior*, 12: 169-202.

Hollinger, Richard C. and Lonn Lanza-Kaduce

1988 "The process of criminalization: The case of computer crime law", *Criminology*, 26: 101-126.

Holt, Thomas J. and Adam M. Bossler

2009 "Examining the applicability of lifestyle-routine activities theory for cyber-crime victimizations", *Deviant Behavior*, 30: 1-25.

Hood-Williams, John

2001 "Gender, masculinities, and crime: From structures to psyches", *Theoretical Criminology*, 5: 37-60.

Hooton, Earnest A.

1939 *Crime and the Man*. Cambridge, MA: Harvard University Press.

Horner, Robert, George Sugai, Keith Smolkowski, Lucille Eber, Jean Nakasato, Anne Todd, and Jody Esperanza

2009 "A randomized, wait-list controlled effectiveness trial assessing school-wide positive behavior support in elementary schools", *Journal of Positive Behavior Interventions*, 11: 133-144.

Horney, Julie

2006 "An alternative psychology of criminal behavior: The American Society of Criminology presidential address", *Criminology*, 44: 1-16.

Horowitz, Ruth and Anne E. Pottieger

1991 "Gender bias in juvenile justice handling of seriously crime involved youths", *Journal of Research in Crime & Delinquency*, 28: 75-100.

Hoskin, Anthony W., and Lee Ellis

2015 "Fetal testosterone and criminality: Test of evolutionary neuroandrogenic theory", *Criminology*, 53: 54-73.

Howell, James C.

2003 *Preventing and Reducing Juvenile Delinquency: A Comprehensive Framework*. Thousand Oaks, CA: Sage.

Howell, Jordan C., George W. Burruss, David Maimon, and Shradha Sahani

2019 "Website defacement and routine activities: considering the importance of hackers' valuations of potential targets", *Journal of Crime and Justice*, 42:

536-550.

Huang, Bu, Rick Kosterman, Richard F. Catalano, J. David Hawkins, and Robert D. Abbott

2001 "Modeling mediation in the etiology of violent behavior in adolescence: A test of the social development model", *Criminology*, 39: 75-108.

Huizinga, David, Rolf Loeber, and Terence Thornberry

1993 "Longitudinal study of delinquency, drug use, sexual activity and pregnancy among children and youth in three cities", *Public Health Reports*, 108: 90-96.

Huff, C. Ronald (Ed.)

1990 *Gangs in America*. Newbury Park, CA: Sage.

Humphrey, John A., Gale Burford, and Meredith Huey Dye

2012 "A longitudinal analysis of reparative probation and recidivism", *Criminal Justice Studies*, 25: 117-130.

Hunnicutt, Gwen and Lisa M. Broidy

2004 "Liberation and economic marginalization: A reformulation and test of (formerly?) competing models", *Journal of Research in Crime & Delinquency*, 41: 130-155.

Hutchings, Alice and Hennessy Hayes

2009 "Routine activity theory and phishing victimisation: Who gets caught in the 'net'?", *Current Issues in Criminal Justice*, 20: 433-451.

Hutchings, Barry and Sarnoff A. Mednick

1977a "A preliminary study of criminality among twins", pp. 89-108 in Sarnoff A. Mednick and Karl O. Christensen (Eds.), *Biosocial Bases of Criminal Behavior*. New York, NY: Gardner.

1977b "A review of studies of criminality among twins", pp. 45-88 in Sarnoff A. Mednick and Karl O. Christensen (Eds.), *Biosocial Bases of Criminal Behavior*. New York, NY: Gardner.

1977c "Criminality in adoptees and their adoptive and biological parents: A pilot study", pp. 127-142 in Sarnoff A. Mednick and Karl O. Christensen (Eds.), *Biosocial Bases of Criminal Behavior*. New York, NY: Gardner.

Hwang, Sunghyun and Ronald L. Akers

2003 "Substance use by Korean adolescents: A cross-cultural test of social learning, social bonding, and self-control theories", pp. 39-64 in Ronald L. Akers and Gary F. Jensen (Eds.), *Social Learning Theory and the Explanation of Crime: A Guide for the New Century. Advances in Criminological Theory*. Volume 11. New Brunswick, NJ: Transaction.

2006 "Parental and peer influences on adolescent drug use in Korea", *Asian Journal of Criminology*, 1: 59-69.

Iervilino, Alessandra, Alison Pike, Beth Manke, David Reiss, E. Mavis Hetherington, and Robert Plomin

2002 "Genetic and environmental influences in adolescent peer socialization: Evidence from two genetically sensitive designs", *Child Development*, 73: 162-174.

Immergluck, Dan and Geoff Smith

2006 "The impact of single-family mortgage foreclosures on neighborhood crime", *Housing Studies*, 21: 851-866.

Inciardi, James (Ed.)

1980 *Radical Criminology: The Coming Crises*. Beverly Hills, CA: Sage.

Isom Scott, Deena A., and Jessica M. Grosholz

2019 "Unpacking the racial disparity in crime from a racialized general strain theory perspective", *Deviant Behavior*, 40: 1445-1463.

Jacobs, Bruce A.

2010 "Deterrence and deterrability", *Criminology*, 48: 417-441.

Jacobs, Bruce A., and Michael Cherbonneau

2018 "Perceived sanction threats and projective risk sensitivity: Auto theft, carjacking, and the channeling effect", *Justice Quarterly*, 35: 191-222.

Jacobs, David and Jason T. Carmichael

2001 "The politics of punishment across time and space: A pooled time-series analysis of imprisonment rates", *Social Forces*, 80: 61-89.

Jacobs, David and Ronald E. Helms

1996 "Toward a political model of incarceration: A time-series examination of multiple explanations for prison admission rates", *American Journal of Sociology*, 102: 323-357.

2001 "Toward a political sociology of punishment: Politics and changes in the incarcerated population", *Social Science Research*, 30: 171-194.

Jang, Sung Joon

1999 "Age-varying effects of family, school, and peers on delinquency: A multi-level modeling test of interactional theory", *Criminology*, 37: 643-686.

2002 "The effects of family, school, peers, and attitudes on adolescents' drug use: Do they vary with age?", *Justice Quarterly*, 19: 97-126.

2007 "Gender differences in strain, negative emotions, and coping behaviors: A general strain theory approach", *Justice Quarterly*, 24: 523-553.

2019 "Religiosity, crime, and drug use among juvenile offenders: A latent growth modeling approach", *Journal of Quantitative Criminology*, 35: 27-60.

Jang, Sung Joon and Byron R. Johnson

2001 "Neighborhood disorder, individual religiosity, and adolescent use of illicit drugs: A test of multilevel hypotheses", *Criminology*, 39: 109-144.

2003 "Strain, negative emotions, and deviant coping among African Americans:

A test of general strain theory", *Journal of Quantitative Criminology*, 19: 79-105.

Jang, Sung Joon and Carolyn A. Smith

1997 "A test of reciprocal causal relationships among parental supervision, affective ties, and delinquency", *Journal of Research in Crime & Delinquency*, 34: 307-336.

Jarjoura, G. Roger

1993 "Does dropping out of school enhance delinquent involvement? Results from a large scale national probability sample", *Criminology*, 2: 149-171.

Jefferson, Tony

1996 "Introduction to Masculinities, Social Relations, and Crime", Special issue of *the British Journal of Criminology*, 36: 337-347.

Jeffery, C. Ray

1965 "Criminal behavior and learning theory", *Journal of Criminal Law, Criminology, and Police Science*, 56: 294-300.

1971 *Crime Prevention Through Environmental Design*. Beverly Hills, CA: Sage.

1977 *Crime Prevention Through Environmental Design*. Second Edition. Beverly Hills, CA: Sage.

Jeffery, C. Ray (Ed.)

1979 *Biology and Crime*. Beverly Hills, CA: Sage.

Jennings, Wesley G.

2011 "Sex disaggregated trajectories of status offenders: Does CINS/FINS status prevent male and female youth from becoming labeled delinquent?", *American Journal of Criminal Justice*, 36: 177-187.

Jennings, Wesley G. and Brandy Henderson

2014a "Ronald Akers", pp. 23-26 in J. Mitchell Miller (Ed.), *Encyclopedia of Theoretical Criminology*. Malden, MA: Wiley-Blackwell.

2014b "Social learning theory", pp. 817-824 in J. Mitchell Miller (Ed.), *Encyclopedia of Theoretical Criminology*. Malden, MA: Wiley-Blackwell.

Jennings, Wesley G. and Jennifer Reingle

2012 "On the number and shape of developmental/life-course violence, aggression, and delinquency trajectories: A state-of-the-art review", *Journal of Criminal Justice*, 40: 472-489.

2014 "A sociological explanation of crime rates and trends", pp. 352-362 in Kevin Beaver, J. C. Barnes, and Brian Boutwell (Eds.), *The Nurture Versus Biological Debate in Criminology*. Thousand Oaks, CA: Sage.

2019 *Criminological and Criminal Justice Research Methods*. Second Edition. Riverwoods: Wolters Kluwer.

Jennings, Wesley G. and Ronald L. Akers

2011 "Social learning theory", pp. 106-113 in Clifton D. Bryant (Ed.), *The Hand-*

book of Deviant Behavior. New York, NY: Routledge.

Jennings, Wesley G., Alex R. Piquero, and David P. Farrington

2013 "Does resting heart rate at age 18 distinguish general and violent offending up to age 50? Findings from the Cambridge Study in Delinquent Development", *Journal of Criminal Justice*, 41: 213-219.

Jennings, Wesley G., Alex R. Piquero, and Jennifer Reingle

2012 "On the overlap between victimization and offending: A review of the literature", *Aggression and Violent Behavior*, 17: 16-26.

Jennings, Wesley G., George E. Higgins, Ronald L. Akers, David Khey, and Jason Dobrow

2013 "Examining the influence of delinquent peer association on the stability of self-control in late childhood and early adolescence: Toward an integrated theoretical model", *Deviant Behavior*, 34: 407-422.

Jennings, Wesley G., Rolf Loeber, Dustin A. Pardini, Alex Piquero, and David P. Farrington

2016 *Offending from Childhood to Young Adulthood: Recent Results from the Pittsburgh Youth Study.* New York: Springer.

Jennings, Wesley G., Mildred Maldonado-Molina, and Kelli A. Komro

2010 "Sex similarities/differences in trajectories of delinquency among urban Chicago youth: The role of delinquent peers", *American Journal of Criminal Justice*, 35: 56-75.

Jennings, Wesley G., and Caitlyn Meade

2016 "Group based trajectory modeling", In Michael Tonry (ed.), *Oxford Handbooks Online in Criminology and Criminal Justice.* New York: Oxford University Press.

Jennings, Wesley G., MiRang Park, Elizabeth Tomsich, Angela R. Gover, and Ronald L. Akers

2011 "Assessing the overlap in dating violence perpetration and victimization among South Korean college students: The influence of social learning and self-control", *American Journal of Criminal Justice*, 36: 188-206.

Jennings, Wesley G., MiRang Park, Tara Richards, Elizabeth Tomsich, Angela R. Gover, and Ráchael Powers

2014 "Exploring the relationship between child physical abuse and adult dating violence using a causal inference approach in an emerging adult population in South Korea", *Child Abuse & Neglect*, 38: 1902-1913.

Jennings, Wesley G., Alex R. Piquero, and David P. Farrington

2013 "Does resting heart rate at age 18 distinguish general and violent offending up to age 50? Findings from the Cambridge Study in Delinquent Development", *Journal of Criminal Justice*, 41: 213-219.

Jennings, Wesley G., Nicole L. Piquero, Angela R. Gover, and Deanna Pérez

2009 "Gender and general strain theory: A replication and exploration of Broidy and Agnew's gender/strain hypothesis among a sample of southwestern Mexican American adolescents", *Journal of Criminal Justice*, 37: 404-417.

Jennings, Wesley G., Tara Richards, Elizabeth Tomsich, Angela R. Gover, and Ráchael Powers

2013 "A critical examination of the causal link between child abuse and adult dating violence perpetration and victimization from a propensity-score matching approach", *Women & Criminal Justice*, 23: 167-184.

Jennings, Wesley G., Michael Rocque, Bryanna Fox, and David P. Farrington

2016 "Can they recover? An assessment of adult adjustment problems among males in the abstainer, recovery, life-course-persistent, and adolescence-limited pathways followed up to age 56 in the Cambridge Study in Delinquent Development", *Development & Psychopathology*, 28: 537-549.

Jensen, Gary F.

1969 "'Crime doesn't pay': Correlates of a shared misunderstanding", *Social Problems*, 17: 189-201.

2003 "Gender variation in delinquency: Self-images, beliefs, and peers as mediating mechanisms", pp. 151-178 in Ronald L. Akers and Gary F. Jensen (Eds.), *Social Learning Theory and the Explanation of Crime: A Guide for the New Century. Advances in Criminological Theory.* Volume 11. New Brunswick, NJ: Transaction.

Jensen, Gary F. (Ed.)

1980 *Sociology of Delinquency: Current Issues.* Beverly Hills, CA: Sage.

Jensen, Gary F. and David Brownfield

1983 "Parents and drugs", *Criminology*, 21: 543-554.

1986 "Gender, lifestyle, and victimization: Beyond routine activity", *Violence and Victims*, 2: 85-99.

Jensen, Gary F. and Dean G. Rojek

1998 *Delinquency and Youth Crime.* Third Edition. Prospect Heights, IL: Waveland.

Jensen, Gary F. and Ken Thompson

1990 "What's class go to do with it? A further examination of power control theory", *American Journal of Sociology*, 95: 1009-1023.

Jensen, Gary F. and Ronald L. Akers

2003 "Taking social learning global: Micro-macro transitions in criminological theory", pp. 9-38 in Ronald L. Akers and Gary F. Jensen (Eds.), *Social Learning Theory and the Explanation of Crime: A Guide for the New Century. Advances in Criminological Theory.* Volume 11. New Brunswick, NJ: Transaction.

Jensen, Gary F., Maynard L. Erickson, and Jack P. Gibbs

1978 "Perceived risk of punishment and self-reported delinquency", *Social Forces*, 57: 57-78.

Jessor, Richard

1996 "Risk behavior in adolescence: A psychosocial framework for understanding and action", pp. 138-143 in Joseph G. Weis, Robert D. Crutchfield, and George S. Bridges (Eds.), *Juvenile Delinquency*. Volume 2. *Crime and Society*. Thousand Oaks, CA: Pine Forge Press.

Johansson, Pernilla, and Kimberly Kempf-Leonard

2009 "A gender-specific pathway to serious, violent, and chronic offending? Exploring Howell's risk factors for serious delinquency", *Crime & Delinquency*, 55: 216-240.

Johnson, Byron R.

2004 "Religious programs and recidivism among former inmates in prison fellowship programs: A long-term follow-up study", *Justice Quarterly*, 21: 329-354.

2011 *More God, Less Crime: Why Faith Matters and How It Could Matter More*. West Conshohocken, PA: Templeton Press.

Johnson, Byron R. and Sung Joon Jang

2010 "Religion, race, and drug use among American youth", *Interdisciplinary Journal of Research on Religion*, 6: 1-22.

Johnson, Byron R., David B. Larson, and Timothy C. Pitts

1997 "Religious programs, institutional adjustment, and recidivism among former inmates in prison fellowship programs", *Justice Quarterly*, 14: 145-166.

Johnson, Byron R., Spencer De Li, David B. Larson, and Michael McCullough

2000 "A systematic review of the religiosity and delinquency literature", *Journal of Contemporary Criminal Justice*, 16: 32-52.

Johnson, Matthew C. and Robert G. Morris

2008 "The moderating effects of religiosity on the relationship between stressful life events and delinquent behavior", *Journal of Criminal Justice*, 36: 486-493.

Johnson, Michael P.

2008 *A Typology of Domestic Violence*. Boston, MA: Northeastern University Press.

Johnston, Lloyd D., Patrick M. O'Malley, Jerald G. Bachman, and John E. Schulenberg

2011 "Monitoring the Future national survey results on drug use, 1975 - 2010: Volume II, College students and adults ages 19-50". Retrieved from http://monitoringthefuture.org/pubs/monographs/mtf-vol2_2010.pdf

Jones, Marshall and Donald R. Jones

2000 "The contagious nature of antisocial behavior", *Criminology*, 38: 25-46.

Jones, Natalie J., Shelley L. Brown, Kayla A. Wanamaker, and Leigh E. Greiner

2014 "A quantitative exploration of gendered pathways to crime in a sample of male and female juvenile offenders", *Feminist Criminology*, 9: 113-136.

Jones, Shayne and Neil Quisenberry

2004 "The general theory of crime: How general is it?", *Deviant Behavior*, 25: 401-426.

Jones, Shayne E., Joshua D. Miller, and Donald R. Lynam

2011 "Personality, antisocial behavior, and aggression: A meta-analytic review", *Journal of Criminal Justice*, 39: 329-337.

Jordan, Kareem L., and Rimonda Maroun

2016 "Minority threat and criminal sentencing: Examining juveniles in the adult criminal justice system", *Journal of Crime and Justice*, 39:41-54.

Joseph, Jay

2006 *The Missing Gene: Psychiatry, Heredity, and the Fruitless Search for Genes*. New York, NY: Algora.

Junger-Tas, Josine

1992 "An empirical test of social control theory", *Journal of Quantitative Criminology*, 8: 9-28.

Kabiri, Saeed., John K. Cochran, Bernadette J. Stewart, Mahmoud Sharepour, Rahmati, Mohammad M. Rahmati., and Massomeh Shadmanfaat

2018 "Doping among professional athletes in Iran: A test of Akers's social learning theory", *International Journal of Offender Therapy and Comparative Criminology*, 62: 1384-1410.

Kam, Jennifer A., Michael J. Cleveland, and Michael L. Hecht

2010 "Applying general strain theory to examine perceived discrimination's indirect relation to Mexican-heritage youth's alcohol, cigarette, and marijuana use", *Prevention Science*, 11: 397-410.

Kanazawa, Satoshi and Mary C. Still

2000 Why men commit crimes (and why they desist). *Sociological Theory*, 18: 434-448.

Kandel, Denise B.

1978 "Homophily, selection, and socialization in adolescent friendships", *American Journal of Sociology*, 84: 427-436.

1996 "The parental and peer contexts of adolescent deviance: An algebra of interpersonal influences", *Journal of Drug Issues*, 26: 289-316.

Kandel, Denise and Mark Davies

1991 "Friendship networks, intimacy, and illicit drug use in young adulthood: A comparison of two competing theories", *Criminology*, 29: 441-469.

Kaplan, Howard B.

1996 "Empirical validation of the applicability of an integrative theory of deviant behavior to the study of drug use", *Journal of Drug Issues*, 26: 345-377.

Karp, David R. and Lynne Walther

2001 "Community reparative boards in Vermont: Theory and practice", pp. 199-217 in Gordon Bazemore and Mara Schiff (Eds.), *Restorative Community Justice: Repairing Harm and Transforming Communities*. Cincinnati, OH: Anderson.

Katz, Lawrence F., Jeffrey R. King, and Jeffrey B. Liebman

2001 "Moving to opportunity in Boston: Early results of a randomized mobility experiment", *Quarterly Journal of Economics*, 116: 607-654.

Kaufman, Joanne M.

2009 "Gendered responses to serious strain: The argument for a general strain theory of deviance", *Justice Quarterly*, 26: 410-444.

Kauzlarich, David

2015 "Critical criminology: The spirit and the journal", *The Criminologist*, 40: 11-12.

Kavish, Daniel Ryan, Christopher W. Mullins, and Danielle A. Soto

2016 "Interactionist labeling: Formal and informal labeling's effects on juvenile delinquency", *Crime and Delinquency*, 62: 1313-1336.

Kawachi, Ichiro, Bruce P. Kennedy, and Richard G. Wilkinson

1999 "Crime: Social disorganization and relative deprivation", *Social Science Medicine*, 48: 719-731.

Keane, Carl, Paul S. Maxim, and James T. Teevan

1993 "Drinking and driving, self-control, and gender: Testing a general theory of crime", *Journal of Research in Crime & Delinquency*, 30: 30-46.

Kelly, P. Elizabeth, Joshua R. Polanin, Sung Joon Jang, and Byron R. Johnson

2015 "Religion, delinquency, and drug use: A meta-analysis", *Criminal Justice Review*, 40: 505-523.

Kempf, Kimberly and Roy L. Austin

1986 "Older and more recent evidence on racial discrimination in sentencing", *Journal of Quantitative Criminology*, 2: 29-48.

Kempf-Leonard, Kimberly

2019 "The status of Hirschi's social control theory after 50 years", pp. 161-210 in James C. Oleson and Barbara Costello (eds.), *Fifty Years of Causes of Delinquency: The Criminology of Travis Hirschi*. New York: Taylor & Francis.

Kennedy, David

1998 "Pulling levers: Getting deterrence right", *National Institute of Justice Journal*, 236: 2-8.

Kennedy, Jay P.

2015 "Losing control: A test of containment theory and ethical decision making", *International Journal of Criminal Justice Sciences*, 10: 48-64.

Kennedy, Leslie W. and David R. Forde

1990 "Routine activities and crime: An analysis of victimization in Canada", *Criminology*, 28: 137-152.

Kennedy, Leslie W. and Robert A. Silverman

1990 "The elderly victim of homicide: An application of the routine activities approach", *Sociological Quarterly*, 31: 307-319.

Kent, Stephanie L. and David Jacobs

2005 "Minority threat and police strength from 1980 to 2000: A fixed-effects analysis of nonlinear and interactive effects in large U.S. cities", *Criminology*, 43: 731-760.

Kabiri, Saeed, John K. Cochran, Bernadette J. Stewart., Mahmoud Sharepour, Rahmati, Mohammad M. Rahmati., and Massomeh Shadmanfaat

2018 "Doping among professional athletes in Iran: A test of Akers's social learning theory", *International Journal of Offender Therapy and Comparative Criminology*, 62: 1384-1410.

Kim, Eunyoung, Ronald L. Akers, and Minwoo Yun

2013 "A cross-cultural test of social structure and social learning: Alcohol use among Korean adolescents", *Deviant Behavior*, 34: 895-915.

Kim, Hee Joo, and Jurg Gerber

2012 "The effectiveness of reintegrative shaming and restorative justice conferences: Focusing on juvenile offenders' perceptions in Australian reintegrative shaming experiments", *International Journal of Offender Therapy and Comparative Criminology*, 56: 1063-1079.

Kingsley, David E.

2006 "The Teaching Family Model and post-treatment recidivism: A critical review of the conventional wisdom", *International Journal of Behavioral and Consultation Therapy*, 2: 481-496.

Kingston, Beverly, David Huizinga, and Delbert S. Elliott

2009 "A test of social disorganization theory in high-risk urban neighborhoods", *Youth & Society*, 41: 53-79.

Kirk, David S. and Mauri Matsuda

2011 "Legal cynicism, collective efficacy, and the ecology of arrest", *Criminology*, 49: 443-472.

Kitsuse, John I.

1964 "Societal reaction to deviant behavior: Problems of theory and method", pp.87-102 in Howard S. Becker (Ed.), *The Other Side*. New York, NY: Free Press.

Kleck, Gary

1981 "Racial discrimination in criminal sentencing: A critical evaluation of the evidence with additional evidence on the death penalty", *American Sociological Review*, 46: 783-805.

Klepper, Steven and Daniel Nagin

1989 "The deterrent effect of perceived certainty and severity of punishment revisited", *Criminology*, 27: 721-746.

Kling, Jeffrey R., Jeffrey B. Leibman, and Lawrence F. Katz

2007 "Experimental analysis of neighborhood effects", *Econometrica*, 75: 83-119.

Klinger, David A.

1996 "More on demeanor and arrest in Dade County", *Criminology*, 34: 61-82.

Klockars, Carl

1979 "The contemporary crisis of Marxist criminology", *Criminology*, 16: 477-515.

Kobrin, Solomon

1959 "The Chicago Area Project: A 25-year assessment", *Annals of the American Academy of Political and Social Science*, 322: 19-29.

Kochel, Tammy Rinehart, David B. Wilson, and Stephen D. Mastrofski

2011 Effect of suspect race on officers' arrest decisions. *Criminology*, 49: 473-512.

Koons-Witt, Barbara A.

2002 "The effect of gender on the decision to incarcerate before and after the introduction of sentencing guidelines", *Criminology*, 40: 297-328.

Kornhauser, Ruth Rosner

1978 *Social Sources of Delinquency*. Chicago, IL: University of Chicago Press.

Kreager, Derek A., Ross L. Matsueda, and Elena A. Erosheva

2010 "Motherhood and criminal desistance in disadvantaged neighborhoods", *Criminology*, 48: 221-258.

Krohn, Marvin D.

1986 "The web of conformity: A network approach to the explanation of delinquent behavior", *Social Problems*, 33: S81-S93.

1999 "Social learning theory", *Theoretical Criminology*, 3: 462-476.

Krohn, Marvin D. and James L. Massey

1980 "Social control and delinquent behavior: An examination of the elements of the social bond", *Sociological Quarterly*, 21: 529-543.

Krohn, Marvin D., and Jeffery T. Ward

2015 "Integrating criminological theories", pp. 318-335 in Alex Piquero (Ed.), *The Handbook of Criminological Theory*. Wiley-Blackwell.

Krohn, Marvin D., Alan J. Lizotte, Terence P. Thornberry, Carolyn Smith, and David McDowall

1996 "Reciprocal causal relationships among drug use, peers, and beliefs: A five wave panel model", *Journal of Drug Issues*, 26: 405-428.

Krohn, Marvin D., Jeffery T. Ward, Terence P. Thornberry, Alan J. Lizotte, and Rebekah Chu

2011 "The cascading effects of adolescent gang involvement across the life course", *Criminology*, 49: 991-1028.

Krohn, Marvin D., Lonn Lanza-Kaduce, and Ronald L. Akers

1984 "Community context and theories of deviant behavior: An examination of social learning and social bonding theories", *Sociological Quarterly*, 25: 353-371.

Krohn, Marvin D., William F. Skinner, James L. Masssey, and Ronald L. Akers

1985 "Social learning theory and adolescent cigarette smoking: A longitudinal study", *Social Problem*, 32: 455-473.

Kubrin, Charis E.

2012 "Communities and delinquency", pp. 272-286 in Barry C. Feld, and Donna M. Bishop (Eds.), *The Oxford Handbook of Juvenile Crime and Juvenile Justice*. New York, NY: Oxford University Press.

Kubrin, Charis E., Thomas D. Stucky, and Marvin D. Krohn

2009 *Researching Theories of Crime and Deviance*. New York, UK: Oxford University Press.

Kubrin, Charis E. and Ronald Weitzer

2003 "New directions in social disorganization theory", *Journal of Research in Crime & Delinquency*, 40: 374-402.

Kunkel, John H.

1975 *Behavior, Social, Problems, and Change: A Social Learning Approach*. Englewood Cliffs, NJ: Prentice-Hall.

Kuptsevych-Timmer, Anastasiia., Olena Antonaccio., Ekaterina V. Botchkovar, and William R. Smith

2019 "Scared or attached? Unraveling important links in strain-crime relationships among school students", *International Journal of Offender Therapy and Comparative Criminology*, 63: 1175-1201.

Kurtz, Don L and Egbert Zavala

2017 "The Importance of social support and coercion to risk of impulsivity and juvenile offending", *Crime & Delinquency*, 63: 1838-1860.

Kutateladze, Besiki Luka, Nancy R. Andiloro, and Brian D. Johnson

2016 "Opening Pandora's box: How does defendant race influence plea bargaining?", *Justice Quarterly*, 33: 398-426.

Lab, Steven P.

1997 "Reconciling Hirschi's 1969 control theory with the general theory of crime", pp. 31-40 in Steven Lab (Ed.), *Crime Prevention at a Crossroads*. Cincinnati, OH: Anderson.

LaFree, Gary D.

1980 "The effect of sexual stratification by race on official reactions to rape", *American Sociological Review*, 45: 842-854.

LaGrange, Randy L. and Helene Raskin White

1985 "Age differences in delinquency: A test of theory", *Criminology*, 23: 19-46.

LaGrange, Teresa C. and Robert A. Silverman

1999 "Low self control and opportunity: Testing the general theory of crime as an explanation for gender differences in delinquency", *Criminology*, 37: 41-72.

Landenberger, Nana A. and Mark Lipsey

2005 "The positive effects of cognitive-behavioral programs for offenders: A meta-analysis of factors associated with effective treatment", *Journal of Experimental Criminology*, 1: 451-476.

Lander, Bernard

1954 *Towards an Understanding of Juvenile Delinquency*. New York, NY: Columbia University Press.

Lanier, Mark H. and Stuart Henry

1998 *Essential Criminology*. Boulder, CO: Westview.

Lansford, Jennifer E., Shari Miller-Johnson, Lisa J. Berlin, Kenneth A. Dodge, John E. Bates, and Gregory S. Pettit

2007 "Early physical abuse and later violent delinquency: A prospective longitudinal study", *Child Maltreatment*, 12: 233-245.

Lanza-Kaduce, Lonn and Michael Capece

2003 "A specific test of an integrated general theory", pp.179-196 in Ronald L. Akers and Gary F. Jensen (Eds.), *Social Learning Theory and the Explanation of Crime: A Guide for the New Century. Advances in Criminological Theory*. Volume 11. New Brunswick, NJ: Transaction.

Lanza-Kaduce, Lonn, Marvin D. Krohn, Ronald L. Akers, and Marcia Radosevich

1979 "Law and durkheimian order", pp.41-61 in Paul J. Brantingham and Jack M. Kress (Eds.), *Structure, Law, and Power: Essays in the Sociology of Law*. Beverly Hills, CA: Sage.

Lasley, James R.

1988 "Toward a control theory of white collar offending", *Journal of Quantitative Criminology*, 4: 347-359.

Latimer, Jeff, Craig Dowden, and Danielle Muise

2005 "The effectiveness of restorative justice practices: A meta-analysis", *The Prison Journal*, 85: 127-144.

Laub, John H.

2006 "Edwin H. Sutherland and the Michael-Adler report: Searching for the soul of criminology seventy years later", *Criminology*, 44: 235-258.

Laub, John H. and Robert J. Sampson

1993 "Turning points in the life course: Why change matters to the study of crime", *Criminology*, 31: 301-326.

2001 "Understanding desistance from crime", pp. 1-69 in Michael Tonry (Ed.), *Crime and Justice: A Review of Research*. Volume 28. Chicago, IL: University of Chicago Press.

2003 *Shared Beginnings, Divergent Lives: Delinquent Boy to Age 70*. Cambridge, MA: Harvard University Press.

Laub, John, Zachary R. Rowan, and Ronald Sampson

2019 "The age-graded theory of informal social control", pp. 295-324 in David P. Farrington, Lila Kazemian, and Alex Piquero (eds.), *The Oxford Handbook of Developmental and Life-Course Criminology*. New York: Oxford University Press.

Laub, John H., Robert J. Sampson, and Gary A. Sweeten

2006 "Assessing Sampson and Laub's life-course theory of crime", pp. 313-333 in Francis T. Cullen, John Paul Wright, and Kristie R. Blevins (Eds.), *Taking Stock: The Status of Criminology Theory. Advances in Criminological Theory*. Volume 15. New Brunswick, NJ: Transaction.

Laurence, James

2015 "Community disadvantage and race-specific rates of violent crime: An investigation into the 'racial invariance' hypothesis in the United Kingdom", *Deviant Behavior*, 36: 974-995.

Lauritsen, Janet L.

1993 "Sibling resemblance in juvenile delinquency: Findings from the national youth survey", *Criminology*, 31: 387-410.

Lauritsen, Janet L., Karen Heimer, and James P. Lynch

2009 "Trends in the gender gap in violent offending: New evidence from the national crime victimization survey", *Criminology*, 47: 361-399.

Lawrence, Paul

2017 "The Vagrancy Act (1824) and the persistence of pre-emptive policing in England since 1750", *British Journal of Criminology*, 57: 513-531.

Lee, Chang-Hun, Stacy Moak, and Jeffery T. Walker

2016 "Effects of self-control, social control, and social learning on sexting behavior among South Korean youths", *Youth & Society*, 48: 242-264.

Lee, Gang, Ronald L. Akers, and Marian Borg

2004 "Social learning and structural factors in adolescent substance use", *Western Criminology Review*, 5: 17-34.

Leiber, Michael J., Jennifer H. Peck, and Nancy Rodriguez

2016 "Minority threat and juvenile court outcomes", *Crime & Delinquency*, 62: 54-80.

Leiber, Michael J. and Mary Ellen Ellyson Wacker

1997 "A theoretical and empirical assessment of power-control theory and single-mother families", *Youth & Society*, 28: 317-350.

Lemert, Edwin M.

1951 *Social Pathology*. New York, NY: McGraw-Hill.

1967 *Human Deviance, Social Problems, and Social Control*. Englewood Cliffs, NJ: Prentice Hall.

1974 "Beyond Mead: The societal reaction to deviance", *Social Problems*, 21: 457-468.

1981 "Diversion in juvenile justice", *Journal of Research in Crime & Delinquency*, 18: 34-46.

Leonard, Eileen B.

1982 *Women, Crime, and Society: A Critique of Theoretical Criminology*. New York, UK: Longman.

Lerner, Richard M., Jacqueline V. Lerner, Jason B. Almerigi, Christina Theokas, Erin Phelps, Steinun Gestsdottir, and Ma Lang

2005 "Positive youth development, participation in community youth development programs, and community contributions of fifth-grade adolescents findings from the first wave of the 4-H Study of Positive Youth Development", *The Journal of Early Adolescence*, 25: 17-71.

Lerner, Richard M., Jacqueline V. Lerner, Edward P. Bowers, Selva Lewin-Bizan, Steinun Gestsdottir and Jennifer B. Urban

2011 "Self-regulation processes and thriving in childhood and adolescence: A view of the issues", *New Directions for Child and Adolescent Development*, 133: 1-9.

Lerner, Richard M., Alexander von Eye, Jacqueline V. Lerner, Selva Lewin-Bizan, and Edward P. Bowers

2010 "Introduction to the special issue on the meaning and measurement of thriving: A view of the issues", *Journal of Youth and Adolescence*, 39: 707-719.

Leventhal, Tama and Jeanne Brooks-Gunn

2003 "Moving to opportunity: An experimental study of neighborhood effects on mental health", *American Journal of Public Health*, 93: 1576-1582.

Levin, Steven

2006 "The case of the critics who missed the point: A reply to webster et al.", *Criminology and Public Policy*, 5: 449-460.

Levrant, Sharon, Francis T. Cullen, Betsy Fulton, and John F. Wozniak

1999 "Reconsidering restorative justice: The corruption of benevolence revisited?", *Crime & Delinquency*, 45: 3-27.

Liberman, Akiva M., David S. Kirk, and Kideuk Kim
2014 "Labeling effects of first juvenile arrests: Secondary deviance and secondary sanctioning", *Criminology*, 52: 345-370.
Lilienfeld, Scott O. and Brian P. Andrews
1996 "Development and preliminary validation of self-report measure of psychopathic personality traits in noncriminal population", *Journal of Personality Assessment*, 66: 488-524.
Lilly, J. Robert, Francis T. Cullen, and Richard A. Ball
2011 *Criminological Theory: Context and Consequences*. Fifth Edition. Thousand Oaks, CA: Sage.
2018 *Criminological Theory: Context and Consequences*. Seventh Edition. Thousand Oaks, CA: Sage.
Lin, Wen-Hsu
2011 "*General strain theory and juvenile delinquency: A cross-cultural study*", PhD diss., Tampa, FL: University of South Florida.
Lin, Wen-Hsu, John K. Cochran, and Thomas Mieczkowski
2011 "Direct and vicarious violent victimization and juvenile delinquency: An application of general strain theory", *Sociological Inquiry*, 81: 195-222.
Lin, Wen-Hsu and Thomas Mieczkowski
2011 "Subjective strains, conditioning factors, and juvenile delinquency: General strain theory in Taiwan", *Asian Journal of Criminology*, 6: 67-87.
Lindner, Robert
1944 *Rebel Without a Cause*. New York, NY: Grove.
Ling, Shichun, Rebecca Umbach, and Adrian Raine
2019 "Biological explanations of criminal behavior", *Psychology, Crime, & Law*, 25: 626-640.
Link, Bruce
1982 "Mental patient status, work, and income: An examination of the effects of a psychiatric label", *American Sociological Review*, 7: 202-215.
Link, Bruce, G., Francis T. Cullen, Elmer Struening, Patrick E. Shrout, and Bruce P. Dohrenwend
1989 "A modified labeling theory approach to mental disorders: An empirical assessment", *American Sociological Review*, 54: 400-423.
Lipset, Seymour M.
1960 *Political Man: The Social Bases of Politics*. Garden City, NY: Doubleday.
Lipsey, Mark W. and Nana A. Landenberger
2005 "Cognitive-behavioral interventions", pp. 57-71 in B. C. Welsh and D. P. Farrington (Eds.), *Preventing Crime: What works for Children, Offenders, Victims, and Places*. Dordrecht, The Netherlands: Springer.

Lipsey, Mark W., Nana A. Landenberger, and Gabrielle L. Chapman

2007 "Rehabilitation: An assessment of theory and research", pp. 211-227 in Colin Sumner and William J. Chambliss (Eds.), *The Blackwell Companion to Criminology*. London: Wiley-Blackwell.

Liska, Allen E.

1971 "Aspirations, expectations, and delinquency: Stress and additive models", *Sociological Quarterly*, 12: 99-107.

Liska, Allen E. (Ed.)

1992 *Social Threat and Social Control*. Albany, NY: State University of New York Press.

Liska, Allen E. and Mitchell Chamlin

1984 "Social structure and crime control among macro-social units", *American Journal of Sociology*, 90: 383-395.

Liska, Allen E., Marvin D. Krohn, and Steven F. Messner

1989 "Strategies and requisites for theoretical integration in the study of crime and deviance", pp. 1-20 in Steven F. Messner, Marvin D. Krohn, and Allen E. Liska (Eds.), *Theoretical Integration in the Study of Deviance and Crime*. Albany, NY: State University of New York Press.

Liska, Allen E. and Steven F. Messner

1999 *Perspectives on Crime and Deviance*. Third Edition. Upper Saddle River, NJ: Prentice Hall.

Liska, Allen E. and Mark Tausig

1979 "Theoretical interpretation of social class and racial differentials in legal decision making for juveniles", *Sociological Quarterly*, 20: 197-207.

Listwan, Shelley Johnson, Mark Colvin, Dena Hanley, and Daniel Flannery

2010 "Victimization, social support, and psychological well-being: A study of recently released prisoners", *Criminal Justice and Behavior*, 37: 1140-1159.

Liu, Ruth Xiaoru

2003 "The moderating effects of internal and perceived external sanction threats on the relationship between deviant peer associations and criminal offending", *Western Criminology Review*, 4: 191-202.

Liu, Xiaoru and Howard B. Kaplan

1999 "Explaining the gender difference in adolescent delinquent behavior: A longitudinal test of mediating mechanisms", *Criminology*, 37: 195-215.

Loeber, Rolf

1985 "Patterns and development of antisocial child behavior", pp. 77-116 in G. J. Whitehurst (Ed.), *Annals of Child Development*. Volume 2. Greenwich, CT: JAI Press.

1996 "Developmental continuity, change, and pathways in male juvenile problem behaviors and delinquency", pp. 1-27 in J. David Hawkins (Ed.), *Delin-*

quency and Crime: Current Theories. New York, UK: Cambridge University Press.

2019 "Developmental pathways to conduct problems and serious forms of delinquency", pp. 159-172 in David P. Farrington, Lila Kazemian, and Alex Piquero (eds.), *The Oxford Handbook of Developmental and Life-Course Criminology*. New York: Oxford University Press.

Loeber, Rolf, M. DeLamatre, Kate Keenan, and Q. Zhang

1998 "A prospective replication of developmental pathways in disruptive and delinquent behavior", pp. 185-215 in Robert Cairns, Lars Bergman, and Jerome Kagan (Eds.), *Methods and Models for Studying the Individual*. Thousand Oaks, CA: Sage.

Loeber, Rolf and Thomas J. Dishion

1987 "Antisocial and delinquent youths: Methods for their early identification", pp. 75-89 in J. D. Burchard and Sara Burchard (Eds.), *Prevention of Delinquent Behavior*. Newbury Park, CA: Sage.

Loeber, Rolf, David P. Farrington, M. Stouthamer-Loeber, Terri Moffitt, and A. Caspi

1998 "The development of male offending: Key findings from the first decade of the Pittsburgh youth study", *Studies in Crime and Crime Prevention*, 7: 141-172.

Loeber, Rolf, Wesley G. Jennings, Lia Ahonen, Alex Piquero, and David P. Farrington

2017 *Female Delinquency from Childhood to Young Adulthood: Recent Results from the Pittsburgh Girls Study*. New York: Springer.

Loeber, Rolf and M. LeBlanc

1990 "Toward a developmental criminology", pp. 375-475 in Michael Tonry and Norval Morris (Eds.), *Crime and Justice: A Review of Research*. Volume 12. Chicago, IL: University of Chicago Press.

Loeber, Rolf and Karen B. Schmaling

1985. "Empirical evidence for overt and covert patterns of antisocial conduct problems", *Journal of Abnormal Child Psychology*, 13: 337-352.

Loeber, Rolf and Magda Stouthamer-Loeber

1986 "Family factors as correlates and predictors of juvenile conduct problems and delinquency", pp. 29-149 in Michael Tonry and Norval Morris (Eds.), *Crime and Justice*. Volume 7. Chicago, IL: University of Chicago Press.

Loeber, Rolf, Phen Wung, Kate Keenan, Bruce Giroux, Magda Stouthamer-Loeber, Welmoet B. Van Kammen, and Barbara Maughan

1993 "Developmental pathways in disruptive child behavior", *Development and Psychopathology*, 5: 101-132.

Lombroso, Cesare

1876 *The Criminal Man*(*L'uomo Delinquente*). First Edition. Milan, Italy: Hoepli. Turin, Italy: Bocca. [Second Edition(1878) - Fifth Edition(1896)]

Lombroso, Cesare and William Ferrero

1897/1958 *The Female Offender*. New York, NY: Philosophical Library.

1912/1968 *Crime: Its Causes and Remedies*. Montclair, NJ: Patterson Smith.

Longshore, Douglas

1998 "Self-control and criminal opportunity: A prospective test of the general theory of crime", *Social Problems*, 45: 102-113.

Longshore, Douglas, E. Chung, S. C. Hsieh, and N. Messi

2004 "Self-control and social bonds: A combined control perspective on deviance", *Crime & Delinquency*, 50: 542-564.

Longshore, Douglas, Susan Truner, and Judith A. Stein

1996 "Self-control in a criminal sample: An examination of construct validity", *Criminology*, 34: 209-228.

Losel, Friedrich

2007 "It's never too early and never too late: Toward an integrated science of developmental intervention in criminology", *The Criminologists*, 32(5): 3-8.

Losoncz, Ibolya and Graham Tyson

2007 "Parental shaming and adolescent delinquency: A partial test of reintegrative shaming theory", *Australian & New Zealand Journal of Criminology*, 40: 161-178.

Loughran, Thomas A., Ray Paternoster, Aaron Chalfin, and Theodore Wilson

2016 "Can rational choice be considered a general theory of crime? Evidence from individual level panel data", *Criminology*, 54: 86-112.

Loughran, Thomas, Greg Pogarksy, Alex Piquero, and Raymond Paternoster

2012 "Re-examining the functional form of the certainty effect in deterrence theory", *Justice Quarterly*, 29: 712-741.

Lowenkamp, Christopher T., Francis T. Cullen, and Travis Pratt

2003 "Replicating Sampson and Groves's test of social disorganization theory: Revisiting a criminological classic", *Journal of Research in Crime & Delinquency*, 40: 351-373.

Lowman, John

1992 "Rediscovering crime", pp. 141-160 in Jock Young and Roger Matthews (Eds.), *Rethinking Criminology: The Realist Debate*. London: Sage.

Lu, Hong, Lening Zhang, and Terance D. Miethe

2002 "Interdependency, communitarianism, and reintegrative shaming in China", *Social Science Journal*, 39: 189-201.

Lu, Yi-Fen, and Scott Menard

2017 "The interplay of MAOA and peer influences in predicting adult criminal behavior", *Psychiatric Quarterly*, 88: 115-128.

Ludwig, Jens, Greg J. Duncan,and Paul Hirschfield

2001 "Urban poverty and juvenile crime: Evidence from a randomized housing-mobility experiment", *Quarterly Journal of Economics*, 116: 655-679.

Lundman, Richard J.

1993 *Prevention and Control of Juvenile Delinquency*. Second Edition. New York, UK: Oxford University Press.

Lyman, Stanford M. and Marvin B. Scott

1970 *A Sociology of the Absurd*. New York, NY: Appleton-Century-Crofts.

Lynch, James P. and William J. Sabol

1997 *Did Getting Tough on Crime Pay?* Washington, DC: The Urban Institute.

Lynch, Michael J.

1988 "The extraction of surplus value, crime and punishment: A preliminary examination", *Contemporary Crises*, 12: 329-344.

2007 "Big Prisons, Big Dreams: Crime and the Failure of America's Penal System", *Piscataway*, NJ: Rutgers University Press.

2010 "Radical explanations of penal trends: The rate of surplus value and the incarceration rate in the U.S., 1977-2004", *Journal of Crime and Justice*, 33: 63-94.

Lynch, Michael J., Michael A. Long, and Paul B. Stretesky

2013 "Add parsimony and stir…Exploring the explanation of state crime", *American Journal of Criminal Justice*, 1: 99-118.

Lynch, Michael J. and W. Byron Groves

1986 *A Primer in Radical Criminology*. New York, NY: Harrow and Heston.

Lynch, Michael J., Michael Hogan, and Paul Stretesky

1999 "A further look at long cycles and criminal justice legislation", *Justice Quarterly*, 16: 431-450.

Lynch, Michael J. and Raymond J. Michalowski

2006 *The New Primer in Radical Criminology: Critical Perspectives on Crime, Power, and Identity*. Fourth edition. Monsey, NY: Criminal Justice Press.

Lynch, Michael J., Paul B. Stretesky, and Michael A. Long

2015 *Defining Crime: A Critique of the Concept and Its Implication*. New York: Palgrave Macmillan.

MacArthur Foundation

2006 *Assessing Juvenile Psychopathy: Development and Legal Implications*. Issue Brief 4 of the Philadelphia: Temple University, MacArthur Foundation Research Network on Adolescent Development and Juvenile Justice.

MacKenzie, Doris L. and Alex Piquero

1994 "The impact of shock incarceration programs on prison crowding", *Crime & Delinquency*, 40: 222-249.

MacKenzie, Doris L. and land Claire Souryal

1994 *Multisite Evaluation of Shock Incarceration*. Washington, DC: U.S. Department of Justice, National Institute of Justice.

McCarthy, Bill and John Hagan

1987 "Gender, delinquency, and the great depression: A test of power-control theory", *Canadian Review of Sociology and Anthropology*, 24: 153-177.

McCarthy, Bill, John Hagan, and Todd Woodward

1999 "In the company of women: Structure and agency in a revised power-control theory of gender and delinquency", *Criminology*, 37: 761-788.

McCord, Joan

1978 "A thirty year follow up of treatment effects", *American Psychologist*, 33: 284-289.

1991a "Family relationships, juvenile delinquency, and adult criminality", *Criminology*, 29: 397-418.

1991b "The cycle of crime and socialization practices", *Journal of Criminal Law and Criminology*, 82: 211-228.

2003 "Cures that harm: Unanticipated outcomes of crime prevention programs", *Annals of the American Academy of Political and Social Science*, 587: 16-30.

McCord, William and Joan McCord

1956 *The Psychopath: An Essay on the Criminal Mind*. Princeton, NJ: Van Nostrand.

1959 *Origins of Crime: A New Evaluation of the Cambridge Somerville Youth Study*. New York, NY: Columbia University.

McCrae, Robert R. and Paul T. Costa Jr.

2008 "The five-factor theory of personality", pp. 159-179 in Oliver P. John, Richard W. Robins, and Lawrence A. Pervin (Eds.), *Handbook of Personality: Theory and Research*. Third Edition. New York, NY: Guilford.

McGarrell, Edmund F.

1993 "Institutional theory and the stability of a conflict model of the incarceration rate", *Justice Quarterly*, 10: 7-28.

McGarrell, Edmund F. and Thomas C. Castellano

1991 "An integrative conflict model of the criminal law formation process", *Journal of Research in Crime and Delinquency*, 28: 174-196.

McGee, Tara, and Terrie E. Moffitt

2019 "The developmental taxonomy", pp. 149-158 in David P. Farrington, Lila Kazemian, and Alex Piquero (Eds.), *The Oxford Handbook of Developmental and Life-Course Criminology*. New York: Oxford University Press.

McGee, Zina T.

1992 "Social class differences in parental and peer influence on adolescent drug use", *Deviant Behavior*, 13: 349-372.

McGloin, Jean Marie

2005 "Policy and intervention considerations of a network analysis of street gangs", *Criminology and Public Policy*, 4: 607-636.

2007 "The continued relevance of gang membership", *Criminology and Public Policy*, 6: 231-240.

2009 "Delinquency balance: Revisiting peer influence", *Criminology*, 47: 439-477.

McGloin, Jean Marie, Travis C. Pratt, and Jeff Maahs

2004 "Rethinking the IQ-delinquency relationship: A longitudinal analysis of multiple theoretical models", *Justice Quarterly*, 21: 603-631.

McGloin, Jean Marie and Lauren O'Neill Shermer

2009 "Self-control and deviant peer network structure", *Journal of Research in Crime & Delinquency*, 46: 35-72.

McIntosh, W. Alex, Starla D. Fitch, J. Branton Wilson, and Kenneth L. Nyberg

1981 "The effect of mainstream religious social controls an adolescent drug use in rural areas", *Review Religious Research*, 23: 54-75.

McPherson, Miller, Lynn Smith-Lovin, and James M. Cook

2001 "Birds of a feather: Homophily in social networks", *Annual Review of Sociology*, 27: 415-444.

Mack, KristenY. and Michael J. Leiber

2005 "Race, gender, single-mother households, and delinquency: A further test of power-control theory", *Youth & Society*, 37: 115-144.

Madfis, Eric, and Jeffrey Cohen

2016 "Critical criminologies of the present and future: Left realism, left idealism, and what's left in between", *Social Justice*, 43: 1-21.

Mahoney, Ann Rankin

1974 "The effect of labeling upon youths in the juvenile justice system: A review of the evidence", *Law & Society Review*, 8: 583-614.

Maimon, David, Olena Antonaccio, and Michael T. French

2012 "Severe sanctions, easy choice? investigating the role of school sanctions in preventing adolescent violent offending", *Criminology*, 50: 495-524.

Makkai, Toni and John Braithwaite

1994 "Reintegrative shaming and compliance with regulatory standards", *Criminology*, 32: 361-386.

Mamayek Chae, Thomas Loughran, and Ray Paternoster

2015 "Reason taking the reins from impulsivity: The promise of dual-systems thinking for criminology", *Journal of Contemporary Criminal Justice*, 31: 426-448.

Mankoff, Milton

1970 "Power in advanced capitalist society: A review essay on recent elitist and Marxist criticism of pluralist theory", *Social Problems*, 17: 418-430.

Mann, Coramae Richey

1984 *Female Crime and Delinquency*. Tuscaloosa, AL: University of Alabama Press.

Manzoni, Patrik, and Christian Schwarzenegger

2019 "The influence of earlier parental violence on juvenile delinquency: The role of social bonds, selfcontrol, delinquent peer association and moral values as mediators", *European Journal on Criminal Policy and Research*, 25: 225-239.

Marcus, Bernd

2003 "An empirical examination of the construct validity of two alternative self-control measures", *Educational and Psychological Measurement*, 63: 674-706.

Markowitz, Fred E., Paul E. Bellair, Allen E. Liska, and Jianhong Liu

2001 "Extending social disorganization theory: Modeling the relationships between cohesion, disorder, and fear", *Criminology*, 39: 293-319.

Maruna, Shadd and Heith Copes

2005 "What have we learned from five decades of neutralization research?", pp. 221-320 in Michael Tonry (Ed.), *Crime and Justice: A Review of Research*. Volume 32. Chicago, IL: University of Chicago Press.

Massey, Douglas S.

2015 "Brave new world of biosocial science", *Criminology*, 53: 127-131.

Massey, James, Marvin Krohn, and Lisa Bonati

1989 "Property crime and the routine activities of individuals", *Journal of Research in Crime & Delinquency*, 26: 378-400.

Mathis, Gloria and Charles Mueller

2015 "Childhood sibling aggression and emotional difficulties and aggressive behavior in adulthood", *Journal of Family Violence*, 30: 315-327.

Matsueda, Ross L.

1988 "The current state of differential association theory", *Crime & Delinquency*, 34: 277-306.

1992 "Reflected appraisals, parental labeling, and delinquency: Specifying a symbolic interactionist theory", *American Journal of Sociology*, 97: 1577-1611.

Matsueda, Ross L. and Kathleen Anderson

1998 "The dynamics of delinquent peers and delinquent behavior", *Criminology*, 36: 269-308.

Matsueda, Ross L., Derek A. Kreager, and David Huizinga

2006 "Deterring delinquents: A rational choice model of theft and violence", *American Sociological Review*, 71: 95-122.

Matthews, Roger

2010 "Realist criminology revisited", pp. 193-209 in Eugene McLaughlin and Tim Newburn (Eds.), *The SAGE Handbook of Criminological Theory.* London: Sage.

Matthews, Roger and Jock Young

1992 "Reflections on realism", pp. 1-24 in Jock Young and Roger Matthew (Eds.), *Rethinking Criminology: The Realist Debate.* London: Sage.

Matthews, Shelly Keith, and Robert Agnew

2008 "Extending deterrence theory: Do delinquent peers condition the relationship between perceptions of getting caught and offending?", *Journal of Research in Crime & Delinquency*, 45: 91-118.

Matza, David

1964 *Delinquency and Drift.* New York, NY: Wiley.

Matza, David and Gresham M. Sykes

1961 "Juvenile delinquency and subterranean values", *American Sociological Review*, 26: 712-719.

Maume, Michael O. and Matthew R. Lee

2003 "Social institutions and violence: A sub-national test of institutional anomie theory", *Criminology*, 41: 1137-1172.

Mazerolle, Lorraine, Rebecca Wickes, and James McBroom

2010 "Community variations in violence: The role of social ties and collective efficacy in comparative context", *Journal of Research in Crime & Delinquency*, 47: 3-30.

Mazerolle, Paul

1998 "Gender, general strain, and delinquency: An empirical examination", *Justice Quarterly*, 15: 65-91.

Mazerolle, Paul, Velmer Burton, Francis Cullen, T. David Evans, and Gary Payne

2000 "Strain, anger, and delinquent adaptations: Specifying general strain theory", *Journal of Criminal Justice*, 28: 89-101.

Mazerolle, Paul and Jeff Maahs

2000 "General strain and delinquency: An alternative examination of conditioning influences", *Justice Quarterly*, 17: 753-778.

Mazerolle, Paul and Alex Piquero

1997 "Violent responses to strain: An examination of conditioning influences", *Violence and Victims*, 12: 323-343.

1998 "Linking exposure to strain with anger: An investigation of deviant adaptations", *Journal of Criminal Justice*, 26: 195-211.

Mazerolle, Paul, Alex R. Piquero, and George E. Capowich

2003 "Examining the links between strain, situational and dispositional anger, and crime: Further specifying and testing general strain theory", *Youth &*

Society, 35: 131-157.

Mazur, Allan

2009 "Testosterone and violence among young men", pp. 190-204 in Anthony Walsh and Kevin M. Beaver (Eds.), *Biosocial Criminology: New Directions in Theory and Research.* New York, UK: Routledge/Taylor and Francis Group.

Mead, George Herbert

1934 *Mind, Self, and Society.* Chicago, IL: University of Chicago Press.

Meadow, Sarah O.

2007 "Evidence of parallel pathways: Gender similarity in the impact of social support on adolescent depression and delinquency", *Social Forces*, 85: 1143-1168.

Mears, Daniel P. and Joshua Cochran

2014 "What is the effect of IQ on offending?", *Criminal Justice and Behavior*, 40: 1280-1300.

Mears, Daniel P., Joshua J. Kuch, Andrea M. Lindsey, Sonja E. Siennick, George B. Pesta, Mark A. Greenwald, and Thomas G. Blomberg

2016 "Juvenile court and contemporary diversion: Helpful, harmful, or both?", *Criminology and Public Policy*, 15: 953-981.

Mears, Daniel P., Matthew Ploeger, and Mark Warr

1998 "Explaining the gender gap in delinquency: Peer influence and moral evaluations of behavior", *Journal of Research in Crime & Delinquency*, 35: 251-266.

Mednick, Sarnoff A.

1977 "A biosocial theory of the learning of law abiding behavior", pp. 1-8 in Sarnoff A. Mednick and Karl O. Christensen (Eds.), *Biosocial Bases of Criminal Behavior.* New York, NY: Gardner.

1987 "Biological factors in crime causation: The reactions of social scientists", pp. 1-6 in Sarnoff Mednick, Terrie E. Moffitt, and Susa A. Stack (Eds.), *The Causes of Crime: New Biological Approaches.* Cambridge, UK: Cambridge University Press.

Mednick, Sarnoff and Karl O. Christiansen (Eds.)

1977 *Biosocial Bases of Criminal Behavior.* New York, NY: Gardner.

Mednick, Sarnoff, William Gabrielli, and Barry Hutchings

1984 "Genetic influences in criminal convictions: Evidence from an adoption cohort", *Science*, 224: 891-894.

Mednick, Sarnoff A., Terrie E. Moffitt, and Susan A. Stack (Eds.)

1987 *The Causes of Crime: New Biological Approaches.* Cambridge, UK: Cambridge University Press.

Mednick, Sarnoff and Giora Shoham (Eds.)

1979 *New Paths in Criminology*. Lexington, MA: Lexington.

Mednick, Sarnoff, Jan Volavks, William F. Gabrielli, and Turan M. Itil

1981 "EEG as a predictor of antisocial behavior", *Criminology*, 19: 219-229.

Meier, Robert F.

1977 "The new criminology: Continuity in criminological theory", *Journal of Criminal Law and Criminology*, 67: 461-469.

Meldrum, Ryan C., Jacob T. N. Young, and Frank M. Weerman

2009 "Reconsidering the effect of self-control and delinquent peers: Implications of measurement for theoretical significance", *Journal of Research in Crime & Delinquency*, 46: 353-376.

2012 "Changes in self-control during adolescence: Investigating the influence of the adolescent peer network", *Journal of Criminal Justice*, 40: 452-462.

Melossi, Dario

2003 "A new edition of Punishment and Social Structure thirty-five years later: A timely event", *Social Justice*, 30: 248-263.

Menard, Scott and Delbert S. Elliott

1994 "Delinquent bonding, moral beliefs, and illegal behavior: A three wave panel model", *Justice Quarterly*, 11: 173-188.

Menard, Scott, and Matthew C. Johnson

2015 "An intergenerational test of integrated theory", *Deviant Behavior*, 36: 87-100.

Meneses, Rohald Ardwan and Ronald L. Akers

2011 "A comparison of four general theories of crime and deviance: Marijuana use among American and Bolivian university students", *International Criminal Justice Review*, 21: 333-352.

Merton, Robert K.

1938 "Social structure and anomie", *American Sociological Review*, 3: 672-682.

1957 *Social Theory and Social Structure*. Glencoe, IL: Free Press.

Messerschmidt, James W.

1986 *Capitalism, Patriarchy, and Crime: Toward a Socialist Feminist Criminology*. Totowa, NJ: Rowman & Littlefield.

1993 *Masculinities and Crime: Critique and Reconceptualization of Theory*. Lanham, MD: Rowman & Littlefield.

1997 *Crime as Structured Action: Gender, Race, Class and Crime in the Making*. Thousand Oaks, CA: Sage.

Messner, Steven F.

1988 "Merton's 'Social structure and anomie': The road not taken", *Deviant Behavior*, 9: 33-53.

Messner, Steven F., Eric P. Baumer, and Richard Rosenfeld

2004 "Dimensions of social capital and rates of criminal homicide", *American Sociological Review*, 69: 882-903.

Messner, Steven and Marvin Krohn

1990 "Class compliance structures and delinquency: Assessing integrated structural Marxist theory", *American Journal of Sociology*, 96: 300-328.

Messner, Steven F., Marvin D. Krohn, and Allen E. Liska (Eds.)

1989 *Theoretical Integration in the Study of Deviance and Crime*. Albany, NY: State University of New York Press.

Messner, Steven F. and Richard Rosenfeld

1994 *Crime and the American Dream*. Belmont, CA: Wadsworth.

1997 "Political restraint of the market and levels of criminal homicide: A cross-national application of institutional-anomie theory", *Social Forces*, 75: 1393-1416.

2001a "An institutional-anomie theory of crime", pp. 151-160 in Raymond Paternoster and Ronet Bachman (Eds.), *Explaining Criminals and Crime*. Los Angeles, CA: Roxbury.

2001b *Crime and the American Dream*. Third Edition. Belmont, CA: Wadsworth.

2006 "The present and future of institutional-anomie theory", pp. 127-148 in Francis T. Cullen, John Paul Wright, and Kristie R. Blevins (Eds.), *Taking Stock: The Status of Criminological Theory. Advances in Criminological Theory*. Volume 15. New Brunswick, NJ: Transaction.

2007 *Crime and the American Dream*. Fourth Edition. Belmont, CA: Thomson Wadsworth.

2013 *Crime and the American Dream*. Fifth Edition. Belmont, CA: Thomson Wadsworth.

Messner, Steven F. and Kenneth Tardiff

1985 "The social ecology of urban homicide: An application of the 'routine activities' approach", *Criminology*, 23: 241-268.

Michalowski, Raymond J.

1985 *Order, Law, and Crime*. New York, NY: Random House.

Michalowski, Raymond J. and Susan M. Carlson

1999 "Unemployment, imprisonment, and social structures of accumulation: Historical contingency in the Rusche-Kirchheimer hypothesis", *Criminology*, 37: 217-250.

Miethe, Terance D.

1982 "Public consensus on crime seriousness: Normative structure or methodological artifact?", *Criminology*, 20: 515-526.

Miethe, Terance D., Mark C. Stafford, and J. Scott Long

1987 "Social differentiation in criminal victimization: A test of routine activities lifestyle theories", *American Sociological Review*, 52: 184-194.

Mihalic, Sharon wofford and Delbert Elliott

1997 "A social learning theory model of marital violence", *Journal of Family Violence*, 12: 21-36.

Miller, Brooke, and Robert G. Morris

2016 "Virtual peer effects in social learning theory", *Crime & Delinquency*, 62: 1543-1569.

Miller, Eleanor M.

1986 *Street Woman*. Philadelphia, PA: Temple University Press.

Miller, Holly Ventura

2010 "If your friends jumped off of a bridge, would you do it too? delinquent peers and susceptibility to peer influence", *Justice Quarterly*, 27: 473-491.

Miller, Holly Ventura, Wesley G. Jennings, Lorna L. Alvarez-Rivera, and Lonn Lanza-Kaduce

2009 "Self-control, maternal attachment, and deviance among Hispanic adolescents", *Journal of Criminal Justice*, 37: 77-84.

Miller, Holly Ventura, Wesley G. Jennings, Lorna L. Alvarez-Rivera, and J. Mitchell Miller

2008 "Explaining substance use among Puerto Rican adolescents: A partial test of social learning theory", *Journal of Drug Issues*, 38: 261-284.

Miller, Jody and Christopher W. Mullins

2006 "The status of feminist theories in criminology", pp. 217-249 in Francis T. Cullen, John Paul Wright, and Kristie R. Blevins (Eds.), *Taking Stock: The Status of Criminological Theory. Advances in Criminological Theory*. Volume 15. New Brunswick, NJ: Transaction.

Miller, Joshua D. and Donald Lynam

2001 "Structural models of personality and their relation to antisocial behavior: A meta-analytic review", *Criminology*, 39: 765-798.

Miller, Neal E. and John Dollard

1941 *Social Learning and Imitation*. New Haven, CT: Yale University Press.

Miller, Susan L. and Lee Ann Iovanni

1994 "Determinants of perceived risk of formal sanction for courtship violence", *Justice Quarterly*, 11: 281-312.

Miller, Walter B.

1958a "Inter-institutional conflict as a major impediment to delinquency prevention", *Human Organization*, 17: 20-23.

1958b "Lower class culture as a generating milieu of gang delinquency", *Journal of Social Issues*, 14: 5-19.

1962 "The impact of a 'total community' delinquency control project", *Social Problems*, 10: 168-191.

Milovanovic, Dragan

2002 *Critical Criminology at the Edge.* Westport, CT: Praeger.

Milovanovic, Dragan and Katheryn K. Russell

2001 *Petit Apartheid in the U.S. Criminal Justice System.* Durham, NC: Carolina Academic.

Minor, W. William

1975 "Political crime, political justice, and political prisoners", *Criminology*, 12: 385-398.

1981 "Techniques of neutralization: A reconceptualization and empirical examination", *Journal of Research in Crime & Delinquency*, 18: 295-318.

Mischel, Walter

1968 *Personality and Assessment.* Hoboken, NJ: Wiley.

2004 "Toward an integrative science of the person", *Annual Review of Psychology*, 55: 1-22.

Mitchell, Ojmarrh

2005 "A meta-analysis of race and sentencing research: Explaining the inconsistencies", *Journal of Quantitative Criminology*, 21: 439-466.

2009 "Is the War on Drugs racially biased?", *Journal of Crime and Justice*, 32: 49-75.

Mitchell, Ojmarrh, and Michael S. Caudy

2015 "Examining racial disparities in drug arrests", *Justice Quarterly*, 32: 288-313.

2017 "Race differences in drug offending and drug distribution arrests", *Crime and Delinquency*, 63: 91-112.

Moffitt, Terrie E.

1993 "Adolescence limited and life course persistent antisocial behavior: A developmental taxonomy", *Psychological Review*, 100: 674-701.

2006 "A review of research on the taxonomy of life-course persistent versus adolescence limited antisocial behavior", pp. 277-312 in Francis T. Cullen, John Paul Wright, and Kristie R. Blevins (Eds.), *Taking Stock: The Status of Criminological Theory. Advances in Criminological Theory.* Volume 15. New Brunswick, NJ: Transaction.

Moffitt, Terrie E. and Amber Beckley

2015 "Abandon twin research? embrace epigenetic research? premature advice for criminologists", *Criminology*, 53: 121-126.

Moffitt, Terrie E., Avshalom Caspi, Nigel Dickson, Phil Silva, and Warren Stanton

1996 "Childhood-onset versus adolescent-onset antisocial conduct problems in males: Natural history from ages 3 to 18 years", *Development and Psychopathology*, 8: 399-424.

Moffitt, Terrie E., Avshalom Caspi, Honalee Harrington, and Barry J. Milne
2002 "Males on the life-course-persistent and adolescence-limited antisocial pathways: Follow-up at age 26 years", *Development and Psychopathology*, 14: 179-207.
Moffitt, Terrie E., Avahalom Caspi, Michael Rutter, and Phil A. Silva
2001 *Sex Differences in Antisocial Behaviour: Conduct Disorder, Delinquency, and Violence in the Dunedin Longitudinal Study*. Cambridge, UK: Cambridge University Press.
Moffitt, Terrie E., Donald R. Lyman, and Phil A. Silva
1994 "Neuropsychological tests predicting persistent male delinquency", *Criminology*, 32: 277-300.
Monachesi, Elio
1972 "Cesare Beccaria, 1738-1794", pp. 36-50 in Hermann Mannheim (Ed.), *Pioneers in Criminology*. Second Edition. Montclair, NJ: Patterson Smith.
Monahan, Kathryn C., Laurence Steinberg, and Elizabeth Cauffman
2009 "Affiliation with antisocial peers, susceptibility to peer influence, and antisocial behavior during the transition to adulthood", *Developmental Psychology*, 45: 1520-1530.
Mongold, Jennifer L. and Bradley D. Edwards
2014 "Reintegrative shaming: Theory into practice", *Journal of Theoretical and Philosophical Criminology*, 6: 205-212.
Moon, Byongook, David Blurton, and John D. McCluskey
2008 "General strain theory and delinquency: Focusing on the influences of key strain characteristics on delinquency", *Crime & Delinquency*, 54: 582-613.
Moore, Joan W.
1999 "Gang members' families", pp. 159-176 in Meda Chesney-Lind and John M. Hagedorn (Eds.), *Female Gangs in America: Essays on Girls, Gangs, and Gender*. Chicago, IL: Lakeview.
Moore, Matthew D., and Nicholas L. Recker
2017 "Social capital groups and crime in urban counties", *Deviant Behavior*, 38: 655-667.
Morash, Merry
1999 "A consideration of gender in relation to social learning and social structure: A general theory of crime and deviance", *Theoretical Criminology*, 3: 451-461.
Morash, Merry and Meda Chesney-Lind
1991 "A reformulation and partial test of the power-control theory of delinquency", *Justice Quarterly*, 8: 347-378.
Morenoff, Jeffrey D., Robert J. Sampson, and Stephen W. Raudenbush
2001 "Neighborhood inequality, collective efficacy, and the spatial dynamics of

urban violence", *Criminology*, 39: 517-559.

Morgan, Rachel E., and Barbara A. Oudekerk

2019 *Criminal Victimization, 2018*. Washington, DC: US Department of Justice, Bureau of Justice Statistics.

Morris, Allison

1987 *Women, Crime, and Criminal Justice*. New York, UK: Blackwell.

Morris, Edward K. and Curtis J. Braukmann (Eds.)

1987 *Behavioral approaches to Crime and Delinquency: A Handbook of Application, Research, and Concepts*. New York, NY: Plenum.

Morris, Robert G. and Heith Copes

2012 "Exploring the temporal dynamics of the neutralization/delinquency relationship", *Criminal Justice Review*, 37: 442-460.

Morris, Robert G., Jurg Gerber, and Scott Menard

2011 "Social bonds, self-control, and adult criminality: A nationally representative assessment of Hirschi's revised self-control theory", *Criminal Justice and Behavior*, 38: 584-599.

Morris, Robert G. and Alex R. Piquero

2013 "For whom do sanctions deter and label?", *Justice Quarterly*, 30: 837-868.

Morris, Terence

1957 *The Criminal Area: A Study in Social Ecology*. London: Routledge & Kegan Paul.

Morselli, Carlo, Pierre Tremblay, and Bill McCarthy

2006 "Mentors and criminal achievement", *Criminology*, 44: 17-43.

Moyer, Kenneth

1979 "What is the potential for biological violence control?", pp. 19-46 in C. R. Jeffrey (Ed.), *Biology and Crime*. Newbury Park, CA: Sage.

Muramatsu, Kanji, David T. Johnson, and Koiti Yano

2018 "The death penalty and homicide deterrence in Japan", *Punishment & Society*, 20: 432-457.

Murphy, Kristina and Nathan Harris

2007 "Shaming, shame, and recidivism: A test of reintegrative shaming theory in the white-collar crime context", *British Journal of Criminology*, 47: 900-917.

Murray, Charles A.

1976 *The Link Between Learning Disabilities and Juvenile Delinquency*. Washington, DC: U.S. Government Printing Office.

Mustaine, Elizabeth Ehrhardt and Richard Tewksbury

1998 "Predicting risks of larceny theft victimization: A routine activity analysis using refined lifestyle measures", *Criminology*, 36: 829-858.

Na, Chongmin and Raymond Paternoster

2012 "Can self-control change substantially over time? Rethinking the relationship between self-and social control", *Criminology*, 50: 427-462.

Nadelman, Ethan A.

1989 "Drug prohibition in United States: Costs, consequences, and alternatives", *Science*, 245: 921, 939-947.

Naffine, Ngaire

1987 *Female Crime: The Construction of Women in Criminology*. Boston, MA: Allen & Unwin.

1995 *Gender, Crime and Feminism*. Aldershot, UK: Dartmouth.

Nagin, Daniel S.

2013a "Deterrence: A review of the evidence by a criminologist for economists", *Annual Review of Economics*, 5: 83-105.

2013b "Deterrence in the twenty-first century", *Crime and Justice*, 42: 199-226.

Nagin, Daniel S., Francis T. Cullen, and Cheryl Lero Jonson (Eds.)

2018 *Deterrence, Choice, and Crime. Contemporary Perspectives*, Vol. 23. New York: Routledge.

Nagin, Daniel S. and David P. Farrington

1992a "The onset and persistence of offending", *Criminology*, 30: 501-523.

1992b "The stability of criminal potential from childhood to adulthood", *Criminology*, 30: 235-260.

Nagin, Daniel S. and Raymond Paternoster

1991a "On the relationship of past to future participation in delinquency", *Criminology*, 29: 163-189.

1991b "Preventive effects of the perceived risk of arrest: Testing an expanded conception of deterrence", *Criminology*, 29: 561-585.

1994 "Personal capital and social control: The deterrence implications of a theory of individual differences in criminal offending", *Criminology*, 32: 581-606.

2000 "Population heterogeneity and state dependence: State of the evidence and directions for future research", *Journal of Quantitative Criminology*, 16: 117-144.

Nagin, Daniel S. and Greg Pogarsky

2001 "Integrating celerity, impulsivity, and extralegal sanction threats into a model of general deterrence: Theory and evidence", *Criminology*, 39: 865-892.

Nagin, Daniel S. and Richard E. Tremblay

2005 "Developmental trajectory groups: Fact or a useful statistical fiction?", *Criminology*, 43: 873-904.

Nagin, Daniel S. and John V. Pepper (Eds.)

2012 *Deterrence and the Death Penalty*. Washington, DC: National Academies Press.

Nagin, Daniel S. and David Weisburd

2013 "Evidence and public policy", *Criminology and Public Policy*, 12: 651-679.

Neff, Joan L. and Dennis E. Waite

2007 "Male versus female substance abuse patterns among incarcerated juvenile offenders: Comparing strain and social learning variables", *Justice Quarterly*, 24: 106-132.

Nettler, Gwyn

1984 *Explaining Crime*. Third Edition. New York, NY: McGraw-Hill.

Newman, Graeme, Ronald V. Clarke, and S. Giora Shoham (Eds.)

1997 *Rational Choice and Situational Crime Prevention: Theoretical Foundations*. Aldershot, UK: Ashgate.

Newman, Oscar

1972 *Defensible Space: Crime Prevention Through Urban Design*. New York, NY: Macmillan.

Nigel, Stefanie M., Manuela Dudeck, Stefanie Otte, Karoline Knauer, Verena Klein, Titus Bottcher, Christina Maaß, Nenad Vasic, and Judith Streb

2018 "Psychopathy, the Big Five and empathy as predictors of violence in a forensic sample of substance abusers", *Journal of Forensic Psychiatry & Psychology*, 29: 882-900.

Nobles, Matt R. and Kathleen A. Fox

2013 "Assessing stalking behaviors in a control balance theory framework", *Criminal Justice and Behavior*, 40: 737-762.

Novak, Kenneth

2004 "Disparity and racial profiling in traffic enforcement", *Police Quarterly*, 7: 65-96.

Nye, F. Ivan

1958 *Family Relationships and Delinquent Behavior*. New York, NY: Wiley.

Office of Juvenile Justice and Delinquency Prevention

2019 *Trends and Characteristics of Youth in Residential Placement, 2017*. Washington, DC: US Department of Justice.

Ogle, Robbin S. and Candice Batton

2009 "Revisiting patriarchy: Its conceptualization and operationalization in criminology", *Critical Criminology*, 17: 159-182.

Ogle, Robbin S., Daniel Maier-Kaktin, and Thomas J. Bernard

1995 "A theory of homicidal behavior among women", *Criminology*, 33: 173-194.

Oh, Gyeongseok, and Eric J. Connonlly

2019 "Anger as a mediator between peer victimization and deviant behavior in South Korea: A cross-cultural application of general strain theory", *Crime & Delinquency*.

Opp, Karl Dieter

1997 "Limited rationality' and crime", pp. 47-63 in Graeme Newman, Ronald V. Clarke, and S. Giora Shoham (Eds.), *Rational Choice and Situational Crime Prevention: Theoretical Foundations.* Aldershot, UK: Ashgate.

O'Riordan, Cáit and Michael O'Connell

2014 "Predicting adult involvement in crime: personality measures are significant, socio-economic measures are not", *Personality and Individual Differences*, 68: 98-101.

Ortiz, Jame and Adrian Raine

2004 "Heart rate level and antisocial behavior in children and adolescence: A meta-analysis", *Journal of the American Academy of Child & Adolescent Psychiatry*, 43: 154-162.

Osgood, D. Wayne and Amy L. Anderson

2004 "Unstructured socializing and rates of delinquency", *Criminology*, 42: 519-549.

Osgood, D. Wayne, Daniel T. Ragan, Lacey Wallace, Scott D. Gest, Mark E. Feinberg, and James Moody

2013 "Peers and the emergence of alcohol use: Influence and selection processes in adolescent friendship networks", *Journal of Research on Adolescence*, 23: 500-512.

Ousey, Graham C. and Matthew R. Lee

2008 "Racial disparity in formal social control: An investigation of alternative explanations of arrest rate inequality", *Journal of Research in Crime & Delinquency*, 45: 322-355.

Owen, Barbara

1998 *In the Mix: Struggle and Survival in a Women's Prison.* Albany, NY: State University of New York Press.

Pagani, Linda, Richard E. Tremblay, Frank Vitaro, and Sophie Parent

1998 "Does preschool help prevent delinquency in boys with a history of perinatal complications?", *Criminology*, 36: 245-267.

Pallone, Nathaniel J. and James J. Hennessy

1992 *Criminal Behavior: A Process Psychology Analysis.* New Brunswick, NJ: Transaction.

Palmer, Ted B.

1971 "California's community treatment program for delinquent adolescents", *Journal of Research in Crime & Delinquency*, 8: 74-92.

Paretta, Lawrence T.

2018 "The impact of public policy decisions on juvenile recidivism in the United States: A retrospective examination", *International Journal of Criminal Justice Sciences*, 13: 137-146.

Park, Robert Ezra

1936 "Human ecology", *American Journal of Sociology*, 42: 1-15.

Park, Robert E. K., Ernest W. Burgess, and Roderick D. McKenzie

1925 *The City*. Chicago, IL: University of Chicago Press.

Parker, Karen F. and Amy Reckdenwald

2008 "Women and crime in context: Examining the linkages between patriarchy and female offending across space", *Feminist Criminology*, 3: 5-24.

Paternoster, Raymond

1984 "Prosecutorial discretion in requesting the death penalty: A case of victim-based racial discrimination", *Law & Society Review*, 18: 437-478.

1985 "Assessments of risk and behavioral experience: An explanatory study of change", *Criminology*, 23: 417-436.

1989a "Absolute and restrictive deterrence in a panel of youth: Explaining the onset, persistence/desistance, and frequency of delinquent offending", *Social Problems*, 36: 289-309.

1989b "Decisions to participate in and desist from four types of common delinquency: Deterrence and the rational choice perspective", *Law & Society Review*, 23: 7-40.

2010 "How much do we really know about criminal deterrence?", *Journal of Criminal Law & Criminology*, 100: 765-823.

Paternoster, Raymond and Robert Brame

1997 "Multiple routes to delinquency? A test of developmental and general theories of crime", *Criminology*, 35: 49-84.

1998 "The structural similarity of processes of a generation of criminal and analogous behaviors", *Criminology*, 36: 633-669.

2008 "Reassessing race disparities in Maryland capital cases", *Criminology*, 46: 971-1008.

Paternoster, Raymond and Lee Ann Iovanni

1989 "The labeling perspective and delinquency: An elaboration of the theory and an assessment of the evidence", *Justice Quarterly*, 6: 379-394.

Paternoster, Raymond and Paul Mazerolle

1994 "General strain theory and delinquency: A replication and extension", *Journal of Research in Crime and Delinquency*, 31: 235-263.

Paternoster, Raymond and Greg Pogarsky

2009 "Rational choice, agency and thoughtfully reflective decision making: The short and long-term consequences of making good choices", *Journal of Quantitative Criminology*, 25: 103-127.

Paternoster, Raymond, Greg Pogarsky, and Gregory Zimmerman

2011 "Thoughtfully reflective decision making and the accumulation of capital: Bringing choice back in", *Journal of Quantitative Criminology*, 27: 1-26.

Paternoster, Raymond, Linda E. Saltzman, Gordon P. Waldo, and Theodore G. Chiricos

1983 "Perceived risk and social control: Do sanctions really deter?", *Law & Society Review*, 17: 457-480.

Patrick, Christopher J., John F. Edens, Norman G. Poythress, Scott O. Lilienfeld, and Stephen D. Benning

2006 "Construct validity of the psychopathic personality inventory two-factor model with offenders", *Psychological Assessment*, 18: 204-208.

Patterson, Gerald R.

1975 *Families: Applications of social Learning to Family Life*. Champaign, IL: Research Press.

1982 *A Social Learning Approach*. Volume 3. Eugene, OR: Castalia.

1995 "Coercion as a basis for early age of onset for arrest", pp. 81-105 in Joan McCord (Ed.), *Coercion and Punishment in Long-Term Perspectives*. Cambridge, UK: Cambridge University Press.

2002 "A brief history of the Oregon Model", pp. 3-24 in John B. Reid, Gerald R. Patterson, and James Snyder (Eds.), *Antisocial Behavior in Children and Adolescents: A Developmental Analysis and Model for Intervention*. Washington, DC: American Psychological Association.

Patterson, Gerald R. and Patricia Chamberlain

1994 "A functional analysis of resistance during parent training therapy", *Clinical Psychology: Science and Practice*, 1: 53-70.

Patterson, Gerald R., J. B. Reid, R. Q. Jones, and R. E. Conger

1975 *A Social Learning Approach to Family Intervention*. Volume 1. Eugene, OR: Castalia.

Pauvels, Lieven., and Nele Schils

2016 "Differential online exposure to extremist content and political violence: Testing the relative strength of social learning and competing perspectives", *Terrorism & Political Violence*, 28: 1-29.

Pearson, Frank S., Douglas, S. Lipton, Charles M. Cleland, and Dorline S. Yee

2002 "The effects of behavioral/congnitive-behavioral programs on recidivism", *Crime & Delinquency*, 48: 476-496.

Pease, Kenneth, Judith Ireson, and Jennifer Thorpe

1975 "Modified crime indices for eight countries", *Journal of Criminal Law & Criminology*, 66: 209-214.

Peck, Jennifer H.

2013 "Examining race and ethnicity in the context of general strain theory, depression, and delinquency", *Deviant Behavior*, 34: 706-726.

Pepinsky, Harold E.

1991 "Peacemaking criminology and criminal justice", pp. 299-327 in Harold E.

Pepinsky and Richard Quinney (Eds.), *Criminology as Peacemaking.* Bloomington, IL: Indiana University Press.

Pepinsky, Harold E. and Richard Quinney (Eds.)

1991 *Criminology as Peacemaking.* Bloomington, IL: Indiana University Press.

Perez, Deanna M., Wesley G. Jennings, and Angela R. Gover

2008 "Specifying general strain theory: An ethnically relevant approach", *Deviant Behavior*, 29: 544-578.

Peters, Michael, David Thomas, and Christopher Zamberian

1997 *Boot Camps for Juvenile Offenders: Program Summary.* Washington, DC: U.S. Department of Justice, Office of Juvenile Justice and Delinquency Prevention.

Petersilia, Joan

1983 *Racial Disparities in the Criminal Justice System.* Santa Monica, CA: Rand.

Petersilia, Joan and Susan Turner

1987 "Guideline based justice: The implications for racial monorities", pp. 151-182 in Don Gottfredson and Michael Tonry (Eds.), *Prediction and Classification in Criminal Justice Decision Making.* Chicago, IL: University of Chicago Press.

Peterson, Bryce Elling, Daiwon Lee, Alana M. Henninger, and Michelle A. Cubellis

2016 "Social bonds, juvenile delinquency, and Korean adolescents: Intra-and inter-individual implications of Hirschi's social bonds theory using panel data", *Crime & Delinquency*, 62: 1337-1363.

Petrosino, Anthony, Caroly Turpin-Petrosino, and John Buehler

2006 "Scared straight and other juvenile awareness programs", pp. 87-101 in Brandon C. Welsh and David P. Farrington (Eds.), *Preventing Crime: What Works for Children, Offenders, Victims, and Places.* Dordrecht, The Netherlands: Springer.

Petrosino, Anthony, Carolyn Turpin-Petrosino, Meghan E. Hollis-Peel, and Julia G. Lavenberg

2013 "'Scared Straight' and other juvenile awareness programs for preventing juvenile delinquency", *The Cochrane Library*, 4: 1-44.

Pierce, Glenn L., Michael L. Radelet, and Susan Sharp

2017 "Race and death sentencing for Oklahoma homicides committed between 1990 and 2012", *Journal of Criminal Law and Criminology*, 107: 733-756.

Piliavin, Irving, Graig Thornton, Rosemary Gartner, and Ross L. Matsueda

1986 "Crime, deterrence, and rational choice", *American Sociological Review*, 51: 101-119.

Piquero, Alex R.

2008a. "Measuring self-control", pp. 26-37 in Erich Goode (Ed.), *Out of Control: Assessing the General Theory of Crime.* Stanford, CA: Stanford

University Press.
2008b "Taking stock of developmental trajectories of criminal activity over the life course", pp. 23-78 in Akiva Liberman (Ed.), *The Long View of Crime: A Synthesis of Longitudinal Research*. New York, NY: Springer.
2019 "Nothing fake here: The public criminology case for being smart on crime by being smarter on people", *Justice Evaluation Journal*, 2: 73-92.

Piquero, Alex R. and Jeff A. Bouffard
2007 "Something old, something new: A preliminary investigation of Hirschi's redefined self-control", *Justice Quarterly*, 24: 1-27.

Piquero, Alex R. and Robert Brame
2008 "Assessing the race-crime and ethnicity-crime relationship in a sample of serious adolescent delinquents", *Crime & Delinquency*, 54: 390-422.

Piquero, Alex R., Robert Brame, and Donald Lynam
2004 "Studying career length through early adulthood among serious offenders", *Crime & Delinquency*, 50: 412-435.

Piquero, Alex R, Robert Brame, Paul Mazerolle, and Rudy Haapanen
2002 "Crime in emerging adulthood", *Criminology*, 40: 137-170.

Piquero, Alex R. and Timothy Brezina
2001 "Testing Moffitt's account of delinquency", *Criminology*, 39: 353-370.

Piquero, Alex R., David P. Farrington, and Alfred Blumstein
2003 "The criminal career paradigm", In Michael Tonry (Ed.), *Crime and Justice*. Volume 30. Chicago, IL: University of Chicago Press.
2007 *Key Issues in Criminal Career Research: New Analyses of the Cambridge Study in Delinquent Development*. Cambridge, UK: Cambridge University Press.

Piquero, Alex R., David P. Farrington, Brandon C. Welsh, Richard Tremblay, and Wesley G. Jennings
2009 "Effects of early family/parent training programs on antisocial behavior and delinquency", *Journal of Experimental Criminology*, 5: 83-120.

Piquero, Alex and Matthew Hickman
1999 "An empirical test of Tittle's control balance theory", *Criminology*, 37: 319-342.

Piquero, Alex R., Wesley G. Jennings, and J. C. Barnes
2012 "Violence in criminal careers: A review of the literature from a developmental life-course perspective", *Aggression and Violent Behavior*, 17: 171-179.

Piquero, Alex R., Wesley G. Jennings, Brie Diamond, David P. Farrington, Richard E. Tremblay, Brandon C. Welsh, and Jennifer Reingle Gonzalez
2016 "A meta-analysis update on the effects of early family/parent training programs on antisocial behavior and delinquency", *Journal of Experimental Criminology*, 12: 229-48.

Piquero, Alex R., Wesley G. Jennings, and David P. Farrington
2010 "On the malleability of self-control: Theoretical and policy implications

regarding a general theory of crime", *Justice Quarterly*, 27: 803-834.

2013 "The monetary costs of crime in middle adulthood: Findings from the cambridge Study in delinquent development", *Journal of Research in Crime & Delinquency*, 50: 53-74.

Piquero, Alex R., Wesley G. Jennings, David P. Farrington, Brie Diamond, and Jennifer Reingle Gonzalez

2016 "A meta-analysis update on the effectiveness of early self-control improvement programs to improve self-control and reduce delinquency", *Journal of Experimental Criminology*, 12: 249-264.

Piquero, Alex R. and Paul Mazerolle

2001 *Life-Course Criminology: Contemporary and Classic Readings*. Belmont, CA: Wadsworth/Thomson Learning.

Piquero, Alex R. and Terrie E. Moffitt

2005 "Explaining the facts of crime: How the developmental taxonomy replies to Farrington's invitation", pp. 51-72 in David P. Farrington (Ed.), *Integrated Developmental & Life Course Theories of Offending. Advances in Criminological Theory*. Volume 14. New Brunswick, NJ: Transaction.

Piquero, Alex, Raymond Paternoster, Paul Mazerolle, Robert Brame, and Charles W. Dean

1999 "Onset and offense specialization", *Journal of Research in Crime & Delinquency*, 36: 275-299.

Piquero, Alex and Nicole Leeper Piquero

1998 "On testing institutional anomie theory with varying specifications", *Studies on Crime and Crime Prevention*, 7: 61-84.

Piquero, Alex R. and Greg Pogarsky

2002 "Beyond Stafford and Warr's reconceptualization of deterrence: Personal and vicarious experiences, impulsivity, and offending behavior", *Journal of Research in Crime & Delinquency*, 39: 153-186.

Piquero, Alex and George F. Rengert

1999 "Studying deterrence with active residential burglars", *Justice Quarterly*, 16: 451-471.

Piquero, Nicole Leeper, Angela R. Gover, John M. MacDonald, and Alex R. Piquero

2005 "The influence of delinquent peers on delinquency: Does gender matter?", *Youth & Society*, 36: 251-275.

Piquero, Niole Leeper and Alex R. Piquero

2006 "Control balance and exploitative corporate crime", *Criminology*, 44: 397-430.

Piquero, Nicole Leeper and Miriam D. Sealock

2000 "Generalizing general strain theory: An examination of an offending population", *Justice Quarterly*, 17: 449-484.

2004 "Gender and general strain theory: A preliminary test of broidy and Agnew's gender/GST hypothesis", *Justice Quarterly*, 21: 125-158.

Platt, Anthony M.

1969 *The Child Savers: The Invention of Delinquency*. Chicago, IL: University of Chicago Press.

1977 *The Child Savers*. Second Edition. Chicago, IL: University of Chicago Press.

Platt, Anthony and Paul Takagi (Eds.)

1981 *Crime and Social Justice*. Totowa, NJ: Barnes and Noble.

Plomin, Robert, John C. DeFries, Valerie S. Knopik, and Jenae M. Neiderhiser

2012 *Behavioral Genetics*. Sixth Edition. New York, NY: Worth.

Pogarsky, Greg

2002 "Identifying 'deterrable' offenders: Implications for research on deterrence", *Justice Quarterly*, 19: 431-452.

Polakowski, Michael

1994 "Linking self and social control with deviance: Illuminating the structure underlying a general theory of crime and its relations to deviant activity", *Journal of Quantitative Criminology*, 10: 41-78.

Pollak, Otto

1950 *The Criminality of Women*. Philadelphia, PA: University of Pennsylvania Press.

Powers, Edwin and Helen Witmer

1951 *An Experiment in the Prevention of Juvenile Delinquency: The Cambridge Somerville Youth Study*. New York, NY: Columbia University Press.

Pratt, Tavis C. and Francis T. Cullen

2000 "The empirical status of Gottfredson and Hirschi's general theory of Crime: A meta-analysis", *Criminology*, 38: 931-964.

2005 "Assessing macro-level predictors and theories of crime: A meta-analysis", *Crime and Justice*, 32: 373-450.

Pratt, Travis C., Francis T. Cullen, Kristie R. Blevins, Leah E. Daigle, and Tamara D. Madensen

2006 "The empirical status of deterrence theory: A meta-analysis", pp. 367-396 in Francis T. Cullen, John Paul Wright, and Kristie R. Blevins (Eds.), *Taking Stock: The Status of Criminological Theory. Advances in Criminological Theory*. Volume 15. New Brunswick, NJ: Transaction Publishers.

Pratt, Travis C., Francis T. Cullen, Christine S. Sellers, L. Thomas Winfree, Tamara D. Madensen, Leah E. Daigle, Noelle E. Fearn, and Jacinta E. Gau

2010 "The empirical status of social learning theory: A meta-analysis", *Justice Quarterly*, 27: 765-802.

Pratt, Travis C., Kristy Holtfreter, and Michael D. Reisig

2010 "Routine online activity and internet fraud targeting: Extending the generality of routine activity theory", *Journal of Research in Crime & Delinquency*, 47: 267-296.

Pratt, Travis C., Jillian Turanovic, and Francis T. Cullen

2016 "Revisiting the criminological consequences of exposure to fetal testosterone: A meta-analysis of the 2D:4D digit ratio", *Criminology*, 54: 587-620.

Preston, Pamela

2006 "Marijuana use as a coping response to psychological strain: Racial, ethnic, and gender differences among young adults", *Deviant Behavior*, 27: 397-422.

Prison Fellowship

2020 Prison Fellowship Academy. https://www.prisonfellowship.org/about/academy/.

Punzo, Valentina

2016 "How crime spreads through imitation in social networks: A simulation model", pp. 169 - 190 in Federico Cecconi (Ed.), *New Frontiers in the Study of Social Phenomenon*. New York: Springer.

Putnam, Robert D.

1995 "Bowling alone: America's declining social capital", *Journal of Democracy*, 6: 65-78.

Quetelet, Adolphe

1831/1984 *Research on the Propensity for Crime at Different Ages*. Translated with an introduction by Sawyer F. Sylvester. Cincinnati, OH: Anderson.

Quinney, Richard

1964 "Crime in political perspective", *American Behavioral Scientist*, 8: 19-22.

1970 *The Social Reality of Crime*. Boston, MA: Little, Brown.

1974a *Criminal Justice in America: A Critical Understanding*. Boston, MA: Little, Brown.

1974b *Critique of the Legal Order*. Boston, MA: Little, Brown.

1979 "The production of criminology", *Criminology*, 16: 445-458.

1980 *Class, State, and Crime*. Second Edition. New York, NY: Longman.

1991 "The way of peace: On crime, suffering, and service", pp. 3-13 in Harold E. Pepinsky and Richard Quinney (Eds.), *Criminology as Peacemaking*. Bloomington, IL: Indiana University Press.

Quinney, Richard (Ed.)

1969 *Crime and Justice in Society*. Boston, MA: Little, Brown.

Radelet, Michael L.

1981 "Racial characteristics and the imposition of the death penalty", *American Sociological Review*, 46: 918-927.

Radelet, Michael and Ronald L. Akers

1996 "Deterrence and the death penalty: The views of the experts", *Journal of Criminal Law & Criminology*, 87: 1-16.

Radelet, Michael L. and Glenn L. Pierce

1991 "Choosing those who will die: Race and the death penalty in Florida", *Florida Law Review*, 43: 1-43.

Rader, Nicole E. and Stacy H. Haynes

2011 "Gendered fear of crime socialization: An extension of Akers's social learning theory", *Feminist Criminology*, 6: 291-307.

Rafter, Nicole Hahn

1992 "Criminal anthropology in the United States", *Criminology*, 30: 525-545.

2004 "Earnest A. Hooton and the biological tradition in American criminology", *Criminology*, 42: 735-771.

2006 "Cesare lombroso and the origins of criminology", pp. 33-42 in Stuart Henry and Mark M. Lanier (Eds.), *The Essential Criminology Reader*. Boulder, CO: Westview.

2007 "Somatotyping, antimodernism, and the production of criminological knowledge", *Criminology*, 45: 805-833.

Raine, Adrian

2002 "Annotation: The role of prefrontal deficits, low autonomic arousal, and early health factors in the development of antisocial and aggressive behavior in children", *Journal of Child Psychology and Psychiatry*, 43: 417-434.

Ramey, David M., and Trent Steidley

2018 "Policing through subsidized firepower: An assessment of rational choice and minority threat explanations of police participation in the 1033 program", *Criminology*, 56: 812-856.

Rankin, Joseph H. and Roger Kern

1994 "Parental attachments and delinquency", *Criminology*, 32: 495-516.

Ratcliffe, Jerry H.

2008 *Intelligence-Led Policing*. Cullompton, UK: Willan.

Ray, James V., Shayne Jones, Thomas A. Loughran, and Wesley G. Jennings

2013 "Testing the stability of self-control: identifying unique developmental patterns and associated risk factors", *Criminal Justice and Behavior*, 40: 588-607.

Rebellon, Cesar J.

2002 "Reconsidering the broken homes/delinquency relationship and exploring its mediating mechanism(s)", *Criminology*, 40: 103-136.

Reckdenwald, Amy and Karen F. Parker

2008 "The influence of gender inequality and marginalization on types of female offending", *Homicide Studies*, 12: 208-226.

Reckless, Walter

1961 "A new theory of delinquency and crime", *Federal Probation*, 25: 42-46.

1967 *The Crime Problem*. New York, NY: Appleton-Century-Crofts.

Reckless, Walter, Simon Dinitz, and Ellen Murray

1956 "Self concept as an insulator against delinquency", *American Sociological Review*, 21: 744-756.

Reid, John B. and J. Mark Eddy

2002 "Preventive efforts during the elementary school years: The Linking of the interests of Families and Teachers (LIFT) project", pp. 219-233 in John B. Reid, Gerald R. Patterson, and James Snyder (Eds.), *Antisocial Behavior in Children and Adolescents: A Developmental Analysis and Model for Intervention*. Washington, DC: American Psychological Association.

Reid, John B., Gerald R. Patterson, and James Synder (Eds.)

2002 *Antisocial Behavior in Children and Adolescents: A Developmental Analysis and Model for Intervention*. Washington, DC: American Psychological Association.

Reisig, Michael D.

2010 "Community and problem-oriented policing", *Crime and Justice*, 39: 1-53.

Reisig, Michael, Kristy Holtfreter, and Merry Morash

2006 "Assessing recidivism risk across female pathways to crime", *Justice Quarterly*, 23: 384-405.

Reiss, Albert J.

1951 "Delinquency as the failure of personal and social controls", *American Sociological Review*, 16: 196-207.

Restivo, Emily and Mark M. Lanier

2015 "Measuring the contextual effects and mitigating factors of labeling theory", *Justice Quarterly*, 32: 116-141.

Reynolds, Morgan O.

1998 *Does Punishment Deter?* Policy Backgrounder No. 148. Washington, DC: National Center for Policy Analysis.

Reyns, Bradford W.

2013 "Online routines and identity theft victimization: Further expanding routine activity theory beyond direct-contact offenses", *Journal of Research in Crime & Delinquency*, 50: 216-238.

Rhoades, Kimberley A., Leslie D. Leve, Gordon T. Harold, Hyoun K. Kim, and Patricia Chamberlain

2014 "Drug use trajectories after a randomized controlled trial of MTFC: Associations with partner drug use", *Journal of Research on Adolescence*, 24: 40-54.

Richards, Tara, Wesley G. Jennings, M. Dwayne Smith, Christine S. Sellers, Sondra J. Fogel, and Beth Bjerregaard

2016 "Explaining the 'female victim effect' in capital punishment: An examination of victim sex specific models of capital juror sentence decision-making", *Crime & Delinquency*, 62: 875-898.

Richie, Beth E.

1996 *Compelled to Crime: The Gender Entrapment of Battered Black Women.* New York, NY: Routledge.

Ritzer, George

1992 *Sociological Theory.* Third Edition. New York, NY: McGraw-Hill.

Robertson, Carrie A., and Raymond A. Knight

2014 "Relating sexual sadism and psychopathy to one another, non-sexual, violence, and sexual crime behaviors", *Aggressive Behavior*, 40: 12-23.

Robinson, Matthew B.

1999 "Lifestyles, routine activities, and residential burglary victimizations", *Journal of Crime and Justice*, 22: 27-56.

Robinson, Matthew B. and Kevin M. Beaver

2009 *Why Crime? An Interdisciplinary Approach to Explaining Criminal Behavior.* Durham, NC: Carolina Academic Press.

Roby, Pamela A.

1969 "Politics and criminal law: Revision of the New York state penal law on prostitution", *Social Problems*, 17: 83-109.

Roche, Sean Patrick, Justin T. Pickett, and Marc Gertz

2016 "The scary world of online news? Internet news exposure and public attitudes toward crime and justice", *Journal of Quantitative Criminology*, 32: 215-236.

Roche, Sean Patrick, Theodore Wilson, and Justin T. Pickett

2019 "Perceived control, severity, certainty, and emotional fear: Testing an expanded model of deterrence", *Journal of Research in Crime and Delinquency*.

Rocque, Michael, Wesley G. Jennings, Turget Ozkan, and Alex Piquero

2017 "Forcing the plant: Desistance from crime and crime prevention", In pp. 183-204 in Nick Tilley and Aiden Sidebottom (Eds.), *Handbook for Crime Prevention and Community Safety.* Second Edition. New York: Routledge.

Rocque, Michael, Chad Posick, and Alex R. Piquero

2016 "Self-control and crime: Theory, research, and remaining puzzles", pp. 514-532 in Kathleen Vohs and Roy Baumeister (Eds.), *Handbook of Self-Regulation: Research, Theory, and Applications.* Second Edition. New York: Guilford Press.

Rocque, Michael, Chad Posick, and Gregory M. Zimmerman

2013 "Measuring up: Assessing the measurement properties of two self-control scales", *Deviant Behavior*, 34: 534-556.

Rodriguez, Nancy

2005 "Restorative justice, communities and delinquency: Whom do we reintegrate", *Criminology & Public Policy*, 4: 103-130.

2007 "Restorative justice at work: Examining the impact of restorative justice resolutions on juvenile recidivism", *Crime & Delinquency*, 53: 355-379.

Rogers, Joseph W. and M. D. Buffalo

1974 "Fighting back: Nine modes of adaptation to a deviant label", *Social Problems*, 22: 101-118.

Rojek, Dean G.

1982 "Juvenile diversion: A study of community cooptation", pp. 316-322 in Dean G. Rojek and Gary F. Jensen (Eds.), *Readings in Juvenile Delinquency*. Lexington, MA: D. C. Heath.

Roncek, Dennis W. and Pamela A. Maier

1991 "Bars, blocks and crimes revisited: Linking the theory of routine activities to the empiricisms of 'hot spots'", *Criminology*, 29: 725-753.

Rose, Dina R. and Todd R. Clear

1998 "Incarceration, social capital, and crime: Implications for social disorganization theory", *Criminology*, 36: 441-479.

Rosenbaum, Jill E.

1995 "Changing the geography of opportunity by expanding residential choice: Lessons from the Gautreaux Program", *Housing Policy Debate*, 6: 231-269.

Rosenbaum, Jill E. and Susan Popkin

1991 "Employment and earnings of low-income Blacks who move to middle-class suburbs", pp. 342-356 in Christopher Jencks and Paul Peterson (Eds.), *The Urban Underclass*. Washington, DC: Brookings Institution.

Rosenfeld, Richard and Robert Fornango

2007 "The impact of economic conditions on robbery and property crime: The role of consumer sentiment", *Criminology*, 45: 735-769.

Rosenfeld, R., and Steven F. Messner

2017 "The intellectual origins of institutional-anomie theory", In pp. 121-136 in Francis Cullen, Cheryl L. Johnson, Andrew J. Myer, and Freda Adler (Eds.), *The Origins of American Criminology: Advances in Criminological Theory*. Taylor & Francis.

Rosenfeld, Richard, Steven F. Messner, and Eric P. Baumer

2001 "Social capital and homicide", *Social Forces*, 80: 283-310.

Ross, Edward Alsworth

1901 *Social Control*. New York: Macmillan.

Ross, Lawrence H.

1982 *Deterring the Drinking Driver: Legal Policy and Social Control.* Lexington, MA: Lexington Books.

Rossi, Peter H., Emily Waite, Christine E. Bose, and Richard Berk

1974 "The seriousness of crime: Normative structure and individual differences", *American Sociological Review*, 39: 224-237.

Rossmo, D. Kim

2000 *Geographic Profiling.* Boca Raton, FL: CRC Press.

Rossmo, D. Kim and Lorie Velarde

2007 "Geographic profiling analysis: Principles, methods, and applications", pp. 35-43 in Spencer Chainey and Lisa Thompson (Eds.), *Crime Mapping Case Studies.* Chichester, UK: Wiley.

Rotter, Julian

1954 *Social Learning and Clinical Psychology.* Englewood Cliffs, NJ: Prentice Hall.

Rowe, David C.

1985 "Sibling interaction and self reported delinquent behavior: A study of 265 twin pairs", *Criminology*, 23: 223-240.

1986 "Genetic and environmental components of antisocial behavior: A study of 265 twin pairs", *Criminology*, 24: 513-532.

1994 *The limits of family influence: Genes, experience, and behavior.* New York, NY: Guilford Press.

2002 *Biology and Crime.* Los Angeles, CA: Roxbury.

Rowe, David C. and David P. Farrington

1997 "The familial transmission of criminal convictions", *Criminology*, 35: 177-201.

Rowe, David C. and Bill L. Gulley

1992 "Sibling effects on substance use and delinquency", *Criminology*, 30: 217-234.

Rowe, David C. and D. Wayne Osgood

1984 "Heredity and sociological theories of delinquency: A reconsideration", *American Sociological Review*, 49: 526-540.

Ruddell, Rick and Martin G. Urbina

2004 "Minority threat and punishment: A cross-national analysis", *Justice Quarterly*, 21: 903-931.

Rusche, Georg

1933/1978 "Labor market and penal sanction: Thoughts on the sociology of criminal justice", Translated by G. Dinwiddie. *Crime and Social Justice*, 10: 2-8.

Rusche, Georg and Otto Kirchheimer

2003 *Punishment and Social Structure.* Piscataway, NJ: Transaction.

Rushton, J. P.

1996 "Self-report delinquency and violence in adult twins", *Psychiatric Genetics*, 6: 87-89.

Salisbury, Emily J. and Patricia Van Voorhis

2009 "Gendered pathways: A quantitative investigation of women probationers' paths to incarceration", *Criminal Justice and Behavior*, 36: 541-566.

Salisbury, Emily J., Patricia Van Voorhis, and Georgia V. Spiropoulos

2009 "The predictive validity of a gender-responsive needs assessment: An exploratory study", *Crime & Delinquency*, 55: 550-585.

Sampson, Robert J.

1995 "The Community", pp. 193-216 in James Q. Wilson and Joan Petersilia (Eds.), *Crime*. San Francisco, CA: ICS Press.

1999 "Techniques of research neutralization", *Theoretical Criminology*, 3: 438-450.

2006 "Collective efficacy theory: Lessons learned and directions for future inquiry", pp. 149-167 in Francis T. Cullen, John Paul Wright, and Krisite R. Blevins (Eds.), *Taking Stock: The Status of Criminological Theory. Advances in Criminological Theory*. Volume 15. New Brunswick, NJ: Transaction.

Sampson, Robert J. and W. Byron Groves

1989 "Community structure and crime: Testing social disorganization theory", *American Journal of Sociology*, 94: 774-802.

Sampson, Robert J. and John H. Laub

1993 *Crime in the Making: Pathways and Turning Points Through Life*. Cambridge, MA: Harvard University Press.

1997 "A life course theory of cumulative disadvantage and the stability of delinquency", pp. 133-161 in Terence, P. Thornberry (Ed.), *Developmental Theories of Crime and Delinquency. Advances in Criminological Theory*. Volume 7. New Brunswick, NJ: Transaction.

2003 "Life-course desisters? Trajectories of crime among delinquent boys followed to age 70", *Criminology*, 41: 555-592.

2005 "A general age-graded theory of crime: Lessons learned and the future of life-course criminology", pp. 165-182 in David P. Farrington (Ed.), *Integrated Developmental & Life Course Theories of Offending. Advances in Criminological Theory*. Volume 14. New Brunswick, NJ: Transaction.

Sampson, Robert J. and Steven W. Raudenbush

1999 "Systematic social observation of public spaces: A new look at disorder in urban neighborhoods", *American Journal of Sociology*, 105: 603-651.

Sampson, Robert J., Steven W. Raudenbush, and Felton Earls

1997 "Neighborhoods and violent crime: A multilevel study of collective efficacy", *Science*, 277: 918-924.

Sampson, Robert J., Christopher Winship, and Carly Knight
2013 "Translating causal claims: principles and strategies for policy-relevant criminology", *Criminology & Public Policy*, 4: 587-616.
Sandstrom, Kent L., Daniel D. Martin, and Gary Alan Fine
2003 *Symbols, Selves, and Social Reality: A Symbolic Interactionist Approach to Social Psychology and Sociology*. Los Angeles, CA: Roxbury.
Sasse, Scott
2005 "'Motivation' and routine activities theory", *Deviant Behavior*, 26: 547-570.
Saucier, Gerard and Lewis R. Goldberg
1996 "The language of personality", pp. 21-50 in J. S. Wiggins (Ed.), *The Five Factor Model of Personality: Theoretical Perspectives*. New York: Guilford.
Savolainen, Jukka
2000 "Inequality, welfare state, and homicide: Further support for the institutional anomie theory", *Criminology*, 38: 983-1020.
Scarpitti, Frank, Ellen Murray, Simon Dinitz, and Walter Reckless
1960 "The good boy in a high delinquency area: Four years later", *American Sociological Review*, 23: 555-558.
Schaible, Lonnie M. and Lorine A. Hughes
2011 "Crime, shame, reintegration, and cross-national homicide: A partial test of reintegrative shaming theory", *Sociological Quarterly*, 52: 104-131.
Scheider, Matthew C.
2001 "Deterrence and the base rate fallacy: An application of expectancy theory", *Justice Quarterly*, 18: 63-86.
Schiff, Mara F.
1998 "Restorative justice interventions for juvenile offenders: A research agenda for the next decade", *Western Criminological Review* 1(1). [Online] http://scr.sonoma.edu./v1n1/schiff.html
Schlossman, Steven and Michael Sedlak
1983 "The Chicago Area Project revisited", *Crime and Delinquency*, 29: 398-462.
Schlossman, Steven and Richard Shavelson, with Michael Sedlak and Jane Cobb
1984 *Delinquency Prevention in South Chicago: A Fifty Year Assessment of the Chicago Area*. Santa Monica, CA: Rand.
Schoepfer, Andrea and Nicole Leeper Piquero
2006 "Exploring white-collar crime and the American dream: A partial test of institutional anomie theory", *Journal of Criminal Justice*, 34: 227-235.
Schrag, Clarence
1962 "Delinquency and opportunity: Analysis of a theory", *Sociology and Social Research*, 46: 168-175.
Schreiber, Flora Rheta
1984 *The Shoemaker: The Anatomy of a Psychotic*. New York, NY: New American

Library.

Schuessler, Karl and Donald R. Cressey

1950 "Personality characteristics of criminals", *American Journal of Sociology*, 55: 476-484.

Schur, Edwin M.

1965 *Crimes Without Victims*. Englewood Cliffs, NJ: Prentice Hall.

1971 *Labeling Deviant Behavior*. New York, NY: Harper & Row.

1973 *Radical Non Intervention: Rethinking the Delinquency Problem*. Englewood Cliffs, NJ: Prentice Hall.

1979 *Interpreting Deviance*. New York, NY: Harper & Row.

1984 *Labeling Women Deviant: Gender, Stigma, and Social Control*. New York, NY: Random House.

Schwartz, Jennifer, Darrell Steffensmeier, Hua Zhong, and Jeff Ackerman

2009 "Trends in the gender gap in violence: Reevaluating NCVS and other evidence", *Criminology*, 47: 401-425.

Schwartz, Martin D., Walter S. DeKeseredy, David Tait, and Shahid Alvi

2001 "Male peer support and feminist routine activities theory: Understanding sexual assault on the college campus", *Justice Quarterly*, 18: 623.

Schwartz, Martin D. and David O. Friedrichs

1994 "Postmodern thought and criminological discontent: New metaphors for understanding violence", *Criminology*, 32: 221-246.

Schwartz, Richard D.

1986 "Law and normative order", pp. 63-108 in Leon Lipson and Stanton Wheeler (Eds.), *Law and the social Sciences*. New York, NY: Russell Sage Foundation.

Schwendinger, Julia R. and Herman Schwendinger

1976 "Marginal youth and social policy", *Social Problems*, 24: 84-91.

1983 *Rape and Inequality*. Beverly Hills, CA: Sage.

1985 *Adolescent Subcultures and Delinquency*. New York, NY: Praeger.

Scott-Parker, Bridie, Barry Watson, Mark J. King, and Melissa K. Hyde

2012 "'They're lunatics on the road': Exploring the normative influence of parents, friends, and police on young novices' risky driving decisions", *Safety Science*, 50: 1917-1928.

Sellers, Christine S.

1999 "Self control and intimate violence: An examination of the scope and specification of the general theory of crime", *Criminology*, 37: 375-404.

Sellers, Christine S. and Ronald L. Akers

2006 "Social learning theory: Correcting misconceptions", pp. 89-99 in Stuart Henry and Mark M. Lanier (Eds.), *The Essential Criminology Reader*. Boulder, CO: Westview.

Sellers, Christine S., John K. Cochran, and L. Thomas Winfree, Jr.

2003 "Social learning theory and courtship violence: An empirical test", pp. 109-129 in Ronald L. Akers and Gary F. Jensen (Eds.), *Social Learning Theory and the Explanation of Crime: A Guide for the New Century. Advances in Criminological Theory.* Volume 11. New Brunswick, NJ: Transaction.

Sellers, Christine S. and Thomas L. Winfree, Jr.

1990 "Differential associations and definitions: A panel study of youthful drinking behavior", *International Journal of the Addictions*, 25: 755-771.

Sellers, Christine S., L. Thomas Winfree Jr., and Ronald L. Akers (Eds.)

2012 *Social Learning Theories of Crime.* Farnham, England: Ashgate.

Sellin, Thorsten

1938 *Culture Conflict and Crime.* New York, NY: Social Science Research Council.

1959 *The Death Penalty.* Philadelphia, PA: American Law Institute.

Shannon, Lyle

1982 *Assessing the Relationship of Adult Criminal Careers to Juvenile Careers.* National Institute of Juvenile Justice and Delinquency Prevention. Washington, DC: U.S. Government Printing Office.

Sharp, Elaine B.

2006 "Policing urban America: A new look at the politics of agency size", *Social Science Quarterly*, 87: 291-307.

Sharp, Susan F.

2006 "It's not just men anymore: The criminal justice system and women in the 21st century", *The Criminologist*, 31: 1-5.

Shaw, Clifford

1930 *The Jack Roller: A Delinquent Boy's Own Story.* Chicago, IL: University of Chicago Press.

Shaw, Clifford and Henry D. McKay

1942 *Juvenile Delinquency and Urban Areas.* Chicago, IL: University of Chicago Press.

1969 *Juvenile Delinquency and Urban Areas.* Revised Edition. Chicago, IL: University of Chicago Press.

Shedd, Carla and John Hagan

2006 "Toward a developmental and comparative conflict theory of race, ethnicity, and perceptions of criminal injustice", pp. 313-333 in Ruth Peterson, Lauren Krivo, and John Hagan (Eds.), *The Many Colors of Crime: Inequalities of Race, Ethnicity, and Crime in America.* New York, NY: New York University Press.

Sheldon, William

1949 *Varieties of Delinquent Youth: An Introduction to Constitutional Psychiatry.*

Oxford: Harper.

Shelley, Louise

1980 "The geography of Soviet criminality", *American Sociological Review*, 45: 111-122.

Sherman, Lawrence W.

1993 "Defiance, deterrence, and irrelevance: A theory of the criminal sanction", *Journal of Research in Crime & Delinquency*, 30: 445-473.

Sherman, Lawrence W., Patrick R. Gartin, and Michael D. Buerger

1989 "Hot spots of predatory crime: Routine activities and the criminology of place", *Criminology*, 27: 27-56.

Sherman, Lawrence W., Denise C. Gottfredson, Doris L. MacKenzie, John Eck, Peter Retuer, and Shawn D. Bushway

1998 *Preventing Crime: What Works, What Doesn't, What's Promising. Research in Brief.* Washington, DC: National Institute of Justice.

Sherman, Lawrence W., Heather Strang, Evan Mayo-Wilson, Daniel J. Woods, and Barak Ariel

2015 "Are restorative justice conferences effective in reducing repeat offending? findings from a campbell systematic review", *Journal of Quantitative Criminology*, 31: 1-24.

Shi, Luzi, Sean Patrick Roche, and Ryan M. McKenna

2019 "Media consumption and crime trend perceptions: A longitudinal analysis", *Deviant Behavior*, 40: 1480-1492.

Shoemaker, Donald J.

2004 *Theories of Delinquency: An Examination of Explanations of Delinquent Behavior.* Fifth Edition. New York, UK: Oxford University Press.

Shoham, S. Giora and Mark Seis

1993 *A Primer in the Psychology of Crime.* New York, NY: Harrow and Heston.

Short, James F.

1957 "Differential association and delinquency", *Social Problems*, 4: 233-239.

1975 "The natural history of an applied theory: Differential opportunity and mobilization for youth", pp. 193-210 in Nicholas J. Demerath, Otto Larsen, and Karl Schuessler (Eds.), *Social Policy and Sociology.* New York, UK: Academic.

Short, James F. and Fred L. Strodtbeck

1965 *Group Process and Gang Delinquency.* Chicago, IL: University of Chicago Press.

Shover, Neal and Andy Hochstetler

2005 *Choosing White Collar Crime: Doing Deals and Making Mistakes.* New York, UK: Cambridge University Press.

Sigfusdottir, Inga-Dora, George Farkas, and Eric Silver

2004 "The role of depressed mood and anger in the relationship between family conflict and delinquent behavior", *Journal of Youth and Adolescence*, 33: 509-522.

Simcha-Fagan, Ora and Joseph E. Schwartz

1986 "Neighborhood and delinquency: An assessment of contextual effects", *Criminology*, 24: 667-704.

Simmel, Georg

1950 *The Sociology of Georg Simmel*. Translation by Kurt H. Wolff. Glencoe, IL: Free Press.

Simmon, Rita

1975 *Women and Crime*. Lexington, MA: Lexington.

Simon, Rita J. and Heather Ahn-Redding

2005 *The Crimes Women Commit*. Third Edition. Lexington, MA: Lexington.

Simons, Leslie G., Tara E. Sutton, Ronald L. Simons, Frederick X. Gibbons, and Velma McBride Murry

2016 "Mechanisms that link parenting practices to adolescents' risky sexual behavior: A test of six competing theories", *Journal of Youth and Adolescence*, 45: 255-270.

Simons, Ronald L., Yi-Fu Chen, Eric A. Stewart, and Gene H. Brody

2003 "Incidents of discrimination and risk for delinquency: A longitudinal test of strain theory with an African American sample", *Justice Quarterly*, 20: 827-854.

Simons, Ronald L., Christine Johnson, Rand D. Conger, and Glen Elder, Jr.

1998 "A test of latent trait versus life course perspectives on the stability of adolescent anti social behavior", *Criminology*, 36: 217-243.

Simons, Ronald L., Leslie Gordon Simons, Callie Harbin Burt, Gene H. Brody, and Carolyn Cutrona

2005 "Collective efficacy, authoritative parenting and delinquency: A longitudinal test of a model integrating community-and family-level processes", *Criminology*, 43: 989-1029.

Simons, Ronald L., Leslie Gordon Simons, and Lora Ebert Wallace

2004 "*Families, Delinquency, and Crime: Linking Society's Most Basic Institution to Antisocial Behavior*", Los Angeles, CA: Roxbury.

Simons, Ronald L., C. Wu, Rand D. Conger, and F. O. Lorenz

1994 "Two routes to delinquency: Differences between early and late starters in the impact of parenting and deviant peers", *Criminology*, 32: 247-276.

Simpson, Sally S.

1989 "Feminist theory, crime, and justice", *Criminology*, 27: 605-627.

1991 "Caste, class, and violent crime: Explaining differences in female offending", *Criminology*, 29: 115-135.

Simpson, Sally S. and Lori Elis

1994 "Is gender subordinate to class? An empirical assessment of Colvin and Pauly's structural Marxist theory of delinquency", *Journal of Criminal Law & Criminology*, 85: 453-480.

1995 "Doing gender: Sorting out the caste and crime conundrum", *Criminology*, 33: 47-82.

Simpson, Sally S., Jennifer L. Yahner, and Laura Dugan

2008 "Understanding women's pathways to jail: Analysing the lives of incarcerated women", *The Australian & New Zealand Journal of Criminology*, 41: 84-108.

Singer, Simon I. and Murray Levine

1988 "Power control theory, gender, and delinquency: A partial replication with additional evidence on the effects of peers", *Criminology*, 26: 627-648.

Sitren, Alicia H. and Brandon K. Applegate

2007 "Testing the deterrent effects of personal and vicarious experience with punishment and punishment avoidance", *Deviant Behavior*, 28: 29-55.

Skinner, B. F.

1953 *Science and Human Behavior*. New York, NY: Macmillan.

1959 *Cumulative Record*. New York, NY: Appleton-Century-Crofts.

Skinner, William F. and A. M. Fream

1997 "A social learning theory analysis of computer crime among college students", *Journal of Research in Crime and Delinquency*, 34: 495-518.

Smangs, Mattias

2010 "Delinquency, social skills, and the structure of peer relations: Assessing criminological theories by social network theory", *Social Forces*, 89: 609-631.

Smart, Carol

1995 *Law, Crime and Sexuality: Essays in Feminism*. Thousand Oaks, CA: Sage.

Smith, Douglas A. and Raymond Paternoster

1990 "Formal processing and future delinquency: Deviance amplification as selection artifact", *Law & Society Review*, 24: 1109-1131.

Smith, Douglas A., Christy A. Visher, and G. Roger Jarjoura

1991 "Dimensions of delinquency: Exploring the correlates of participation, frequency, and persistence of delinquent behavior", *Journal of Research in Crime & Delinquency*, 28: 6-32.

Smith, Linda G. and Ronald L. Akers

1993 "A research note on racial disparity in sentencing to prison or community control", Unpublished paper, Department of Criminology, Tampa, FL: University of South Florida.

Smith, Sven, Zenta E. Gomez Auyong, and Chris Ferguson
2019 "Social learning, social disorganization, and psychological risk factors for criminal gangs in a British youth context", *Deviant Behavior*, 40: 722-731.
Smith, William R., Sharon Glove Frazee, and Elizabeth L. Davison
2000 "Furthering the integration of routine activity and social disorganization theories: Small units of analysis and the study of street robbery as a diffusion process", *Criminology*, 38: 489-524.
Snell, T. L. and D. C. Morton
1994 *Women in Prison: Survey of State Prison Inmates, 1991.* Washington, DC: U.S. Department of Justice.
Snyder, James
2002 "Reinforcement and coercion mechanisms in the development of antisocial behavior: Peer relationships", pp. 101-122 in John B. Reid, Gerald R. Patterson, and James Snyder (Eds.), *Antisocial Behavior in Children and Adolescents: A Developmental Analysis and Model for Intervention.* Washington, DC: American Psychological Association.
Snyder, James J. and Gerald R. Patterson
1995 "Individual differences in social aggression: A test of a reinforcement model of socialization in the natural environment", *Behavior Therapy*, 26: 371-391.
Snyder, James, Lynn Schrepferman, Jessica Oeser, Gerald Patterson, Mike Stoolmiller, Kassy Johnson, and Abigail Snyder
2005 "Deviancy training and association with deviant peers in young children: Occurrence and contribution to early-onset conduct problems", *Development and Psychopathology*, 17: 397-413.
Spear, Sherilyn and Ronald L. Akers
1988 "Social learning variables and the risk of habitual smoking among adolescents: The muscatine study", *American Journal of Preventive Medicine*, 4: 336-348.
Spelman, William
1994 *Criminal Incapacitation.* New York, NY: Plenum.
Spergel, Irving
1964 *Racketville, Slumtown, and Haulburg.* Chicago, IL: University of Chicago Press.
Spielberger, Charles, G. Jacobs, S. Russell, and R. S. Crane
1983 "Assessment of anger: The state-trait anger scale", pp. 161-189 in James Butcher and Charles Spielberger (Eds.), *Advances in Personality Assessment.* Volume 2. Hillsdale, NJ: Lawrence Erlbaum.
Spitzer, Steven
1975 "Toward a Marxian theory of deviance", *Social Problems*, 22: 638-651.

Spivak, Andrew L., Brooke M. Wagner, Jennifer M. Whitmer, and Courtney L. Charish

2014 "Gender and status offending: Judicial paternalism in juvenile justice processing", *Feminist Criminology*, 9: 224-248.

Spohn, Cassia

1994 "Crime and the social control of blacks: Offender/victim race and the sentencing of violent offenders", pp. 249-268 in George S. Bridges and Martha A. Myers (Eds.), *Inequality, Crime, and Social Control*. Boulder, CO: Westview.

2000 "Thirty years of sentencing reform: The quest for a racially neutral sentencing process", pp. 427-501 in Julie Horney (Ed.), *Policies, Processes, and Decisions of the Criminal Justice System: Criminal Justice 2000*. Volume 3. Washington, DC: National Institute of Justice.

Spohn, Cassia, Susan Welch, and John Gruhl

1985 "Women defendants in court: The interaction between sex and race in convicting and sentencing", *Social Science Quarterly*, 66: 178-185.

Stafford, Mark and Mark Warr

1993 "A reconceptualization of general and specific deterrence", *Journal of Research in Crime & Delinquency*, 30: 123-135.

Stahura, John M. and John J. Sloan

1988 "Urban stratification of places, routine activities, and suburban crime rates", *Social Forces*, 66: 1102-1118.

Stark, Rodney

1987 "Deviant places: A theory of the ecology of crime", *Criminology*, 25: 893-909.

Stauffer, Amy R., M. Dwayne Smith, John K. Cochran, Sondra J. Fogel, and Beth Bjerregaard

2006 "The interaction between victim race and gender on sentencing outcomes in capital murder trials: A further exploration", *Homicide Studies*, 10: 98-117.

Steele, Jennifer L., Robert L. Peralta, and Cheryl Elman

2011 "The co-ingestion of nonmedical prescription drugs and alcohol: a partial test of social learning theory", *Journal of Drug Issues*, 41: 561-585.

Steenbeek, Wouter and John R. Hipp

2011 "A longitudinal test of social disorganization theory: Feedback effects among cohesion, social control, and disorder", *Criminology*, 49: 833-871.

Steffensmeier, Darrell J.

1980 "Sex differences in patterns of adult crime, 1965-1977", *Social Forces*, 58: 1080-1109.

Steffensmeier, Darrell and Emilie Allan

1996 "Gender and crime: Toward a gendered theory of female offending", *Annual*

Review of Sociology, 22: 459-487.

Steffensmeier, Darrell, Emilie Allan, and Cathy Streifel

1989 "Development and female crime: A cross national test of alternative explanations", *Social Forces*, 68: 262-283.

Steffensmeier, Darrell and Stephen Demuth

2000 "Ethnicity and sentencing outcomes in U.S. federal courts: Who is punished more harshly?", *American Sociological Review*, 65: 705-739.

2001 "Ethnicity and judges' sentencing decisions: Hispanic-Black-White comparisons", *Criminology*, 39: 145-178.

2006 "Does gender modify the effects of race-ethnicity on criminal sanctioning? sentences for male and female, White, Black and Hispanic defendants", *Journal of Quantitative Criminology*, 22: 241-261.

Steffensmeier, Darrell, John Kramer, and Cathy Streifel

1993 "Gender and imprisonment decisions", *Criminology*, 31: 411-446.

Steffensmeier, Darrell and Jeffery T. Ulmer

2005 *Confessions of a Dying Thief: Understanding Criminal Careers and Criminal Enterprise*. New Brunswick, NJ: Transaction Aldine.

Steffensmeier, Darrell, Jeffery Ulmer, and John Kramer

1998 "The interaction of race, gender, and age in criminal sentencing: The punishment cost of being young, Black, and male", *Criminology*, 36: 763-798.

Stephenson, Richard M., and Frank R. Scarpitti

1969 "Essexfields: A nonresidential experiment in a group centered rehabilitation of delinquents", *American Journal of Correction*, 31: 12-18.

Stewart, Eric A.

2003 "School, social bonds, school climate, and school misbehavior: A multilevel analysis", *Justice Quarterly*, 20: 575-604.

Stewart, Eric A., Christopher J. Schreck, and Ronald L. Simons

2006 "'I ain't gonna let no one disrespect me': Does the code of the street reduce or increase violent victimization among African American adolescents?", *Journal of Research in Crime & Delinquency*, 39: 36-59.

Stewart, Eric A. and Ronald L. Simons

2006 "Structure and culture in African American adolescent violence: A partial test of the code of the street thesis", *Justice Quarterly*, 23: 1-33.

2010 "Race, code of the street, and violent delinquency: A multilevel investigation of neighborhood street culture and individual norms of violence", *Criminology*, 48: 569-605.

Stewart, Eric A., Ronald L. Simons, and Rand D. Conger

2002 "Assessing neighborhood and social psychological influences on childhood violence in an African-American sample", *Criminology*, 40: 801-830.

Stewart, Eric A., Ronald L. Simons, Rand D. Conger, and Laura V. Scaramella

2002 "Beyond the interactional relationship between delinquency and parenting practices: The contribution of legal sanctions", *Journal of Research in Crime & Delinquency*, 39: 36-59.

Stinchcombe, Arthur L.

1968 *Constructing Social Theories*. New York, NY: Harcourt Brace and World.

Stitt, B. Grant and David J. Giacopassi

1992 "Trends in the connectivity of theory and research in criminology", *The Criminologist*, 17: 1, 3-6.

Stolz, Barbara Ann

2007 "Interpreting the U.S. human trafficking debate through the lens of symbolic politics", *Law and Policy*, 29: 311-338.

Stolzenberg, Lisa, Stewart J. D'Alessio, and David Eitle

2004 "A multilevel test of racial threat theory", *Criminology*, 42: 673-698.

Stodtbeck, Fred L. and James F. Short

1964 "Aleatory risks versus short run hedonism in explanation of gang action", *Social Problems*, 12: 127-140.

Stucky, Thomas D.

2012 "The conditional effects of race and politics on social control: Black violent crime arrests in large cities, 1970 to 1990", *Journal of Research in Crime & Delinquency*, 49: 3-30.

Stylianou, Stelios

2002 "The relationship between elements and manifestations of low self-control in a general theory of crime: Two comments and a test", *Deviant Behavior*, 23: 531-557.

Sullivan, Christopher J., Jean Marie McGloin, Travis C. Pratt, and Alex R. Piquero

2006 "Rethinking the 'norm' of offender generality: Investigating specialization in the short-term", *Criminology*, 44: 199-233.

Sullivan, Christopher J., and Alex R. Piquero

2016 "The criminal career concept: Past, present, and future", *Journal of Research in Crime and Delinquency*, 53: 420-442.

Sumner, William Graham

1906 *Folkways*. Boston, MA: Ginn.

Sutherland, Edwin H.

1937 *The Professional Thief*. Chicago, IL: University of Chicago Press.

1940 "White collar criminality", *American Sociological Review*, 5: 1-12.

1947 *Principles of Criminology*. Fourth Edition. Philadelphia, PA: Lippincott.

1949 *White Collar Crime*. New York, NY: Holt, Rinehart & Winston.

1973 *On Analyzing Crime*. Edited with an Introduction by Karl Schuessler.

Chicago, IL: University of Chicago Press.

Sutherland, Edwin H. and Donald R. Cressey

1960 *Principles of Criminology*. Sixth Edition. Chicago, IL: Lippincott.

1978 *Criminology*. Tenth Edition. Philadelphia, PA: Lippincott.

Sutherland, Edwin H., Donald R. Cressey, and David F. Luckenbill

1992 *Principles of Criminology*. Eleventh Edition. Dix Hills, NY: General Hall.

Sutton, John R.

2000 "Imprisonment and social classification in five common-law democracies, 1955-1985", *American Journal of Sociology*, 106: 350-386.

2004 "The political economy of imprisonment in affluent Western democracies, 1960-1990", *American Sociological Review*, 69: 170-189.

Sweeten, Gary, Shawn D. Bushway, and Raymond Paternoster

2009 "Does dropping out of school mean dropping into delinquency?", *Criminology*, 47: 47-91.

Sykes, Gresham and David Matza

1957 "Techniques of neutralization: A theory of delinquency", *American Journal of Sociology*, 22: 664-670.

Szymanski, Albert

1981 "Socialist societies and the capitalist system", *Social Problems*, 28: 521-526.

Tannenbaum, Frank

1938 *Crime and the Community*. Boston, MA: Ginn.

Tarde, Gabriel

1912 *Penal Philosophy*. Translated by R. Howell. Boston, MA: Little, Brown.

Taylor, Ian, Paul Walton, and Jock Young

1973 *The New Criminology*. New York, NY: Harper & Row.

1975 "Marx and Engels on law, crime, and morality", pp. 203-230 in Paul Q. Hirst (Ed.), *Critical Criminology*. London: Routledge & Kegan Paul.

Taylor, Lawrence

1984 *Born to Crime: The Genetic Causes of Criminal Behavior*. Westport, CT: Greenwood.

Taylor, Ralph B. and Adele V. Harrell

1996 *Physical Environment and Crime*. Washington, DC: U.S. Department of Justice, National Institute of Justice.

Tellegen, Auke

1985 "Structures of mood and personality and their relevance to assessing anxiety, with an emphasis on self-report", pp. 681-706 in Hussain A. Tuma and Jack D. Maser (Eds.), *Anxiety and the Anxiety Disorders*. Hillsdale, NJ: Lawrence Erlbaum.

Thaxton, Sherod

2018 "Disentangling disparity: Exploring racially disparate effect and treatment in capital charging", *American Journal of Criminal Law*, 45: 95-166.

Thomas, Charles W. and Donna M. Bishop

1984 "The effects of formal and informal sanctions on delinquency: A longitudinal comparison of labeling and deterrence theories", *Journal of Criminal Law & Criminology*, 75: 1222-1245.

Thomas, Charles W., Robin J. Cage, and Samuel C. Foster

1976 "Public opinion on criminal law and legal sanctions: An examination of two conceptual models", *Journal of Criminal Law & Criminology*, 67: 110-116.

Thomas, Charles W. and John R. Hepburn

1983 *Crime, Criminal Law, and Criminology*. Dubuque, IA: Wm. C. Brown.

Thomas, Kyle J.

2015 "Delinquent peer influence on offending versatility: Can peers promote specialized delinquency?", *Criminology*, 53: 280-308.

Thomas, W. John and Dorothy E. Stubbe

1996 "A comparison of correctional and mental health referrals in the juvenile court", *Journal of Psychiatry and Law*, 24: 379-400.

Thornberry, Terence P.

1987 "Towards an interactional theory of delinquency", *Criminology*, 25: 863-891.

1989 "Reflections on the advantages and disadvantages of theoretical integration", pp. 51-60 in Steven F. Messner, Marvin D. Krohn, and Allen E. Liska (Eds.), *Theoretical Integration in the Study of Deviance and Crime*. Albany, NY: State University of New York Press.

1996 "Empirical support for interactional theory: A review of the literature", pp. 198-235 in J. David Hawkins (Ed.), *Delinquency and Crime: Current Theories*. New York, UK: Cambridge University Press.

Thornberry, Terence P. and Margaret Farnworth

1982 "Social correlates of criminal involvement", *American Sociological Review*, 47: 505-517.

Thornberry, Terence P., and Marvin D. Krohn

2019 "Interactional theory", pp. 248-271 in David P. Farrington, Lila Kazemian, and Alex R. Piquero (Eds.), *The Oxford Handbook of Developmental and Life-Course Criminology*. New York: Oxford University Press.

Thornberry, Terence P., Alan J. Lizotte, Marvin D. Krohn, Margaret Farnworth, and Sung Joon Jang

1991 "Testing interactional theory: An examination of reciprocal causal relationships among family, school, and delinquency", *Journal of Criminal Law & Criminology*, 82: 3-33.

1994 "Delinquent peers, beliefs, and delinquent behavior: A longitudinal test of interactional theory", *Criminology*, 32: 47-84.

Thornberry, Terence P., Melanie Moore, and R. L. Christenson
1985 "The effect of dropping out of high school on subsequent criminal behavior", *Criminology*, 23: 3-18.
Tibbetts, Stephen G.
2011 "Prenatal and perinatal predictors of antisocial behavior: Review of research and interventions", pp. 31-46 in Matt DeLisi and Kevin M. Beaver (Eds.), *Criminological Theory: A Life-Course Approach*. Boston, MA: Jones and Bartlett.
Tibbetts, Stephen G. and Craig T. Hemmens
2018 *Criminological Theory: The Essentials*. Third Edition. Thousand Oaks, CA: Sage.
Tibbetts, Stephen G. and Alex R. Piquero
1999 "The influence of gender, low birth weight, and disadvantaged environment in predicting early onset of offending: A test of Moffitt's interactional hypothesis", *Criminology*, 37: 843-878.
Tillyer, Rob and Richard D. Hartley
2010 "Driving racial profiling research forward: Learning lessons from sentencing research", *Journal of Criminal Justice*, 38: 657-665.
Tittle, Charles R.
1969 "Crime rates and legal sanctions", *Social Problems*, 16: 409-422.
1975 "Deterrents or labeling?", *Social Forces*, 53: 399-410.
1980 *Sanctions and Social Deviance*. New York, NY: Praeger.
1995 *Control Balance: Toward a General Theory of Deviance*. Boulder, CO: Westview.
2004 "Refining control balance theory", *Theoretical Criminology*, 8: 395-428.
Tittle, Charles R. and Ekaterina V. Botchkovar
2005 "Self-control, criminal motivation and deterrence: An investigation using Russian respondents", *Criminology*, 43: 307-353.
Tittle, Charles R., Jason Bratton, and Marc G. Gertz
2003 "A test of a micro-level application of shaming theory", *Social Problems*, 50: 592-617.
Tittle, Charles R., Lisa M. Broidy, and Marc. G. Gertz
2008 "Strain, crime, and contingencies", *Justice Quarterly*, 25: 283-312.
Tittle, Charles R. and Debra Curran
1988 "Contingencies for dispositional disparities in juvenile justice", *Social Forces*, 67: 23-58.
Tittle Charles R., and Cindy B. Dollar
2019 "Control balance theory of deviance", In pp. 243-257 in Marvin Krohn, Alan Lizotte, Gina Penly Hall, and Nicole Hendrix (Eds.), *Handbook on Criminology and Deviance*. Second Edition. New York: Springer.

Tittle, Charles R. and Raymond Paternoster

2000 *Social Deviance and Crime: An Organizational and Theoretical Approach.* Los Angeles, CA: Roxbury.

Tittle, Charles R., David A. Ward, and Harold G. Grasmick

2003 "Self-control and crime/deviance: Cognitive vs. behavioral measures", *Journal of Quantitative Criminology*, 19: 333-365.

Tittle, Charles R. and Wayne J. Villemez

1977 "Social class and criminality", *Social Forces*, 56: 474-503.

Tittle, Charles R., Wayne J. Villemez, and Douglas A. Smith

1978 "The myth of social class and criminality: An empirical assessment of the empirical evidence", *American Sociological Review*, 43: 643-656.

Tobler, Nancy S.

1986 "Meta-analysis of 143 adolescent drug prevention programs: Quantitative outcome results of program participants compared to a control or comparison group", *Journal of Drug Issues*, 16: 537-567.

Toby, Jackson

1957 "Social disorganization and stake in conformity: Complementary factors in the predatory behavior of hoodlums", *Journal of Criminal Law, Criminology, and Police Science*, 48: 12-17.

1964 "Is punishment necessary?", *Journal of Criminal Law, Criminology, and Police Science*, 55: 332-337.

Toch, Hans, and Kathleen Maguire

2014 "Public opinion regarding crime, criminal justice, and related topics: A retrospect", *Journal of Research in Crime and Delinquency*, 51: 424-444.

Tolan, Patrick H., Deborah Gorman-Smith, and Rolf Loeber

2000 "Developmental timing of onsets of disruptive behaviors and later delinquency of inner-city youth", *Journal of Child and Family Studies*, 9: 203-220.

Tong, Rosemarie

1989 *Feminist Thought.* Boulder, CO: Westview.

Tonry, Michael

2008 "Learning from the limitations of deterrence research", *Crime and Justice*, 37: 279-311.

2013 "Evidence, ideology, and politics in the making of American criminal justice policy", pp. 1-18 in *Crime and Justice in America: 1975-2025. Crime and Justice.* Volume 42. Chicago, IL: University of Chicago Press.

Topalli, Volkan

2005 "When being good is bad: An expansion of neutralization theory", *Criminology*, 43: 797-835.

Topitzes, James, Joshua P. Mersky, and Arthur J. Reynolds

2011 "Child maltreatment and offending behavior: Gender-specific effects and pathways", *Criminal Justice and Behavior*, 38: 492-510.

Tracy, Melissa, Anthony A. Braga, and Andrew V. Papachristos

2016 "The transmission of gun and other weapon-involved violence within social networks", *Epidemiologic Reviews*, 38: 70-86.

Trevino, A. Javier

1996 *The Sociology of Law: Classical and Contemporary Perspectives*. New York, NY: St. Martin's Press.

Triplett, Ruth and Roger Jarjoura

1994 "Theoretical and empirical specification of a model of informal labeling", *Journal of Quantitative Criminology*, 10: 241-276.

Triplett, Ruth and Brian Payne

2004 "Problem solving as reinforcement in adolescent drug use: Implications for theory and policy", *Journal of Criminal Justice*, 32: 617-630.

Troyer, Ronald J. and Gerald F. Markle

1983 *Cigarettes: The Battle Over Smoking*. New Brunswick, NJ: Rutgers University Press.

Tunnell, Kenneth D.

1990 "Choosing crime: Close your eyes and take your chances", *Justice Quarterly*, 7: 673-690.

1992 *Choosing Crime: The Criminal Calculus of Property Offenders*. Chicago, IL: Nelson Hall.

Turanovic, Jillian J. and Travis C. Pratt

2013 "The consequences of maladaptive coping: Integrating general strain and self-control theories to specify a causal pathway between victimization and offending", *Journal of Quantitative Criminology*, 29: 321-345.

Turk, Austin T.

1964 "Prospects for theories of criminal behavior", *Journal of Criminal Law, Criminology, and Police Science*, 55: 454-461.

1966 "Conflict and Criminality", *American Sociological Review*, 31: 338-352.

1969a *Criminality and the Legal Order*. Chicago, IL: Rand McNally.

1969b "Introduction", pp. 3-20 in Willem A. Bonger, *Criminality and Economic Conditions*. Bloomington, IL: Indiana University Press.

1976 "Law as a weapon in social conflict", *Social Problems*, 23: 276-291.

1977 "Class, conflict, and criminalization", *Sociological Focus*, 10: 209-220.

1979 "Analyzing official deviance: For nonpartisan conflict analyses in criminology", *Criminology*, 16: 459-476.

1995 "Transformation versus revolution and reformism: Policy implications of conflict theory", pp. 15-27 in Hugh Barlow (Ed.), *Crime and Public Policy: Putting Theory to Work*. Boulder, CO: Westview.

Turner, Michael. G. and Alex R. Piquero

2002 "The stability of self-control", *Journal of Criminal Justice*, 30: 457-471.

Tuvblad, Catherine and Kevin M. Beaver

2013 "Genetics and environmental influences on antisocial behavior", *Journal of Criminal Justice*, 41: 273-276.

Tyler, Tom

1990 *Why People Obey the Law*. New Haven, CT: Yale University Press.

Tyler, Tom R., Lawrence Sherman, Heather Strang, Geoffrey C. Barnes, and Daniel Woods

2007 "Reintegrative shaming, procedural justice, and recidivism: The engagement of offenders' psycho-logical mechanisms in the Canberra RISE drinking-and-driving experiment", *Law & Society Review*, 41: 553-585.

Udry, J. Richard

1988 "Biological predisposition and social control in adolescent sexual behavior", *American Sociological Review*, 53: 709-722.

Uggen, Christopher

2000a "Work as a turning point in the life course of criminals: A duration model of age, employment, and recidivism", *American Sociological Review*, 65: 529-546.

2000b "Class, gender, and arrest: An intergenerational analysis of workplace power and control", *Criminology*, 38: 835-862.

UNODC

2019 *Statistics and Data*. United Nations. Retrieved November 23, 2019, from https://dataunodc. un. org/

van Bemmelen, J. M.

1972 "Willem Adrian Bonger", pp. 443-457 in Hermann Mannheim (Ed.), *Pioneers in Criminology*. Second Edition. Montclair, NJ: Patterson Smith.

van der Laan, André M., Martine Blom, and Edward R. Kleemans

2009 "Exploring long-term and short-term risk factors for serious delinquency", *European Journal of Criminology*, 6: 419-438.

Van Gelder, Jean-Louis, Margit Averdijk, Denis Ribeaud, and Manuel Eisner

2018 "Punitive parenting and delinquency: The mediating role of short-term mindsets", *British Journal of Criminology*, 58: 644-666.

van Ness, Daniel and Karen Heetderks Strong

2006 *Restoring Justice: An Introduction to Restorative Justice*. Cincinnati, OH: Anderson.

van Wilsem, Johan

2011 "Worlds tied together? Online and non-domestic routine activities and their impact on digital and traditional threat victimization", *European Journal of Criminology*, 8: 115-127.

2013 "Hacking and harassment: Do they have something in common? Comparing risk factors for online victimization", *Journal of Contemporary Criminal Justice*, 29: 437-453.

Vaske, Jamie, Danielle Boisvert, and John Paul Wright

2012 "Genetic and environmental contributions to the relationship between violent victimization and criminal behavior", *Journal of Interpersonal Violence*, 27: 3213-3235.

Vaughan, Tyler J., Jeff A. Bouffard, and Alex R. Piquero

2017 "Testing an integration of control theories: The role of bonds and self-control in decision making", *American Journal of Criminal Justice*, 42: 112-133.

Vazsonyi, Alexander T., Jakub Mikuška, and Erin L. Kelley

2017 "It's time: A meta-analysis on the self-control-deviance link", *Journal of Criminal Justice*, 48: 48-63.

Vazsonyi, Alexander, Lloyd E. Pickering, Marianne Junger, and Dick Hessing

2001 "An empirical test of general theory of crime: A four-nation comparative study of self-control and the prediction of deviance", *Journal of Research in Crime and Delinquency*, 38: 91-131.

Verrill, Stephen W.

2008 *Social Structure-Social Learning and Delinquency: Mediation or Moderation.* El paso, Texas: LFB Scholarly Publishing.

Veysey, Bonita M. and Steven F. Messner

1999 "Further testing of social disorganization theory: An elaboration of Sampson and Groves's 'Community Structure and Crime'", *Journal of Research in Crime & Delinquency*, 36: 156-174.

Vold, George B.

1958 *Theoretical Criminology.* New York, UK: Oxford University Press.

Vold, George B. and Thomas J. Bernard

1986 *Theoretical Criminology.* Third Edition. New York, UK: Oxford University Press.

Vold, George B., Thomas J. Bernard, and Jeffrey B. Snipes

2002 *Theoretical Criminology.* Fifth Edition. New York, UK: Oxford University Press.

Voss, Harwin L. and David M. Petersen (Eds.)

1971 *Ecology, Crime, and Delinquency.* New York, NY: Appleton-Century-Crofts.

Waasdorp, Tracy, Catherine Bradshaw, and Philip Leaf

2012 "The impact of schoolwide positive behavioral interventions and supports on bullying and peer rejection", *Archives of Pediatrics and Adolescent Medicine*, 166: 149-156.

Wacquant, Loïc

2001 "Deadly symbiosis: When ghetto and prison meet and mesh", *Punishment & Society*, 3: 95-133.

Walby, Sylvia

1990 *Theorizing Patriarchy*. Oxford, UK: Blackwell.

Waldo, Gordon P. and Theodore G. Chiricos

1972 "Perceived penal sanction and self reported criminality: A neglected approach to deterrence research", *Social Problems*, 19: 522-540.

Waldo, Gordon and Simon Dinitz

1967 "Personality attributes of the criminal: An analysis of research studies, 1950-1965", *Journal of Research in Crime and Delinquency*, 4: 185-202.

Walker, Samuel, Cassia Spohn, and Miriam DeLone

2018 *The Color of Justice*. Sixth Edition. Boston: Cengage.

Walklate, Sandra

1995 *Gender and Crime: An Introduction*. London: Prentice Hall.

Walsh, Anthony

2000 "Behavior genetics and anomie/strain theory", *Criminology*, 38: 1075-1108.

2002 *Biosocial Criminology: Introduction and Integration*. Cincinnati, OH: Anderson.

2009a *Biology and Criminology: The Biosocial Synthesis*. New York, NY: Routledge Research.

2009b "Criminal behavior from heritability to epigenetics: How genetics clarifies the role of the environment", pp. 29-49 in Anthony Walsh and Kevin M. Beaver (Eds.), *Biosocial Criminology: New Directions in Theory and Research*. New York, NY: Routledge-Taylor and Francis Group.

Walsh, Anthony and Kevin M. Beaver

2009a *Biosocial Criminology: New Directions in Theory and Research*. New York, NY: Routledge-Taylor and Francis Group.

2009b "Introduction to Biosocial Criminology", pp. 7-28 in *Biosocial Criminology: New Directions in Theory and Research*. New York, NY: Routledge-Taylor and Francis Group.

Walters, Glenn D.

1992 "A meta analysis of the gene crime relationship", *Criminology*, 30: 595-613.

Walters, Glenn D. and Thomas W. White

1989 "Heredity and crime: Bad genes or bad research?", *Criminology*, 27: 455-486.

Wang, Shu-Neu and Gary F. Jensen

2003 "Explaining delinquency in Taiwan: A test of social learning theory", pp. 65-84 in Ronald L. Akers and Gary F. Jensen (Eds.), *Social Learning Theory and the Explanation of Crime: A Guide for the New Century. Advances in Criminological Theory*. Volume 11. New Brunswick, NJ: Transaction.

Wang, Xia, and Daniel P. Mears

2015 "Sentencing and state-level racial and ethnic contexts", *Law and Society Review*, 49: 883-915.

Ward, Jeffrey T., Chris L. Gibson, John Boman, and Walter L. Leite

2010 "Assessing the validity of the retrospective behavioral self-control scale: Is the general theory of crime stronger than the evidence suggests?", *Criminal Justice and Behavior*, 37: 336-357.

Ward, Jeffrey T., Marvin D. Krohn, and Chris L. Gibson

2014 "The effects of police contact on trajectories of violence: A group-based, propensity score matching analysis", *Journal of Interpersonal Violence*, 29: 440-475.

Warner, Barbara D.

2003 "The role of attenuated culture in social disorganization theory", *Criminology*, 41: 73-98.

2007 "Directly intervene or call the authorities? A study of forms of neighborhood social control within a social disorganization framework", *Criminology*, 45: 99-128.

Warner, Barbara D., Elizabeth Beck, and Mary L. Ohmer

2010 "Linking informal social control and restorative justice: Moving social disorganization theory beyond community policing", *Contemporary Justice Review*, 13: 355-369.

Warner, Barbara D. and Glenn L. Pierce

1993 "Reexamining social disorganization theory using calls to the police as a measure of crime", *Criminology*, 31: 493-518.

Warner, Barbara D. and Pamela Wilcox Rountree

1997 "Local social ties in a community and crime model: Questioning the systemic nature of informal social control", *Social Problems*, 44: 520-536.

Warr, Mark

1993 "Age, peers, and delinquency", *Criminology*, 31: 17-40.

1996 "Organization and instigation in delinquency groups", *Criminology*, 34: 11-38.

1998 "Life course transitions and desistance from crime", *Criminology*, 36: 183-216.

2002 *Companions in Crime: The Social Aspects of Criminal Conduct*. Cambridge, UK: Cambridge University Press.

2005 "Making delinquent friends: Adult supervision and children's affiliations", *Criminology*, 43: 77-106.

Warr, Mark and Mark Stafford

1991 "The influence of delinquent peers: What they think or what they do?", *Criminology*, 4: 851-866.

Warren, Marguerite A.

1970 "The case for differential treatment of delinquents", pp. 419-428 in Harwin L. Voss (Ed.), *Society, Delinquency, and Delinquent Behavior.* Boston, MA: Little, Brown.

Watkins, William C.

2016 "A social learning approach to prescription drug misuse among college students", *Deviant Behavior,* 37: 601-614.

Weber, Max

1921/1954 *Max Weber on Law in Economy and Society.* Edited by Max Rheinstein. Translated by Edward Shils and Max Rheinstein. Cambridge, MA: Harvard University Press.

Webster, Cheryl Marie, Anthony N. Doob, and Franklin E. Zimring

2006 "Proposition 8 and crime rates in California: The case of the disappearing deterrent", *Criminology & Public Policy,* 5: 417-448.

Weeks, H. Ashley

1958 *Youthful Offenders at Highfields.* Ann Arbor, MI: University of Michigan Press.

Weerman, Frank

2011 "Delinquent peers in context: A longitudinal network analysis of selection and influence effects", *Criminology,* 49: 253-286.

Weerman, Frank M. and Wilma H. Smeenk

2005 "Peer similarity in delinquency for different types of friends: A comparison using two measurement methods", *Criminology,* 43: 499-523.

Weis, Joseph G. and J. David Hawkins

1981 *Preventing delinquency: Reports of the national juvenile justice assessment centers.* Washington, DC: U.S. Dept. of Justice Office of Juvenile Justice and Delinquency Prevention National Institute for Juvenile Justice and Delinquency Prevention.

Weisburd, David

2015 "The law of crime concentration and the criminology of place", *Criminology,* 53: 133-157.

Weisburd, David S., Shawn Bushway, Cynthia Lum, and Sue-Ming Yang

2004 "Trajectories of crime at places: A longitudinal study of street segments in the city of Seattle", *Criminology,* 42: 283-322.

Weisburd, David S., Elizabeth R. Groff, and Sue-Ming Yang

2012 *The Criminology of Place: Street Segments and Our Understanding of the Crime Problem.* Oxford, UK: Oxford University Press.

2014 "The importance of both opportunity and social disorganization theory in a future research agenda to advance criminological theory and crime prevention at places" *Journal of Research in Crime & Delinquency,* 51: 499-

508.

Weisburd, David, Elin Waring, and Ellen Chayet

1995 "Specific deterrence in a sample of offenders convicted of white collar crimes", *Criminology*, 33(4): 587-607.

Weisner, Margit, Deborah M. Capaldi, and Gerald Patterson

2003 "Development of antisocial behavior and crime across the life-span from a social interactional perspective: The coercion model", pp. 317-338 in Ronald L. Akers and Gary F. Jensen (Eds.), *Social Learning Theory and the Explanation of Crime: A Guide for the New Century. Advances in Criminological Theory.* Volume 11. New Brunswick, NJ: Transaction.

Weiss, Robert P.

2001 "'Repatriating' low-wage work: The political economy of prison labor reprivatization in the postindustrial United States", *Criminology*, 39: 253-291.

Welch, Michael R. Charles R. Tittle, and Harold G. Grasmick

2006 "Christian religiosity, self-control, and social conformity", *Social Forces*, 84: 1605-1624.

Weld, Dean, and Sean P. Roche

2017 "A matter of time: A partial test of institutional anomie theory using cross-national time use data", *Journal of Quantitative Criminology*, 33: 371-395.

Wellford, Charles

1975 "Labeling theory and criminology", *Social Problems*, 22: 313-332.

West, Candace and Sarah Fenstermaker

1993 "Power, inequality, and the accomplishment of gender: An ethnomethodological view", pp. 151-174 in Paula England (Ed.), *Theory on Gender/Feminism on Theory.* New York, NY: Aldine.

West, Candace and Don Zimmerman

1987 "Doing gender", *Gender & Society*, 1: 125-151.

Whaley, Rachel B., Rebecca Hayes-Smith, and Justin Hayes-Smith

2011 "Teenage drug and alcohol Use: Comparing individual and contextual effects", *Deviant Behavior*, 32: 818-845.

White, Garland

1999 "Crime and the decline of manufacturing, 1970-1990", *Justice Quarterly*, 16: 81-97.

Widom, Cathy Spatz

1989 "Child abuse, neglect, and violent criminal behavior", *Criminology*, 27: 251-271.

Widom, Cathy Spatz and Michael G. Maxfield

2001 *An Update on the Cycle of Violence.* Washington, DC: U.S. National Institute of Justice.

Wiebe, Richard P.

2003 "Reconciling psychopathy and low self-control", *Justice Quarterly*, 20: 297-335.

Wilson, Theodore, Ray Paternoster, and Thomas Loughran

2017 "Direct and indirect experiential effects in an updating model of deterrence: A research note", *Journal of Research in Crime and Delinquency*, 54: 63-77.

Wikström, Per-Olof H.

2005 "The social origins of pathways in crime: Towards a developmental ecological action theory of crime involvement and its changes", pp. 211-245 in David P. Farrington (Ed.), *Integrated Developmental and Life-Course Theories of Offending*. New Brunswick, NJ: Transaction.

2009 "Crime propensity, criminogenic exposure and crime involvement in early to mid-adolescence", *Monatschrift für Kriminalwissenschaft*, 92: 253-266.

2012 "Social sources of crime propensity: A study of the collective efficacy of families, schools, and neighborhoods", pp. 109-122 in Thomas Bliesener, Andreas Beelman, and Mark Stemmler (Eds.), *Antisocial Behavior and Crime: Contributions of Developmental and Evaluation Research to Prevention and Intervention*. Cambridge, MA: Hogrefe.

2019 "Explaining crime and criminal careers: The DEA model of situational action theory", *Journal of Developmental and Life-Course Criminology*.

Wikström, Per-Olof H. and Rolf Loeber

2000 "Do disadvantaged neighborhoods cause well-adjusted children to become adolescent delinquents? A study of male juvenile serious offending, individual risk and protective factors, and neighborhood context", *Criminology*, 38: 1109-1142.

Wikström, Per-Olof H., Dietrich Oberwittler, Kyle Treiber, and Beth Hardie

2012 *Breaking Rules: The Social and Situational Dynamics of Young People's Urban Crime*. New York, UK: Oxford University Press.

Wilbanks, William

1987 *The Myth of a Racist Criminal Justice System*. Monterey, CA: Brooks/Cole.

Wilcox, Pamela, Kenneth C. Land, and Scott A. Hunt

2003 *Criminal Circumstance: A Dynamic, Multicontextual Criminal Opportunity Theory*. Chicago, IL and New York, NY: Aldine.

Wilcox, Pamela, Tamara D. Madensen, and Marie S. Tillyer

2007 "Guardianship in context: Implications for burglary victimization risk and prevention", *Criminology*, 44: 771-803.

Wiley, Stephanie Ann, Lee Ann Slocum, and Finn-Aage Esbensen

2013 "The unintended consequences of being stopped or arrested: An exploration of the labeling mechanisms through which police contact leads to subsequent delinquency", *Criminology*, 51: 927-966.

Wilkins, Leslie

1964 *Social Deviance: Social Policy, Action, and Research.* Englewood Cliffs, NJ: Prentice Hall.

Williams, Franklin P. Ⅲ and Marilyn D. McShane

2018 *Criminological Theory.* Seventh Edition. Upper Saddle River, NJ: Prentice Hall.

Williams, Franklin P. Ⅲ and Marilyn D. McShane eds.

1998 *Criminological Theory: Selected Classic Readings.* Second Edition. Cincinnati, OH: Anderson.

Williams, Kirk R. and Richard Hawkins

1989 "The meaning of arrest for wife assault", *Criminology*, 27: 163-181.

Williams, Marian R. and Jefferson E. Holcomb

2004 "The interactive effects of victim race and gender on death sentence disparity findings", *Homicide Studies*, 8: 350-376.

Williams, Matthew

2016 "Guardians upon high: An application of routine activities theory to online identity theft in Europe at the country and individual level", *British Journal of Criminology*, 56: 21-48.

Wilson, James Q. and Richard J. Herrnstein

1985 *Crime and Human Nature.* New York, NY: Simon & Schuster.

Wilson, William Julius

1987 *The Truly Disadvantaged: The Inner City, the Underclass and Public Policy.* Chicago, IL: University of Chicago Press.

Winfree, L. Thomas Jr. and J. K. Akins

2008 "Extending the boundaries of social learning theory: The case of suicide bombers in Gaza", *International Journal of Crime, Criminal Justice and Law* 3: 145-158.

Winfree, L. Thomas, Jr., Teresa Vigil-Backstrom, and G. Larry Mays

1994, "Social learning theory self reported delinquency, and youth gangs: A new twist on a general theory of crime and delinquency", *Youth & Society*, 26: 147-177.

Winfree, L. Thomas, Jr., G. Larry Mays, and Teresa Vigil-Backstrom

1994 "Youth gangs and incarcerated delinquents: Exploring the ties between gang membership, delinquency, and social learning theory", *Justice Quarterly*, 1: 229-256.

Winfree, L. Thomas, Terrace J. Taylor, Ni He, and Finn-Aage Esbensen

2006 "Self-control and variability over time: multivariate results using a 5-year multisite panel of youths", *Crime & Delinquency*, 52: 253-286.

Withrow, Brian L.

2006 *Racial Profiling: From Rhetoric to Reason.* Upper Saddle River, NJ: Prentice Hall.

Wolfgang, Marvin E.

1972 "Cesare Lombroso(1835-1909)", pp. 232-291 in Hermann Mannheim (Ed.), *Pioneers in Criminology.* Second Edition. Montclair, NJ: Patterson Smith.

Wolfgang, Marvin E. and Franco Ferracuti

1982 *The Subculture of Violence.* Beverly Hills, CA: Sage.

Wolfgang, Marvin E., Robert M. Figlio, and Thorsten Sellin

1972 *Delinquency in a Birth Cohort.* Chicago, IL: University of Chicago Press.

Wolfgang, Marvin E., Robert M. Figlio, Paul E. tracy, and Simon I. Singer

1985 *The National Survey of Crime Severity.* Bureau of Justice Statistics. Washington, DC: U.S. Government Printing Office.

Wolfgang, Marvin E., Terence P. Thornberry, and Robert M. Figlio

1987 *From Boy to Man, from Delinquency to Crime.* Chicago, IL: University of Chicago Press.

Wood, Darryl S.

1990 *A Critique of the Urban Focus in Criminology: The Need for a Realist View of Rural Working Class Crime.* Burnaby, BC: School of Criminology, Simon Fraser University.

Wood, Peter B., John K. Cochran, Betty Pfefferbaum, and Bruce J. Arneklev

1995 "Sensation seeking and delinquent substance use: An extension of learning theory", *Journal of Drug Issues*, 25: 173-193.

Woodworth, Michael, and Stephen Porter

2002 "In cold blood: Characteristics of criminal homicides as a function of psychopathy", *Journal of Abnormal Psychology*, 111: 436-445.

Worden, Robert E. and Robin L. Shepard

1996 "Demeanor, crime, and police behavior: A reexamination of the police services study data", *Criminology*, 34: 83-106.

Wortley, Richard

1997 "Reconsidering the role of opportunity in situational crime prevention", pp. 65-81 in Graeme Newman, Ronald V. Clarke, and S. Giora Shoham (Eds.), *Rational Choice and Situational Crime Prevention: Theoretical Foundations.* Aldershot, UK: Ashgate Dartmouth.

Wright, Bradley R. Entner, Avshalom Caspi, Terrie E. Moffitt, and Phil A. Silva

1999 "Low self-control, social bonds, and crime: Social causation, social selection, or both?", *Criminology*, 37: 479-514.

Wright, Emily M. and Michael L. Benson

2011 "Clarifying the effects of neighborhood context on violence 'behind closed doors'", *Justice Quarterly*, 28: 775-798.

Wright, John Paul

2009 "Inconvenient truths: Science, race, and crime", pp. 137-153 in Anthony Walsh and Kevin M. Beaver (Eds.), *Biosocial Criminology: New Directions in Theory and Research.* New York, NY: Routledge-Taylor and Francis Group.

Wright, John Paul, J. C. Barnes, Brian B. Boutwell, Joseph A. Schwartz, Eric J. Connolly, Joseph L. Nedelec, and Kevin M. Beaver

2015 "Mathematical proof is not minutiae and irreducible complexity is not a theory: A final response to Burt and Simons and a call to criminologists", *Criminology*, 53: 113-120.

Wright, John Paul and Kevin M. Beaver

2005 "Do parents matter in creating self-control in their children? A genetically informed test of Gottfredson and Hirschi's theory of low self-control", *Criminology*, 43: 1169-1202.

Wright, John Paul, Kevin Beaver, Matt DeLisi, Michael Vaughn, Danielle Boisvert, and Jamie Vaske

2008 "Lombroso's legacy: The miseducation of criminologists", *Journal of Criminal Justice Education*, 19: 325-338.

Wright, John Paul and Francis T. Cullen

2012 "The future of biosocial criminology: Beyond scholars' professional ideology", *Journal of Contemporary Criminal Justice*, 28: 237-253.

Wright, John Paul, Francis T. Cullen, Robert S. Agnew, and Timothy Brezina

2001 "'The root of all evil?' An exploratory study of money and delinquent involvement", *Justice Quarterly*, 18: 239-268.

Wright, John Paul, Stephen G. Tibbetts, and Leah E. Daigle

2010 *Criminals in the Making: Criminality Across the Life Course.* Thousand Oaks, CA: Sage.

2014 *Criminals in the Making: Criminality Across the Life Course.* Second Edition. Thousand Oaks, CA: Sage.

Wright, Richard A.

1993a "A socially sensitive criminal justice system", pp. 141-160 in John W. Murphy and Dennis L. Peck (Eds.), *Open Institutions: The Hope for Democracy.* Westport, CT: Praeger.

1993b *In Defense of Prisons.* Westport, CT: Greenwood.

Wright, Richard A. and J. Mitchell Miller

1998 "Taboo until today? The coverage of biological arguments in criminology textbooks, 1961 to 1970 and 1987 to 1996", *Journal of Criminal Justice*, 26: 1-19.

Wright, William E. and Michael C. Dixon

1978 "Community prevention and treatment of delinquency", *Journal of Research of*

Crime and Delinquency, 14: 35-67.

Young, Jacob T. N., Cesar J. Rebellon, J. C. Barnes, and Frank M. Weerman

2014 "Unpacking the black box of peer similarity in deviance: Understanding the mechanisms linking personal behavior, peer behavior, and perceptions", *Criminology*, 52: 60-86.

Young, Jock

1975 "Working class criminology", pp. 63-94 in Ian Taylor, Paul Walton, and Jock Young (Eds.), *Critical Criminology*. London: Routledge & Kegan Paul.

1979 "Left idealism, reformism and beyond: From new criminology to Marxism", pp. 11-28 in Ben Fine, R. Kinsey, John Lea, S. Piccicotto, and Jock Young (Eds.), *Capitalism and the Rule of Law*. London: Hutchinson.

1987 "The tasks facing a realist criminology", *Contemporary Crises*, 11: 337-356.

Yuan, Yue., and Susan McNeeley

2017 "Social ties, collective efficacy, and crime-specific fear in Seattle neighborhoods", *Victims & Offenders*, 12: 90-112.

Zahn, Margaret A., Jacob C. Day, Sharon F. Mihalic, and Lisa Tichavsky

2009 "Determining what works for girls in the juvenile justice system: A summary of evaluation evidence", *Crime & Delinquency*, 55: 266-293.

Zane, Steven N.

2018 "Exploring the minority threat hypothesis for juveniles in criminal court: Static versus dynamic threat and diffuse versus targeted effects", *Youth Violence and Juvenile Justice*, 16: 418-441.

Zatz, Marjorie

2000 "The convergence of race, ethnicity, gender, and class on court decision-making: Looking toward the 21st century", pp. 503-552 in Julie Horney (Ed.), *Policies, Processes, and Decisions of the Criminal Justice System: Criminal Justice 2000*. Volume 3. Washington, DC: National Institute of Justice.

Zetterberg, Hans L.

1962 *Social Theory and Social Practice*. New York, NY: Bedminster Press.

Zgoba, Kristen, and Leonore Simon

2005 "Recidivism rates of sexual offenders up to 7 years later: Does treatment matter?", *Criminal Justice Review*, 30: 155-173.

Zhang, Lening, Steven F. Messner, and Jianhong Liu

2007 "A multilevel analysis of the risk of household burglary in the city of Tianjin, China", *British Journal of Criminology*, 47: 918-937.

Zhang, S. X.

2000 *An Evaluation of the Los Angeles County Probation Juvenile Drug Treatment Boot Camp*. San Marcos, CA: California State University.

Zigler, Edward, Cara Tausig, and Kathryn Black

1996 "Early childhood intervention", pp. 144-149 in Joseph G. Weis, Robert D.

Crutchfield, and George S. Bridges (Eds.), *Juvenile Delinquency*. Volume 2. *Crime and Society*. Thousand Oaks, CA: Pine Forge Press.

Zimring, Franklin E.

1971 "Perspectives on deterrence", *NIMH Monograph Series on Crime and Delinquency Issues*. Washington, DC: U.S. Government Printing Office.

Zimring, Franklin and Gordon Hawkins

1968 "Deterrence and Marginal groups", *Journal of Research in Crime & Delinquency*, 5: 100-115.

1973 *Deterrence*. Chicago, IL: University of Chicago Press.

찾아보기 용어

ㄴ · ㄷ

ㅁ

ㅂ

ㅅ

ㅇ

ㅊ

ㅋ

ㅌ

ㅍ

ㅎ

기타

찾아보기 인명

ㄱ

ㄴ·ㄷ

ㄹ·ㅁ

ㅂ

ㅈ · ㅊ

ㅋ

ㅌ

지은이 **약 력**

로널드 L. 에이커스(Ronald L. Akers)

Indiana State University 중등교육 사회과 전공(1960)
University of Kentucky 사회학 박사(1966)
University of Iowa 사회학과, Florida State University 범죄학과,
University of Washington 사회학과 교수 역임
미국범죄학회(American Society of Criminology) 회장 역임(1978~1979)
현재 University of Florida 사회학과·범죄학과 교수
미국범죄학회 Sutherland Award 수상(1988)

크리스틴 S. 셀러스 (Christine S. Sellers)

College of William and Mary 사회학 학사(1978)
University of Iowa 형사사법 석사(1980)
University of Florida 사회학 박사(1987)
Northern Arizona University 형사사법학과
Louisiana State University 형사사법학과 교수 역임
현재 University of South Florida 범죄학과 교수

웨슬리 G. 제닝스 (Wesley G. Jennings)

University of South Carolina 심리학 학사
University of South Carolina 형사사법 석사
University of Florida 범죄학 박사
University of Louisville 사법행정학과 교수 역임
현재 University of South Florida 범죄학과 교수

옮긴이 **약 력**

민 수 홍

성균관대학교 사회학과 졸업

미국 애리조나대학교 사회학 박사

한국형사정책연구원 연구원, 천안대학교 사회복지학부 교수 역임

현재 경기대학교 경찰행정학과 교수

기 광 도

성균관대학교 사회학과 및 동대학원 사회학 박사

한국형사정책연구원 연구원 역임

현재 대구대학교 경찰행정학과 교수

전 영 실

이화여자대학교 사회학과 및 동대학원 사회학 박사

현재 한국형사·법무정책연구원 선임연구위원

최 병 각

서울대학교 법대 및 동대학원 법학 박사

한국형사정책연구원 연구원 역임

현재 동아대학교 법학전문대학원 교수